中国人民大学刑事法律科学研究中心系列丛书

金融犯罪的全球考察

主 编 刘明祥 冯 军

副主编 赫兴旺 付立庆

中国人民大学出版社

金融是现代经济的核心，是国民经济的"血液循环系统"。金融的安全、有序、高效、稳健运行，对于经济发展、国家安全和社会稳定都至为重要，可谓牵一发而动全身。与此同时，作为经营货币和信贷的特殊行业，金融又极易被违法犯罪分子所利用，成为转移风险的载体。随着全球金融市场的形成，防范金融风险、打击金融犯罪已成为世界各国密切关注的重大理论与现实问题。在金融体制改革、国内金融市场与国际金融体系接轨的过程中，我国的金融系统同样也面临着日益严峻的金融犯罪形势。因而，在全球化这一背景下，加强对金融犯罪问题的研究，就具有重要的理论与现实意义。

他山之石，可以攻玉；借鉴与交流，无疑是进步的捷径。在这一初衷推动下，国家重点研究基地中国人民大学刑事法律科学研究中心于 2007 年 8 月 25 日至 26 日主办了"全球化背景下的金融犯罪问题国际研讨会"，来自英国、美国、西班牙、荷兰、日本、韩国、中国香港特别行政区，以及最高人民法院、最高人民检察院、司法部、中国人民大学、北京大学、清华大学、中国政法大学、北京师范大学、中国人民公安大学、吉林大学、中南财经政法大学、西南政法大学、中国社会科学院法学研究所等单位的一百余位专家学者和司法实务部门的人士，齐聚一堂，就"全球化背景下的金融犯罪问题"展开了热烈而深入的探讨。会议共收到论文近五十篇，全面反映了国内外理论和实务部门对金融犯罪问题研究的最新进展。研讨会中，国外专家的精彩论述，使我们颇受启迪、获益良多；国内学者的建言献策，立足本土、剖析深刻；而各国学者间的对话交流，激荡着思想的碰撞与交融，可谓异彩纷呈。

为及时将本次研讨会的成果反馈社会，以飨读者，我们特精选会议论文结集出版，取名"金融犯罪的全球考察"。全书根据有关论文的内容，分为金融犯罪的一般问题、金融诈骗罪概论、金融诈骗罪各论、货币犯罪与证券犯罪、洗钱罪以及金融犯罪的成因与控制 6 个栏目。文集汇聚了国内外学者对全球化背景下金融犯罪问题研究的最新成果，内容全面，论述精辟，具有较高的理论意义和实践价值。需要说明的是，尽管向会议提交的论文多数都具有较高的学术价值，但囿于篇幅，我们只能忍痛割爱，好中择优，在此向所有提交会议论文、支持中国人民大学刑事法律科学研究中心发展的同人们表示真诚的敬意与谢意。

取法人际，天道归一。若本次研讨会和本论文集能有助于我们的研究"外之即不后于世界之思潮，内之仍弗失固有之血脉"，我们即感无比欣慰。最后，必须要提及的是，本论文集得以顺利出版，中国人民大学出版社襄助有加，在此对中国人民大学出版社的各位领导和编辑，致以深深的谢意。

中国人民大学刑事法律科学研究中心

2008 年 3 月

目 录

货币犯罪与证券犯罪

洗钱罪

金融犯罪的成因与控制

金融犯罪的一般问题

◇ 日本的金融犯罪及其制裁

◇ 荷兰和欧盟的反金融犯罪斗争

◇ 欧洲人权公约与金融犯罪诉讼

◇ 论全球化背景下的金融犯罪的立法完善

◇ 金融刑事立法严密刑事法网的学理分析

◇ 金融刑法立罪谦抑刍议

◇ 我国金融犯罪的修正问题研究

◇ 金融犯罪中的罪数形态界定问题探讨

◇ 金融犯罪的法律构造

日本的金融犯罪及其制裁

[日] 神山敏雄* 著 刘隽** 译

导 言

为了迎接企业经营的全球化时代，在日本，目标直指金融制度的彻底改革，从 1996 年起一直到 2001 年间，对传统的金融制度进行了颠覆式的改革。如果要论述有关金融犯罪，首先，有必要明确金融犯罪的概念。作为一种抽象的上位概念，能够将其定义为：与"金融行业"相关的犯罪，但该概念的问题是如何确定"金融行业"的内容。关于"金融行业"，在法令上没有一致的定义。由于各法令与政府的金融政策以不同的行业为规范对象，所以"金融行业"的概念、范围也有不同。桥本内阁在 1996 年制定的彻底改革计划中的金融制度，包括了银行、保险、证券的交易制度。在本报告中，作为最狭小意义上的金融犯罪，将其定义为有关资金的借贷、存入以及取回业务的犯罪。关于该金融犯罪所指的金融业务之主体，能够大致将其划分为：从事存款、贷款业务的金融机构与不能进行存款业务但能进行贷款业务的金融机构。

抽象的理论不是本报告关注的焦点，本报告将对金融业务的刑事法规体系、国内外发生的有组织金融犯罪（个人金融犯罪除外）、实践中已被适用的刑事法规等等进行分析、检讨，并在上述分析与检讨的基础之上，对日本的金融犯罪及其制裁的实际样态进行考察。

1. 金融业务的刑事法规体系（金融犯罪体系）

（1）刑法典上传统的财产犯罪等等

在金融机构的职员等所实施的犯罪之中，除了背信罪、业务上侵占罪、诈骗罪等财产犯罪之外，还包括文书伪造罪、有价证券伪造罪、妨害强制执行罪等

---

* 神山敏雄，日本冈山大学名誉教授。

** 刘隽，中国人民大学法学院刑法学专业 2006 级博士研究生。

等。该种由刑法典规范的刑事犯罪的行为主体，仅仅包括金融机构的自然人主管人员以及工作人员。不过，最近，如果在外国从事经营活动时，对外国政府的职员进行贿赂，根据经济合作发展组织（OECD）的方针，在防止不当竞争法上，导入了例外处罚企业法人的刑事罚规定，这一点引起了广泛关注。

（2）商法（公司法）上的刑事规制（股份制银行的主管人员、工作人员实施的犯罪）

这里指的主要是危害公司发起人、设立时董事、董事、设立时监事所拥有的公司财产的犯罪。商法上规定了，隐瞒有关公司设立时所募集股份的返还、支付事实，隐瞒有关实物出资财产的内容、价格等事实，通过虚伪记载、违法分配、公司设立章程以外的投机交易而进行的财产处分，利用公司发行股票进行相关的假装返还股票、内部交易、董事进行个人之间的行受贿，对董事等有关人员提供利益等等的犯罪。此外，公司法还规定了法定刑加重了的特别背信罪，但是，该罪是刑法典上传统背信罪的一种加重形态。在公司法上没有既处罚自然人又处罚法人的两罚规定存在。

（3）金融业务关联法上的刑事规制（经济行政犯罪）

金融业务的主体有，普通银行、互助银行、职工银行、互助经营工会、商工工会中央银行、农渔业工会、贷款融资公司（准银行金融机构）等等。有关这些机关的开设、业务、交易等行为，具有种种的行政规制，例如，有《银行法》、《互助银行法》、《互助工会所进行的金融事业法》（互助经营工会法）、《贷款融资经营业法》等等。此外，作为与上述特别法不同的一般法，有，例如，有关禁止以担保为目的的存款的法律，即《取缔有关存取款等金融服务中的非法合同的法律》（适用于银行、互助银行、商工工会中央银行、农林中央银行、职工银行等）；规定了禁止高利贷（贷款融资公司适用）、禁止向关系人贷款（银行、互助银行、信托公司、保险公司等适用）等等的法律，即《关于取缔虚假出资、出资定金、出资利息的法律》。上述金融业法规定了，开设金融机构时以执照、认可、登记等为必要，此外，还规定了，金融机构各自金融业务的范围，以业务报告书为主的各种文书、资料的提出以及一定事项的记载等义务，以禁止虚伪记载为首的各种被禁止的行为等等。设立规则的目的，主要是确保金融机构的信用，使第三人能够放心交易。主管政府机关，对于违反了上述行政规制与行政处分的行为，能够科以许可·登记的取消、业务的停止以及其他的行政处分。并且，严重违反上述行政规制·行政处分的行为也被作为犯罪处理、科以刑罚，以保证行政规制与处分的实效性。以上金融业法所规范的犯罪涉及多个方面，但是，如果对其进行大致的总结，能够将其分类为，违反开业规范的犯罪、违反行为规范的犯罪、违反行政处分的犯罪这三种。

相对于，刑法典中所规定的犯罪、公司法中所规定的犯罪中没有对法人的处罚规定，违反了包含了金融业法的行业法规上的规则的行为，一般的原则是将自然人与法人予以共同的处罚（两罚规定）。

2. 在泡沫经济以及泡沫经济的崩溃过程中金融犯罪的发生状况以及所适用的刑事法规

在 20 世纪 60 年代的经济高速增长期中，规模较大的银行（城市银行），进行的金融业务仅仅以需要大量资金的企业为融资对象，此外，还对个人的住宅贷款予以小规模的借贷。70 年代，日本经济进入安定成长期，从 1971 年起一直到 1979 年，在各大银行的共同出资之下，依次设立了 8 个专门面向个人住宅贷款的金融机构（以下简称"住专"），母银行委托这些住专提供个人住宅贷款。另一方面，由于大型企业基于良好的业绩为背景，开始从证券市场通过股票直接进行资金的募集，大型企业的融资需要就减少了。大型银行，一进入 80 年代，就乘着作为新的融资对象的国民住宅需求的高涨之机，将主要融资转移到面向个人住宅贷款、高风险的中小企业、不动产等等。在个人住宅贷款市场中，住专由于在利息、资金力以及其他条件上无法与母银行抗衡，就将融资对象的中心转移到条件比较差的不动产业方面。

另一方面，在 1985 年的广场协议*以后，由于日元大幅升值，日本政府实施了金融缓和政策，通过建设公共设施以扩大内需，从 1986 年起，股价与地价开始上升，发生了以股票与土地为中心的资产价格通货膨胀，股价在 1989 年年底达到了历史最高价（东京证券交易所的日经平均股价达到了 38 915 点，现在是 18 000 点左右）。至于地价，1990 年与 1985 年相比则平均上升了约 2 倍，迎来了泡沫经济的最高峰。在泡沫经济时期，通过土地投资和股票投资来获取利润的企业很多，金融机构对风险企业、不动产业、机构投资者的融资变得沸腾起来，同时也导致了这种投资变得杂乱无章。

日本地价异常的高涨受到了来自国内外的批判，原大藏省为了应对上述批判，在 1990 年 4 月，导入了不动产融资的总量控制制度（如果各银行一年内的总贷款金额的增长率达到了 15%，就应该将各银行第二年的土地融资额的增长率控制在 15% 以下）。导致的结果是，原本就缺乏资金的不动产业者，受到该规制的影响，不动产交易的势头急剧减缓，股价与地价开始下降，泡沫经济开始向崩溃的方向前进，随后陷入了 90 年代的长期的不景气。其中，不动产业者与中小企业的破产案接连发生，金融机构也持有了空前的不良债权，导致金融机构的破产接连发生，这种经济状况成为严重的社会与政治问题，政府为了金融业的再生导入公共资金以寻求进行事后处理。

---

* 1985 年 9 月，美、日、德三国达成广场协议，协议中规定日元与马克应大幅升值以挽回被过分高估的美元价格。——译者注

（1）专门面向个人住宅贷款的金融机构（以下简称住专）的负责人组织的金融犯罪

住专，由基于总量控制、土地交易的过剩融资控制、高利贷控制之目的而修正（1991 年以及 1992 年）的贷款业法所规制，但该修正贷款业法中有些规范也不适用于住专。设立住专后，其在不动产融资中的作用变大，也相应地增加了风险，泡沫经济后，8 家住专有 7 家因持有空前的不良债权（认定的不良债权一次性处理的份额为 6 兆 4 100 亿日元，约合 3 846 亿元人民币）而破产。为了投入公共资金处理不良债权，就要求严厉追究住专方与借款人方的民事责任、刑事责任。警察部门，利用各种罪名对住专一方与借款人即不动产公司一方两方面进行了刑事制裁。就我所知道的范围内，对住专一方进行的刑事制裁的案件仅仅有，以破产的 7 家公司中 1 家公司的经理，对数家大型的不动产公司没有要求充分的担保就进行了不法融资为理由，以商法（公司法）上的特别背信罪对其起诉，但一直到 2003 年 12 月 24 日，才通过一审、二审对该经理作出了有期徒刑缓刑的有罪判决。让人意外的是对住专一方的刑事制裁仅仅为处罚一家公司的经营者。相对的，至少有 11 家大型的借款人即不动产公司的董事长，以刑法典上的公证文书不实记载罪、行使不实记载的公证文书罪、伪造公文书罪、伪造私文书罪、行使伪造的私文书罪、妨害强制执行罪、妨害拍卖投标罪、诈骗罪、商法（公司法）上的特别背信罪、违反所得税法的罪名被予以刑事制裁。

（2）一系列的破产信用合作社（信组）、互助银行（信金）的负责人组织的金融犯罪

信组与信金主要是以中小企业为融资对象的金融机关，因为持有巨额的不良债权，很多的信组与信金在 2000 年前破产，在破产的信组与信金中，就我所知道的范围内，至少有 17 家信金、信组的负责人，以刑法典上的背信罪（13 件）、业务侵占罪（4 件）、诈骗罪（3 件）、伪造私文书罪、行使伪造的私文书罪（1 件）、利用电子计算机进行的诈骗罪（1 件）、违反其他法规的逃避检查罪（3 件）被予以刑事制裁。

（3）银行负责人组织的金融犯罪

受到泡沫经济崩溃的影响，以财力薄弱的第二地方银行为首包括另外两个大型银行，很多的银行破产了。在这些破产中，也展开了对破产银行的行长与融资的对象企业的负责人的刑事责任的追究。就我所知道的范围内，破产银行的负责人被以公司法上的特别背信罪（7 件）为首的、包括了刑法典上的不法制作电磁记录罪、提供不法制作的电磁记录罪（2 件）、妨害强制执行罪、证券交易法（现在是金融商品交易法）上的虚伪记载有价证券报告书罪（2 件）、商法（公司法）上的违法分配罪（1 件）予以了刑事上的制裁。上述制裁中，有一个应该引起注意的问题，7 件特别背信罪中有 4 件，是将不具有特别背信罪主体身份的融

资对象方的负责人，也作为特别背信罪的共谋共同正犯予以刑事制裁的。4 件罪中，有 1 件被予以不起诉处理，有 3 件被起诉，2 件被判决有罪，剩余的 1 件裁判结果还不得而知。

（4）在我国的外国银行与在外国的本国银行中的有组织犯罪

1）在外国的我国大和银行 NY 支店事件

在 1995 年 9 月 26 日，原大和银行（大型城市银行）NY 支店的证券买卖·管理责任者 A，为了隐瞒从 1984 年开始约 11 年间的，对美国国债投资失败的损失，擅自出售银行保有的有价证券，导致了约 11 亿美元的损失。该事实是明确的。A 受到 FBI 的侦查，并在纽约联邦地区法院以背信与文书伪造罪被起诉，1996 年 12 月 16 日，A 受到了有期徒刑 4 年并 200 万美元的刑罚判决。并且，1995 年 12 月 27 日，当时大和银行的支店长 T，在纽约联邦地区法院以诈骗的共同谋议罪与重罪隐匿罪而被起诉，通过纽约联邦地区法院大陪审团的审理，1996 年 10 月 25 日，受到了有期徒刑 2 个月并 10 万美元罚金的刑罚判决。连大和银行（法人），也被以迟延报告行为、虚伪报告、伪造账簿、欺诈的共同谋议等等 24 个罪名，在纽约联邦地区法院受到起诉，1996 年 12 月 28 日，法院认定银行成立指控中的主要罪状（16 件），通过进行辩诉交易，大和银行支付了罚金 34 000 万美元（当时美国刑事裁判史上最高额的司法交易）给联邦地区法院使事件得到解决。美国联邦准备制度理事会（FRB）与纽约州的银行监督局，在 1995 年 11 月 2 日，命令大和银行 NY 支店及其子公司大和银行托拉斯，在 3 个月以内从美国所有的银行业务中撤出。本案在日本企业的犯罪史上，是应该给予特写的事件。一连串的犯罪是从一个行员的交易失败所引起的犯罪开始，为了隐瞒该犯罪，发展为连支店长也卷入的有组织犯罪。该事件被认为，对日本银行的整体形象不利，导致了国内外的不信任，致使在国际金融市场向关系银行贷款时需要追加贷款利息。

2）在日本的外国银行犯罪案件

伴随着企业经营的全球化，很多的外国金融机构进入到日本的金融市场中来，但是，从 1999 年起一直到 2004 年年底，由于外国银行违反银行法进行交易，被予以行政处罚的外资银行逐渐增多，这个趋势广受关注。如国际性的大型金融集团"瑞士（CS）信贷集团"所属的 CSFP 银行东京支店、瑞士信托银行。CSFP 银行东京支店由于使用了种种金融衍生工具（金融派生产品）造成了大量的"飞单损失交易"并且由于该银行妨害检查，受到了取消银行经营执照（CS-FP 银行东京支店）、停止业务、禁止银行职员的营业活动等等行政处分。其中，对于妨害检查、虚伪报告等违反银行法的行为被予以刑事制裁（制裁对象是 CS-FP 的支店长以及该银行的总行（所在地在伦敦））。也有其他例如花旗银行等 4 家银行因为违反银行法而受到了停止部分业务等的行政处分的案例，但是上述银行没有受到刑事制裁。

结　语

以上所分析的，在破产的金融机构中所发生的金融犯罪，以在公司法以及刑法上规定的特别背信·背信罪为首的，以及侵占罪、诈骗罪、文书伪造罪等传统犯罪的适用占据了压倒性的多数，适用金融业法以及其他行业法的犯罪规定是例外，这是明确的。并且，上述传统的犯罪规定，由于其法性格在于着重规范实质犯[*]，所以如果不发生如破产等重大的财产损害就不会对其进行犯罪规制的表面化，特别是在有组织犯罪的场合，可以说几乎不能发动传统的犯罪规范。再者，对于违反行业法规规定的行为，监督厅，为了确保行业的健全性、信赖性、公平性等原则，就不管首先发动行政处分具有预防控制犯罪的作用，一般而言，有先发动刑罚权后再发动行政处分的倾向。为了防止重大的金融犯罪，从平时就充分地发挥行政上的制裁机能是重要的。并且，这种行政上的制裁对于金融机构（法人）本身是必须的。由于金融机构只能通过金融业法这种着重规范形式犯罪[**]的法规予以处罚，加之银行法也只能科以3亿日元以下的罚金，罚金刑无法带给大型金融机构决定性的打击。

另外，金融机构犯罪中，对于自然人虽然无论其属于实质犯或形式犯，都能给予处罚，但是对负责人科处实刑是例外，原则上科处附缓刑的有期徒刑成为法官量刑的一般行情。无论如何，就算对上述自然人科处刑罚并且免职，金融机构也几乎不受任何打击地继续存续着。认为对此类犯罪施加重刑具有特效的抑止效果，这在经验法则上是无法期待的。

这里，应该另辟蹊径的制裁方式是，对金融机构（法人）进行的行政处分。在日本对法人的制裁方式，既非采取类似于德国那样彻底的行政处分主义，也不是像美国那样使用极为严厉的刑罚进行应对处置（参照大和银行事件），这种非此非彼的制裁方式是有问题的。以前，关于处罚法人的理论，学说上开展了很多的见解，但是一般认为，这些见解没有联系到在现实中的作用来进行思考。在行政处分中，有取消许可证登记与停止业务等严重的行政处分，这些措施能带给法人以决定性的打击。尤其是，这些措施，因为需要经过复杂的审理程序与长期的时间，不是在特别短的时间内就可以发动的，在制裁费用与效果之比上是合理的。如果对行政处分不服，因为也能通过在法院进行诉争的途径进行自我保护，不违反程序主义之法理。为了充分发挥行政处分的机能，需要作为监督者的金融

---

　[*] 即以结果为中心认定犯罪。——译者注
　[**] 以行为为规范的中心。——译者注

厅充实行政制裁体制以及提升制裁的力量。此外，为了说明对法人发动行政处分的根据，新理论的构建是有必要的。作为新理论中的一种，有主张认为，即便没有证据证明法人内部的违法行为实施人与负责人有过失，只要能够证明法人在业务进行的过程中存在客观的违法行为，该客观违法行为虽然与法人刑事责任的有无没有关系，但对其进行行政处分是可能的。行政处分，与以对过去行为的刑事责任进行追究的刑事处罚不同，具有排除因客观违法行为而导致的违法状态的作用，以及对违法行为进行行政上预防的作用，行政处分的上述作用能够给上述主张建立理论根据。基于这样的见解，对于法人的制裁，应该以行政处分为核心而进行转移。

荷兰和欧盟的反金融犯罪斗争

［荷］Prof. B. F. Keulen，Dr. J. Hielkema，Dr. J. A, Nijboer* 著　郝艳兵** 译

一、导　言

首先，我想祝贺中国人民大学刑事法律科学研究中心选择这样一个国际研讨会的主题。金融犯罪既是对社会的一个威胁，也是对刑法学者和刑法从业者的一个挑战。这种威胁和挑战在正在发生的全球化进程中得到了充分反映。

在我们投给这次研讨会的论文里，我们把关注的焦点集中在荷兰和欧盟的反金融犯罪斗争上。我们认为荷兰和欧盟的反金融犯罪的斗争经历对其他国家的刑法学者和从业者来说也许会是有意义的。荷兰是一个相对较小的国家，总人口数和北京差不多，和其他许多国家有密切的经济联系。因此，全球化的进程已经在很长一段时间内从总体上影响了荷兰的刑法学，尤其是涉及反金融犯罪的条款。欧盟的出现可以被视为对加强各国经济紧密联系过程的一个初步答案，从世界范围来看，是全球化的典范。

我们希望荷兰经济和金融犯罪"欧盟化"的经历对寻找金融犯罪的国际化的答案能够有所助益。

二、金融犯罪

在深入介绍荷兰和欧盟反金融犯罪的斗争情况之前，我们想先对金融犯罪的概念作一简要考察。无论在荷兰还是在欧盟的法律文件里都没有金融犯罪的概念。在其他国家也不容易找到一个令人信服的定义。金融犯罪和许多其他类似概念一样，人们知道概念的核心，然而却无法轻易地确定其边界。

---

* 荷兰格罗宁根大学学者。

** 郝艳兵，中国人民大学法学院刑法学专业 2006 级硕士研究生。

比如，人们可以把犯罪的金融动机视为决定性的。在那样的案件里，内幕交易被视为一种金融犯罪，欺诈同样如此。但是在诸如毒品犯罪和一般的财产犯罪案件里，通常也是出于金融的动机实施犯罪的。然而，把毒品犯罪和财产犯罪也包括在金融犯罪的概念里，这一概念所包含的犯罪种类就太宽泛了，许多犯罪在我们谈及金融犯罪时根本不会进入脑海。因此，我们认为动机不是决定性的。

金融犯罪也可以从犯罪对象出发来加以定义。据此，如果犯意和金钱或其他财产的转移相联系，那么该犯罪就是金融犯罪。当犯罪对象被视为决定性的因素时毒品犯罪就被排除在外了。但是入店行窃行为并不能排除。然而，当人们在探讨金融犯罪的概念时，入店行窃并不是人们想起的犯罪类型。

不过还有一种定义金融犯罪的方式是通过关注犯罪的方法或手段来达到的。比如信息和通讯技术领域的发展产生了新的犯罪形式，就是所谓的网络犯罪。在同样的意义上，金融犯罪可以定义为通过金融手段实施的犯罪。显然，这会产生其他问题。比如贿赂犯罪在多数案子里是通过转移金钱来实施的，但是并不被视为一种金融犯罪。

我们选择了不在给金融犯罪下定义上花费大量精力，不试图给金融犯罪下一个精确而简明的定义。我们希望阐明的是金融犯罪从本质上来看是通过破坏金融制度或者经济制度赖以建立的基础即信用来威胁这些制度的完整性。我们的目标是为在全球化的社会里反金融犯罪提供一些方法上的启迪。基于此目的，我们选择了一些明显被视为金融犯罪的犯罪类型，并对与这些犯罪斗争的发展作出考察。我们选择了四种通常既具有金融动机又有金融客体的犯罪类型：内幕交易、大规模欺诈、洗钱和伪造货币。

这四种金融犯罪类型对金融制度的完整性非常有害。近来的全球化增加了实施这类危害巨大的犯罪的机会。

三、破坏金融制度的完整性

这一点在洗钱犯罪中表现非常明显。国际货币基金组织估计每年有占国内生产总值 2%～5% 的钱被洗掉。国际金融行动特别工作组的澳大利亚专家约翰·沃克最初估计荷兰洗钱的数目在 500 亿，相当于荷兰 GDP 的 10%。[1] 更近的估计是达到了 180 亿～250 亿欧元，相当于 GDP 的 5%。其中一部分大约 40 亿欧元产生自荷兰，其余部分是流入荷兰的清洗过的钱。[2] 虽然这种输入在短期内会对经济发展产生积极的效果，但从长远来看这种钱必将会引发新的犯罪。

---

[1] 金融行动特别工作组（FATF）于 1989 年由七国财长峰会（G-7）创立，作为一个临时工作组，旨在发展贯彻反洗钱政策的措施。

[2] See B. Unger, De omvang en het effect van witwassen. Justitiële Verkenningen 32/2, pp. 21-33.

比如，与全球化相联系的大规模欺诈的一个典型的例子是针对欧盟的诈骗。在 1999 年，欧洲委员会估算被成员国和欧洲反欺诈办公室发现的影响共同体财政利益的欺诈的规模达到 413 000 000 欧元，并且这个数字只是估计了被发现的欺诈。③

内幕交易带来的损失是非常难以估量的。一个重要的原因是黑色数字，这些数字被认为是非常巨大的。一个造成损害的例证源于 1990 年对迈克尔·R·麦尔肯的指控。在他被豁免之前，主要根据民事诉讼就以罚金和结算的方式支付了 9 000 亿美元。④

关于伪造货币，2006 年荷兰发现的伪造欧元纸币的数目是 20.745。欧盟发现的伪造的欧元纸币的数目共计 565.000，这个数目比起整个欧元纸币流通数量（2006 年下半年是 106 亿）来说相对较小。但是，很显然用这些假币来换取真币或货物带来的危害是相当巨大的。

四、荷兰的发展

在过去的十年里，有关这四种犯罪及对抗它们的方式在荷兰和欧盟的法律里都有重要的发展。

首先我们来观察一下荷兰法律。我们发现根据《荷兰刑法典》（以下简称 DPC）的许多条款，欺诈都是一种犯罪行为。首先提及的是 DPC 第 326 条规定的关于诈骗的一般条款。第二个是 DPC 第 225 条规定的关于伪造的一般条款。这个关于伪造的条款经常被适用。

这些条款存续了很长时间。伪造罪条款在过去几十年里曾经在某些方面作过修改，但是这些修改都是相对较小的。⑤ 但是，这些条款的运用，尤其是关于伪造罪的条款发生了变化。在早期，伪造罪条款仅仅对公民之间的关系而言是重要的。一个公民伪造了一张纸，另一个公民因此而遭受损失。后来，该条款对公民和政府之间的关系也变得非常重要。比如如果一个公民为了补贴、纳税申报或失业救济金而伪造请求，他就犯了伪造罪。在过去的几十年里，该条款对于公民和欧盟的关系也变得更加重要。如果一个公民申请欧盟给予的补助并因而实施了伪造，他也可以根据 DPC 第 225 条受到惩罚。

这种伪造条款适用范围的扩大在法律执行领域产生了相应的影响。反欺诈不再是刑法所专有的事情，它也是行政法的事情。比如，伪造纳税申报通常是税务

---

③　参见关于共同体金融利益的刑法保护和建立欧洲检察官的绿皮书，COM/2001/0715 def.
④　参见http://en.wikipedia.org。
⑤　最高刑罚由 5 年上升到 6 年，并且伪造必须导致对他人的不利的构成要件被删去了。

官员处理的。他们对公民施加罚款。如果公民不同意该罚款，他可以向法官申诉。⑥ 这种制度比那种只允许法官施加罚款的制度更富有效率。只要公民容易诉诸法官，从保护人权的角度来看也是可行的。⑦

伪造货币仍然是刑法所专有的领域。有关伪造货币的条款可参见 DPC 第 208～215 条。

这些条款是按照 1929 年 4 月 20 日的《防止伪造货币国际公约及其议定书》制定的。许多国家，包括古巴、苏联社会主义联盟共和国、印度、荷兰、美国和中国都签署了该公约。公约反映了早在我们现在描述的全球化进程开始之前，许多国家就认识到了他们在打击这种类型的金融犯罪上的共同利益。它也反映了那些国家投入了很大力量以有效地打击这些金融犯罪。该条约规定了几个很广泛的义务。第三条给每个成员国施加了处罚伪造货币及其相关行为的义务。⑧ 并且第五条作了一个禁止性规定："不允许对第三条规定的犯罪行为因为涉及国内货币或者是国外货币而在处罚范围上有差别。该条款不是根据法律或者条约规定的互惠待遇的条件而制定的。"最后，第 9 条明确规定："任何在国外实施了公约第三条规定的犯罪行为的外国人，处于一个内国法律视对在国外犯罪予以追诉为普遍原则的国家领土之内时，应当按照犯罪行为在该国领域内发生时的处理方式作同样处理。"

这个公约及其议定书导致《荷兰刑法典》中规定的关于伪造货币及相关的犯罪行为的条款产生了许多变化。第一个变化是包含了一个关于管辖的特别条款。在荷兰，管辖通常是非常严格的。比如消极属人管辖仅在非常有限的范围内被视为有行使管辖权的充分依据。但是当涉及伪造货币时，《荷兰刑法典》1932 年就阐明它适用于所有在荷兰领土外伪造货币的人（DPC 第 4 条）。因此，一个日本公民在美国境内伪造中国货币可以在荷兰被起诉。第二个变化是 1932 年关于准备明知是将被用来伪造货币的物质的条款的引入（DPC 第 214 条）。⑨

但是公约不仅包括那些必须在成员国的法律里规定的义务，它也在第 12 条规定："每个国家在其国内法律框架内对伪造的调查应当由一个中心机构实施"，并"应当与其他国家的中心机构紧密联系……"公约第 19 条规定："缔约方对于他们之间可能产生的对该公约的解释与适用方面的分歧，如果他们不能通过直接谈判解决，应当诉诸国际永久法庭裁决。"

---

⑥ 参见《税法通则》第 67 条第 a～q 项。

⑦ 参见 1980 年 2 月 27 日欧洲人权法院，德维尔诉比利时案，A 系列第 35 卷。

⑧ 下列行为应当作为普通犯罪处罚：（1）不管采用何种方法的任何伪造或者变造货币行为；（2）欺骗性使伪造货币流通的行为；（3）明知是伪造的货币而意图将其传入一个国家或者接受、获取伪造的货币的行为；（4）意图实施或者任何故意参与前述行为；（5）伪造、接受或获取用于伪造或变造货币的工具或其他物品的行为。

⑨ See Wet van 31 maart 1932，Stb. 131.

伪造货币的例子可以很好地表明对国家间刑法的协调在全球化社会里与金融犯罪作斗争是有效的。大体上各国的法律越相似，关于管辖的条款越宽泛，就能越好地抗制金融犯罪。我们也可以反过来考虑，如果一个国家决定不惩罚伪造在别国使用的货币的行为，将会破坏与这类犯罪的斗争。

但是仅仅统一刑法的规定是不够的。如果一个国家不愿意或者不能把伪造者诉诸审判并有效地处理案件，对全球范围内有效抗制这些犯罪将是一个重大威胁。把关于公约适用的争议移交给国际永久法庭处理并不是一种真正有效的补救办法，因为这需要缔约双方都同意移交。

伪造货币的例子也表明了抗制金融犯罪中的主要问题之一，即不是所有的国家都与金融犯罪作同样的斗争。精于算计的伪造者会在面临更为严重问题的国家实施犯罪而不在其他货币合法流通的国家实施伪造货币。在全球化的社会里这会产生一种不平衡。

内幕交易直到1989年才在荷兰被确认为是一种犯罪行为。[10] 这项建议的提出可能是被在英国和美国发生的涉及内幕交易的一些丑行激发的。可以看到这种犯罪的引入也是全球化的一个方面。关于刑事责任的边界留给国家考虑的空间正在缩小。

在1989年对于这种犯罪的定义很大程度上是定位于荷兰的金融市场。最初，关于刑事犯罪采纳的定义只看到了持有内幕信息的人，在荷兰参与内幕交易的人被排除在外。只是经过了大量的争论之后才处罚持有内幕信息的人，在荷兰参与内幕交易的人，在荷兰之外参与的人被排除在外。

这种因行为发生在某个具体国家而对刑事责任加以限制的做法是非常不寻常的，也是与诸如内幕交易之类的金融犯罪的跨国性本质极其不协调的。从字面意义上理解1989年的条款，荷兰不把发生在美国境内的内幕交易视为犯罪行为。那将会使得给予其他国家法律协助变得非常困难，比如关于引渡问题。[11] 人们可以发现这种方式和对伪造货币的行为采取的方式存在相当的差异。

洗钱犯罪在荷兰也是直到最近才被确立为一项明确的犯罪。关于接受偷来的物品的一般条款也被适用到洗钱案件中。但是，该条款只能被适用于接受洗过的赃钱的人和帮助洗钱的人，实施赃钱来源犯罪（比如毒品交易）的人不能被以洗钱罪指控。

20世纪80年代末期，作为反国际毒品交易的一部分，国际社会对洗钱犯罪的态度发生了变化。1990年欧洲理事会认可的一项条约对洗钱犯罪的规制不是

---

⑩　See Wet van 2 februari 1989，Stb. 1989，16.

⑪　See J. L. van der Neut and B. F. Keulen，Voorwetenschap en strafrecht，Wolters-Noordhoff，Groningen 1989，pp. 54-61.

仅仅在毒品买卖的背景下而是在更广泛的意义上进行的。[12] 欧洲理事会协定将"洗"定义为转化或转移，隐藏或掩饰所获得、持有或使用的犯罪的收益。[13] 同时金融行动特别工作组为反洗钱制订了一个框架。[14]

但是，荷兰直到 2001 年才将洗钱规定为一项独立的犯罪。那时欧盟已于 1998 年接受了一个关于洗钱的共同行动。[15]

洗钱是根据《荷兰刑法典》第 420 条规定处罚的。它被定义为隐藏物品的来源，获得、持有、转移或使用明知是犯罪所得的收益的物品。[16] 此外，《荷兰刑法典》第 420 条处罚那些明知是犯罪所得收益而实施相同行为的人，并且第 420 条对大量洗钱的行为规定了更高的刑罚（可达 6 年监禁）。洗钱的定义是非常宽泛的。单独实施隐藏行为已经是可罚的并且收益可以是所有刑事犯罪所得。自我洗钱行为根据第 420 条也是可罚的。

五、欧盟的发展

据我们所知，欺诈在所有的欧洲国家都被视为是一种犯罪。因此，损害欧盟利益的欺诈行为可以被欧盟成员国审判。然而过去的实践表明，并非所有的成员国都为将危害欧盟利益的欺诈犯罪付诸审判付出同样的努力。

欧洲共同体法院在著名的针对希腊的案件里曾经处理过这个问题。[17] 欧洲共同体委员会（以下简称"委员会"）根据《欧洲经济共同体条约》第 169 条对希腊提起诉讼，宣称希腊没有履行其根据共同体法律应承担的义务。1986 年 5 月，一个叫 ITCO 的公司从希腊出口两批玉米到比利时，而事实上这批玉米是从南斯拉夫进口的，尽管希腊权威机构正式宣称它们是由希腊玉米组成的。基于此原因，应当向共同体自身财政支付的农业税没有被征收。委员会要求希腊政府采取一系列行动，包括"提起针对这起诈骗的主犯和他们的共犯的刑事诉讼或者惩戒性诉讼"。希腊官方答复已经命令进行一个行政调查，那起事件已经被交到地方预审法官手里。在经过进一步的交涉而没有达成任何积极的成果之后，委员会提

---

⑫ 《洗钱、追查、查封与没收犯罪收益公约》，斯特拉斯堡，8. XI. 1990。

⑬ "收益"指任何从犯罪中获取的经济利益。它可能由下述定义的任何财产构成；"财产"包括任何种类的财产，不管是有形的还是无形的，动产还是不动产，法定的还是意定的，或者是这些财产的孳息；"工具"指任何无论以何种方式，全部还是部分用于或计划用于实施一种犯罪或者多种犯罪的财产。

⑭ 这个框架包括 40 条建议；引入了可疑交易报告、客户身份识别规定和其他措施以保证金融机构的信用。

⑮ 1998 年 12 月 3 日根据《欧洲联盟条约》第 K. 3 条采纳的关于洗钱、身份识别、追查、冻结、查封和没收犯罪工具和犯罪收益的共同行动。

⑯ Wet van 6 december 2001 tot wijziging van het wetboek van strafrecht en enkele andere wetten in verband met de strafbaarstelling van het witwassen van opbrengsten van misdrijven.

⑰ 1989 年 9 月 21 日欧洲法院 C68/88。

起了该诉讼。

欧洲法院宣称："在共同体立法没有提供对违反该法的行为的任何惩罚或者把惩罚交于国内法律、规章或管理规定的地方，条约第5条要求成员国采取所有必要的措施以保证共同体法律的实施和效力。基于此目的，当处罚的选择保留在他们的手中时，他们尤其必须保证违反共同体法律的行为被在同样的条件下处罚，不论是程序上还是实体上应当和那些违反具有类似本质和重要性的国内法律所适用的处罚相类似，并且无论如何应当确保处罚是有效的、成比例的和劝诫性的。此外，该国当局对于违反共同体法律的行为必须和他们在实施相应的国内法律时给予相同程度的注意。在本案中，从案件材料来看希腊政府没有对委员会指责的参与欺诈和隐藏该欺诈犯的人提起刑事或者惩戒性诉讼或者有任何对提起此种诉讼的障碍。"因此，法庭宣布："希腊共和国没有履行其根据欧洲经济共同体条约第5条所承担的义务。"

在欧盟的现存框架内，这是促使不愿意追诉针对欧盟的犯罪的国家行动起来的唯一途径。但它并不是一种很有效率的方式。只有在成员国没有履行它的义务时，委员会才能向欧洲法院提起诉讼，并且法院也无法对实施犯罪的公民进行处罚，它只能对没有有效处罚那些公民的国家提出质询。这并不是一种与这类欺诈进行斗争的令人非常满意和有效的程序。

因此欧洲共同体委员会建议对违反欧盟共同金融利益的犯罪采取一种不同的处理方式。一个值得提及的措施是保护欧共体金融利益的委员会规章。[18] 出于保护欧共体金融利益的目的，据此采纳了关于与共同体法律不协调的行政措施和惩罚的同质性检查（第1条第1款）。行政处罚在共同的农业政策框架里已经存在，这些处罚的目的在于为欧共体的金融利益提供足够的保护。委员会规章包含"适用于这些处罚的一般规则"。这些处罚不是作为对刑罚的替代，规章的适用将不会对成员国刑法的适用带有任何偏见。但是如果当共同体的金融利益受到损害时成员国能够更加有效地适用该国刑法，是否引入这些行政处罚就是不确定的。

欧洲共同体委员会采取的第二步措施是设立欧洲检察官。[19] 首先，委员会考虑到影响共同体金融利益的欺诈的规模根据1999年成员国和欧洲反欺诈办公室发现的数字估算总计达到413 000 000欧元。其次，它表示："绿皮书的具体内容是关于为第二步立法勾画出一个可能的方案。这部立法尤其应当确立共同体层面上关于犯罪的定义（欺诈、腐败、洗钱等等）和对于损害共同体金融利益的行为的惩罚。它应当决定如何处理共同体立法和各国国内刑法的协调。它应当规定把案子置于欧洲检察官追诉之前的程序，检察官的调查权以及调查活动的公开和

---

⑱　See Council Regulation 2988/95 of 18 December 1995，Pb 1995，L 312/1.

⑲　参见关于共同体金融利益的刑法保护和建立欧洲检察官的绿皮书，COM/2001/0715 def。

结果。"

到目前为止，欧洲委员会还没有成功地实施欧洲检察官的设想。但是改变欧盟的法律正框架正在进行中。这些改变会使从欧洲的层面采取涉及刑法的决定的可能性增大。也许在未来的几年里我们将会看到欧洲检察官的设立。[20]

伪造货币在欧共体中随着欧元的引入经常被提及。从 2002 年 1 月 1 日起，欧元在欧洲大部分地区都是法定货币。与欧元的引入相联系，欧盟对伪造货币采取了通过刑罚和其他惩罚来加强保护的框架决议。[21]

这个框架决议的目的是补充成员国通过的公约条款，并为其实施提供便利。为此，还没有这样做的成员国保证同意该公约（第 2 条）。第 3 条责成每个成员国采取必要的措施以保证明定的行为类型受到惩罚。这些义务和国际公约规定的义务有些微的不同。[22] 第 5 条要求成员国在以下两种情况下确保公约第 3 条和第 4 条规定的行为受到惩罚：（a）如果该行为与即将发行的欧元纸币和硬币有关，并且是在 2002 年 1 月 1 日前实施的；（b）如果该行为和没有发行但是已被指定流通的法定货币的纸币和硬币相关。

关于管辖，采用欧元的成员国应当采取适当措施确保对伪造货币至少是伪造欧元的犯罪的追诉是可能的，不论犯罪人的国籍和犯罪在何地实施（Article 7/2）。结合 1929 年公约第 9 条，这项义务是创造了对所有货币的普遍管辖权的一个有力的依据。

但是欧盟不仅设计法律框架，它也致力于加强法律条款的运用。早在 2001 年 12 月 17 日，一项委员会决议制定了旨在保护欧元反对伪造货币的交流、援助和培训计划，被称为"伯里克利计划"[23]。在 2005 年 7 月 12 日欧盟委员会指定欧洲警察署作为在日内瓦公约第 12 条第一句话的含义内反伪造货币的中心机构。因为依照授权伪造所有其他货币和中心机构的功能没有被给予欧洲警察署，现存的各国中心机构的职权仍然有效（第 1 条）。[24]

内幕交易从 1989 年欧洲经济共同体第 552 号指令被接受开始成为欧洲立法的主题。其第 2 条责成每个成员国禁止各种形式的内幕交易。并非所有持有内幕信息的人都不能利用他所获得的信息，指令的适用对象集中在下述几种人：

---

[20] See［Art. Ⅲ-274 Verdrag tot vaststelling van een Grondwet voor Europa］.

[21] 2000 年 5 月 29 日框架协议，Pb EG L140. 也可参见 2001 年 6 月 28 日委员会规章 nr. 1338/2001 规定的保护欧元免受伪造的必要措施，Pb L 181，4/7/2001。

[22] （a）项义务和（b）项义务是相同的；（c）项和（d）项规定：

（c）明知是伪造的货币出于流通的目的进口、出口、运输、接受或者获取该货币；

（d）制造、接受、获取或持有专门用来伪造或者变造货币的工具、物品、计算机程序和其他手段，或者全息摄影或其他用于防伪的货币的组成部分。

[23] Pb L 339，21/12/2001.

[24] Pb L 185，16/7/2005.

——利用他作为信息发布者的董事会成员、经理或者监事会成员的身份；

——利用他持有发布者的资金；或者

——因为他可以借助行使工作、专业或职责的机会接触到此类信息进而拥有内幕信息。这类人应当被禁止利用知晓全部事实的信息为自己或第三方的账户直接或间接地获取或处理、转移发行者或与该信息相关的发行者的股票。但是该指令第 4 条规定："每一个成员国也应当对除了第 2 条规定的所涉及的知晓全部事实的其他拥有内幕信息的人施加禁止，信息的直接或间接来源是第 2 条所规定的人。"

这种禁止应当被适用于任何通过专业中介机构获取、处理或转移股票的行为。每一个成员国有权规定这种禁止不被适用于在第 1（2）条结尾定义的场外而没有通过专业的中介者进行的获取、处理或转移股票的行为。这和 1989 年《荷兰刑法典》的规定是一致的，考虑到内幕交易首先和最重要的是一种破坏金融市场运行的犯罪，指令参考了创立欧共体的条约第 100 条 a 款，规定："鉴于证券交易中二级市场在市场代理商的融资中发挥着重要作用；鉴于为了市场能够有效地扮演他的角色，每一项措施都应当被采取以确保市场平稳运行；鉴于市场的平稳运行很大程度上依赖于对投资者信心的激发；鉴于这种信心赖以依靠的因素包括对投资者平等地位的保证和保护他们免受不当使用内幕信息的侵害；鉴于内幕交易与其他行为相比使特定的投资者受益，但是它可能破坏信心并因此损害市场的平稳运行；因此应当采取必要的措施抵制内幕交易。"

指令的第 5 条也和这种方法相一致，规定："每一个成员国应当把第 2、3、4 条规定的禁止至少适用于它的领土内发生的有关转移在成员国市场上允许交易的股票的行为。无论如何，每个成员国应当根据第 1 条第 2 项结尾规定，如果一项交易发生的市场位于或在该国领土内操作就视为在该国领土内进行。"荷兰的做法是采取更严格的管辖，和欧洲层面的做法相一致。

仅仅过了几年，在 2003 年，89/552/EEC 指令被 2003/6/EC 指令替代。[25] 该指令和 89/552/EEC 指令有显著的不同。

首先，持有需要根据禁令保密的内幕信息的人现在也包括通过犯罪行为获取内幕信息的人。这意味着内幕交易罪不再要求知道内幕信息的人存在"义务违反"。此外，第 4 条要求成员国确保根据第 2 条和第 3 条规定要求的禁止适用于除了那些条款规定的人之外的任何拥有内幕信息并且明知或应当知道该信息是内幕信息的人。这放松了和"义务违反"的联系，更显著扩大了禁止的范围。

这种禁止不再局限于通过专业的中介机构进行的交易。在管辖方面，一种较

㉕　2003 年 1 月 28 日欧洲议会和欧洲委员会关于内幕交易和市场操纵（市场滥用）的 2003/6/EC 指令，OJ 2003，L 96/16（下文简称 2003/6/EC 指令）。

不严格的方法被采用："在共同体金融市场上确立一种共通的标准，这有赖于指令规定的条款在较大的地域范围内适用。"第 10 条规定："每个成员国应当把该指令规定的禁令和要求适用于以下行为：在它的领土上或国外进行的涉及金融工具的行为，该行为被允许在位于它的领土内或在它的领土内操作的正规市场内进行或者关于许可在这种市场上进行交易的申请已经作出；在它的领土上进行的涉及金融工具的行为，该行为被成员国允许在正规市场上进行交易或者关于许可在这种市场上进行交易的申请已经作出。"

其次，第 11 条要求成员国"指定一个有能力保证依据指令采纳的条款被实施的专门的权威机构"。"该权威机构应当基于履行它们职责的目的在必要的时候随时互相配合并为其他成员国的权威机构提供协助。特别地，它们应当在调查活动中互相交流信息和合作。"（Article 16/1）"一个有能力胜任的权威机构开展调查的申请或者给予它的官员配合其他国家权威机构的授权申请没有在一个合理的时间内批准或者遭到拒绝可能会带来对欧洲证券调整委员会指令的不服从，在此将会举行讨论以寻求快速有效的解决办法。"（Article 16/4）[26]

2003/6/EEC 指令的条款可以被实施该指令的委员会指令[27]或者欧洲法院的初步裁决[28]加以阐述。

正如前面提到的，理事会在 1998 年采纳了一个关于洗钱的共同行动计划。[29]这项共同行动要求成员国对前面提到的 1990 年欧洲委员会关于洗钱、搜查、扣押和没收犯罪收益协定的若干条款不能作出或支持保留意见。这项义务暗含了一项处罚洗钱相关犯罪的义务，剥夺自由或拘留令最高可达一年以上。共同行动进一步规定了一项义务，该义务要求成员国确保它的立法和程序使它能够在另一个成员国有合理的理由怀疑一个犯罪行为发生时应该成员国的请求允许调查和追查可疑的犯罪收益（第 1 条）。此外，每一个成员国应当提供友好的指导，包括从何处获得服务的信息，列出其可以提供的在鉴定、追查、搜查和没收手段方面的帮助和犯罪的收益（第 2 条）。

在 2001 年，欧盟在关于洗钱的委员会框架决议里部分地废除了共同行动计划（第 5 条）。[30]这个框架决议要求成员国保证对规定的各种形式的洗钱犯罪处以剥夺自由最高不低于 4 年的惩罚。成员国应当采取必要的步骤确保其他成员国关于财产的鉴定、追查、冻结或者扣押和没收方面的请求能够按照其在国内诉讼中

---

[26] 也可参见第 12 条到第 15 条。

[27] 例如可以参见委员会 2003/124/EC 指令和委员会 2004/72/EC 指令。

[28] 例如可以参见欧洲法院 2005 年 11 月 22 日，C-384/02；欧洲法院 2007 年 5 月 10 日，C-391/04。

[29] 1998 年 12 月 3 日根据《欧洲联盟条约》第 K.3 条采纳的关于洗钱、身份识别、追查、冻结、查封和没收犯罪工具和犯罪收益的共同行动（98/699/JHA，OJ L 333，9-12-1998）。

[30] 2001 年 6 月 26 日关于洗钱、身份识别、追查、冻结、查封和没收犯罪工具和犯罪收益的理事会框架决议（2001/500./JHA），OJ L 182，5.7.2001，pp. 1-2。

采取的此类措施同样的优先权进行（第 4 条，也可参见共同行动第 3 条）。

比框架决议更加有趣的是理事会指令，也是 1991 年 7 月通过的。[31] 该指令要求成员国确保信用和金融机构依靠要求客户在确立商业关系尤其是当开设账户或者储蓄账户时或当提供保险箱保管服务时提供证据来进行身份识别（第 3 条）。信用和金融机构应当保管交易副本或者证明材料以作为在洗钱犯罪的任何调查中的证据（第 4 条）。成员国应当确保这些机构通过主动向负责反洗钱的权威机构报告任何可能有洗钱迹象的事实来与权威机构进行充分合作（第 6 条）。在 2001 年 12 月这个委员会指令已经被欧洲议会和欧洲理事会指令改变。[32] 其中，这个指令引入了对信用制度、金融制度和洗钱的定义（第 1 条）。

通过这些指令，欧盟已经选择了一个不同的方法，而不仅仅是常规的货币交易报告制度（CTR）。无论是国内的还是跨国界的，通过指定的金融中介机构[33]进行的任何货币交易超过一个指定限额（通常是 1 万美元）就至少需要在这个初始阶段进行客户身份鉴定。在欧洲和主要的远东中心国家采用的这个方法要求或允许中介机构制作可疑交易报告而不是常规的现金存入报告。这种制度与货币交易报告制度相比意在提供更具区别性和实用性的信息。美国已经在逐渐补充它的货币交易报告制度，增加了可疑活动报告，澳大利亚一直运行的是二者结合的制度。[34] 也有第三种方法，金融机构被要求向一个民间机构报告不寻常的交易，由它们检查报告以确定是否有理由能够把它们列为可疑交易，如果认为有这样的理由，那么报告将会被交给刑事调查机构。这样做的目的部分是为了保护制度中易于暴露的隐私。[35]

在荷兰，91/308/EEC 理事会指令的要求和不寻常交易公开法案（Wet MOT）是一致的。从 1994 年 2 月 1 日起，法律要求金融机构向不寻常交易公开办公室报告不寻常的交易。这部法律是国际规则执行也是 1990 年 5 月 30 日反洗钱金融行动特别工作组（FATF）建议的直接结果。

不寻常交易公开法案要求金融机构向可疑交易公开办公室报告不寻常的交易。交易如果符合一系列指标所规定的特定标准（参见 Wet MOT 第 8 条）就被认为是不寻常的。不寻常交易公开法案的核心是第 9 条，规定了不寻常交易的报

---

[31]　1991 年 6 月 10 日关于利用金融系统洗钱的理事会指令（91/308/EEC），OJ L 166，28.6.1991，pp. 77-83。

[32]　2001 年 12 月 4 日欧洲议会和欧洲理事会 2001/97/EC 指令修改了关于利用金融系统洗钱的理事会 91/308/EEC 指令，OJ L 344，28.12.2001，pp. 76-82。

[33]　银行，有时也包括交易局、娱乐场所甚至汽车交易商。

[34]　Austrac 2000. Annual report 2000. Canberra：Commonwealth of Australia. Department of Justice 2001. The SAR activity review 2：Trends，tips & issues. Washington DC：Bank Secrecy Act Advisory Group.

[35]　M. 利瓦伊（2002）：《洗钱及其规制》，载《美国政治社会学学会年报》，181～194 页。

告义务。报告制度既有预防功能也有压制功能，旨在促进金融服务的诚信、增强公众对金融机构的信心。法案第 10 条规定了金融机构提供进一步数据或信息的义务。[36] 同时一部关于客户身份识别的法律也出台了。[37]

在 1996 年的评估中，结论是不寻常交易法案发挥了一定作用，但是也存在一定的缺陷。[38] 这是经过议会讨论的结果。在随后的几年里，司法部通过加强不寻常交易公开办公室的地位和建立一个新的支持机构——国家公诉人（BLOM）来补救这些缺陷。这个机构从 1999 年开始运作。不寻常交易法案的主要问题是在向不寻常交易公开办公室报告的案件数量和引起刑事程序的案件数量之间的巨大差距。[39] 基于这个原因，一个修订 Wet MOT 的建议草案被提出了。对 Wet MOT 的修订不仅对增加制度的效率是必要的，而且也和 FATF 2001 年 10 月份的建议相符合，并且因为反金融恐怖斗争愈加按照不寻常交易报告的线索进行。报告的数量从 1999 年的 45 079 份上升到 2003 年的 177 157 份。为了提高制度的效率，错误报告的数量必须减少。因此建议取代一长串的客观指标，比如金钱的数额标准而代之以更多的主观标准，留给金融机构更多的裁量空间。

值得提及的是在欧盟背景下，2005 年欧洲议会和欧洲理事会给现存的司法框架增加了一个关于洗钱的指令，意在阻止出于洗钱和恐怖融资的目的对金融系统的利用。[40]

六、一些总结性的评论

我们已经给出了一个荷兰和欧盟关于欺诈、伪造、内幕交易和洗钱的发展的概貌。我们能否根据这些经历对抗制这些金融犯罪和抗制一般的全球化犯罪得出一些结论呢？关于伪造货币的发展相对平稳。1929 年公约仍然发挥着主要作用。荷兰的立法早在 1932 年就已经和公约进行了协调。欧元的引入伴随的框架协定也是以 1929 年公约为基础的，尽管它也导致了对相关犯罪定义的一个小的扩展。关于伪造货币的管辖荷兰自从 1932 年以来就一直采用普遍管辖原则。

人们可以留意为什么伪造货币自 1929 年以来就是这个影响深远的公约的主

---

[36] Zie Mac Gillavry Met wil en dank，p. 170 e. v.

[37] Wet identificatie bij financi? le dienstverlening, de wet Wif，thans. Wet identificatie bij dienstverlening，de wet Wid.

[38] G. J. Terlouw en U. Aron，Twee jaar MOT；Een evaluatie van de Wet melding ongebruikelijke transacties，Gouda Quint，1996.

[39] W. Faber en A. A. van Nunen，Uit onverdachte bron；evaluatie van de keten ongebruikelijke transacties，Boom Juridische uitgevers，2004，p. 57.

[40] 2005 年 10 月 26 日欧洲议会和欧洲理事会关于阻止利用金融系统洗钱和资助恐怖分子的 2005/60/EC 指令，OJ L 309，25. 11. 2005，pp. 15-36。

题。纸币和硬币的可信性对那些实行法定货币的国家具有重要的意义。但是伪造货币也会侵害别国公民的利益。每个接受伪造的货币而给予钱或物品的人都会损失有价值的财产。因此，对伪造货币的发现和惩处符合所有国家的利益。

虽然对伪造货币的抗制发展相对平稳，但在欧盟还是有一些发展。伯里克利计划是一个抗制全球化下金融犯罪方法的一个例子。国际交流、协助和培训计划可以帮助在全世界扩大抗制严重犯罪（在这个例子里是伪造货币）的专门技术的使用。这也是校正以前著名的不平衡的一种方法。富裕的国家可以实施类似伯里克利计划的金融计划，这样不富裕的国家可以满足富裕国家对金融犯罪斗争的要求。

在欧盟的第二个发展也是非常有前景的。欧洲警察署被指定为抗制伪造欧元的中心机构。这个中心机构不是和1929年公约的一个成员国相联系，而是和一种法定货币相联系。欧洲警察署也可以协助成员国调查伪造欧元的犯罪。这引出了我们的第二个建议。建立一个在世界范围内运作的中心机构不是可能的吗？一个可以应各国的请求收集信息并提供帮助的机构？我们认为这是对1929年公约确立的框架的一个有用的补充。

另外是在欺诈领域的发展，尤其是针对欧共体金融利益的欺诈。这个领域内的发展主要是发生在欧洲层面上。欧洲法院创立了一项义务，要求成员国确保对共同体法律的违反行为受到的处罚和违反国内在本质和重要性上相似的法律受到的处罚在同样的条件下进行。一国的当局对于违反共同体法律的行为进行追诉必须和对违反国内相应法律进行追诉持有同样的勤勉。欧盟已经扩大并改善了实施行政处罚的方式。欧洲委员会还打算设立欧洲检察官。

人们可以看到为什么寻找到一种和这种欺诈犯罪有效斗争的方式如此困难。这种犯罪的受害者是一个大规模征税和给予补助的国际组织。对任何一个对人性有些悲观的人来说，一个成功聚敛大量欧洲货币并在自己的母国消费的人通常不会被非常有力地追诉是不奇怪的。一些事实表明在一些欧洲国家这些人甚至被视为是当地的英雄。

针对欧共体的欺诈是一种非常具体的金融犯罪。但是欧共体面临的问题和世界面临的其他金融犯罪并非那样不同。在全球化的社会里，在给犯罪实施地创造金融利益的同时却有更多的犯罪在别处造成损失。互联网和电话提供了广泛的可能性。过去针对欧共体的欺诈犯罪的实践表明，当犯罪实施地的国家不把这种行为视为犯罪或者不在处理这些犯罪上投入大量精力时，与这种犯罪作斗争是非常困难的。

也许将来国际永久法庭的建立会发挥作用。我们发现在双方都同意的情况下1929年公约为把问题提交给永久法庭创设了一种可能性。但对现在来说这还是推测性的。

更加具有推测性的是如我们关于伪造货币建议的那样创设一个国际性运作的中心机构。在欧盟内，欧洲反欺诈办公室（OLAF）被视为是在损害共同体金融利益的欺诈领域设立的这样的中心机构。但是在欧盟内部，所有的成员国至少同意反对这种欺诈是必要的。

然而，不采取任何措施，这种类型的金融犯罪是不可能轻易对付的。

接下来我们来看内幕交易的发展情况。首先，我们可以看到不处罚被大多数国家视为金融犯罪的行为的空间迅速减小。荷兰选择内幕交易作为犯罪，但是我们国家事实上没有作出相反选择的选择权。不是所有国家都处于和荷兰相同的位置。一个像中国这样强大的大国能够承受住荷兰必须面对的压力。但是加大了统一刑事条款的压力的观察适用于所有国家。

我们可以看到荷兰和欧盟在几年的时间里内幕交易的立法已经改变了很多。但是一个重要的特征始终保留着，即内幕交易犯罪视为破坏金融市场完整性的犯罪。正如2003/6/EEC指令所表明的那样："证券市场的平稳运行和公众对市场的信心是经济增长和财富的先决条件。滥用市场会破坏金融市场的完整性，损害公众对股票及其衍生物的信心。"[41]

但是并不是只有公众利益处于危险之中。从一个知道尚未公开的坏消息的公民手中购买股票的人会付出很多代价，而将股票卖给知晓尚未公开的利好消息的人获得的利益将少于他所应得的。

在伪造货币的情况下，容易发现对每个签署1929年公约的国家来说是做了一件理性的事情。在欺诈欧共体金融利益的背景下，我们可以发现不对一些类型的金融犯罪进行有效追诉是理性的。内幕交易属于哪一类金融犯罪呢？

乍看之下，人们觉得内幕交易属于第二类。不知道内幕信息的公民不处于交易发生的国家，这将产生与内幕交易作斗争不符合一个国家金融利益的想法。比如，一个俄罗斯公司通常会在它被美国或者日本的居民知道之前被俄罗斯人熟悉。人们可能认为不和内幕交易作斗争符合俄罗斯的利益，因为这将会给俄罗斯的居民带来利用优于其他国家居民优势的可能性。

因此，内幕交易和伪造货币一样，交易发生国同这种金融犯罪进行有力的斗争符合该国的利益。通过这样做可以保证股东和未来股东的资产市值在同一水平上。这也会增加公司通过市场扩大融资的可能性。

欧盟把内幕交易视作是一种破坏金融市场完整性的犯罪。这种方法可能解释该规章的一个重要特征：有限管辖。2003/6/EEC指令允许成员国对发生在其领

---

④ 也可以参见http://www.idt.gov.hk/english/welcome.html。"最有力的控制内幕交易和处罚内幕交易者的论点是由内幕交易者自己改变他对市场信心造成的影响。大的久经考验的市场比如香港需要信心和尊重来有效地运作。当感觉处于有利地位的内幕交易者经常能够窃取所有其他市场参与者的利益时，市场作为一个整体是不会赢利的并且会扭曲市场。"

土上的行为以及发生在国外的有关金融工具的行为采取限制管辖，如果这些行为被证明是在该国正规市场或在该国领土内实施的这种方法和在伪造货币案件里采用的方法有显著的不同。

另一种和伪造货币采用的方法更为相似的方法也是可能的。正如公众对钞票和硬币的信用的信心那样，公众对金融市场完整性的信心是非常重要的。但正如我们以前看到的那样，公民的利益也处于危险之中。

2003/6/EEC 指令的许多条款显示这些公民的金融利益也是相关的。和 89/552/EEC 指令不同，它不允许成员国对通过专业中介机构进行的交易的禁止施加限制。在市场没有在交易中发挥作用的地方，对市场的信心不会处于危险之中。此外，经由依靠犯罪手段拥有内幕信息的人实施交易的行为必须被处罚。这和公众对金融市场的完整性的信心相关吗？

我们希望在不远的将来，无论是在欧盟还是在世界其他地区，内幕交易犯罪被视为是危害公众和私人利益的犯罪。然后像在伪造货币的案件中那样采用一种真正国际性的方法。

最后我们回到洗钱犯罪中，但这并非是最不重要的。与洗钱犯罪作斗争是与产生必须清洗的赃钱的犯罪相联系的。产生大量赃钱的犯罪突出的是毒品犯罪。但是这种洗钱犯罪和毒品犯罪的联系并不是在全球化的社会里反洗钱的最坚实的依据。不是每个国家都有同毒品犯罪斗争的兴趣。毒品产自贫穷国家销往富裕国家产生收入。坦率地说，对使用者健康的损害不是生产毒品的国家所面临的问题。

或许一种更为有力的依据可以从反恐怖主义的共同利益中寻找到。恐怖主义袭击是对所有国家的威胁。犯罪收益包括毒品犯罪可以被用于金融恐怖主义。欧盟已经采取了一个具体的指令以阻止出于洗钱和恐怖主义融资的目的利用金融系统。该指令所采用的方法也被欧盟之外的其他欧洲国家所采纳。或许它可以被用于全球与恐怖主义者洗钱活动的斗争中。

七、在教育从业者和学生中的发展

全球化不仅会影响金融犯罪，而且和其他许多类型的犯罪如毒品犯罪和计算机网络犯罪密切相关。

国家和超国家的组织都必须应对这种发展。但是，大学和法学院也必须应对这种发展。相当长一段时期，国家立法和本国法律是法律教育的主要内容。但是统一实体法和程序法规定的趋势产生了另一种国际导向的教育。

在格罗宁根，我们计划开设国际法学士教育。这种学位教育将不会局限于某一特定的法律系统，比如荷兰、德国、英国或美国的法律。相反，它定位于教授那些在所有的法律制度中都存在的教义概念。关于刑法，我们会开设一门实体法课程，集中在诸如罪刑法定、犯罪行为、犯意、正当防卫、实行和参与、未遂、预备和共谋。关于刑事程序法，我们计划围绕欧洲法院关于人权的审判规程展开。这种审判规程集中在公正审判的概念上，在所有的欧洲国家都很有影响。这种教育的目的是使学生能够运用全世界不同法律制度工作（在接受了具体法律制度补充课程之后），并且能根据对其他法系的知识为完善一种法律体系提供建议。作为对这个学位教育的补充，我们刑法和犯罪学系计划开设一个国际刑法硕士学位课程，旨在关注比较刑法和国际刑事审判。

我们认为，这样一种法学教育是全球化社会所要求的。

欧洲人权公约与金融犯罪诉讼

［英］彼得·达夫（Peter Duff）* 著　曹菲** 译

一、引　言

本文意图探讨欧洲人权公约（以下简称"公约"）对英国金融犯罪诉讼的作用。在刑法学"全球化"的背景下，这种探讨为解决国内法律体系所面临的一些问题提供了一个很好的范例。但这里必须着重指出，我并不认为公约所起的作用是负面的。不断强化的人权保障观念无疑给对犯罪的有效起诉带来了阻碍，使其变得更加困难，但它也为保护被指控犯有这些罪的被告人的权利提供了保障。本文的第一部分将解释公约创造国际法律秩序的过程，这种秩序现在已经扩展到整个欧洲，并波及苏联解体后成立的一些新国家。①

首先，我将简要解释一下公约效力范围的扩展，尽管我并非这一领域的专家，这与其说是一个刑法学者的领域，不如说是国际法和宪法律师的领域。其次，我将阐释公约第 6 条的实质，这是从刑事程序学者的角度看来最为重要的一款规定。最后，我要关注两个司法裁判，一个来自于欧洲人权法院，一个来自于英国法院，由此阐明公约在刑事程序权利方面对欧洲司法制度的影响。

需要解释一下的是，在英国存在三个司法管辖区：英格兰和威尔士、苏格兰、北爱尔兰。北爱尔兰的法律大部分源自于英格兰，因此二者非常相似，尽管在刑法学体系内部的一些结构和制度上还存在差异。相反，苏格兰的法律体系有着与英格兰完全不同的根基，这主要是因为直到 1707 年苏格兰都是与英格兰完全分离的一个独立的国家。尽管在 300 年前它与英国的其他部分合并了，但苏格

---

*　彼得·达夫，英国阿伯丁大学法学院刑法学教授。

**　曹菲，中国人民大学法学院刑法学专业 2007 级博士生。

①　需要指出的是，欧盟（EU）的发展也创造了一种国际法律秩序，主要是涉及欧洲众多国家的自由贸易和经济一体化的国际法律秩序。这和欧洲人权公约是截然不同的，涵盖的国家也少一些。本文所涉及的仅仅是欧洲人权公约开创的人权体制，并不涉及欧盟的法律和制度。

兰的法律体系却保留了下来。尤其是在刑事领域，苏格兰法和英格兰法的差异最为显著，因此苏格兰的刑法学体系与英格兰的刑法学体系有很大差别。虽然每一个司法管辖区都有自己的法院，但对于刑事案件中的人权保障问题而言最终决定权在上议院，在苏格兰则是枢密院司法委员会（事实上它和上议院只是一班人马两块牌子）。不过就本文的目的来说，英国国内司法权内部的这些差异并不会产生太大问题，只是为了避免歧义才提出来。

二、欧洲人权公约

在第二次世界大战结束之后，许多欧洲国家于 1949 年组成了欧洲委员会，该委员会是数个旨在使西方的自由民主相靠拢而创建的组织之一。[②] 其目的在于强化共同的价值观，以对抗极权主义的蔓延，并进一步防止曾在第二次世界大战之前和之中普遍存在的侵犯人权现象。起初，该委员会只有英国等 10 个成员国，但是现在已拥有 40 个国家了，这里还包括许多东欧的原社会主义国家，例如，波兰、爱沙尼亚、乌克兰、克罗地亚、格鲁吉亚以及阿塞拜疆。委员会最早的任务之一是起草了于 1950 年颁布的公约。这是作为共同行使联合国于 1948 年制定的《联合国人权宣言》所载明之当然权利的第一步。

公约的焦点在于由完备的西方法律体系所承认和共同拥有的公民及政治权利。第一，它允许各国自己决定其愿意承担的义务的范围，而且既可以在国家正式批准公约时保留这些权利，也可以在这之后根据公约第 15 条减少权利。关于公约的执行，报告程序要求各国向欧洲委员会秘书长报告其根据国内法实施公约的情况。第二，一个缔约国有权向欧洲委员会提交关于另一缔约国违反公约条款的声明，但是考虑到政治因素，该程序无疑是没有多大用处的。第三，也是最后一个保证各国遵守其义务的机制是，允许各国公民直接向欧洲委员会起诉政府侵犯其人权的行为（现在是根据公约第 34 条）。这是一个选择，所以各国可以决定是否承认公民个人享有根据公约之规定对于侵犯自己权利的行径向委员会申诉的权利。

欧洲人权法院（ECTHR）建立于 1959 年，它旨在裁判公民个人的起诉，但是其运作的开始却十分缓慢。这很大程度上是因为欧洲委员会的成员国最初并不情愿接受公民个人申诉的权利。[③] 斯堪的纳维亚的国家以及荷兰已于 1960 年承认了本国公民拥有向该法院起诉的权利；英国则于 1966 年接受了这一程序；法国

---

② 如上所述，我并不是一个欧洲人权法院创始及构成方面的专家。在该部分，我所进行的讨论大多直接援引自 R. Reed 和 J. Murdoch 合著的《苏格兰人权法导论》（Butterworths 2001 年版），53～102 页。

③ 又一次，它与关注欧盟立法执行的欧洲法院完全分离了。以下 ECTHR 的提法就是指欧洲人权法院，它十分关注欧洲人权公约的实施贯彻。

和西班牙于 1981 年、希腊于 1985 年、土耳其于 1987 年也签约承认了该权利。从刑事程序的角度来看，而且我猜测从其他角度来看也是同样：已经出现的公民个人就其本国侵犯自己人权而提起的诉讼，正是保证欧洲的刑事司法符合公约规定的一个推动力。因此，欧洲人权法院的大多数决定都采取了案例的形式，而这些案件就是因公民个人状告其所属国家而出现的，例如下面将会看到的 Saunders 诉英国一案。④

直到最近，在英国，对于一个认为自己的人权在起诉和判决时受到侵犯的人来说，唯一的救济就是在欧洲人权法院提起诉讼。如果他胜诉，他将获得数额甚小的一笔赔偿，但是在欧洲人权法院的胜诉并不能影响国内法院所作出的裁决。换言之，如果他被判有罪并被处以监禁，那么该判决将依然有效。即使欧洲人权法院认为他的人权的确遭到了侵犯并裁决给予其一定的赔偿，他也依旧必须在监狱中服刑。公约的主要力量在于，一个被认为侵犯了其公民人权的国家将招致公共舆论的反对。例如，20 世纪 70 年代和 80 年代的一系列案件导致英国因为其警察和军队在北爱尔兰拘捕恐怖主义嫌疑犯时所采取的方式而遭到了国际上的批评。与此相似，由于欧洲人权法院的诉讼揭露了在土耳其的监狱，尤其是关押政治异见人士或作为少数民族的库尔德人的监狱中，存在对犯人进行虐待和非人道待遇的现象，土耳其面临着巨大的政治压力。欧洲委员会希望这样的舆论宣传能有效地促使其成员国改革本国的刑事司法制度和程序，以使它们能与公约的规定保持一致。

至于说公约对各国国内法院裁决的影响，则在近几年发生了急剧的变化。一开始，苏格兰法院明确表示，它们在审理苏格兰的案件时对公约和欧洲人权法院的判决没有任何兴趣，然而英格兰法院却更愿意在需要的时候参阅欧洲的法理学并参考它们的判决。⑤ 不过苏格兰的做法从 20 世纪 90 年代初开始就发生了变化。法官们承认，当法律中出现既可以解释为与公约一致也可以解释为与公约相左的模糊之处时，在可以预测议会无意制定和公约相冲突的法律的前提下，法院可以采用与公约相一致的解释。2000 年 10 月 2 日，在英国全国出现了一个根本性的变化，在这一天 1988 年的人权法案正式生效。但苏格兰已经早于英国 1 年进行了改革，1998 年苏格兰法案为苏格兰建立了一个被授权的议会。

根据人权法案（HRA），英国公民可以在本国法院（即英格兰、北爱尔兰以及苏格兰的法院）中行使自己在公约中享有的权利，而无须承受无法避免的代价和延误前往远在法国斯特拉斯堡（Strasbourg）的欧洲人权法院提起诉讼。人权法案是一项复杂的立法，但就现阶段的目的而言，主要关注两个条款就够了。第一，人权法案的第六部分将政府当局以违反公约的方式实施的行为视为非法。因此，例如，如果检察官试图在法庭上使用在公约看来是以侵犯被告人隐私权的方

---

④⑤　参见（1997）23 EHRR，313、318 页。

式取得的证据来举证，被告人就可以对检察官进行反驳。于是，在案件审理继续进行之前，国内法院必须决定证据是否可以采信。

第二，人权法案的第三部分规定，法院必须尽可能地以与公约相一致的方式解释国内法律。正如我们将看到的，为了保证法律能与公约一致，法院在试图扩展规范条文的含义上显得非常明智。（假如法院无法以和公约相一致的方式解释法律，那么根据人权法案第四部分的规定它可以作出"关于不具有一致性的声明"，但依然适用国内法。接下来则由政府决定是否需要修改国内法律。）在简要介绍了公约是如何给英国的国内司法带来国际影响因素之后，现在是时候概括地考察一下公约对刑事司法程序影响最大的那方面了。

三、公约第 6 条

如上所述，从刑事律师或刑事程序学者的角度来说，公约最重要的条款是第 6 条，它规定了"获得公正审判的权利"[⑥]。第 6 条（1）适用于民事及刑事程序，它列举了程序公正所必须的各种要素：

——"公正和公开的审讯"；

——"在合理的时间之内"；

——"独立而公正的审判"；

——"公开宣布的判决"。

第 6 条（1）允许对于公开审判原则的例外，允许在需要的时候将媒体或公众排除于审判的全程或部分环节之外，例如，考虑到未成年人的利益或者特殊个人的隐私。因此，虽然控告和辩护仍然不可或缺，但法院可以秘密听取某个遭受过性虐待的儿童的证言。

第 6 条（2）十分简短，它只是规定：

——"任何被指控犯了罪的人在依法被证实有罪之前均应推定为无罪。"

必须注意，第 6 条（2）仅仅适用于刑事程序。正如我们将会看到的，欧洲人权法院在解释该规定时，认为它提出了各种进一步的要求——例如"沉默权"——这些要求都被说成是来源于无罪推定原则。

最后，第 6 条（3）规定了在刑事诉讼中被起诉人所享有的一系列"最低限度的权利"，这里有必要把它们作一列举：

——"迅速地被告知针对他所提出之指控的性质和理由"；

---

⑥ 关于该问题更为详尽的论述和更深入的参考文献，参阅脚注 2 所提到的 R. Reed 和 J. Murdoch 著作，253～374 页；以及 S. Trechsel 著《刑事诉讼中的人权》（Oxford UP 2005 年版），45～404 页。关于公约第 6 条对于英国刑事诉讼影响的讨论，参阅 A. Ashworth 和 M. Redmayne 合著《刑事程序》（第三版）（Oxford UP 2005 年版）以及 P. Roberts 和 A. Zuckerman 合著《刑事证据》（Oxford UP 2004 年版）。

——"拥有充足的时间和能力去准备辩护";

——"自己选择是自行辩护还是通过法律援助进行辩护,如果他无力偿付法律援助的费用,那么在司法公正利益要求的情况下应当免费为其提供援助";

——"了解对自己不利的证据……"[7]

欧洲人权法院并不是孤立地去看第6条所提出的每一个要求。相反,它总是关注主要问题,即针对被告人的诉讼是否在整体意义上是"公正"的。因此,如果在诉讼的某个阶段被告人的权利看上去遭到了侵犯——例如在审判中,假如这种情况在下一阶段的诉讼中被纠正——例如在上诉中,那么被告最终就没有遭受任何物质上的不利,因此法院就可以认为该诉讼在整体上是公正的。如上所述,因为欧洲人权法院坚持将重点放在诉讼的整体公正上,所以它在解释上面所列举的各项具体权利时就显得很有创造性。它既可以扩展权利的范围,也可以派生出公约并没有明确提到的各项补充性权利。自从国内法院被授权或指示适用公约的规定之后,随着人权法案的通过,它们已经倾向于采用相似的方式了。

在简要地看过第6条的内容之后,现在有必要介绍两个案例,它们来自于金融犯罪的诉讼,而金融犯罪诉讼是受欧洲人权法院刑事程序国际化影响最大的领域。我将借助对这些案例的分析展示蕴涵于西方的刑事诉讼体系内的基本原则,以及在实际执行公约方面的重视。因此,我所进行的讨论并非仅仅是解释两个随意挑选出来的案例,而是为了对欧洲司法中日益国际化的刑事程序进行更为广泛的分析。特别是它将展示跨国人权保障对于金融犯罪的侦查和起诉所产生的影响。

四、Saunders 诉英国案[8]

关于习惯上所说的"沉默权"或"反对自证其罪权",该案件被认为是欧洲人权法院最为重要的判决之一。它也说明了在当局试图起诉复杂商业犯罪时公约所引起的一些问题。但是,沉默权使得英国法律(以及大多数其他欧洲国家的司法)中的一项基本原则变得神圣,该原则认为被指控犯了罪的人不需要回答警察、检控方或其他任何人向他提出的任何问题。被指控犯罪的人必须被告知这项权利,而且不能强迫或诱导他说出任何可能在接下来的刑事起诉中用作指控他的证据的话。[9]

Saunders 是跨国饮料公司 Guinness 的首席执行官,当时该公司正与另一家

---

[7]　另外,被告人还享有"在听不懂或不会说法庭所使用的语言时免费获得翻译人员帮助"的权利——第6条(3)(e)。

[8]　Saunders 诉英国案,(1997) 23 EHRR,313 页。

[9]　关于该原则隐含的可能的正当化事由的最新和批评性讨论,以及更深入的文献,参阅 M. Redmayne:《反对自证其罪权利的再思考》,载《牛津法律研究期刊》第 27 期 (2007),209～232 页。

大公司竞争接管作为威士忌酒的重要生产商和批发商的 Distillers 公司。Guinness 公司和其对手都向 Distillers 公司的股东提供资金和股票交易，Distillers 公司的股东可以从获胜的竞投者那里获取股份。所以在这场竞投中，Guinness 公司和其对手对每股价格的出价就显得至关重要；出价越高，该公司对于 Distillers 股东就越具有吸引力。事后发现，Guinness 公司通过鼓动其支持者在公开市场上购买 Guinness 股票，人为地使自己的股票升值，还非法补偿 Distillers 股东在卖出股票时所遭受的损失，并承诺在成功收购 Distillers 公司后给予其巨额费用。最后这场股权收购战以 Guinness 公司获胜而告结束。

关于这场非法股票价格操控的传闻和流言促使英国贸易和工业大臣根据 1985 年公司法第 432 条开展一项调查。根据程序规定，两名调查人员被责成调查 Guinness 事件，并将情况向大臣汇报。这两名调查人员分别是一位高级会计师和一位皇家律师（高级律师）。就在案件调查的早期，调查人员提醒贸易和工业部（DTI），已有证据证明确实存在犯罪行为，作为检控方的皇家检察机关（CPS）也得到了相同的提醒。与此同时，贸易和工业部的调查人员进行了一项与可能发生的起诉截然分离的调查。调查人员曾 9 次与 Saunders 谈话，每一次都有 Saunders 的代理人陪伴。其中有 7 次谈话发生在他被警方指控以前（之后还有 2 次更深入的谈话，不过这都与本文的目的无关了）。

必须注意的是，在这一阶段，如果公司的职员在调查中拒绝回答贸易和工业部调查人员的问题，后者可以将该情况向法院报告。根据公司法第 436 条，在进入到案件侦查阶段之后，法院可以认定拒绝回答问题的人犯有藐视法庭罪，并判处他罚金或两年以下有期徒刑。显而易见，这与不能因为某个人拒绝回答可能自证其罪的问题而判处其刑罚的沉默权原则是背道而驰的。正如前面所提到的，贸易和工业部的调查并非刑事侦查程序的一部分，所以这对于贸易和工业部的调查人员来说并不成为问题。

在贸易和工业部调查结束之后，Saunders 和他的一些助手被指控犯下了数宗与非法股票价格操控有关的罪行。在案件审理中，法庭收到了 Saunders 的一名同案被告的申请。他希望法庭能判决，根据 1984 年警察与刑事证据法，他与贸易和工业部调查人员的 3 次谈话记录不能被采信，因为这些记录要么是"强迫"（第 76 条）取得的，要么与"公正"使用证言（第 78 条）的规定不符。主审法官驳回了该项申请，因为他并没有发现证言获取的过程中存在强迫现象，也没有发现在随后的刑事诉讼中存在不公正使用证言的情况。最终，Saunders 已不再尝试就他的 7 次谈话记录不可采信进行争辩。很明显，法官已经在这一点上作出了自己的决定。

在审理过程中，用了 3 天时间将 Saunders 与贸易和工业部调查人员的 7 次谈话记录展示给陪审团，以此来证明他对股票价格操控的情况是知道的，也以此反驳 Saunders 在法庭上出示的证据。他声明自己对于补偿股东损失以及收购成功后支付股东费用的事情一无所知，自己没有犯任何罪。与此相反，他早前与贸易和工业部调查人员的谈话记录却表明他是知道收购成功后支付股东费用一事的，而且该记录也与他在法庭上出示的证据多有相左。很明显，他对贸易和工业部调查人员所提供的证言虽然并不构成供述，但是对于指控他犯罪的诉讼来说的确十分重要。最后他被认定有罪，并被判处 5 年有期徒刑。在上诉中，Saunders 提出该谈话记录不能被采信，因为它们的使用侵犯了自己的沉默权，而且对于被贸易和工业部人员调查的人并没有给予和在刑事侦查中受到警察讯问之人相同的保障，这是不公平的。

英国上诉法院驳回了这一理由。第一，1985 年公司法明确规定，对贸易和工业部调查人员的回答即使侵犯了沉默权和不得自证其罪的权利，也可以在其后的刑事诉讼程序中被用作证据。至于说受贸易和工业部调查的人没有得到与受警方讯问之嫌疑人相同的待遇，法院认为："查清该领域中复杂而不正当的交易是特别困难的，所以那些依照破产法和公司法享有豁免权和特别权利的人必须接受严格的调查，尤其是在涉嫌诈骗的时候。"⑩ 实质上，法院认为对复杂商业犯罪的侦查和起诉都是非常困难的，所以在该领域中对于正常情况下保护犯罪嫌疑人的规定进行一定程度的限制是可以的。同时法院还指出，贸易和工业部调查人员所扮演的角色和警察以及皇家检察机关不同，这是因为：他们不可能成为将来的案件起诉者；接受谈话的人一般都会由律师来代理，而且也会在事前被告知将会提出的问题；调查人员肯定会公正地行事，并给予那些他们打算批评的人以答辩的机会。

于是，Saunders 前往欧洲人权法院，对于在刑事诉讼中使用贸易和工业部调查人员制作的谈话记录提出异议，并认为这侵犯了自己在欧洲人权公约中享有的权利。法院援引其以前的判决认为：

"虽然公约第 6 条并没有明确具体地提到，但是沉默权和反对自证其罪的权利却是被位于公正审判精神之核心而被广泛接受的国际标准所承认的……尤其是，刑事案件的起诉不得以通过威胁或强迫的手段获得的证据来证明被告人的罪行，这是反对自证其罪的权利所含有的内容……从这个意义上来说，该权利与公约第 6 条（2）所载明的无罪推定原则紧密相连。"⑪

法院继而认为，申诉人是在"法律强迫"⑫ 下向调查人员提供证词的，因为拒绝回答他们的问题将会被认为是藐视法庭，并被判处两年以下有期徒刑。所以，法院得出结论，该刑事诉讼程序的确侵犯了 Saunders 不得自证其罪的权利以及根据公约第 6 条获得公正审判的权利。⑬ 换句话说，面对假如拒绝回答调查

---

⑩　Saunders，第 41 自然段。

⑪　Saunders，第 68 自然段。

⑫　Saunders，第 70 自然段。

⑬　Saunders，第 76 自然段。

人员的问题就有可能坐两年牢的压力，他在如何应对调查人员的询问方面没有选择的余地。如果他的回答并不是仅仅用于调查人员向贸易和工业部所作的汇报，而且还用于随后的刑事诉讼，那么他就是被迫自证其罪，而公约第 6 条所规定的获得公正审判的权利也就遭到了侵犯。有趣的是，欧洲人权法院并没有接受英国上诉法院关于商业犯罪的复杂性可以使宽松适用沉默权和反对自证其罪权原则的做法合法化的观点。

"政府认为，企业诈骗犯罪的复杂性、侦查该类诈骗犯罪所体现的重大公共利益以及对负有责任者的惩治可以使这种对于公正审判之基本原则的明显偏离得以正当化。这种理由是法院不能接受的。法院认为，第 6 条关于公正的总体要求，包括不得自证其罪的权利，适用于所有类型的刑事案件的诉讼程序，最简单和最复杂的案件之间在这个问题上不存在任何差别。"[14] 就这样，欧洲人权法院作出判决，Saunders 根据欧洲人权公约所享有的权利遭受了侵犯，因为诉讼中存在对暗含于第 6 条中的不得自证其罪权利的违反。

在故事的结尾，值得一提的是，Saunders 声称自己因为权利被侵害所遭受的收入损失、支付的代理费以及其他各项支出超过了 3 500 000 英镑。但是，在欧洲人权法院聆讯时，对于"真正获得的赔偿"只是表明他胜诉的一纸法院判决以及对他名誉的恢复这一事实，他表示接受。法庭并没有判决支付任何的金钱赔偿，理由是：（1）在贸易和工业部调查人员面前他并没有就程序问题提出申诉；（2）假如这份侵害权利的谈话记录没有在诉讼中使用，审判的结果又会如何，这是无法预测的。同时，Saunders 还以自己获得公正审判的权利遭到侵犯以及由此引发的精神焦虑和遭受监禁为由，提出 1 000 000 英镑的非物质损失赔偿请求。法院认为，判决关于其权利遭受侵害的结论已经足以补偿他所受到的非物质损失。一句话，欧洲人权法院很明显对于 Saunders 并无多少同情之心。

最后，需要注意的是，英国政府对 1985 年公司法进行了修改，规定根据第 432 条由贸易和工业部调查人员获得的调查证据不能在其后的刑事诉讼中使用（2001 年刑事司法与警察法案，Schedule 2（2），第 17 自然段）。换言之，政府接受了欧洲法院的裁判，并修改了其立法以防止对公约第 6 条的违反。

五、HMA 诉 McIntosh 案[15]

虽然人权问题通常发生在复杂的公司诈骗和有组织犯罪的诉讼中，本案却是对苏格兰一名巨额毒贩的定罪。与 Saunders 案不同，本案发生在公约被纳入苏

---

[14] Saunders，第 74 自然段。

[15] HMA 诉 McIntosh 案，2001SCCR，191 页。

格兰法律之后，而且是由国内法院而非欧洲人权法院裁决的。被告人被指控贩卖海洛因并被认定为有罪，紧接着检控方申请法院作出"没收令"。根据 1995 年刑事没收程序法案，法院可以在对犯罪人科以适当刑罚之外没收犯罪人金融财产的适当部分。程序是由检控方举证犯罪人所拥有的金融财产的具体数额，法院有权推定自实施犯罪行为之日起被告人得到的任何经济利益都属于犯罪所得。此外，在涉及提供毒品的案件中，根据 1995 年刑事没收程序法案第 3 部分（2）法院有权推定，在犯罪人被起诉之前的 6 年中所得到的每一笔收入都来自于贩毒行为。这项推定可以被相反的事实推翻，换句话说，他可以说明这笔钱来自于合法行为，如正常工作的工资、祖母的遗产等等。在反复考虑过这些事实之后，法院会对被告人科以相当于他财产合理部分的没收。

　　McIntosh 质疑上述程序，他认为这一程序违反公约第 6 条（2）所保障的无罪推定原则。[16] 实质上，他主张 1995 年刑事没收程序法案第 3 部分（2）允许法院推定他的全部金融财产都是贩卖毒品取得的，对他而言就是有罪推定。易言之，他的论点在于，被推定为无罪的权利意味着检控方必须证明他的财产、或其相关部分是来自于贩毒行为，而不是由他自己去证明这些财产来自于合法行为。初审法官驳回了 McIntosh 的抗辩，苏格兰高等法院以 2 名法官对 1 名法官支持了 McIntosh 的主张（裁决检察官不得信赖 1995 年刑事没收程序法案第 3 部分（2）的"反向推定"），而对苏格兰人权问题拥有最终仲裁权的枢密院司法委员会（JCPC）推翻了高等法院的裁决，认为没收程序并没有违反他根据公约所享有的权利，没收程序可以继续进行。这些事实说明，公约纳入苏格兰法律增加了法律问题的困难程度。

　　在多个法院介入该案件之前，在法律辩论过程中出现了两个各自独立的问题。第一个问题是，是否与针对他的没收令申请有关。McIntosh 确实是一个"被指控实施了犯罪"的人，公约第 6 条（1）——确保公平审理——适用于所有法律程序，而第 6 条（2）——无罪推定的权利——仅适用于刑事程序。检控方认为，要求法官作出没收令并不意味着就是刑事程序。主要原因在于，没收令申请是构成宣判程序的一部分，在判决的主体已经被宣判有罪的情况下，没收令申请只是作为一个成功的刑事程序的终了而存在的。换句话说，除了已被判决有罪的那一项犯罪之外，McIntosh 并没有被指控犯有其他任何罪，因此在刑事程序的前期他是被推定为无罪的。

　　为了进一步支持其观点，检控方认为，决定是否作出没收令的程序并不会发展为有罪或无罪的裁决，只有刑事诉讼才会最终发展为罪或非罪的裁决。面对法

---

　　⑯　有关无罪推定原则之下可能的司法的讨论及更深入的参考文献，参阅 A. Ashworth：《无罪推定面临的四个威胁》，2006（10），241～279 页。

院根据社会调查报告决定对被告人适用监禁刑还是采取缓刑等社会内处遇的现状，决定是否作出没收令的程序只会使法院作出适当的量刑。诚然，如果犯罪人未能履行没收令，没收会被易科为一定的监禁刑，但这监禁刑并不是因为贩卖毒品的犯罪行为而被科处的，而是因为他未支付没收令所要求的金额。这和当犯罪人拒绝缴纳罚金时，法院可以作出选择性裁判以监禁刑替代罚金的程序大致相同。决定是否作出没收令的程序只是接在刑事诉讼程序之后的宣判过程的一部分，是确保犯罪人服从裁判的一种方法。

相反的，辩方声称 McIntosh 确实面临刑事指控，因为虽然他被指控犯有贩卖毒品罪，检控方的没收程序却并不必然和这一犯罪行为有关，被指控的贩毒罪行范围实际上要宽于法院认定有罪的行为。虽然初审法官没有接受以上观点，高等法院以 2 比 1 的多数票支持了辩方的意见。[17] 在上诉审中，Prosser 大法官有远见地注意到，不管程序是被打上"刑事"的标签，还是被称作作出"没收令"，这些都不是问题所在。[18] 在 Prosser 大法官看来，有必要认清程序的本质，很明显这一程序的本质是刑事的，因为它的结果是根据被告人的罪行对其判处刑罚。[19] 然而，枢密院司法委员会在考察了欧洲人权法院的做法后，一致决定支持检控方的观点，认为没收令申请并不是刑事程序的组成部分，不应适用公约第 6 条（2）。Bingham 大法官认为：

"他（McIntosh）无法证明自己被指控犯有'刑事犯罪'。他面临一项财产刑（如果不缴纳就易科为监禁刑），但这个财产刑是针对他被判有罪的那项罪行而作出的，与其他罪行的指控无关。"[20]

易言之，枢密院司法委员会的 5 名大法官接受了这样一种观点，即刑事程序以 McIntosh 被判犯有起诉的毒品犯罪而告终。在这一程序中被告人是被假定为无罪的。由于结论已经作出，在此之后的宣判过程并不属于刑事程序。Bingham 大法官强调指出，这一裁决并不是把宣判过程中的 McIntosh 置于不受法律保护的境地，因为根据公约第 6 条（1）他仍拥有确保公平审理的权利，苏格兰普通法和成文法规范都允许他证明自己的财产是合法取得的，从而免于被没收。

第二个问题是公约第 6 条（2）是否适用于没收程序，1995 年（苏格兰）刑事没收程序法案第三部分（2）是否违反被告人的无罪推定权。按照枢密院司法委员会的见解，公约第 6 条（2）不适用于没收程序，这个议题本身是假设性的，但枢密院司法委员会还是想表明他们的观点。如前所述，1995 年刑事没收程序法案第三部分（2）允许法院推定，因贩卖毒品被判有罪的人在被起诉前 6 年中取得的所

---

[17] McIntosh，上诉状 2000SCCR，1017 页。

[18] McIntosh，第 17 自然段。

[19] HMA 诉 McIntosh 案，2001SCCR，191 页。

[20] McIntosh，第 25 自然段。

有财产都是贩毒所得，如果他想保住财产只能自己证明财产来源的合法性。这就是所谓的"反向举证"：举证责任不是由检控方来承担，而是由被告人自己提供证据证明案件事实。在此基础上，辩方提出这项规定与无罪推定原则相悖。它推定犯罪人的财产都来自贩卖毒品，由犯罪人自己证明它们不是贩毒所得。

高等法院推翻了初审法官的裁决，认为 1995 年刑事没收程序法案第 3 部分（2）确实违反了 McIntosh 根据公约第 6 条（2）所享有的被推定为无罪的权利。原因主要在于，检控方没有必要提供证据证明 McIntosh 在那一阶段是在从事贩毒。因此，法院推定他在此 6 年间所得到的全部收入都是贩毒所得是与无罪推定原则相悖的。这个问题是相当严重的，因为被告人可能只犯有一项相对轻微的犯罪，却有可能因此失去全部财产，除非他能证明这些财产是诚实取得的。[21] 枢密院司法委员会对此持相反意见。[22] 根据欧洲人权法院和上议院的先例，可以很容易地得出 1995 年刑事没收程序法案第三部分（2）不违反公约第 6 条（2）的结论。Bingham 大法官指出："不存在绝对的权利，这是很明显的道理，但是同样，对无罪推定的批评也不能不加批判地接受。"[23] 换句话说，无罪推定也应当是有所限制的。值得注意的是，Bingham 大法官在这里强调，法院会以批判的态度仔细审查这些规定。他继而作出了如下解释：

"打击犯罪维护社会大众的利益无疑是重要的，但这不能成为国家任意践踏刑事被告权利的理由……权衡社会公共利益和个体权利，有必要考虑以下问题：究竟这个条款旨在强调公共秩序受到了怎样的威胁？检察官必须要证明什么才能将举证责任转移到被告人身上？被告人承担这些转移来的举证责任会有什么困难？"[24]

枢密院司法委员会认为，在某人已经被判决犯有贩卖毒品罪之后，充分发挥 1995 年刑事没收程序法案第三部分（2）的作用是非常重要的，因为这意味着法院正在处理的是一名已经被证实的毒贩。接下来，检控方必须证明在起诉之前的 6 年中犯罪人的财务状况如何，并将已经掌握的财产来源逐项详细列出。Bingham 大法官继而指出，只有当被判有罪的毒贩的金融财产和他知道来源的财产之间存在"明显差距"时，宣判的法院才会推定这个差距是来自毒品交易的收入。Bingham 大法官并不认为要求犯罪人解释这个差距有什么"不合理或者不公平"，因为犯罪人对于他财产的来源肯定是知道的。[25] 如果财产来自合法途径，那毒贩也就没有什么可害怕的了。本案的另一名法官，Hope 大法官作出如下补充，人们贩卖毒品是为了挣钱，毒贩会试图掩盖他所从事的贩毒行为，这其中的原因是

---

[21]　McIntosh，上诉状 2000SCCR，1017 页，第 30~31 自然段。

[22]　HMA 诉 McIntosh 案，2001SCCR，191 页。

[23]　McIntosh，第 30 自然段。

[24]　McIntosh，第 31 自然段。

[25]　McIntosh，第 35 自然段。

尽人皆知的。因此，要掌握毒贩获取利益的直接证据通常是很困难或者说是不可能的。他总结道：

"贩毒行为的性质和对社会的危害为作出这样的推定（根据 1995 年刑事没收程序法案第三部分（2））提供了根据。这种推定服务于保护公共利益打击贩毒行为的司法目的。检控方的做法是符合比例原则的。他们涉及的问题都是在被告人了解范围内的，而且在有法官出席的聆讯上被告人也可以对检控方进行反驳，法官会尽可能在双方之间做到平衡。依我看来，在司法目的和被告人权利之间已经做到了两全。"㉖

总之，枢密院司法委员会的立场是，公约第 6 条（2）保证被告人被推定为无罪的权利意味着，在总体原则上检控方承担举证责任，被告人对于证明自己无罪不需要做任何事情。但是在特定情况下，也允许对无罪推定原则进行限制，把举证责任转移到被告人身上。自 McIntosh 案以后，出现了一系列与无罪推定原则相抵触的由被告人承担举证责任的案件，其中最著名的有 Sheldrake 诉 DPP 案（一起道路交通事故案件）和《律政司参考》2002 年第 4 号（一起恐怖主义案件），在这些案件中上议院也参与了聆讯。㉗ 立场也与在 McIntosh 案中概括出的大致相同。法院要评估对无罪推定原则的限制是否有助于达到司法目的、是否符合比例原则。在评估是否符合比例原则，即在公共利益和保护被告人权利之间是否做到了两全时，法院会把许多因素考虑在内，包括：如果采取轻缓一些的手段能否得到相同的结果；检控方首先需要证明什么才能把举证责任转移到被告人一方；如果不转移举证责任，检控方在证明余下的案件时将会面临多大的困难；被告人要履行举证责任会有多大的困难（例如他要举证的事实是否在他的了解范围之内，对他而言证实这些是否容易）。

六、总　结

这是一篇与其说是分析性或批判性，不如说是描述性的论文，旨在为欧洲人权公约之下形成的国际法律秩序对欧洲各国国内法律秩序中的犯罪起诉所产生的影响提供一个概貌。希望对选出的两个金融犯罪和有组织犯罪案例的讨论能够体现公约所创造的法律体制的特色所在，尤其是对"无罪推定"和"沉默权"这两项基本原则内容的洞察。本文最终的目标是，为欧洲人权法学的兴起对于成功地起诉和惩罚犯罪所造成的困难，给读者提供一个粗略的印象，特别是对于西方自由民主背景下金融犯罪的起诉和惩罚造成的困难。

㉖　McIntosh，第 45 自然段。

㉗　[2004] UKHL43，2005 1AC，264 页。

论全球化背景下的金融犯罪的立法完善

徐 岱* 马 宁**

一、全球化对我国金融犯罪的影响

（一）经济全球化对于金融犯罪的影响

"全球化"是 20 世纪西方理论界提出的概念，它首先是指经济全球化，是资本突破一国的领域在世界的范围内流动，是市场经济的扩张性特点决定的，是市场经济发展的新阶段。经济的全球化导致世界各国经济形态的趋同，联系更加紧密，相同或类似的经济形态和广泛的联系又将全球化推向深层发展，影响各国的政治、文化、法律以及社会的方方面面。金融犯罪作为一种复杂的社会现象在全球化面前必将有所变化，全球化将影响它的预防和惩治工作并最终影响它的法律规制体系。

经济全球化突出表现为资本突破国界的限制在世界范围内流动，这种流通依靠的是金融机构和金融市场，这样世界范围的资本流通给各国的金融系统都带来了前所未有的挑战，因为除了时时提防金融安全外，各国都必须面对更加复杂的金融犯罪。经济全球化对于金融犯罪的影响主要表现为：第一，参与主体更加复杂。经济全球化要求各国开放金融市场，更多外国金融机构进入本国金融市场，这使得罪犯可以有更多途径进入一国的金融市场从事各种金融犯罪。第二，经济全球化带来的各国之间的经济往来更加频繁，相互依赖性更强，更多的国际贸易意味着更多的国际金融核算的采用，给罪犯更多的可乘之机。第三，全球化经济中的不平等因素也为金融犯罪大开方便之门。市场经济发达的国家利用自己的资金和知识优势对发展中国家施压获得不合理收益，同样罪犯可以利用发展中国家金融体系的漏洞进行犯罪，使金融犯罪发案率更高。我国在改革开放之初就多次

---

* 徐岱，吉林大学法学院教授、博士生导师。
** 马宁，吉林大学法学院刑法专业博士研究生。

发生过这样的情况，使国家承受重大经济损失。第四，经济全球化导致金融网络犯罪更加严重。无处不在的黑客对各国的金融网络都造成威胁，网络形式的金融犯罪已成为各国打击和防范的重点。

经济全球化导致全球法治化，也使各国的法律趋同化。尤其在金融领域，由于经济形式的趋同化，对经济金融法律的要求也具有类似性。各国都通过立法建立自己的金融体系，规制金融机构，规范金融行为，监管金融市场，表现在金融犯罪中就是对于金融犯罪惩治的共同要求。虽然各国对于金融犯罪的立法体系、形式不尽相同，但是对于大多数金融犯罪的打击是相同的，并有进一步趋同的趋势。

（二）全球化对于我国金融犯罪及立法的影响

我国作为一个发展中国家在过去的二十多年来一直努力融入国际经济社会并已取得巨大成就，现在我国已成为国际经济不可缺少的一部分，中国已不可逆转地进入全球化的洪流之中。尤其是我国入世谈判成功之后，我国融入全球化的程度进一步加深，全球化对于我国的影响也进一步加强。这些表现在金融犯罪领域就是其表现形式和发展趋势的变化。

1. 金融犯罪呈现跨国化特征。随着我国的进一步开放，我国金融业将更深地融入全球金融一体化当中。对于我国金融业的发展，这是千载难逢的机遇。但与此同时，金融犯罪必将呈现更浓厚的国际化色彩。首先，国际上的不法分子会把侵害目标指向我国金融业。他们会把一些新型的金融犯罪手段带入我国，利用我国金融系统的漏洞和打击金融犯罪经验的不足，大肆进行金融犯罪，使我国蒙受巨大损失。其次，由于金融市场的开放，市场准入标准的降低，外资金融机构将大批进入我国。一些信誉不好、经营不佳的外资金融机构，乃至一些不法分子也会乘机进入我国从事洗钱等金融违法犯罪活动，以期牟取暴利。

2. 金融犯罪形式多样化，利用网络进行金融犯罪的数量增加。首先，融入全球化无疑将进一步加快我国金融电子化的步伐。金融机构和金融市场的电子化在给金融业带来交易便捷的同时，也给金融业带来了更高的风险。黑客入侵篡改数据、窃取资金，施放病毒破坏程序，伪造电子货币进行欺诈等新型金融犯罪将随之出现。这些行为无疑将会给金融机构和金融体系造成巨大伤害。其次，随着电子商务的发展，网上银行、网上证券交易、网上保险交易等网络交易形式也成为金融体系的延伸。针对这些交易的网络犯罪不但会损害金融机构的利益，更重要的是会侵害普通的市场主体甚至是普通的消费者。

3. 金融犯罪活动日趋职业化、集团化。融入全球化的我国金融业体系将更加完善和复杂，与国外的差距也将进一步缩小。面对这样的金融体系已非一般人可以染指，这种状况下的金融犯罪人将具有更高的专业知识，熟悉复杂的金融体系，具有更高的计算机水平，能够突破严密的保密系统。这些迫使金融犯罪向团伙化和职业化发展，内部分工明确，各部分相互配合，组成严密的犯罪组织以实施各种金融犯罪。同时，国际上的黑社会组织、恐怖组织等为了筹集犯罪所需要的资金和掩盖非法收益的来源，已开始大量涉足金融诈骗、洗钱等金融犯罪。①所以随着我国经济进一步融入全球化，国内外的犯罪组织也将染指我国的金融业，这也会导致我国金融犯罪进一步职业化、集团化。

4. 金融犯罪危害性更大。融入金融一体化后，世界范围内的金融自由化浪潮将对我国金融业产生深刻影响，金融风险发生的几率更大，危害更加严重并且更加难以防范。金融犯罪的发生无疑会加剧金融风险，同时金融风险也为金融犯罪提供了更多可乘之机，二者叠加将对金融业造成不可承受的巨大损失。而且这种危害可能突破金融业对整个国家的安全造成损害。②

5. 金融犯罪数量在一定时间内将密集增长。在我国融入经济全球化的过程中，尤其是融入初期，更具体的是加入世贸组织的最初一段时间，我国的金融犯罪可能会出现高发期。这是由于加入世贸组织后，我国金融业无论在经营管理方面，还是在行业监管方面都将面临较大冲击。而经营管理的完善，金融监管水平的提高，绝非一日之功，需要经历一个长期的过程。因此，在入世之后相当长的一段时期内，我国金融业的经营管理和行业监管水平与金融国际化的要求相比仍将存在较大差距，各种制度上的和管理上的漏洞仍将存在。而这些都极易成为金融犯罪的诱因。因此，在入世后的最初一段时期，金融犯罪案件的发案数量有可能呈现出大幅度上升的势头。

以上是经济全球化可能对我国金融犯罪带来的影响。在未来惩治和防范新型金融犯罪的同时必将带来我国金融犯罪相关立法的变化，这既是应对金融犯罪的必要，也符合法治全球化、法律趋同化的要求。这种变化应该是全方位的，既包括立法内容（罪名的设置、罪状的表述）的改变，也包括对立法模式、体系的变化。

二、我国现有的金融犯罪立法体系

金融犯罪的概念在我国由来已久，但是由于它不是一个法定概念，至今对它的内涵和外延仍存在争论。在此采用刘守芬教授的观点："金融犯罪是指违法从事金融活动或相关活动，危害金融秩序，依法应受到刑罚处罚的行为。"③ 这一

---

① 参见甄进兴：《洗钱犯罪与对策》，16 页，北京，东方出版社，2000。
② 参见李恒光：《WTO 背景下的金融安全问题探讨》，载《四川行政学院学报》，2002 (2)。
③ 刘守芬、申柳华：《金融犯罪刑事抗制之思考》，载张智辉、刘远主编：《金融犯罪与金融刑法新论》，105 页，济南，山东大学出版社，2006。

定义的优点是以"金融活动或相关活动"为立足点，正确揭示了金融犯罪的本质特征，合理划定了金融犯罪的界限，不会导致金融犯罪范围的过分膨胀。同时，金融犯罪的定义应有广义与狭义之分。狭义的金融犯罪是指我国刑法分则第三章"破坏社会主义市场经济秩序罪"中的第四节"破坏金融管理秩序罪"和第五节"金融诈骗罪"。广义的金融犯罪是指金融活动中一切危害金融秩序的应受惩罚行为。根据广义的金融犯罪概念，我国刑法中还有两类犯罪也可以归入金融犯罪之列：一是走私假币罪、非法经营罪，骗购外汇犯罪，欺诈发行股票、证券罪等直接侵害金融秩序的犯罪；二是金融机构工作人员在履行职务过程中的贪污、受贿、挪用等渎职犯罪，以及非金融机构工作人员非法从事买卖外汇、非法经营证券、期货或保险业务等犯罪。

我国的金融犯罪立法始于1995年颁布的《关于惩治破坏金融秩序犯罪的决定》，在此之前1979年刑法只有关于伪造货币罪、伪造有价证券罪和贩运假币罪。该决定为适应当时打击金融犯罪的需要而设，指明了金融犯罪的范围，所设罪名涉及面广，内容较合理，为1997年刑法奠定了基础。1997年刑法继承了以往的立法，将其系统整理，分别归入第三章的第四节和第五节。而后我国金融犯罪立法以此为基础，通过单行刑法和刑法修正案的形式不断发展完善。

我国现在的金融犯罪立法由刑法典及其修正案、单行刑法和附属刑法组成。刑法典的内容在此不再赘述。单行刑法是指1998年全国人大常委会颁布的《关于惩治骗购外汇、逃汇和非法买卖外汇犯罪的决定》中的内容。该决定增设了骗购外汇罪，同时对一些外汇领域的犯罪行为进行了详细阐述并指明了处理的刑法条文依据。由于我国金融事业的不断发展、对外开放的不断加深和金融行业本身复杂与多变的特点，刑法典的立法方法不能适应惩治和控制金融犯罪的需要，所以我国利用灵活的刑法修正案和附属刑法的方式弥补这种不足。我国至今为止的六部刑法修正案大多设有金融犯罪相关内容。六部修正案中只有两部没有涉及金融犯罪，剩下四部的43个条文中有20条是关于金融犯罪的，占所有条文的37％。1999年《刑法修正案》中有7条涉及金融犯罪，增设了隐匿、故意销毁会计凭证、会计账簿、财务会计报告罪；修改了刑法第174、180、181、182、185、225条，分别将其惩治范围延伸至期货领域。2001年《刑法修正案（三）》主要针对恐怖组织犯罪，但对属于金融犯罪的洗钱罪进行了修改，将恐怖组织犯罪归入其上游犯罪范围。2005年《刑法修正案（五）》第1条和第2条是为了打击近年来日益严重的伪造信用卡犯罪而设，其中第1条共3款专门针对伪造信用卡行为和伪造的预备行为新设两个罪名，第2条修改了信用卡诈骗罪，增加了"使用以虚假的身份证明骗领的信用卡的"的情形。2006年《刑法修正案（六）》涉及破坏金融管理秩序罪和金融诈骗罪两节中的7个条文，涉及广义金融的金融犯罪的条文有3个，既有对原有条文的修改也有原有条文基础上的增设，涉及条文之多、范围之广、规模之大可谓空前。可以说此次修改标志着我国运用修正案的形式灵活应对金融领域打击犯罪的新变化、新需要的能力进一步加强，也标志着我国打击金融犯罪立法的进一步完善。附属刑法一直是我国打击金融犯罪立法体系中不可缺少的一部分。附属刑法是指规定在非刑事法律中关于犯罪及其刑罚的法律规范。④ 我国的金融立法中都有附属刑法的内容，如《商业银行法》第八章、《保险法》第七章、《证券法》第十一章规定的相关领域法律责任中都有附属刑法的内容。

从以上分析可见，我国惩治和打击金融犯罪的法律体系是由"刑法典"、"刑法典修正案"、"单行刑法"和"附属刑法"组成的，相互配合、取长补短，共同完成惩治和打击金融犯罪的任务。这种立法模式虽然在一定程度上应对了金融犯罪，但却难以有效惩治全球化背景下的日益复杂的金融犯罪。我国现有关于金融犯罪的立法内容及立法模式亟待完善和改进。

三、全球化下我国金融犯罪立法的完善

我国一向重视对金融犯罪的立法，1997 年刑法修正以后我国已建立了较为完善的打击金融犯罪立法体系并且不断用修正案的形式对现有的立法进行完善，以应对全球化下日趋复杂的金融犯罪形势。但是我们同时应看到经济全球化下，金融犯罪的危害不断增大，犯罪形式、手段花样翻新，犯罪集团化、专业化，案件的更加复杂不易侦破，预防更加困难，所以应对金融犯罪的立法进一步完善。全球化影响下的金融犯罪的立法完善有其特殊的要求。首先，这种完善是针对应对全球化下金融犯罪新形势而作出的，应突出国际性，注意对跨国犯罪的打击和国际合作的要求。其次，这种完善应符合经济全球化引发的法律一体化要求。经济全球化引发文化、公共事务的全球化，最终必然导致法律的全球化，而法律一体化是法律全球化的标志之一。⑤ 由于全球化使世界前所未有地紧密联系到了一起，所以事务之间的差别也越来越小，类似的现象可能会在不同的地区和国家出现，解决的思路和途径也就趋同化，这些都为法律一体化创造了条件。在这种法律一体化的作用下，对于金融犯罪的立法不得不突破国内环境的限制，注意借鉴其他国家的经验，避免冲突，才能更好地解决金融犯罪的问题。

（一）对金融犯罪的立法内容的完善

1. 增加金融犯罪的罪名或扩大犯罪主体

全球化对金融犯罪的影响为惩治金融犯罪的立法提出了新的要求，立法应及

---

④ 参见陈兴良：《本体刑法学》，17 页，北京，商务印书馆，2001。
⑤ 参见黄文艺：《全球化与世界法律发展》，载《学习与探索》，2006（1）。

时对这些要求作出回应，增加罪名、修改罪状、严密法网，完善刑法对金融体系的保护。首先，全球化要求金融服务方便快捷，金融交易可以在世界范围内进行，这加速了各国金融体系的电子化、网络化，催生了各种新的金融工具、金融服务项目。同时，也为金融犯罪提供了更广阔的空间，产生了许多新的金融犯罪形式和犯罪现象，刑事立法必须对此作出回应以满足打击犯罪的需要。例如，随着信用卡的普及，信用卡使用中的非法套现活动日益严重，这些活动违反了信用卡的使用规则，妨害了信用卡的管理，有时可能被用作洗钱之用，其危害已初见端倪，而我国刑法尚无对此问题的规定。⑥ 再如，金融市场实际存在的"资金中介"，他们利用金融市场的盈缺提供非法融资，进行非法中介，收取高额佣金。他们的存在加大金融风险，威胁金融安全，也可能被利用为洗钱犯罪大开方便之门。目前现有的法律法规对以上行为是否构成犯罪还没有具体的规定。其次，随着金融活动在全球化经济中的地位的不断提高，金融活动规模的扩大，原有的一些金融犯罪又有了新的发展。刑法必须及时应对，改造旧的立法内容以适应新的情况。例如，我国刑法关于金融诈骗罪一节中只有部分罪名设置了单位犯罪，这是不符合司法实践的。现实中单位进行贷款诈骗、有价证券诈骗的情况是存在的，所以应在立法中进行完善。

2. 对于金融犯罪刑罚的完善

面对全球化下我国可能出现的金融犯罪的迅速增加的情况，在严密法网、增加查处力度的同时也应对金融犯罪的刑罚进行完善。首先应修改资格刑的规定，在金融犯罪中，尤其是证券犯罪等利用职业专门知识进行犯罪的刑罚中，应该增设相关的资格刑以达到预防犯罪的目的。当今世界的潮流是刑罚轻缓化，在刑罚轻缓化的同时应注意犯罪的预防和综合整治，这就对刑罚的设置提出了较高的要求，也提示我们刑罚的目的是预防犯罪。正如贝卡利亚所说：刑罚的目的既不是要催促折磨一个感知者，也不是要清除业已犯下的罪行，刑罚的目的在于阻止罪犯重新侵害公民，并规诫他人不要重蹈覆辙。⑦ 对依靠特定职业或技能才能实行的一些金融犯罪规定一段时间或终身不能为职业或技能的资格刑，作为特殊刑罚手段能够有效地防止罪犯的再犯，同时对其他人起到警示的作用，可以实现对金融犯罪的特殊预防和一般预防的目的。而且此类资格刑在国际上也被普遍采用，如法国刑法典第131—6条第11款规定："如所从事的职业性或社会性活动提供的方便条件被故意用来准备或实行犯罪，禁止从事此种职业或社会活动最长时间为5年。"再如意大利刑法第31条规定："一切针对滥用权力，违反与某一公共职能、公共服务或第28条（3）项列举的职务有关的义务，非法从事某一职业、

---

⑥ 参见李文：《支付宝成套现工具？》，载"法律快车网"，http://xingfa.lawtime.cn/jinrongfanzui/2007020231191.html，2007 - 06 - 30。

⑦ 参见［意］贝卡利亚：《论犯罪与刑罚》，黄风译，42页，北京，中国大百科全书出版社，1993。

技艺、产业、贸易或行业，或者违反有关职责义务而实施的犯罪的处罚，均意味着暂时褫夺公职或者暂时禁止从事某一职业、技艺、产业、贸易或行业。"国内也有学者主张过这样的观点。⑧ 虽然这种资格刑的增加是否能起到预防犯罪的作用，还需要实际的调查统计，但是从理论分析来看这会是对金融刑法改革的有益的尝试。

其次是罚金刑的问题。我国对经济犯罪等贪利性犯罪普遍规定了罚金刑，金融犯罪也不例外，刑法第三章第四、五节两节规定的金融犯罪中，除了少数几个失职类犯罪外，其他所有贪利性犯罪都规定了几万到几十万不等的罚金刑。但是与现今金融犯罪的高收益性相比，刑法规定的罚金刑实在已无法与其犯罪预期收益相比较。虽然我们规定最高的罚金刑可以达到 50 万，有的按照比例计算的罚金可能更高，但是对于现在的金融犯罪，尤其是可以由单位构成的种类，其犯罪的标的额有的已达到亿万的天文数字，这样的罚金规定显然已不能适应惩治犯罪的需要。所以，应该在今后的立法中适当调高金融犯罪罚金刑的金额，尤其是对于金融犯罪中的单位犯罪，增加罚金的数量不失为控制单位犯罪的有效方法。有的学者认为，罚金刑的增加会导致更严重的重刑主义，因为我国的主刑已十分严厉，而罚金刑设立之初的目的是减少、减轻主刑的适用。但是刑罚轻缓化不是刑罚的目的，刑罚的目的是预防和减少犯罪并最终消灭犯罪，不应舍本逐末。

最后是关于金融犯罪中死刑的存废的问题。我国关于金融犯罪的刑罚设置基本与国外相同，都是主要由自由刑和罚金刑组成，而且也对金融犯罪设置了极高的刑罚，如美国 1990 年《综合旧货机构和银行诈骗指控与纳税人追索法》第 2710 条规定经营持续性金融犯罪企业的可判处终身监禁，但是我国死刑的设置是不符合国际潮流的。国际上对金融犯罪不适用死刑的理由是重视人权，认为金钱的损失无论多大也无法与人的生命相比较，而且金融犯罪是受社会因素影响较大的犯罪，处以这样的罪犯死刑也不会起到一般预防的作用。所以死刑在这里既不能实现报应主义所主张的正义、对等的理念，也不能实现功利主义所追求的对未犯罪人的一般预防。这种观点是完全正确的，我国的刑法应采纳并作出积极的回应，废除金融犯罪中的死刑。同时，废除金融犯罪中的死刑也有利于我国针对金融犯罪与其他国家的司法合作，有利于我国对外逃金融犯罪人员的追捕工作。

（二）对金融犯罪立法模式的完善

本文的第二部分已经指出了我国金融犯罪的立法模式是以刑法典为主，单行刑法为辅，同时配合有各相关立法中的附属刑法条文的结构。这种体例是我国在

---

⑧　参见胡启忠：《论金融犯罪的刑罚设置——金融犯罪立法研究（二）》，载《西南民族学院学报》，2002（3）。

充分考虑我国的国情的基础上，在 1997 年制定新刑法时确立的。这种设计与将金融犯罪单独立法的模式相比的优点是给予金融犯罪较高的地位，保证了其权威性，可以较好地起到吓阻的作用。我国台湾地区的林山田教授也采取这样的观点，台湾地区也采取了这样的金融犯罪立法模式。⑨ 但是，这样的立法模式的缺点也是明显的：第一，由于金融犯罪的变化频繁、情况复杂，需要立法及时对其变化作出相应调整，这样的立法模式就面临两难的境地——要么频繁修改刑法典，要么听之任之，无论哪一种都会损害法制建设。第二，由于大量的金融立法存在且不断更新，同时为了适应金融事业的发展又不断有新的立法出台，在现有的立法模式下，这些立法中都会有大量的附属刑法存在，它们会与相对稳定的刑法典发生冲突、矛盾。第三，由于大量的附属刑法规定模糊，往往只用"构成犯罪的，依法追究刑事责任"之类的笼统规定使附属刑法无法直接适用，失去其刑事规范的实质，徒有其表。

对于金融犯罪的立法国外多采用以附属、单行刑法为主的模式，这是因为现代市场经济金融市场活跃，变化频繁且多金融创新，相应的新立法不断，刑法典难以应对。我国已加入 WTO 组织，未来几年将更快地融入经济全球化之中，这意味着我国也将面对越来越多的金融创新和由此引发的越来越复杂的金融犯罪，所以我们应在现有基础上进行调整以适应这样的变化。首先，对于现今的立法模式应予保留。刑法典、单行刑法和附属刑法的模式本身没有问题，它们相互配合，各自发挥起作用，已经建立起了较为完备的金融刑法体系。这样的体系既符合我国的立法传统，又体现了对金融犯罪的重视。尤其配合以刑法修正案的形式，更在一定程度上克服了刑法典稳定性多于变化性的问题。所以，现在的立法模式基本上是满足了打击和惩治金融犯罪的需要的。其次，应发挥附属刑法的作用。在改变附属刑法的条文概括性、模糊性表述模式的基础上，发挥其与新立法结合紧密、及时的特点，视情况设立新罪名或指明应适用的刑法规范，使之成为真正意义上的刑法规范。这样既保证了刑法典的稳定性，又避免新立法可能与刑法冲突的尴尬。另外，不必担心附属刑法的大量使用会导致人们对金融犯罪性质的误读。因为我国的刑法体系不同于国外的刑法体系，我国没有重罪与轻罪之分，没有类似违警罪的规定，所以我们的犯罪圈设定要比国外严格许多，刑法与刑罚在社会生活中的作用也更为重要，国民对刑法的认识也有不同。所以如果轻易地将一些轻微的金融犯罪都规定为犯罪规定入刑法典的话并不适应我国的国情。所以，使用附属刑法的方式规定一些罪名，需要的时候再将其中一部分修改入刑法典，这应该是我们当下一种比较理性务实的选择。

---

⑨　参见林山田：《经济犯罪与经济刑法》，99～100 页，台北，三民书局，1981。

金融刑事立法严密刑事法网的学理分析

熊永明*

面对日益翻新的金融犯罪，为了适应犯罪态势的发展变化，各国刑事立法无不采取有效措施来设计罪状，严密刑事法网，以达到有效控制犯罪，保障金融秩序的目的。本文对中外金融刑事立法严密刑事法网作了初步分析，寄望得到学界的批评指正。

一、刑事法网严密的一般途径

从各国刑法规定来看，中外金融刑事立法严密刑事法网的立法方式多种多样，但常见的主要是弹性构成要件、堵截构成要件、犯罪先在行为犯罪化、罪行系列化和推定犯罪构成等。① 另外，适应形势发展，调整罪状、增补新的犯罪种类也是严密刑事法网的有效方式。

（一）弹性构成要件

又称模糊构成要件，是指刑事规范对于构成要件的描述具有一定的概括性、模糊性与不确定性特点。弹性构成要件包括堵截性构成要件（第二点详述）和柔软性犯罪构成，柔软性犯罪构成又可细分为评价性的犯罪构成和数量性的犯罪构成两种情况。所谓评价性的犯罪构成是指以具有一定主观评价性的概念或语词表述的犯罪构成。如《德意志联邦刑法典》第 145 条（虚构犯罪）规定："违背良知，向当局或主管机关虚构有关参与违法行为的事实……"该条中的"良知"属于需要根据个人的知识经验加以填充才能理解的评价性概念，因而本条属于评价性犯罪构成。所谓数量性的犯罪构成是指以犯罪行为和（或）犯罪结果的危害性

---

* 熊永明，南昌大学法学院副教授，法学博士。

① 参见储槐植：《论刑事立法方法》，载《中外法学》，1992（4）；宗建文：《刑法机制研究》，68 页以下，北京，中国方正出版社，2000；储槐植、宗建文等：《刑法机制》，74～75 页，北京，法律出版社，2004。

程度或量的指标作为构成要件的犯罪构成类型。表现为采取"情节严重"或"数额较大"等方式所规定的犯罪构成模式。[②] 此即刑法理论中的情节犯和数额犯。弹性构成要件多采用概括性的词语加以描述罪状,这正好是灵活设计犯罪罪状和严密刑事法网的有效措施,它可以减轻控诉方的证明责任,在合法的限度内有效地追诉犯罪。[③]

(二)堵截构成要件

所谓堵截构成要件是刑事立法制定的具有堵塞拦截犯罪人逃漏法网功能的构成要件。这种立法方式又可细分为以下几种表现形式:第一,"类比推断"型。类比推断的表现形式是在罪状中列举刑法打击的若干重点之后,采取"或者其他"、"以及其他"等词语将相关的类似情形纳入刑法打击的范围。这种方法的实质在于避免挂一漏万,防止因列举不全而导致惩治犯罪时无法可依。[④]第二,"持有"型。持有既不是典型的作为,也不是典型的不作为,它是一种状态,是介于作为和不作为之间的一种情形,依据"无行为则无犯罪"的原理,"持有"不算一种行为,那么对"持有"便不能定罪,这无疑放纵了犯罪分子,现在将持有作为第三种形式,正是灵活打击犯罪,堵截犯罪人逃避法网的立法方法。第三,"最后兜底(最低要求)"型。由于罪刑系列型的立法虽然详尽、细密和明确、可操作性强,但是其有可能形成挂一漏万,使法网出现隙漏,因而立法者在采用罪刑系列化的立法方法时,往往会设计一个兜底式的犯罪构成。

(三)犯罪先在行为犯罪化

犯罪先在行为犯罪化又称犯罪前置化、处罚前置化或刑法保护前置化,是指立法者在法益侵害的前阶段对某行为即予以犯罪化。这里的犯罪先在行为是指导致犯罪的那些传统刑法不认为是犯罪的行为。[⑤] 刑法原本以造成法益侵害的侵害犯、结果犯为基础,未遂犯、危险犯、预备犯只是修正的、例外的犯罪形态。刑法保护的早期化(犯罪先在行为犯罪化)主要是因为在当今社会中社会生活的复杂化与犯罪的高科技化,使得许多犯罪行为一旦得逞,便会造成不可估量的侵害结果,所以不能等待造成侵害结果后再处罚,而必须对法益进行提前保护。例如对于放火行为,无须等到实害结果已经产生才处罚,而只需有某种危险状态即可

---

② 参见储槐植、宗建文等:《刑法机制》,123~125 页,北京,法律出版社,2004。

③ 另外,设计相对模糊的法定刑也是刑事规范常常采取的一种手段,这主要表现为采取相对不确定的法定刑,设计刑种的多样性和刑度的多档次性。

④ 参见宗建文:《刑法机制研究》,68 页以下,北京,中国方正出版社,2000。

⑤ 参见储槐植、宗建文等:《刑法机制》,11 页,北京,法律出版社,2004。

进行处罚；再如对于某些犯罪行为，无须等到行为人将犯罪行为实施完毕且产生犯罪结果才处罚，当其着手、预备甚至在阴谋阶段便可对此予以处罚。一般来说，"犯罪前置化"的前提是某种行为类型本身存在难以控制的危险，因而需要提前进行刑法规制。由于酒后驾车容易导致交通肇事，因而一些国家规定酒后驾车构成犯罪；基于贿赂行为的严重性，一些国家刑法将贿赂的"约定"也升格为犯罪，这些都属于犯罪前置化规定。

（四）罪行系列化

所谓罪刑系列化，是指考虑打击犯罪的需要，将相关犯罪的犯罪构成灵活设计成为一个存在主辅关系的系列，换言之，对同一种犯罪法律规定一串近似的犯罪构成并配置相应的刑罚。如德国刑法典对杀人罪的规定有谋杀、故杀、激愤杀人、应被杀者请求而杀人、杀婴、残害人群、过失杀人等七种情况，并对这七种杀人行为规定了不同的法定刑。再如日本刑法典规定了七种受贿罪，即单纯受贿罪、请托受贿罪、事前受贿罪、向第三者提供贿赂罪、加重受贿罪、事后受贿罪和斡旋受贿罪，对这七种受贿罪配置了不同的法定刑。这种罪刑系列式的立法价值在于规定基本犯罪构成（单纯受贿罪）之后，不遗余力地规定一系列修正犯罪构成，借助修正犯罪构成对基本犯罪构成的堵截功能，堵截因基本犯罪构成对贿赂犯罪涵盖不足而可能出现的疏漏，使整个刑事法网严而不漏，以利于贿赂犯罪立法目的的实现。⑥

（五）推定犯罪构成

所谓推定犯罪构成是指刑事立法规定以已知的客观事实为依据得出新的犯罪构成。这大致有两种类型，一是不含未知因素的推定，如日本刑法第 238 条的事后抢劫便是推定抢劫，美国有些州刑法上的推定谋杀（出于重伤故意而产生了死亡结果）等；另一是内含未知因素的推定。按照其推定的内容又可以分为犯罪构成要件主观心态的推定和犯罪构成行为性质的推定。前者如 1962 年美国《模范刑法典》第 251·4（2）条规定，"凡在自己的营业过程中散发或持有淫秽物品的，推定其为明知或轻率"。后者如我国 2000 年 9 月 26 日最高人民法院《关于审理走私刑事案件具体应用法律若干问题的解释》规定，走私淫秽录像带、影碟50 盘（张）以上至 100 盘（张）的，属于《刑法》第 152 条的走私淫秽物品罪。⑦

---

⑥　参见宗建文：《刑法机制研究》，71 页，北京，中国方正出版社，2000。

⑦　参见储槐植：《论刑事立法方法》，载《中外法学》，1992（4）。

二、金融刑事立法严密刑事法网的学理分析

从各国金融刑事立法的规定来看，主要采取了以下方式来严密刑事法网。

(一) 堵截构成要件

具体表现为：(1) 类比推断型的构成要件。各国金融刑事立法条文在表述上多采取"其他严重后果"、"其他方法"、"其他严重情节"等"类比推断"型的模糊表述来概括相关犯罪的构成要件。如日本刑法第162条（伪造有价证券等）规定："以行使为目的，伪造或者变造公债券、政府的证券、公司的股票或者其他有价证券的，处……"这里的"其他有价证券"即属于兜底表述。我国刑法第182条、第191条、第193条和第195条等也采取了"其他方法"的"兜底"规定，这种立法采取个别列举和兜底规定相结合的方式，更能适应社会生活事实。可以设想，如果我国刑法第196条在列举了4种信用卡诈骗的欺骗方法后，设有"以其他方法进行信用卡诈骗活动"的规定，那么使用变造的信用卡便理所当然地成立信用卡诈骗罪。如果刑法第198条在列举了5种保险诈骗的欺骗方法后，设有"以其他方法进行保险诈骗活动"的规定，那么恶意复保险、隐瞒保险危险、被保险人自伤自残骗取保险金的行为，就当然地成立保险诈骗罪。(2) "持有"型构成要件。许多国家规定持有假币属于犯罪，如《加拿大刑法》第450条和第451条分别规定了持有假币等行为的犯罪和持有金银剪屑等物的犯罪，我国刑法第172条设立了持有假币罪。新加坡等国家刑法还规定，持有伪造或者假冒的流通券、银行票据以及相关工具材料等也构成犯罪。持有型犯罪的确立，具有严密刑事法网、惩治狡猾之徒以及将重罪遏止于萌芽状态的价值，具有易于认定和易于证明的优越性，因而立法者为控制假币等危险物品，往往设立持有型犯罪，从而增加惩治的有效性。(3) "最低要求"型构成要件。如《德国刑法》在第263条规定了"诈骗罪"，在这之后又设立了计算机诈骗罪、诈骗救济金罪、诈骗投资罪、诈骗保险金罪和信贷诈骗罪等，这为有效地打击各种诈骗犯罪编制了一张疏而不漏的法网。由于我国刑法所规定各种金融诈骗犯罪无法涵盖各种形形色色的诈骗犯罪，因而第266条便有一普通诈骗罪以应对实践中的新的诈骗犯罪（对诉讼诈骗行为我们便可将其解释为属于普通诈骗罪的范畴）。[8]

(二) 弹性构成要件

具体表现为：一是评价性的犯罪构成。从各国刑法典的许多用语来看，不少

---

[8] 参见储槐植、宗建文等：《刑法机制》，123页，北京，法律出版社，2004。

条文的表述需要根据个人的主观评价才能被理解。如《俄罗斯刑法典》第 177 条（恶意逃避信贷债务罪）规定："经济组织的领导者或公民恶意逃避清偿巨额信贷债务，或者在相应的司法文书已经发生效力之后恶意逃避支付有价证券的，判处……"这里的"恶意"显然系一个需法官加以判断的弹性用语，需要执法者依据个人的主观评价才能进行正确判定。又如我国《刑法修正案（六）》第 9 条第 1 款第 4、5 项之规定："……（四）为明显不具有清偿能力的单位或者个人提供担保，或者无正当理由为其他单位或者个人提供担保的；（五）无正当理由放弃债权、承担债务的……"其中两处使用了"无正当理由"的字样，如何理解这里的"无正当理由"，必须结合本罪的前提条件——是否"违背对公司的忠实义务"进行综合分析，如果违背了对公司的忠实义务，即可认为属于"无正当理由"；反之，公司的董事、监事和高级管理人员基于对市场判断的错误，单纯决策上的错误，虽然给公司利益造成损害，但由于行为人没有"违背对公司的忠实义务"，因而便不属于"无正当理由"，故不构成犯罪。二是数量性的犯罪构成。中外各国金融刑事立法多处使用"情节严重"、"数额巨大"、"情节特别严重"、"数额特别巨大"、"重大损失"、"严重后果"等用语来灵活设计犯罪构成要件，以利于立法适应司法的发展，及时有效打击相关犯罪。类似规定在德国、俄罗斯、越南等国家刑法中均可找到。

（三）犯罪前置化（处罚的早期化）

"处罚的早期化"是指不仅仅处罚已经造成危害结果的行为，而且，为了提前对法益进行保护，也处罚没有造成危害结果的行为。犯罪前置化在世界各国已经成为一种立法思潮，如《芬兰刑法典》第 37 章"支付手段犯罪"第 11 条规定了"支付手段的欺诈罪的预备罪"。在德国，1998 年 1 月 26 日颁布的《第六次刑法改革法》对刑法分则的条文进行了大量修改，新规定了很多未遂犯、预备犯和危险犯。为此，日本刑法学者井田良教授感叹指出，刑法已经进入了"后结果无价值论的时代"[⑨]。我国《刑法修正案（六）》也对这种立法思潮作了回应，如考虑到《刑法》第 187 条"用账外客户资金非法拆借、发放贷款罪"原规定中的"以牟利为目的"、"将资金用于非法拆解、发放贷款"、"造成重大损失"等存在适用范围小，难于认定的缺陷，可能会使得犯罪分子因侥幸而逃脱制裁，因而《刑法修正案（六）》第 14 条对《刑法》第 187 条作了修改，删去"以牟利为目的"、"将资金用于非法拆解、发放贷款"的构成要件，从而使得犯罪成立的要件大为简化，能够有效防止其他犯罪被诱发。对此我国权威观点也指出，之所以这

---

⑨　［日］井田良："刑事立法の活性化とそのゆくえ"，载《法律时报》，2003 年第 75 卷第 2 号，5 页。

样修改，是因为立法部门考虑到吸收资金不入账，不仅逃避了国家对金融机构运营资金的监管，造成潜在金融风险，而且容易引发别的犯罪，对情节严重的应该予以严惩。[⑩] 其中所阐述的"容易引发别的犯罪"理由成为本罪修订的原因之一，这实际上表达了犯罪前置化问题，即由于"银行或者其他金融机构的工作人员吸收客户资金不入账"的行为容易导致其他犯罪，故才提前将其规定为犯罪。

（四）推定犯罪构成

从各国金融犯罪的规定来看，常见的推定方式主要是"明知"、"持有"以及各种主观要件的规定等。如对于我国金融诈骗犯罪主观方面"非法占有目的"的判断，一般需要根据实际情况进行推定，如学理和实践一般认为具有下列情形之一时，即可认定（推定）为贷款诈骗的"非法占有目的"要件的成立：（1）假冒他人名义贷款的；（2）贷款后携款潜逃的；（3）未将贷款按贷款用途使用，而是用于挥霍致使贷款无法偿还的；（4）改变贷款用途，将贷款用于高风险的经济活动造成重大经济损失，致使无法偿还贷款的；（5）使用贷款进行违法犯罪活动的；（6）隐匿贷款去向，贷款到期后拒不偿还的；（7）提供虚假的担保申请贷款，造成重大损失，致使贷款无力偿还的；等等。

（五）增补新罪

增补新罪也是严密刑事法网的重要方式。由于立法者无法准确预测未来的形势发展，随着实践的发展，适时调整刑法典，增补新罪名便不失为立法完善的一种重要途径。各国刑事立法大量增补了新罪名来充实和完善刑事法典，以达到更为有效控制社会、促使社会和谐发展的目的。如《俄罗斯联邦刑法典》鉴于信用卡犯罪的猖獗，在1960年《苏俄刑法典》的基础上，在第187条增补了"制造或销售伪造的信用卡或结算卡及其他支付凭据罪"。我国《刑法修正案（六）》不仅设立了信托和基金等方面新罪名，表明立法者不断地扩大了金融犯罪的范围，刑法介入的领域在逐渐加大，不再仅仅局限于货币、外汇、保险、证券、期货等传统的金融领域；而且已将刑法的触角向新的金融领域如信托、基金方面延伸，从而扩大了刑法的适用范围，严密了刑事法网。

（六）降低入罪门槛

各国金融刑事立法还对相关犯罪的成立要件作修改，通过降低入罪门槛的方式来达到严密刑事法网的目的，具体表现为：（1）删去犯罪的主观目的。典型例子是我国《刑法修正案（六）》第10条的规定，按照该罪的构成要件，行为人无

---

⑩　参见黄太云：《〈刑法修正案（六）〉的理解与适用（下）》，载《人民检察》，2006（15）。

须以非法占有为目的，只要诈骗了银行或金融机构的贷款就可构成犯罪。由于控方不再要证明行为人的犯罪目的，因而客观上扩大了本罪的处罚范围，在客观上具有严密刑事法网的功能。另外，第 14 条取消了用账外客户资金非法拆借、发放贷款罪中牟利目的的限制，这大大降低了司法证明标准，司法人员无须再收集行为人是否有牟利目的的证据，显然是便利司法之举。再如，修订后刑法第 182 条规定的操纵证券交易价格罪要求具备获取不正当利益或者转嫁风险的目的，而《刑法修正案（六）》也没有对此目的加以改变。因此，只要行为人操纵了证券期货市场，不管其是否出于获利或转嫁风险目的，或其他目的，都可以构成本罪。即行为人的这种特定目的不再列入司法人员证明范围，有利于对该种犯罪的惩治。（2）修改或增补犯罪的客观要件。如《2002 年俄罗斯联邦刑法第 23 号法律》对刑法典第 185 条（发行有价证券舞弊罪）作了新的修改，由原来的 1 个款项扩大为 2 个款项，即增加了"多次实施的或者事前通谋的犯罪团伙或有组织的犯罪团伙实施的，判处 3 年以下剥夺自由"的规定。这样，有利于更为全面彻底地打击发行有价证券舞弊的行为。又如我国《刑法修正案（六）》对洗钱罪的修改规定，将洗钱罪的上游犯罪范围扩大到包括贪污贿赂犯罪、破坏金融管理秩序犯罪和金融诈骗犯罪，这不仅利于与相关国际公约相呼应，也适应了打击洗钱罪的实际需要，在客观上起到严密刑事法网的效果。

（七）提高法定刑

从我国现有刑法规定看，对于金融犯罪的刑罚配置一般较重，并没有朝着一般理论上所认为的国际刑罚改革的趋势——轻刑化的方向努力而降低金融犯罪的法定刑，而是从我国实际情况出发，通过严密法定刑档次进一步加重了个别金融犯罪的处罚力度。如对于《刑法》第 182 条操纵证券、期货市场罪，原刑法规定刑罚是"五年以下有期徒刑或者拘役，并处或者单处违法所得一倍以上五倍以下罚金"；《刑法修正案（六）》则规定了两个刑罚档次："情节严重的，处五年以下有期徒刑或者拘役，并处或者单处罚金；情节特别严重的，处五年以上十年以下有期徒刑，并处罚金。"这样，操纵证券、期货市场罪的法定最高刑达到了 10 年有期徒刑。并且，对于单位犯罪，原刑法规定："单位犯前款罪的，对单位判处罚金，并对其直接负责的主管人员和其他直接责任人员，处五年以下有期徒刑或者拘役。"而《刑法修正案（六）》则规定："单位犯前款罪的，对单位判处罚金，并对其直接负责的主管人员和其他直接责任人员，依照前款的规定处罚。"既然依照前款规定处罚，那么，就可以对其直接负责的主管人员和其他直接责任人员处 5 年以上 10 年以下有期徒刑，这样就明显加重了单位犯罪中直接责任人员的刑事责任。另外，在罚金刑的适用上，原来该罪在刑法中并处或者单处违法所得 1 倍以上 5 倍以下罚金，而《刑法修正案（六）》则取消了倍数的限制，直接改为"并处或者单处罚金",这样使罚金刑处于无限额状态,显然是加大了对金融犯罪罚金的适用力度。

三、余　论

严密刑事法网无论对于刑事立法的完善还是司法实践的打击来说都具有积极作用,其利于强化刑罚的不可避免性,通过刑法适用,可以建立起刑罚是犯罪的必然结果的观念。对此,贝卡利亚便指出,"对于犯罪最强有力的约束力量不是刑罚的严酷性,而是刑罚的必定性"[11]。列宁也指出,刑罚的防范作用绝不在于刑罚的残酷,而在于有罪必究。[12] 因而对于各国刑事立法严密刑事法网的立法宗旨应该予以高度认可。

但是,任何事物都有两面性,过于追求刑事法网的严密性会遭受以下诘难:

其一,重社会本位,轻个人本位。现代刑法规范本质上追求精确和具体,精确性是法律规范稳定性的逻辑前提,是法律真正发挥功能的首要因素,其利于限制法官的自由裁量权,限制刑罚权的随意发动,从而可以实现刑法的人权保障功能。而模糊构成要件或堵截构成要件却失却稳定性和精确性,容易诱导刑罚权的发动,从而淡化对个人权益的保障。而且,刑法典使用"情节严重"或"数额较大"等具有较强的外延扩展性与内涵模糊性用语,导致过多司法解释的出现,容易诱发司法实践中形成司法解释的效力高于立法效力的错误观念。

其二,与罪刑法定原则形成悖反。罪刑法定原则具有形式的侧面和实质的侧面双重含义,按照实质的侧面,强调刑罚法规的明确性和刑罚法规内容适正性两个方面的内涵。罪刑法定主义的首要使命是对立法权的限制,其本质上强调人权的保障,法律规范明确具体则有利于人权的积极保障。而模糊构成要件有赖于司法人员的司法解释,从而有可能背离立法初衷,导致对人权的侵犯。

其三,与刑法谦抑性产生冲突。刑法谦抑性理论主张尽量减少刑法的介入,尽量降低刑罚处罚程度。刑法具有秩序维持和自由保障之机能,但是刑法现实地能够发挥机能绝不是无限的,有必要以人道主义为基础,慎重而且谦虚地适用刑法,刑法不应该以所有的违法行为、所有的有责行为为当然的对象,只限于在必要的、不得已的范围内才适用刑罚。[13] 而大量采取模糊构成要件虽然利于对犯罪分子的打击,但是由于过度赋予司法实践的刑法权限,有可能侵犯人权,扩大刑事处罚范围,从而与刑法谦抑性形成冲突。

---

[11]　[意] 贝卡里亚:《论犯罪与刑罚》,黄风译,59 页,北京,中国大百科全书出版社,1993。

[12]　参见《列宁全集》,2 版,第 4 卷,364 页,北京,人民出版社,1984。

[13]　参见刘树德、喻海松:《从法治的立场解读〈刑法修正案(六)〉》,载《中国审判新闻月刊》,2006 (8)。

其四，与所在国家国情不相吻合。一国刑法的罪网设置是严密还是稀疏，是由立法者根据本国国情决定的。犯罪法网的宽窄直接影响其刑罚的效果。一方面，犯罪圈划定得过宽，刑法泛化，刑罚触角延伸过长必然导致"刑事法规的肥大症"，其后果必然是法令滋彰，国家刑罚权任意扩张，人民动辄得咎；另一方面，犯罪圈划得过窄，刑罚对违法行为干预不足，刑事法网不严密，刑事责任不严格，该追究刑事责任的严重危害社会的行为没有被纳入犯罪圈的调控范围，会使许多对社会造成严重危害的犯罪分子逍遥法外，又会导致刑政弛缓、纲纪混乱、法律秩序难以维护的局面，影响刑法控制犯罪的效果。因此，合理地配置社会控制资源、恰当地划定犯罪圈，是刑法有效运作的前提和基础。[14]

---

[14] 参见卢勤忠：《〈刑法修正案（六）〉与我国金融犯罪立法的思考》，载《暨南学报（哲学社会科学版）》，2007（1）。

金融刑法立罪谦抑刍议

胡启忠* 胡业勋**

从 1997 年刑法（以下简称"97 刑法"）颁行到现在，我们已经出台了 1 个决定、6 个刑法修正案，其中大部分针对的是金融犯罪。由此我们可以看出，金融领域的违法行为的确严重，立法者想要把大部分的金融违法行为纳入到刑法之中。这种做法的动机也许是好的，但是效果却不尽如人意。我们认为，在金融刑法领域，在立罪上提倡谦抑精神势在必行，遏制金融违法行为还可以采取其他应对措施。

一、谦抑精神的内涵解读

刑法中的谦抑原则，是一个舶来品。[①] 谦抑是指减缩或压缩，在刑法意义上，是指立法者应当力求以最小的支出——少用甚至不用刑罚（用其他刑罚替代措施），获取最大的社会效益，从来达到有效地预防和控制犯罪的目的。换言之，凡是适用其他法律足以抑制某种违法行为，足以保护合法权益时，就不要将其规定为犯罪；凡是适用较轻的制裁方法就足以抑制某种犯罪行为，足以保护合法权益时，就不要规定较重的制裁方法。

关于刑法的谦抑性，日本学者平野龙一教授指出它有以下三个含义："第一是刑法的补充性。即使是有关市民安全的事项，只有在其他手段如习惯的、道德的制裁即地域社会的非正式的控制或民事的规制不充分时，才能发动刑法……第二是刑法的不完整性……第三是刑法的宽容性，或者可以说是自由尊重性。即使市民的安全受到侵犯，其他控制手段没有充分发挥效果，刑法也没有必要无遗漏

---

* 胡启忠，西南财经大学法学院教授，博士生导师，法学博士。

** 胡业勋　西南财经大学法学院博士研究生。

① 刑法谦抑主义是作为近代欧洲刑法近代化的一个重要支柱而存在的，也就是说它是近代欧洲从 18 世纪后期开始的启蒙思想的一个产物，后来被引入我国。具体参见徐卫东、李洁等：《刑法谦抑在中国——四校刑法学高层论坛》载《当代法学》，2007（1）。

地处罚。其中的不完整性，是指刑法不介入公民生活的各个角落。"②

我们仔细地思考平野龙一教授的观点就可以发现，所说的这三个含义其实就是在论述一种刑法不得已才实施的特性。作为刑法不得已而为之的特性，一般来说具有下列三种情况之一的，就说明不具备刑罚之无可避免性：（1）无效果。所谓无效果，就是对某一危害行为来说，即使规定为犯罪，并且处以刑罚，也不能达到预防与抗制之效果。（2）可代替。所谓可代替，就是指对于某一危害行为来说，即使不运用刑罚手段，而运用其他社会的或者法律的手段，例如道德教育、民事或者行政制裁，也足以预防或抗制这一危害行为。（3）太昂贵。所谓太昂贵，是指通过刑罚所得到的效益小于其所产生的消极作用。③ 那么怎样的情况下才有刑罚之无可避免性呢？美国的帕克教授具体回答了这个问题，提出作为犯罪予以处罚必须具备以下条件：（1）这种行为在大多数人看来，对社会的威胁是显著的，从社会的各重要部分来看是不能容忍的；（2）对这种行为科处刑罚符合刑罚目的；（3）对这种行为进行控制不会导致禁止对社会有利的行为；（4）对这种行为能够进行公平的、无差别的处理；（5）对这种行为进行刑事诉讼上的处理时，不产生质与量的负担；（6）对这种行为的处理不存在代替刑罚的适当方法。④

对于谦抑原则，学者们在其是解释和适用时的原则还是立法上的原则存在争议，我们的基本看法是，它不仅是解释和适用的原则，更为重要的是立法上的原则。理由是：其一，作为立法来说，最为主要的是要具有前瞻性。刑法规范既是裁判规范，更为重要的还是行为规范。要事先告诉民众，如果胆敢违反，则会受到严重的惩罚。如果我们在刑法立罪上频繁修改，不断进行事后立法，刑法失去了前瞻性，就会使国民对于自己的行为缺乏预测可能性，使刑法规范很难发挥应有的规制机能。其二，由于刑法的不得已特性，要求刑法不必过多介入社会生活。因此，我们在刑法立法上应当树立一种谦抑精神，尽量少立罪，做到：第一，无效果不立罪。就是对某一类危害行为来说，其危害性或者危害程度并没有为社会所认识，即使规定为犯罪，并且处以刑罚，也不能达到预防与抗制之效果，那就不立罪。第二，可代替不立罪。这就是尽可能动用其他的制裁手段，如果是动用其他的制裁手段就可以遏制的行为，就不必在刑法上立罪。第三，太昂贵不立罪。在所有的法律制裁手段中，动用刑罚的成本是最高的。立罪在考虑司法的积极效益的同时，还必须考虑司法的消极效果（即司法和社会成本）。根据谦抑精神，即使刑法上有立罪之必要，但是如果动用刑罚所得到的效益小于其所产生的消极作用，或者动用其他制裁手段的成本更低，那就不必在刑法上立罪。这三种情况不立罪，自然减少了立罪，体现了谦抑精神。其三，有的刑法漏洞可

---

② 转引自张明楷：《外国刑法纲要》，2版，7～8页，北京，清华大学出版社，2007。
③ 参见陈兴良：《刑法哲学》，7页，北京，中国政法大学出版社，1992。
④ 转引自张明楷：《外国刑法纲要》，2版，8页，北京，清华大学出版社，2007。

以通过解释和严格适用来弥补，而不必增立新罪。对于有的危害行为，在严格遵循罪刑法定的前提下，在文字含义的射程范围内，对条文作出符合正义要求的解释，就能够达到刑法制裁的目的，也就不必增立新罪。就刑法的适用来说，严格执法，在规范和事实之间寻找最佳的结合点，使已有的立法充分得到适用。这样，很多违法行为是可以受到刑法制裁的，而不必增立新罪。通过解释和严格适用来弥补了表面上的立罪不足，其效果也是减少了立罪，同样体现了谦抑精神。这样来看，谦抑原则最主要体现在立法上。

金融刑法，是指规定金融犯罪及其刑事责任和刑事处罚的法律，在我国刑法中主要涉及的是刑法分则第三章第四节"破坏金融管理秩序罪"和第五节"金融诈骗罪"的内容。对于金融刑法而言，谦抑原则同样主要体现在立法上，因此我们强调金融刑法立罪谦抑。

二、金融刑法立罪检讨

根据前述谦抑精神，考察我国金融刑法的立罪情况，我们不难发现存在下述几个问题：

问题一，缺乏前瞻性，频繁地修改刑法。从 97 刑法修改到现在短短 10 年间，我们出台了 7 个刑法修正文件（1 个补充性决定、6 个刑法修正案）。在历次的修改中，除了《刑法修正案（二）》和《刑法修正案（四）》以外，金融刑法都首当其冲，金融犯罪的罪名和范围大量增加。就拿最近的一次修正案来说，《刑法修正案（六）》几乎所有的条文都是针对金融刑法的。这些分别是刑法第 175 条增设骗取贷款、票据承兑、金融票证罪，第二次修正第 182 条的操纵证券、期货市场罪，第 185 条增设背信运用受托财产罪，对第 186 条违规发放贷款罪作了修正，对第 187 条吸收客户资金不入账罪作了修正，修正了第 188 条的违规出具金融票证罪，同时对第 191 条洗钱罪作了第二次修正。这些都证明了在金融刑法这一领域，存在严重的频繁修改问题。这样的结局是，刑法失去了前瞻性，使得国民对于自己的行为缺乏预测可能性。

对于此种频繁修改的状况，我们诚然可以找到一些理由，比如，这是适应社会情势变化而采取的必然措施。社会情势发生了变化，特别是我们处于从计划经济到市场经济的转变的转型时期，经济违规活动不可避免地增多，进而涉及金融刑法的犯罪活动也比较猖獗，花样翻新，需要修改刑法来应对。但是，我们也可以找到相反的理由：虽然社会情势发生了变化，但是这并不是我们刑法出的问题，最主要的是相关制度出的问题。对于这样的行为，我们最主要的不是从修改刑事法律入手，而应当从完善相关的非刑事的法律和制度入手。这种随机性的事后立法具有很大的弊端，容易造成认为刑法可以对于经济生活无孔不入的误读。

由此可见，肯定和否定都可以找到理由。因此，我们不是要考虑频繁修改是否有理由，而是要考虑这种频繁修改的理由是否充分、有力，因为刑法立罪需要慎重，需要多维度思考和权衡，任何过分强调某种理由都是不恰当的。

问题二，存在严重的重刑思想（或刑法依赖思想）。这主要是我国几千年来重刑思想的延续，中国人古往今来一直对刑法具有一种过分的"痴迷"和依赖情结，这种对刑法的迷信和依赖情结现在还伴随着我们。重刑思想一直潜伏于人们的大脑中，不管是立法者、司法者，还是广大民众。所以，金融领域出了问题，总是首先想到刑法，立罪解决。如果说在智识尚未开化的古代社会，这种迷信还有一定市场的话，在现代法治相对健全的今天，我们必须破除这种迷信。近年来，国际潮流已经极大地冲击了我们传统理念，这种理念体现在刑法领域就是"非犯罪化"，进一步的指导思想就是刑法的谦抑精神。我国学者已经觉察到了这一点，特别是在刑法机能的表述中，都在提谦抑原则。但是，大部分的论述都停留在司法环节，而没有注意把这一思想应用到具体的立法环节，使得这一很好用的思想没有充分发挥应有的作用。也许，我们可以认为，增加一些罪名可以对违法犯罪活动起到震慑作用，从而使犯罪分子不敢冒险。但是，我们也可以找到相反的理由：刑法的制裁手段具有局限性，它的成本最高，不具有普遍效应。而且，如果在金融领域的方方面面都用刑法加以惩治，根据物极必反的规律，还会有反效应，降低刑罚的威慑力。相比之下，相反的理由更加有力。

问题三，存在情绪化立罪。所谓情绪化立罪，是指立罪的时候不够冷静，缺乏必要的权衡，缺乏对于金融刑法立罪依据的深层次把握[5]，认为刑法可以解决所有的金融违法行为。这一点在《刑法修正案（六）》中也有体现，比如增设的骗取信用罪，没有充分考虑到行为的实施是两方面主体（骗取方和被骗方）之间的契合，出自对于骗取方的憎恨情绪和对被骗方的同情情绪，而采用一种单方面的立罪模式，规定骗取方的行为为犯罪。很明显，这是为了满足金融机构的强烈要求而情绪化的规定，缺乏对于相关利益的衡量。

问题四，重视立罪，轻视立罪解释。在刑法制度发达的国家，作为一般的状况，刑法解释是刑法重要的组成部分，因为刑法需要解释。但是，中国对于实践中出现的严重违法问题，立法者主要是通过立罪来解决，而不太注意对于已有立罪通过刑法解释来寻求出路。这在金融刑法里面尤其突出，在出现问题的时候往往首先想到的是修正刑法来解决问题。就刑法学者而言，思路也是如此。很多刑法学者注意积极提出立法建议，要求增加新罪，而鲜有学者能够理智地对条文作解释，通过刑法解释协调相关条文的关系，来达到更好地完善金融刑法的目的。

---

⑤　很多人认为金融犯罪立罪依据在于行为的社会危害性，其实关键性依据在于一种应罚性的考量。具体参见胡启忠：《经济犯罪立罪依据研究》，载李少平主编：《刑事政策与刑法适用》，12～21页，成都，四川人民出版社，2007。

立法者和学者这种思维的合拍，形成和推动了立罪的快速膨胀，立罪解释自然相形见绌。

对于在金融刑法立罪上存在的一些问题如何解决，是需要我们探讨的。我们认为，问题的解决，不是单向的分析，需要树立大局观，需要在一定指导思想或者原则下解决。要解决上述存在的问题，最为主要的是需要在金融刑法立罪上树立一种谦抑精神，在此精神指导下来解决具体的问题。

三、金融刑法立罪谦抑之实施

如前所述，国外学者有的把刑法的谦抑原则表述为三个方面：补充性、不完整性以及宽容性；我国有的学者认为应当表述为：断片性、补充性及适用性。不管如何表述，都说明刑法具有不得已的特性，所以有中国学者反对谦抑原则这个提法，主张叫"不得已"⑥。我们已经注意到，谦抑原则作为理论概念已约定俗成，其精神已经在刑法中得到广泛承认和应用，而且已经成为一个世界潮流。

在西方，谦抑原则的实践表现就是在当今非常流行的"非犯罪化"。英国是在刑事立法上最先主张非犯罪化的国家。1957 年，英国公布了《关于同性恋和卖淫的沃尔夫登委员会报告》，由此引发了一场刑法和道德的争论，其主题是刑法能否强制推行道德。正是这场争论，拉开了国际上非犯罪化的序幕。这场序幕一经拉开，便有席卷之势，其他国家也相继展开了非犯罪化的运动，"非犯罪化"因此而成为一种国际潮流。但从各国的非犯罪化途径来看，主要有以下几种情况：（1）把犯罪本身转化为违反秩序。在这种情况下，不再适用刑罚，而是科处惩戒性罚金处分。（2）采取起诉便宜主义的诉讼解决办法。也就是说，检察机关对于轻微的刑事案件，经过一定程序，在一定条件下，规定遵守一定的义务，就可以在起诉之前结束案件。（3）法院在判定有罪之后，缓期执行有关宣判刑罚的审判。⑦

西方非犯罪化的实质意义就是取消某些罪名，即排除某些行为应受刑罚惩罚的性质。从其本质含义上看，非犯罪化涉及对刑法某些性质和功能的变化为基础，从而认为刑法不再是支配日常生活的工具，仅仅是在迫不得已的情况下实施的措施。应该指出，这种非犯罪化潮流是存在的，但是这种非犯罪化并非我们论述的谦抑原则。也就是说，这种非犯罪化在中国不具有实施的土壤，这样说的理由如下：

首先，这种非犯罪化潮流，是和西方国家犯罪圈的划定有密切关联的。在西

---

⑥ 陈忠林教授不赞成谦抑的提法，主张叫"不得已"。具体参见徐卫东、李洁等：《刑法谦抑在中国——四校刑法学高层论坛》，载《当代法学》，2007（1）。

⑦ 参见陈兴良：《刑法的价值构造》，399～400 页，北京，中国人民大学出版社，2000。

方国家，比如美国，很多行为（比如违警罪）也被认为是犯罪，而这些行为在我们国家仅仅靠治安管理处罚法就可以解决。正是由于西方国家过于宽泛的犯罪圈，使得这种非犯罪化具有存在的土壤。

其次，罚金刑的大量使用。西方国家大量使用罚金刑，这种罚金刑是一种非常重要的制裁措施，而在中国，罚金刑还没有达到如此广泛的应用。

最后，西方有些国家实行的所谓"非犯罪化"，并不是将大批的犯罪行为转化为非犯罪行为，只是将原来的个别犯罪行为转化为非犯罪行为，即只是个别国家将个别"无被害人的犯罪"（如成年人基于相互同意秘密实施的同性恋行为）、"自己是被害人的犯罪"（如吸食毒品的行为）由原来的刑法规制改为其他法律规制。

从以上的论述可以看出，我们强调立罪谦抑，并不是指要实施西方的"非犯罪化"。但是，我们也不是公然地要和国际潮流作对，我们强调的立罪谦抑是一种有限度的非犯罪化。同样，此处的金融刑法立罪谦抑，是一种有限度的谦抑，也就是需要达到我们前述论证中提及的三个标准："无效果"、"可替代"、"太昂贵"。这也就要求，在金融刑法的立罪中，不能把所有的金融违法都纳入到刑法中加以规定，而只能控制在"不得已"的限度内，对其余大量的金融违规行为，我们将其纳入到行政法、民事法的调整范围，这是社会环境给予我们的必然抉择。这样我们就可以在金融刑法立罪上建立这样一个"有限度"的非犯罪化概念。

有限度的非犯罪化，可以从两方面解释：一方面，社会条件不是一成不变的，某种金融违规行为可能以前不具有刑法的可罚性，可以由其他法律或行政手段处理；可是后来由于社会条件的变化，它可能具有了刑法的可罚性，用其他法律已经不足以抑止这种行为，因而需要将这种行为规定为犯罪。反之，如果某种行为原来具备刑法的可罚性，刑法已将其规定为犯罪，但后来不具备了，不需要用刑法处理，则应实行"非犯罪化"。另一方面，国内外学者提出的谦抑性概念并没有不能增加犯罪的含义，只是说增加的犯罪必须是其他法律不足以抑止的行为，也就是说具有不得已的属性。

使用"有限度"的非犯罪化概念，并且用谦抑原则做指导，可以解决金融刑法立罪中存在的一系列问题。

"问题一"的解决：金融刑法频繁修改的最主要的原因是并没有把谦抑原则作为根本的指导原则。经济的发展必然带来相关违法行为的增多，当经济违法行为增多的时候，我们立法者首先考虑到的是用刑罚手段来加以规制，而没有考虑到立罪上的谦抑精神，更缺乏对于经济发展的宏观思考。其实经济违法行为的增多同经济发展的增长呈现一种迫不得已的同步增长。在我国把大量的违规行为纳入刑法的范围时，同样的会损害经济的发展，在两种利益的衡量下，我们必须作出取舍。但是，我们也可以寻求一种损失最小的手段，把一些金融违规行为纳入到行政法以及民事侵权行为法的领域内，就是一个不错的选择。这样，也就不会出现大量的事后立法，从而导致金融刑法的频繁修改局面出现。

"问题二"的思考：重刑思想是蛰伏于中国广大民众心头的一个枷锁，从古代到今天，人们仍然对其顶礼膜拜。正是这种思想反映在金融刑法上，一方面使得立法者在考虑对金融违规行为的处罚上优先想到的是刑罚制裁措施，从而主要是要制定刑法，而不是诉求行政和民事手段；另一方面，在刑罚的惩治上，依然规定了死刑制度。这些都是和我们强调的金融刑法的谦抑精神相违背的。应该看到，重刑思想是和国际上的轻刑化思潮严重对立的。我们需要转变重刑主义思维，在行动上对大量的金融违规行为转向使用行政和民事制裁手段，就可以扭转频繁立罪的局面。

"问题三"的解决：情绪化的立罪是和金融刑法谦抑的精神相违背的。我们强调金融刑法谦抑精神，在立罪上的一个重要体现就是要慎重立法。刑法的稳定性是刑法能够顺利执行的保证，刑法如果朝令夕改，不仅仅是国民丧失预测可能性，更为主要的是使得刑法丧失了其威严的地位。而我们现在强调金融刑法谦抑，在这个问题上就是要避免情绪化的立法情结，一个金融刑法条文的出台，需要有合适的时期和充分的理论支持。克服立罪的情绪化，有利于扭转频繁立罪的局面。

"问题四"的解决：在金融刑法领域，出现的刑法解释滞后，也是与金融刑法谦抑精神相关的。由于在指导原则上没有树立立罪谦抑的精神，这样导致的结果之一便是"问题一"中的局面，频繁地修改刑法，这使得刑法解释失去了生命力。刑法解释需要深刻地理解刑法条文的内在含义，在文字的射程范围内作出符合正义要求的解释。可是，当刑法条文变动过多的情况下，不管是司法工作者还是学者，都很难严格地在刑法解释的一些基本规则之下对于刑法条文作出正确的解释，这增加了解释的难度，也使解释失去了意义。正是由于这种原因，很多学者更情愿注意诉诸立法修改来实现自己的愿望。如果加强刑法解释，通过解释来弥补某些漏洞，至少可以减少频繁立罪和修改。

以上具体阐述了我们金融刑法立罪谦抑的思想以及如何运用这一思想解决金融刑法立罪中存在的具体问题的观点。如果有人怀疑，把大量的金融违规行为纳入到行政法以及民事法里制裁，是否意味着刑法对金融违规行为要"无为的沉默"。我们则要说，在金融刑法领域树立这样一种谦抑精神并非对所有出现的金融违法行为都"沉默不语"。我们主张的是有限度的非犯罪化，也是有限度的谦抑。

综上所述，我们可以得出这样的结论：在金融刑法领域，刑法过度干预和无为沉默都不具有合理性，都有可能阻碍金融经济的发展。而正确的选择是要有适度性，也就是说要符合谦抑的基本精神，除非达到不得已的程度，否则，把大量的金融违规行为纳入到行政法、民商法、经济法等领域，是必然的选择。

四、金融刑法谦抑与金融违法遏制

根据前述金融刑法立罪谦抑的思想，我们在金融刑法领域需要把大量的金融违规行为纳入到行政法、民法、经济法等领域。这就产生了为遏制金融违法行为而如何完善金融相关的非刑事法律的问题。我国频繁修改金融刑法，这主要由于我们国家现在金融市场仍然处于发展阶段，各种制度还不完善，这样就给了犯罪分子可以利用的空隙，而我们在遏制对策上，就想当然地使用刑法措施，以弥补空隙。实际上，金融违法分子可以利用的空隙是非刑事法律的空隙，非刑事法律的空隙需要非刑事法律来弥补，而不能代之以刑事法律来弥补。因此，为有效遏制金融违法行为，我们在提倡金融刑法立罪谦抑思想的同时，认为重要的是弥补非刑事法律自身的空隙。

要弥补非刑事法律的空隙，需要在以下几个方面加强努力：

第一个方面，进一步完善金融运行法制环境建设。[⑧] 金融运行法制环境的建设反映了金融的现代化程度，而且这对于弥补金融刑法由于谦抑而导致的不足具有重要意义，这也正是金融刑法立罪谦抑的必然要求。我国金融运行法制很不健全，进而表明在体系上仍然需要进一步完善。一方面，需要完善金融监管体制，良好的金融秩序是金融市场稳定的重要标志，而现在我国金融市场的不良状态主要原因在于没有完善的金融监管体制。另一方面，建立良好的金融信用机制。这对于良好金融市场的形成也具有重大的意义。金融刑法涉及的刑法分则第三章第四节破坏金融管理秩序犯罪以及第五节的金融诈骗犯罪，不仅仅是金融刑法独立可以遏制的，金融运行体制方面的完善同样具有遏制作用。在我们倡导金融刑法谦抑的前提下，金融运行体制方面的完善显得尤为重要。

第二个方面，加强内部预防机制建设。这主要是进一步增强预防意识的宣传教育。众多活生生的案例告诉我们，金融犯罪之所以能够得逞，与被害人（主要是银行）本身存在着的某些弱点或局部不良因素有着非常紧密的联系。外部犯罪分子单纯依靠自己的"聪明才智"很难能够达到犯罪的目的。很多金融犯罪的实施，并不仅仅是犯罪分子的手段高明，而更为重要的是银行内部也存在着问题。因此，我们需要增强预防意识，加大反银行内部从业人员涉案的力度。从某种意义上来讲，银行内部从业人员的受贿、玩忽职守甚至故意参与诈骗等涉案行为，是银行最大的被害要因。堡垒最容易从内部攻破，因此，对银行内部人员的预防犯罪教育应当是重中之重。

第三个方面，进一步完善金融违法行为的行政责任和民事责任制度。我们现

---

⑧　主要是指金融组织机构赖以存在的相关的制度构建。

行的金融立法对于金融违法行为法律责任的规定，一方面比较注意规定附属金融刑事条款，另一方面对于金融违法行为的行政和民事责任却不够完善。就附属金融刑事条款而言，由于我国的附属金融刑事条款并不是严格意义的刑法规范，无直接适用性，只具有间接的适用性[⑨]，所以，这些附属金融刑事条款在适用上具有缺陷性，没有多大直接的实际意义。就金融违法行为的行政法律责任而言，行政责任主体注意单位忽视个人，行政责任形式注意罚款忽视其他（尤其是对于个人），这就显得行政责任不力。就金融违法行为的民事法律责任而言，与附属金融刑事条款存在同样的弊端，只有笼统的"承担民事责任"的提示，没有具体的责任内容，同样没有多大直接的实际意义。如此，附属金融刑事条款和附属金融民事条款实际上虚位，加上金融行政责任不力，就使金融违法行为不能受到打击或者不能受到有力打击，因而金融违法行为不能受到有效遏制。有鉴于此，为了有效遏制金融违法行为，我们在主张金融刑法立罪谦抑的同时，又主张进一步完善金融违法行为的行政和民事责任。具体讲，其一，加强金融违法行为行政法律责任的规定，比如增加规定个人金融违法行为行政法律责任的范围和形式，规定加大单位金融违法行为行政法律责任的力度。其二，加强金融违法行为民事法律责任的规定，比如在金融法律中，具体规定金融违法行为的民事法律责任的形式和大小，或者增加某些对于金融违法行为特点具有针对性，而普通民事法律责任形式没有的其他责任形式。

五、结束语

金融刑法作为刑法中的重要部分，在金融法制的构建中起着重要的作用。然而，金融市场的良性发展，却不是金融刑法挥舞着刑罚之刃就能实现的。对于伴随经济发展而出现的金融违规行为，立法者尽力地将其纳入金融刑法领地的做法是欠妥的。我们能够理解立法者想通过刑法来震慑犯罪分子嚣张气焰的良苦用心，但事实是，金融违法行为仍然大量出现。面对这种情况，我们需要冷静思索这样的问题：用刑罚的手段来解决问题是否完全有效？我们的结论是，在金融刑法立罪上要谦抑，刑罚站的是所有制裁手段中的最后一岗，用之太勤，则会使刑罚之矛丧失锐利。把大部分金融违规行为放入行政法、民商法等领域中制裁，是一个明智的选择。从成本分析的角度讲，刑罚手段是最昂贵的手段，能用最简单的手段达到更好的效果，何乐而不为呢？这是应对我国现实的必然选择，也是回应国际潮流的必然选择。

---

⑨ 具体参见胡启忠：《金融刑法适用论》，24～26页，北京，中国检察出版社，2003。

我国金融犯罪的修正问题研究

王文华*

我国非常重视预防和打击金融犯罪，现行刑法将妨害金融管理秩序的犯罪与金融诈骗罪分别作为专节单列，后来的修正案也不断地对金融刑法的内容进行修改完善。2006 年 6 月 29 日，《中华人民共和国刑法修正案（六）》（以下简称为《修正案（六）》）由中华人民共和国第十届全国人民代表大会常务委员会第二十二次会议通过并施行。《修正案（六）》共 17 条，涉及四个方面，其中三个方面都是有关金融犯罪的。不难看出，《修正案（六）》体现的是对金融犯罪进一步从严治罪的刑事政策，其特点是突出一个"严"字，主要表现在以下几方面：

一、《修正案（六）》体现了金融刑法的严密与严厉

1. 严密犯罪圈，增加罪名

（1）第 169 条之一增加规定了"背信损害上市公司利益罪"，将上市公司的董事、监事、高级管理人员、控股股东和实际控制人与关联公司进行不正当关联交易、掏空上市公司的行为，增加规定为犯罪；

（2）第 175 条之一增加规定了"骗取贷款、票据承兑、金融票证罪"，将以欺骗手段取得银行或者其他金融机构贷款、票据承兑、信用证、保函等行为规定为犯罪，使得刑法的防线提前，因为这种欺诈行为不需要"以非法占有为目的"，如果具备"以非法占有为目的"要件，则构成贷款诈骗罪；

（3）第 185 条之一增加规定了"背信运用受托财产罪"，将金融机构违背受托义务擅自运用客户委托、信托财产和违反国家规定擅自运用公众资金的行为增加规定为犯罪，是对《刑法》第 185 条规定的挪用资金罪和挪用公款罪的重要补充，而且是单位犯罪，其主体是商业银行、证券交易所、期货交易所、证券公司、期货经纪公司、保险公司或其他金融机构；

---

* 王文华，北京外国语大学法学院副院长，副教授，法学博士、博士后。

（4）第 185 条之一增加规定了"违法运用资金罪"。

2. 扩大金融犯罪的主体范围

（1）第 169 条之一背信损害上市公司利益罪的行为主体是上市公司的董事、监事、高级管理人员，突破了《刑法》第 169 条"国有公司、企业"的限制；

（2）第 163 条、第 164 条扩大了商业贿赂犯罪（非国家工作人员受贿罪、对公司、企业人员行贿罪）的主体范围，将商业贿赂犯罪的主体从"公司、企业的工作人员"扩大到"公司、企业或者其他单位的工作人员"，包括非国有公司、企业、事业单位或者其他组织的工作人员。

3. 扩大金融犯罪行为方式的种类

（1）第 182 条操纵证券、期货市场罪增加了"在自己实际控制的账户之间进行证券交易"内容。

（2）第 161 条违规披露重要信息罪增加了"或者对依法应当披露的其他重要信息不按照规定披露"的行为方式。[①]

（3）适用"兜底性条款"——例如《刑法》第 169 条之一"采用其他方式损害上市公司利益的"。修正案对掏空上市公司资产的行为采取列举加概括的方式，在列举了五项具体行为以后，还有一个兜底性条款——"采用其他方式损害上市公司利益的"[②]。不过，是否需要追究刑事责任，还应当结合是否"违背对公司的忠实义务"进行综合分析。

4. 扩大了洗钱罪上游犯罪范围

在《刑法修正案（三）》修正以后，我国《刑法》第 191 条洗钱罪的上游犯罪包括四种，即毒品犯罪、黑社会性质的组织犯罪、恐怖活动犯罪、走私犯罪。《修正案（六）》增加了贪污贿赂犯罪和金融犯罪（破坏金融管理秩序犯罪、金融诈骗犯罪）作为洗钱罪的上游犯罪。

5. 提高金融犯罪的法定刑

第 182 条操纵证券、期货市场罪将法定最高刑从原来的 5 年有期徒刑提高到 10 年有期徒刑。

二、《修正案（六）》体现了金融刑法的国际化特征

《修正案（六）》是继 2006 年 1 月 1 日起施行的《公司法》修订案和《证券

[①] 《证券法》第 54、64～67 条和《证券投资基金法》第 62 条对应当公开披露的信息内容进行了具体列举性规定，原刑法第 161 条规定的"财务会计报告"仅是其中的一项。参见顾肖荣：《惩治证券犯罪将现五大变化——刑法修正案（六）解读》，载《中国证券报》，2006 - 06 - 30。

[②] 黄太云：《刑法修正案（六）解读之三：严控权力人行为　惩治经济腐败》，载 http://www. hylsgzs. com/Article/ArticleShow. asp? ArticleID1467。

法》修订案（以下简称新公司法和新证券法）之后，又一部规范证券市场的重要法律（法案）。该法案的一大特点是与新公司法和新证券法相呼应，为规范证券市场，惩治证券犯罪进一步提供法律保障。"这次修正的一个突出问题就是加大依法打击的力度。"③回溯一下，我们发现，在现行刑法通过以后的六个修正案中，就有四个是（或主要是）针对金融犯罪的：1999年《刑法修正案》、2001年《刑法修正案（三）》、2005年《刑法修正案（五）》以及2006年《刑法修正案（六）》。而最新的《修正案（六）》更是对金融犯罪的重拳出击。

刑法的这种变化，是我国金融犯罪的特点决定的。随着金融业的改革，新的金融业务和领域大量出现，金融犯罪也日益多样化、智能化、复杂化，案件发生频繁，犯罪数额巨大，危害面广，网络金融犯罪危害甚重；由于通信方式的便捷，跨国跨境的多，呈现国际性特点，有组织金融犯罪、金融腐败犯罪大量增加，单位犯罪占相当大的比例。金融犯罪已经成为对国家经济安全最重大的威胁。

我国金融刑法这种"严"的特征也反映了金融刑法的国际趋势。金融犯罪不仅是我国，也是世界各国面临的严峻挑战。在经济全球化的浪潮中，金融全球化是核心，而金融全球化带来了金融犯罪的国际化和全球化，依靠一国的力量很难有效抗制。对这种非常态类型的犯罪，各国需要联手出击，在刑事立法上尽可能取得共识，在刑事司法上相互协作，才能有实质性的进展。

一直以来，在人们的观念中，刑法作为公法的重要组成部分，是主权国家的产物，具有鲜明的民族性，并且由于它轻则剥夺人之财产、自由，重则剥夺生命，因而是一种以国家强制力为后盾的最严厉的惩罚措施，刑法也较其他法律难以在国家之间互相影响。但是国家间刑法的这种趋同、协调，以及国际化的倾向还是不可阻挡地发生了，主要发生领域是在两大类犯罪——"震撼人类良知"的国际犯罪和经济犯罪中，而金融刑法国际化是其中的重要内容。这两个领域的有些犯罪是交叉重合的，例如有关假币的犯罪、恐怖融资犯罪等。④可以毫不夸张地说，当今世界正进行着"金融刑事一体化"的进程，主要表现形式是国际刑事公约和区域刑法。国际社会经过二三十年的共同努力，联合国、各类金融监管国际组织和各国政府通过公约、协议和国内法律发布和体现的惩治金融犯罪的标准和准则，涉及了许多具体罪名，多达100项以上，并且都已被签约国、多边机构和相关组织所接受。⑤在金融刑法区域一体化方面走得较前的是欧盟，其在货币、内幕交易、信用卡犯罪、洗钱犯罪等领域都有非常深入的一体

---

③　《刑法修正案草案增加贪污贿赂犯罪和金融犯罪》，载http://www.sina.com.cn，2005 - 12 - 25，21：01，"经济信息联播"。

④　参见王文华：《论全球化时代的刑法国际协调》，载《深圳大学学报》，2007（4）。

⑤　参见顾肖荣：《金融犯罪惩治规制的国际化》，载中国法律信息网。

规定。

我国《修正案（六）》对金融犯罪的修正，虽然是出于惩处我国常见、多发的金融犯罪的需要，却符合这方面的国际刑事规范。我国制定了专门的《反洗钱法》，对洗钱的预防、查处、惩治和国际合作等问题都作了系统的规定；加入了《联合国打击跨国有组织犯罪公约》、《联合国反腐败公约》、《联合国禁毒公约》等，其中都包含了打击金融犯罪的内容，对缔约国预防、查处、惩治有关的金融犯罪和国际合作等提出了要求。⑥《修正案（六）》的上述六个特点既反映了这些公约的要求，也与绝大多数发达国家的金融刑法规定趋同和接近。这反过来将有利于我国与其他国家在打击金融犯罪方面的刑事合作。因为如果国家之间金融刑法的立法接近，对同样的行为作同样或近似的犯罪规定，并规定相同——至少是近似——的刑罚，则容易在观念上取得一致，并加深国家之间的理解与信任⑦，有利于金融刑事司法合作的顺利开展，对金融犯罪进行有效打击，使金融犯罪人无缘利用国家之间刑事法的差异逃避惩处。事实上，我国近年来建立金融情报中心（FIU），积极参与了惩治金融犯罪的许多国际和地区性的合作，取得了相当的成效，与我国不断完善金融刑法的规定是分不开的。当前正在力争尽快加入国际反洗钱组织——金融行动特别工作组（FATF），更好地展开国际间的金融刑事合作。金融刑法的国际协调也并不意味着国家主权的弱化，相反，金融刑法通过与能够反映刑事法治的国际公约或他国法律的协调，可以更好地对本国的经济基础起良好的反作用，从而增强国力，更好地维护国家主权。

可以预言，如同其他国家一样，我国有关金融刑法的规定在将来依然需要随着金融形势和金融犯罪态势的变化而变化。笔者认为，我国在关注金融刑事国际化、金融刑事一体化的进程中，在《修正案（六）》的基础之上，应当在以下几方面进一步完善我国的金融刑事立法与司法。

三、《修正案（六）》基础上我国金融刑法的完善

（一）进一步扩大洗钱罪的上游犯罪范围

尽管我国刑法将洗钱罪的上游犯罪范围不断扩大，但是洗钱罪的上游犯罪范围应当更广泛，这也是世界一些发达国家的做法。例如意大利 1993 年刑法修改

---

⑥　例如《联合国禁毒公约》是联合国制定的第一个惩治洗钱犯罪的国际刑法规范，公约明确了通过对洗钱罪收益的没收以打击相关犯罪的宗旨。

⑦　例如欧盟的一些框架法律提出了刑罚指导原则，有些甚至明确了各国法定最高刑的底线，例如1998 年 5 月 3 日制定的 947/98 号法令就规定，"任何改变和伪造欧元的，无论采取何种方法，都应处以不低于 8 年的监禁"，对成员国都有约束力。参见王文华：《欧洲金融犯罪比较研究——以欧盟、英国、意大利为视角》，33 页，北京，外语教学与研究出版社，2006。

以后，洗钱罪的上游犯罪可以是"所有的非过失犯罪"，即故意犯罪，且不必是严重犯罪；洗钱罪的法定最高刑，在我国是 10 年有期徒刑并处罚金，在意大利是 12 年监禁并处罚金，而且"如果上述行为是在从事职业活动中实施，刑罚予以增加"，而根据《意大利刑法典》第 64 条的幅度规定，洗钱罪的法定最高刑可达 16 年监禁并处罚金。因此，在洗钱罪的适用范围、刑罚等方面，意大利都比我国更严厉。洗钱罪的危害已经无须赘述，即便不提高其法定刑，进一步扩大其上游犯罪的范围还是十分必要的。

（二）突出打击有组织金融犯罪

有组织金融犯罪是一般金融犯罪的更高级的组织形式，它强化了犯罪心理，有的是家族式犯罪组织，有的已经达到军事化管理的程度。更应当引起警觉的是，由于这些犯罪组织多设立有多个合法企业，既为经营利润，又是其犯罪活动的保护色，而且有的已经渗透到政府部门。不可忽视的是，金融有组织犯罪如今已经与恐怖犯罪、黑社会性质犯罪和其他一些暴力犯罪紧密交织在一起，以暴力、金钱为制服他人的手段，以非法巨额资金作为自己的经济后盾，比之单纯的有组织暴力犯罪，或者有组织金融犯罪，危害更甚。

在我国，对有组织金融犯罪的打击，主要是刑事司法的任务，因为刑法并无专门的针对有组织金融犯罪的规定，除非该组织同时是恐怖组织、黑社会性质组织，才可以在分则中找到依据，否则只能适用而总则普适性的关于共同犯罪的规定。针对这些情况，有些国家对犯罪组织的早期形式也专门立法制裁。例如，《意大利刑法典》第五章"危害公共秩序罪"专门对那些为犯罪而结成集团、参加黑手党型集团等行为作了规定，第四章"罪犯和犯罪被害人"第三节"共同犯罪"第 112 条将共同参加犯罪的人数为 5 人或 5 人以上的情形，在不构成犯罪集团或黑手党组织时，也要作为加重情节处罚，这对打击早期或处于形成时期的集团犯罪是非常有力的，有一定的借鉴作用。

（三）预防和惩处金融腐败犯罪

金融犯罪与金融腐败犯罪在很大程度上有共生关系，许多金融犯罪，如果没有腐败，很难长期存活。金融腐败在本质上是一种"背信"，只不过与一般的背信罪相比，它是对"公信力"的背离和背叛，它辜负了人们对政府管理者的信任、对银行等金融机构的信任以及公司所有者对公司管理者的信任。不少违反金融管理秩序的犯罪和金融诈骗罪，都与金融腐败行为有着直接或间接的关系。

金融资源无疑是稀缺资源。金融是体制转换的交汇点，也是法律政策滞后点。金融成了权钱交易的要害，多年来，我国金融权力腐败颇为严重。公共权力作为异化的权力资本进入市场，在金融市场中肆意扩张，恶性膨胀，瓜分经济利益，阻碍市场经济的完善。金融成了寻租活动的温床。掌握金融资源配置大权的金融机构是经济犯罪案件的多发地带。金融权力腐败是导致金融风险的重要原因。我国金融业在融入国际金融主流中，必须遏制金融权力腐败、实现金融法治化。⑧

（四）严格金融领域的业内处罚、民事赔偿制度

金融领域业内的处罚，非常重要。在金融经济发达的国家，虽然也有相对完备的金融刑法，但是更为常用的法律武器是对金融欺诈等违法行为的金融领域业内的处罚与民事赔偿规定。这是因为，如果投资者对上市公司和证券市场丧失信心，危害的是整个证券期货市场的存在与发展。

例如，英国的市场操纵罪只会引起英国法律所谓的"民事罪责"（civil of-fence），受到民事罚金（civil fine）的处罚，而不是刑事责任。这种罚金，可以由英国金融监管局直接决定，也可以通过该局要求法院作出决定，并同时下达补偿令。实际上，从处罚主体、处罚内容我们都可以看出，所谓"民事罪责"，本质上是行业的内部处罚。英国 2001 年《金融市场服务法》第 381 条规定了禁止令、赔偿令、限制处分财产令、恢复原状令等强制令，并且不论这些行为是否构成犯罪，首先要防止其不法行为的继续或重复，并及早弥补损失。当前，我国对操纵证券、期货价格和内幕交易的民事赔偿保护，远不及英国完备。事实上，对金融犯罪追究刑事责任，是最后手段，但不是唯一手段，更多的是将其作为民事、行政责任的追究尚不足以与其行为性质的危害相匹配时的一种补充手段。刑事责任解决了行为人的刑事责任问题，但无法解决对被害人损失的补偿问题。⑨从刑法法益角度看，金融刑法保护的，既是金融管理秩序，更是投资者的合法财产权，如果不能有效保护其财产权，就算追究了行为人的刑事责任，依然留有相当大的遗憾。

（五）设立专门的金融法庭

由于金融的专业性，对金融领域的民事赔偿、行政处罚以及金融犯罪案件的处理都需要专业化的知识与技能，而有些案件在性质上可能难以判定是金融违法还是金融犯罪，在程序上可能交织着民事、行政、刑事的诉讼，很难截然分开，将案件专门交付某一个法庭审理，影响了案件的处理效果与效率。对金融犯罪案件，除非民事诉讼本身太过复杂，存在着类似民法上"不可抗力"那样的困难，

---

⑧ 参见弘道：《中国金融法律体系如何适应 WTO 规则》，载《现代法学》，1999（6）。

⑨ 参见王文华：《欧洲金融犯罪比较研究——以欧盟、英国、意大利为视角》，北京，外语教学与研究出版社，2006。

否则，如果措施上不得力、不及时、不恰当，让刑事诉讼耽误了时日，影响了民事证据的收集、被告人财产的扣押或执行，那么该案件的处理不能说是完满的，甚至可以说是存在很大缺憾的。因此，我国可以考虑借鉴其他一些国家的做法，设立专门的金融法庭，集中专业素质强、知识全面的法官审理金融违法犯罪等案件，必要时可以进行试点。

（六）提高金融犯罪的刑事侦查水平

金融犯罪大多具有智能性、隐蔽性强，难以侦破或收集可靠证据的特点，对这种新型、非常态的犯罪就需要采用非常态的侦查手段。在美国，联邦调查局有2 500名特工从事涉及金融诈骗、政府性诈骗、公务员贪污、洗钱犯罪和其他经济犯罪的调查，其财政部所属的金融犯罪执法网络（FINCEN）是一个庞大的金融数据库，它与全美各大银行及其他金融机构的数据库、金融监管机构的数据库联网。[⑩]在英国，1998年通过的《公益情报开示法》（Public Interest Disclosure Act 1998）目的就在于培育一种"线人文化"（whistleblowing culture），采用"赏金猎人"（bounty hunter）制度，鼓励公司雇员揭露上司和同事的各种违法犯罪行为，在揭发犯罪、保护公共利益的同时，更可以及早防止公司本身与公司其他职员成为其犯罪的牺牲品。实际上，最先发现证券犯罪线索的，多是公司的职员、同事或下属，在证券犯罪人内外勾结甚至形成犯罪组织的新情况下，证券监管如果不调动社会成员参与的积极性，没有最前沿的违法犯罪线索，预防和惩治金融犯罪很难取得令人满意的效果。我国在这方面的措施以及适用还很有限，需要及时改进。

（七）重视对金融犯罪"从宽处理"的刑事措施的适用

我国在对金融犯罪从严治罪的刑事政策指导下，也应当重视其他看似"从宽"的金融刑事立法、司法措施的适用，对金融犯罪从严惩治、立法从严规定的时候，还应当体现"从宽"的一面，这是由于金融经济特殊的变动性、金融经济人逐利的本性以及打击金融犯罪与保护人权的制衡关系所决定的。金融犯罪发生在私法特征非常明显的金融领域，金融活动迫切地需要自由、开放的空间，也同时迫切需要顺畅的秩序，因此刑法介入时必须全方位、多角度考虑问题。[⑪]对金

---

⑩　参见《美国的经济犯罪和打击对策》，载http：//www.zblw.com/faxue/jingji/200411/3575.html。

⑪　欧盟近来在刑事诉讼领域迈开大步，所采取的"欧洲逮捕证"、"欧洲证据证"以加大警察权的做法，也受到了欧盟成员国（例如英国）以及其他国家的质疑。美国有学者甚至认为，这样大的动作不仅可能侵犯人权，还有可能使警察行为复杂化，最终反而降低警察活动的效率。See Jacqueline Klosek，"The development of international police cooperation within the EU and between the EU and third party states：A discussion of the legal bases of such cooperation and the problems and promises resulting thereof"，1999 *American University International Law Review*.

融犯罪"从宽"的一面既有上述公正因素的考虑，更有有效打击金融犯罪的功利因素的考虑，即刑事立法与司法应当时时考虑到如何以最低的法律成本取得较高的社会效益。具体而言，对金融犯罪的"从宽"应当体现在以下几点：

1. 对金融犯罪人的赦免

对金融犯罪人的赦免的主要方式是特赦。这是金融犯罪特有的时间性、相对性决定的。

金融刑法不仅较普通犯罪的刑法多变，而且比其他经济犯罪更为变动不居。一些所谓的金融犯罪行为在不同国家由于经济发展状况等因素而危害性不一，各国对是否采取以及如何采取刑法方法保护经济也有不同的认识，例如同样是操纵证券价格行为，有些国家就未将其犯罪化。而1991年10月1日生效的欧盟《反内幕交易公约》明确规定对内幕交易行为，各国应当"采取适当法律措施进行处罚"，各成员国有选择权，可以采取民事、行政或刑事手段来规定其法律责任。换言之，对内幕交易行为，欧盟成员国也可以不设置刑事责任，不将它规定为犯罪。[12] 金融刑法首先是以民法、金融法为基础的，这些金融犯罪，是"犯罪"，但首先是经济行为或民事行为，即金融犯罪具有混合行为的性质，金融刑法也具有混合法的特点。由于金融犯罪的这种相对性，以及各国法律文化或经济发展水平的差异等原因，对经济违法犯罪行为的法律定位比较困难，对经济犯罪的"度"如果掌握不好很可能会影响自由经济的发展。

笔者认为，对性质复杂的金融犯罪，如果时过境迁，其社会危害性不再明显，就应当对金融犯罪人进行赦免。具体又包含两种情况：一是对已决犯，二是对潜在的犯罪人。[13] 这是对金融犯罪宽严相济刑事政策的最好反应。

2. 废除金融犯罪的死刑，当前应当对金融犯罪慎用死刑

"犯罪经济"（包括"金融犯罪经济"）的形成，有多种多样的原因，刑罚不应当也无法与之比试高低，相比之下，增强刑法与其他法律适用的及时性与必然性，尽可能减少金融犯罪的"黑数"，会更具威慑力。虽然对国家、社会造成的损失巨大，但是作为非暴力犯罪，废除金融犯罪的死刑应当是符合国际刑事发展潮流的，也是刑法科学化、人性化的必然趋势。当然，它需要刑罚结构的合理性

---

⑫ 英国"严重经济犯罪部"一位多年从事内幕交易犯罪侦查的警察提出，他曾经将内幕交易视为最严重的犯罪，但在多年工作、反复思考以后，他的这一观点发生了动摇，他认为，刑法确实具有"应急"的作用，但制定这种"应急法"时，必须同时考虑它对民商法可能会带来的影响。参见王文华：《欧洲金融犯罪比较研究——以欧盟、英国、意大利为视角》，310页，北京，外语教学与研究出版社，2006。

⑬ 例如意大利2001年10月的"金融大赦"，就是意大利国会通过政府议案，在欧元过渡期内，政府不计前嫌，允许那些为逃避意大利的高额税收而存入瑞士、摩纳哥等"逃税天堂"的资金返回意大利；除收取总额2.5%的象征性税收外，不追究资金来源，并替个人保密，并免除海关关税及司法手续等。意大利政府的"金融大赦"计划实施以来，共有800亿欧元的资金返回意大利，其中60%来自瑞士。这种赦免，挽回了经济利益，打击了"犯罪经济"，维护了国家金融、税收制度的稳定。

作支撑。⑭ 在目前尚不废除死刑的情况下，应慎重对金融犯罪适用死刑。

3. 对赔偿损失、退赃的金融犯罪人，应当从宽处理

就刑罚目的而言，报应是重过去（对已发生行为的惩罚），威慑是重未来（对未来危害行为的预防），赔偿（以及补偿）是重恢复（恢复旧有的社会秩序）。从应然的角度讲，金融刑法对这三方面不说等量齐观，也不应有过分偏废。

我国有刑事附带民事诉讼制度，但该制度的法律规定非常原则，并没有为我们提供十分具体的操作要求，给司法、执法人员留下了很大的自由裁量的空间，掌握不好就容易忽视民事赔偿，危害被害人的经济利益，最终危害金融秩序。而金融犯罪案件的涉案数额，常常是天文数字，金融诈骗在我国和世界其他国家都有范围扩大、金额上升、发生频繁的趋势。内幕交易罪、操纵证券、期货价格罪、集资诈骗罪等犯罪，经常还会遇到被害人众多的问题，因而如果金融刑事法不能有效保护这些人的合法权益，将引起证券市场的动荡，危害金融管理秩序，甚至爆发金融危机。"三公原则"是金融法的灵魂，不同层次的法律责任的设置最终都应当保证、加强，而不是削弱这一原则，不能认为对金融违法者追究了更为严厉的法律责任，刑罚就在最大限度上维护了金融秩序，实现了金融市场的公正，而被害人赔偿虽然也重要，却是第二位的。

其实，罗马法对这个问题早有回答——重救济，轻处罚。虽然复仇也是罗马法的一个重要元素，但在报应与赔偿（或补偿）之间，罗马法更重视后者。这与早期英国刑法相反——英国刑法更注重报应，而不是对被害人的补偿。罗马法上的一些做法，对我们当今打击金融犯罪，救济被害人，仍然有启发意义。

在这方面，《意大利刑法典》第62条第6项的规定有一定的参考价值："在审判前已赔偿全部之损害、恢复原状，或在审判前（除中止外）自行以有效的方法减轻其犯罪的侵害或危险之结果者"，应予减轻刑罚。这是在犯罪中止以外的规定，是对犯罪中止的补充，它给予犯罪人以真诚悔过的机会，也在客观上减少犯罪带来的损失，并延长了犯罪人弥补犯罪危害的时间——"在审判前"。而且该情节属于法定减轻情节。我国刑法没有这样的规定，《刑法》第24条第2款对造成损害的中止犯的规定属于必减情节，但它只适用于犯罪中止，必须是"在犯罪过程中"。赔偿被害人在我国是酌定量刑情节。金融犯罪很多都在妨害金融管理秩序之外造成了他人财产的损失，如果我国刑法有类似《意大利刑法典》第

---

⑭　如与我国金融犯罪的刑事责任相比，意大利的规定总体上轻缓得多，没有死刑，也不适用终身监禁，但如果数罪并罚，不仅上限比我国规定得高，为30年（我国有期徒刑数罪并罚不能超过20年），而且由于意大利不采用限制加重原则，而是并科原则，监禁与拘役也不能折算，因而即使不考虑数罪并罚的上限，意大利的这种并罚制度也比我国严厉得多。金融犯罪人犯数罪的情况并不显见，如果是犯罪集团或黑党组织，那数罪并罚的情况更多，30年的上限，比我国死缓的实际适用刑期还高。这样的规定，也与意大利刑法对金融犯罪不规定终身监禁和死刑的整体设置相衔接。

62条第6项的鼓励赔偿的规定，将有利于挽回金融犯罪的损失。因此，对赔偿损失、退赃的金融犯罪人，应当体现从宽处理的精神。

4. 对行贿犯罪，在被追诉前主动交代行贿行为的，应当减轻处罚或免除处罚

由于金融腐败犯罪频发，且数额巨大，刑法应当对金融犯罪的关联犯罪——行贿罪、公司、企业与其他单位人员行贿罪作出规定：行贿人在被追诉前主动交代行贿行为的，应当减轻处罚或免除处罚，而不是像现行《刑法》第164条第3款、第390条第2款所规定的："行贿人在被追诉前主动交待行贿行为的，可以减轻处罚或免除处罚。"这样修正的目的，是进一步打破行贿人与受贿人之间的"利益共同体"的"攻守同盟"，瓦解犯罪人之间的关系，各个击破。贿赂犯罪是"一对一"的犯罪，很难取证，在贿赂犯罪中，如果能够在比较轻的行贿犯罪方面找到突破口，显然将大大增加腐败犯罪（包括金融腐败犯罪）的破案率，增强对金融腐败犯罪的打击力度。同样，对第392条第2款介绍贿赂罪也应作同样的修正，即："介绍贿赂人在被追诉前主动交待介绍贿赂行为的，应当减轻处罚或免除处罚。"

四、结　语

意大利刑法学家恩里科·菲利曾经指出："法律总是具有一定程度的粗糙和不足，因为它必须在基于过去的同时着眼于未来，否则就不能预见未来可能发生的全部情况。现代社会变化之疾之大使刑法即使经常修改也赶不上它的速度。"在金融扩张成为强权政治对外扩张的重要手段，发达国家不断利用金融霸权抢占市场，甚至冲击一国主权的经济全球化时代，我国应当在《刑法修正案（六）》的基础上进一步完善我国的金融刑事法制，提高金融监管水平，推进金融法制化、规范化发展，进一步增强我国的综合国力，为我国乃至世界的繁荣与发展做贡献。

金融犯罪中的罪数形态界定问题探讨

孟庆华*

在认定金融犯罪的实践中，经常会遇到擅自设立金融机构后又非法吸收公众存款是否属于牵连犯，有价证券诈骗罪是否属于结合犯，以及伪造货币又出售是结合犯、牵连犯还是吸收犯等问题。笔者认为，对这些金融犯罪中罪数形态界定的不同回答，将会得出这些金融犯罪行为是一罪还是数罪的重要结论，从而为最终能否适用数罪并罚奠定基础性条件。

一、擅自设立金融机构后又非法吸收公众存款是否属于牵连犯问题

《刑法》第 174 条第 1 款与《刑法》第 176 条分别规定了擅自设立金融机构与非法吸收公众存款两罪，但在司法实践中两罪并非是各不相关的，而往往是两罪相互关联，即行为人在擅自设立金融机构后又非法吸收公众存款。如何对此种情形定罪处罚，共关键就在于能否被认定为牵连犯。在刑法学界，关于擅自设立金融机构后又非法吸收公众存款是否属于牵连犯问题，主要有肯定与否定两种认识观点：

（1）肯定说，认为擅自设立金融机构与非法吸收公众存款之间具有牵连关系。[①] 行为人擅自设立金融机构的行为本身即构成擅自设立金融机构罪。如果又利用擅自设立的金融机构，进行了非法吸收公众存款的业务，或者进行集资诈骗，构成刑法规定的其他犯罪的，属于牵连犯罪，应当在已构成的数罪中，择一可能判处的刑罚最重的一罪定罪处罚，不能再仅以本罪追究行为人的刑事责任。[②]

（2）否定说，认为行为人先设立非法的金融机构，其目的在于吸收公众存款。对于这种情况擅自设立金融机构的行为是手段行为，而非法吸收或变相吸收

---

* 孟庆华，河北大学政法学院教授，法学博士，中国人民大学法学院博士后。

① 参见王新：《金融刑法导论》，131 页，北京，北京大学出版社，1998。

② 参见周道鸾、张军主编：《刑法罪名精释》，2 版，222 页，北京，人民法院出版社，2003。

公众存款的行为是目的行为，二者有一定的牵连关系，应以处理牵连犯的原则处断。但是，行为人擅自设立金融机构是意图从事除存款以外的其他金融业务，如证券买卖、融资租赁，而后出于某种考虑开始从事吸收存款的业务。对于此种情形，两行为之间缺少必要的牵连关系，是两个完全独立的行为，如都构成犯罪，应以数罪并罚论处。③

笔者赞同第一种观点肯定说的看法，擅自设立金融机构后又非法吸收公众存款是否属于牵连犯，其主要理由是：

（1）擅自设立金融机构与非法吸收公众存款两行为之间是否属于牵连犯，其关键就在于有无牵连关系。"牵连关系，是指牵连犯的数行为之间具有的目的行为与方法行为或目的行为与结果行为的关系。"④ 如何判断牵连关系，刑法理论上有主观说、客观说和折中说的分歧。⑤ 其中，折中说是可取的，也是比较完整、全面的界定牵连关系的基本方法，即："判断两个以上的犯罪行为有无牵连关系，应从主客观两方面着手：主观上，看行为人是否为了一个最终的犯罪目的而实施方法行为或结果行为，也就是说，方法行为或结果行为都是在最终目的支配下实施的，才是牵连犯。客观方面，看目的行为与方法行为、结果行为间有无原因与结果的牵连关系。"⑥ 擅自设立金融机构与非法吸收公众存款两行为显然存在牵连关系：其表现在主观方面，擅自设立金融机构与非法吸收公众存款两行为均是围绕着"非法吸收公众存款的犯罪目的"而实施的；表现在客观方面，擅自设立金融机构是非法吸收公众存款的方法行为，而非法吸收公众存款则是擅自设立金融机构的目的行为，两行为是方法行为与目的行为的关系。

（2）否定擅自设立金融机构后又非法吸收公众存款属于牵连犯观点，主要是误解了牵连犯成立的主观要件。通常认为，对于牵连犯行为人的主观因素之认定，应以"一个犯罪目的"作为标准，正是因为有了这个犯罪目的，行为人主观上才有牵连意图。⑦ "如果行为人的数个犯罪行为不是围绕一个犯罪目的而实施，行为人在主观上就不具有牵连意图，他所实施的数个犯罪行为之间也就不会形成方法与目的或者原因与结果的关系。"⑧ 如何理解何谓"一个犯罪目的"，这是擅自设立金融机构后又非法吸收公众存款能否构成牵连犯的关键。单纯就擅自设立金融机构与非法吸收公众存款两行为来说，行为人擅自设立非法的金融机构，其目的在于吸收公众存款，这被认为"一个犯罪目的"，从而得出"擅自设立金融

---

③ 参见张军主编：《破坏金融管理秩序罪》，185 页，北京，中国人民公安大学出版社，2003。

④ 莫晓宇：《牵连犯牵连关系的认定新析》，载《贵州警官职业学院学报》，2002（4）。

⑤ 参见高铭暄、马克昌主编：《刑法学》，203 页，北京，北京大学出版社、高等教育出版社，2000。

⑥ 孙国祥主编：《刑法学》，195 页，北京，科学出版社，2002。

⑦ 参见刘宪权：《我国刑法理论上的牵连犯问题研究》，载《政法论坛》，2001（1）。

⑧ 王林：《论牵连犯》，载《贵州民族学院学报（哲学社会科学版）》，2007（1）。

机构后又非法吸收公众存款属于牵连犯"，这是不存在疑义的；但是，如果"行为人擅自设立金融机构是意图从事除存款以外的其他金融业务，如证券买卖、融资租赁，而后出于某种考虑开始从事吸收存款的业务"，这能否认为不是"一个犯罪目的"，从而得出"擅自设立金融机构后又非法吸收公众存款不属于牵连犯"呢？答案应当是否定的。笔者认为，由于要界定擅自设立金融机构与非法吸收公众存款两行为是否属于牵连犯，只能将其范围限定在两者之间，这应被认为"一个犯罪目的"而属于"牵连犯"。相反，如果在界定擅自设立金融机构与非法吸收公众存款两行为是否属于牵连犯时，还要考虑擅自设立金融机构与非法从事证券买卖、融资租赁等行为也是否属于牵连犯问题，这就容易认为不是"一个犯罪目的"，而是"多个犯罪目的"，从而最终得出"擅自设立金融机构后又非法吸收公众存款不属于牵连犯"的不正确结论。

二、有价证券诈骗罪是否属于结合犯问题

在刑法学界，关于有价证券诈骗罪是否属于结合犯问题，主要有肯定与否定两种认识观点：

（1）肯定说，认为《刑法》第197条所规定的有价证券诈骗罪，可谓相对典型的、狭义的、解释论上的结合犯。《刑法》第197条规定："使用伪造、变造的国库券或者国家发行的其他有价证券，进行诈骗活动，数额较大的"，构成有价证券诈骗罪。用狭义的结合犯公式表示如下：伪造、变造国家有价证券罪（第178条第1款）＋诈骗罪（第266条）＝有价证券诈骗罪（第197条）。

（2）否定说，认为肯定说显然有其对有价证券诈骗罪本身的扩大解释之处：即《刑法》第197条所规定的有价证券诈骗罪，仅仅是使用伪造、变造的有价证券，即其属于构成要件的实行行为本身并不包括行为人自己伪造、变造有价证券的情形。有鉴于此，此一解读法，看来有悖立法原义。虽然实践中，为数不少的有价证券诈骗罪的行为人所使用的假的有价证券，确系自己伪造或变造的，然而，既然《刑法》第197条未就此作出明文规定，则此类行为不属该条的构成要件行为，而属另一与有价证券诈骗行为有一定牵连关系的、独立的"伪造、变造国家有价证券罪"行为。由此可见，我国金融刑法中并无典型的结合犯规定。[⑨]

在上述有价证券诈骗罪是否属于结合犯的两种认识观点中，笔者赞同第二种观点否定说的看法，其主要理由是：

（1）"使用伪造、变造的有价证券"不是独立的犯罪。从构成特征上来看，结合犯所结合的数罪，是刑法上有明文规定的独立的犯罪行为。如果两个以上行

---

⑨　参见屈学武：《金融刑法罪数论探究》，载《法律应用研究》，2002（6）。

为各自在刑法上并不是独立的犯罪行为，即使组合成一个罪，也不是结合犯。⑩
在《刑法》第 197 条规定的有价证券诈骗罪的"使用伪造、变造的有价证券"与
"进行诈骗活动，数额较大"两行为中，后者"进行诈骗活动，数额较大"显然
是独立的犯罪行为，即属《刑法》第 266 条规定的诈骗罪；但是，前者"使用伪
造、变造的有价证券"却在刑法中找不到处罚依据，因而不是独立的犯罪行为。
在此需要明确的是，"使用伪造、变造有价证券"与"伪造、变造有价证券"属
于两个不同范畴的行为，不能加以混同。"伪造、变造有价证券"是《刑法》第
178 条第 1 款伪造、变造国家有价证券罪规定的一种独立犯罪行为。"《刑法》第
197 条有价证券诈骗罪所规定的行为显然是使用伪造、变造有价证券，该伪造、
变造的有价证券可能来源于行为人从他人那里购买或者以其他方式取得。"⑪

（2）有价证券诈骗罪不符合结合犯的新罪形式。按照学界通行观点，"作为
结合而成的新罪，应当是与数个原罪均有区别的新的独立犯罪。它不但在内部结
构上与数个原罪有一定差异，而且在罪名上也与数个原罪有所不同。在内部结构
上，它兼有数个原罪的特征，并将其融合为一，形成了一个统一的整体"⑫。结
合犯构成的新罪形式，只有甲罪＋乙罪＝甲乙罪一种形式，因为该形式结合的新
罪反映出被结合的原罪罪名，如日本刑法中的强盗强奸罪是强盗罪与强奸罪的结
合犯。⑬ 由此可见，上述肯定有价证券诈骗罪属于结合犯的观点，即伪造、变造
国家有价证券罪（第 178 条第 1 款）＋诈骗罪（第 266 条）＝有价证券诈骗罪
（第 197 条）是难以成立的，如果要成立结合犯的新罪，"有价证券诈骗罪"应变
更为"伪造、变造有价证券诈骗罪"才妥当，其具体公式是：伪造、变造国家有
价证券罪（第 178 条第 1 款）＋诈骗罪（第 266 条）＝"伪造、变造有价证券诈
骗罪"。

三、伪造货币又出售是结合犯、牵连犯还是吸收犯问题

在刑法学界，关于伪造货币又出售是结合犯、牵连犯还是吸收犯问题，主要
有如下几种认识观点：

（1）结合犯说，认为既伪造货币又出售自己伪造的假币，这是伪造货币罪与
出售、运输假币罪的结合。牵连型的结合犯，即数个犯罪行为之间有目的行为与
手段行为或结果行为的牵连关系，也就是行为人目的在于实施一罪，而以另一犯

---

⑩ 参见屈学武主编：《刑法总论》，280 页，北京，社会科学文献出版社，2004。
⑪ 许成磊：《金融犯罪的惩治与防范》，326 页，北京，西苑出版社，2000。
⑫ 高铭暄主编：《新编中国刑法学》（上册），260 页，北京，中国人民大学出版社，1998。
⑬ 参见陈兴良主编：《刑法学》，250 页，上海，复旦大学出版社，2003。

罪行为为手段；或目的在于实施一罪，而犯罪结果行为又构成另一罪。[14]

（2）牵连犯说，认为既伪造货币又出售自己伪造的假币，按《刑法》第170条所规定的"伪造货币罪"定罪并从重处罚。显然，从刑法学理上看，这等于是确认了属于牵连犯，因而才确认为一罪并从重处罚。这是因为，伪造货币的行为人，实践中多是自己出售或者运输自己伪造的假币，而且，无论是造假币、出售自己伪造的假币还是运输自己伪造的假币，均出于其破坏国家金融秩序、非法营利的犯罪目的，否则，仅仅伪造而不运输或不出售，则对其犯罪人而言，其"伪造"行为毫无价值。因而虽然"伪造"行为本身就构成伪造货币罪，不问其结果如何，但与此同时，鉴于伪造与出售、伪造与运输行为，本有手段行为与目的行为的牵连关系，据此，此两组行为理当成立为刑法学理上的牵连犯。[15]

（3）吸收犯说，认为伪造货币罪与出售、运输伪造的货币罪有吸收关系。当犯罪人在伪造货币后，又出售或运输的，后种行为是伪造行为的延续和必然结果，因而，它们被伪造行为所吸收，应按吸收犯处理。[16] 行为人伪造货币构成犯罪，同时又对自己伪造的货币予以出售的，应当按照吸收犯的处罚原则，认定伪造行为吸收了出售行为，行为人的行为只构成伪造货币罪，以伪造货币罪定罪从重处罚。[17]《刑法》第170条规定了伪造货币罪，第171条规定了出售、购买、运输假币罪。如果行为人伪造货币以后又将该宗数额较大的假币予以出售的，不应另外构成出售假币罪，而只认定伪造货币罪一罪。重行为之所以能够吸收轻行为，其根本原因还是在于轻重行为之间具有难以分割的依附关系，出售假币的行为只是伪造货币罪行为的一个必然的延伸行为。[18]

在上述伪造货币又出售是结合犯、牵连犯还是吸收犯问题的三种认识观点中，笔者赞同第三种观点牵连犯说的看法，其主要理由是：

（1）第一种观点认为，伪造货币又出售的是结合犯，这显然不能成立。结合犯是指数个各自独立的犯罪行为，根据刑法的明文规定，结合成为另一独立的新罪的犯罪形态。[19] 结合犯的前提条件，即结合犯所结合的数罪原为刑法上数个性质各异的、独立的犯罪，这在"伪造货币又出售"中表现为"伪造货币罪"与"出售伪造的货币罪"，应当认为是符合结合犯构成的前提条件的。但是，"伪造货币又出售"却不符合结合犯的另一条件，即数个原本独立的犯罪结合成为另一独立的新罪。由于《刑法》第171条规定，"伪造货币又出售"依照"伪造货币

⑭　参见刘宪权主编：《中国刑法理论前沿问题研究》，231页，北京，人民出版社，2005。

⑮　参见屈学武：《金融刑法学研究》，181～182页，北京，中国检察出版社，2004。

⑯　参见王新：《金融刑法导论》，107页，北京，北京大学出版社，1998。

⑰　参见郑丽萍：《伪造货币罪若干疑难问题研究》，载"京师刑事法治网"，2006-07-08。

⑱　参见孙国祥、魏昌东：《经济刑法研究》，155页，北京，法律出版社，2005。

⑲　参见王志祥、刘江格主编：《新编中国刑法学通论》，217页，北京，中国民主法制出版社，2005。

罪"定罪，因此，"伪造货币罪"与"出售伪造的货币罪"两罪的结合并未结合成为另一独立的新罪。据此，完全可以否认"伪造货币又出售"是结合犯的观点。

（2）第二种观点与第三种观点分别认为，"伪造货币又出售"的是吸收犯与牵连犯。"产生这种分歧的根源主要在于：理论界对于吸收犯和牵连犯自身认识的不尽一致。吸收犯与牵连犯两者之间十分相似，几近难以分辨的程度。正因为如此，有学者认为两者可以相互替代，如认为'先伪造印章尔后伪造有价证券的，既是吸收犯，又是牵连犯，分析成哪一个都行'"[20]。这种模棱两可的观点当然是不可取的。此种观点不仅仅使"伪造货币又出售"难以辨明是吸收犯还是牵连犯，更为重要的是也使吸收犯与牵连犯两者的界限模糊不清。

不可否认，在刑法理论上吸收犯与牵连犯两者关系的界定确实是一个复杂且至今未得到解决的难题，其关键在于吸收犯与牵连犯两者存在"交叉关系"："牵连犯是实行从一重罪处断的原则。因此，在牵连犯中，存在重罪吸收轻罪的问题。在某种意义上说，牵连犯往往都是吸收犯。但是，反之则不然。吸收犯并不都是牵连犯，还有一些情况，是牵连犯这个概念所包括不了的，用其他概念也不能科学地加以说明。"[21] "在某种意义上说，牵连犯往往都是吸收犯。但是吸收犯并不都是牵连犯，没有交叉的，就只能说是吸收犯，它反映了一定的犯罪实际现象，具有一定的价值。"[22] "吸收犯与牵连犯有时在观念上有交叉。比如先伪造印章进而伪造有价证券，这两个犯罪行为之间，说它有牵连关系或者吸收关系，似乎都有道理。"[23]

尽管吸收犯与牵连犯两者存在比较复杂的"交叉关系"，但这并非不可辨清。在此方面，刑法学界有诸多判定吸收犯与牵连犯区别的学说。笔者认为，下列观点以"是否数个犯罪行为之间的同质性"作为判定吸收犯与牵连犯两者区别的标准是完全可取的。其具体内容是：牵连犯的数行为触犯的是不同的罪名，是罪质不同的犯罪。牵连犯的数行为之间是牵连关系，具体说来，牵连关系是手段与目的、原因与结果关系。从实质上来说，牵连关系也是一种吸收关系。但这是一种刑的吸收关系，而不是罪的吸收，所吸收之罪仍独立存在。吸收犯的数行为触犯的是相同的罪名，是罪质相同的犯罪。吸收犯数行为间的关系是吸收关系，这种吸收关系是罪的吸收，所吸收之罪不再存在。[24] 有学者认为："凡是存在手段行为与目的行为关系的，都以牵连犯论处为宜，这既符合牵连犯的一般理论，易于

[20] 郑丽萍：《伪造货币罪若干疑难问题研究》，载"京师刑事法治网"，2006-07-08。

[21] 陈兴良、李汝川主编：《刑法总论》，181页，北京，当代世界出版社，1999。

[22] 高铭暄主编：《刑法学》，258页，北京，北京大学出版社，1989。

[23] 高铭暄主编：《刑法总论》，267页，北京，中国人民大学出版社，1990。

[24] 参见吕华红：《牵连犯与吸收犯的区别》，载"中国法院网"，2003-09-11。

为大家接受，又便于法官裁判，具有较强的操作性和实用性。对此类犯罪行为关系之判断，吸收犯学说既无必要，又造成判断困难，牵连犯则具有替代功能，又可以避免不必要的纷争。"㉕ 应当说，此种观点在界定吸收犯与牵连犯两者关系时是可取的，但是必须附加一个前提性条件，即吸收犯限定于数个同一罪名而将牵连犯限定于数个不同罪名的前提下才能成立；否则，如果认为吸收犯也可以存在于数个不同罪名之间，而对存在手段行为与目的行为关系的情况就难以直接判定为是牵连犯，因为此种情形说它是吸收犯也不无道理。

按照上述"是否数个犯罪行为之间的同质性"的标准来判定"伪造货币又出售"是吸收犯还是牵连犯，自然应当得出是牵连犯而非吸收犯的结论。由于"伪造货币又出售"所构成的"伪造货币罪"与"出售伪造的货币罪"为异质罪，这首先失去了成立吸收犯的可能。另外，"伪造货币罪"与"出售伪造的货币罪"两罪显然是方法行为与目的行为的牵连关系，由此认为"伪造货币又出售"属牵连犯就是理所当然。

㉕　童伟华：《吸收犯学说述评》，载《华侨大学学报（人文社科版）》，2001（2）。

金融犯罪的法律构造

王　钧* 彭月辉**

一、金融犯罪基本特征

犯罪的本质特征，在于对社会利益造成侵害或危险，破坏或妨碍社会秩序的稳定和安全。在犯罪学意义上，金融犯罪，就是指破坏市场经济诚实信用和交易自由、公平、安全等制度，危害金融交易秩序和金融管理秩序的行为。从总体上看，金融市场可以分为银行、证券、信托、保险四大领域，虽然金融活动日新月异，但在相当长一段时间内，这四大领域仍然稳固构成金融市场的四大板块，所以，金融犯罪主要涵涉这四大领域。金融犯罪的对象是金融资产，包括货币、外汇、票据、股票、债券、保险金等，以及伪造、变造或者非法转让金融机构经营许可证、擅自设立金融机构等。

金融犯罪的基本特征主要表现在两个方面：其一，犯罪手段的特殊性。金融犯罪是一种利用金融工具的虚拟性和金融行为的专业性、金融市场空间的广阔性和自由性，金融创新的多样性，以及金融管制的宽松和疏漏等条件实施的犯罪。缺乏金融市场的相关环境和条件，就无法实施该类犯罪。金融犯罪是发生在金融市场运行过程中的非法金融活动，犯罪行为与金融工具、金融业务行为密切相连，犯罪主体大多是熟悉金融业务和了解金融规章制度和金融机构内部信息的人员，不熟悉金融业务的人员很难产生金融犯罪的意图。主观方面多数是故意犯罪，犯罪目的主要是违反相关制度的营利或占有。其二，侵害社会利益的特殊性。侵害的是金融秩序，包括金融交易秩序和金融管理秩序。金融犯罪虽然通常直接指向的是公私财物，但其主要社会危害性在于对金融秩序的破坏。例如1995 年，尼科·里森在新加坡期货交易所进行的非法期货交易，搞垮了有二百

---

* 王钧，吉林大学法学院法学博士，南京大学法学院教授。

** 彭月辉，南京大学刑法学专业研究生。

多年历史的巴林银行，给当时英国的金融界带来一场危机，对全球金融市场也是一次冲击，影响延续达数年之久。①

金融犯罪是发生在金融市场运行过程中的非法金融活动，它总是以违反约制和调整金融市场利益主体之间关系的法律法规和各项制度为前提的。金融经济是一种法制化经济，金融秩序是通过相关的法律法规和规章制度建立起来和维系下去的，所以，在犯罪学的意义上，金融犯罪的社会危害性主要表现为，违反金融交易制度、破坏公共信用、制造金融风险，危害金融安全、侵犯财产权利。其中制造金融风险可能导致对社会公共利益的重大损害，因为系统风险或社会风险会引发严重的国际金融危机。

第二次世界大战以后，金融体系现代化的发展，使得金融制度、金融工具和金融市场方面的金融创新获得了迅猛发展。在金融制度方面，主要包括以非银行金融机构和跨国银行发展为标志的金融机构创新、以内外组织联系为标志的金融组织结构创新和以金融管制放松为标志的金融监管制度创新。金融创新中最常见、最火暴的就是金融工具创新，包括基础金融工具和衍生金融工具创新，而最具时代特征和影响力的则是衍生金融工具创新。金融市场是金融工具交易的场所，金融工具的创新使国际金融市场的规模逐步扩大，并推动了以离岸金融市场建立为标志的金融市场创新的发展。②

金融犯罪存在状况与金融创新的发展状况密切相关。一方面，金融创新的广度影响着金融犯罪的广延性，而金融犯罪的广延性又决定着金融刑法的立法规模。金融创新增加了金融工具数量，扩大了金融市场空间，放宽了金融管制限度，加大了金融主体自由，所有这些既为金融交易提供了更多机遇，也为金融犯罪带来了更大的可能。一般来说，犯罪成本低、收益大、风险小，并且成本与风险之加权小于收益，是经济犯罪行为的基本生成机制；反之，则是经济犯罪行为的基本抑制机制。在金融创新中纯粹是加大犯罪风险的只有金融监管制度创新，而其他各种创新都只是谋利工具意义上的创新。这一意义上创新的副产品就是带来了大量的金融犯罪的诱因。事实上，任何一种新的金融工具或金融市场都不可避免地成为新的金融犯罪的温床。金融创新发展到哪里，金融犯罪就发展到哪里，这是一条不以人的意志为转移的规律。金融犯罪的规模增大了，金融刑法的规模也随之增大，这也是一条不以人的意志为转移的规律。③

近几年来，我国金融犯罪呈不断上升趋势，已严重损害了金融业的健康发展和良好的金融信誉。当前金融犯罪集中体现为以下几个特点：

1. 发案点位扩大化。一是涉案机构增多。如银行、证券、保险、信托、融

---

① 参见顾肖荣：《金融犯罪惩治规制的国际化》，载《人民检察》，2005（8）（上）。
② 参见朱淑珍：《金融创新与金融风险》，63～104 页，上海，复旦大学出版社，2002。
③ 参见刘远：《关于我国金融刑法立法模式的思考》，载《法商研究》，2006（2）。

资租赁公司等各级各类金融机构，都较为普遍地发生过形形色色的金融违法犯罪案件。二是涉案部位增多。除过去涉案部位主要集中的储蓄、出纳、会计、信贷四个部位如今仍然风险高之外，保险理赔、证券投资、计算机网络等部位也都成为金融案件的高发区。三是涉案地域扩大。无论是富庶的沿海发达地区或中心城市，还是贫困的内陆欠发达地区或偏远乡村，都已不可否认地发生过这样那样的金融违法犯罪案件。

2. 犯罪主体年轻化、高层化。金融犯罪的行为人大多是熟悉金融业务的行家里手，具有较高的文化程度和专业水平，同时还掌握了与实施犯罪有关的技术手段。尤其是在现代金融业务日益电子化的条件下，犯罪行为人不仅熟悉金融业务规则，而且还掌握了高超的电脑技术，在我国金融领域青年人犯罪居多将是一个长期的特点和趋势。

3. 犯罪手段向高科技化发展。为适应未来的竞争与发展，今后银行业中的竞争手段必然转向高技术投资。在网络间采用电话系统、卫星通信系统等电子信息数据手段，跨国、跨省市、跨部门异地作案，并且作案人员多为金融系统内部工作人员，利用职务之便，通过篡改相关数据，伪造单证达到非法占有资金的目的，给防范工作带来极大难度。

4. 隐蔽性趋强，犯罪黑数趋大。金融犯罪行为均是通过各种各样的金融活动实施，这意味着金融犯罪者是披着合法的外衣，特别是由于金融系统内部本身有一套较为严密、较为规范的安全保卫措施，为了占有财物，犯罪分子采取公开的暴力形式往往不易得手，而秘密、隐蔽的手段则比较容易侵吞银行或其他金融系统的财产。

二、金融犯罪的法益侵害

金融关系，是货币资金融通过程中所形成的各种社会关系，主要包括三大类：一是金融主体关系。金融主体是一切金融关系存在的前提。进入金融市场中的都是特定的主体，而起主导作用的是金融法人，以中央银行为中心，以商业银行为基础。二是金融交易关系，即金融主体之间的外部交易，如存款、贷款、同业拆借、票据贴现、银行结算、证券发行和交易、金融信托、融资租赁、外汇买卖和保险等。三是金融调控和金融监管关系。金融调控市政府或中央银行以稳定金融市场、引导现金流向、控制信用规模为目的，对金融市场实行调节和控制所产生的关系。监管关系是政府或自律组织对金融主体及其行为进行监管而形成的社会关系。金融调控和金融监管的共同点即都是由政府进行的，但监管是政府的管理行为，而金融调控在现代市场经济条件下，主要是通过间接手段即通过金融主体的交易行为实现的，例如，再贷款和再贴现、公开市场业务等。与此相适应，金融法可分为三大板块：金融主体法、金融行为法、金融调控和金融监管法。刑法调整的也不外乎是这个范围。④

金融市场的运作首先应当符合经济规律，符合经济学、金融学、管理学阐述的一般原理；其次，金融经济是法制经济，应当在法律规范的约制下运行。金融主体和金融客体均实行严格的法定主义，不允许当事人在现有法律之外，创设其他的主体或客体。但是，作为金融制度的法制化体系，必须符合金融市场的客观规律，否则，非但不能促进金融市场健康有序地发展，而且会适得其反。我国金融法已初具体系，就法律而言，有中央银行法、商业银行法、保险法、票据法、证券法、证券投资基金法、担保法、信托法、银行业监督管理法等。相关的法律还有，合同法关于借款合同和融资租赁合同的内容、刑法中的破坏金融管理秩序罪、金融诈骗罪等。

金融经济是一种法制经济，金融市场的运作必须受到法律的规范和约制。首先，金融主体是法定主体。中央银行是国家机关，也是特殊的金融机构。除中央银行和政策性银行外，其他银行和非银行类金融机构，都属于商事营利主体。在我国中央银行是法定主体，商业性金融机构既是法人实体也是法定主体。其次，金融行为是一种特殊的法律行为，贷款、存款、结算、金融交易、金融服务等金融行为，都是一种合同行为。虽然票据和证券的发行表现为一种单方行为，但也是一种有相对人的单方行为。

金融经济是市场经济，现代市场经济秩序的基本要求是交易自由、交易公平和交易安全；金融经济是信用经济，信用本身并不是财富，亦不能创造财富，它只有在金融交易过程中作为交易的代理机构，方能发挥其资金融通的作用。可见，金融经济的核心是金融交易。金融管理是在金融交易基础上产生和发展的，其实质是国家运用公权力保障金融业的平等权不被消极的自由权所吞没，实现金融市场的真正自由交易。金融交易不是孤立的，它的正常运转需要金融市场准入机制提供前提，需要金融市场退出机制提供保障。金融管理过程应当适应金融交易过程，而不是相反。

金融交易是有风险的，控制金融风险的方法很多，主要可以归结为两个方面：一是市场主体自身的自我防范，法律一般不予干预；二是法律规制，主要是通过立法和法律实施机制控制风险，政府的管治和控制必须在法律的条件下进行。金融创新属于法律行为、金融工具具有法律属性。在法治金融条件下，法律是市场主体行为的准绳，当事人自我约束和自我控制，也不能超越法律的限度，不能为控制或减少风险而损害他人。法律的调整是为了保证金融秩序的稳定、安

---

④　参见陶广峰、张宇润等：《金融创新与金融制度创新》，53页，北京，中国政法大学出版社，2006。

全，而金融秩序的稳定和安全，实际上就是要规避风险、控制风险，刑法当然也不例外。控制金融风险应当是法律规制和当事人自由相结合的产物。

在刑法意义上，所谓金融犯罪，是指自然人或单位，违反有关金融法律法规，危害国家有关货币、金融票证、外汇、保险、证券等方面的金融管理制度，扰乱金融秩序，严重危害社会，依照刑法应当加以处罚的行为。刑法范围内的金融犯罪，属于危害市场经济秩序的犯罪。在我国刑法分则第三章中，金融犯罪的规定分为两部分，一是第四节"破坏金融管理秩序罪"，包括 24 个罪名；二是第五节"金融诈骗罪"，包括 8 个罪名。根据刑法学的解释，金融犯罪侵害的法益是金融秩序，金融秩序的核心是公共信用，这是市场经济基本的伦理规范。⑤ 从这个意义上讲，尽管金融犯罪的主观方面主要是谋取不法利益，侵犯公私财物的所有权，但是，与传统的财产犯罪不同，金融资本是虚拟资本，没有实物的可知觉性，却具有更强的财产观念性特征。虚拟资本是真实资本的纸制复本，纸币、有价证券虽然与真实资本形成某种对应关系，但本身又能脱离真实资本运行，具有自己独特的运行轨迹。尽管本身没有价值，却能为持有者带来利益。所以在刑法立法和司法中，金融犯罪具有其他财产犯罪所不具有的特殊性。

金融工具是金融犯罪借助和利用的主要对象。狭义上的金融产品是金融机构创造的，可供客户选择在金融市场进行交易的金融工具。金融工具又称信用工具，通常是依一定格式作成，用以证明或创设金融交易各方权利和义务的书面凭证。存折（定期或不定期存单）、借款合同、股票、债券、票据、信用证、信用卡等均为常用的金融工具。20 世纪 70 年代以来，为了适应社会对金融商品多元化的需求，提高市场竞争能力有效规避风险，市场经济发达国家有意识地运用了金融工程技术，在传统金融工具的基础上，创造了众多新型的金融工具。所谓"衍生金融工具"，如期货合约、期权合约、货币互换合约、利率互换合约等，都属于新型的金融工具。这些新型金融工具的不断产生，扩大了金融犯罪的范围和行为的复杂性。

另外，金融创新深度影响着金融犯罪的专业性，而金融犯罪的专业性又决定着金融刑法的主导形式。金融创新的过程是一个社会分工分化和细化的过程，也是"隔行如隔山"现象扩展的过程。金融犯罪具有专业性强的特点，这意味着金融犯罪人通常是金融从业人员、金融交易主体或企图通过金融交易谋利的人，他们一般需要掌握足够的金融知识，才能减少行为成本，降低行为风险，加大行为收益。金融法是他们获取金融知识、评估行为效益的更为便捷的渠道。

近几年比较突出的非法金融创新的例子，一是非法的金融主体创新——"地下钱庄"。一是非法的金融行为和金融行为创新——"非法金融票证"。"地下钱

---

⑤ 参见刘远、赵玮：《犯罪构成形态的立法设计》，载《人民检察》，2005（8）（上）。

庄"是对非法从事金融业务的一类组织的统称。我国"地下钱庄"主要有三种形式：一是以非法汇兑为主要业务的"地下钱庄"，它们往往是既提供换汇服务，又提供跨境汇款服务；二是以非法吸收、放贷为主要业务的"钱庄"；三是以非法抵押、放高利贷为主要业务的"地下钱庄"。"厦门特大走私案"中，赖昌星大量的犯罪收入就是通过"地下钱庄"流往境外的。"地下钱庄"为走私犯罪活动提供了资金汇兑、转移、结算服务，或去高额利润，反过来走私犯罪又刺激了"地下钱庄"的发展。[⑥] 有的三资企业或在华机构，为了偷税或者逃避国家外汇管制，也通过"地下钱庄"将在境内获得的合法收入转移到境外。"地下钱庄"已经成为危害我国金融管理秩序、社会管理秩序的大毒瘤。金融创新的另一个重要产品是金融票证。近年来金融票证犯罪的涉案金额每年高达数十亿元人民币。犯罪手段有以下一些特征：一是呈智能化专业化趋势。二是犯罪手法隐蔽，欺骗性强。[⑦] 金融犯罪呈现的智能化、国际化、专业化趋势，给国际社会的经济秩序和金融安全造成巨大的危害。仅全世界每年洗钱的数额就高达 1 万亿至 3 万亿美元，占世界 GDP 总和的 2% 至 5%。[⑧]

三、金融犯罪的法律分类

没有金融创新就不会产生新型的金融犯罪，因为金融创新是新型金融犯罪产生的经济基础；没有服务于金融创新的金融立法也不会有新型的金融犯罪，因为不断进行的金融立法是作为法定犯的新型金融犯罪产生的法律前提。新型金融犯罪是金融创新和金融立法相联姻的产物。那么，金融刑法如何才能对层出不穷的新型金融犯罪进行有效规制呢？显然，金融犯罪的立法模式具有十分重要的意义。

我国现行的金融刑法的立法模式是以刑法典为主的模式，这同样是经济、文化、政治三个社会子系统共同作用的结果。从经济层面看，我国的金融现代化程度相对较低，这使得我国**金融市场**相对狭窄，**金融工具**相对简单，**金融管制**相对严格，**金融自由**相对较少，在这种情况下，金融犯罪的广延性和专业性都是有限的。金融犯罪种类相对较少，专业性相对较弱，这为我国当前金融刑法采用以刑法典为主的模式提供了可能性。同时，金融经济又是法制经济，金融法制的完善程度直接取决于金融体系的现代化程度，而金融法制的完善显然是金融刑法采用

---

⑥ 参见公安部经济犯罪侦查局：《斩断倒汇黑手——打击地下钱庄犯罪面面观》，载《法制日报》，2004-02-07，3 版。

⑦ 参见陶广峰、张宇润等：《金融创新与金融制度创新》，33 页，北京，中国政法大学出版社，2006。

⑧ 参见张燕玲：《2002 年国际金融市大新闻》，载《金融时报》，2002-12-31。

以特别刑法为主模式的必要前提,可是我国金融法制的残缺不全使得金融刑法规范大多无金融法律可依附,只能径直规定在刑法典中。

由于计划经济时代金融观念的影响还存在,金融管理中心主义仍是我国金融业的主导价值取向,金融秩序仍主要体现为计划分配资源的行政秩序。"金融管理中心主义"的倾向导致片断性的立法,忽视对整个金融活动过程的全面关照。最突出的表现是大量破坏金融交易秩序犯罪的立法明显滞后。这在证券领域显得尤为突出。

在刑法的设置上有三种表现:其一,金融犯罪侵犯目标的单向性。最为典型的是在保险欺诈行为立法中,仅规定惩治客户从保险公司欺诈保险金的行为,而没有专门规定保险公司及其代理人欺诈保险客户保险费的犯罪。刑法过于放任金融机构的行为,不利于从根本上防止金融欺诈行为的发生;而且刑法对金融机构的过多保护,易使金融机构产生优越感,将犯罪原因一推了之。其二,金融犯罪行为主体的片面性。主要表现为对金融中介机构犯罪缺乏刑事规制。目前,金融中介机构已经成为金融犯罪的一个新的增长点,而且中介机构犯罪有着更强的隐蔽性、诱导性和危害性,但我国金融刑法未对这一新的主体给予足够重视。对非法从事保险代理或经纪业务的行为均缺乏刑法的规制。其三,金融犯罪对象设置的滞后性。主要体现为信息型犯罪规制的欠缺。从信息的属性看,信息可分为专有信息和公有信息两类。专有信息由于其内容的秘密性和重要性,刑法对其规制重在控制、保密;公有信息既是金融客户进行交易投资又是金融管理机构进行风险控制的参考系数,刑法对其规制重在公开、透明。在专有信息保护上,目前金融刑法设置泄露内幕信息罪和窃取、收买、非法提供信用卡信息罪两罪。而在公有信息公开上,尚无一罪涉及,如对证券市场虚假陈述或者信息误导行为,对银行业金融机构提供虚假或者隐瞒重要事实的报表、资料的行为以及未按规定进行信息披露等行为均存在着罪名设置上的空白。

笔者认为,在金融犯罪的刑法分类中,根据现有的法律规定,可以考虑以下建议[9]:

(1)危害货币管理制度的犯罪。危害货币管理制度的犯罪是最基本的一类金融犯罪,是指行为人故意违反国家有关货币的法律规定,危害我国法律所保护的货币管理制度的犯罪。因犯罪侵害的客体是货币管理制度,所以将有关的金融犯罪纳入其中,称其为危害货币管理制度犯罪。这类犯罪主要包括伪造货币罪,出售、购买、运输假币罪,金融工作人员购买假币,以假币换取货币罪,持有、使用假币罪,以及变造货币罪等几种犯罪。

货币管理制度是国家金融制度的重要组成部分。我国现行的货币管理制度,

---

⑨ 参见李岚:《经济与法——金融犯罪分类研究》,载《经济论坛》,2004(8)。

是随着我国社会主义市场经济改革和建设的发展而不断健全和完善起来的，其主要内容包括我国货币的名称、单位、性质、发行、流通以及黄金外汇储备和汇率等方面的规定。我国货币的制造权、发行权属于国家，其他任何机关、团体、企业事业单位和个人都无权制造和发行货币。任何伪造、变造等妨碍国家货币管理制度的行为，都是对我国货币管理制度的直接侵害，具体说是侵害了国家货币的公共信用、经济交易的安全以及国家统一的货币发行权。这是货币犯罪区别于其他社会主义经济秩序罪的本质特征。

（2）危害票证管理制度的犯罪。危害票证管理制度的犯罪是指行为人故意违反国家有关票证的法律法规，危害国家票证管理制度的犯罪。这类犯罪的客体都是国家的票证管理制度，所以将其归为一类，称为危害票证管理制度的犯罪。主要包括伪造、变造金融票证罪，对违法票据承兑、付款、保证罪，非法出具金融票证罪，信用证诈骗罪，信用卡诈骗罪，有价证券诈骗罪等。

（3）危害信贷管理制度的犯罪。危害信贷管理制度的犯罪，是指行为人故意违反有关信贷方面的管理法规，危害信贷管理制度的犯罪。这类犯罪主要包括非法吸收公众存款罪，高利转贷罪，违法向关系人发放贷款罪，违法发放贷款罪，用账外客户资金非法拆借、发放贷款罪，集资诈骗罪，贷款诈骗罪等。

（4）危害保险管理制度的犯罪。危害保险管理制度的犯罪，是指行为人故意违反国家的保险法律法规，危害保险管理制度的犯罪，我国刑法中仅有一个保险诈骗犯罪。保险管理制度是国家重要的金融制度之一。保险业在国民经济的运行中起着保驾护航的作用，而且国民经济越发达，保险业在国民经济中所占的位置就越重要。近些年来，保险机构工作人员虚假理赔的行为以及利用保险进行诈骗的行为不断发生，严重损害了我国保险业的正常发展，将这些行为纳入刑法调整范围当是自然之事。

（5）危害证券管理制度的犯罪。危害证券管理制度的犯罪，是指行为人故意违反国家有关证券发行、流通方面的法律法规，所实施的危害国家证券管理制度的犯罪。主要包括伪造、变造股票、公司企业债券罪，擅自发行股票、公司企业债券罪，内幕交易、泄露内幕信息罪，编造并传播证券交易虚假信息罪，诱骗投资者买卖证券罪，操纵证券交易价格罪等。

（6）危害外汇管理制度的犯罪。危害外汇管理制度的犯罪，是指行为人违反国家的外汇管理法规，所实施的危害国家外汇管理制度的犯罪，主要就是逃汇罪。外汇管理又称外汇管制，指一个国家以法令的形式对所辖区域内的有关外汇的收付、买卖、借贷、转移和汇价等事项所实行的管理。是否实行外汇管理以及外汇管理的宽严，是由该国的经济、金融的发展水平和国际收支的平衡程度等多种因素所决定的。我国经济发展水平还不太高，对外贸易也不是太发达，为了维护人民币的稳定，减少国际收支逆差，增加外汇收入，我国实行外汇管理是非常必要的。逃汇罪所侵犯的外汇管理制度，不是一般的外汇管理制度，主要是国家对外汇的输入输出，对外汇进出境、外汇使用等方面的管理规定。

（7）危害金融机构管理制度的犯罪。危害金融机构管理制度的犯罪，是指行为人违反国家关于金融机构的管理法规，所实施的危害国家对金融机构的管理制度的犯罪，包括擅自设立金融机构罪，伪造、变造、转让金融机构经营许可证罪、洗钱罪等。随着我国金融体制改革的深化，商业银行等金融机构将越来越多，从而大大促进了我国金融业的繁荣昌盛，但是，金融机构的设立和运行都必须遵循一定的规范，否则也不利于金融业的健康发展。任何未经中国人民银行批准，擅自设立金融机构的行为，以及伪造、变造、转让金融机构经营许可证的行为，都是对我国金融机构管理制度的危害，都将被视为犯罪而受到惩罚。

金融诈骗罪概论

◇ 金融欺诈犯罪的构成要件模式

◇ 金融诈骗罪在立法上的若干问题

◇ 简论金融诈骗罪适用中的三个问题

◇ 略论金融诈骗罪中的非法占有目的

◇ 论金融诈骗罪中的"以非法占有为目的"

◇ 略论金融诈骗罪之"非法占有目的"的认定

　　——以贷款诈骗罪为例

◇ 中法金融诈骗犯罪比较研究

金融欺诈犯罪的构成要件模式

刘 远*

金融欺诈犯罪作为一种构成要件模式，是在与诈骗犯罪的比较中显现自身的立法论价值的，因此只有理解了诈骗犯罪这一传统的构成要件模式的局限性，才能准确把握金融欺诈犯罪的立法论价值。

一、金融欺诈犯罪与金融诈骗犯罪之区分

"尽管大多数国家的刑法对诈骗罪的构成要件规定得比较简短，但大陆法系国家的刑法理论与审判实践普遍认为，除了行为对象与行为人的故意与目的之外，诈骗罪（既遂）在客观上必须表现为一个特定的行为发展过程：行为人实施欺骗行为——对方陷入或者继续维持认识错误——对方基于认识错误处分（或交付）财产——行为人取得或者使第三人取得财产——被害人遭受财产损失。"当然，"财产损失是否既遂要素，还存在争议"[1]。诈骗罪的这一构成要件模式，也被有的国家（如我国）运用到与诈骗罪之间形成一般法与特别法关系的诈骗犯罪（如金融诈骗罪）的立法中了。因此，可以说上述模式不仅是作为个罪的诈骗罪的构成要件模式，而且是作为类型的诈骗犯罪的构成要件模式。这种模式的优势在于：

第一，切近犯罪的客观危害，深究罪犯的主观恶性。就是说，从客观要件来说，诈骗犯罪的构成要件模式最为贴切地反映了一个完整的犯罪行为过程。因为对于行为人来说，其行为在客观上出现了上述要件，即告结束。诈骗犯罪的构成要件模式对这一完整的犯罪行为过程进行了如实的解剖与反映，使定罪过程中的法律真实与客观真实达致最大限度的重合。从主观要件来说，该构成要件模式深入挖掘了行为人内心的倾向，有助于使公众对犯罪人的非难与犯罪人真实的内心

---

* 刘远，南京师范大学法学院教授、博士生导师，法学博士。

① 张明楷：《诈骗罪与金融诈骗罪研究》，8页，北京，清华大学出版社，2006。

倾向相吻合。刑法作为一种对反社会行为进行公共谴责与惩罚的公开机制，具有探究行为人道德人格的先天倾向，这应该说是刑法的一大特性。从刑法最本原的社会功能即公正报应犯罪的角度看，或者说从刑法的道德维度而言，付出一定的代价（如司法资源、司法效率等）尽其可能地查证落实被告人真实的犯罪故意与犯罪目的，是值得追求的，无可厚非。

第二，守望犯罪的原始含义，抑制刑法的轻率干预。犯罪这个名称作为一种社会评价范畴，本来代表着社会评价的一种极端性，亦即如果一个人的行为被宣称是犯罪，那么就意味着社会同这个人的公开决裂。通过用犯罪这个概念表达这种公众性的翻脸，恢复社会的心理平衡，并表示对社会规范与社会团结的认同。因此，犯罪之评价本来应当是社会对道德上邪恶之行为的忍无可忍的评价。如果对于欺诈行为能够一忍再忍，只有当其渐行渐远并表现出道德邪恶，达到通常被称为诈骗之严重程度之时，刑法才进行干预，是符合人之良善本性的，更是符合犯罪之原始含义的，同时也有利于贯彻刑法之谦抑。

因此，在社会共同体的日常生活状态中，诈骗犯罪的构成要件模式作为一种刑法规制手段，具有高度的合理性。然而，在现代的高度系统化、充满危险性的社会生活领域，诈骗犯罪模式的不足就渐渐显露无遗。

第一，某些欺诈行为虽然不具有诈骗的性状，但社会对其已经忍无可忍，需要宣布其为犯罪甚或予以惩罚，但又无法使用诈骗犯罪的概念。这在传统的生活空间里不是那么明显、那么迫切，而在现代的生活空间里，尤其是经济领域则不同于以往。如果听任这些欺诈行为而不加以刑事规制，不仅社会秩序无法维持，民商法与行政法也陷于尴尬境地。

第二，诈骗犯罪（既遂）是目的性结果犯，对经济生活的干预过于迟滞，也过于低效，甚至过于低能。一方面，"通常对于实害犯的追诉，一定要等到有犯罪实害的出现（如财产的损失），才可开始进行刑事追诉。然而，由于经济犯罪的抽象性与复杂性，若固守犯罪实害的出现，方进行刑事追诉的原则，则行为人极易湮灭证据，而使刑事追诉工作徒劳无功"[2]。另一方面，目的犯之目的是主观的超过要素，往往发生证明不能之尴尬。目的犯的目的作为主观的超过要素，只要单纯存在于行为人的内心即可，不要求客观上存在与之相对应的客观要素，或者说不要求存在与之相对应的客观事实。这种主观的超过要素，德国学者也称之为超过的内心倾向。[3]

我国学界一直对某些刑法并没有明文规定非法占有目的要件的金融诈骗罪在认定上是否要求行为人具有这一目的存在争论，而 2001 年的《全国法院审理金

---

[2]　林山田：《经济犯罪与经济刑法》，104～105 页，台北，三民书局，1981。

[3]　参见张明楷、黎宏、周光权：《刑法新问题探究》，65、67 页，北京，清华大学出版社，2003。

融犯罪案件座谈会纪要》明确指出，所有金融诈骗罪都是以非法占有为目的的犯罪。但是，有些学者一方面认同这一观点，另一方面又认为，在金融诈骗罪中，如果刑法条文未规定以非法占有为目的，则其客观行为本身就足以表明这种非法占有目的的存在，因而无须推定；但具体到集资诈骗罪和贷款诈骗罪，刑法条文明确规定了以非法占有为目的，因而这种非法占有目的就需要专门加以证明，而这种证明的重要方法就是推定。④ 在刑法没有明文规定非法占有目的的金融诈骗犯罪中，"诈骗的行为方式、手段本身已经表明行为人主观上具有非法占有目的。因此，刑法只需列举实施票据诈骗、金融凭证诈骗、信用证诈骗、信用卡诈骗（恶意透支除外）、有价证券诈骗和保险诈骗犯罪的具体行为表现，没有再重复必须具有非法占有的目的"⑤；"这几种犯罪在任何情况下都不存在合法占有的情形，行为人采取的手段和实施的行为决定了他的目的只能是非法占有，而不可能是为了别的什么目的"，因此，"只要使用了欺诈方法，就足以说明行为人具有非法占有目的，不可能还有其他正当目的"⑥。这些观点，显然有悖于诈骗犯罪构成要件中目的作为主观的超过要素的性质。而事实上，任何诈骗犯罪的非法占有目的的认定，都要经过司法推定。所谓推定，是指根据事实之间的常规联系，当某一事实确实存在时，可以推导出某个不明事实的存在。用以推导的事实谓之"基础事实"，由基础事实推导出的事实就是"推定事实"。推定的原理表现在基础事实与推定事实之间的普遍的、常规的共存关系，即当基础事实存在时，在绝大多数情况下，推定事实也存在。故而在推定事实无法直接证明或直接证明社会成本过高时，就可以通过证明基础事实的存在而间接证明推定事实的存在。上述关于金融诈骗罪非法占有目的如何认定的观点，"对于现实生活的多样性、复杂性视而不见，意图化繁为简，但实际上是取消了金融诈骗罪的主观要件的认定，导向了客观归罪"⑦。目前，司法实践也是认为所有金融诈骗罪的非法占有目的都要经过推定才能认定。有的大法官指出："对于行为人虽然实施了刑法列举的虚假手段，非法占有了资金，但如有证据证明行为人确实不具有非法占有目的的，不能以金融诈骗罪定罪处罚。这是我们认定'以非法占有为目的'的基本原则。"⑧

不过，立法者应当考虑如何使司法官尽量避免使用推定，因为推定毕竟不是直接证明，在诉讼程序上依赖于反证不能而成立，而反证不能未必就不是无辜

---

④ 参见陈兴良：《论金融诈骗罪主观目的的认定》，载陈兴良：《当代中国刑法新境域》，618～619页，北京，中国政法大学出版社，2002。

⑤ 郭清国：《当前办理金融犯罪案件应当注意的几个问题》，载《刑事司法指南》，2001（2）。

⑥ 侯国云、陈丽华：《金融诈骗罪认定的几个问题》，载《中国刑事法杂志》，2001（5）。

⑦ 许其勇：《金融诈骗罪的立法重构——从非法占有为目的谈起》，载《中国刑事法杂志》，2004（3）。

⑧ 熊选国：《刑法刑事诉讼法实施中的疑难问题》，180页，北京，中国人民公安大学出版社，2005。

的，因此推定导致法律真实与客观真实之间出现错位的危险较直接的认定要高得多。有的学者称推定为"温柔的陷阱"，因为推定带来效率，带来便利，但用之不当，必然带来侵犯公民权利的后果。⑨

二、危险犯模式与堵截犯模式之区分

由上可见，在规制现代经济生活中不法行为方面，诈骗犯罪的模式弊多利少，得不偿失，因此立法者开始大量运用欺诈犯罪的模式。"学者专家一致认为'危险构成要件'乃抗制经济犯罪的有效刑法手段……在经济犯罪之中只要有特定行为的出现，如为诈欺投资而刊登不法或虚伪的广告时，或附以虚伪的出口证明而提出冲退税的申请时，即加以'犯罪化'，而得对之即刻进行刑事追诉，如此，方可确保刑事追诉的成果。职是之故，宜将尚未造成实害的阶段构架成为'抽象的危险构成要件'，而规定于经济刑法中，而以此抽象的经济危险构成要件，作为抗制破坏'超个人'法益之经济犯罪的有效刑法。"⑩德国刑法典第264a条规定的投资欺诈罪、第265条规定的滥用保险罪、第265b条规定的信贷欺诈罪，在构成要件模式上都是抽象危险犯，既遂的成立不要求实害结果的出现。德国刑法学界认为，这种抽象危险犯的模式是将刑法保护前置于刑法典第263条诈骗罪的欺诈行为实行阶段，把诈骗罪的未遂升格为独立的构成要件。其目的之一就是解决犯罪中行为与结果关联上的证明难度。德国学者指出，信贷欺诈罪采取抽象危险犯的模式的理由在于，一方面由于故意性证明的困难，另一方面由于诈骗犯罪的结果犯模式不能充分保护潜在信贷发放人的金融利益，因此通过介入诈骗罪的准备阶段而强化刑法对信贷发放人的保护；而滥用保险罪也是如此，诈骗犯罪的模式难以应对滥用保险这种欺诈行为，而滥用保险罪的规定正好适应了这种打击高发性虚假保险事故的刑事政策的需要。除了抽象危险犯之外，欺诈犯罪这种非目的性、非实害性的构成要件模式还包括具体危险犯的情况。德国刑法典第266b条滥用支票卡和信用卡罪采取的也是危险犯模式，但却不是抽象危险犯，而是具体危险犯。因为在该罪的构成要件当中，损害的存在是必需的。只有当发卡人由于滥用而受到损害，犯罪才既遂。但是这种损害又不是实害，损害是随着具体支付义务的产生而产生的，只要对发卡人的财产造成损害的威胁，也就是损害的发生。⑪

正如有的学者所指出的，抽象危险犯与行为犯虽然都不以实害结果的出现为

---

⑨　参见邓子滨：《刑事法中的推定》，65页，北京，中国人民公安大学出版社，2003。

⑩　林山田：《经济犯罪与经济刑法》，104～105页，台北，三民书局，1981。

⑪　参见吴玉梅、杨小强：《中德金融诈骗罪比较研究——以行为模式和主观要素为视角》，载《环球法律评论》，2006（6）。

既遂标准，但它们的区别在于既遂成立的反面条件不同，即在行为符合法律描述时，是否存在阻却既遂的反证。对于抽象危险犯来说，一般具备法定的行为就被认为具备法律推定的抽象危险，然而既然是推定，就是可以被推翻的，这意味着如果具有抽象危险不存在的反证，那么就可以推翻犯罪的成立。因此，即使在行为实施完毕的情况下，法律推定的危险也是可以由行为人本人防止的，德国刑法第 264 条投资欺诈罪的第 3 款和第 265b 条信贷欺诈罪的第 2 款，都规定了行为人阻止风险出现的中止，并且未遂是不可罚的。德国刑法中对抽象危险犯成立的这种限制，正是在其防线已前置的情况下对刑法的一种约束。当然，德国刑法对保险滥用罪规定了未遂可罚，但是这种刑法保护的过分前置，受到了学界的批评。与抽象危险犯不同，行为犯不存在阻却既遂的反证问题。就是说，对于行为犯而言，只要实行了法定的行为，就成立既遂，不存在推翻犯罪成立的可能。因此，抽象危险犯在行为实行完毕的情况下，要么成立犯罪既遂，要么不成立犯罪，而在行为未实行完毕的情况下，不成立犯罪；行为犯则不同，在其行为实行完毕的情况下，只能成立犯罪既遂，而在其行为未实行完毕的情况下，成立未遂，并且其未遂是可罚的。另外，抽象危险犯与具体危险犯也不同，尽管它们都是危险犯。在具体危险犯中，危险是作为构成要素而被法条明确规定的，因而是需要检控方加以证明的；而在抽象危险犯的情况下，危险是立法者的推定，一般不需要检控方的证明，只有在被告方提出反证的情况下才需要检控方积极证明。具体危险犯的未遂一般不可罚。[12]

欺诈犯罪通过客观构成要件方面的前置而形成危险犯模式，以区别于诈骗犯罪的结果犯模式。虽然在一般意义上说，预备行为实行行为化是抽象危险犯的来源之一[13]，但这一点并不适合于欺诈犯罪与诈骗犯罪之间的关系。实行行为与预备行为区别之关键在于行为是否着手。欺诈犯罪不是将诈骗犯罪的预备行为实行行为化，因为两者的着手点是一致的，只是既遂点不同。真正将诈骗犯罪的预备行为实行行为化的，是伪造型的犯罪，而伪造型的犯罪并不是欺诈犯罪。因为所谓欺诈，只能以一定的人际交往为载体，也就是只有是一方当事人故意告知对方虚假情况，或者故意隐瞒真实情况，诱使对方当事人作出错误意思表示的，才是欺诈。欺诈犯罪的模式固然是诈骗犯罪模式的截短，但只是既遂点的前置，而不是着手点的前置。如果把欺诈犯罪的着手点前置到像伪造犯罪那样的尚未发生人际交往的程度，那么所谓欺诈犯罪就超出了欺诈的文义射程，也超出了民商法对于欺诈的解释。

---

⑫ 参见吴玉梅、杨小强：《中德金融诈骗罪比较研究——以行为模式和主观要素为视角》，载《环球法律评论》，2006（6）。

⑬ 参见吴玉梅、杨小强：《中德金融诈骗罪比较研究——以行为模式和主观要素为视角》，载《环球法律评论》，2006（6）。

　　欺诈犯罪不仅存在客观上的危险犯模式，而且还存在主观上的堵截犯模式。"自各国对于经济犯罪的刑事追诉工作经验得知，为数不少之故意行为，在采证上往往发生不能完全证明之现象，为数甚多的经济罪犯乃利用此一现象而动辄以过失为抗辩，往往可以规避刑法的制裁，特别是对于抽象的经济危险犯，如上所述的附以虚伪或不实的加工出口凭证而提出冲退税的申请行为，一旦经刑事司法机构加以刑事追诉时，则行为人即可以不具诈欺故意，而系因过失而提出申请为抗辩。因此，为防堵此等漏洞，宜将轻率过失行为加以犯罪化，而构架所谓'堵截构成要件'，有此等构成要件，则行为人即不能以过失或非出于故意而规避经济刑法的处罚。"[14] 英美法系国家的刑法中存在将欺诈犯罪乃至诈骗犯罪的主观要件堵截至轻率过失的程度的现象[15]，但是大陆法系以及我国所理解的欺诈犯罪是不能堵截至如此程度的，而只能是堵截掉非法占有目的，最多降低犯罪故意的程度要求。在我国刑法中，所有的诈骗犯罪都要求出于直接故意，且以非法占有为目的。而在德国刑法中，欺诈犯罪不仅不要求有此特定目的，而且对故意的要求也是相当低的。正如有的学者指出，德国刑法中的故意一般有三种：意图，即第一度的直接故意，是确定的、无条件的或者说绝对故意；直接故意，即第二度的直接故意；有条件的故意。行为人的追求属于意图，行为人虽然不追求但确定性地预见到其出现的所有后果属于直接故意，行为人不但不追求而且只是预见到该后果可能出现，但在行为人的意愿中接受这种后果的出现，则属于有条件的故意。在认识因素方面，意图只需要行为人认为有招致结果的微小可能性，直接故意则必须是行为人的认识尽可能地准确，有条件的故意则是行为人的招致结果的认识程度更为轻微。在意志因素方面，故意的本质是"计划的实现"，即如果在客观的评价上，一个结果与行为人的计划相符合，那么这个结果就被视为是故意招致的。故意是计划的实现，有认识过失则只是漫不经心。特别是在那些因果进程偏离的复杂情况下，计划实现的标准对于故意的归责具有决定性意义。因此，有条件的故意是对于可能发生的法益损害的抉择。正是这一点凸显出有条件的故意在其无价值的内容上与有认识过失的不同，并且因此受到更严厉的处罚。如果行为人真切地预见到构成要件实现的可能性，尽管如此行为人仍然为了所追求的目标而继续行事，且由此而容忍一个可能的犯罪得以实现。相反，在有认识的过失中，行为人虽然认识到了结果出现的可能性，但并未对这种可能性认真对待，且因此也不会在必要时容忍这种结果，而是轻率地相信满足构成要件的情况不会出现。但是真切地对待犯罪结果发生的可能性且相信一切都会进展良好的行为人，仍然可能始终希望好运在他这一边，那么这种希望不会排除故意的成立。德

---

　⑭　林山田：《经济犯罪与经济刑法》，104～105 页，台北，三民书局，1981。

　⑮　参见张明楷：《诈骗罪与金融诈骗罪研究》，9 页，北京，清华大学出版社，2006。

国刑法中的金融欺诈犯罪在主观要件上不需要非法占有目的，且以有条件的故意为充足要件。⑯ 德国刑法的相关规定对我们的启示是：只有在立法上细化关于犯罪故意的规定，才能为堵截犯之立法创造条件。

应当指出的是，欺诈犯罪的构成要件模式不仅可以在犯罪故意上实现堵截性的立法，也不仅可以通过取消非法占有目的这一主观要件来实现堵截性的立法，而且可以通过将非法占有目的减缩为非法获利目的来实现堵截性的立法。在这里，关键是区分非法获利目的与非法占有目的。有的学者实际上通过将非法获利目的也当做非法占有目的，而混淆欺诈与诈骗这两个概念的。如论者建议将现行刑法典第 222 条"虚假广告罪"修改扩展为"广告欺诈罪"，认为广告主、广告经营者或者广告发布者的虚假广告行为只是达到其欺诈目的的手段而已，行为人的目的在于非法占有他人的财物；这种广告欺诈行为主要表现为：一是行为人本来没有商品或服务可提供，主观上也没有提供商品或服务的意图，却作虚假广告，谎称自己可以提供某种商品或服务；二是能够提供某种商品或服务，事实上也提供了，但却采用虚假广告方法明显抬高或夸大了其商品的质量、性能用途等（从而抬高商品价格）使他人信以为真，进而交付款项以购买该商品，自己从中获得非法利益；三是能够提供、事实上也提供了某种价格相当的商品，但采取虚假广告夸大商品的性能、质量、用途等，使他人信以为真而购买其商品。据此，拟增设的"广告欺诈罪"具体表述为"有下列情形之一，以非法占有为目的，广告主、广告经营者、广告发布者骗取消费者财物，数额较大的，处……（一）明显夸大或抬高商品或服务的质量、性能、用途的；（二）本来没有任何商品或营利性服务可提供，却谎称自己可以提供的。"⑰ 很明显，上列第二种行为是诈骗性质的，而第一种行为不是诈骗，而只是欺诈，其行为目的只是非法获利，而不是非法占有。非法占有的目的与非法获利的目的是不同的。

举例来说，一个贩卖某种商品的人，其商品是铁质的，成本是 50 元，如果其合法交易可卖 150 元，平均赚 100 元，而现在他声称该商品是合金的，结果卖 200 元，平均赚 150 元。由于其虚构事实、隐瞒真相的行为，其每卖一件商品就非法占有交易对方 50 元。这种行为是否构成诈骗？常识和直觉告诉我们这不是诈骗，而是欺诈。假如还是卖同样的商品，合法交易的卖价和收益都与上例相同，而现在卖主声称自己的商品是康熙年间造的，结果卖 20 000 元，平均赚 19 950 元。由于其虚构事实、隐瞒真相的行为，其每卖一件商品就非法占有交易对方 19 850 元。它是否构成诈骗？常识和直觉告诉我们，它是诈骗，而不是欺诈。我们还可以举出许多这样的案例。我们运用归纳法，发现诈骗的非法占有目

---

⑯ 参见吴玉梅、杨小强：《中德金融诈骗罪比较研究——以行为模式和主观要素为视角》，载《环球法律评论》，2006（6）。

⑰ 李希慧主编：《中国刑事立法研究》，454～455 页，北京，人民日报出版社，2005。

的在本质上是"空手套白狼"，在其行为后果中，非法获取的收益构成其全部收益的绝大部分，而反过来，其全部收益中的合理部分只占很小比例，基本上可以忽略不计。只有在这种情况下，我们才可以称之为诈骗，才可以说行为人具有非法占有目的。相反，如果在其行为后果中，非法获取的收益只占其全部收益的很小部分，基本上可以忽略不计，而其全部收益中的合理部分却占绝大部分，即便是行为人非法取得的财物的绝对值相当可观，我们也不能称之为诈骗，而只能称之为欺诈。这意味着，诈骗犯罪中的非法占有目的是一个刑事法的规范概念。由此我们想到，在现行保险诈骗罪的立法中，立法者把"投保人、被保险人或者受益人对发生的保险事故……夸大损失的程度，骗取保险金"，数额较大的行为，也同其他行为一样作为保险诈骗罪论处，这种立法方式就存在问题，因为，在这种情况下，行为人的行为在实质上是否具有"空手套白狼"的性质，是最为关键的因素，而单纯的数额大小并不能决定这一性质的有无，关键是看这种非法占有的较大的数额在其行为的全部收益中所占的比例是否可以在诈骗的意义上被忽略不计。比如，被保险人的财产确实发生了火灾，损失 500 万元，行为人为了占点小便宜，弄虚作假，领到保险金 502 万元。如果单从"非法占有"的绝对值来看，已经达到最高人民法院规定的定罪标准，可问题是，在本案中，行为人的行为是否具有诈骗的性质，不能光看绝对值，还要看这种绝对值在其行为整体中的相对意义。如果这一相对意义是可以忽略不计的，即便绝对值较大，也不能按诈骗犯罪追究刑事责任。而如果行为人编造未曾发生的保险事故，骗取保险金 2 万元的，就应当按诈骗犯罪追究刑事责任。可见，同样是在事实上非法取得 2 万元，但在不同的案件中对于非法占有目的的规范评价是意义不同的，对于保险诈骗罪的定罪意义自然也是不同的。这意味着，传统刑法理论关于诈骗犯罪的结构性分析，存在一定的"盲人摸象"的弊端，因为具备这种结构性特征的行为，很可能在现实中只是一个行为整体中的一部分。因此，对诈骗犯罪的构成要件要素，不能只进行事实性描述，还必须进行规范性（价值性）评价。可见，非法获利目的中的"获利"是一种事实性的概念，而非法占有目的中的"占有"是一种规范性的概念。前述论者将非法获利目的也当成是非法占有目的，其结果必然是混淆诈骗与欺诈，或者说是不适当地扩大诈骗的成立范围。

三、结　论

综合以上两个方面（即客观构成要件与主观构成要件）的论述便知，欺诈犯罪的构成要件模式可以有危险犯与结果犯之分、目的犯（非法获利目的）与非目的犯之分；危险犯又可以有抽象危险犯与具体危险犯之分。一个完整的诈骗犯罪，无论如何必须表现为目的性（非法占有目的）结果犯；而欺诈犯罪，从理论上讲，既可以表现为危险犯，即只要主观上有故意，客观上有欺诈行为，并引起了一定的危险；也可以表现为结果犯，即客观上具备了诈骗犯罪的行为结构，只是行为人主观上不具有非法占有目的，或者虽事实上具有但司法上无法证明。就是说，凡是在法律上不成立诈骗犯罪的、向行为对方进行虚构事实或隐瞒真相的各种形态的犯罪，都可以归入欺诈犯罪名下。

　　欺诈犯罪能否表现为行为犯？笔者认为不能。因为行为犯之所以是行为犯，是因为行为本身就内在地具有侵害法益或威胁法益的属性，因此行为一概是不法的，如以行使为目的的伪造货币行为、强奸行为、脱逃行为等等。正是由于行为本身的内在属性，才有条件规定为行为犯。而危险犯则不同，危险不是行为本身内在具有的，而是行为招致的，即使是抽象危险犯之危险也是行为外在地引起的，而不是内在地具有的。加之抽象危险犯之危险虽不需要检控方证明，但允许被告方反证，具体危险犯之危险需要检控方积极证明，而行为犯既不需要检控方证明行为本身内在地有什么危险，也不存在什么反证（辩护不是反证）的问题，所以行为犯不同于危险犯，亦不同于抽象危险犯。欺诈犯罪不能是行为犯，因为欺诈本身并不必然具有侵害法益或威胁法益的危险，不是像强奸行为等那样，甚至有些带有虚构事实或隐瞒真相因素的行为是有益的和值得肯定的行为。义务论伦理学家罗斯为了解决义务冲突问题，提出了"显见义务"与"实际义务"两个概念。一个行为，如果趋向于成为一种义务又不必然是某人实际的或完全充分的义务，如果它作为该行为总性质的某一组成部分的结果而发生，那么履行它就是一种"显见义务"，如遵守诺言和讲真话。但是这类行为的总性质却可能是这样的，即履行它并不是某人的"实际义务"，如在某种特定的情形中，由于讲真话会伤害到某些无辜的人，那么讲真话就不能构成该行为者的"实际义务"[18]。所以，欺诈犯罪不能在立法上表述为行为犯。

---

⑱　何怀宏：《伦理学是什么》，37 页，北京，北京大学出版社，2002。

金融诈骗罪在立法上的若干问题

杜　江[*]

我国的金融诈骗罪是一类犯罪的总称。1997 年修订的《中华人民共和国刑法》（以下简称《刑法》）第 192 条至第 200 条对这类犯罪作了具体规定。金融诈骗罪共包括八种犯罪，它们是集资诈骗罪（第 192 条）、贷款诈骗罪（第 193 条）、票据诈骗罪（第 194 条第 1 款）、金融凭证诈骗罪（第 194 条第 2 款）、信用证诈骗罪（第 195 条）、信用卡诈骗罪（第 196 条）、有价证券诈骗罪（第 197 条）和保险诈骗罪（第 198 条）。

早在 1995 年，全国人大常委会就通过了《关于惩治破坏金融秩序犯罪的决定》（以下简称《决定》），规定了六种金融诈骗犯罪以及对它们的处罚。[①] 翌年 12 月，最高人民法院通过了《关于审理诈骗案件具体应用法律的若丁问题的解释》（以下简称《解释》），对《决定》规定的六种金融诈骗犯罪的处罚又作了进一步的司法解释。[②] 1997 年修订的《刑法》在《决定》、《解释》和其他单行法规与司法解释的基础上，增加了两个新的罪名[③]，以此形成了今天的金融诈骗罪。

本文将根据罪刑法定原则的基本要求，对有关法条进行解读，分析我国金融诈骗罪在立法上所存在的一些问题，同时介绍英国刑事立法对类似我国金融诈骗犯罪的相关规定。

一、我国金融诈骗罪在立法上所存在的问题

罪刑法定原则通常概括为"法无明文规定不为罪，法无明文规定不处罚"[④]，

其基本要求表现在三个方面，即法定化、实定化、明确化。⑤那么我国的金融诈骗罪在立法上是否充分体现了罪刑法定原则？下面将就五方面内容进行讨论。

（一）关于单位作为犯罪主体的问题

《刑法》第 30 条规定，单位犯罪是指"公司、企业、事业单位、机关、团体实施的危害社会的行为"。根据法律规定，单位在多数金融诈骗罪中构成犯罪主体。例如，《刑法》第 200 条专门规定：单位犯第 192 条（集资诈骗罪）、第 194 条（票据诈骗罪和金融凭证诈骗罪）、第 195 条（信用证诈骗罪）规定之罪的，应当负刑事责任。此外，《刑法》第 198 条也规定了单位实施保险诈骗活动的，应当负刑事责任。

值得注意的是，法律在明文规定单位作为上述五种犯罪主体的同时，并没有表明单位在另三种犯罪中，即贷款诈骗罪（第 193 条）、信用卡诈骗罪（第 196 条）和有价证券诈骗罪（第 197 条），也可以成为犯罪主体。这是否意味着这三种金融诈骗罪的主体只限于自然人，不包括单位，还是意指单位不需要对这些金融诈骗行为负刑事责任？

目前，我国刑法教材和专著对单位是否构成上述三种金融诈骗罪的主体，尽管表述不同，但多数认为不构成。例如，认为贷款诈骗罪的主体只能是一般主体⑥，信用卡诈骗罪的主体仅限于自然人⑦，单位不能构成有价证券诈骗罪的犯罪主体⑧，等等。也有人持回避态度，在讲述这三种犯罪构成时，干脆不谈或者省略主体要件部分。

那么，为什么单位不能成为这三种金融诈骗罪的主体，是由于单位没有成为这些犯罪主体的可能性吗？回答应该是否定的。

以贷款诈骗罪为例。从司法实践的实际情况看，单位向银行等金融机构贷款的并不是少数。有学者认为，单位贷款诈骗不仅客观存在，而且占这种犯罪相当大的比例，诈骗贷款数额远高于个人，社会危害性相当严重。这种情况早在修订刑法之前就大量存在，在修订刑法之后，类似情况仍屡见不鲜。⑨

事实上，我国法律对单位实施贷款诈骗犯罪行为是早有规定的。例如中国人民银行 1996 年 6 月 28 日发布的《贷款通则》中的第 69 条就规定，"借款人采取欺诈手段骗取贷款，构成犯罪的，应当依照《中华人民共和国商业银行法》第八十条等法律规定处以罚款并追究刑事责任"。该法规所称的借款人，"系指从经营

⑤　参见陈兴良主编：《刑法学》，19 页，上海，复旦大学出版社，2003。
⑥　参见陈立、黄永盛主编：《刑法分论》，217 页，厦门，厦门大学出版社，2002。
⑦　参见何秉松主编：《刑法教程》，502 页，北京，中国法制出版社，1998。
⑧　参见何嬲、张锡坤：《金融诈骗案例》，297 页，北京，经济日报出版社，2002。
⑨　参见王晨：《诈骗犯罪研究》，102 页，北京，人民法院出版社，2003。

贷款业务的中资金融机构取得贷款的法人、其他经济组织、个体工商户和自然人"⑩。这里的"法人"就是指"单位"⑪。

从法理上讲，法律之间要相互协调，以保证法律制度的完整性。刑法作为专门规定犯罪、刑事责任和刑罚的法律，应该与其他部门法保持一致，避免部门法律或法规认为是犯罪，刑法却没有相应规定，出现无法可依的被动局面。同时，更应该注意法律制度整体的统一性，防止内部之间的相互矛盾。

面对现实存在的单位贷款诈骗罪，最高人民法院于 2001 年 1 月 21 日发布了《全国法院审理金融犯罪案件工作座谈会纪要》（以下简称《纪要》），对单位实施贷款诈骗行为作了具体决定。《纪要》陈述，对于单位实施的贷款诈骗行为，不能以贷款诈骗罪定罪处罚，也不能以贷款诈骗罪追究直接负责的主管人员和其他直接责任人员的刑事责任。但是，在司法实践中，对于单位十分明显地以非法占有为目的，利用签订、履行合同诈骗银行或其他金融机构贷款，符合《刑法》第 224 条规定的合同诈骗罪构成要件的，应当以合同诈骗罪定罪处罚。⑫ 在这里，《纪要》对单位实施贷款诈骗行为的处理作了明确说明，非常重要。不过，问题仍然存在，表现有三：其一，是如何理解"单位十分明显地以非法占有为目的"中的"十分明显"，因为它关系到罪与非罪，此罪与彼罪的问题，标准究竟是什么？其二，是如果不"十分明显"，对单位该如何处置，尤其是对那些"直接负责的主管人员和其他直接责任人员"应该如何处罚？其三，是贷款诈骗罪与合同诈骗罪的刑罚不同。《刑法》第 193 条对贷款诈骗罪的最低处罚是 5 年以下有期徒刑或者拘役，并处 2 万元以上 20 万元以下罚金；第 224 条对合同诈骗罪的最低处罚是 3 年以下有期徒刑或者拘役，并处罚金。两罪之间的法定刑不仅刑期与罚金不同，而且相差甚大。不过，应该肯定，《纪要》至少为司法机关提供了打击单位实施贷款诈骗行为的法律依据。至于没能从根本上解决单位作为贷款诈骗罪主体的问题，估计也是司法权限力所不能及的了。

再以信用卡诈骗罪为例。由于《刑法》第 196 条没有明确规定单位可以成为该罪的犯罪主体，为此学界出现了两种截然不同的观点：一种观点认为单位不应成为该罪的主体。因为信用卡存在使用额的限制，单位不必冒此风险去诈骗如此小的数额的财物。单位信用卡都要在指定具体持卡人的情况下使用，所以单位实

---

⑩　1996 年中国人民银行《贷款通则》第 2 条第 2 款。

⑪　"单位犯罪，在刑法理论上称为法人犯罪，是一种为单位利益或者以单位名义而实施的特殊犯罪形态。"（陈兴良主编：《刑法学》，222 页，上海，复旦大学出版社，2003。）

⑫　参见《全国法院审理金融犯罪案件工作座谈会纪要》（2001 年 1 月 21 日）。转引自鲜铁可：《金融犯罪定罪量刑案例评析》，454～455 页，北京，中国民主法制出版社，2003。

施信用卡诈骗行为，实际上就是具体持卡人所实施的诈骗行为。[13] 另一种观点则认为单位应该成为该罪的主体。理由是，信用卡诈骗的数额并非都是小数额的，实际生活中通过恶意透支方式诈骗发卡行大量款项的案件屡屡发生。虽然单位信用卡是由指定的人持有的，并不能说该信用卡就是持卡人个人的。如果持卡人按照单位的意图实施恶意透支等信用卡诈骗行为，无疑应当既处罚自然人，也处罚单位。刑法规定只有自然人才能成为信用卡诈骗罪的主体，不利于对这种犯罪行为的惩治与预防。[14]

其实，在1999年1月中国人民银行发布的《银行卡业务管理办法》中就已经明确规定了单位与自然人同样可以成为信用卡诈骗罪的主体。[15]《银行卡业务管理办法》第61条规定："任何单位和个人有下列情形之一的，根据《中华人民共和国刑法》及相关法规进行处理：（一）骗领、冒用信用卡的；（二）伪造、变造银行卡的；（三）恶意透支的；（四）利用银行卡及其机具欺诈银行资金的。"由此可见，单位成为信用卡诈骗罪的主体，是有法律依据的，只不过又是由于法律部门之间缺乏合理协调，导致刑事立法上的又一个纰漏罢了。

笔者相信，我国立法者是不会放纵单位实施任何金融诈骗犯罪行为的。问题在于刑事立法一定要落实"法定化、实定化、明确化"，否则不仅会引起学术界的无意之争，更会造成司法实际工作的混乱，有悖于罪刑法定原则。

（二）关于"以非法占有为目的"的问题

根据我国刑法理论，犯罪目的是行为人意图通过犯罪行为达到的犯罪结果。[16]

现行《刑法》第192条规定，以非法占有为目的，使用诈骗方法非法集资，数额较大的，构成集资诈骗罪。第193条规定，以非法占有为目的，诈骗银行或者其他金融机构的贷款，数额较大的，构成贷款诈骗罪。不难看出，这两个法条都明文规定了"以非法占有为目的"这个主观上的特殊要件。然而，值得注意的是，在其他六种金融诈骗罪中却没有"以非法占有为目的"这个法律规定。这种现象使人们产生一定的困惑，尤其是在相同立法体例的情况下出现不同的文字表达，就更使得人们对法条产生不同的解读。例如，上述第193条的行文是，"有下列情形之一，以非法占有为目的，诈骗银行或者其他金融机构的贷款，数额较大的"，是贷款诈骗罪。在这里，立法者使用了"以非法占有为目的"这个法律用语。但以同样行文的第194条、第196条和第198条却没有使用"以非法占有

⑬ 参见王晨：《诈骗犯罪研究》，224页，北京，人民法院出版社，2003。

⑭ 参见王晨：《诈骗犯罪研究》，224页，北京，人民法院出版社，2003。

⑮ 参见刘家琛主编：《刑法分解适用集成》（上卷），743～745页，北京，人民法院出版社，2000。

⑯ 参见陈兴良：《当代中国刑法新境域》，616页，北京，中国政法大学出版社，2002。

为目的"这个用语⑰，为什么会出现立法行文相同但用语不统一的情况？这是否意味着那些法条上没有写明"以非法占有为目的"的犯罪就不需要这个主观要件，或许是由于立法上的疏忽，还是另有其他原因？

对此，我国学界主要有两种不同的看法。一种看法认为，凡是法条没有规定以非法占有为目的的，均不宜将主观方面限定为以非法占有为目的。⑱ 换句话说，只要刑法没有规定以非法占有为目的，行为人在实施欺诈行为时，即便主观上没有以非法占有为目的的，也可以构成金融诈骗犯罪。另一种看法认为，"对于在法条上未规定以非法占有为目的的金融诈骗罪，并非不要求行为人主观上具有非法占有的目的，而是因为这种欺诈行为本身就足以表明行为人主观上是具有非法占有的目的"⑲。换言之，在金融诈骗罪中，无论法律条文是否规定了以非法占有为目的，行为人主观上都应具有非法占有的目的，这是因为"金融诈骗罪具有财产犯罪的性质，其主观上具有非法占有的目的是理所当然的"⑳。

笔者认为后一种看法是符合我国刑法内在统一性的。首先应该清楚，金融诈骗罪是从诈骗罪分离出来的，它具有诈骗罪的本质特征。根据我国刑法理论，"诈骗罪，是指以非法占有为目的，用虚构事实或隐瞒真相的欺骗方法，骗取数额较大的公私财物的行为"㉑。非法占有目的是构成诈骗罪的必备构成要件。应该说，行为人无论实施何种欺诈手段，骗取何种财物，都是为了实现非法占有公私财物这个最终目的。如果行为人主观上没有非法占有的目的，例如，为了解决家庭经济困难而隐瞒真相，骗取借款后承认借贷关系，并且准备偿还的，就不能认定为诈骗罪。很显然，诈骗罪与欺骗行为的重要区别就在于，前者主观上具有非法占有公私财物的目的，后者主观上则不具有这个目的。显而易见，主观目的的不同，将决定行为是否构成犯罪。所以说，"非法占有目的是一切诈骗犯罪不可或缺的构成特征"㉒，笔者把这种特征称其为当然特征。

现行《刑法》第266条规定，"诈骗公私财物，数额较大的"是诈骗罪。该法条并没有出现"以非法占有为目的"这个规定，但是鉴于诈骗罪的当然特征，"以非法占有为目的"是不言而喻的，所以也就没有必要在法条上再加以明确了。同样，金融诈骗罪也具有诈骗罪的当然特征，无须一一陈述"以非法占有为目的"。如果陈述了，就有画蛇添足之嫌。倘若此处规定，彼处未规定，自然就会

---

⑰　《刑法》第194条规定："有下列情形之一，进行金融票据诈骗活动，数额较大的"，构成票据诈骗罪或金融凭证诈骗罪；第196条规定："有下列情形之一，进行信用卡诈骗活动，数额较大的"，是信用卡诈骗罪；第198条规定："有下列情形之一，进行保险诈骗活动，数额较大的"，构成保险诈骗罪。

⑱　参见单长宗主编：《新刑法研究与适用》，406页，北京，人民法院出版社，2000。

⑲　陈兴良：《当代中国刑法新境域》，617页，北京，中国政法大学出版社，2002。

⑳　陈兴良：《当代中国刑法新境域》，617页，北京，中国政法大学出版社，2002。

㉑　王作富：《中国刑法研究》，615页，北京，中国人民大学出版社，1988。

㉒　王晨：《诈骗犯罪研究》，107页，北京，人民法院出版社，2003。

造成理解上的混乱。

笔者相信，我国立法者对八种金融诈骗罪并没有厚此薄彼之意，这点可以从2001年最高人民法院的《纪要》中得到证实。《纪要》明示，"金融诈骗犯罪都是以非法占有为目的的犯罪"[23]。那么为什么1997年修订《刑法》时，在金融诈骗犯罪中出现了上面谈到的法条表述不统一的问题，有学者解释，"之所以规定集资、贷款诈骗罪以非法占有为目的，其余诈骗罪未作规定，是出于立法技术上的考虑。集资、贷款诈骗罪，与其他非法集资行为（例如，为了资金周转非法集资）、其他非法骗贷行为（例如，为了'借鸡生蛋'骗取贷款）极为相似，为了与这些行为划清界限，需要将非法占为己有的目的明文加以规定"[24]。这种解释是不无道理的。不过票据诈骗罪中的签发空头支票与一般民事欺诈行为的签发空头支票也是极为相似的，《刑法》似乎也应该对第194条的票据诈骗罪用"以非法占有为目的的"加以规定，然而却没有。看来法条表述不统一的问题，不能不使人怀疑这与立法上的疏漏有一定的关系。

（三）关于"数额较大"的问题

在八种金融诈骗罪中，有七种犯罪在法条中规定了"数额较大"。例如，第192条规定，"以非法占有为目的，使用诈骗方法非法集资，数额较大的"，为集资诈骗罪。这里的"数额较大"是该罪的定罪标准。用数额作为定罪的标准，或者说以数额的大小来决定犯罪是否成立，应该是我国刑法的一个特点。[25]

需要注意的是，在金融诈骗罪中，数额多少为较大，数额较大的起点是多少，《刑法》对这个十分重要的定罪标准并没有具体规定，也没有任何说明。[26]过去，通常是参照1996年12月16日最高人民法院的《解释》定罪量刑。根据《解释》，金融诈骗罪中的"数额较大"归纳如下：个人进行贷款诈骗在1万元以上的；个人进行票据诈骗数额在5 000元以上的，单位进行票据诈骗数额在10万元以上的；个人进行金融凭证诈骗数额在5 000元以上的，单位进行金融凭证诈骗数额在10万元以上的；个人实施信用卡诈骗数额在5 000元以上的；个人进行保险诈骗数额在1万元以上的，单位进行保险诈骗数额在5万元以上的。[27]应该说，《解释》提供的定罪标准是十分重要的，它不仅有助于司法人员的实际工作，也有利于学者对金融诈骗罪的深入研究。不过遗憾的是，在《解释》中找

---

[23] 《全国法院审理金融犯罪案件工作座谈会纪要》（2001年1月21日），参见鲜铁可：《金融犯罪定罪量刑案例评析》，454页，北京，中国民主法制出版社，2003。

[24] 马克昌：《金融诈骗罪若干问题研究》，载《马克昌文集》，226～227页，武汉，武汉大学出版社，2005。

[25] 这与英美法系国家的刑法有明显区别。以英国为例，数额通常是不能作为定罪标准的。

[26] 这种现象不仅限于金融诈骗罪，在其他一些犯罪中也同样存在。

[27] 参见刘家琛主编：《刑法分解适用集成》（上卷），736～751页，北京，人民法院出版社，2000。

不到关于集资诈骗罪和有价证券诈骗罪"数额较大"的任何司法解释。㉘ 换句话说，这两个犯罪的定罪标准既无法律规定，也无司法解释。这的确让"法无明文规定不为罪，法无明文规定不处罚"的罪刑法定原则显得有些尴尬。

直到1997年《刑法》修订4年之后，最高人民检察院与公安部才于2001年4月18日发布了《关于经济犯罪案件追诉标准的规定》（以下简称《规定》），明确了集资诈骗罪和有价证券诈骗罪的追诉标准。虽然《规定》没有用"数额较大"，而是用追诉数额作为定罪标准，但二者的实际效用是相同的。根据《规定》，金融诈骗罪的追诉数额是：个人集资诈骗数额在10万元以上的，单位集资诈骗数额在50万元以上的；个人进行贷款诈骗数额在1万元以上的；个人进行票据诈骗数额在5 000元以上的，单位进行票据诈骗数额在10万元以上的；个人进行金融凭证诈骗数额在5 000元以上的，单位进行金融凭证诈骗数额在10万元以上的；个人进行信用卡诈骗数额在5 000元以上的；个人实施有价证券诈骗数额在5 000元以上的；个人进行保险诈骗数额在1万元以上的，单位进行保险诈骗数额在5万元以上的。㉙

通过对《规定》与《解释》的比较，可以看出，《规定》除了增加集资诈骗罪和有价证券诈骗罪的追诉数额以外，实际上对其他金融诈骗罪的追诉数额规定与1996年最高人民法院《解释》中的"数额较大"的规定是完全相同的。不过，值得注意的是，1996年的《解释》是由最高人民法院发布的，属于司法解释。而2001年的《规定》则是由最高人民检察院与公安部联合发布的，是否也能称为司法解释，笔者表示质疑。很显然，公安部只是政府的一个行政部门，是无权对《刑法》进行解释的。根据1979年《中华人民共和国法院组织法》和有关法律规定，在我国有权进行司法解释的只是最高人民法院和最高人民检察院。㉚

如果《规定》不能作为司法解释，那就意味着集资诈骗罪和有价证券诈骗罪的定罪标准仍处于既无法律明文规定，又无司法明确解释的状态中。

（四）关于死刑适用的问题

《刑法》第199条规定："犯本节第一百九十二条、第一百九十四条、第一百九十五条规定之罪，数额特别巨大并且给国家和人民利益造成特别重大损失的，处无期徒刑或者死刑，并处没收财产。"这条规定包括对四种金融诈骗罪的死刑，它们是集资诈骗罪、票据诈骗罪、金融凭证诈骗罪和信用证诈骗罪。2001年最高人民法院的《纪要》又再次重申了对这些犯罪适用死刑的规定。《纪要》强调，"刑法对危害特别严重的金融诈骗犯罪规定了死刑。人民法院应当运用这一法律

㉘ 因为《解释》发布于1996年，在此之后，1997年修订的《刑法》才规定了有价证券诈骗罪。

㉙ 参见《关于经济犯罪案件追诉标准的规定》（2001年4月18日）。转引自鲜铁可：《金融犯罪定罪量刑案例评析》，467~468页，北京，中国民主法制出版社，2003。

㉚ 参见高铭暄、马克昌主编：《刑法学》，22页，北京，北京大学出版社，2000。

武器，有力地打击金融诈骗犯罪。对于罪行极其严重、依法该判死刑的犯罪分子，一定要坚决判处死刑。但需要强调的是，金融诈骗犯罪的数额特别巨大不是判处死刑的唯一标准，只有诈骗'数额特别巨大并且给国家和人民利益造成特别重大损失'的犯罪分子，才能依法选择适用死刑"[31]。《纪要》的内容与《刑法》第199条的规定都十分清楚，那就是在适用对上述四种金融诈骗罪的死刑时必须满足两个条件，即"数额特别巨大"，"并且给国家和人民利益造成特别重大损失"。

首先，需要搞清楚什么是"数额特别巨大"。笔者利用现有的资料，根据1996年12月16日最高人民法院的《解释》和2001年4月18日最高人民检察院与公安部的《规定》，将有关定罪量刑的数额集中在一个图表中，对自然人实施八种金融诈骗罪进行比较[32]，找出了适用死刑的4种犯罪之"数额特别巨大"的规定。如下表所示，四种犯罪适用死刑的数额标准为：集资诈骗罪在100万元以上、票据诈骗罪在10万元以上、金融凭证诈骗罪在10万元以上、信用证诈骗罪在50万元以上。

自然人实施八种金融诈骗罪之定罪量刑数额比较[*]

量刑情节	数额较大	数额巨大或者有其他严重情节	数额特别巨大或者有其他特别严重情节	数额特别巨大并且给国家和人民利益造成特别重大损失
集资诈骗罪	10万元以上	20万元以上	100万元以上	100万元以上
贷款诈骗罪	1万元以上	5万元以上	20万元以上	—
票据诈骗罪	5 000元以上	5万元以上	10万元以上	10万元以上
金融凭证诈骗罪	5 000元以上	5万元以上	10万元以上	10万元以上
信用证诈骗罪	—	10万元以上	50万元以上	50万元以上
信用卡诈骗罪	5 000元以上	5万元以上	20万元以上	—
有价证券诈骗罪	5 000元以上	**	**	
保险诈骗罪	1万元以上	5万元以上	20万元以上	
法定刑	5年以下有期徒刑或者拘役	5年以上10年以下有期徒刑	10年以上有期徒刑或者无期徒刑	无期徒刑或者死刑

图表统计资料来源：1996年12月16日最高人民法院《解释》和2001年4月18日最高人民检察院与公安部《规定》[33]

* 不包括罚金和没收财产刑。

** 不详。

——不适用。

---

[31] 《全国法院审理金融犯罪案件工作座谈会纪要》（2001年1月21日），参见鲜铁可：《金融犯罪定罪量刑案例评析》，456页，北京，中国民主法制出版社，2003。

[32] 由于缺少对单位定罪量刑之数额的法律规定，所以图表没有包括对单位犯罪的量刑比较。

[33] 参见刘家琛主编：《刑法分解适用集成》（上卷），731～751页，北京，人民法院出版社，2000；鲜铁可：《金融犯罪定罪量刑案例评析》，467～468页，北京，中国民主法制出版社，2003。

从表中可以发现一些问题。最突出的就是，票据诈骗罪和金融凭证诈骗罪的"数额特别巨大"都规定在10万元以上，而另两个犯罪，即信用证诈骗罪和集资诈骗罪，却分别定在50万元以上和100万元以上，四种犯罪的数额悬殊。为什么票据诈骗罪和金融凭证诈骗罪适用死刑的法定数额是信用证诈骗罪的1/5，是集资诈骗罪的1/10？是由于票据诈骗罪和金融凭证诈骗罪的犯罪性质要比后两者更加严重，还是由于信用证诈骗罪和集资诈骗罪的作案数额起点通常高于前两者所以应给予"适当考虑"？还是另有其他原因？经过反复思考，笔者始终没有得出满意的答案。此外，八种金融诈骗罪同属在金融领域的欺诈犯罪，它们之间存在许多共性和相同点，是什么原由使得有些犯罪需要死刑，而有些则不需要，其法理依据是什么？显然，这些问题都有待于从刑罚理论进行深入的研究和探讨。

根据法律规定，除了"数额特别巨大"之外，另一个需要满足的条件就是"给国家和人民利益造成特别重大损失"。如果说，通过数额划分的"数额特别巨大"是客观标准的话，那么"给国家和人民利益造成特别重大损失"就应该说是主观标准了，至少应该说主观标准在这里占据主导地位。那么如何界定"给国家和人民利益造成特别重大损失"，其标准是什么？这是一个非常严肃的问题，是性命攸关的大问题，也是防止法官擅断、违背罪刑法定原则的问题。对于这点，相信无论是立法解释，还是司法解释都是人们翘首以待的。

（五）关于法条对犯罪行为规定的问题

现行《刑法》在条文中对八种金融诈骗罪的具体犯罪行为作了比较详细的规定。例如，第193条明列了五种贷款诈骗罪的行为："（一）编造引进资金、项目等虚假理由的；（二）使用虚假的经济合同的；（三）使用虚假的证明文件的；（四）使用虚假的产权证明作担保或者超出抵押物价值重复担保的；（五）以其他方法诈骗贷款的。"在对犯罪行为的五种表述中，前四种是对具体犯罪行为的陈述，最后一种则是对前四种以外的所有诈骗贷款行为的概括。这种概括是十分必要的，因为立法者在刑法典上是无法穷尽所有犯罪行为的（事实上是不可能的，也是不必要的），无疑，这种概括可以避免立法上出现的疏漏。

不过，纵观其他金融诈骗罪的法律规定，不难发现有些法律条文是存在问题的。以第198条为例，该法条对保险诈骗罪的行为作了以下五种规定："（一）投保人故意虚构保险标的，骗取保险金的；（二）投保人、被保险人或者受益人对发生的保险事故编造虚假的原因或者夸大损失的程度，骗取保险金的；（三）投保人、被保险人或者受益人编造未曾发生的保险事故，骗取保险金的；（四）投保人、被保险人故意造成财产损失的保险事故，骗取保险金的；（五）投保人、受益人故意造成被保险人死亡、伤残或者疾病，骗取保险金的。"以上对保险诈骗行为的五种规定，看上去很详尽，但却存在纰漏。很明显，这五种诈骗行为都是以获取保险金为目的的。但事实上，保险诈骗行为远不止骗取保险金这一种，投保人虚构事实或隐瞒真情骗取交纳低额保险费的行为就是一种保险诈骗行为。

值得注意的是，我国目前保险业务与西方国家相比还比较落后，但随着今后市场经济的发展和保险制度的完善，保险金融机构一定会提供更多的服务和保险内容，随之而来的诈骗行为也会应运而生。另外，对再保险诈骗行为也需要引起重视。所谓"再保险"，是指保险公司向再保险公司支付保险费，再保险公司对于合同约定的、可能发生的事故因其发生所造成的损失，向投保的保险公司承担赔偿保险金的商业保险行为。那种对再保险公司实施保险诈骗行为的主体通常是单位，犯罪表现不仅是诈骗数额巨大，而且社会危害性也十分严重。

总之，为了贯彻罪刑法定原则，笔者认为，就目前情况，立法者在法律条文中不宜对诈骗行为规定的过细、过死。为了防患于未然，应该采用上述第193条对犯罪行为的表述方法，以求更有效地防止犯罪分子逃脱法律的制裁。

二、英国刑法对类似我国金融诈骗罪的有关规定

上面讨论了我国金融诈骗罪在立法上存在的五个问题，下面将介绍英国对类似我国金融诈骗罪的有关规定。

首先，需要了解英国的犯罪构成。不同于我国犯罪构成四要件，英国刑法是不存在客体要件的。虽然有主体，但并不是放在犯罪构成要件中讨论。实际上，英国的犯罪构成只包括两个要件，即犯罪的客观要件和犯罪的主观要件。犯罪构成理论要求，犯罪必须具备这两个要件，缺少任何一个要件都不构成犯罪（但有些犯罪除外，不需要主观要件。这种犯罪叫作严格责任犯罪，通常规定在制定法中）。犯罪的客观要件称为"actus reus"，"actus reus"是拉丁语，原意为"犯罪行为"；犯罪的主观要件称为"mens rea"，拉丁语"mens rea"的意思是"犯罪心态"[34]。需要说明的是，英国刑法借用"actus reus"意指犯罪的客观要件，并非仅限于"犯罪行为"，因为犯罪的客观要件除了犯罪行为，也包括犯罪环境和犯罪结果。

由于英国刑法没有专门设立金融诈骗罪，所以类似我国的金融诈骗犯罪通常是被放在诈骗罪里的。这种情况不仅是在英国，在英美法系的国家也是同样，甚至包括一些大陆法系的国家也是如此。英国刑法中的诈骗罪是一类犯罪的总称，主要包括制定法《1968年盗窃罪法》规定的骗取财产罪（第15条）、转账欺诈

[34] Catherine Elliott and Frances Quinn, *Criminal Law*, Pearson Education Ltd., London, 2004, p. 8.

罪（第 15A 条）、骗取金钱利益罪（第 16 条）、伪造账目罪（第 17 条）、法人欺诈罪（第 18 条）、公司董事虚假报告罪（第 19 条）、骗取签立产权书罪（第 20 条），《1978 年盗窃罪法》规定的骗取服务罪（第 1 条）、骗取债务减免罪（第 2 条）、逃避现场付款罪（第 3 条），以及普通法中的欺诈罪。⑤ 需要指出的是，英国之所以没有规定金融诈骗罪，是由于刑法规定的某些犯罪已经涵盖了对金融领域实施的诈骗行为。下面主要介绍两种犯罪，即骗取财产罪和骗取金钱利益罪。

（一）骗取财产罪

《1968 年盗窃罪法》第 15 条第 1 款规定，意图永久剥夺他人财产，以欺骗手段不诚实地取得其财产的，为骗取财产罪⑥，从这个规定中可以看出，构成骗取财产罪需要七个要素，即财产、他人所有、欺骗手段、取得他人财产、不诚实、故意欺骗、意图永久剥夺他人财产。按照犯罪构成的划分，客观要件应该包括财产、他人所有、欺骗手段、取得他人财产；主观要件应该包括不诚实、故意欺骗、意图永久剥夺他人财产。下面将依次介绍这七个要素：

1. 财产

根据《1968 年盗窃罪法》第 3 条，财产包括两种形式的财产。一种是有形财产，如金钱、首饰、衣物、家具、汽车等一切动产和土地、房屋等不动产。另一种是无形财产，如出口配额、股份、版权等。行为人无论骗取的是动产或不动产，有形财产或无形财产都构成骗取财产罪。

2. 他人所有

骗取的财产必须是属于他人的。对于"他人"的理解，不应仅限于财产所有人，也应包括其他依法掌控财产的人。根据《1968 年盗窃罪法》第 5 条第 1 款的规定，所谓他人，是指任何拥有或控制财产，或对财产享有所有权或权益的人。

3. 欺骗手段

欺骗手段，是指通过语言或动作虚构事实或编造谎言诱使受害人信以为真，使其对有关事实或法律产生错误认识从而"自愿"放弃财产权利的欺诈行为。

4. 取得他人财产

取得他人财产，是指行为人对他人的财产取得所有权、占有权或者控制权。此外，也包括行为人为第三者取得或者使第三者能够取得或者保留财产"权"⑦。"取得"可以表现在行为人诱使受害人给付、卖出或者购买。欺骗手段与取得财产之间必须有因果关系，即欺骗手段是引起受害人"自愿"放弃财产权利的原

---

⑤　由于英国商业欺诈罪与我国金融诈骗罪可比性不大，所以本文将不作介绍。

⑥　Theft Act 1968, s. 15, refer to P. R. Glazebrook, ed., *Blackstone's Statutes on Criminal Law 2003—2004*, Oxford University Press, Oxford, 2003, p. 157.

⑦　Ibid., s. 15 (2), p. 157.

因。行为人取得财物是否经过受害人的"同意",是该罪与其他犯罪的本质区别。如果受害人放弃财产权利并非由于行为人的欺骗手段所引起,而是由于恐惧、害怕所引起,应视其情况按抢劫或其他犯罪论处。

值得注意的是,英国刑法对诈骗的数额是没有要求的,即受害人所遭受的损失多少并不影响骗取财产罪的成立。换句话说,法律对行为人骗取财产价值数额是没有要求的,只要行为人实施了诈骗手段,使受害人"自愿"放弃了财产,无论获取财产多少,多至千万英镑,少到一英镑,都构成骗取财产罪。

5. 故意欺骗

该罪主观上必须具有骗取他人财产的故意。行为人必须知道他所陈述的事情是虚假的或者可能是虚假的,主观上持希望欺诈目的得以实现或者对欺诈结果持放任的态度,即直接故意和间接故意。

6. 不诚实

一个人如果明知自己在对他人说谎可谓不诚实。但是根据《1968 年盗窃罪法》第 2 条,有三种情况可以除外:(1) 如果行为人相信自己在法律上有权代表自己或者第三者将财产据为己有的;或者 (2) 如果行为人相信即使他人知道自己把财产据为己有也会同意的;或者 (3) 如果行为人相信通过正常手段无法找到财产所有人而将财产据为己有的(财产的受托人或私人代表除外)。

7. 意图永久剥夺他人财产

意图永久剥夺他人财产,意指行为人具有永久占有他人财产的目的。所谓永久剥夺,是指长期占有他人的财产。在司法实践中,只要求具有永久剥夺他人财产的目的,至于行为人在实际上是否能够永久地占有其财产,并不影响骗取财产罪的成立。

以上七点是骗取财产罪的构成要素,也是区别于其他犯罪的要点。例如,被告人在商店里虚构事实,伪称自己为儿子过生日曾经订购了一个电脑游戏,特来取货,但付款收据不慎丢失。店员信以为真,将电脑游戏给付了被告人。在此案中,被告人被指控为骗取财产罪,理由是:(1) 电脑游戏是一种财产;(2) 这种财产属于商店所有;(3) 被告人使用了欺诈手段;(4) 取得了属于商店所有的电脑游戏;(5) 被告人编造谎言,主观上具有诈骗的故意;(6) 实施了不诚实的行为;(7) 具有永久占有电脑游戏的目的。假如此案中的被告人是用武力威胁使得店员拱手交出电脑游戏,则不应定为骗取财产罪(应定为抢劫罪),因为缺少了上述"欺骗手段"、"故意欺骗"和"不诚实"三个要素。

根据《1968 年盗窃罪法》第 15 条第 1 款规定,骗取财产罪最高刑期为 10 年有期徒刑。⑱ 需要说明的是,对于有期徒刑,法律通常不规定最低刑期(即无下

---

⑱ Theft Act 1968, s. 15, refer to P. R. Glazebrook, ed., *Blackstone's Statutes on Criminal Law 2003—2004*, Oxford University Press, Oxford, 2003, p. 157.

限），只是规定了最高刑期。所以，法官可以在最高刑期以下自由量刑裁定。以骗取财产罪为例，法官可以根据被告人的情况，依据刑罚原则，对其判处 10 年、3 年、1 年，甚至 1 个月的监禁。

（二）骗取金钱利益罪

根据《1968 年盗窃罪法》第 16 条，骗取金钱利益罪，是指以欺骗手段为自己或他人取得金钱利益的行为。[39] 在该罪中，有一种属于欺诈金融机构的行为，即第 16 条第 2 款第 2 项规定的行为人以欺诈手段获得透支借贷许可，或者获得保险单或年金合约，或者获得对前述内容的优惠待遇。所谓优惠待遇，就透支而言是指降低利率，就保险而言是指降低保险费。

构成该罪，需要具备四个要素：获利、欺骗手段、不诚实、故意欺诈。由于四个要素中的欺骗手段和不诚实与骗取财产罪相同，这里无须赘述，所以只介绍两个要素：

1. 获利

所谓获利，是指获得银行或提供贷款或信贷的金融机构所给予的贷款或信贷服务，或者保险公司或其他金融机构提供的各种保险、年金、储蓄金、养老金、基金等服务而产生的经济利益。欺诈获利，是指通过欺骗手段获得上述利益的。例如，利用银行为客户提供的透支服务，以不诚实手段使用支票担保卡骗取低息利益的。又如，吸烟者在购买人寿保险时伪称自己不吸烟骗取交纳低额保险费的，或者已被吊销驾驶执照但隐瞒事实骗取保险公司为其提供汽车保险业务的。对前一种情况，只要行为人使用了透支服务，即构成骗取金钱利益罪；对后者，行为人只要获得保险单，即构成骗取金钱利益罪。

2. 故意欺诈

骗取金钱利益罪要求行为人主观上具有希望欺诈目的得以实现或者对欺诈行为持放任的态度，并不要求行为人具有永久剥夺他人财产的目的。

根据《1968 年盗窃罪法》第 16 条第 1 款规定，骗取金钱利益罪最高刑期为 5 年有期徒刑。

三、结束语

由于我国与英国不仅属于不同的法系，其社会背景也是不同的，所以两国对金融诈骗犯罪在立法上存在差异是不足为奇的，问题在于我们如何去学习和借鉴

㊳　Theft Act 1968, s. 15, refer to P. R. Glazebrook, ed., *Blackstone's Statutes on Criminal Law 2003—2004*, Oxford University Press, Oxford, 2003, p. 158.

那些对我国刑事司法制度有益的内容。例如，我国金融诈骗罪是否也能由间接故意构成。我国刑法通说认为，金融诈骗罪作为非法占有他人财物的犯罪，行为人的主观故意只能是直接故意，间接故意不能构成诈骗犯罪。[40] 然而随着近年来诈骗犯罪的多样化和复杂化，尤其是大量的利用经济合同进行诈骗的犯罪出现，国内一些学者已经提出，诈骗犯罪的主观故意并非限于直接故意，间接故意也可以构成诈骗犯罪。[41] 有学者以贷款诈骗罪为例，认为在某种情况下，犯罪的主观方面也可以是间接故意，即明知本人可能没有偿还能力或者超出其偿还能力，而虚构偿还能力，对于到期是否能够偿还采取放任的主观心理态度。[42]

诚然，中英两国刑法对金融诈骗犯罪的认定存在许多不同，但突出的一点应该是诈骗数额的问题。我国刑法是把金融诈骗的数额作为定罪量刑的重要标准之一，强调量变与质变的辩证关系。就定罪而言，数额的大小将决定行为是否构成犯罪。英国刑法则认为，诈骗数额的大小只是在量刑阶段起作用，在犯罪的认定阶段是不起作用的，更不可能决定犯罪是否构成。

笔者认为，哲学上的理论与法律上的实际问题是不能完全等同的。法律对公众昭示的不应该是诈骗多少财物才构成犯罪，而应是诈骗本身就是法律所禁止的犯罪行为。就如同家长教育子女时说，不应该骗人钱；而不是说，不应该骗人太多钱。

---

[40]　参见王晨：《诈骗罪的定罪与量刑》，43 页，北京，人民法院出版社，1999。

[41]　参见王晨：《诈骗罪的定罪与量刑》，43 页，北京，人民法院出版社，1999。

[42]　参见陈兴良主编：《经济刑法学》（各论），182 页，北京，中国社会科学出版社，1990；转引自王晨：《诈骗犯罪研究》，107 页，北京，人民法院出版社，2003。

简论金融诈骗罪适用中的三个问题

肖中华*

本文拟对金融诈骗罪的"非法占有"目的、相关犯罪竞合以及内外勾结的金融诈骗行为的定性问题进行简约的研讨，侧重于实务方面。

一、"非法占有"目的在金融诈骗罪中的意义及其判断

《刑法》分则第三章第五节金融诈骗罪共 8 个具体罪名，刑法条文仅明确集资诈骗罪和贷款诈骗罪要"以非法占有为目的"，对于票据诈骗罪、金融凭证诈骗罪、信用证诈骗罪、信用卡诈骗罪、有价证券诈骗罪、保险诈骗罪等六个罪名未有明确要求。这样的立法内容，在新刑法实施后的一段时间里，引起了理论上和实践中很大的争议——票据诈骗罪等刑法没有明确"以非法占有为目的"的金融诈骗罪，是否要求以非法占有为目的？2001 年 1 月 21 日最高人民法院《全国法院审理金融犯罪案件工作座谈会纪要》（以下简称《纪要》）强调，金融诈骗犯罪都是以非法占有为目的的犯罪。显然，《纪要》的指导意见主要是为了解决上述争议、消除困惑而作。

问题是，《纪要》并没有说明票据诈骗罪等罪之成立应以非法占有为目的要件的理论依据。既然所有的金融诈骗罪都应以非法占有为目的，那么刑法为什么对集资诈骗罪、贷款诈骗罪和票据诈骗罪等罪作出有区别的规定？显然用所谓"立法的疏忽"或"立法的简约"来说明理由是没有道理的。因为集资诈骗罪、贷款诈骗罪和票据诈骗罪等罪同属一节、条文前后相连，立法者不可能唯独疏忽了把"非法占有"目的明确规定为票据诈骗罪等罪的要件；"以非法占有为目的"文字不多，如果说在集资诈骗罪、贷款诈骗罪中规定这样几个字不嫌累赘，那么在票据诈骗罪等罪也不应为了"简约"而惜墨了。

笔者认为，在理论上正确说明刑法对 8 种金融诈骗罪主观要件的不同规定，

---

* 肖中华，中国人民大学法学院教授。

不仅仅是理论本身的需要，更重要的是，这样有区别的规定，对于司法实践判断各种金融诈骗罪的主观要件，具有特别的意义。一方面，从体系解释的角度看，应当肯定任何金融诈骗罪都是以非法占有为目的的犯罪。因为，无论什么特殊诈骗罪，都是诈骗犯罪的一种，都是从旧刑法中的诈骗罪中分离出来的，尽管新旧刑法条文都没有对诈骗罪规定以非法占有为目的，但不论理论上还是实践中对诈骗罪以非法占有为目的，均是普遍予以认可的。事实上，诈骗犯罪也是以非法占有为本质特征的，如果没有非法占有目的，就谈不上"诈骗"。从实质解释的角度看，是否具有非法占有的特定目的，也是反映行为社会危害性的决定因素，因而所有诈骗犯罪在主观上必然具有非法占有的目的。[①] 另一方面，既然各种金融诈骗罪皆以非法占有为目的，而有的明确规定了、有的没有明确规定，解释者必须相应地作出合理解释。

　　刑法之所以对不同的诈骗犯罪在目的要件上有的明确规定有的不明确规定，其特别意义何在？笔者认为，在于对"非法占有目的"要件的证明要求上存在差异。对于没有明确以非法占有为目的的金融诈骗犯罪，通过刑法规定的客观行为本身可以推定行为人主观上的非法占有目的，换言之，控方只要能够证明行为人实施了法定的客观行为，就可以认定行为人主观上具有非法占有的目的。行为人对于自己没有非法占有目的承担举证责任。比如，《刑法》第 194 条对票据诈骗罪，列举了"明知是伪造、变造的汇票、本票、支票而使用"等五种客观行为，控方只要证明行为人主观上明知自己的行为不法而仍实施法定客观行为即可认定非法占有目的的存在。难以想象，当行为人使用虚假背书的银行承兑汇票或者使用伪造的国库券时，其主观上竟然不具有骗取钱财的目的。这正如刑法中其他许多非法占有型犯罪（如抢劫、抢夺、盗窃）一样，刑法对这些犯罪并没有明确规定目的要件，但是，以非法占有为目的无疑是这些犯罪的主观要件，只不过控方也只需证明行为人有以暴力、胁迫或者其他方法劫财、公然夺取财物或者秘密窃取财物等客观行为，即可认定其非法占有目的的存在。因为只要行为人实施以暴力、胁迫或者其他方法劫财、公然夺取财物等行为，就有极高的概率推定行为人具有非法占有的目的。[②] 比较而言，对于刑法明确规定了"以非法占有为目的"的犯罪，控方的证明责任则更大。这是因为，在这些犯罪的认定中，普遍存在罪与非罪、以非法占有为目的的此罪与不以非法占有为目的的彼罪之间的界限。比如，集资诈骗罪，其特点是以集资的形式进行诈骗。如果行为人在集资过程中采取了虚假的方法，但主观上并没有非法占有目的，就只能构成非法吸收公众存款

---

　　① 详见肖中华：《经济犯罪的规范解释》，载《法学研究》，2006（5）。

　　② 当然，也不能绝对排除行为人不以非法占有为目的的情形，比如，因他人拖欠自己债务而以暴力抢取，行为在客观上符合抢劫罪"类型的外部轮廓"，但因行为人主观上无非法占有目的而不能成立抢劫罪，构成故意伤害罪或者过失致人重伤罪的另当别论。

罪或者欺诈发行股票、债券罪，而不构成集资诈骗罪。在此情形下，是否具有非法占有的目的，就成为区分集资诈骗罪与非法吸收公众存款罪或者欺诈发行股票、债券罪的关键。在贷款诈骗罪的认定中，同样也普遍存在区分贷款诈骗与贷款纠纷之界限的问题。因此，对于刑法明确规定"以非法占有为目的"的诈骗犯罪，控方除了必须查明行为人实施了法定客观行为外，还必须结合案件的具体情况，综合各种案件事实，从经验法则出发，进行司法认定，只要不能完全排除行为人不具有非法占有的可能性，就不能认定诈骗犯罪的成立。正因为如此，最高人民法院《纪要》专门提出：集资诈骗罪和欺诈发行股票、债券罪、非法吸收公众存款罪在客观上均表现为向社会公众非法募集资金。区别的关键在于行为人是否具有非法占有的目的。对于以非法占有为目的而非法集资，或者在非法集资过程中产生了非法占有他人资金的故意，均构成集资诈骗罪。但是，在处理具体案件时要注意以下两点：一是不能仅凭较大数额的非法集资款不能返还的结果，推定行为人具有非法占有的目的；二是行为人将大部分资金用于投资或生产经营活动，而将少量资金用于个人消费或挥霍的，不应仅以此便认定具有非法占有的目的。

以上述分析为基础，对于票据诈骗罪、金融凭证诈骗罪、信用证诈骗罪、信用卡诈骗罪、有价证券诈骗罪、保险诈骗罪六种犯罪，控方只需证明行为人实施了法定的客观行为，就可以推定行为人成立诈骗犯罪，而不需特别地以证据证明其主观上具有非法占有目的。换言之，当有证据证明行为人实施了法定的客观行为时，证明没有非法占有目的的责任在行为人自己；如果行为人不能作出合理的辩解，其诈骗犯罪成立。但是，对于集资诈骗罪和贷款诈骗罪主观上的非法占有目的的，控方必须承担全面的举证责任——证明行为人的行为可以排除"不具有""非法占有目的"的可能性。当然，证明行为人主观上具有非法占有目的的证据，主要还是案件的客观事实；由于主观的内容必须通过客观事实加以推定，当控方承担证明行为人非法占有目的的举证责任时，需要综合各种案件客观事实加以判断。最高人民法院《纪要》指出：根据司法实践，对于行为人通过诈骗的方法非法获取资金，造成数额较大资金不能归还，并具有下列情形之一的，可以认定为具有非法占有的目的：（1）明知没有归还能力而大量骗取资金的；（2）非法获取资金后逃跑的；（3）肆意挥霍骗取资金的；（4）使用骗取的资金进行违法犯罪活动的；（5）抽逃、转移资金、隐匿财产，以逃避返还资金的；（6）隐匿、销毁账目，或者搞假破产、假倒闭，以逃避返还资金的；（7）其他非法占有资金、拒不返还的行为。但是，在处理具体案件的时候，对于有证据证明行为人不具有非法占有目的的，不能单纯以财产不能归还就按金融诈骗罪处罚。笔者认为，结合各种金融诈骗犯罪的行为特征，可以认为，《纪要》的上述意见对于集资诈骗罪和贷款诈骗罪的认定针对性较强。而对于票据诈骗罪、信用证诈骗罪、信用卡诈骗罪等来说，由于这些犯罪的客观行为已明显表露出行为人的非法占有目的，即使行为人不存在"没有归还能力"、"获取资金后逃跑"、"抽逃、转移资金"等情形，也直接可以判断其非法占有目的的存在。参考《纪要》的意见，在认定集资诈骗罪和贷款诈骗罪时应当注意：（1）《纪要》在阐述作为推定基础的客观事实时使用了具有价值评判的词语，如"骗取"、"非法获取"。毫无疑问，既然能够确认行为人是"骗取"了资金，认定其非法占有目的不成问题。但事实上，在司法实践中，司法人员首先发现的是行为人"获取"了资金（"获取"是中性词语），因此，不能仅仅因为行为人没有归还能力而非法集资或违规贷款，就绝对认定为诈骗犯罪。行为人即使存在一定的欺诈手段，其获取资金是否属于非法占有目的驱使下的行为，尚需和其他客观事实一起加以综合评价。（2）司法机关应当允许行为人针对非法占有目的而提出合理辩解，并有责任查证行为人是否具有努力还款的行为；只有在完全排除行为人"不具有非法占有目的"的可能性后，才能认定行为人主观上具有非法占有的目的。例如，行为人虽然在贷款时对企业资产负债表、损益表中的部分数字存在夸大或不实的成分，对贷款也有违规使用的情况，在无力还款后又暂时逃避债务，但经查证，行为人当初违规贷款是为了解决一时所用，逾期不能还款也确有客观原因，而暂时逃避债务后也一直在努力扭转经营状况以便还款。这种情况便不可推定行为人具有非法占有的目的。③

二、金融诈骗罪相关竞合的处理

与金融诈骗罪认定有关的竞合问题，主要包括两个方面：一是各种金融诈骗罪与诈骗罪的法条竞合问题；二是金融诈骗罪各种犯罪之间以及金融诈骗罪与合同诈骗罪之间的想象竞合问题；三是连续诈骗行为同时涉及数种诈骗罪名的问题。下面逐一探讨。

（一）各种金融诈骗罪与诈骗罪的法条竞合问题

对于诈骗犯罪，我国刑法采取了"罪群"的立法方式，即除了在侵犯财产罪中规定普通诈骗罪外，还在破坏社会主义经济秩序罪中规定了若干特殊诈骗犯罪。④ 具体而言，包括集资诈骗罪、贷款诈骗罪、票据诈骗罪、金融凭证诈骗罪、信用证诈骗罪、信用卡诈骗罪、有价证券诈骗罪、保险诈骗罪、骗取出口退

---

③　参见陈增宝：《如何理解诈骗犯罪中的非法占有目的——由郭某贷款诈骗宣告无罪案引发的思考》，载赵秉志主编：《刑事法判解研究》（2004 年第 4 辑），113 页以下，北京，人民法院出版社，2004。

④　为了便于称呼上清晰地区分各种诈骗犯罪，本文将刑法分则侵犯财产罪的诈骗罪（《刑法》第 266 条）称为"普通诈骗罪"。

税罪和合同诈骗罪。这些特殊诈骗犯罪，在诈骗方法和对象上有其特定性，虽然和普通诈骗罪一样也侵犯了他人的财产权，但主要是破坏了金融秩序、市场秩序等社会主义市场经济秩序。普通诈骗罪与这些特殊诈骗犯罪之法条，存在包容竞合关系，亦即在犯罪构成要件上存在必然的包容关系——凡是诈骗行为，不论其方法如何特别、对象如何特定——是使用伪造的票据诈骗、是通过非法集资的方式诈骗——在逻辑上都属于"虚构事实、隐瞒真相"的方法，因而，各种金融诈骗罪，在外延上都可以为普通诈骗罪包容，普通诈骗罪与各种金融诈骗罪的法条存在一般与特殊的关系。

　　基于立法上对于特别法条必然有特别考虑的当然规则，当行为人的诈骗行为符合金融诈骗罪的构成时，不应以普通诈骗罪定罪处罚，而只能根据其诈骗方法和对象依照各金融诈骗罪定罪处罚。但司法实践面临的难题是，当行为人的金融诈骗数额达不到金融诈骗罪的定罪标准时，可否以普通诈骗罪追究行为人的责任？比如，参照最高人民法院1996年《关于审理诈骗案件具体应用法律的若干问题的解释》，个人普通诈骗数额在2 000元以上的属于"数额较大"，而个人进行贷款诈骗或保险诈骗数额在1万元以上、进行票据诈骗或金融凭证诈骗数额在5 000元以上的属于"数额较大"。如果行为人进行贷款诈骗或保险诈骗数额在2 000元以上不满1万元，或者进行票据诈骗或金融凭证诈骗数额在2 000元以上不满5 000元，对行为人是认定无罪还是按照普通诈骗罪定罪处罚？理论上较多学者认为，对于法条竞合应当遵循"特别法优于一般法"的原则，对上述情况应当认为无罪。笔者的主张是以普通诈骗罪定罪处罚。理由是：特别法优于一般法原则的适用应当服从刑法的实质公正要求。刑法设立各金融诈骗罪特别法条，主要是鉴于市场经济条件下诈骗犯罪形式日益复杂化，犯罪手段和所危害的经济领域各有特点，但并不否定"任何诈骗都是诈骗"（手段再特殊、危害的领域再特定，无非还是诈骗）这样一个前提。如果说因为犯罪数额达不到金融诈骗罪的定罪标准就否定其普通诈骗罪的性质，反不如不设立金融诈骗罪。因此，对于上述情况不认定为普通诈骗罪，有违刑法立法初衷之疑问。当然，对行为人以普通诈骗罪定罪量刑时，应考虑罪刑相适应原则的要求，避免以普通诈骗罪处罚反而比以金融诈骗罪处罚更重（数额达到金融诈骗罪时）的结果。

　　（二）有关想象竞合问题

　　当行为人的一个诈骗行为同时符合数个金融诈骗罪的构成，或者同时符合金融诈骗罪（也可以是数个）和合同诈骗罪时，如何定罪处罚呢？笔者认为，这种情况属于想象竞合犯形态，应按照想象竞合犯的处罚原则，对行为人从一重罪从重处罚。

　　根据刑法的规定，刑法对各种金融诈骗罪与合同诈骗罪的法定刑设置，均以诈骗"数额较大"、"数额巨大或者有其他严重情节"和"数额特别巨大或者有其他特别严重情节"为各个量刑档次的依据。在各金融诈骗罪之间形成想象竞合犯时，应根据其诈骗的实际数额，对应各量刑档次，选择处罚最重的犯罪定罪处罚。当数罪法定刑无区别时，选择目的行为定罪处罚。就各金融诈骗罪和合同诈骗罪之间的想象竞合犯而言，如果撇开各种犯罪中"数额较大"、"数额巨大"和"数额特别巨大"的具体标准不论，其中在"数额较大"、"数额巨大或者有其他严重情节"两个档次中，合同诈骗罪的法定刑比金融诈骗罪的法定刑都要轻；在"数额巨大或者有其他严重情节"中，除了集资诈骗罪、票据诈骗罪和信用证诈骗罪规定有死刑外，其他金融诈骗罪与合同诈骗罪的主刑相同。因此，对于其他金融诈骗罪和合同诈骗罪的想象竞合犯，通常都应以相应的金融诈骗定罪处罚，而不认定为合同诈骗罪。但是需要注意的是，如果今后司法解释对各种金融诈骗罪的数额标准作出统一规定，而假如合同诈骗罪的"数额较大"、"数额巨大"和"数额特别巨大"的标准又低于其他各种或其中几种金融诈骗罪，则对想象竞合犯形态究竟以何罪定罪处罚，应视法定刑具体情况而定。

在想象竞合犯认定问题上，笔者需要特别指出的一点是，无论是金融诈骗罪之间的竞合还是金融诈骗罪与合同诈骗罪之间的竞合，除了应当强调行为的单一性外，还应当强调行为主体的单一性。想象竞合犯为实质一罪，行为的单一性素无疑问，但是，行为主体的单一性似乎没有被关注。最高人民法院《纪要》在谈到贷款诈骗案件的问题时，有一段值得商榷的意见：根据《刑法》第30条和第193条的规定，单位不构成贷款诈骗罪。对于单位实施的贷款诈骗行为，不能以贷款诈骗罪定罪处罚，也不能以贷款诈骗罪追究直接负责的主管人员和其他直接责任人员的刑事责任。但是，在司法实践中，对于单位十分明显地以非法占有为目的，利用签订、履行借款合同诈骗银行或者其他金融机构贷款，符合《刑法》第224条规定的合同诈骗罪构成要件的，应当以合同诈骗罪定罪处罚。笔者认为，这个意见的合理性是存在疑问的，因为贷款诈骗罪与合同诈骗罪之间可以形成想象竞合犯，但不能因为刑法没有把单位规定为贷款诈骗罪的主体，就将单位利用签订、履行借款合同诈骗金融机构贷款的行为认定为有关直接责任人员个人的合同诈骗罪。这种做法，实际上是不当地转嫁刑事责任，根本上违背罪刑法定。

(三) 连续诈骗行为同时涉及数种诈骗罪名的问题

在一些诈骗案件中，行为人的连续诈骗行为可能同时涉及数种诈骗罪名。也就是说，行为人先后实施了多个独立的诈骗行为（而非想象竞合下的单一行为），按照其诈骗的方法，分别符合多种诈骗犯罪的（包括金融诈骗犯罪、普通诈骗罪和合同诈骗罪）的方法要件。这里的"连续诈骗行为"，既可以是针对同一被害人或被害单位，也可以是先后针对多个被害人或被害单位；行为人对其中各个被害人或被害单位诈骗，既可以是使用单一的诈骗方法，也可以是混合使用多种诈骗方法。例如，被告人林某先后在北京市东城区、朝阳区等地，采取冒用北京 T 工贸集团、北京 K 有限公司的名义与单位签订合同，或采用虚构事实、隐瞒真相的手段，以及签发空头支票的手段，以购买办公用具，收取工程预付款及质量保证金等名义，骗得北京市 A 公司、B 公司、C 公司、D 公司和 E 幼儿园的人民币 28.5 万元及办公家具、空调机等物品，价值 29.427 3 万元。另外，被告人林某以北京 K 有限公司的名义诱骗北京市 H 装潢公司为其装修后不付款，造成该公司经济损失 1 万元。上述活动中，被告人林某采取签订合同方式，骗取各单位款物折合人民币 39.040 7 万元；采用虚构事实、隐瞒真相的手段，骗取各单位款物折合人民币 19.066 6 万元；采用签发空头支票的手段，骗取 D 公司空调机 1 台，折合人民币 8 200 元。

对于"连续诈骗行为同时涉及数种诈骗罪名"的情形如何处理？刑法理论和司法实践中存在争议：有的认为，应当按照牵连犯的处罚原则择一重罪处理；有的则认为，应当按照行为人的主行为定性，即主要使用的诈骗方法符合什么诈骗犯罪的构成特征，就应当按照什么诈骗罪定罪处罚。[5] 笔者认为，当行为人的数个诈骗行为分别触犯不同的诈骗犯罪时，最为可取的做法是实行数罪并罚。上述第一种观点，将这种形态认定为牵连犯不甚妥当，第一是这种情形不符合牵连犯的特征，第二即便是以牵连犯论，当选择其中一个量刑较重的诈骗犯罪定罪处罚时，其他诈骗方法涉及的诈骗数额是否均计入该重罪之中？不无疑惑。按照上述第二种观点，当各种诈骗方法所对应的诈骗行为在整个诈骗犯罪活动中难分主次时，定性也会发生无法解决的困难，而即使有主次之分的，犯罪数额的归属，也同样成问题。笔者认为，"连续诈骗行为同时涉及数种诈骗罪名"不失为一种特殊的连续犯。连续犯通常是指行为人基于连续犯罪的故意，实施数个相互独立的犯罪行为，触犯同一罪名的犯罪形态，但是，数次犯罪行为触犯具体名称虽然不同，但实际性质是相同的，亦可视各罪为同种性质犯罪而成立连续犯形态。[6] 那么，对犯罪方法各异、触犯罪名不同的连续诈骗犯罪实行数罪并罚，是否违背连续犯从一罪处断的原则而不合理呢？笔者认为，理论上历来主张连续犯是实质的数罪而处断上的一罪，只考虑到了连续行为所触犯罪名完全相同的情况，而没有把数次犯罪行为触犯具体名称虽然不同，但实际性质相同的连续犯纳入研究范围。这在很大程度上是由过去刑法所保护的各种社会关系本身相对单纯，同种罪名细化的必要性不大，因而连续犯也只存在数罪名完全相同的情形所决定的。由

---

⑤　转引自陈为钢：《办理金融诈骗犯罪案件亟待解决的法律问题与思考》，载《上海检察调研》，2000（4）。

⑥　参见姜伟：《犯罪形态通论》，335～336 页，北京，法律出版社，1994。

于社会关系的日趋复杂，修订后的我国刑法采用罪名体系、"罪群"性的罪刑规范设置方法已相当普遍⑦，固守罪名不同的连续犯只能从一罪处断的观念，显然是不可行的。实际上，最高人民检察院在有关司法文件中也认可了特殊情况下对连续犯实行数罪并罚的做法。即最高人民检察院 1998 年 12 月 2 日《关于对跨越修订刑法施行日期的继续犯罪、连续犯罪以及其他同种数罪应如何具体适用刑法问题的批复》（以下简称《批复》）指出："对于开始于 1997 年 9 月 30 日以前，继续到 1997 年 10 月 1 日以后终了的连续犯罪，或者在 1997 年 10 月 1 日前后分别实施同种类数罪，其中罪名、构成要件、情节以及法定刑均没有变化的，应当适用修订刑法，一并追诉；罪名、构成要件、情节以及法定刑已经变化的，也应当适用修订刑法，一并追诉……"根据这个《批复》，如果行为人连续行为跨越修订刑法施行前后，而同时修订刑法对这些行为的定性与修订前刑法的规定不同且将其罪数由一罪变为数罪的，对该连续犯就应当实行数罪并罚。比如，行为人在修订刑法施行前一直从事伪造国家机关和事业单位的印章的犯罪行为，修订刑法施行后只伪造国家机关的印章的，按照修订前刑法行为人只构成妨害印章罪（国家机关和事业单位印章均为该罪对象所包括）一罪，而在修订刑法施行后，按照《批复》的规定，应当以伪造国家机关印章罪和伪造事业单位印章罪对行为人伪造印章的连续行为实行数罪并罚。再如，行为人在修订刑法施行前后连续实施利用合同进行的诈骗犯罪和一般欺骗手段的诈骗犯罪的，也以合同诈骗罪和普通诈骗罪实行数罪并罚。《批复》的上述规定无疑有助于司法实践解决实际问题。在实践中，将这一《批复》的精神加以发挥，对于非跨法犯性质的"连续诈骗行为同时涉及数种诈骗罪名"，均应实行数罪并罚。

与"连续诈骗行为同时涉及数种诈骗罪名"相关的问题是：在连续诈骗行为中，如果各种金融诈骗行为以及普通诈骗行为，分别依照各种金融诈骗犯罪和普通诈骗罪的构成要件不构成犯罪（未达起刑标准），而将其诈骗总数额等按照任何一种诈骗犯罪的定罪标准都可构成犯罪；或者有的诈骗行为数额上达到定罪标准可以认定为普通诈骗罪或各种金融诈骗罪，而其中有几种行为构不成其诈骗方法对应的金融诈骗犯罪时，应当如何处理呢？笔者认为，应当坚持如下原则：（1）各种诈骗方法的诈骗行为，分别以其对应的诈骗犯罪的起刑标准为基准，考察能否构成该对应的诈骗犯罪（包括普通诈骗罪和各种金融诈骗罪）。（2）凡依照任何金融诈骗犯罪的构成要件不构成犯罪的，不得对行为人的各种金融诈骗行为分别根据行为特征认定其不构成犯罪，而应当把这些诈骗行为作为有机整体看待，将这些无法认定为金融诈骗罪的诈骗行为，连同本来以普通诈骗方法实施的

---

⑦ 如除诈骗犯罪外，对于生产、销售伪劣商品犯罪，走私犯罪，贿赂犯罪等，都存在"罪群"立法。甚至连伪造印章犯罪、招摇撞骗犯罪都分立了不同罪名。

诈骗行为，以《刑法》第 266 条为基准，进行罪与非罪的评判；构成犯罪的，依照普通诈骗罪定罪处罚。当然，如果按照前述（1）对有的诈骗行为已经认定了金融诈骗罪的，须对行为人以普通诈骗罪和已经认定了的金融诈骗罪实行数罪并罚。

三、内外勾结的金融诈骗行为之定性

本文所说的内外勾结的金融诈骗案件，指的是银行、保险公司等金融机构的工作人员，与其他非本单位人员互相配合，以欺诈手段共同实施贷款诈骗、票据诈骗、保险诈骗的案件。在司法实践中，银行信贷员或其他金融工作人员通过伪造金融票证、虚设贷款单位账户等手段侵吞银行或者银行客户资金的案件时有发生。例如，在公安部 2004 年年底公布的金融票证犯罪典型案件中，有一起广州骏鹏置业公司用伪造商业承兑汇票实施诈骗案。案件中，广州骏鹏置业公司范某等人伙同民生银行广州分行白云支行原副行长凌某涉嫌票据诈骗，诈骗金额共计 3 亿元。范某伪造民生银行广州分行白云支行行政公章，交由当时主持白云支行工作的副行长凌某保管。随后两人内外勾结，使用假印章开出 40 张商业承兑汇票，每张面额 1 000 万元。上述汇票中，有 20 张于 2004 年 2 月间，由天津上杭工贸有限公司在当地农村信用合作社贴现，扣除贴现利息后，现已造成天津农村信用合作社损失 1.955 亿元，其余 20 张商业承兑汇票已被公安机关依法收缴。[⑧]又如 2005 年发生在民生银行上海分行沪西办事处的黄某等人诈骗案，该案中，身为银行信贷员的黄某，与朋友许某、徐某内外勾结，由许某、徐某私刻上海造币厂的公章，以上海造币厂的名义在民生银行设立账户，并用造币厂提供的企业代码证等材料在民生银行申请了贷款额度。此后，黄某利用负责造币厂存、贷款的职务便利，先后以造币厂的名义向民生银行申请贷款数十次，骗得贷款数亿元，与许某、徐某私分。在保险公司中，从业人员与投保人内外勾结骗取保险金的案件也不鲜见。

上述案件，并非单纯地利用职务上的便利而为[⑨]，其侵吞行为本身往往具有贷款诈骗、票据诈骗等金融诈骗罪的形式特征。这种情形下对行为人究竟如何定性？存在很大的争论：第一，对行为人是定职务侵占罪（主体为国家工作人员时则为贪污罪，下同）还是某个金融诈骗罪？第二，犯罪行为是否属于职务侵占罪与金融诈骗罪的想象竞合犯？抑或属于法条竞合？

笔者认为，对于银行职员通过诈骗方法侵吞本单位或客户资金的一类行为，

---

⑧　案件信息来源：新华报业网，2005－04－22。

⑨　纯粹的职务犯罪，不会存在争议：如果行为人是国家工作人员，对其行为应当认定为贪污罪；如果行为人不是国家工作人员，则应以职务侵占罪定罪处罚。

应当以行为人是否利用职务上的便利为基本标准，分别认定为职务侵占罪和金融诈骗罪。凡是行为人主要利用职务上的便利实施的侵吞行为，都应当以职务侵占罪定罪处罚，而不能因为行为人在职务犯罪中使用了金融诈骗的手段，就以处罚较重的金融诈骗罪定罪处罚。反之，凡是行为人没有利用职务便利或者主要是通过诈骗手段非法占有银行或者客户资金的，则应以金融诈骗罪定罪处罚。例如，上述黄某、许某、徐某共同犯罪案件，在本质上就是职务侵占，许某、徐某私刻造币厂的公章，在黄某所在民生银行上海分行沪西办事处设立虚假账户，不过是为黄某的职务侵占提供帮助条件，没有黄某的职务上的便利，数亿元贷款不可能被骗，因此，黄某与许某、徐某属于内外勾结的职务侵占罪之共同犯罪。而上述范某、凌某共同犯罪案件中，范某伪造民生银行白云支行的行政公章，并用假公章伪造了民生银行白云支行向广州骏鹏置业公司出售的商业承兑汇票，骗取了天津农村信用社1.955亿元的贴现，在案件实施过程中，作为白云支行副行长的凌某，无疑利用了其民生银行白云支行副行长的身份，但银行贴现的骗取，主要是范某伪造民生银行白云支行的行政公章和商业承兑汇票所致，故案件性质宜认定为票据诈骗罪（当然，从被骗取的资金看，也不属于民生银行白云支行）。又如，行为人王某在某银行某办事处任主任时，窃取已盖有"作废"印章的空白定期储蓄存单十余张，后将其中6张消除"作废"字样，并用电脑在两张作废空白存单上，分别以"谭某某"、"陈某某"为户名打印定期储蓄存单9.5万元和1.7万元各1张。数日后，王某持此两份假存单和私自填制的《银行质押凭证止付通知书》到某农村信用合作社办理质押贷款，利用本单位内部贷款审查不严，骗取同事的信任，私自填制有关单据，在其分理处办理贷款8.6万元，占为己有。在这起案件中，王某虽是银行工作人员，但其非法获取贷款，并非是利用其职务上的便利实施，而主要是通过欺骗方法完成的，因此王某的行为就构成贷款诈骗罪，而非职务侵占罪。

上述案件是否存在法条竞合或想象竞合犯的问题呢？笔者认为不存在，因为职务侵占罪的犯罪构成，应当理解为一种特殊的盗窃、诈骗、侵占犯罪构成。《刑法》第271条虽然将职务侵占罪的客观行为描述为"利用职务上的便利，将本单位财物非法占为己有"，但是，从刑法对职务侵占罪和贪污罪的规范描述进行系统解释，毫无疑问，职务侵占罪在客观行为上应与贪污罪一致。从犯罪现象来看，职务侵占罪也都是利用职务便利实施的盗窃、诈骗，如监守自盗、虚报冒领等等。所以，职务侵占罪的犯罪构成中理所当然地包含利用职务上的便利进行金融诈骗的行为。法条竞合是指刑法分则的数法条之间，在犯罪构成要件上存在必然的包容或者交叉关系。由法条竞合的特点决定，职务侵占罪与金融诈骗罪的法条之间，并不存在竞合关系，因为职务侵占罪除了可以通过诈骗行为实现外，还可以通过盗窃行为实现，职务侵占罪与金融诈骗罪的法条之间没有必然的交叉重合关系。银行职员利用职务进行金融诈骗的行为，事实上也不属于职务侵占罪与金融诈骗罪的想象竞合犯形态。因为想象竞合犯是形式的数罪、实质的一罪，这种罪数形态成立的前提必须是在形式上存在数个犯罪构成，即行为人的同一行为同时符合的数个犯罪构成。但是，必须注意，犯罪构成是具有实质内容的，如果实际发生的行为完全能够被某一个犯罪构成的要件所包容，就应当认为这个行为只符合一个犯罪构成。职务侵占罪的犯罪构成本身是可以完全包容银行职员利用职务进行金融诈骗的，所以，这种行为并不具有既符合职务侵占罪的构成，又同时符合金融诈骗罪的构成的特征。否则，必然造成罪数判断标准的混乱，造成定罪量刑上的错误。因为如果把许多具有特定外延的犯罪构成人为地分割开来，都可以使一罪变成数罪，而这与罪数理论的宗旨是相悖的。事实上，如果将银行职员利用职务进行金融诈骗的行为判断为想象竞合犯，那么深入下去，所有职务侵占行为、贪污行为都可以被认为是职务侵占罪或者贪污罪与盗窃罪、诈骗罪等罪的想象竞合犯，而根据想象竞合犯从一重罪处断的原则进行处断，职务侵占罪和贪污罪在刑法中就可能虚置。比较而言，盗窃罪、诈骗罪和金融诈骗罪都是重罪，在肯定想象竞合犯的前提下适用的就基本是盗窃罪和诈骗罪，而不可能是职务侵占罪了。

在司法实践中，有人提出这样的反对理由：普通人员实施贷款诈骗、票据诈骗等行为尚且构成贷款诈骗罪、票据诈骗罪，处刑最高可至无期徒刑甚至死刑，而银行职员利用其职务便利进行金融诈骗行为危害更大，有的却反而不能以金融诈骗罪定罪处罚，只能以最高法定刑为 15 年有期徒刑的职务侵占罪定罪处罚，这种处理是否显失刑罚的公平？笔者认为，造成这种现象的原因是立法现实，我们不应违背罪数判断的正确标准去解决问题，何况立法的现实必然也有刑事政策方面的考虑。

略论金融诈骗罪中的非法占有目的

付立庆*

一、是否所有的金融诈骗罪都要求非法占有目的

（一）学界的主要观点

刑法分则第三章第五节规定了八种金融诈骗罪，但只是就集资诈骗罪和贷款诈骗罪以及持卡人恶意透支情况下的信用卡诈骗罪规定了非法占有目的。那么，此外的几种金融诈骗罪是否要求非法占有的目的？这是学界近年来争议较多的问题。对此，这要存在着以下的三种对立观点：

1. 否定说——认为其他金融诈骗罪不要求非法占有目的。这种观点认为，既然刑法条文没有就其他金融诈骗罪规定非法占有目的，那么，其他金融诈骗罪的成立就不以非法占有目的为要件。①

2. 肯定说——认为所有金融诈骗罪都要求非法占有目的。这种观点认为，否定说的理解是片面的，"刑法分则的某些条文之所以明文规定以非法占有为目的或以营利为目的，是为了区分罪与非罪、此罪与彼罪。而在一些明显需要非法占有的目的，又不至于出现混淆罪与非罪、此罪与彼罪的场合，刑法分则条文往往并不明文规定非法占有目的。这样的情况几乎出现在各国刑法中"。"刑法虽然实质上要求具备某种构成要件要素，但因为众所周知、广为明了，而有意从文字上省略对其规定。"② 陈兴良教授也认为，金融诈骗罪都是以非法占有为目的的犯罪，刑法规定的各种金融诈骗罪无一例外地都必须以非法占有目的作为主观要

* 付立庆，中国人民大学法学院讲师，法学博士。本文为仓促之中的初步研究，许多观点有待进一步推敲，欢迎学界同人提出批评。

① 此种观点的新近的代表，可参见董玉庭：《主观超过因素新论》，载《法学研究》，2005（3），73页；屈学武：《金融犯罪主观特征解析》，载《法学杂志》，2004（1），24页。

② 张明楷：《刑法分则的解释原理》，233页，北京，中国人民大学出版社，2004。

件。③ 2001 年 1 月 21 日《全国法院审理金融犯罪案件工作座谈会纪要》之中，明确指出"金融诈骗犯罪都是以非法占有为目的的犯罪"，实际上是采纳了肯定说的观点。

3. 原则肯定说——折中说。学术界之中，还存在着这样一种折中的观点，即认为金融诈骗罪的构成一般应以非法占有目的作为主观要件，但是"占用型"金融诈骗罪的构成无须具备非法占有的主观要件，比如《刑法》第 195 条第 3 项规定"骗取信用证的"行为，构成信用证诈骗罪，但是骗开信用证的行为其主观上可能只是为了偿还债务和扩大业务，暂时占用资金，并无非法占有的目的。④

（二）本文的基本主张

在我看来，原则肯定说的以上论断，实际上涉及对于非法占有目的的理解问题。就是说，这里的所谓"非法占有"目的，是仅限于"不法所有的目的"，还是也包括非法"占有"的目的？如果非法占有的目的等同于不法所有的目的，那么确实在为了偿还债务而骗取信用证的场合，不能说具有此种意义上的"不法所有的目的"，但是刑法又规定这种情况下的骗取信用证也属于信用证诈骗罪，所以，要求所有的金融诈骗罪都具有"不法所有的目的"看来似乎不符合刑法的规定本身。但是，如果认为"非法占有的目的＝不法所有的目的＋不法占有的目的"（实际上，就是等号前的占有是广义上的占有，而等号后的占有是狭义上的占有，是作为所有权四项权能之一意义上的占有），那么，在出于偿还债务的目的而骗取信用证的场合，由于能够认定其具有（狭义的）非法占有信用证资金，所以其仍然具有非法占有的目的。关键是，肯定说所主张的"所有的金融诈骗罪都必须具有非法占有的目的"中的非法占有，是广义上的"占有"还是仅指不法所有而排除了狭义上的占有？我初步认为，在一般情况下，由于金融诈骗罪是诈骗罪的一种特殊形式，规定金融诈骗罪的法条与规定普通诈骗罪的法条是特别法与一般法的竞合关系，特别法条以符合普通法条为前提，不得减少而只能增加普通法条的构成要件要素，所以，金融诈骗罪的成立要求首先符合普通诈骗罪的犯罪构成。而就财产犯罪的定型性而言，由于（普通）诈骗罪属于取得型财产罪，其所要求的非法占有目的（非法定目的犯）当然是指不法所有的目的，由此而言，金融诈骗罪中的非法占有目的也应该是指不法所有的目的。但是，这是在一般意义上说的。由于法条的特别规定（如前述第 195 条第 3 项规定"骗取信用证的"行为，构成信用证诈骗罪），有些出于狭义的非法占有的目的而实施金融诈骗（论者所谓的"金融诈欺"）的行为也被规定成相应的"金融诈骗罪"，那么由

③　参见陈兴良：《论金融诈骗罪主观目的的认定》，载《刑事司法指南》，2000（1），62 页。
④　参见卢勤忠：《金融诈骗罪中的主观内容分析》，载《华东政法学院学报》，2001（3），25～26 页。

于法律的特别规定就使得这时的非法占有目的就是指暂时占有而非永久占有的意思。但是，由于"非法占有的目的"在字面上完全可以包括暂时性（狭义上的）非法"占有"，所以，将出于偿还债务等目的骗取信用证的行为解释为同样具有非法占有的目的并不超出"非法占有目的"这一名词所可能具有的含义，因此，这样的一种解释就应该是被允许的。由此，作为结论，我初步认为，所有的金融诈骗罪都必须具有非法占有的目的，只是这里的"非法占有目的"是广义上的，它包括不法所有的目的和狭义上的非法"占有"的目的，并且，由于金融诈骗罪是取得型财产罪诈骗罪的特殊类型，所以金融诈骗罪中的非法占有目的原则上应该是不法所有的目的；但是在法律有特殊规定的情况下⑤，作为例外，这里的非法占有的目的就限缩成了狭义上的非法"占有"的目的，也就是一时性而非永久性占有，并且具有归还的意图，相当于我们通常所谓的占用（并未超出"非法占有"一词的可能含义故被允许）。这里，关于金融诈骗罪所要求的"非法占有的目的"，本文贯彻了"原则—例外"的分析框架，在此意义上，上述折中说的观点也与肯定说达成了和谐的一致。

二、如何理解金融诈骗罪中的"非法占有目的"

（一）目的犯的两种形式："将结果作为目的的犯罪"和"将后行为作为目的的犯罪"

前文指出，所有金融诈骗罪都要求具有非法占有目的，并且这一非法占有目的原则上是指不法所有的目的而仅在法律有特别的规定的情况下也包括狭义的、暂时性非法占有的目的。接下来的问题是，怎样理解这里的"非法占有目的"与犯罪故意之间的关系？这里的非法占有目的，是否属于"主观的超过要素"？是否需要进一步的证明？实际上，这涉及对于目的犯的一种分类以及对于非法占有目的之性质的理解本身。

众所周知，刑法理论上一般根据目的犯之实行行为与目的之间的关系，而将目的犯分为两类。行为与目的之间是原因与结果关系，构成要件行为的实现就意味着目的的可能实现的，这样的目的犯被称为断绝的结果犯或者直接目的犯或者"将结果作为目的的犯罪"，前者一般是德国学者的叫法，后两者则是日本学者的概括。盗窃罪被认为是这种目的犯的典型例子，只要盗窃行为完成，盗窃罪所要

---

⑤　当然这里也涉及何种情况才属于"法律有特别规定"的问题。本文初步认为，如果法条对于罪状的描述使得不具备不法所有的目的的相应行为也被规定为金融诈骗罪，而作出这样行为的目的又是暂时性取得财物等的支配权时，就应该认定这样的行为出于狭义的非法"占有"的目的，从而，这样的情况就属于"法律有特别规定"。当然，这一问题上需要进一步的分析。

求的非法占有目的一般也就实现了，不要求新的行为的加入。与此种目的犯相对，还有一种目的犯的行为与结果之间是目的与手段的关系，构成要件的完成并不规定着相应目的的实现，目的的实现需要行为人或者第三者的新的行为的加入。这种目的犯被称为短缩的二行为犯（德国的叫法）或者间接目的犯或者"将后行为作为目的的犯罪"（日本的叫法）。就此种目的犯的目的来说，由于不存在相应的客观要素与之对应，所以也被称为"主观的超过要素"。例如，伪造货币罪的成立要求出于行使的目的（日本刑法上有明文要求，我国刑法之中虽然没有明文要求，但是学说上一般认为本罪成立需要具有行使的目的或者置于流通的目的），这种行使目的的实现就要求伪造的行为人或者第三者的新的行为的加入，而由于不存在与之相对应的客观要素，是否具备行使目的的证明也就专门成为问题。那么，成立金融诈骗罪所要求的非法占有目的属于哪种目的，进而，相应的金融诈骗罪属于哪种目的的犯？这关系到金融诈骗罪的认定问题，是需要辨析清楚的。

（二）金融诈骗罪属于将结果作为目的的犯罪即直接目的犯，其目的不属于主观的超过要素

本文认为，在金融诈骗罪这些要求非法占有目的的犯罪中，行为者的行为自身即规定着所追求的"非法占有"目的，行为与最终非法占有目的之间是原因和结果的关系——只要正常地实现了构成要件的行为即原因行为，比如只要是实现了贷款诈骗的行为，也就自然而然地实现了非法占有目的这样的结果行为，而不需要另外实施其他的新的单独行为。这里，非法占有目的存在着与之相对应的客观化为构成要件的客观行为，其非法占有目的也没有超过客观的构成要件，从而此等目的犯也就属于"将结果作为目的的犯罪"而非"将后行为作为目的的犯罪"[6]。事实上，不但是各种金融诈骗罪应该理解为将结果作为目的的犯罪，而且盗窃罪、诈骗罪这样的要求非法占有目的的取得型财产犯罪都属于将结果作为目的的犯罪。值得注意但令人遗憾的是，我国学者新近的研究中，有观点一方面坚持认为"盗窃罪中非法占有目的是主观超过要素"，另一方面又认为盗窃罪属于断绝的结果犯[7]，这样的观点是自相矛盾的，属于对于目的犯种类和对于"主观的超过要素"概念的误解。张明楷教授的近作也认为"非法占有目的是一种主观的超过要素，不需要有与之对应的客观事实"，但是令人费解的是，紧接着以上论断，他认为"例如是否实现谋利或者传播目的，并不影响走私淫秽物品罪的

---

⑥　认为金融诈骗罪的非法占有目的属于将结果作为目的的目的犯，"只要行为人实施了金融欺诈取财物的行为，就可能实现非法占有财物的目的，不需要再实施新的行为来实现其非法占有目的"的观点，可见单晓华：《金融诈骗罪基本问题研究》，吉林大学博士学位论文，54 页。

⑦　参见董玉庭：《主观超过因素新论》，载《法学研究》，2005（3），70～71 页。

既遂"⑧。本文认为，由"是否实现谋利或者传播目的，并不影响走私淫秽物品罪的既遂"来类比论证"非法占有目的属于主观的超过要素，不需要有与之对应的客观事实"是不妥当的，因为，"非法占有的目的"与走私淫秽物品罪中的"牟利或者传播目的"在属性上不同，前者行为与目的之间实际上是原因—结果的关系，实际上也就意味着相应的行为事实已经规定着目的的内容、存在着与主观目的相对应的客观内容，所以不属于主观的超过要素，要求非法占有目的的目的犯属于将结果作为目的的目的犯（不需要新的行为的加入）；而走私淫秽物品罪中的牟利或者传播的目的则不同，其行为与目的之间是目的与手段之间的关系，目的的实现需要新的行为的加入，此种目的属于主观的超过要素，走私淫秽物品罪属于将后行为作为目的的目的犯，所以，这里不存在这样的类比关系。事实上，在同书的另外场合，张明楷教授也明确认为，"如果诈骗罪属于目的犯，那么，它属于断绝的结果犯或直接目的犯，即只要行为人实施了骗取财物的行为，就可能实现其非法占有的目的"⑨。这样看来，在不同之处张老师对于非法占有目的的理解，可能是不够协调一致的。

（三）明确金融诈骗罪属于将结果作为目的的犯罪的现实意义

更进一步的问题应该是，明确了金融诈骗罪属于"将结果作为目的的犯罪"的现实意义何在？其现实意义就在于其证明之中。由于金融诈骗罪属于将结果作为目的的犯罪，存在着与其目的相对应的主观要素，则我们在相应犯罪的认定之中，只要证明相应的客观犯罪行为以及犯罪故意的存在，原则上就可以推定非法占有的目的的存在，非法占有目的不需要额外的、单独的特别证明。但是，既然是推定就是允许反驳的。如果有证据证明行为人的行为尽管是故意但并非出于非法占有的目的，那么，由于欠缺了成立犯罪所必需的要素，也就等于否定了犯罪的成立。就盗窃而言，实践之中的"使用盗窃"就属于此种情形。使用盗窃是出于狭义的、暂时性的非法占有目的，如果法律有特别的规定，那么，这样的行为自然也应该按照盗窃罪处理；但是由于刑法并没有这样的明确规定，所以，只能认为，使用盗窃欠缺成立盗窃罪所需的不法所有的目的，所以就不成立盗窃罪。这里，在我看来，司法之中的逻辑应该是这样的，由于使用盗窃中盗窃的行为和盗窃的故意得以证明，所以推定行为人具有不法所有的目的，从而推定行为人的行为成立盗窃罪。但是由于可以证明行为人盗窃的目的是一时使用，所以由盗窃行为这一前提事实推论行为人具有不法所有目的的推定就被推翻，又由于这样的出于暂时性非法占有目的的行为法律没有明文规定为犯罪，所以使用盗窃的

---

⑧　张明楷：《诈骗罪与金融诈骗罪研究》，621页，北京，清华大学出版社，2006。

⑨　张明楷：《诈骗罪与金融诈骗罪研究》，283页，北京，清华大学出版社，2006。

行为因为欠缺成立盗窃罪所需的非法占有（等同于不法所有）的目的，所以不能按照盗窃罪处理。对于金融诈骗罪中非法占有的目的之认定，也应该适用同样的推定规则。

三、如何理解法律未作明文要求的目的犯

（一）多数的金融诈骗罪属于非法定目的犯

所有的金融诈骗罪都要求非法占有的目的，都属于将结果作为目的的犯罪，即断绝的结果犯或称直接目的犯。可是，除了集资诈骗罪、贷款诈骗罪以及持卡人恶意透支情况下的信用卡诈骗罪刑法明文规定了非法占有目的之外，其他金融诈骗罪所要求的非法占有目的毕竟没有明确规定在刑法条文之中。对此应该如何理解？这实际上涉及非法定目的犯（不成文目的犯、超法规的目的犯）的概念。按照法律对于目的犯的特定目的是否有明文规定，可以将目的犯分为法定目的犯与非法定目的犯（这是按照另外的标准对于目的犯所作的另一分类，不可与前述的直接目的犯、间接目的犯的分类相混淆）。法定目的犯要求刑事法律明文规定行为人主观上必须具有某种特定目的作为构成要件要素；而非法定目的犯是指虽无刑事法律明文规定，但行为人主观上必须具有某种特定目的作为构成要件的犯罪。多数的金融诈骗罪正是属于这种非法定目的犯。

（二）必须承认非法定目的犯的存在

在我国，有学者不承认非法定目的犯的存在，认为目的犯以直接故意犯罪的犯罪目的为内容，以法律明文规定为特征，目的犯的目的必须由立法者在刑法条文中明确规定作为某种犯罪构成的必要条件，否则，不称其为目的犯。[⑩] 屈学武教授的近作，也对于非法定目的犯的存在表示了一种否定性的态度。[⑪] 但是，与此相对，我国较早研究目的犯的论文就已经承认了非法定目的犯的存在。如陈立教授指出，有些犯罪，刑法分则条文虽然没有规定构成该罪必须具备某种特定犯罪目的，但从司法实践和刑法理论上看，则必须具备某种特定犯罪目的才能构成该犯罪，即所谓不成文的构成要件。对于这类尚未被立法成文化的事实上的目的犯，尤须注意。[⑫] 新近的论文也更多的是承认非法定目的犯的存在，如陈兴良教授认为，尽管刑法没有明文规定，但可以通过限制解释将某些犯罪确认为目的犯，这就是非法定的目的犯。他进一步指出，法定的目的犯与非法定的目的犯，

[⑩] 参见段立文：《我国刑法目的犯立法探析》，载《法律科学》，1995（3），44页。

[⑪] 参见屈学武：《金融犯罪主观特征解析》，载《法学杂志》，2004（1），23页。

[⑫] 参见陈立：《略论我国刑法的目的犯》，载《法学杂志》，1989（4），18页。

是目的犯的两种表现形式。两者相比而言，法定的目的犯因为是有法律规定的，因此在目的犯的确认上是较为容易的。而非法定的目的犯，由于法律对于目的犯未作明文规定，因而容易产生理解上的歧义。[13] 而刘艳红博士更是深入探讨了非法定目的犯的构成要件构造问题。[14] 总体上可以说，非法定目的犯的否定说至今仅为极个别学者所主张，肯定说已经在学界获得了广泛的认可。我国刑法中的盗窃、诈骗、抢夺罪等犯罪中，法律条文并未明确规定行为人必须具有"非法占有之目的"，但在刑法学理解释上，却没有争论地认为非法占有目的是一个不可缺少的构成要件。刑事审判也同样持学理解释的观点。[15] 可以说，只要我们承认立法者的有限理性（立法能力、技巧、经验等各方面的欠缺，并且立法者可能出于法条表述的简短精练等考虑，无意或者有意地将一些应该法定化的目的犯非法定化），那么，刑法典就永远不可能将所有的目的犯一网打尽地规定于法典之中，所以肯定非法定目的犯的存在就是一种当然的立场。承认非法定目的犯的存在是学界的基本共识，也得到了司法实践的认可。这一点是不容置疑的。

（三）非法定目的犯必须作为法定目的犯的例外而存在

事实上，本文第一节所提到的在是否所有金融诈骗罪均要求非法占有目的问题上的否定说观点，与对于非法定目的犯概念本身的排斥是相辅相成的，而这样的一种立场，很大程度上也是出于对于目的犯立法价值的怀疑和对于目的犯之目的难以证明的担心。确实，如果广泛地承认非法定目的犯的存在，那么势必带来目的犯之目的（特别是间接目的犯的场合）难以证明的问题。承认非法定目的犯的存在是当然的立场，（间接目的犯）目的难以证明似乎也难以回避。正是在这种"主观要素"证明难的困难面前，否定说采取了干脆否定非法定目的犯的策略，但是，这却是属于因噎废食——我们固然要正视"证明难"的问题，但是不应该就此而否定非法定目的犯本身。

那么，目的"证明难"的问题如何加以解决？在本文这里，一方面由于大量的"将结果作为目的"形式的非法定目的犯之目的由于不属于主观的超过要素而不需要额外证明，这就使得证明难的问题缓解了大半。但是，属于主观的超过要素的、需要额外证明的非法定目的犯（比如伪造货币罪中的"行使的目的"）毕竟也是存在的，对于这一部分的证明难问题终究需要面对。对此，"在补充构成

---

⑬　参见陈兴良：《目的犯的法理探究》，载《法学研究》，2004（3），76页。

⑭　参见刘艳红：《论非法定目的犯的构成要件构造及其适用》，载《法律科学》，2002（5），49页以下。

⑮　在日本，对于非法定目的犯多是以解释论的方式来加以解决的。例如，日本刑法第235条关于盗窃罪的规定中，并没有强调必须有"非法占有之目的"才可以成立盗窃罪，但刑法解释却认为，"非法占有之目的"为成立盗窃犯罪的特别构成要件。其他如侵占罪、侵夺不动产罪等，在刑法条文中均未明确规定"非法占有之目的"为其成立的构成要件，但在法院判例中和刑法理论上往往要求成立这些犯罪时行为人必须具有"非法占有的目的"。

要件时持正确而且严格的解释态度"⑯，在目的犯的法定化与非法定化的对应关系上，必须明确以法定目的犯为原则，以非法定目的犯为例外。这样说，不属于对我国现行刑法中的目的犯存在样态和分布状况的实然描述，就是说并不意味着我认为我国刑法中的法定目的犯多而非法定目的犯少（就金融诈骗罪来说，法定目的犯的数量就少于非法定目的犯），而是主要着眼于以下两点考虑：第一，从解释论和司法论的角度而言，我们必须清楚，法律条文上没有标定目的的犯罪只有在"例外"的情况下才能被理解为目的犯，从而要求我们在甄别非法定目的犯的时候必须谨慎地遵循相应的甄别标准。"例外"两个字本身就是告诫我们小心提防的警示灯。第二，从立法论的角度而言，主张非法定目的犯肯定论的学者一般都主张其目的应该法定化⑰，这也从反面验证着非法定目的犯确实属于法定目的犯的例外。将学说上公认的非法定目的犯通过立法的方式将目的法定化，从而使定型的例外上升为原则还是有必要的（因为再有力的学说也无权去命令法官），这既可以因应罪刑法定原则明确性的要求，又可以尽量避免非法定目的犯在认定时的困难和随意。⑱

---

⑯ ［日］大塚仁著，冯军译：《刑法概说（总论）》，3 版，119 页注 3，北京，中国人民大学出版社，2003。

⑰ 比如陈立教授认为，为免于犯罪认定发生困难，我国刑法对这类不成文的目的犯有将其成文的必要。参见陈立：《略论我国刑法的目的犯》，载《法学杂志》，1989（4），18 页。陈兴良教授也认为，在立法的时候，基于罪刑法定的明确性原则，应对目的犯加以明确规定。在刑法未作规定的情况下，司法解释应对非法定的目的犯作出规定，以便实现非法定的目的犯的法定化。只有这样，才能为正确地认定目的犯提供充分的法律根据。参见陈兴良：《目的犯的法理探究》，载《法学研究》，2004（3），76 页。

⑱ 关于非法定目的犯的甄别标准，请参见付立庆：《非法定目的犯的甄别与定位——以伪造货币罪为中心》，载《法学评论》，2007（1）。

论金融诈骗罪中的"以非法占有为目的"

吴学斌 *

一、存在及意义："以非法占有为目的"在刑法分则中的地位

刑法分则中，大体上有两类犯罪的成立不仅要求行为人主观上具有犯罪的故意，而且还必须具备"以非法占有为目的"的主观要素：第一类是取得型财产犯罪，这类犯罪都将"以非法占有为目的"作为其主观要件之一。[①] 尽管在侵犯财产罪一章的表述中，刑法并没有明文将"以非法占有为目的"规定为诸如盗窃罪、诈骗罪等罪的构成要件，但财产犯罪的性质决定了"以非法占有为目的"是取得型财产犯罪必不可少的主观要件要素。因此，刑法理论的通说认为，"以非法占有为目的"是取得型财产犯罪不成文的构成要件要素，这种观点为我国的司法实践部门所认可，也与德国、日本刑法在相同问题上的看法是一致的。第二类是金融诈骗罪。金融诈骗罪与普通诈骗罪的基本构造完全相同[②]，因此，从本质上来说金融诈骗罪仍然是诈骗罪的一种，是诈骗犯罪行为在金融领域的特殊表现

---

* 吴学斌，中国人民大学法学院博士后研究人员，深圳大学法学院副教授。

① 传统的财产犯罪理论将财产犯罪分类为取得型的财产犯罪和毁弃型的财产犯罪。取得型的财产犯罪是指以不法取得或者利用财产为目的的犯罪，如盗窃罪、诈骗罪、侵占罪等，取得型的财产犯罪处于财产犯罪的中心。毁弃型的财产犯罪是指以消灭财产价值为目的的犯罪，如故意毁坏财物罪，毁弃型的财产犯罪是财产犯罪的边缘犯罪。本文之所以说"几乎所有取得型的财产犯罪的主观要件都要求'以非法占有为目的'"，是因为在广义的取得型财产犯罪中还包括以利用财产的经济价值为目的的挪用型的财产犯罪，但这种分类未必适应当前的经济现实与刑法规范的对话环境。我认为，在财物的价值与财物所有权本身日趋分离的现实下，对财物价值的保护显得越来越重要。因此，对财产犯罪的分类最好采用三分法，即取得型的财产犯罪、挪用型的财产犯罪和毁弃型的财产犯罪。三分法不仅有利于突出对财物价值本身的保护，而且更能彰显行为模式在财产犯罪中的分类功能。本文所谓的取得型的财产犯罪不包括挪用型的财产犯罪。

② 普通诈骗罪与金融诈骗罪的基本构造都是：行为人以非法占有为目的实施欺诈行为—对方产生错误的认识—对方基于错误的认识处分财产—行为人取得财物—被害人受到财物上的损害，只不过金融诈骗罪强调的是发生在金融领域，采用的是可能危害金融秩序的行为。两者在客观上的这种一般与特殊的关系并不足以影响其本质上的相同性。

形式。所以，无论是坚持法益说的学者，还是坚持构成要件传统的"四要素"说的学者都认为，金融诈骗罪不仅侵害了正常的金融秩序，而且还侵害了他人的财产。③ 因此，将金融诈骗罪大体上归入取得型的财产犯罪之中，应该是没有什么疑问的。但在刑法分则条文的表述中，只有《刑法》第 192 条集资诈骗罪、第 193 条贷款诈骗罪以及第 196 条信用卡诈骗罪（在恶意透支的情况下）明文规定其主观构成要件必须具有"非法占有的目的"，其余各罪，如信用证诈骗罪、票据诈骗罪等，对该主观要件皆无明确要求。问题就此滋生：既然同属于金融诈骗罪，为什么刑法只对集资诈骗罪、贷款诈骗罪以及恶意透支情况下的信用卡诈骗罪的主观方面明文要求"以非法占有为目的"，其余的各金融诈骗罪的主观方面是否意味着只要具备犯罪故意即可，而无须具备"以非法占有为目的"这一主观要件？要澄清该问题，首先必须对"以非法占有为目的"在构成要件中存在的意义有一个清晰的认识。

首先，构成要件不仅描述不法类型，而且从整体上表明行为的社会危害程度。刑法分则的某些条文之所以将"以非法占有为目的"作为该罪不可或缺的主观构成要件（不管是明文规定，如集资诈骗罪，还是作为不成文的构成要件，如盗窃罪、诈骗罪等），往往是因为：如果不具有该特定目的，其行为的社会危害性不可能达到值得追究刑事责任的程度。例如，如果诈骗罪不以非法占有为目的，行为人实施的诈骗行为就只能是一种骗用行为。由于该骗用行为只是可能暂时侵害财物的经济价值而不是财物完整的所有权，将这种情形不作为犯罪处理，比较符合诈骗罪的历史沿革，至少在当前符合人们的法制感受。④ 同样，如果不将"以非法占有的目的"作为盗窃罪的主观要件，一般的盗用行为就符合盗窃罪的构成要件；但至少在目前，人们还没有认为一般盗用行为的社会危害程度达到

---

③ 在具体的表述上，张明楷教授认为金融诈骗罪除了侵害金融秩序外，还"侵害了他人的财产"；另外一些学者则强调还"侵害了公私财产的所有权"。这种表述上的差异体现了两者对诈骗罪这一传统犯罪在理解上的不同。当存在基于不法原因或者非法债务给付的情况下，受害人未必拥有合法的所有权，但在这种情况下并不能因此否认诈骗罪的成立，同样也不能否认金融诈骗罪的成立，所以，前者的表述显得更精确和严谨。参见张明楷：《刑法学》，2 版，627～628 页，北京，法律出版社，2003；马克昌主编：《经济犯罪新论》，354 页，武汉，武汉大学出版社，1998。

④ 对于"不法所有的意图"的考察标准，国外刑法理论上存在主、客观主义之争。客观主义坚持"不法所有的意图"的"物质说"，认为行为人以排除权利人的意思，而意图非法领得他人之物，并擅自行使其所有权内容，将他人之物作为自己之物加以利用和处分，才是"不法所有的意图"。在"骗用"的情形下，行为人并无不法取得的意思，用后即予以归还，并不符合诈骗罪的特征。主观主义坚持"不法所有意图"的"价值说"，认为对他人之物，只需要获得其价值，就与刑法上"不法所有的意图"的规定相符合，不以侵犯财物的所有权或者完全排除所有者权利的行使为必要，所以，"骗用"的行为也成立诈骗罪。毫无疑问，"价值说"更能适应所有权各种权能日益复杂的分离要求，更有利于对财产法益的精细化保护。但由于我国对刑法理论中的主、客观主义的根基及基本立场讨论的并不激烈和充分，加上取得型财产犯罪中"以非法占有为目的"的传统观点倾向于"物质说"，所以目前还没有形成采取"价值说"的基础和氛围。

了值得追究刑事责任的程度。

其次，是否具有非法占有的目的，反映出行为对法益的侵害程度不同，因而成为区分此罪与彼罪的一个要素。⑤ 在财产犯罪中，同样是对财产法益的侵犯，因为行为人的主观意图不同，刑法传统理论上将侵犯财产的犯罪分为取得型的财产犯罪和毁弃型的财产犯罪。例如，同样是非法取得不特定的他人的资金的行为，如果行为人具有"非法占有的目的"，其行为就可能够成集资诈骗罪。反之，如果不具有这一主观要件，其行为可能只是一种非法吸收公众存款的行为，刑法对前者设置了更为严厉的法定刑。又如，如果行为人不具有非法占有的目的，即使使用欺诈的手段从银行获得了贷款，其行为的性质只是合同法上的无效行为，恢复法效果的手段也应该只限定在民事责任的范围内。刑法之所以对集资诈骗罪、贷款诈骗罪、信用卡诈骗罪（在恶意透支的情况下）明文规定其主观要件要求"以非法占有为目的"，只是为了提醒司法者注意这两种客观上具有相似性但性质却迥异的行为之间的界线，强调的是罪与非罪之间的区别。而金融凭证诈骗罪、信用证诈骗罪以及保险诈骗罪，客观上基本上不存在着容易相混淆的民事违法行为，所以，立法者基于立法简约化的原则，没有明文规定"以非法占有为目的"这一主观要素。但这并不是意味着金融凭证诈骗罪、信用证诈骗罪以及保险诈骗罪，可以或缺该主观要素。

再次，在刑法分则中，特别条款与一般条款存在着逻辑上的特殊关系。这种特殊性表现在：特别条款的适用范围完全包含于一般条款的适用范围之内；换言之，所有属于特别条款的事例都是一般条款的事例，但在特别条款的构成要件中除包含所有一般条款的要素外，至少还存在一个特殊的因素。只有在特殊因素的限制范围内，特别条款才始终可以排除一般条款的适用。⑥ 金融诈骗罪与诈骗罪就属于特殊条款与普通条款的关系。也就是说，各个具体的金融诈骗罪首先必须满足普通诈骗罪的构成要件，才有可能构成金融诈骗罪。如果某种行为不是在非法占有他人财物的心理下实施的，就不可能成立诈骗罪，也不可能构成金融诈骗罪。"以非法占有为目的"是诈骗罪得以成立的关键性的主观要件，当然也就应该成为金融诈骗罪不可或缺的主观要素。

总之，"以非法占有为目的"存在于金融诈骗罪的主观要件之中，起着表明行为的社会危害程度、区分此罪与彼罪的作用，这种作用是由金融诈骗罪的本质

---

⑤ 参见张明楷：《刑法的基本立场》，150 页，北京，法制出版社，2002。

⑥ 参见［德］Karl Larenz 著，陈爱娥译：《法学方法论》，165 页，台北，五南图书出版公司，1999。

所决定的。⑦

二、内涵与价值：对"以非法占有为目的"内容的考察

在日本，由于对财产犯罪法益的理解不同，关于取得型的财产犯罪是否以不法所有的意图为成立犯罪的主观条件，在理论上存在争议。本权说基于财产犯罪的法益是保护所有权及具有法律上的占有的立场，认为取得型的财产犯罪以具有不法所有的意图为前提。而占有说基于财产犯罪的法益是他人对财物的占有的立场，主张只要行为人认识到自己的行为是转移占有的行为即为已足，而不要求有不法所有的意图。⑧ 不过，日本的刑法理论的通说认为，取得型财产犯罪的成立以行为人具有不法所有的意图为前提。但对于如何理解不法所有的意图则存在着以下三种不同的观点：第一种观点认为，不法所有的意图就是指排除财物的权利者而作为自己的所有物的意图或者作为所有权人而处置的意图；第二种观点认为，不法所有的意图是指遵从财物的经济用途（或本来用途）进行利用或者处分的意图；第三种观点认为，不法所有的意图是指排除财物的权利者，将他人的财物作为自己的财物，并且遵从其经济用途进行利用或者处分的意图。⑨

我国刑法理论的通说一直认为，财产犯罪的法益是财产的所有权，即财产罪所侵害的客体是公私财产的所有权（理论上称为所有权说）。但由于所有权说在理论上存在着无法诠释刑法事实上对占有的有效保护的缺陷，在实践中几乎处于被抛弃的边沿。对于财产犯罪和金融诈骗罪中的"以非法占有为目的"的不同理解，实际上也在某种程度上反映了对财产犯罪法益理解的根本分歧。

有观点认为，"以非法占有为目的"就是非法排除权利人对财物的所有权的意图。⑩ 还有观点认为金融诈骗罪中的"非法占有为目的"，不限于对他人财物

---

⑦　需要指出的是，刑法理论和司法实践都认为贪污罪的主观要件也要求行为人具有"非法占有的目的"，本文之所以没有将其与取得型的财产犯罪、金融诈骗罪并列主要是基于以下两点考虑：第一，从法益侵害的角度而言，贪污罪在本质上来说仍然属于财产犯罪，无论在英美刑法还是在德国、日本的刑法中，贪污罪是直接归属于财产犯罪的。第二，尽管贪污罪的主观要件中刑法也要求其具备非法占有的目的，但相对于取得型的财产犯罪和金融诈骗罪等类罪而言，如果相提并论就会在体例上显得单薄，故笔者毋宁将其作为一种例外在脚注中阐明。值得注意的是，在刑法规定的其他一些犯罪中，行为人事实上也会对他人的财物具有非法占有的意图，如在受贿罪中的受贿人对行贿人的贿赂就具有非法占有的意图，但我们通常不说"以非法占有为目的"是受贿罪的主观要件，原因是即使不考虑行为人对他人财物的非法占有的意图，只要行为人意识到自己收受贿赂的行为已经侵害了职务行为的不可收买性，受贿罪所欲保护的法益就已经达到了应该用刑法来保护的程度。至于行为人的"非法占有的目的"属于事实层面的问题，并不是刑法规范的要求。

⑧　参见张明楷：《法益初论》，534 页，北京，中国政法大学出版社，2000。

⑨　参见张明楷：《法益初论》，534～535 页，北京，中国政法大学出版社，2000。

⑩　参见储槐植、梁根林：《贪污罪论要》，载《中国法学》，1998（4）。

的占有目的，而且还包括"对他人财物非法占用的情况"⑪。也有观点认为，"作为犯罪的主观要件，非法占有的程度和范围不是千篇一律的，其在不同的罪名中往往有不同的内容，非法占有的内涵也会因罪名的不同而有所不同"。该观点进一步指出，"不仅要'占有'财物，而且要对财物全部或者部分实施'处分'，或者是所有物全部或者部分灭失，或者使所有物全部或者部分价值减少，才是'以非法占有为目的'"⑫。再有观点认为，"金融诈骗罪中的'以非法占有为目的'与新刑法在其他方面所使用的'以非法占有为目的'有相当大的不同"⑬。

实际上，作为取得型财产犯罪的主观要件，由于侵害的法益、犯罪的性质、手段都是相同的，所以，日本刑法所要求的"不法所有的意图"与我国财产犯罪中所谓的"以非法占有为目的"本质上是一致的，内容上是重合的。因此，也有学者在通常意义上将这两种表述等同视之。⑭

本文认为，财产犯罪和金融诈骗罪中"以非法占有为目的"，是指行为人意图排除财物的所有人（包括非法所有人）、将他人的财物作为自己的所有物而取得事实上的支配权的意思；而且，财产犯罪和金融诈骗罪中所有的作为主观要素的"非法占有为目的"，其内涵都是相同的，并不存在上述学者所谓的"相当大的不同"。理由是：

第一，财产犯罪是对财产法益的侵害。根据对财产法益侵害的具体形态，又可将财产犯罪分为取得型的财产犯罪、挪用型的财产犯罪以及毁弃型的财产犯罪。取得型的财产犯罪最本质的特征就是永久性地非法剥夺他人对财物的权利，自己以财物所有人的身份取而代之。只有将"意图排除财物所有人（包括非法所有人）、将他人的财物作为自己的所有物而取得事实上的支配权的意思"作为"非法占有为目的"的中心意思，才符合取得型财产犯罪的本来面目；也只有如此，才符合"取得型犯罪"的核心内涵。金融诈骗罪侵害的最直接的法益就是他人的财产，而且是永久性地剥夺财产原所有人对财产的占有、自己以财物所有人的身份取而代之，在本质上仍然是取得型的财产犯罪。

第二，本文之所以不认为行为人非法所有的目的是排除"权利人"行使权利，也没有将集资诈骗罪的法益表述为财物的所有权⑮，是因为无论在诈骗罪还是在金融诈骗罪中，都可能存在基于不法原因或者非法债务的给付而仍然构成犯罪的情形。

---

⑪ 薛瑞麟：《金融犯罪研究》，334 页，北京，中国政法大学出版社，2000。

⑫ 王延强：《如何认定诈骗罪中的"以非法占有为目的"》，载《政治与法律》，2003（3）。

⑬ 陈苏：《析集资诈骗罪罪状中的"以非法占有为目的"》，载《河北法学》，1998（6）。

⑭ 参见高铭暄、马克昌主编：《刑法学》，506 页，北京，北京大学出版社、高等教育出版社，2000；张明楷：《刑法学》，2 版，750～751 页，北京，法律出版社，2003。

⑮ 通说认为，"非法占有的目的"就是意图排除财物的权利人、将他人的财物作为自己的所有物而取得的意思；认为集资诈骗罪的客体不仅侵犯了正常的金融秩序，还侵犯了财物所有人的所有权。

案例一：甲盗窃了人民币 100 万元，乙以非法占有为目的，以集资为名将甲盗来的 100 万元骗走。假如乙同时以相同的手段从不特定的多数人处非法集资，乙的行为构成集资诈骗罪。

在案例一中，甲并不是这 100 万元的权利人，相应地乙的行为也没有侵犯甲对这 100 万元的所有权。但即使受害人并不是财物的权利人，并不拥有对财物的所有权，但这并不妨碍行为人非法取得意图的形成和实现，其行为仍然对正常的金融秩序和他人财产造成侵害。因此，非法占有的目的只是永久性地排除财物所有人，包括非法所有人对财物占有、处分、收益的意图。

第三，排他性只是非法占有意图的一个特性，并非是非法占有意图的本质或全部内容。因为占有的实质是对财物的支配或控制，行为人剥夺或排除他人对财物的占有乃至所有权，并不意味着他支配、控制了财物。例如，将所有人的财物直接砸毁，以及将别人鱼塘中的鱼放走的行为，虽然排除了所有者对财物的所有权，却不能说行为人具有非法占有他人财物的目的。[16] 第四，本文并不认为"非法占有为目的"还包括"具有遵从财物的用法进行利用、处分的意思"。将"具有遵从财物的用法进行利用、处分的意思"作为"非法占有为目的"意图外延的限缩，意在从主观上将取得型的财产犯罪与毁弃型的财产犯罪相区别。但这一限制性的表述是否合理并不是没有疑问的。首先，根据我国刑法理论和司法实践，毁弃型财产犯罪的主观要件要求行为时的主观心理在于对财物形态和功能的毁弃[17]，毁弃之后很难说还再生取得的意图。但取得型的财产犯罪却不一样，行为人取得财物后，并不一定会按照财物的用途和价值进行使用和利用，他完全可能基于各种原因在取得财物后再采取毁弃的行为，但这并不妨碍取得型财产犯罪的成立。

案例二：甲通过诈骗手段从被害人乙处诈骗来一个程序复杂的 MP3 播放器（价值 3 800 元），自己拿回家后琢磨了一个晚上还是不能正确使用，一气之下将诈骗来的 MP3 播放器砸了个粉碎。

将案例二中甲的行为按照诈骗罪来处罚可能更容易为人们所接受。假设甲根本不使用诈骗来的 MP3 播放器，而是将其束之高阁，甲也是没有按照财物的用法进行利用、处分；如果说对行为人以永久性剥夺财物所有人对财物所有而意图据为己有的心理支配下实施的诈骗行为，不以诈骗罪定罪而是定以毁坏财物罪，恐怕难以为人们所接受。在金融诈骗罪中也是如此。金融诈骗罪本质上是属于取得型财产犯罪的，行为人只要意图排除财物的所有人（包括非法所有人）、将他

---

[16]　参见刘明祥：《财产罪比较研究》，41 页，北京，中国政法大学出版社，2001。

[17]　尽管对财物毁弃行为的惩罚根据就在于该行为使财物的价值功能对于权利人而言减少甚至灭失，但我国刑法理论的通说和司法实践对于毁坏财物罪仍强调财物的物理受损性。这种主张逐渐彰显出其不利于保护财产经济价值的弊端，已经到了该反思和重构的时候了。

人的财物作为自己的所有物而取得事实上的支配权利，并且实施了相应的行为，他人的财产权益就受到了侵害，当行为人采用非法集资等形式实施诈骗行为时，正常的金融秩序就受到了破坏。实际上，行为人是否按照财物的用法进行利用、处分，对社会总体的价值来说可能会存在一些微不足道的差异，但对犯罪所侵害的法益并没有什么实质性的影响。行为人将集资诈骗来的财物是否使用以及怎么使用并不能减轻对他人财产和金融秩序已经遭受侵害的严重程度。⑱ 其次，将"具有遵从财物的用法进行利用、处分的意思"作为"非法占有为目的"的组成部分也缺乏司法实践的支撑。有些常习犯在实施盗窃、诈骗等犯罪行为时根本不会去考虑赃物将来的可能用途，而仅仅因为习惯或者带有瑕疵的嗜好将赃物据为己有，如果坚持"具有遵从财物的用法进行利用、处分的意思"作为"非法占有为目的"的组成部分，行为人可能无法定罪。再次，从刑法的基本理论而言，将行为人对赃物的处理方法作为行为定性的依据，最起码在取得型的财产犯罪中是说不通的。最后，也是根据我国目前的关于财产犯罪的传统观念最难以回答的一个问题，如果将"具有遵从财物的用法进行利用、处分的意思"作为"非法占有为目的"的组成部分，如何处理行为人以毁坏的意图取得了对他人财物的占有却没有实施毁坏的行为，就成为问题。因为只有当行为人开始了具体的毁坏行为时才认为存在其实行的着手，既然行为人仅仅取得了财物而没有实施毁坏行为，结果不得不认为其行为不可罚，因而有缺乏对被害人的保护之嫌。⑲

---

⑱ 实践中，行为人在非法取得他人财物时未必具有按照财物的用法进行利用、处分的意图。有的可能只是想排除权利人对财物权利的行使，有的则可能是完全基于有瑕疵的嗜好。尽管大部分行为人在非法取得他人财物时具有按照财物的用法进行利用、处分的意图，但这并不是事实的全部，而且也仅仅是事实层面，因此不应该将这种不完全的归纳上升为刑法规范的内容。

⑲ 我认为，在当前的经济环境中，财产存在的主要意义在于其自身的经济价值。我国刑法关于财产犯罪的观念应该逐渐从保护所有权及其他本权转移到保护财产的经济价值上来（即抛弃法律的财产说而采经济的财产说）。如果关于财产犯罪的刑法观念顺应了经济环境发展的这一现状和趋势，财产犯罪中的很多"皱折就可以被熨平"。例如，行为人以毁坏的意图取得了对他人财物的占有却没有实施毁坏的行为，或者为了毁弃而事先暂时将他人财物置于自己支配之下时，其行为都可以成立故意毁坏财物罪。因为无论行为人事实上是采取客观的、物理性的毁坏财物的行为，还是将财物处于自己的支配、控制之下，对于刑法保护的法益并没有任何实质性的影响；对于受害人而言，无论行为人采取何种行为，其都失去了对财物本身的控制和财物价值的损失。因此，只要行为人在取得财物时主观上具有毁坏财物的意图，根据主客观相统一的原则，上述行为都可以成立故意毁坏财物罪，毁坏财物的行为的着手就在行为人取得财物之时。毁弃型的财产犯罪和取得型的财产犯罪侵害的法益从刑法评价的角度而言是一样的，区分这两种类型的财产犯罪的分水岭并不总是在于客观行为模式的差异，关键还在于行为人主观故意的不同。取得型的财产犯罪要求行为人具有非法占有的目的，而毁弃型的财产犯罪要求行为人具有毁坏财物的意图。刑法中以主观样态的不同作为区分罪与非罪、此罪与彼罪的情形并不少见。前者如骗用行为与诈骗罪，后者如集资诈骗罪与非法吸收公众存款罪等。

三、规范与事实："以非法占有为目的"的认定

如果说"以非法占有为目的"在理论上尚且存在模糊之处，在实践中认定行为人是否具有非法占有为目的就显得尤为复杂，在诈骗罪和金融诈骗罪中更是如此。[20] "以非法占有为目的"毕竟形成和存在于行为人的内心世界，不可能像"事实"一样容易被人们掌握或者客观化；而且，是否具有非法占有的目的是一些重罪与轻罪（如集资诈骗罪与非法吸收公众存款罪）、罪与非罪（如盗窃罪与盗用行为）的分水岭。犯罪嫌疑人为了尽可能地逃避法律的制裁，总是会避重就轻不承认自己具有非法占有的目的。因此，在认定行为人是否具有"非法占有的目的"时，应该十分谨慎和严肃。

从司法实践部门在查处财产犯罪和金融诈骗犯罪等案件认定该主观要件时所反映出来的问题来看，司法人员在认定行为人是否具有非法占有目的时似乎总是在走两个极端：第一是客观归罪，即仅以不能归还的结果认定行为人具有非法占有的目的；第二是为肤浅的表象所迷惑，如因为行为人事后给受害人写了"借条"、"还款协议"等，就认定行为人不具有非法占有他人财物的目的了。这两个极端的错误根源在于没有立足于事实主义的立场。

本文认为，客观行为是行为人主观心理的表征。要判断行为人是否具有非法占有的目的，必须以事实主义为基本立场，对客观情状作实质性、综合性的考量，通过推理回溯至行为人的主观心理。当判断的目光往返流转于事实与行为人的主观心理之间时，刑法对"以非法占有为目的"所描述的核心内涵就是其中必不可少的媒介。

刑法条文依赖于语言和概念，但条文又不是语言和概念本身。条文通过语言和概念的组合表现的是一定的行为规范，陈述的是一种不法的类型。刑法分则中的语言和概念总是与理解、思维联系在一起。[21] 但概念是封闭的。概念的这种封闭性决定了概念的分析方法无法适应复杂多样的现实。类型的思维则完全不同。类型拥有一个固定的核心，但没有固定的界限。这种不法类型从概念所描述的事物的本质出发，在自身中直观地、整体地掌握概念所描述的不法类型。[22] 类型思维模式同样适用于对"以非法占有为目的"的认定。现实生活中，非法占有的意图可能表现得纷繁复杂，但其本质都是意图排除财物的所

---

[20]　在盗窃罪、抢夺罪、抢劫罪中，对非法占有的目的的认定应该要相对容易一些。在诈骗罪和金融诈骗罪中则不一样。本文最后一部分如无特别声明，都是以诈骗罪和金融诈骗罪为对象而展开。

[21]　参见［美］帕玛著，严平译：《诠释学》，236～239 页，台北，桂冠图书股份有限公司，1992。

[22]　参见［德］Arthur Kaufmann 著，吴从周译：《类推与事物本质——兼论类型理论》，113 页，台北，学林文化事业有限公司，1999。

有人（包括非法所有人）、将他人的财物作为自己的所有物而取得事实上的支配权的意思。因此法官必须善于在法律规范所意含的类型中掌握生活事实。

在将案件归属于"以非法占有为目的"这一不法类型的时候，判断者需要对表现出来的与案件有关的各种客观情状作各种不同种类的判断。从方法论上而言，包括判断者个人的感知、正常的程序或逻辑推理、对目的性行为的考量、一般的经验法则的借助等等。判断者要以"非法占有为目的"的核心内涵为基础，透过各种肤浅的表象以抓住事实的本质。

案例三：中间商甲与家具厂乙签订了一份购买家具的协议，价格为每套8 000元。甲又与丙商场签订了一份家具销售协议，价格为每套5 000元。后来甲将其与丙所签订协议上的单价改为每套10 000元，甲拿着已经篡改的协议给乙看并要求乙先交付家具，许诺等丙商场支付了家具款后立即将货款转付乙家具厂。乙因此将20套家具先行赊给甲，甲从丙处获得货款后挥霍一空。后乙找到甲要求其偿还货款，甲就写了一纸还款协议给乙。

在案例三中，中间商应该是低价买进、高价卖出才符合一般人正常的逻辑，才符合赚取剩余价值的一般规律。但甲却相反，他高价买进、低价卖出，这显然不符合正常的思维和逻辑。而且，甲将从丙处套来的钱挥霍一空，这就完全可以推定出甲具有非法占有乙财物的目的，其利用变相套现的手段，使乙陷于错误的认识而处分了自己的财产，进而蒙受了经济上的损失。事实上，甲将非法占有的货款挥霍一空，进一步证明了甲非法占有的目的。至于其给乙后来补写的所谓还款协议，并不能说明行为的真实性质，更无法掩盖其非法占有的目的和诈骗的实质。[23]

针对司法实践部门对"以非法占有为目的"在认定上的困惑，最高人民法院曾在1996年12月16日《关于审理诈骗案件具体应用法律的若干问题的解释》中通过列举几种典型的欺诈行为以塑造非法占有目的的不法类型：（1）非法获取资金后逃跑的；（2）肆意挥霍资金的；（3）使用骗取的资金进行违法犯罪活动的；（4）具有其他欺诈行为，拒不返还资金或者致使资金无法返还的。应该指出的是，上述列举并不是"以非法占有为目的"的全部事实。司法解释的运行是带有规范属性而非纯粹描述属性的。[24]这种司法解释更为重要的意义在于该解释为纷繁复杂的案件事实提供了可供比较的不法类型。在司法实践中，法官还是应该

㉓　案例三中的情形在司法实践中屡见不鲜，案例三本身就是发生在广东某市的真实案件。遗憾的是，审理该案的法官不愿、不敢用自己的感知、一般的经验法则来对刑法所要求的主观要件作自我判断，他们太迷信可以看得见、摸得着，完全可以为人所掌握和形容的客观事物，所以他们对这类案件总是不敢作出有罪判决，放纵了犯罪。主观要件的判断总是会留给法官自由裁量的余地。

㉔　参见黄建辉：《法律阐释论》，20页，台北，学林文化事业有限公司，2001。

立足于事实主义的基本立场和"以非法占有为目的"的核心内涵，根据其实质对现实发生的案件进行类型化的思维，逐步形成案件事实，然后才可能将其归摄于法条之下。在这个应然与实然相对应的过程中，法官善良的感知和一般的社会经验法则在规范与事实的不断往返流转中起着不可忽视的作用。㉕

㉕ 参见〔德〕Karl Larenz 著，陈爱娥译：《法学方法论》，186～200 页，台北，五南图书出版公司，1999。

略论金融诈骗罪之"非法占有目的"的认定
——以贷款诈骗罪为例

陆诗忠*

刑法理论通说和实践部门一致认为，贷款人在贷款过程中使用了虚假的方法，但主观上没有非法占有目的的，属于一般的金融违法行为，不构成贷款诈骗罪。因此，行为人在主观上是否具有非法占有的目的，就成为区分贷款诈骗罪与贷款违法行为的关键。然而，在办理具体的贷款诈骗犯罪案件时，司法机关经常面临着非法占有目的有无的认定难题，行为人非法占有目的有无，也往往是控辩双方争论的焦点。因此，如何认定贷款诈骗犯罪案件中的行为人有无非法占有的目的，具有很强的实践价值。

在司法实践中如何判断非法占有目的的有无，学界存在分歧。概括起来，有以下几种不同见解：

1. 刑法规定推定说。持这种观点的学者主张，只要具备《刑法》第 193 条列举的五种情况之一的即构成贷款诈骗罪，而不应再考虑其中的非法占有目的。这五种情况是：（1）编造引进资金、项目等虚假理由；（2）使用虚假的经济合同；（3）使用虚假的证明文件；（4）使用虚假的产权证明作担保或者超出抵押物价值重复担保；（5）以其他方法诈骗贷款的。①

2. 司法解释推定说。持这种观点的学者主张，非法占有目的的认定应根据1996 年的最高人民法院《关于审理诈骗案件具体应用法律的若干问题的解释》（以下简称《解释》）进行推定。持这种观点的学者明确指出，对具有下列情形之一的，便可推定行为人具有非法占有的目的：假冒他人名义贷款的；贷款后携款潜逃的；未将贷款按贷款用途使用，而是用于挥霍致使贷款无法偿还的；改变贷款用途，将贷款用于高风险的经济活动，造成重大损失，致使贷款无法偿还的；使用贷款进行违法犯罪活动的；隐瞒贷款去向，贷款到期后拒不偿还的；提供虚

---

* 陆诗忠，河南师范大学法学院副教授，法学博士。

① 参见詹复亮：《论贷款诈骗罪》，载《刑事法学》，2000（9）。

假的担保申请贷款，造成重大损失，致使贷款无力偿还的；向银行或者金融机构的工作人员行贿，数额较大的。[②]

3. 主客观一致说。持这种观点的学者主张，"在司法实践中，认定是否具有非法占有目的，我们应当坚持主客观相一致的原则"[③]。论者进一步指出，"司法解释推定说"运用一些"无法偿还"、"拒不偿还"的事实来推定行为人具有非法占有目的，这是一种由果溯因的反推思维模式。在非法占有目的这个"因"与未返还这个"果"之间并不存在一一对应关系。仅仅根据没返还的事实并不一定得出行为人具有非法占有目的的结论。

上述观点孰是孰非？在笔者看来，"刑法规定推定说"显然欠妥。这是因为，立法是主观见之于客观的活动，人类认识的局限性和人类活动的无限性之间的矛盾从根本上决定了任何犯罪构成要件行为本身都无法必然包含某种特定犯罪目的。可见第一种观点是不切实际的，此为其一。其二，"刑法规定推定说"违反罪刑法定原则。按照"刑法规定推定说"的理解，只要行为人在贷款过程中采用了法定的欺诈手段取得贷款的就可构成贷款诈骗罪。析言之，只要行为人采用了下列法定欺诈手段之一即可成立贷款诈骗罪，实施法定欺诈手段就意味着行为人具备非法占有的目的。换句话说，这种观点是在主张，构成贷款诈骗罪并不要求行为人具备非法占有的目的。但在我们看来，如果具备《刑法》第193条列举的五种情况之一即构成贷款诈骗罪的话，在立法技术上就完全没有必要将"以非法占有为目的"明文予以规定。其三，在贷款诈骗过程中采用了法定的欺诈手段取得贷款，并不能得出行为人在主观上具有非法占有的目的的结论。

"主客观一致说"同样值得商榷。这主要表现在：它否定了刑事推定存在的必要性。我们不难看出，"主客观一致说"对刑事推定进行否定的理由有两点：一是基础事实并不能必然得出行为人具有非法占有目的这一结论。二是刑事推定违背主客观相一致的原则。但是，在笔者看来，论者所持的两点理由都不成立。一方面，基础事实并不能得出行为人具有非法占有目的，这固然是刑事推定的不足，但是这种不足完全可以借助于其他的制度设计来弥补，而且这点不足与其存在的实践价值相比是微不足道的。我们不能因噎废食。另一方面，刑事推定的基本价值就在于通过考察行为人的客观行为来证明行为人的主观目的，我们怎么能说推行刑事推定制度会违背主客观相一致的原则呢？

事实上，刑事推定具有很强的实践价值。这是因为，非法占有目的是一种主观心理事实，不可能被人们直接观察到，在目前的科技条件下也无法用仪器进行测算，所以唯一的途径就是通过行为人客观方面的外部表现进行把握。也就是

---

② 参见鲜铁可：《金融犯罪的定罪与量刑》，170页，北京，人民法院出版社，1999。

③ 刘宪权、吴允峰：《论金融诈骗罪的非法占有目的》，载《法学》，2001（7）。

说，行为人在主观上是否具有非法占有的目的，往往没有直接证据可以证明，司法机关难以直截了当地作出准确判定。针对这一认定难题，有必要运用刑事推定的方法予以解决。所谓推定，是指根据事实之间的常态联系，基于某一确定的事实而推断另一不明事实的存在。刑事推定的法律实质就在于改变传统的、一般意义上用证据直接证明犯罪事实的做法，当不存在直接证据或者仅凭直接证据不足以证明待证事实时，通过间接事实与待证事实之间的常态联系进行推理，从而得出待证事实为真的结论。在实践中，推定的使用早已被西方学者所肯定。如克罗斯和琼斯指出，事实的推定，由于它是能够证明被告心理状态的唯一手段，因而应该对陪审团作出这样的指示，即它有权从被告已经实施了违禁行为的事实中，推断出被告是否自觉犯罪或具有犯罪意图，如果被告未作任何辩解，推断通常成立。④ 在金融诈骗犯罪的司法认定中，刑事推定的适用被我国一些学者所提倡。陈兴良教授认为，"所有金融诈骗罪都可通过客观行为推定行为人的主观目的，从而认定犯罪"⑤。

"司法解释推定说"主张以客观方面的表现作为判断依据，其考虑的基本方向是正确的。我们基本赞同"司法解释推定说"。但是，"司法解释推定说"也存在着一些不容忽视的问题：

1. 一些基础事实与推断结论之间缺乏高度盖然性的联系。这些基础事实是：（1）行为人改变贷款用途，造成重大经济损失，致使无法偿还贷款。该基础事实并不能说明其主观上一定具有非法占有的目的，因为实践中存在不少为了顺利获取贷款而虚构盈利性贷款用途但贷款到手后却用于其他正常生产经营活动的行为，对这种行为一概视为行为人具有非法占有的目的并不妥当。（2）行为人假冒他人名义贷款。对于假冒他人名义贷款情况多种多样，有的确实是出于非法占有的目的，但也有的不具有非法占有目的，对此必须慎重对待。比如，行为人经营状况不佳，假借他人名义贷款致使自己经营的企业起死回生，在贷款合同规定的期限归还了本息；或者在规定的期限内归还了一部分，余下款项制定了详细的还款计划，这种行为由于行为人不具有非法占有目的，所以虽然行为人在贷款过程中假冒他人身份是一种欺诈行为，但是不构成贷款诈骗罪。（3）行为人向银行或者金融机构的工作人员行贿。行为人在贷款过程中，向银行或者金融机构的工作人员行贿很显然不能推断行为人在主观上具有非法占有的目的。

2. 不允许被告人提出反证。由于实际生活中的案情复杂多样，难免有的被告人符合上述司法解释规定的情形之一，但确实缺乏非法占有目的。如果一概认定为具有非法占有目的，就会造成错案。

---

④ 参见［英］克罗斯、琼斯著，赵秉志等译：《英国刑法导论》，51 页，北京，中国人民大学出版社，1991。

⑤ 陈兴良：《论金融诈骗罪的主观目的的认定》，载《刑事司法指南》，2000（1）。

我们认为，在司法实践中对非法占有的目的进行科学推定应紧紧把握以下两个方面：

1. 保证基础事实与推断结论之间具有高度的盖然性联系。前文已论及，《解释》对非法占有目的采取的是刑事推定的方法，但是该司法解释所列举的某些基础事实与推断结论之间不具有高度的盖然性联系。那么如何能既尊重司法解释又能做到认定的科学呢？我们认为，要做到这一点必须坚持综合考虑全面分析的认定模式。这是刑事推定的内在要求，这是因为"非法占有目的"的外化行为越多、越全面，则认定的准确度自然越高，还因为任何行为都作为系统而存在，决定行为性质的是行为系统的结构及其与外界环境的关系，亦即构成行为的任何因素本身或者外界环境因素本身都无法单独决定行为的整体性质。所以说，我们在判断行为人的主观心理状态时，必须以其实施的活动为基础，综合考虑事前、事中以及事后的各种主客观因素进行整体判断。综合考虑全面分析的模式要求审判人员在认定非法占有目的时必须站在公正、中立的立场，既要审查对被告人不利的证据，又要审查对被告人有利的证据，针对被告人反驳能力不强的现实，应该特别强调仔细审查有关案件中是否存在足以排除行为人具有非法占有目的的情况，排除合理怀疑。

需要明确的是，我们提出的"综合考虑全面分析"的认定模式并不违背《解释》的精神实质。在《解释》颁行不久，最高人民法院就印发了《全国法院审理金融犯罪案件工作座谈会纪要》。它强调：在司法实践中，认定是否具有非法占有的目的，既要避免单纯根据损失结果客观归罪，也不能仅凭被告人自己的供述，而应当根据案件具体情况具体分析。这种对"应当根据案件具体情况具体分析"的强调无疑是在突出综合分析的重要性。

根据"基础事实与推断结论之间形成具有高度盖然性联系"的要求，我们认为行为人的行为具备《解释》所列以下基础事实之一即可认定行为人具有非法占有的主观目的：贷款后携款潜逃的；未将贷款按贷款用途使用，而是用于挥霍致使贷款无法偿还的；使用贷款进行违法犯罪活动的；隐瞒贷款去向，贷款到期后拒不偿还的。

然而，当行为人的行为具备《解释》所列以下基础事实时，则必须格外谨慎，注意"综合考虑全面分析"：假冒他人名义贷款的；改变贷款用途，将贷款用于高风险的经济活动，造成重大损失，致使贷款无法偿还的；提供虚假的担保申请贷款，造成重大损失，致使贷款无力偿还的；向银行或者金融机构的工作人员行贿，数额较大的。在认定这些基础事实的同时还应考虑是否存在不利于被告人的其他事实，进而作出最后的科学判断。这些事实包括：一是行为人对到期归还贷款能力的认识情况。如果结合行为人的实际能力、借款用途，按照常理到期限应该能够归还贷款的，可以排除其具有非法占有的目的；如果行为人对到期是否能归还贷款根本无所谓，或者相信自己到期能够归还贷款根本不符合常情（如寄希望于通过炒股或违法犯罪活动获利归还贷款等），则不能排除其具有非法占有的目的。二是行为人对于贷款的使用情况。如果行为人取得贷款后将之用于正当的生产经营活动（但也许与借款合同所规定的用途不同），而这种生产经营活动是有利于还贷的，一般来说就可以排除其具有非法占有的目的；如果行为人使用贷款的行为不利于还贷，甚至还与还贷的宗旨背道而驰，则一般可推定其具有非法占有的目的。三是行为人是否诚实还贷。如果行为人按期归还贷款，当然可以排除其具有非法占有的目的。即使行为人到期未能归还贷款，只要其确有诚实还贷款表现的，一般也不能认定其具有非法占有的目的。反之，如果行为人不仅客观上不能归还贷款，而且其主观上也不想归还，或者对还贷抱一种无所谓的态度的，一般就可推定其具有非法占有的目的。

2. 允许被告人提出反证。刑事推定的一个根本特征是允许被告人反驳，推定是以被告人不反驳或反驳无理而成立。确立和重视被告人反驳的权利，是克服推定局限性的一条行之有效的规则，为推定结论从或然性走向必然性飞跃提供了规则保证。

中法金融诈骗犯罪比较研究

彭凤莲[*]

金融作为一个独立的经济范畴，首先是在西方形成的。法语的 finance，英语的 finance，德语的 Finanz，西班牙语的 finanza，俄语的 Финансы，等等，均源于古法语 finer。各国对其含义的表述不尽相同，但人们对其所指内容的理解则基本一致：即用于指货币资财、货币收入，指对金钱事务的管理。在中国，金融涉及的范围，粗略地说，是各种收支与信用关系联结的部分。[①] 尽管西方语言中源于 finer 的词汇与汉语"金融"一词并不是在任何场合都可以对等互译，但这并不妨碍从通常意义上理解中外金融犯罪。本文即拟对中法金融诈骗犯罪进行比较研究。

法国刑法典没有专门规定金融诈骗罪，其法律体系是通过普通法和特别法来共同规定金融诈骗犯罪的。法国刑法典第 313—1 条规定了诈骗罪；1968 年 7 月 31 日的 68—690 号法令（简称 1968 年法）的第 22 条规定了欺诈公共财政金融罪。此外，还有下列金融诈骗犯罪：1935 年《支票法统一令》第 64 条规定的签发空头支票罪；1991 年 12 月 30 日第 91—B82 号法律（支票法的修改法）规定的信用诈骗罪；《法国社会保险法典》规定的保险诈骗罪等。关于贷款诈骗行为，法国法律没有采取独立罪状式，而是采取了从属罪状的立法模式。也就是说，以欺骗的方式进行贷款活动的行为内容被作为诈骗罪、诈欺罪或其他相关犯罪的犯罪构成所涵盖，并不在法条中特别表现出来。[②] 至于信用卡诈骗行为，在法国也是按照诈骗罪来定性的，按照法国判例，使用盗窃的信用卡构成诈骗罪。[③]

在中国 1997 年《刑法》中，金融诈骗罪是一个集合性罪名，具体包括集资诈骗罪、贷款诈骗罪、票据诈骗罪、金融凭证诈骗罪、信用证诈骗罪、信用卡诈骗罪、有价证券诈骗罪、保险诈骗罪。

---

[*] 彭凤莲，安徽师范大学政法学院教授。

① 参见黄达：《金融（卷名：财政 税收 金融 价格）》，中国大百科全书网络版，2007 - 08 - 13。

② 参见赵秉志、杨诚主编：《金融犯罪比较研究》，276 页，北京，法律出版社，2004。

③ 参见于英君：《银行信用卡犯罪的类型及定性研究》，载《法学》，1995（6）。

一、构成要件比较分析

（一）犯罪客体

中国刑法理论认为，金融诈骗罪侵犯的客体是双重客体，但在具体观点上又有所不同。有的认为本罪的主要客体是国家财产所有权，次要客体是金融秩序④；有的把主要客体界定为金融管理秩序，次要客体界定为公私财产所有权⑤；有的认为，金融诈骗罪的一个不可忽视的客体内容是信用，所以将主要客体界定为以金融信用为核心的金融管理制度。⑥ 从金融的发展史来看，当金融还局限于贵重金属货币时，金融最主要的功能是交易的媒介、价值尺度和储藏手段；但是当纸币替代金融货币后，金融的主要功能是信用。⑦ 所以，我们认为，随着金融工具的替换，信用已是现代金融业本身所具有的特质，如果把主要客体界定为以金融信用为核心的金融管理制度则无不当。从中国刑法典的安排来看，是把金融诈骗罪放置在刑法分则第三章"破坏社会主义市场经济秩序罪"中，所以，金融诈骗罪的同类客体应主要是社会主义市场经济秩序。

法国金融诈骗罪，由于不像中国那样将它统一纳入刑法典中，而是分散规定在《法国刑法典》、单行刑法和附属刑法中，所以对其客体的界定更为复杂，更加有难度。当行为触犯特别法时，根据特别法优先于普通法的适用规则，该行为侵犯的客体主要是国家通过这种法律所要特别保护的某种制度或秩序。例如1968年法第22条规定的欺诈公共资助罪侵犯的客体主要是法国国内的公共财政制度，其次是公共财产所有权；《法国社会保险法典》规定的保险诈骗罪侵犯的客体主要是法国的保险管理制度，其次是他人的财产权利。然而，法国的金融诈骗犯罪除了特别法的特别规定外，大部分都由《法国刑法典》第313—1条诈骗罪统摄，或者说司法实践中大部分根据第313—1条诈骗罪论处，而第313—1条的诈骗罪在《法国刑法典》中是放置在第三卷"侵犯财产之重罪与轻罪"中，所以法国金融诈骗犯罪最重要的客体是他人的财产权。对此，法国学者提出了批评，认为"从现行法的立场，应认定舞弊犯罪的侵害客体不单单是所有权，而应是经济生活的整体，申言之，是公共资助所希望达到的经济与社会目标，而欺诈或乱用公共资助必然会阻碍这些目标的实现"⑧。

---

④　参见胡云腾：《论金融犯罪》，载《法学前沿》，第1辑，81页，北京，法律出版社，1997。

⑤　参见赵秉志主编：《金融诈骗罪新论》，29页，北京，人民法院出版社，2001。

⑥　参见李邦友、高艳东：《金融诈骗罪研究》，34页，北京，人民法院出版社，2003。

⑦　参见王新：《金融刑法导论》，6页，北京，北京大学出版社，1998。

⑧　高铭暄、〔法〕米海依尔·戴尔玛斯-马蒂主编：《刑法国际指导原则研究》，170页，北京，中国人民公安大学出版社，1998。

（二）犯罪客观方面

中国刑法中，金融诈骗罪的八个具体罪除了信用证诈骗罪外，其余七个罪的基本犯罪构成都设置成了数额犯，即数额较大是构罪要素。这八个罪在客观方面的共同点是既"诈"又"骗"，"诈"是"欺诈"，"骗"是"欺骗"。"欺诈"是"用狡猾奸诈的手段骗人"。"欺诈"与"欺骗"是同义语，但在词义所反映的侧重点及语言的附加色彩方面有细微差别。"欺诈"强调行为的性质和方式，而不注重结果；"诈骗"虽然表明了同样的行为性质和方式，但强调的是犯罪的结果和目的。即是说，"欺诈"的外延要宽泛，只要有虚构事实或者隐瞒真相意图使他人产生错误认识就够了；而"诈骗"的外延要窄得多，不仅强调行为人非法占有的目的，还强调行为造成他人的错误认识，甚至更多。"欺诈"的感情色彩比"诈骗"弱一些，因此，"欺诈"的道德否定评价没有"诈骗"那么严重。⑨ 中国1997年刑法典中金融诈骗行为，在1995年6月30日实施的《关于惩治破坏金融秩序犯罪的决定》（现已失效）之前，基本上是按诈骗罪论处。鉴于金融诈骗罪的多发性以及其本身的特殊性，《关于惩治破坏金融秩序犯罪的决定》将其独立地加以规定，并在1997年修订的刑法典中予以吸纳。从法条分析来看，除了信用证诈骗罪外其他金融诈骗罪均设置为结果犯。

在法国刑法中，金融诈骗犯罪在行为上的本质特征当然也是"诈骗"，《法国刑法典》第313—1条的诈骗罪也是设置成结果犯的，因为根据该法条规定，行为人使用欺诈手段要致使受害人上当受骗且利益受损，即受害人"自愿"交付一笔资金、有价证券或任何其他财物，或者提供服务或同意完成或解除某项义务；如果行为人虽然使用了欺诈伎俩，但是没有人上当受骗、利益受损，则不构成诈骗罪。但是，法国1968年法第22条对欺诈公共资助的犯罪以及《法国社会保险法典》第337—1条和第337—3条对保险诈骗罪的规定都不要求有某种损失结果的出现，所以是行为犯，即只要有欺诈行为或虚假申报行为就可定罪量刑。

在具体的金融诈骗行为上，中法两国也有雷同。例如，在法国有时候公共资助是以某种优惠条件的贷款（如低息或无息，不需要担保等），通过公共银行或其他金融机构贷出的，而骗取此类贷款与中国的贷款诈骗罪在行为的本质属性上是没有什么差别的，尽管适用的罪名可能不一样。

在犯罪对象上，两国差异很大。在中国刑法中，金融诈骗罪的对象包括资金（集资诈骗罪、贷款诈骗罪、保险诈骗罪）、票据（金融票据诈骗罪）、金融结算凭证（金融凭证诈骗罪）、信用证（信用证诈骗罪）、信用卡（信用卡诈骗罪）、国库券等有价证券（有价证券诈骗罪）。如果用一个类概念来概括金融诈骗罪的

---

⑨　参见李邦友、高艳东：《金融诈骗罪研究》，42页，北京，人民法院出版社，2003。

对象，则是"财物"。所以中国金融诈骗罪的对象可以笼而统之地称为"财物"。《法国刑法典》第313—1条规定的诈骗罪的对象要广得多。具体说来有三种：第一种是"财物"，包括资金、有价证券或任何其他财物；第二种是"服务"，这是语义极其丰富的语词，包括各种服务；第三种是"义务"，主要是根据合同所形成的义务，如归还贷款的义务，履行援助的义务等。除了特别刑法中的规定的金融诈骗犯罪外，众多的金融诈骗行为还是按照第313—1条的诈骗罪来处理的，所以我们可以合理地推断出法国金融诈骗犯罪的对象较中国金融诈骗罪广泛，除规定了与中国金融诈骗罪相同的对象广义的"财物"之外，还规定了广义的"服务"与"义务"；而后两者是中国金融诈骗罪中所没有的。

但是，法国的司法实践中，对使用欺诈方法的行为，通常总是定为诈骗罪；即使是涉及金融财政等特别领域，法官也习惯用刑法典规定的普通诈骗罪定罪量刑，因为《法国刑法典》第313—1条对诈骗罪规定的罪状非常概括，有很强的包容性，"诈骗"的含义非常广泛，我们可以顺理成章地推断出金融诈骗罪也是诈骗罪的应有之义。尽管有学者批评如此适用忽视了特定领域舞弊罪的特殊性，但从法律适用本身来说并没有遇到什么障碍。

（三）犯罪主体

中国金融诈骗犯罪的主体，从是否需要特定身份的人构成来看，都是一般主体[⑩]；从是否由自然人或单位构成来看，有四个罪即贷款诈骗罪（第193条）、信用卡诈骗罪（第196条）、有价证券诈骗罪（第197条）、保险诈骗罪（第198条），只能由自然人作为犯罪主体；另四个罪即集资诈骗罪（第192条）、票据诈骗罪（第194条第1款）、金融凭证诈骗罪（第194条第2款）与信用证诈骗罪（第195条），则自然人、单位都可以成为犯罪主体。立法者将金融诈骗罪部分规定为自然人、单位均可构成，部分仅可由自然人构成，这一立法技术导致了理论与实践的极大困惑。[⑪]例如，贷款诈骗罪法律规定为纯正自然人犯罪，然而现实金融活动中，单位贷款远比个人贷款多、数量大，诈骗所导致的后果也远比个人贷款诈骗的后果严重得多。所以，将贷款诈骗罪仅规定为自然人犯罪主体显然是无视事实的一个立法漏洞。

法国刑法中，由于没有单独规定金融诈骗罪，金融诈骗犯罪行为是由1994年刑法典中的一般规定，以及单行法和附属刑法中的特别规定所组成的，所以金融诈骗犯罪的主体也应从这些不同的法律规定中来分析。根据《法国刑法典》第313—7条至第313—9条规定，就广义的诈骗罪主体而言，与中国刑法一样，有

[⑩] 通说认为保险诈骗罪的主体是特殊主体是不妥当的，因为任何人都可以成为投保人、被保险人与收益人。

[⑪] 参见李邦友、高艳东：《金融诈骗罪研究》，34页，北京，人民法院出版社，2003。

的规定为自然人犯罪，有的规定为自然人、法人都可以为犯罪主体，如第 313—5 条的行骗罪、第 313—6 条的招投标诈骗罪只能由自然人构成，第 313—1 条的普通诈骗罪与第 313—2 条的有加重情节的诈骗罪自然人、法人均可以成为犯罪主体。而法国金融领域的诈骗犯罪主要集中在第 313—1 条中，所以可以说事实上不论是自然人还是法人都可以成为法国金融诈骗犯罪的主体。

（四）犯罪主观方面

中国的金融诈骗罪中，集资诈骗罪与贷款诈骗罪在主观方面要求"以非法占有为目的"的特定要件，毫无疑问是故意犯罪。票据诈骗罪在罪状表述中用了两个"明知"；信用卡诈骗罪罪状表述中有一项是"恶意透支"，并对"恶意透支"定义为持卡人"以非法占有为目……"；保险诈骗罪的罪状中有"故意虚构保险标的"、"编造虚假的原因或者夸大损失的程度"、"编造未曾发生的保险事故"、"故意造成财产损失的保险事故"、"故意造成被保险人死亡、伤残或者疾病"、"故意提供虚假的证明文件"的表述。这些都表明这三个罪是故意犯罪无疑。其他三个罪即信用证诈骗罪、金融凭证诈骗罪与有价证券诈骗罪虽然没有像上述五个罪一样有明显的犯罪心理状态的指示词，但是根据中国人的思维习惯和长期的司法实践，没有人不认为这三个罪的主观方面不是由故意构成的。2001 年 1 月 21 日最高人民法院在《全国法院审理金融犯罪案件工作座谈会纪要》中指出："金融诈骗犯罪都是以非法占有为目的的犯罪。"对此，有学者提出了批评，认为集资诈骗罪、贷款诈骗罪如同普通诈骗罪一样均没有必要在法条中规定"非法占有目的"；对虚假陈述型欺诈行为定罪并不要求证明其非法占有目的，这样可适当扩大这些罪的惩治范围，将一些严重投机、冒险行为在实害结果尚遥不可待时即以此种犯罪论处。实践中大量存在的非法占用（不以非法所有为目的，而是为了使用和获取收益而非法占有他人财物）行为有时导致的损失并不低于非法占有。因此，对于法条未规定"非法占有目的"或从法条中不能必然推出"非法占有目的"的金融诈骗罪，可以司法解释的方式，降低主观方面的证明，使事实上对那些非法占用且严重破坏了金融秩序的罪行予以打击。[12]

法国的金融诈骗犯罪，法律要求也是故意犯罪，通常认为具有一般欺诈故意即可定罪，但是法国 1968 年法则要求是以非法获取某种钱财或利益为目的的特殊欺诈。然而，在法国 1994 年刑法之后于 1997 年起草的《保护欧盟经济利益刑法典（草案）》中规定的资助诈骗罪，其对主观要件的设计已有很大的不同。普通诈骗罪只能由故意构成，不存在过失的刑事责任；而资助诈骗罪既可由故意构成，也可由轻率构成。对于资助诈骗罪，立法者不仅考虑到加强资助提供方面的

_____

[12]　参见李邦友、高艳东：《金融诈骗罪研究》，40～41 页，北京，人民法院出版社，2003。

特殊法益保护，而且针对接受资助者无偿获得欧共体的公共资金所承担的义务，将行为人轻率地违反这种义务作为提高刑事责任的条件。过失刑事责任的确立对于保护共同体资助的正常运行具有重要意义。⑬ 尽管至今欧盟尚无统一的刑法典，但是该草案中关于诈骗罪主观要件的拓展无疑会成为包括法国在内的欧盟成员国在诈骗罪立法上的发展方向。

二、刑事对策比较分析

(一) 预防

中国的刑事政策一向是重"打击"，轻"预防"。但是一次又一次高压严打的态势都不能有效地减少犯罪时，人们已开始理性地反思刑事对策、寻求"预防"在刑事对策中的地位。2004 年 11 月 11 日我国首个跨国预防犯罪研究中心——"北京跨国犯罪预防研究中心"成立。时任北京市高院行政庭副庭长辛尚民介绍，北京市高院经过调取北京市高院、一中院、二中院等七个法院一定时期的金融诈骗犯罪案件判决书后发现，导致金融诈骗犯罪的发生和金融机构自身存在的犯罪诱因有很大关系：很多金融机构有章不循，制度虚设，违规操作，防范意识薄弱，风险意识淡薄，警惕性不高，内部监管不力。为此他指出，"应重视防控方法创新，构筑金融诈骗预防的技术屏障"⑭。但是在这方面我们还做得不够。

法国金融诈骗犯罪的预防，根据所掌握的资料来看，主要是通过构筑金融诈骗预防的技术屏障来实现的。例如，近年来在欧洲、美国与我国台湾、香港地区和内地利用假磁条卡进行诈骗的案件时有发生，全球范围内的资料盗窃或利用伪造卡进行欺诈的犯罪行为正在不断增长，以致欧洲万事达维萨组织 EMT（Europay, Maser, Visa）已决定从 2005 年起在欧洲不再对使用磁条卡而导致的多种虚假、伪卡所造成的损失承担相应责任。这就要求金融系统必须加快 ATM 升级或更新，以达到新的数据加密技术和智能卡标准。最初发明 IC 卡的法国是 IC 卡取代磁条卡完成最出色的国家。据悉，法国已于 1992 年全面完成以智能卡取代磁条卡的工作。对法国银行卡市场的统计数字显示，IC 卡的欺诈率是磁条卡的 1/150。1987 年法国银行卡的欺诈率为 2.7%，到 1998 年，随着 IC 卡的全面推广，下降至 0.18%。⑮

---

⑬ 参见莫洪宪、张颖纬：《欧洲刑法发展的"特洛伊木马"》，载《法学评论》，2001（5），95～102 页。

⑭ 《我国首个跨国犯罪预防研究中心昨日在北京成立》，载新华网，2004 - 11 - 12。

⑮ 参见何佳艳：《（金融）换芯：心病还是商机?》，载《互联网周刊》，2003 - 07 - 21。

（二）刑事制裁

尽管人们认识到纯粹的刑事反应已越来越不适应形势的需要，但是刑罚仍然是各国刑事政策的核心。中国金融诈骗罪所对应的刑罚，从种类上看，有主刑、附加刑，这一点与法国金融诈骗犯罪相同。但是就主刑、附加刑及单位或法人适用刑罚的具体内容来说，中法两国差异较大。

首先，就主刑而言，中国具体金融诈骗罪有自由刑、生命刑。集资诈骗罪、票据诈骗罪、金融凭证诈骗罪、信用证诈骗罪，这四个罪法定刑相同，都有四个法定刑幅度，前三个幅度是由各罪条分别规定的，但内容都一致，即：数额较大的，处 5 年以下有期徒刑或者拘役；数额巨大或者有其他严重情节的，处 5 年以上 10 年以下有期徒刑；数额特别巨大或者有其他特别严重情节的，处 10 年以上有期徒刑或者无期徒刑。最后一个幅度是由第 199 条一起规定的，即犯本节第 192 条、第 194 条、第 195 条规定之罪，数额特别巨大并且给国家和人民利益造成特别重大损失的，处无期徒刑和死刑。贷款诈骗罪、信用卡诈骗罪、有价证券诈骗罪，这三个罪法定刑相同，亦即上述四个罪的前三个法定刑幅度。针对"数额特别巨大或者有其他特别严重情节"所处的最高刑是 10 年以上有期徒刑或无期徒刑（见各该条款）。最轻的一个罪是保险诈骗罪，它也有三个法定刑幅度，前两个幅度的主刑跟其他七个罪的前两个幅度的主刑一样，最后一个幅度不同，对保险诈骗"数额特别巨大或者有其他特别严重情节"的，处 10 年以上有期徒刑（第 198 条），最高法定刑为 15 年有期徒刑。法国金融诈骗犯罪的主刑是自由刑与罚金刑。就自由刑而言，远比中国刑罚轻，即使是加重的犯罪构成，法律规定的最高刑也只是 7 年监禁（第 313—2 条）。就罚金刑而言，中国是作为附加刑规定的，但不管作为主刑还是附加刑它都是同质的，它在中国与法国刑法典的地位不同，是因为两国立法者对罚金刑价值的认识不同所导致的。

其次，就附加刑而言，中国刑法为金融诈骗罪配置的刑罚较为单一，就是罚金与没收财产两种选科。罚金的数额除了保险诈骗罪最高为 20 万元人民币之外，其余七个罪最高是 50 万元人民币，这与法国刑法规定的最高 75 万欧元相比要少得多（部排除经济发展水平的差异）。法国金融诈骗犯罪的附加刑非常丰富，适用于自然人犯金融诈骗罪的就有七种：禁止公民权、民事权及亲权；禁止担任公职或从事职业性、社会性活动；关闭机构；没收犯罪之物或者犯罪所生之物；禁止居留；禁止签发支票；张贴或公布宣告的决定（第 313—7 条）。

再次，对单位实施金融诈骗犯罪的，中国刑法规定的是双罚制，对单位判处的刑罚是唯一的罚金；对直接负责的主管人员和其他直接责任人员处以相应的主刑。而罚金在中国刑罚体系中是附加刑，所以单位适用的刑罚只有附加刑，没有主刑。在法国，法人犯此类罪的，也实行双罚制，除对法人犯罪中的自然人适用刑罚外，法人本身适用的刑罚也非常多，除与中国相同的罚金刑之外，还有如下九种：解散法人；禁止从事职业性或社会性活动；关闭机构；置于司法监督之下；排除参与公共工程；禁止公开募集资金；禁止签发支票或使用信用卡付款；没收财物；张贴或公布决定（第 131—39 条）。

最后，中法两国对金融诈骗罪既遂与未遂之处罚的立法规定也不相同。中国金融诈骗罪的既遂是按照刑法分则配置的法定刑进行处罚，未遂则按照总规定"可以比照既遂犯从轻或者减轻处罚"（《刑法》第 23 条）。所以在中国对金融诈骗罪的既遂与未遂的处罚是有区分的。在法国的诈骗罪中，刑法分则条款明确规定"犯罪未遂处相同之刑罚"（《法国刑法典》第 313—3 条），所以通常对金融诈骗犯罪未遂也会处以与既遂相同的刑罚（在法国并不是所有犯罪的既遂与未遂都处相同之刑罚）。1968 年法第 22 条没有规定既遂与未遂问题，因为该法律规定的是一种行为犯，只要行为人提供了不确切、不真实全面的情况，不论受害人是否受到了损失，都应受到惩处。

三、结 论

（一）关于立法模式

中国 1997 年《刑法》设专节规定了金融诈骗罪，设置了八个具体罪名。法国目前的情形类似于中国 1997 年刑法施行前的状况，刑法典规定了普通诈骗罪，该罪也适用于部分的金融诈骗行为，此外在单行法与附属法中也规定了部分的金融诈骗罪行，至今法国没有把金融诈骗罪像中国一样统一纳入到刑法典中。这种立法模式上的不同，无所谓孰优孰劣，只要适合各自的立法、司法习惯就行，不影响法网的严密与司法的追究。

（二）关于金融诈骗罪的犯罪对象

法国 1994 年新刑法修订时，将广义的"服务"、"义务"概念引入了诈骗犯罪对象的范围，如受害人为诈骗人提供服务，受害人同意完成或解除某项义务也是犯罪对象。这样一种新的规定改变了刑法理论中诈骗对象以有形财物为限制的构成要件原则，"把广义服务概念，即一切具有财产价值或者利用价值的服务，无论是否能够进行最终的价格计算，均列为可被诈骗对象的刑事立法，同现代社会生活中出现的大量商品衍生服务、金融衍生服务和招投标服务现象一脉相承，对于各种欺诈性滥用服务特别是滥用招标投标服务和互联网电子信息服务的危害行为具有超前的制约性"[16]。这一点值得中国刑法借鉴。中国金融诈骗罪的犯罪

[16] 何勤华主编：《法国法律发达史》，403 页，北京，法律出版社，2001。

对象仅限于财物，将难以适应日新月异的金融发展形势。

（三）关于刑事反应对策

法国非常重视对金融诈骗犯罪的预防，防范技术的更新是其预防的特色，重视刑事政策的预防是法国的传统。中国刑事政策总体说来重打击，轻预防。关于这一点，法国成功的做法值得我们去效仿。在刑事制裁上，法国金融诈骗犯罪的刑罚种类十分丰富，尤其表现在自然人的附加刑以及法人的刑罚上。法官自由裁量空间很大，针对个案能充分实现刑罚个别化原则。相较而言，中国对金融诈骗犯罪配置的刑罚种类则较为贫乏（这与中国刑罚种类本身不丰富有关），主刑有拘役、有期徒刑、无期徒刑与死刑，附加刑有罚金与没收财产。单位犯金融诈骗罪适用的刑罚只有罚金。因此，中国刑法在刑罚个别化上有很大的欠缺。这一点法国刑法同样值得中国借鉴，而且不限于金融诈骗罪，对其他犯罪的刑罚配置同样适用。另《法国刑法典》对金融诈骗犯罪设置的最高刑是 7 年监禁，而中国最高刑是死刑。与法国刑法相比，我国对金融诈骗罪配置的刑罚要重得多。金融诈骗罪是普通的经济犯罪，对非暴力犯罪废除死刑是目前中国在废除死刑的道路上最强烈的呼声。法国是全面废除死刑的国家，其对金融诈骗犯罪较为轻缓的刑罚配置为中国提供了域外借鉴。

（四）关于金融诈骗犯罪既遂未遂的处罚

《法国刑法典》分则条文规定诈骗罪的既遂与未遂处相同之刑罚；而中国刑法分则条文则无此规定，而是根据刑法总则的规定，金融诈骗罪的未遂犯可以比照既遂犯从轻或者减轻处罚。在这一问题上的不同规定，虽然体现了在刑事政策上是否重视金融诈骗罪的预防程度不同，但是笔者认为，中国刑法的规定较好地体现了罪责刑相适应原则。法国刑法的规定虽然偏重预防，但从罪责刑均衡角度言之则不无失当。

金融诈骗罪各论

◇ 韩国对于电话金融诈欺犯罪的考察

◇ 保险诈骗罪比较研究及其借鉴

◇ 骗取贷款、信用罪若干问题研究

◇ 诈骗贷款与骗用贷款的相关问题研究

◇ 贷款诈骗犯罪的理性思考

◇ 论单位贷款诈骗行为的处理

◇ 用拾得的信用卡在自动取款机上取款行为之定性探究

◇ 以签发空头支票方式骗取财物的相关问题研究

◇ 论骗取金融机构信用罪
　　——兼评《刑法》第175条之一

韩国对于电话金融诈欺犯罪的考察

[韩] 李振权* 著　　方海日** 译

一、序　论

(一) 电话金融诈欺犯罪的概念

最近在韩国利用电话和金融机构的自动取款机进行的诈欺犯罪日益猖獗。被害人由于恐惧而听从犯罪人的指示，从而受到损害的案例屡屡发生，但由于没有有效的对策，类似的犯罪变换为各种形态而继续发生。

金融犯罪被定义为与金融机构有关联的犯罪，即金融机构成为加害者或者被害者，或者金融机构作为犯罪工具被犯罪分子所利用的非暴力犯罪[1]，也可简单地将其定义为与金融机构或金融交易有关的犯罪。[2] 金融诈欺犯罪可称为金融犯罪中的诈欺犯罪，电话金融诈欺犯罪也可称为利用电话的金融诈欺犯罪。警察厅将电话金融诈欺犯罪定义为：给被害人打电话，以给付还给金（重新返还的金钱）等为借口将被害人引诱到自动取款机之后指示其操作，并将其存款转入犯罪分子的账户内进行诈骗的诈欺犯罪。[3] 韩国的报纸等舆论媒体将此类犯罪简称为

---

* 李振权，韩国韩南大学校教授，法学博士。

** 方海日，中国人民大学法学院刑法学硕士研究生。

① 参见吴庆植：《韩国金融犯罪的实态与刑事法律对策》，载《比较刑事法研究》，第 8 册，第 2 号，576 页，2006。

② 参见都重珍：《关于金融诈欺犯罪的研究——类似金融诈欺犯罪为中心》，刑事政策研究院，2002，43 页。

③ 参见警察厅报道资料，载http://www.cyberpolice.co.kr，2007-06-15。

电话诈欺或者 voice pishing。这里的 pishing 是 private data 与 fishing 的合成词。④

　　这种类型的犯罪一度在日本也曾流行过。2000 年前后，被命名为"o le o le（是我，是我）"的犯罪猖獗，致使被害数额达到 23 亿日元，2006 年仅在东京就发生了一百多起案件。伪装成高龄被害人的子女打电话说，"是我，是我"，他们以谎称发生了一起交通事故而急需现金等理由要求汇款作为手段。最近冒充警察进行威胁，即谎称"子女发生了事故，若不立即和解将被拘留"的手段日益智能化。⑤

　　这类电话金融诈欺犯罪似乎在中国也曾发生。据《中国青年报》报道，有人冒充税务局工作人员声称要返还购车税而诈取金钱。上海也在发生类似的诈欺案件。具体案情是，2006 年 8 月初，南某收到了冒充税务局工作人员的人返还购车税的通知，便拨通了那位"工作人员"告知的电话号码。有位自称是财政部工作人员的男子告诉他通过银行 ATM 机返还税款的步骤。南某按照"财政部工作人员"告诉他的方式输入一连串的数字（实际上是犯罪分子的账户）与"识别码"（实际上是转账数额）完成手续后进行了确认，结果发现不仅没有返还税款，而且其账户内的 9 万元人民币也不知去向。据报道与此类似的诈欺案件自 2006 年 7 月起已发生了数次。⑥ 再介绍一则中国的案例：据报道，2006 年 7 月 28 日，广东省广州市的一位企业家接到了冒充电话局工作人员的陌生人的电话。这位工作人员说要返还超额收取的电话费，指示这位企业家到银行自动取款机按照自己的指示进行操作，企业家按照工作人员的指示操作完毕才发现自己存款账户内的 7 000 元已被骗走。⑦ 2005 年 7 月 13 日，中国浙江省温州市的一位女老板收到一条短信，其内容是这位女老板在上海"好又多"超市消费 2 000 元人民币，需准备结账。发信者还留下了自己的电话号码。那位女老板因不记得有这回事便打电话询问。接电话的人说自己是那家超市的职员，他觉得女老板的银行卡被人盗用了，还告诉上海市公安局金融科的举报电话并热心建议女老板报案。女老板按照这位超市职员的建议拨打电话，有个自称为上海市公安局金融科科长的男子非常严肃地接听电话并指示其立即找到自动取款机按照自己的指示设置银行防火墙。

　　④ "pishing"是指金融诈欺犯罪分子向顾客发送电子邮件使他们确认自己的账户信息，或者谎称为了获得中奖的奖品需要确认账户信息而骗取顾客的个人信息并在实施犯罪过程中使用的手段。在虚假的电子邮箱或者网站进行的各种行为为诱饵骗取被害人的信息，被称为"网络钓鱼"。参考《时事新闻人物》，2007－04，载http：//www．inewspeople．co．kr/news/read．php？idxno＝1626。另附 pishing 的一个例子。但在有些情况下用"voice phishing"代替"voice pishing"。

　　⑤ 参见《其新闻》，2006 年 12 月 18 日报道，2007 年 6 月 16 日访问。

　　⑥ 参见http：//blog．naver．com/aengzalove/110007820394。

　　⑦ 参见《"电信局"退话费？骗局！》，载http：//www．ycwb．com/gb/content/2006-08/02/content_1176501．htm，2007 年 7 月 3 日访问。

女老板按照他的指示进行了操作，后来女老板因不放心确认了自己的账户余额才发现自己账户内的53万元人民币已被人取出。厦门警察局抓捕了类似犯罪组织成员5人，在现场没收了银行卡73张、计算机4台、手机SIM卡25张、手机10部、电子设备1套、台币6万余元、人民币12万元。[8]

2005年11月18日，韩国对2005年11月14日冒充国税厅征税科的还金诈欺事件作了言论报道，之后犯罪现象暂时消失。2006年2月开始，诸如留下内容为"返还税款，请速与征税科联系。02-859-6235，02-857-0931-2"的手机短信和电话号码，或者诈欺犯罪分子冒充国税厅征税科声称要返还税款而直接打电话给被害人的还金诈欺案件重新出现。[9] 即自2006年年初，这类案件开始成为严肃的社会问题，最近也相继发生了同类受害案件，然而，与此相关的系统的研究论文尚难搜寻。因此，本文主要以之前发生的受害案件的言论报道为中心观察犯罪类型与变化趋势并讨论适当的对策。

（二）发生现况

根据金正薰国会议员在调查局与警察厅获得的资料，直至2007年5月末，受理的电话金融诈欺案件共1 996起，比前年增加524件（35.5%），被害数额为180亿元，比去年增加了30亿元（20%）。[10]（可参见表1）

表1　　　　　　　　　**电话金融诈欺受理案件数与被害金额**

	接受件数（件）	被害金额（亿）
2006年度	1 472	150
2007年5月末	1 996	180
总计	3 468	330

资料来源：警察厅　调查局

金融机构为防止犯罪分子取出通过此类电话金融诈欺行为转到犯罪分子的存款账户内的现金，正在根据被害人的申请采取停止支付措施，直至2007年6月14日，在韩国因电话金融诈欺而采取停止支付措施的账户达两千多个，金额达到了90亿元。[11]

---

⑧　参见《一条短信骗走53万》，载《江西法制报》，2005年9月12日报道，http://jxnews.com.cn/jxfzb/system/2005/09/12/002137384.shtml，2007年7月3日访问。

⑨　参见国税厅2006年3月报道资料，载http://kref.naver.com/doc.naver? docid=6817253，2007年6月24日访问。

⑩　参见金正薰议员个人网页（http://www.namgu21.com/main/main.asp），2007年6月24日访问。

⑪　参见KBS新闻，2007年6月14日报道。

二、电话金融诈欺犯罪的形态

（一）以编造绑架子女或交通事故的手段的形态

1. 以编造绑架子女作为敲诈勒索手段的形态

2007 年 5 月 27 日是休息日，住在首尔的一位地方法院院长接到了陌生人的电话："我绑架了你的儿子，如果想让他活命，现在立即交出 5 000 万元。"这位院长当即拨打儿子的手机试图通话，但因无法接通而以为儿子真的被人绑架了。在给犯罪分子寄出 5 000 万元之后向警察申请进行搜查。之后，犯罪分子再次要求其交出 5 000 万元，院长以谎称尚未筹够 5 000 万元只寄出 1 000 万元的方法争取了时间。在这个过程当中，检察院确认了法院院长遭到电话金融诈欺的事实。最近除了法院院长之外，首尔地方检察厅的一位官员也接到了儿子被绑架的敲诈勒索电话。⑫

2. 编造子女发生事故进行诈欺的形态

根据全北农协中央会君山支部纳云中心资料，2007 年 4 月 27 日下午 6 点 5 分，一名职员在 365 自动化区存入现金的过程中看到一对五十多岁的夫妇急忙地说着："儿子还好吗？""那是什么地方？""存款不顺畅。"这名职员判断极有可能是电话金融诈欺，便从夫妇手中接过电话问道："我是农协职员，请问我能帮你吗？"对方立即挂断了电话。确认结果是，这对夫妇的读大学一年级的儿子平安无事。

这对夫妇为了金融交易来到此地，在等待过程中接到电话，内容为："我是您儿子的朋友，您的儿子出了事故弄断了手腕，需要现金 700 万元做手术，请往某银行账号存入现金 700 万元。"在存入现金的过程中，这对夫妇得到了农协职员的帮助而免遭诈骗。⑬

在诸如此类的以编造子女被绑架或者发生事故为欺骗手段的电话金融诈欺的案件中，犯罪分子为了使被害人无法确认子女的状态而易于受骗，事先获取了被害人家里人的电话号码。在给子女打电话之后，如果子女接电话，则毫无理由地咒骂对方或者反复打电话迫使接电话的子女切断电话电源，然后再给其父母打电话。如此一来，即使父母为了确认子女是否平安无事而打电话也联络不上，因此很容易误以为子女处于危难境况之中。

（二）以返还过误纳金⑭方式的形态

2007 年 1 月 4 日，清州兴德警察署以电话金融诈欺嫌疑抓捕了中国的陆某夫

---

⑫　参见 KBS 新闻，2007 年 5 月 31 日报道。

⑬　参见 Empas 网站（http://news.empas.com/show.tsp/cp_ns/20070428n03558/? kw）。

⑭　超过或错误缴纳的税费。——译者注

妇等三名犯罪嫌疑人。他们的犯罪手段是随机拨打电话，冒充自己是国税厅或金融监督院职员，骗取对方信任后声称要返还税款，待被害人被骗至自动取款机之后再重新拨打电话使其按照指示操作，以此方式将被害人账户中的现金转到其他账户内。犯罪嫌疑人又使用信用卡立即取出转到他们的账户内的现金。为了不被人发现其身份，他们使用的手机在中国接受了特殊的保密服务。这些犯罪分子以一个账户 5 万元的价格以中国留学生的名义申请并使用银行账户。另外，为了防止被查获，使用过一次的账户便扔掉。直至案发当时，使用此种犯罪手段从 19 名被害人处共骗取了 7 700 万元。搜查这些犯罪分子的清州兴德警察署调查科长说这些犯罪分子在中国与国内有连接线，并且为了使各组织不知晓上线以点组织的形态存在。⑮

被称为过误纳金的主要对象是税款、健康保险费、国民福利金等，且其种类正在渐渐增加。

图 1 冒充国税厅的电话金融诈欺案件的证物

资料来源：联合新闻，2007 年 7 月 12 日报道⑯

（三）以帮助防止盗用信用卡作为手段的形态

1. 冒充银行职员

以下是一位家庭主妇的被害案例。这位主妇接到自称为 A 银行职员的人的电话后进行了如下通话："是金某某吗？这里是银行，最近申请到了信用卡了吧？""没有啊。""那么似乎你的名义被盗用了，诈欺犯很可能会骗取现金，所以赶紧向警察局确认一下吧。我会告诉您电话号码。"被害人拨通被告知的电话号码，有个自称是 B 警察署所属警察的人应答。他督促说："犯罪分子好像使用了信用卡，请赶快转移信用卡中的现金。"被害人无暇怀疑便跑到住宅楼前的自动

---

⑮　参见联合新闻，2007 年 1 月 4 日报道，载 http://search.ytn.co.kr/ytn/mov.php?s_mcd=0103&key=200701041824074714。

⑯　2006 年 7 月 12 日，庆南马山中部警察署以诈称国税厅的还给诈欺犯罪拘留的郑某（23 岁）持有的伪造护照和大炮账户等证物被没收。载 http://www.naver.com。

取款机按照指示的步骤进行了操作。将账户内的 700 万元转移之后回到家才怀疑会不会是诈欺，她打电话到银行和警察署确认事实与否，遗憾的是被告知没有职员打过那种电话。[17]

2. 冒充金融监督院职员

我们也发现了冒充金融监督院职员的案例。2007 年 5 月 28 日，崔某（女，46 岁，住浦项市南区海岛洞）接到了 ARS 电话，其内容为："您在首尔乐天百货商店使用信用卡购买了 160 万元左右的物品，若要确认请按 9 号键。"最近几年连首尔附近都没去过的崔某觉得很惊讶便按了 9 号键连线到自称为金融监督院职员的一名男子。这名男子以崔某的个人信息被泄露，为了防止这些信息被盗用需要变更账户和磁码为由将崔某引诱到邻近金融机构，骗取了 480 万余元的转账后逃之夭夭。[18]

(四) 凭借警察、检察等调查机关身份的形态

冒充检察厅职员的案例：2007 年 6 月 5 日，家庭主妇 K 某（女，45 岁，住浦项市南区海岛洞）接到自称是检察厅职员的一名男子的电话。这名男子说为了预防金融诈欺要确认个人信息和存取款明细，因此令 K 某到邻近的金融机构输入被告知的号码。K 某挂了电话立即跑到邻近金融机构自动取款机前输入了那名男子告诉的号码，K 某的 960 万元就这样消失在眼前。

冒充警察官的案例：P 某（女，48 岁，住浦项市南区乌川邑）于 2007 年 5 月 12 日接到自称是首尔西大门警察署所属警察官的一名男子的电话，这名警察说 P 某与一起金融诈欺案件有关联，需要去趟警察厅。这名男子说："因为你与一起金融诈欺案件有关，所以向你发出了出席要求书，为什么没有出席？现在你的个人信息被泄露，要变更银行卡以及账户磁条信息。"并且怂恿 P 某去邻近的金融机构。P 某慌张地跑到邻近金融机构按照这名男子的指示在自动取款机输入全部号码的同时 2 000 万元的巨款便消失得无影无踪。[19]

从以上案例可知，在一起案件中按职能分别冒充金融机构职员和调查机关的情况也经常发生。

(五) 以手机短信作为手段的形态

搜集同学会、宗亲会等的联络地址，向会员们发送借钱的短信从而诱导转移现金或者随机发送手机短信（SMS）告知对方在海外或国内的商店使用银行卡进行了结算后从想要知道消费明细的被害人处获得银行卡密码和有效期限等必要的

---

[17] 参见《每日经济》(www.mk.co.kr)，2007 年 6 月 15 日报道。

[18] 参见《庆北日报》(www.kyongbuk.co.kr)，2007 年 6 月 15 日报道。

[19] 参见《庆北日报》(www.kyongbuk.co.kr)，2007 年 6 月 15 日报道。

信息，并利用输入这些信息而获得的个人的其他信息通过网络或者电话购买商品又卖出而获取现金的犯罪手段也屡见不鲜。[20]

(六) 新犯罪手段的进化现象

欺骗被害人要返还多交的税款形态的电话金融诈骗犯罪因有关当局的犯罪预防措施与宣传显得比过去较难得逞，因此新形态的电话金融诈骗手段也接连登场。

1. 以防止电话金融诈骗为手段的形态

电话金融诈骗猖獗，警察抓获了打着帮助预防犯罪侵害的旗号接近被害人并骗走一亿五千余万元的中国台湾地区电话诈骗团伙。

2007 年 6 月中旬，郑某（50 岁）接到电话："您的账户处于危险之中，最近电话诈骗很猖獗，所以应予预防。"郑某担心自己成为日益激增的电话诈骗犯罪的受害人，便跑到最近的自动提款机处。他按照"要设置预防电话诈骗的保安装置，钱才不会被转移出去，请输入保安装置的号码"的说明输入了对方指示的号码。但后来得知此号码为电话欺诈团伙的大炮账户（账户开设者与实际使用者不同的账户）的账户号码。郑某不知不觉中将一千万元进行了转账。他们就这样在中国台湾地区随机向韩国人拨打国际长途电话，从 6 月初开始，共作案 11 次，累计诈骗金额达一亿五千万元。进入到大炮账户的钱由进入韩国的中国台湾地区下线组织成员取出并汇往中国台湾地区。[21]

2. 以变更保安卡为手段的形态

目前还出现了凭借变更在网络银行中使用的保安卡的犯罪手段。2007 年 6 月 22 日，大邱达西警察署将冒充银行卡社职员，试图引诱被害人到自动取款机取出现金的中国人文某（37 岁）逮捕。警方认为文某具有如下嫌疑：在 18 日上午 11 点 40 分左右给大邱达西区桃源洞的全某（70 岁）打电话，声称全某的信用卡中有 190 万元的延滞金需要改变安全密码，从而将全某诱引到自动取款机，使其向自己的大炮账户转入 2 350 万元并且试图取出现金。[22]

3. 还给金诈欺手段的智能化

直至 2007 年 5 月 28 日，共发生了 35 起打着返还各种税款的幌子的"还给金诈欺"案件。据统计，涉案金额超过了 1 亿元。2007 年 5 月 29 日，国税厅公布："今年发生了 35 起税款还给金诈欺案件，被害数额达一亿一千三百二十九万一千元。"分析的结果，2007 年还给金诈欺犯罪大幅增长的原因是诈欺手段变得越发智能化。

---

[20]　参见金正薰议员个人网页（http://www.namgu21.com/main/main.asp），2007 年 6 月 24 日访问。

[21]　参见《东亚日报》，2007 年 6 月 22 日报道。

[22]　参见《每日新闻》，2007 年 6 月 25 日报道。

具体说明，之前诈欺犯罪分子使用的方法是先通过电话或者短信告知被害人"要返还您的税款，请与征税科联系"，并且留下"电话号码"。紧接着，如果纳税人打来电话，犯罪分子便会问清姓名、身份证号和账户号码然后说办理业务的电脑出了点问题，以使本人确认账户为借口诱导被害人到自动取款机前拨电话。

但据国税厅公布的消息，最近为了不留下电话号码进而毁灭证据，犯罪分子直接打电话说："发生了税款返还事项，请与国税厅联系，如果想立即返还请按9号键。"接着如果纳税人按9号键进行通话，则引诱他们拿着信用卡走到自动取款机处继而欺骗他们输入"为了确认身份所必要的'金融认证号码'"后将钱骗走。

国税厅又有一则实例，2007年5月16日，在釜山东莱区开饭店的金某接到一通冒充征税科要返还其2002年和2003年所得税共563 200元的电话。诈欺犯罪分子询问转入还给金的金某的存款账号后声称要马上把还给金存入金某的账户内，以此引诱金某走到银行的自动提款机前。诈欺犯罪分子让金某将卡插入自动提款机，又诱导金某输入"确认身份的金融认证号码"。金某不知诈欺犯罪分子告诉他的不是确认号码而是取款金额的事实，诈欺犯罪分子从金某的账户转走了数百万元并且又立即将这些钱转移到了别处。[23]

4. 其他

最近除了金融机构这样主要涉及金钱的机构或团体以外还出现了冒充非营利公益团体的犯罪手段。其例子是，冒充韩国学术振兴财团获取个人金融信息或者要求往特定账户转账的电话金融诈欺犯罪案件也频频发生。[24]

另外，还出现了冒充舆论调查机关的形态的电话金融诈欺手段。举例说明，谎称进行关于"韩国人的暑假"或者"油价上涨对庶民经济的影响"等的舆论调查，在提出一些像模像样的问题之后告诉对方中奖得到了十年期限的别墅使用券，因而需存入一年的管理费，或者以要将燃料节省器作为奖品赠送给对方为借口骗取对方的身份证号码和个人信息。[25] 当然，通过这种方式获取的个人具体信息供电话金融诈欺犯罪活动使用。

金融诈欺犯罪从初期的诈称国税厅职员以"返还税款或保险金"的名义骗钱的手段，经过冒充检察等调查机关、绑架家人的胁迫手段，发展到后来出现的冒充舆论调查机关的手段。

㉓ 参见韩庆网，2007年5月29日报道，载http：//www. hankyung. com/board/view. php? id＝jaetech_point&ch＝ft&no＝739，2007年6月24日访问。

㉔ 参见韩国学术振兴财团网站（http：//www. krf. or. kr），2007年6月29日访问。

㉕ 参见《东亚日报》，2007年6月30日报道。

三、电话金融诈欺犯罪的特征

(一) 中国大陆、中国台湾地区主犯主导的国际组织犯罪

根据大部分犯罪所得汇往中国大陆和中国台湾地区,大部分电话发信源在中国大陆或者是中国台湾地区的事实,可以推定电话金融诈欺的主犯根据地在中国大陆或者中国台湾地区。其原因是,在中国大陆或者中国台湾地区有很多会流利地说韩国语的朝鲜族和韩国留学生,而且广阔的领土及侦查协助的难点也增加了犯罪调查难度,从而使得犯罪组织相对安全。据中国台湾地区舆论媒体"中广新闻网"2007 年 6 月 29 日报道,自 2006 年 9 月起至 2007 年 6 月,在韩国因电话金融诈欺犯罪而被逮捕的中国台湾人共有 119 人,其中有 9 人被释放,但 110 人仍然收监于韩国的拘置所和教导所。㉖

另外,如前所述,电话金融诈欺从 2006 年下半年开始在韩国发生,在 2007 年集中发生成为了重大的社会问题。从 2005 年开始,这种电话金融诈欺已经在中国大陆与中国台湾地区成为了普遍的犯罪行为。我们能从已经发生的犯罪情况中看到一度在中国盛行过的犯罪行为在 1 至 2 年后在韩国流行的现象。

(二) 周密的犯罪计划

这些犯罪组织总览所有犯罪行为,制订分配犯罪所得的原则,并且拥有寻找、雇佣中国境内能熟练使用韩国语的朝鲜族人打电话的目标中心。进入韩国之后利用伪造的护照开设账户的账户开设组,提取转入账户的金额的现金提取组以及通过洗钱行为将这笔赃款汇往国外的汇款组等组织按照各自的职责形成点组织,即使是同一个组织成员也互不认识,而且被抓获的犯罪分子拒绝交代实情的情况也很多,所以破获全体犯罪组织的过程中会出现很多障碍,但坚持不懈的追击结果,可以推定大部分电话金融诈欺犯罪行为由中国大陆或者中国台湾地区的主犯所控制。

(三) 调查的困难性

在韩国,如果使用正规银行的存取款账户或者手机,调查机关就可以查到开设账户的人以及通话明细,这样就有可能追踪犯罪分子,而且这样获得的证据可被当做有罪证据使用。因此,大部分犯罪分子通常会使用大炮账户和大炮手机,这就对追踪犯罪分子造成了很大的困难。

过去办理大炮账户或者大炮手机主要采取了在露宿者或中国人集体居住地区

㉖　参见《上百名台湾人在韩国因涉电话诈骗案被逮捕》,载中国网易 (http://news.163.com/07/0629/16/315TH3050001124J.html),2007 年 7 月 2 日访问。

以支付一定的金额获得名义开设条件的方法，但最近使用伪造的护照办理大炮账户和大炮手机的案件增多。在韩国有很多贩卖大炮手机或者大炮账户的网站，利用这种网站资源也是一种方法，但出于对贩卖者的追踪的忧虑，犯罪分子倾向于使用伪造的护照直接开设的大炮手机或者大炮账户。

而且当中国人等外国人使用伪造的护照开设账户时，确认犯罪分子并且对其进行追踪抓捕也非常困难。

（四）利用被害者心理的巧妙方法的智能犯罪

为了使被害人相信自己将获得利益，电话金融诈欺犯罪分子冒充自己是银行职员、警察、检察、金融监督院等公共机关工作人员，被害人要获得利益就要遵照犯罪分子的指示，以此对被害人施加心理压迫而迅速使犯罪得逞。

具体介绍使用税款还给手段的案件如下：首先打电话给被害人："您好，这里是国税厅，请问金某客户在吗？"如果当事者答："我就是。"那么就接着说："去年 2002 年到 2005 年之间，向您超额收取了税款，现要返还给您，您能拿着存折或银行卡到附近的银行吗？"被害人疑惑地问："要返还税款？""是的，共超额征收了 56 万元，所以要马上返还给您。"这样说出具体的返还金额以刺激被害人的心理。如果被害人疑惑地又问道："第一次听说这样的事，如果要返还税款直接存入我的账户就好了，为什么要我亲自去银行呢？"犯罪分子早已准备好应付这种问题的借口："现在国税厅要给很多客户返还税款，今天一定要处理完，所以要马上给您的账户存入返还的税款。"这样一来，被害人就渐渐掉进陷阱里，被犯罪分子所引诱。如果被害人按照犯罪分子的指示去往附近的银行，他将又会接到"国税厅女职员"的电话："为了确认转入的金额，请将存折或者现金银行卡放入自动取款机之后按账户转账键。（稍等片刻后）按键了吗？"若被害人答道："是。"犯罪分子又紧接着说："我们这里要存入的银行是某某银行，所以请按某某银行。然后输入我说的认证号码。001230000（稍等片刻后）输入了吗？"被害人说："输入了。"犯罪分子又指示："现在输入密码再按确认键。"在被害人按照犯罪分子的指示输入密码后按确认键的瞬间被害人账户里的金额便转入犯罪分子的账户。在这里犯罪分子说出的认证号码中的前两位"00"毫无意义，是自动提款机无法识别的数字，这只是起到不让被害人意识到这串数字意味着金额的作用。因此，以上的认证号码其实是意味着 123 万元，而且，如果被害人账户里有123 万元以上余额，那么损失将难以避免。如果被害人账户内的余额少于 123 万元而转账失败，犯罪分子会重新拨打电话说返还税款失败，告诉新的认证号码从而诱导较少的转账金额。如果犯罪分子要求的金额即刻成功转出，那么他们会认为被害人的账户内存有更多的金额，随即再次打电话说还款失败进而要求更多的转账数额。以这种方法，使一名被害人最多进行 5 次转账。为了防止被害人在得知被骗事实之后采取停止支付的措施，于是就由早已准备好的其他共犯将转账到犯罪分子账户中的金额及时取出汇往中国大陆或者中国台湾地区的账户中（可参见图2）。[27]

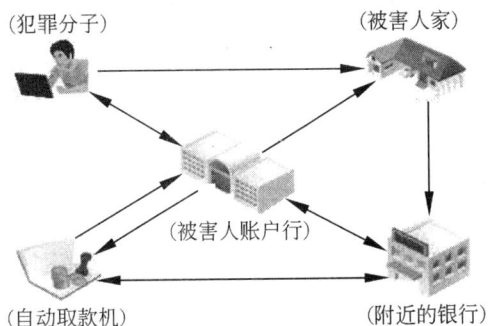

图2　冒充国税厅职员的电话金融诈欺案件概要

资料来源：联合新闻，2006年9月1日报道

四、与电话金融诈欺犯罪有关的法律问题

（一）韩国刑法上诈欺罪成立与否

举例说，以打电话告知要返还不当征收的税款或者保险费的方式欺骗被害人，使被害人因错误而违背自己真实意志，在不知自己正在转账的情况下通过银行的自动取款机进行转账从而使犯罪分子获取现金，这是符合《韩国刑法》第347条第1项的单纯诈欺罪的。[28] 因为存在犯罪分子的欺骗行为和被害人的错误以及被害人的交付行为，而且这些因素之间的因果关系成立。即使实施欺骗行为的犯罪分子与取出因错误转账的金额的犯罪分子并非同一个人，如果他们之间依照事前的共谋行为而成立共犯关系，那么成立上述犯罪也是没有问题的；如果是不存在共谋关系的其他第三者取出现金，那么就可以认定该第三者成立同条第2项的单纯诈欺罪。[29]

（二）电子金融交易法的违反与否

现行法律很难规制设置大炮账户并贩卖的行为。纵览如今有关大炮账户的法律规制，依据《关于金融实名交易及秘密保障的法律》，金融机构经营者负有金

---

[27] 参见"诈称国税厅的税款返还诈欺事件"，载《调查研究》，2006年9月，86页以下。

[28] 《韩国刑法》第347条第1项规定：欺骗他人获得交付的财物或取得财产上利益者处以十年以下徒刑或2 000万以下罚金。

[29] 《韩国刑法》第347条第2项规定：以前项手段使第三人获得交付的财物或财产上利益者也处以前项刑罚。

融交易实名确认的义务，因而由金融机构职员确认身份证等实名确认证件。但是开户人提供身份证件而开设的大炮账户并不违反本法。依据《关于犯罪收益隐匿规制及处罚等的法律》，通过大炮账户的金融交易大体上属于犯罪所得的隐匿和伪装行为；出让、受让、出租大炮账户的行为构成这类犯罪所得的隐匿、伪装罪的预备、阴谋罪，这种情况下也只处罚受贿等本法所规定的对于特定犯罪的隐匿行为，因此，大炮账户的买卖也只有在与这类犯罪有关联的案件中使用的情况下才有处罚可能性，以他人名义的账户进行交易的行为本身似乎很难用《关于犯罪收益隐匿规制及处罚等的法律》进行处罚。㉚

2007 年 6 月 22 日，釜山金井警察署以涉嫌违反电子金融交易法不拘束立案了贩卖在电话金融诈欺案件中使用的账户的赵某（29 岁）。他涉嫌于 2007 年 4 月 9 日在首尔江南区某银行以自己的名义开设账户后以 10 万元的价格将账户与现金银行卡卖给电话金融诈欺犯罪分子。警察调查出赵某交给诈欺犯罪分子的五个账户中有两个账户在电话金融诈欺中被使用。㉛ 依据以上观点，这种情况涉嫌违反电子金融交易法不是因为开设大炮账户进行贩卖，而是因为开设大炮账户进行贩卖的同时还贩卖了现金银行卡。这是因为现金银行卡符合电子金融交易法中的接近媒体，依据同法第 6 条第 3 项，在其他法律中无特别规定的情况下不得进行出让、受让或者设置质权，如果违反这一规定，依据同法第 49 条第 5 项进行刑事处罚。㉜

但是，同法自 2007 年 1 月 1 日开始施行，因此对于在施行之前的行为很难适用该法予以处罚，虽然有些警察署以电话金融诈欺犯罪的帮助犯的嫌疑予以立案，但却很难证明具有帮助的故意。

（三）电子署名法违反与否

近年来网上银行非常普遍，公认认证书在办理网上银行手续时是必要的。如果开设大炮账户并贩卖的同时为了使购买者进行网上银行交易而一并出让自己的公认认证书，这就违反电子署名法。依据《电子署名法》第 23 条第 5 项，不得以使任何人进行网上银行交易的目的向他人出让或者出租公认认证书或者为了进行网上银行交易而受让或租赁他人的公认认证书。㉝

（四）冒充公务员资格罪的成立与否

犯罪分子冒充警察、检察等公务员行使该公务员职权的行为触犯《韩国刑

㉚ 参见以李根植国会议员为代表提出的议案《关于禁止金融往来计座让渡行为等法律案》的国会讨论报告书 3～4 页。此法律案提议禁止大炮账户的出让与贩卖行为，但国会尚未通过。

㉛ 参见《新新闻》，2006 年 6 月 22 日报道。

㉜ 依据《金融交易法》，以上情况应处以 1 年以下的徒刑或 1 000 万元以下的罚金。

㉝ 依据《电子署名法》第 32 条，这种情况应处以 1 年以下徒刑或 1 000 万元以下的罚金。

法》第 118 条冒充公务员资格罪。㉞

（五）电气通信事业法违反与否

电话金融诈欺犯罪中，在发信者冒充公共机关的情况下，收信者的手机中会留下发信者的电话号码。如果故意将这个号码显示为公共机构的号码，收信者很容易误认为发信者真的是公共机构。韩国新出台了规制这种故意变造发信者电话号码的行为的法律，即《电气通信事业法》第 54 条之 2 第 3 项规定："任何人不得欺骗他人取得财产利益或者以施加恶语、胁迫、要弄的目的打电话并且变造或者虚伪表示发信人的电话号码。"第 4 项规定："任何人不得以营利为目的提供变造或者虚伪表示发信人的电话号码的服务。但是，为了公益目的或具有为收信人提供便利等正当事由的情况除外。"这样就有了对这种违法行为追究责任的根据。这两项条文均于 2007 年 3 月 29 日开始生效。根据同法第 73 条的处罚条款，违反以上第 3 项和第 4 项的处 5 000 万元以下的罚金。

（六）贩卖大炮手机的行为

近来利用电话实施的各种犯罪中大多数使用的是所谓的大炮手机，但由于不存在对于买卖大炮手机行为的规制法规，因此无法进行处罚。大炮手机是指与通信事业部门签订合同的当事人一方与接受通信服务的当事人一方不一致的端末机。

五、关于电话金融诈欺犯罪的对策

（一）韩中共同协助强化调查力度

为了预防最近在韩国激增的电话金融诈欺犯罪，韩国与中国的调查机关之间的密切的调查情报交流与调查协助成为当务之急。而且，2007 年 2 月 2 日，韩国警察机关与中国的公安机关就防止电话金融诈欺犯罪的共同强化协助达成了一致。现实中，中国公安机关曾逮捕过涉嫌以韩国人为对象进行电话金融诈欺的犯罪嫌疑人。2006 年 10 月，中国公安机关以涉嫌冒充韩国国税厅或健康保险公团职员等骗取被害人的存款，在中国浙江省宁波市抓获了由中国大陆人和台湾人构成的电话诈欺团伙百余名犯罪嫌疑人，并拘留了其中的 56 人，随后将此案件通知了驻上海韩国大使馆。㉟

㉞　《韩国刑法》第 118 条规定：冒充公务员资格行使其职权的人应处以 3 年以下徒刑或 700 万元以下的罚金。

㉟　参见联合新闻，2006 年 12 月 26 日报道。

（二）金融手续漏洞的弥补措施

据分析判断，即便开展预防犯罪侵害的持续的宣传活动且采取日益强化的预防措施，犯罪行为也仍然猖獗的原因在于，与国外相比，韩国的账户转账与提取现金的限额较高，且仅凭护照就可向外国人开设银行账户等并不严谨的金融系统成为了这些犯罪团体的目标。

1. 外国人开设账户

外国人在韩国开设账户时，除了护照以外还要另附公课金㊱纳入领受证等其他身份确认资料，在确认实名后才允许开设账户的方案正在审议中。㊲ 全国银行联合会也在讨论对住址与联络地址不固定的外国人，尤其是短期滞留者的金融账户的开设标准进行强化的方案。

2. 通过自动取款机进行转账

三四年前，电话金融诈欺在中国台湾地区盛行成为了社会问题，但将自动取款机（ATM）的账户转账及提取现金数额的限度向下调整（日转账限额从 300万元调整到 90 万元，现金提取限额从 1 000 万元调整到 300 万元），这样就制止或减少了犯罪损害。以此为参考，现在韩国自动取款机内的账户转账限额为5 000 余万元，现金取款限额为 700 万元至 1 000 万元。

另外，如韩国典型的大型银行国民银行于 2007 年 6 月 14 日在全国共九千二百台自动取款机上设置防御系统那样金融机构的努力也是必要的。这种防御系统在发生与之前一段时期内的被害案件分析结果类似类型的交易时会向客户发送警告信息，在获得客户的两次同意后才进行转账，这就有助于防止因瞬间错误而造成的犯罪损害。

另一方面，鉴于被害人很难得到停止支付的存款，金融监督院在参考日本自民党颁布的返还三个月内无人主张权利的账户内的存款于被害人的救济法案。㊳

3. 对于大炮账户的规制

为了在根本上处罚大炮账户（在犯罪中使用的以他人名义开设的账户）的买卖行为，以金富谦国会议员为代表于 2004 年 4 月 4 日向国会提出《关于金融实名交易及秘密保障法律中改正法律案》，以李根植国会议员为代表向国会提出《关于禁止金融交易计座让渡行为等法律案》，但尚未通过。

㊱ 即国家或公共团体向国民征收的税费，如财产税、汽车税、电费、电话费、自来水费、综合所得税、赠与税等。——译者注

㊲ 参见警察厅（http://www.cyberpolice.co.kr）报道资料，2007 年 6 月 15 日访问。

㊳ 参见 KBS 新闻，2007 年 6 月 14 日报道。

（三）对于大炮手机的规制

由于制定规制大炮手机交易的法律的急迫性，朴宰完议员于2006年7月26日提出法律修改案，即将《电气通信事业法》第32条之2的本文中的"不得提供"改为"不得提供或者接受"，以此提出了能够成为处罚以犯罪为目的买入大炮手机的违法者的根据的法律修正案。虽然国会仍未通过此议案，但至少认为制定处罚以犯罪为目的买入大炮手机的行为的法规是非常必要的。

（四）改善调查方法

发生电话金融诈欺案件而向调查机关报案，调查机关确认犯罪事实进而实施调查。这时为了确保调查的进行且最大限度地防止犯罪损害，迅速追踪关联账户非常必要。但是，这需要法官签发的调查令，这个过程需要一定的时间，所以很难开展迅速的账户追踪。此外，在电话金融诈欺案件的调查中，首先应由调查机关追踪到金融账户进行调查并且防止该账户受到犯罪侵害，事后立即申请没收调查令的制度化弥补措施也是必要的。

（五）强化对国民的宣传

要防止最近激增的电话金融诈欺事件引起的犯罪损害就需要积极的宣传。因此，现在在韩国为了防止与日俱增的电话金融诈欺犯罪而进行着各种宣传，各金融机构都贴有提醒注意利用自动取款机进行账户转账的安全提示（参见图3、图4）。过去在中国为了预防这类犯罪侵害也做过宣传。中国北京市公安局110指挥中心为预防这类犯罪，于2005年10月曾通过中国联通向手机用户发送警告短信以达到预防电话金融诈欺犯罪的目的。[39]

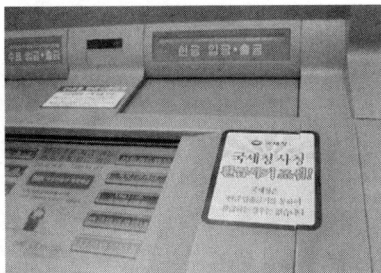

图3　粘贴在自动取款机上的预防电话金融诈欺犯罪的安全提示

资料来源：《租税日报》，2006年7月10日报道图片[40]

---

[39]　参见《北京110发短信警示短信诈骗，提款机贴出安全提示》，载中国警察网（http://www. police. com. cn/Article/anquan/jtaq/200510/4390. html），2007－07－04。

[40]　参见《朝世日报》，载http://www. joseilbo. com/news/news_read. php? uid＝47110&class＝33。

图4   大田地方国税厅职员为防止电话金融诈欺犯罪的宣传

资料来源：《租税日报》，2006 年 12 月 1 日报道图片⑪

六、结　语

本文考察了迄今为止在韩国激增的电话金融诈欺犯罪的发生形态、变化趋势以及与此相关的法律问题。这类电话金融诈欺犯罪不仅仅在韩国发生，而且在中国大陆、中国台湾地区以及日本也发生过，因此，亚洲各国和地区相互间的情报交流和以寻找犯罪的根本原因为目的的共同协助就显得尤为重要。虽然韩国的有关当局和舆论媒体对预防犯罪的持续宣传与调查机关的抓捕努力也略有成效，但犯罪分子也在不断变换新的犯罪手段意图实施犯罪。而且韩国规制金融诈欺犯罪的相关法律的颁布也需要调查机关积极地进行调查，这就需要韩国警察机关与中国公安机关的积极合作。另外，两国的金融机构之间也需要为防止非法犯罪所得的转移与取出进行业务协助。现在有很多中国人因工作、留学以及旅游等事由来到韩国，而且也存在很多华侨。此外，相当多的中国朝鲜族人为了赚钱而秘密地进入韩国境内，这不能不说是严重的现实。所以，这些人使用相似的犯罪手段以本土的中国人为对象实施电话金融诈欺犯罪的可能性也很难排除。

韩国与中国已经建立了经济上的密切联系，现在两国已经进入了在犯罪发生与破获犯罪方面也形成密切关系的阶段，所以对此采取具体措施也十分紧迫。

---

⑪　参见《朝世日报》，载http：//www.joseilbo.com/news/news_read.php? uid=47110&class=33。

保险诈骗罪比较研究及其借鉴

张利兆[*]

保险业在我国起步较晚，但是随着社会主义市场经济体制的建立和逐步完善，保险业发展速度迅猛，随之保险诈骗犯罪也出现了许多新情况和新特点。我国现行保险诈骗罪的法律规定来源于 1995 年 6 月 30 日全国人大常委会通过的《关于惩治破坏金融秩序犯罪的决定》，1997 年修订的《刑法》基本上承袭了该决定的内容，即第 198 条规定："有下列情形之一，进行保险诈骗活动，数额较大的，处五年以下有期徒刑或者拘役，并处一万元以上十万元以下罚金；数额巨大或者有其他严重情节的，处五年以上十年以下有期徒刑，并处二万元以上二十万元以下罚金；数额特别巨大或者有其他特别严重情节的，处十年以上有期徒刑，并处二万元以上二十万元以下罚金或者没收财产：（一）投保人故意虚构保险标的，骗取保险金的；（二）投保人、被保险人或者受益人对发生的保险事故编造虚假的原因或者夸大损失的程度，骗取保险金的；（三）投保人、被保险人或者受益人编造未曾发生的保险事故，骗取保险金的；（四）投保人、被保险人故意造成财产损失的保险事故，骗取保险金的；（五）投保人、受益人故意造成被保险人死亡、伤残或者疾病，骗取保险金的。有前款第四项、第五项所列行为，同时构成其他犯罪的，依照数罪并罚的规定处罚。单位犯第一款罪的，对单位判处罚金，并对其直接负责的主管人员和其他直接责任人员，处五年以下有期徒刑或者拘役；数额巨大或者有其他严重情节的，处五年以上十年以下有期徒刑；数额特别巨大或者有其他特别严重情节的，处十年以上有期徒刑。保险事故的鉴定人、证明人、财产评估人故意提供虚假的证明文件，为他人诈骗提供条件的，以保险诈骗的共犯论处。"但是，由于立法的不成熟，在具体适用中出现了主体范围过窄、罪状规定不科学和法定刑偏低等问题。而比较研究是一种重要的

---

* 张利兆，浙江省宁波市人民检察院副检察长，法学博士。

研究方法。通过对域外①相关法律的比较研究，可以发现他人立法的长处，找出自身的不足，从而进行有效借鉴，以达到完善我国保险诈骗犯罪立法规定的目的。

一、域外有关保险诈骗犯罪立法概览

保险诈骗犯罪作为严重的经济犯罪，在各个国家都要受到刑罚惩处，但各个国家和地区，由于法律文化、传统等不同，在立法中呈现出各自的特点，主要表现为如下三种模式：

（一）"罪名从属式"保险诈骗犯罪立法模式

这种模式是在刑事法律中没有保险诈骗罪的规定，对于骗取保险金的犯罪行为直接适用刑法关于诈骗罪或者相关犯罪的规定来处理。笔者称之为"罪名从属式"保险诈骗犯罪立法模式。如美国、英国、加拿大、西班牙、瑞士、瑞典、丹麦、俄罗斯、日本、韩国、新加坡、菲律宾、我国香港特别行政区和台湾地区等。

在美国联邦刑法中②虽然没有对保险诈骗罪作单独明确的规定，但在许多法规中对保险诈骗的行为作了详细的规定。

《邮件诈骗法》是联邦司法机关惩治保险诈骗行为的重要法律依据。在美国，几乎每个保险诈骗行为都要涉及邮件诈骗罪。从事保险诈骗而构成邮件诈骗罪的行为具有以下特征：一是在主观上，行为人在使用邮件时对邮件的用途，即用以促成保险诈骗意图的实现须出于明知。二是在保险诈骗行为中，任何通过邮政促成保险诈骗图谋实现的文件交往都单独构成一个邮件诈骗罪。这种邮件的交往可以是在被保险人与保险人之间，也可以是在被保险人和保险经纪人、保险人和保险经纪人之间。三是只有用以促成保险诈骗图谋实现的邮件财富和因保险诈骗而构成邮件诈骗罪的要件。③另外，由于实施保险诈骗行为，可能违反《反组织犯罪侵害合法组织法》；进行跨州的保险诈骗行为而越过世界旅行，而违反《旅游法》；为进行保险诈骗而进行虚假陈述，若涉及联邦基金资助或补贴的保险事业，

---

① 因为相对于我国内地，香港、澳门和台湾虽然属于一个中国，但在法律制度上具有自身的特色。因此，笔者在此将不同于我国内地的港、澳、台地区的法律制度或规定，视作特殊的法域，进而与外国一起简称为域外。因此，这里的"域外"并非是领域之外之意，而是我国法域之外的"域外"之意。

② 影响广泛的《美国模范刑法典》也未对保险诈骗作出法律规定，而只在第223.3条作出了欺诈方式的盗窃的相关规定，如"行为人蓄意地以欺诈方式取得他人财产的，构成盗窃罪"（刘仁文等译：《美国模范刑法典及其评注》，161页，北京，法律出版社，2005）。

③ 参见周密主编：《美国经济犯罪和经济刑法研究》，316页，北京，北京大学出版社，1994。

则构成一般虚假陈述罪。④ 克林顿总统于 1996 年 8 月签署《健康保险会计条例》，认定"知情地和故意地"欺诈健康保险为联邦罪行。在此之前，1994 年《控制暴力和法律实施法案》认定知情地虚假陈述以夸大保险价值为犯罪。至少 32 个州立法把一定金额以上或者屡犯的保险欺诈定为重罪。⑤ 根据美国联邦政府颁布的《1996 年健康保险便利和责任法案》中所下的定义，保险诈骗犯罪是指："有意地或者蓄意地实行，或者试图实行欺诈方案，通过虚假的或欺骗的行为、陈述或承诺，来获得由健康保险计划所保管或控制的金钱。"⑥ 其犯罪主体为不特定的人员，包括医院服务提供者（包括个人与机构）、健康保险消费者（投保者）、保险代理人、经纪人、保险公司雇员。⑦

在英国刑法中，也没有保险诈骗罪的单独规定，但是在《1968 年盗窃罪法》中规定了骗取财产罪。根据该法第 15 条第 1 款的规定，一人怀有永久剥夺他人对财产的权利的意图，而通过任何欺骗行为获取属于他人所有之财产，应按公诉程序定罪，可被处以不超过 10 年的监禁。同时，该法还规定了骗取金钱利益罪。所谓骗取金钱利益罪，是指通过任何欺骗手段（无论该欺骗是否为唯一的或主要的诱因）不诚实地为自己或他人获取金钱上的利益的行为。所谓的金钱利益是一个外延非常广泛的概念。根据《1968 年盗窃罪法》第 16 条第 2 款的规定，下列情况均属金钱利益：他被允许通过透支借贷，或者被允许取得任何保险单或者年金合同，或者被允许获得有助于他如此行为的条款；他获允在某一职位或受雇用而获取报酬或者获取更多报酬，或者通过赌博赢取金钱的机会。根据第 16 条第 2 款的规定，通过欺诈的手段，获取保险单的可构成骗取金钱利益罪。如 D 通过虚假陈述其是一个不吸烟者，而这在保单或其条款的签发过程中，是一个实质因素，因而获取了保单或者条款更为有利的保单场合，对于骗取金钱利益罪的构成来说，D 是否要求合同当事人履行合同在所不问。⑧

《加拿大刑事法典》第 362 条规定：（1）实施下列行为之一的，即构成犯罪：（a）通过欺诈，不管是直接欺诈还是采用以欺诈签订合同的方式，获取可构成盗窃罪的物品，或者使该物品被移交他人。（b）采用欺诈或欺骗手段获取信用贷款。（c）以书面方式，直接或间接地故意制造或使制造关于他本人，或者与他有利益关系的人，或者他所代理的其他人员、企业或公司的财务状况、支付手段或能力的虚假陈述，意图利用其虚假陈述获取下列好处，不管是采用何种形式，也

---

④ 参见赵秉志、杨诚主编：《金融犯罪比较研究》，306 页，北京，法律出版社，2004。

⑤ 参见《美国强力反击保险欺诈》，载《中国保险报》，1998‑12‑22。

⑥ 秦晓楠：《美国健康保险的欺诈及其防范——兼谈对我国防范健康保险欺诈的建议》，载《上海保险》，2005（5）。

⑦ 参见秦晓楠：《美国健康保险的欺诈及其防范——兼谈对我国防范健康保险欺诈的建议》，载《上海保险》，2005（5）。

⑧ 参见［英］J.C. 史密斯、B. 霍根：《英国刑法》，652～654 页，北京，法律出版社，2000。

不管是为本人受益还是使上述其他人员、企业或公司受益：（ⅰ）移交不动产；（ⅱ）支付金钱；（ⅲ）得到贷款；（ⅳ）批准或延长信用贷款；（ⅴ）应收数额的折扣；（ⅵ）兑换单、支票、汇票或期票的制作、承兑、贴现或背书……（2）实施第（1）款（a）项规定罪行的，（a）当犯罪所得系遗嘱文件或者价值超过1 000加元的，构成可诉罪，处10年以下监禁；（b）构成（ⅰ）可诉罪，处2年以下监禁；或（ⅱ）按简易定罪处罚的犯罪，如果犯罪所得不超过1 000加元。（3）实施第（1）款（b）、（c）或（d）各项规定之罪的，构成可诉罪，处不超过10年的监禁。第403条规定（蓄意假冒）：欺诈性地冒充生者或死去的人以实现以下意图的，构成可诉罪，处14年以下监禁：（a）为自己或他人牟取财产；（b）获得财产或财产利息；或者（c）给他所冒充的人或他人带来不利。⑨ 从法条含义可以看出，第362条第（a）项和第（c）项应该包含了使用欺诈的手段诈领保险金的情况，而第430条的规定，也应该包含了利用人寿保险契约进行保险诈骗的情况。

《西班牙刑法典》第248条（诈骗罪）第1项规定：使用欺骗手段，诱使他人作出错误决定而获取利益的，构成诈骗罪。第249条规定：诈骗金额超过50 000比塞塔的，处6个月以上4年以下徒刑。量刑将考虑欺诈金额、经济损失、诈骗人和被诈骗人之间的关系、诈骗手段及其他可以认为严重的情节。⑩

《瑞士联邦刑法典（2003年修订）》第146条（诈骗）规定：（1）以使自己或他人非法获利为目的，以欺骗、隐瞒或歪曲事实的方法，使他人陷于错误之中，或恶意地增加其错误，以致决定被诈骗者的行为，使被诈骗者或他人遭受财产损失的，处5年以下重惩役或监禁刑。（2）行为人以此为职业的，处10年以下重惩役或3个月以上监禁刑。⑪

《瑞典刑法典》第9章第1条（诈欺罪）规定：欺骗他人为或不为某行为，致使被告人获利而被欺骗者或其代表的人受损的，以诈欺罪处2年以下监禁。第3条（重欺诈罪）规定：犯第1条之罪严重的，以重欺诈罪处6个月以上6年以下监禁。判断犯罪是否严重，应当特别考虑行为人是否滥用公众信任或者使用虚假文件或令人误解的簿记，或者犯罪是否具有其他特别危险的性质、涉及重大价值或导致可敏锐察觉的损失。⑫

《丹麦刑法典》第279条（诈骗罪）规定：以自己或者他人非法获得占有为目的，非法引起他人错觉、强化他人错觉或者利用他人错觉，诱使他人作出或者

⑨ 参见卞建林等译：《加拿大刑事法典》，224～225、241页，北京，中国政法大学出版社，1999。

⑩ 参见潘灯译：《西班牙刑法典》，94页，北京，中国政法大学出版社，2004。

⑪ 参见徐久生、庄敬华译：《瑞士联邦刑法典（2003年修订）》，49～50页，北京，中国方正出版社，2004。

⑫ 参见陈琴译：《瑞典刑法典》，14页，北京，北京大学出版社，2005。

不作出涉及被欺骗或受其作为、不作为影响之其他人财产损失之行为的，构成诈骗罪。⑬

《俄罗斯联邦刑法典》第 159 条（诈骗）规定：诈骗，即以欺骗或滥用信任的方法侵占他人财产或取得他人财产的行为。⑭

《日本刑法典》第 246 条规定了诈欺罪：欺骗他人使之交财物的，处 10 年以下惩役。以前项方法，取得财产上的不法利益的，或者使他人取得的，与前项同。⑮

《韩国刑法典》第 347 条（诈骗罪）规定：（1）欺骗他人而接受他人交付之财物或者取得财产上之利益，处 10 年以下劳役或者 200 万元以下罚金。（2）以前项的方法，使第三人接受他人交付之财物或者取得财产上之利益的，处罚同前款。⑯

《新加坡刑法》第 415 条规定：任何人通过诈骗，即欺诈地或不诚实地诱使被骗者将任何财产送给任何人，或者同意任何人保留任何财产，或者故意诱使被骗者做或不做如果他未被骗则不愿意做或不做的事，该作为或不作为导致或可能导致此人身体、精神、荣誉或财产上的损害或伤害的，被称为"诈骗"。该条释义进一步指出：不诚实地隐瞒事实真相，属于本条规定的诈骗。⑰

《菲律宾刑法》没有规定保险诈骗类犯罪，但在第 315 条规定了普通诈骗罪，而在罪状表述上采用了简单罪状和叙明罪状相结合的方式。⑱

我国香港特别行政区刑法也没有规定保险诈骗类犯罪。由于香港地区曾经长期受英国政府管制，因此在法律制度上基本承袭了英国的相关法律规定。关于金融诈欺行为，在我国香港地区并没有独立地分化出金融欺诈罪，而是仍按照诈欺罪惩治，比照 1995 年公告的《盗窃罪条例》中的相关法例加以处理。

我国台湾地区"刑法"中，保险欺诈犯罪无独立的罪名，而以诈欺取财、得利罪论处。具体规定：（1）意图为自己或第三人之所有，以诈术使人将本人或第三人之物交付者，处五年以下有期徒刑，或科或并科一千元以下罚金。（2）以前项方法得财产上不法之利益或使第三人得之者，亦同。（3）前二项之未遂犯罚之。⑲ 台湾地区原"刑法"（2005 年 2 月 2 日修正公布）第 55 条第 2 款有牵连犯的规定，因此若以其具体犯罪行为情状，则可构成各种相关犯罪，如纵火罪、故

---

⑬ 参见谢望原译：《丹麦刑法典与丹麦刑事执行法》，9 页，北京，北京大学出版社，2005。
⑭ 参见黄道秀译：《俄罗斯联邦刑法典》，79～80 页，北京，中国法制出版社，2004。
⑮ 参见张明楷译：《日本刑法典（第 2 版）》，91 页，北京，法律出版社，2006。
⑯ 参见［韩］金永哲：《韩国刑法典及单行刑法》，55 页，北京，中国人民大学出版社，1996。
⑰ 参见刘涛、柯良栋译：《新加坡刑法》，96～97 页，北京，北京大学出版社，2006。
⑱ 参见杨家庆译：《菲律宾刑法》，69～70 页，北京，北京大学出版社，2006。
⑲ 参见陈聪富主编：《月旦小六法》，6～54 页，台北，元照出版有限公司，2006。

意杀人罪等。[20] 但 2006 年 5 月 17 日修正后的"刑法"取消了牵连犯的规定。至牵连犯废除后，对于目前实务上以牵连犯予以处理之案例，在适用上，则得视其具体情形，分别论以想象竞合犯或数罪并罚，予以处断。[21] 而行为人如果采用杀人、纵火等手段实施保险诈骗犯罪的，这是一种典型的牵连犯罪，因此在这种牵连的情况下，只能对行为人以诈欺取财罪和相关的犯罪进行数罪并罚。

（二）"罪名独立式"保险诈骗犯罪立法模式

这种模式是在刑法典中专门规定保险诈骗罪的罪状和法定刑，笔者称之为"罪名独立式"保险诈骗犯罪立法模式。采用这一立法模式的有美国部分州、德国、意大利、芬兰、荷兰、奥地利、挪威、泰国、我国澳门等国家或地区。

美国《加利福尼亚州刑法典》第 450 条规定："任何人，以损害或欺诈保险人为目的，故意纵火或焚毁或帮助、促使焚毁任何当时已投保火险的货物或个人财产，而不论该货物或财产属于其本人的，还是属于其他人的"；第 548 条规定："任何人，以欺诈或损害保险人为目的，故意焚毁或以其他方式损坏、毁坏、藏匿或处置当时已进行火灾、盗窃或其他事故的投保的任何财产，而不论该财产是该人或其他人的财产，还是由他们占有"，都构成保险诈骗罪。[22]

《德国刑法典》第 265 条（保险的滥用）规定：（1）为使自己或第三人从保险中获得好处，对投保的防止灭失、防止损坏、防止影响使用、防止损失或防止盗窃之保险标的物加以毁损、损坏，使其不能使用，弃之不用或转让他人的，如行为未依第 263 条规定较重刑罚，处 3 年以下自由刑或罚金刑。（2）犯本罪未遂的，亦应处罚。第 263 条（诈骗罪）规定：（1）意图为自己或第三人获得不法财产利益，以欺诈、歪曲或隐瞒事实的方法，使他人陷于错误之中，因而损害其财产的，处 5 年以下自由刑或罚金刑。（2）犯本罪未遂的，亦应处罚。（3）第 1 款规定：情节特别严重的，处 6 个月以上 10 年以下自由刑。第 2 款规定了情节特别严重包括五种情形，其中第 5 项规定：为诈骗保险金目的，行为人或他人故意将有重大价值之物予以烧毁，或因纵火而使其全部或部分毁损，或将船舶弄沉或触礁而谎报保险事故的。[23]

《意大利刑法典》第 642 条（欺诈性毁坏自己财物和欺诈性致残自己身体）规定：（1）以为自己或其他人获取意外事故保险赔偿为目的，毁灭、损耗、破坏

---

[20]　参见刘家声：《论台湾保险欺诈犯罪》，载《刑事法学要论——跨世纪的回顾与前瞻》，北京，法律出版社，1998。

[21]　参见马克昌：《我国台湾地区刑法修正述评》，载《中国刑事法杂志》，2005（4），107 页。

[22]　参见王新：《金融刑法导论》，240 页，北京，北京大学出版社，1998。

[23]　参见徐久生、庄敬华译：《德国刑法典（2002 年修订）》，130～131 页，北京，中国方正出版社，2004。

或隐匿归其个人所有的物品的，处以 6 个月至 3 年有期徒刑和 200 万里拉罚金。（2）为了上述目的，对自己造成人身伤害的，或者加重因意外事故造成的人身伤害结果的，处以同样的刑罚。（3）如果犯罪人实现了上述意图，刑罚予以增加。（4）如果行为是在外国实施的，并且受损害的是在意大利领域内开业的保险人，也适用本条的各项规定，但是，犯罪经被害人告诉的才处罚。㉔

《芬兰刑法典》第 36 章第 4 条（保险欺诈罪）规定：凡为本人或他人取得不正当的保险赔偿，而对投保火灾保险的财产纵火的，以保险欺诈罪论处，处以罚金或 1 年以下的监禁，除非为了取得保险赔偿其犯有针对该财产的欺诈罪或欺诈罪的未遂行为。㉕

《荷兰刑法典》第 328 条规定：以为自己或者他人获取对投保人不利的不法利益为目的，对已投保防火的财产纵火或引爆该财产，或者以同样的目的，使已投保的船舶、航空器沉没、坠毁或者使载货或运费有保险的船舶或航空器搁浅或触礁，或者以同样的目的，对已投保的船舶、航空器或者载货或运费有保险的船舶、航空器损毁、损害或使其失去效能的，处 4 年以下监禁或第 5 类罚金。㉖

《奥地利联邦共和国刑法典（2002 年修订）》第 151 条规定了保险之滥用罪。该条规定：（1）故意为自己或他人骗取保险金，具备下列情形之一，如果行为没有依第 146 条（诈骗）、第 147 条（严重的诈骗）和第 148 条（职业性诈骗）处罚的，处 6 个月以下自由刑，或 360 以下日额罚金：1）毁弃、损坏或转移已投相应保险之物品的，或 2）自己或他人自伤身体、自损健康，或指使他人损害自己或他人健康的。（2）在支付保险金之前，或在有关机关（本条第 3 款）知晓其罪责之前，主动放弃计划的实施的，不依第（1）款处罚。㉗

《挪威一般公民刑法典》第 272 条（保险欺诈罪）规定：毁坏被保险物或者采取其他方法意图主张保险权利，使自己或者他人获得保险理赔的，处 6 年以下监禁。为了主张保险权利，虚假报险或者使保险权利不真实产生，主张对没有投保、不存在或者没有出险物品进行理赔的，亦同。可以附加罚金。第 2 款规定：实施下列行为的，处罚金、2 年以下监禁或者并罚：（1）在保险合同的签订过程中，对知道或者应当认识到对保险人有重要作用的信息予以隐瞒或者提供不真实的信息；（2）为使自己或者他人获得保险理赔或者保险合同规定的明确数额，提供与实际发生的损失明显不符的报告。共谋实施本条规定的重罪的，亦同。㉘

《泰国刑法典》第 347 条规定：意图为自己或他人获得保险利益，恶意损坏

㉔ 参见黄风译：《意大利刑法典》，191 页，北京，中国政法大学出版社，1998。

㉕ 参见肖怡译：《芬兰刑法典》，103 页，北京，北京大学出版社，2005。

㉖ 转引自叶高峰、王俊平：《保险诈骗罪比较研究》，载《郑州大学学报》，2001（5），91 页。

㉗ 参见徐久生译：《奥地利联邦共和国刑法典（2002 年修订）》，62 页，北京，中国方正出版社，2004。

㉘ 参见马松建译：《挪威一般公民刑法典》，54 页，北京，北京大学出版社，2005。

保险财物的，处 5 年以下有期徒刑，并处或单出 1 万铢以下罚金。㉙

我国澳门地区《刑法典》第 212 条第 1 款（有关保险之诈骗）规定：（1）借作出下列行为，收取或使另一人收取全部或部分保险金额者，处最高 3 年徒刑或科罚金。a）使风险已被承保之某一结果发生，或明显使风险已被承保之由事故所造成之结果更为严重；或 b）使风险已被承保之本人或他人身体完整性之损害发生，或使风险已被承保之由事故对身体完整性所造成之损害之后果更为严重。（2）犯罪未遂，处罚之。（3）如造成之财产损失：a）属巨额者，行为人处最高 5 年徒刑，或科最高 600 日罚金；b）属相当巨额者，行为人处 2 年至 10 年徒刑。㉚

（三）"附属刑法"的保险诈骗犯罪立法模式

这种模式是在附属刑法规范中规定保险诈骗行为，笔者称之为"附属刑法"的保险诈骗犯罪立法模式。㉛ 如法国《社会保险法典》第 337—1 条和 337—3 条规定：任何人为获得或使人获得，或企图使人获得不应获得的补助金或赔偿金，犯有欺诈行为或进行虚假申报的，处 360 法郎至 20 000 法郎的罚金，并不影响根据其他法律处以其他刑罚。㉜

二、域外与我国保险诈骗犯罪立法情况比较

上述第一种"罪名从属式"保险诈骗犯罪立法模式，是我国在 1995 年 6 月 30 日（即《关于惩治破坏金融秩序犯罪的决定》公布之日）以前所采用的立法模式。应该说，这种模式包容性大，但是不能体现保险诈骗犯罪行为的特殊性、危害的严重性，也缺乏对犯罪足够的警示性。在这种立法模式中，其中美国尽管没有对保险诈骗犯罪进行罪名独立化立法，但相关法律中，对部分保险诈骗犯罪行为还是作出了一定的规定，如《邮件诈骗法》、《健康保险会计条例》、《控制暴力和法律实施法案》。

上述第三种"附属刑法"保险诈骗犯罪立法模式，是在极个别国家采取的立

㉙ 参见吴光侠译：《泰国刑法典》，78 页，北京，中国人民公安大学出版社，2004。

㉚ 参见澳门政府法律翻译办公室译：《澳门刑法典澳门刑事诉讼法典》，80～81 页，北京，法律出版社，1997。

㉛ 关于附属刑法规范问题，笔者认为它是相对于法典化的刑事法律规范而言的，因此它只存在于法典化的大陆法系国家的刑法体系中。而英美等普通法系国家，不存在法典化的刑事法律规范，因此它的刑事法律规范散见于各种法律或司法判例之中。以加拿大为例，加拿大有全国统一适用的《刑事法典》，但从渊源上讲，加拿大还有其他一些重要的刑事法律和刑事法律规定，如《食品与药品法》、《毒品控制法》、《青少年罪犯法》以及《加拿大权利与自由宪章》等；另外，判例也是刑事法的重要渊源。参见杨诚：《〈加拿大刑事法典〉：评价与借鉴——中译本代序》，载卞建林等译：《加拿大刑事法典》，5 页，北京，中国政法大学出版社，1999。

㉜ 参见王新：《金融刑法导论》，241 页，北京，北京大学出版社，1998。

法模式。我国对保险诈骗犯罪采用了"罪名独立式"的保险诈骗犯罪与"附属刑法"的保险诈骗犯罪相结合的立法模式,但我国的"附属刑法"模式,缺乏能独立适用的法定刑,因此这种模式也被称为依附型立法模式。

第二种"罪名独立式"保险诈骗犯罪立法模式,也是我国当前立法所采取的方法。因此,笔者着重就采取第二种立法模式国家(或地区)的立法情况与我国的立法情况进行比较研究。

(一)犯罪既遂模式之比较

上述国家(或地区)均采取了行为犯作为既遂的立法模式[33],在犯罪的具体侵害对象上包括两类:第一类为财物[34],主要是已投保的财物,如美国《加利福尼亚州刑法典》、《德国刑法典(2002年修订)》、《芬兰刑法典》、《荷兰刑法典》、《挪威一般公民刑法典》、《泰国刑法典》。个别则包括已投保财物和未投保的财物,如《挪威一般公民刑法典》。第二类为财物和人身(但仅局限于人身伤害),如《意大利刑法典》、《奥地利联邦共和国刑法典(2002年修订)》、我国《澳门刑法典》。

而我国立法则采取了结果犯作为既遂的立法模式,犯罪的具体侵害对象包括财物和人身(包括死亡、伤残)。

(二)目的犯模式下的犯罪对象[35]之比较

上述国家(或地区)均采取了目的犯的立法模式,但犯罪对象(意图获取的利益)又分为两类:第一类为保险金,如《意大利刑法典》、《泰国刑法典》、《奥地利联邦共和国刑法典(2002年修订)》、《挪威一般公民刑法典》、《泰国刑法典》、我国《澳门刑法典》;第二类除保险金外,还包括保费或其他利益,如美国《加利福尼亚州刑法典》、《德国刑法典(2002年修订)》、《荷兰刑法典》。

我国也采取了目的犯的立法模式,犯罪对象仅为保险金。

---

[33] 值得注意的是,经济发达国家(或地区)对经济性欺诈犯罪普遍采用了行为犯的立法模式。参见刘远:《金融诈骗罪研究》,162页,北京,中国检察出版社,2002。同时还需要说明的是(如我国澳门地区《刑法典》),虽然行为方式上要求造成一定的现实损害,如特定财产之焚毁等,但这种损害相对诈骗犯罪的行为结构来说,仍属于行为犯之行为的范畴,而不是行为的结果,只有保险公司或其他金融交易相对人上当受骗而交付一定的钱财之后(当然就包括了被害人财产的损失以及行为人的非法占有等情形)才能称得上是金融诈骗之结果。

[34] 根据德国现行刑法的规定,如果行为人为了获得人寿保险金而杀人或者伤害他人的,不适用刑法关于保险诈骗罪的规定。因为,德国刑法将保险诈骗罪的适用条件限于财产保险,即行为人只有以获得保险金为目的而将保险物毁坏或者转让他人的,才构成保险诈骗罪。如果行为人为诈领人寿保险金而杀害他人的,则应适用牵连犯的规定,以杀人罪论处。参见张明楷:《外国刑法纲要》,638页,北京,清华大学出版社,1999。

[35] 犯罪对象是犯罪行为所指向的具体的物或人。参见高铭暄主编:《刑法学原理》,第1卷,501页,北京,中国人民大学出版社,1993。

（三）犯罪主体范围之比较

上述国家（或地区）均采取了一般主体的立法模式，如美国《加利福尼亚州刑法典》、《德国刑法典（2002 年修订）》、《泰国刑法典》、《荷兰刑法典》、《奥地利联邦共和国刑法典（2002 年修订）》、《挪威一般公民刑法典》、《泰国刑法典》、我国《澳门刑法典》、《意大利刑法典》。

我国则采取了特殊主体的立法模式，即犯罪主体限定为"投保人、被保险人和受益人"。

（四）罪状表述方式之比较

上述国家（或地区）均采取了叙明罪状的立法模式，其中绝大多数国家（或地区）采取的是严格的列举式叙明罪状，如《德国刑法典（2002 年修订）》、《意大利刑法典》、《泰国刑法典》、《荷兰刑法典》、《奥地利联邦共和国刑法典（2002 年修订）》、《挪威一般公民刑法典》、《泰国刑法典》、我国澳门地区《刑法典》。个别国家（或地区）采取的是概括式叙明罪状（即对罪状采取详细列举，同时作出原则性规定的模式）的立法模式，如美国《加利福尼亚州刑法典》。

而我国采取了严格的列举式叙明罪状的立法模式，即现行《刑法》第 198 条第 1 款规定了五种行为方式。

（五）刑罚种类及其程度之比较

上述国家（或地区）均采取了自由刑与罚金刑相结合的刑罚立法模式。如《德国刑法典（2002 年修订）》、《意大利刑法典》、《芬兰刑法典》、《荷兰刑法典》、《奥地利联邦共和国刑法典（2002 年修订）》、《挪威一般公民刑法典》、《泰国刑法典》、我国澳门地区《刑法典》，而且芬兰（第 2a 章第 4、5 条）、奥地利（第 19 条（3））、挪威（第 28 条）、泰国（第 29、30 条）等有罚金转处自由刑的法律规定，使刑罚执行更加灵活。部分国家还规定了资格刑，如《法国刑法典》第 131—6 条第 1 款第 11 项规定的"禁止从业"的处罚，"如所从事的职业性或社会性活动提供的方便条件被故意利用来准备或实行犯罪，禁止从事此种职业或社会活动，最长时间为 5 年"。

各个国家（或地区）基本上都注意运用罚金刑来遏制保险诈骗犯罪。从罚金的适用方式上看，有的属于选科罚金制，即在量刑时，既可以适用自由刑，也可以适用罚金刑，由法官在裁量刑罚时择一适用，如德国、荷兰、我国的澳门地区等；有的属于并科罚金制，即法律对该犯罪同时规定自由刑和罚金刑两种刑罚方法，法官在适用时必须将两者兼而科之，如法国、意大利等。从罚金刑规定的方式上看，有的属于定额罚金制，即对该罪规定了设有幅度的、定量的罚金，如意大利等；有的属于普通罚金制，即在对该罪设置罚金刑时规定一定幅度的数额，如法国等；有的属于日数罚金制，如德国、我国的澳门地区等。

在上述国家（或地区）有关保险诈骗犯罪的立法中，和其他欺诈犯罪相比，在刑度配置上部分持平，有个别高于一般欺诈犯罪，如《挪威一般公民刑法典》⑯、《泰国刑法典》。⑰ 另外，因为立法采取的是行为犯的既遂模式，因此刑罚量总体偏重，如《德国刑法典（2002 年修订）》第 12 条规定最低刑为 1 年或 1 年以上自由刑为重刑，而保险诈骗罪的最高刑可以达到 10 年。另外《意大利刑法典》还作出"如果犯罪人实现了上述意图，刑罚予以增加"的规定。还有，美国的许多州，尽管没有采用"罪名独定式"保险诈骗犯罪立法模式，但《控制暴力和法律实施法案》认定知情地虚假陈述以夸大保险价值为犯罪，而且至少 32 个州立法把一定金额以上或者屡犯的保险欺诈定为重罪。

我国也采取了自由刑与罚金刑相结合的刑罚立法模式，但在刑度配置上，就保险诈骗罪这一单一犯罪的最高刑为有期徒刑 15 年。对于罚金刑的适用采用选科与并科结合的模式，在数额规定上，对自然人犯罪采用了限额制，而对单位犯罪则采用了无限额制，但没有罚金刑转处自由刑的相关规定，更没有资格刑的规定。

三、对域外立法经验借鉴的几点思考

由上观之，域外在保险诈骗犯罪的立法问题上与我们存在较大的差异。这种差异性既与立法的价值取向、法律文化传统不同之因素有关，也与域外立法习惯、司法实践等诸多因素有密切联系。应当说，在对不同立法模式的理解与司法适用过程中，上述各种立法模式及其在各种模式下制定的具体法律制度应该说各有特点，但若综合各种因素考虑，笔者认为，通过比较研究，我们对于以下问题在以后法律修正时应当予以考虑，即对于符合我国现实需要的要坚持，而对于不利于惩治保险诈骗犯罪，进而不利于促进保险业发展的规定，在充分借鉴域外有益的立法经验基础上进行认真的修正与完善。

（一）保险诈骗犯罪罪名从属性还是特定化问题

从属性的特点在于刑法中没有专门的保险诈骗的罪状与罪名，根据保险诈骗行为的性质而援引相应的刑法分则罪状，在罪名上从属于他罪，没有自己独立的罪名。前述第一种情形为从属模式。特定化与从属性模式相比，两者各具特色。

---

⑯　本罪刑法规定为重罪，而且刑罚的严厉程度同第 271 条的严重欺诈罪相同。

⑰　《泰国刑法典》第 341 条规定的普通欺诈罪，法定刑为 3 年以下有期徒刑，并处或单处 6 000 铢以下罚金。第 342 条规定了两种加重情节，但法定刑也只为 5 年以下有期徒刑，并处或单处 1 万铢以下罚金。

对于特定化模式而言，在法律已作明确规定的前提下，法官只要遵循罪刑法定原则，依照法律的具体规定，适用法律就可以了。但是也有其局限性，尤其是在对保险诈骗罪具体行为方式或者保险诈骗所涉及的领域等问题上，容易发生遗漏，难免挂一漏万。而在从属性模式中，如日本、我国的台湾地区等的有关规定不将保险诈骗罪作为独立的犯罪规定，对发生在保险领域的诈骗犯罪适用刑法典普通诈骗罪的规定进行定罪量刑。其优点在于：在法律已对诈骗罪作出规定的情况下，不会发生因立法的遗漏而将一部分犯罪作为保险诈骗罪处理，而对于另一部分本属保险诈骗的行为只能作为普通诈骗罪处理，但是在一定程度上降低了保险诈骗罪从普通诈骗罪独立出来的价值。但刑法典中单独规定保险诈骗罪是很有必要的。因为，保险诈骗罪与普通诈骗罪相比具有特殊性，且其危害的利益、范围以及所产生的消极影响是普通的诈骗犯罪所不可比拟的。这也是我国将保险诈骗犯罪从普通诈骗罪中独立出来的原因之所在。

因此，笔者的观点是认为对于我国这样一个保险业起步时间不长的国家来说，罪名独立化更具有合理性。

（二）采取法典化与附属刑事法律规范相结合的立法模式的价值问题

法典化立法模式，具有简洁、明了的特征，便于司法适用与人们对该罪罪状的全面了解、认识。而在附属刑法中规定保险诈骗罪，不利于发挥刑法的一般预防作用，因为附属刑事法律规范[38]不具有刑法典的形式，其中的刑事责任条款的威慑力容易被社会忽视。诚如有的学者所指出的那样，在刑法典中而非附属刑法中规定经济犯罪可以实现很多目的：（1）可以排除这样的想法：经济犯罪行为涉及的只是轻微的或者不损害名誉的违法行为；（2）可以促进研究在遏制经济犯罪时通常是由核心刑法代表的刑法一般预防的力量；（3）可以促进刑法保护的领域中迅速形成对遏制犯罪有重要意义的法律意识；（4）可以对经济刑法犯罪构成协调与平等对待的效果。[39]同时，采用刑法典、单行刑法以及附属刑法的这一多元的刑事立法方式进行立法，容易造成规范的冲突，不利于司法操作和统一执法。从这一点上看，采用法典化的模式立法是可取的。法典化立法模式是绝大多数国家所采取的。当然在保险诈骗犯罪罪名未独立化的国家，它们是运用诈骗罪条款对行为进行惩处的，但是在立法模式上也应当是一种法典化模式。

---

⑧ 附属刑事法律条款一般只是提示性规定，没有明确规定具体的罪状和刑罚。参见胡启忠等：《金融犯罪论》，81页，成都，西南财经大学出版社，2001。因为我国的附属刑事法律规范一般没有规定法定刑，在适用时要依赖刑法典，因此它也被称为"依附性条款"。参见刘代华、齐文远：《金融犯罪论纲》，载赵秉志、张军主编：《（2003年度）中国刑法学年会文集：刑法实务问题研究》（上册），173页，北京，中国人民公安大学出版社，2003。

⑨ 参见王世洲：《德国经济犯罪与经济刑法研究》，158页以下，北京，北京大学出版社，1999。

　　而日本一般不采用刑法典或者单行刑法的形式规制金融犯罪，而是将各种金融犯罪规定于相应的金融法律中，在部门法的罚则中规定相关行为的刑事责任，确立相应的罪名与法定刑。这样，立法者在进行金融立法时就可以便利灵活地根据金融实践的情况实事求是地规定配套的刑法规范，有的放矢，具有较强的针对性和适应性。[40] 日本学者中山研一教授指出，市场经济是不断发展、变化的经济，它要求国家不断地制定一些法律法规，对市场经济进行调整，同时，市场经济条件下的经济犯罪行为也是经常变化的，新的犯罪行为层出不穷，也需要刑法经常对之作出反应，而刑法典是比较稳定的法律规范，不可能经常修改，所以许多国家的刑法典规定对经济犯罪的一些惩罚原则，具体的经济犯罪行为由经济刑法规定（如日本、美国等）。[41] 但是，对保险诈骗犯罪行为还是采用了刑法典所规定的诈欺罪条款进行惩处，因此采取的也是法典化模式。

　　我国除刑法规定惩治保险诈骗罪外，在保险法规中，规定了一系列保险行为规范，违反该规范的行为要受到行政处罚；并且规定了一系列保险诈骗行为，保险诈骗情节严重构成犯罪的，按照刑法追究刑事责任。但是刑法典是我国刑法规范的主要表现形式，因此也是我国保险刑事立法的主要法律渊源。我国这种结合的模式与世界大多数国家关于保险诈骗犯罪的立法模式不同。

　　对于我国刑事立法中将附属刑事法律规范作为刑事法律渊源，笔者认为有其必要性，其理由是：首先，从非刑事法律规范的逻辑结构看[42]，附属刑事法律规范的内容是非刑事法律规范中的法律后果之一——刑事责任，因而保险附属刑法是保险法律的必不可少的组成部分。其次，在非刑事法律中规定附属刑事法律规范，能更有效地保护非刑事法律所确定的社会关系。附属刑法中的罪刑规范比刑法典中规定的罪刑规范的指引、教育和威慑功能强。因为从事保险工作的人员必须熟知或者首先接触的是其所在部门的法律法规，故在其熟知的部门法中直接规定罪刑规范的，显然有利于刑法规范的指引功能、教育功能和威慑功能的实现；相反，将保险诈骗犯罪的罪刑规范规定在刑法典中，其被保险从业人员所感知的、所接受的效果就会大打折扣。因此，采取这种立法形式对规范保险行为，防范保险诈骗罪起着重要的作用。

　　有学者提出要采用独立型附属刑法模式的观点，即在附属刑事法律规范中明确规定罪状和刑罚，并对其必要性进行了论证。首先，附属刑法中的罪刑规范比

---

　　[40]　参见白建军：《金融犯罪研究》，377页，北京，法律出版社，2000。
　　[41]　参见胡云腾：《论金融犯罪》，载《法学前沿》，第1辑，90页，北京，法律出版社，1997。
　　[42]　法律规范的逻辑结构由假定、处理和制裁三部分构成。所谓假定，即是适用该法律规范的条件。任何法律规范都是在一定的范围内适用，也就是说，只有当一定的情况具备时，该规范才能对人产生效力。所谓处理，是关于行为模式的规定，即法律关于允许做什么、禁止做什么和必须做什么的规定，即关于权利义务的规定。所谓制裁，就是对遵守和违反规则的行为予以肯定和否定的法律后果。任何一个法律规范都必须具备这三要素，缺少任何一种，就意味着该法律规范不存在。

刑法典中规定的行政犯的罪刑规范的指引、教育和威慑功能强。其次，附属刑法中直接规定罪刑规范有利于维护刑法典的威严和稳定性。再次，允许附属刑法规定罪刑规范不会破坏法制的统一。又次，在附属刑法中设置法定刑，不会破坏我国刑事法治的基本原则——罪刑法定原则。因为我国的刑法渊源包括刑法典、单行刑法和附属刑法，所以在附属刑法中规定罪刑规范在我们看来不会违背罪刑法定原则。最后，如果采取以刑法典为主，以附属刑法补充的金融刑法立法模式，则要求刑法典中的金融刑法立法技术高超，能够超越具体的、琐碎的罪名和空白罪状。这几乎意味着要求将刑法典中的金融犯罪的条文全部废弃再重新立法，其工程是十分浩大的，也是极大浪费刑法立法资源的。[43]

笔者认为采用这种独立型的立法模式固然具有其积极意义，如进一步强化刑法规范的威慑功能、对经济犯罪形势的迅速反应等，同时确实也不存在破坏罪刑法定原则等问题。但是带来的问题也是明显的，首先，刑法与附属刑法难以进行有效的协调，为了适应打击经济犯罪的现实需要，在附属刑事法律规范中对相关内容进行修正，会与刑法典中的相关规定产生矛盾与冲突，其结果是不但不利于维护刑法典的威严与稳定，相反却会因为这种不统一、不协调，造成对法律威严与稳定的破坏。其次，刑法典中的金融刑法立法技术难以达到高超的要求，而部门立法要达到很高的水平则更是一种空谈，所以其结果可能是造成新的更大的立法资源浪费。

因此，笔者的观点是，以刑法典为主，以依附型附属法律规范为辅的立法模式是可取的，这样可以形成一个既实用又完整协调的保险刑事法律体系。

（三）犯罪既遂模式是采取行为犯还是结果犯模式问题

对保险诈骗罪是结果犯问题，应从实然与应然两个角度进行论述，笔者认为的应然角度的理由是从价值取向角度进行的阐述，即我国采用结果犯模式是与我国的刑罚目的和刑事政策导向相吻合的。

采取行为犯立法模式的国家（或地区）一般与我国刑法的立法背景差异很大。以德国为例，德国刑法理论认为，现代社会的危险现象越来越普遍，越来越严重，除了传统的危险，还有新的危险。在公民面临诸多危险而丧失了安全感的情况下，德国刑事立法与刑法理论所采取的对策之一是实行法益保护的早期化。保险诈骗罪的规定就是这种刑法理论与立法特点的产物，实际上是将保险诈骗的预备行为规定为既遂犯罪。如学者论证，传统诈骗罪的立法模式在金融欺诈面前从理论到实践均显得力不从心。德国刑法学界最初采用"抽象的危险构成要件"

---

[43] 参见刘代华、齐文远：《金融犯罪论纲》，载赵秉志、张军主编：《（2003年度）中国刑法学年会文集：刑法实务问题研究》（上册），170～173页，北京，中国人民公安大学出版社，2003。

和"堵截的构成要件"时，正是因为运用普通诈骗罪惩治金融欺诈产生诸多理论难题之故。普通诈骗罪最初就是为保护个人财产而规定的，而对政府资助的诈骗不仅侵犯了国家的财产，更重要的是造成了国家通过预算拨款，即特种资助款项，所要达到的社会目的无法实现。这种"社会目的落空理论"是建立专门的资助诈骗罪的重要理论根据。㉔ 一方面，由于立法背景的差异，我们对域外的立法经验不能亦步亦趋，更何况域外的理论与观点并不是没有争议的，对此我国有学者指出：事实上，国外对经济犯罪立法采用抽象的危害行为的做法，在理论上也是存在不同看法的。德国在经济刑法中规定抽象危害构成的做法肇始于20世纪70年代后期，但是由于抽象危害行为在刑法中的引入意味着刑事责任范围的扩大，且这种立法方式与德国传统的刑法理论不完全一致，而受到责难。人们在追问：刑法在经济领域是不是过于匆忙地投入使用，刑法作为社会控制的最后法律手段这个基本原理在德国经济刑法中是不是被忽视了。看来，将国外有争议的东西引入中国刑法是不慎重的。㉕

有学者鉴于金融犯罪客体的双重性，提出"如果是着力于维护社会伦理规范，则行为犯更为有用；如果是着力于保护个人合法利益，则结果犯更为有利。金融犯罪主要侵犯的是金融秩序，金融秩序的核心是公共信用，这是市场经济的基本伦理规范，为了维护这一社会伦理规范，金融犯罪构成形态的立法设计应首选行为犯"㉖。更有学者进一步指出，采取结果犯模式在客观上容易造成司法实践对保险诈骗的唯结果论、唯数额论，使保险公司对一些目的未得逞的罪犯仅采取民事责任，既不利于法益的提前保护，又放纵了一部分罪犯，也与我国保险诈骗罪以保护整体的保险制度为宗旨的立法思维相违背。㉗

但笔者认为，采取结果犯模式确实在一定程度上存在这些问题，但是这些问题的克服是否一定要通过立法模式的调整来解决，也就是说在现有的法律框架下能否寻找一种解决问题的良方。笔者的看法是应充分利用我国刑法典的特色规定：在总则中规定了对犯罪预备处罚的原则性规定，这不同于德日刑法典中只在分则中例外地处罚预备犯的立法例。我国犯罪预备的独有特色的立法例，完全可以弥补我国分则中无抽象危险的构成要件的缺憾，事实上这一规定可以使刑法防线比抽象危险的构成要件中更为前移，使法益的保护更为早期化。可惜的是，我国刑法典这一特色立法例，未引起学者和司法部门的应有重视，将宝贵法条资源浪费却倡导拿来主义。从长远看，在修订刑法时，也可考虑将部分保险诈骗罪采用行为犯立法模式，以更好地提醒司法人员注意。

㉔ 参见王世洲：《德国经济犯罪与经济刑法研究》，212页，北京，北京大学出版社，1999。

㉕ 参见赵秉志、杨诚主编：《金融犯罪比较研究》，329页，北京，法律出版社，2004。

㉖ 刘远、赵纬：《金融犯罪构成形态的立法设计》，载《人民检察》，2005（8）（上）。

㉗ 参见李邦友、高艳东：《金融诈骗犯罪研究》，434页，北京，人民法院出版社，2003。

因此，笔者的观点是认为在刑事立法中采取结果犯的模式是合理的。

（四）关于保险诈骗罪法条设计中需要注意的几个具体问题

下面四个问题，涉及保险诈骗罪法条设计的一些具体问题，与上述三个相对宏观的问题相比，我们不妨称之为微观问题。

第一，关于犯罪主体的范围问题。

域外保险诈骗犯罪的立法基本上采取一般主体的立法模式，这样可以最大限度地发挥保险诈骗罪法律规定的适用功能。我国刑法规定的保险诈骗罪不但规定自然人可以构成保险诈骗罪的主体，而且规定单位也可以构成保险诈骗罪的主体。但是无论是自然人还是单位，要构成保险诈骗罪其基本前提是该自然人和单位必须具有投保人、被保险人或受益人的主体身份。

而笔者认为，就保险诈骗罪而言，其本质是行为人利用保险合同诈骗保险公司的财产，任何人（包括自然人和法人）如果想诈骗保险公司的财产，都可以利用保险合同的形式。在保险诈骗中，行为人可能利用有效的保险合同，在这种保险合同中，由于合同有效，合同关系存在，故投保人、被保险人或受益人作为保险合同的当事人或关系人，是真实的法律意义上的投保人、被保险人、受益人；而对那些一开始即想诈骗保险公司的人来说，由于在诈骗的故意支配下签订的保险合同无效，故当事人之间并不存在有效的保险合同关系，各当事人并非法律意义上的投保人、被保险人或受益人，他们只是利用投保人、被保险人或受益人的名义诈骗，有其名而无其实，合同只是其实施诈骗的一种手段。在后一种情形下的保险诈骗与冒名骗赔、利用原合同关系骗赔等行为并无本质区别，因为后者也是以相关的保险合同为基础进行的诈骗活动。

因此，笔者的观点是，我国保险诈骗犯罪罪名虽然实现了独立化，但其适用范围由于主体的法律规定，因此受到较大的限制，其结果是大量实质上是保险诈骗的犯罪行为在法律适用上还是要回头去适用普通诈骗罪的规定。这种独立化不彻底的状况，不利于执法的统一，也会给司法人员和普通公民徒增了适法的困惑，不符合当前打击保险诈骗犯罪的现实需要。

第二，关于犯罪对象和行为侵害对象的范围问题。

在国外立法中，部分国家将犯罪对象范围规定得比较广泛，即除了保险金外，还包括保费和其他利益，而我国保险法仅仅将犯罪对象确定为保险金。这种立法模式带来的最大问题是，法律对保险合同法律关系的双方没有实行同等保护。实际上，同主体问题一样，同样是一种罪名独立化不彻底的反映，因此笔者认为现行《刑法》应当将犯罪对象扩大。

这里还涉及一个相关问题，即保险诈骗犯罪行为侵害对象问题（它不是指犯罪对象，而是犯罪行为直接作用的人身或财物）。域外立法中，将保险诈骗罪发生的领域大多数局限于财产保险领域，因此犯罪行为侵害对象一般为财物，对整体保险制度的保护缺乏超前性和涵括性。而我国保险诈骗罪立足于对整体的保险制度的保护，其适用范围较广且具有超前性，即我国的保险诈骗罪可以适用一切险种，即可以适用于财产，车、船、飞机运输、人身、人寿、种植、养殖、涉外等各种保险种类中的犯罪活动。

因此，笔者的观点是，在犯罪对象的确定上范围过窄，需要扩大，而在行为的侵害对象的设定上，我国的立法是可取的。

第三，罪状的叙明化程度问题。

在保险诈骗犯罪罪名独立化的国家和地区，对罪状表述方面基本上采用叙明罪状方式，法律条文中对犯罪行为加以具体而详细的描述。这种叙明化程度比较高的现状是与这些国家的立法传统，刑事法制相对完善，而且罪刑法定原则得到有效贯彻的实际相吻合的。

我国现行《刑法》采用了严格的列举式叙明罪状的表述方式，因此叙明化程度很高，可以说是一种刚性的规定。这种立法状况，应该说在立法之初有其合理性，因为我国保险诈骗罪是从普通诈骗罪中分离出来的，主要是针对日益严重的保险欺诈行为，保护我国刚刚起步不久的保险业。对于"保险诈骗"这一新名词，相对于传统的犯罪，如杀人、盗窃，人们尚处于认识还比较模糊的阶段，因此比其他国家详尽而具体的罪状描述，适合我国的国情，有利于预防和遏制本罪。但是，"法有限而情无穷"。我国保险业正处在迅速发展之中，因此各种问题层出不穷，罪状的叙明化程度过高，会使法律的规定失去一定的张力，从而出现一系列法律适用中的漏洞。

因此，笔者的观点是，在我国保险诈骗罪罪状的叙明化程度不能过高，应当保持法律适用的一定的张力，这样有利于法律的稳定与执法的统一。

第四，关于刑罚严厉还是轻缓问题。

在保险诈骗犯罪罪名独立化的国家和地区，其刑罚设置的特点是：其一，自由刑严厉程度起码同一般欺诈犯罪持平，有不少国家和地区甚至高于一般欺诈；其二，对罚金刑规定和执行也相对严格，并且规定了转处自由刑的执行办法；其三，有不少国家的法律在总论部分规定了资格刑，这种资格刑的规定可以直接适用于对保险诈骗犯罪分子的处罚。因此，这些国家和地区对保险诈骗罪的刑罚与普通诈骗犯罪相比，总体严厉（如果结合其行为犯的立法模式，则其严厉程度就更高了），而且体系也较完备。应当说，这是与保险诈骗犯罪侵害的超个人法益这一事实相适应的，也是与上述国家刑事立法比较科学分不开的。

但我国对于保险诈骗罪的处罚存在一个明显缺陷，即保险诈骗罪的法定刑过低，与其社会危害性不相称。保险诈骗罪是一种严重的犯罪行为，其社会危害性明显大于一般的诈骗罪，而其刑罚的严厉程度却低于普通诈骗犯罪，这显然是与罪名独立化的初衷相违背的，而且与普通诈骗犯罪和其他金融犯罪的刑罚规定失去平衡。另外，没有罚金刑转处自由刑和资格刑的规定，显然也是比较大的缺陷，这样容易使刑罚规定的完备性和有效性受到影响。

因此，笔者的观点是，对刑罚严厉还是轻缓的判断，不能作简单的机械性的比较。一个国家对某种犯罪的刑事干预强度应该与该国的具体国情相适应，同时也应该与该国对该类犯罪所设置的犯罪构成和同类犯罪的刑罚严厉程度相适应，因此需要对现行的刑罚规定进行必要的调整与修正。

骗取贷款、信用罪若干问题研究

鲜铁可*　　赵志华**

　　十届全国人大常委会第二十二次会议表决通过了《中华人民共和国刑法修正案（六）》，并自当日起施行。此次刑法修订，着重补充和修改了经济领域的四类犯罪，其中尤其以惩治金融领域与证券领域犯罪为显著特色，并相应地加重了对这些经济领域犯罪的刑罚。同时，也增加了8个新罪名。这些新修改或者新增加的罪名大都具有相应的立法背景和特定的适用要求，要更准确地把握这些罪名的含义，就必须要认真对这些新罪名进行研究。本文拟就该修正案第10条新增罪名的有关立法背景、含义及构成要素谈谈看法。

一、骗取贷款、信用罪的立法背景

　　自1997年刑法实施以来，频频发生一些单位和个人以虚构事实、隐瞒真相等欺骗手段，骗取银行或其他金融机构贷款、票据承兑、信用证、保函等商业银行信用的案件，这些骗取银行信用案件，涉及资金往往是几百万、几千万，甚至几十亿，给银行或者其他金融机构造成重大损失，从而严重危害金融运行安全。具体表现为，在骗取金融机构贷款方面，一些单位和个人手段不断演化，形式不断翻新，有的房地产开发商通过大量"假按揭"的手法套取银行资金；有的企业通过提交虚假证明材料，重复抵押骗取银行贷款，以获取流动资金、扩大经营规模；有的个人之间或者与房地产企业串通一气，伪造房产证明，虚构房产交易，合伙骗取银行巨额贷款；有的企业虚报公司注册资本及相关证明、资质材料骗取银行贷款等等。在骗取金融机构票据承兑、信用证、保函等信用票证方面，无论是经济发达地区还是欠发达地区均有承兑汇票诈骗行为存在，越是经济发达地区，伪造、变造假银行承兑汇票的案件就越多。

---

　*　鲜铁可，最高人民检察院申诉厅副厅长，法学博士。
　**　赵志华，中国政法大学法学院讲师，法学博士。

公安机关、人民银行等部门提出，实践中一些单位和个人以虚构事实、隐瞒真相等手段，骗用银行或其他金融机构的贷款。但要认定骗贷人具有"非法占有"贷款的目的很困难。有些单位和个人虽然虚构事实、隐瞒真相、编造虚假理由来获得贷款，但由于没有充分证据证明行为人主观上是否有非法占有的目的，致使这类案件的处理陷入两难境地，要么无罪，要么重刑。因此，有人建议将使用欺骗手段取得金融机构贷款，数额较大的行为，增加规定为犯罪。①

立法机关在认真研究各方意见后认为：诈骗罪的本质特征就是以非法占有为目的，采用欺骗手段，将本属于他人的财物据为己有。我国刑法对集资诈骗、票据诈骗、金融凭证诈骗、信用证诈骗、信用卡诈骗、有价证券诈骗、保险诈骗和合同诈骗犯罪的规定，无不从规定的主观要件或者从规定的具体行为的特征上反映出诈骗犯罪的这一本质特征，贷款诈骗罪也不应当例外。在市场竞争日趋激烈的情况下，不应当把从银行获取贷款后还不上的，都作为贷款诈骗犯罪处理。将所贷之款用于生产经营项目，只是由于经营不善、市场急剧变化或者决策失误，导致生产经营亏损，因而不能返还贷款的，不应当认定为贷款诈骗罪。实践中以欺骗手段获取银行和金融机构贷款，有些虽然不具有非法占有目的，但的确给金融机构造成了损失，扰乱了正常金融秩序。实践中，除以欺骗手段获取金融机构贷款外，骗取银行开具以金融机构信用为基础的票据承兑、信用证、保函等其他信用的案件也屡见不鲜。骗取金融机构信用与贷款，使金融资产处于可能无法收回的巨大风险之中的，有必要规定为犯罪。但考虑到行为人没有"非法占有的目的"，刑罚应当比贷款诈骗罪轻一些。②

2006 年 6 月 29 日通过并于同日实施的《刑法修正案（六）》因应了这一要求，在《刑法》第 175 条后增加一条，作为第 175 条之一："以欺骗手段取得银行或者其他金融机构贷款、票据承兑、信用证、保函等，给银行或者其他金融机构造成重大损失或者有其他严重情节的，处三年以下有期徒刑或者拘役，并处或者单处罚金；给银行或者其他金融机构造成特别重大损失或者有其他特别严重情节的，处三年以上七年以下有期徒刑，并处罚金。单位犯前款罪的，对单位判处罚金，并对其直接负责的主管人员和其他直接责任人员，依照前款的规定处罚。"该条立法旨在将虚假陈述的金融欺诈行为予以犯罪化，构建"堵截的构成要件"，以严密法网，保障金融安全，改进金融生态。

二、虚假陈述的金融欺诈行为犯罪化的理论基础

第一，将虚假陈述的金融欺诈行为犯罪化，是金融活动的诚信原则的要求。

---

① 参见黄太云：《刑法修正案（六）的理解与适用》（下），载《人民检察》，2006（8）。
② 参见黄太云：《刑法修正案（六）的理解与适用》（下），载《人民检察》，2006（8）。

市场经济是信用经济，信用之所以如此重要，是因为今天的社会已步入到契约社会，人们不再生活在一个静态封闭的圈子里，而是置身于一个动态开放的系统中，因而同外界进行信息交流、商品交换、资金融通等成为不可避免的事情。而这一动态开放系统的健康运行，却是由信用关系来维系的，可以说信用关系主导着市场经济的有序运行，它要求当事人在行使权利时，不得损害第三人和社会的利益，以保持社会之稳定与和谐。金融活动是以高度的信用为基础的，信用是金融的生命。金融活动的这种信用性，要求参与金融活动的任何个人与单位都应当遵循诚信原则。而虚假陈述的金融欺诈行为，本质上与诚信原则背道而驰，它已经威胁或损害到社会公共利益，构成对"超个人法益"的侵害，因而对其予以犯罪化不仅是保护个人法益的需要，更是整饬金融信用危机、维护金融秩序的需要，是符合刑法目的的正当举措。

第二，将虚假陈述的金融欺诈行为犯罪化，是惩治金融犯罪的诉讼活动的客观需要。

诚然，对于实践中大量存在的金融欺诈行为，可以依照贷款诈骗罪定罪量刑，但是由于贷款诈骗罪在构成要件上局限于"以非法占有为目的"，因而通过贷款诈骗罪只能惩处非法占有型的金融欺诈犯罪，而对于虚假陈述型的金融欺诈行为，在刑法未对其予以犯罪化之前，只能依照民法、行政法予以处理，而这正是虚假陈述型的金融欺诈行为大行其道的原因。更何况，贷款诈骗罪的成立要求司法机关不仅要有充分证据证明行为人采取了"虚构事实、隐瞒真相"的方法，而且要有充分证据证明行为人主观上是"以非法占有为目的"。如果不具有非法占有的目的或者该目的难以证明，即使行为人采取了虚构事实、隐瞒真相的欺诈行为获得了贷款，并且给金融机构造成了重大损失，也不能以贷款诈骗罪论处。可见，贷款诈骗罪由于构成要件之严苛，证据标准之严格，已不足以对金融犯罪中某些新的现象进行惩处，需要设置独立的新罪，以体现对金融秩序的保护和金融安全的保障。

第三，将虚假陈述的金融欺诈行为犯罪化，符合域外刑事立法的趋势。

针对虚假陈述的金融欺诈行为带来的损害和威胁，世界上主要市场经济国家均动用了刑法手段，对其予以犯罪化，这成为现代刑法发展的一种趋势，而且越是金融发达的国家，对其予以犯罪化的程度越高。例如，《德国刑法典》第265条b规定了信贷诈骗罪。即行为人在关于信贷条件的许可、放弃或变更的申请中，实施有利于贷款人且对银行批准信贷的决定具有重要意义的下列行为之一：提出不真实或不完全的资料，如收支平衡表、赢利及亏损账目、资产摘要或鉴定书；或以书面形式作不真实或不安全的报告；或在提供的材料或书面说明中没有告知对决定申请信贷具有重要意义的经济状况的恶化情况，处3年以下自由刑或罚金。《美国法典》第18篇第1014节规定了虚假的贷款与信用申请罪。即在申请、预付款、贴现、购买、购买协议、再购买协议、委托或贷款，或由于行为的更新、延续或其他情况，或由于证券的承兑、发行和替换或导致上述行为的变更或延展中，为了影响借贷机构（某些联邦或联邦提供保险的借贷机构）的行为，而明知地制作虚假陈述或报告，或故意过高估计地产、财产或证券的，都构成犯罪。③ 德美两国作为两大法系的典型代表，对虚假陈述的金融欺诈行为的立法规定，尽管设置的罪名、构成要件的设计及法定刑的配置不尽相同，但都将其予以犯罪化。虽然说各国刑事立法都是对本国经济关系的记载，都带有各自的民族特色，但是由于市场经济是开放的经济，各个国家或地区的市场经济状况存在相同或相似性，表现在刑事立法上也必然具有某种共通性。因此，在我国将虚假陈述的金融欺诈行为犯罪化，符合金融全球化背景下域外刑事立法的趋势和潮流。

三、本罪的客观方面

本罪在客观方面表现为以欺骗手段取得银行或者其他金融机构贷款、票据承兑、信用证、保函等，给银行或者其他金融机构造成重大损失或者有其他严重情节的行为。

首先，本罪表现为行为人实施了以欺骗手段取得银行或者其他金融机构的贷款和信用的行为。这里的欺骗手段包括：使用虚构事实的方法和使用隐瞒真相的方法。所谓虚构事实，是指虚假陈述，编造客观上不存在的事实，以骗取银行或者其他金融机构的信任；所谓隐瞒真相，是指消极沉默，有意掩盖客观存在的某些事实，误导银行或者其他金融机构。

其次，本罪的犯罪对象包括银行或者其他金融机构的贷款和银行或者其他金融机构的信用。这里的信用包括票据承兑、信用证、保函等。所谓票据承兑，是指银行作为付款人，根据承兑申请人（出票人）的申请，承诺对有效商业汇票按约定的日期向收款人或被背书人无条件支付汇票款的行为。所谓信用证，是指银行用以保证买方或进口方有支付能力的凭证。所谓保函，是指银行应商业合约或经济关系中的一方（即申请人）要求，以自身的信誉向商业合约或经济关系中的另一方（即受益人）出具的，担保申请人或被担保人履行某种责任或义务的一种具有一定金额、一定期限、承担某种支付责任或经济赔偿责任的书面付款保证承诺。本罪为选择性罪名，实施骗取贷款或者信用（含票据承兑、信用证、保函等）两种对象之一的，即构成本罪；同时实施骗取贷款和信用的，也只构成一

---

③ 参见周小川：《完善法律制度改进金融生态》，载《金融时报》，2004－12－09。

罪，不能数罪并罚。④

再次，必须是给银行或者其他金融机构已经造成重大损失或者有其他严重情节。有些学者认为，根据修正案规定，本罪只能是结果犯。⑤ 我们认为，这种观点欠妥。本罪既可能是结果犯，也可能是情节犯。在行为人实施了以欺骗手段取得银行或者其他金融机构的贷款和信用的行为，并且给银行或者其他金融机构已经造成重大损失的案件中，行为人是结果犯。在行为人实施了以欺骗手段取得银行或者其他金融机构的贷款和信用的行为，没有给银行或者其他金融机构造成重大损失，但是情节严重的案件中，行为人是情节犯。因为所谓结果犯，是指不仅要实施具体犯罪构成客观要件的行为，而且必须发生法定的犯罪结果，才构成既遂的犯罪。这里法定的犯罪结果，专指犯罪行为通过对犯罪对象的作用而给犯罪客体造成的物质性的、可以具体测量确定的有形的损害结果。而在行为人实施了以欺骗手段取得银行或者其他金融机构的贷款和信用的行为，没有给银行或者其他金融机构造成重大损失，但是情节严重的案件中，我们是无法确定其有形的损害结果的。

本罪中的"重大损失"，由于目前没有权威的立法、司法解释予以界定，从实践上看，一般是指贷款数额较大而不能按期收回，或者贷款数额虽然不是较大，但是本息比例较大，或者贷款、开具的金融信用票据、保函担保的交易项事关特定区域经济发展大局，足以造成严重损害等等情形。这里的"其他严重情节"，包括骗取这一手段行为的严重性和骗取的对象性质的严重性。手段行为的严重性，是指伪造国家重要证件，巧立国家重要项目，或者损失不是很大，但参与人员众多，社会影响巨大，或者其他严重干扰金融机构正常信用管理体系的行为；骗取的对象性质的严重性，是指骗取的贷款、金融信用票证、保函有特定的意义或者特定用途，或者严重破坏特定交易环境，导致金融机构或者交易相对人发生严重信用危机等等情形。

四、以本罪为视角，看非法占有目的在金融诈骗罪犯罪构成中的地位

在金融诈骗罪中只有集资诈骗罪和贷款诈骗罪是明确规定了"以非法占有为目的"的罪名，据此，在我国的刑法体系中集资诈骗罪和贷款诈骗罪成为典型的目的犯，即无论是刑法理论还是刑法典的条文规定均以行为人主观上具有非法占有目的作为集资诈骗罪和贷款诈骗罪必备的构成要件。但在其他的金融诈骗罪的罪状中却没有直接规定"以非法占有为目的"，这种规定上的差异使得其他金融

④ 参见汪维才：《骗取贷款、信用罪之立法解析》，载《法学论坛》，2007（1）。
⑤ 参见吴华清：《论骗取金融机构贷款、信用罪》，载《中国检察官》，2006（9）。

诈骗罪陷入目的犯或非目的犯的论争之中。从现有的公开发表的书刊资料所提供的信息看，在对金融诈骗罪犯罪目的的认识问题上学术界和实务部门主要存在以下几种观点：

1. "统一标准说"。其以是否规定在金融诈骗罪一节为判断是否具有非法占有目的的唯一标准，即凡金融诈骗犯罪都是以非法占有为目的的犯罪，因此刑法规定的八种金融诈骗罪无一例外地都必须以非法占有目的为其必备要件。这种观点得到了实务部门的支持，2000 年 9 月 20 日至 22 日召开的全国法院审理金融犯罪案件工作座谈会纪要中也明确指出金融诈骗犯罪都是以非法占有为目的的犯罪。其主要理由为：首先，金融诈骗罪是从普通诈骗罪派生出来的，既然是诈骗，行为人当然具有非法占有的目的，而且条文中都使用了"诈骗活动"一词，表明了非法占有目的。其次，集资诈骗、贷款诈骗罪之所以规定了以非法占有为目的，是为了与刑法规定的非法吸收公众存款罪和高利转贷罪划清界限，而其余金融诈骗罪对非法占有目的不作规定，是因为"不言自明"。最后，对于在法条上未规定以非法占有为目的的金融诈骗罪，并非不要求行为人主观上具有非法占有的目的，而是这种欺诈行为本身就足以表明行为人主观上的非法占有目的。⑥

2. "明定标准说"。其以法律的明确规定为判断是否具有非法占有目的的唯一标准，即对于刑法条文中明确规定有"以非法占有为目的"的，应当以此为必备要件，没有明确规定的，则不要求以非法占有目的为必备要件。其主要理由为：首先，从立法原意上讲，立法者的本意是否定除集资诈骗罪、贷款诈骗罪以外的其他金融诈骗罪要以非法占有目的作为各该罪的构成要件。我国《刑法》第 192 条和第 193 条写明了以非法占有为目的，而在其他金融诈骗罪条文中未写明以非法占有为目的，这不是立法的疏漏，而是罪刑法定原则的具体体现。其次，从犯罪客体上看，我国刑法将金融诈骗罪归入"破坏社会主义市场经济秩序罪"一章中，表明了金融诈骗罪所侵犯的主要客体是金融管理秩序，而不是财产所有权。因此，即便金融诈骗罪是从普通诈骗罪中分离出来的，也不能用普通诈骗犯罪的主观特征来套金融诈骗犯罪的主观特征。最后，从司法实践角度看，不将主观方面限定在以非法占有为目的，有利于打击金融诈骗活动和维护正常金融秩序。⑦

我们认为，金融诈骗罪中的"诈骗"与侵犯财产罪中的"诈骗"并不完全等义。我国金融诈骗罪中的"诈骗"包括骗取财物型诈骗和虚假陈述型欺诈两种情形。骗取财物型诈骗必须具有非法占有目的，而虚假陈述型欺诈则不必具有非法

---

⑥　参见陈兴良：《论金融诈骗罪主观目的的认定》，载《刑事司法指南》，2000（1）。

⑦　参见罗欣：《关于金融诈骗罪的两个问题》，载《法律研究》，2000（9）。

占有目的。⑧ 本罪属于虚假陈述型金融诈骗犯罪，以本罪为视角，以非法占有为目的并不是所有金融诈骗罪主观方面的必备条件。

第一，本罪的行为目的具有多重性。即行为人在不符合贷款条件的情况下，采取欺诈方法获取贷款，意图通过贷款营利，主观上具有占用贷款的故意。从贷款与金融信用的特性角度来看，无论是信用贷款，还是票据承兑、信用证、保函等金融信用形式，这种类型的金融机构信用的本质意义是以银行等金融机构的信用关系为基石或者支撑。行为人之所以采用种种欺骗手段取得金融机构的信用保证，其目的也正在于借助金融机构的信用提升自己的经营能力、商业信誉或者使财产性利益增值等。这种目的因此也就具有多样性，不单纯是为了非法占有银行或者其他金融机构贷款资金或者变现资金，事实上，一些单位或者个人骗取金融信用的真实目的往往是多变的，既可能是行为之始为牟利目的，而后转化为非法占有目的，也可能是先以非法占有为目的，但随着经营发展又转化为牟利目的或者其他更复杂的目的，还有可能是先骗取贷款或者金融机构保证，然后根据经营或者交易实际决定行为目的，由此可见，本罪的行为目的具有多重性特点，不一定是非法占有的目的。

第二，从本罪的立法宗旨讲，本罪惩治的意义在于严厉打击和惩治危害银行等金融机构贷款或者其他金融信用保证的行为，以维护金融机构信用在社会信用体系中的基石地位和作用。尽管从形式上，有些骗取金融机构信用的行为并没有给金融机构带来有形的资金或者资产损害，甚至从表面上就没有什么损害，但是行为人是借助了银行等金融机构的信用作担保，是依靠银行的信用谋取了各种利益，其获取的是一种对金融机构信用的信赖利益，所以，这种损失虽然在有些情况下表现为无形，但其带来的信用损失是极其严重的。在我国市场经济运行机制日趋完善与成熟的条件下，理所当然要为刑法所打击和惩治。由此可见，从本罪立法原意来看，立法者是意在强调骗取金融信用行为对金融机构和社会的危害性，而不是追求行为人本身的主观目的，所以本罪只要求实施骗取行为是直接故意就足以认定，无须像高利转贷或者金融诈骗类部分犯罪那样，专门规定特定的目的。

第三，关于本罪在提请立法机关审议的草案中，银监会曾对全国人大常委会提出建议，认为以"对银行或者其他金融机构造成重大损失或者有其他严重情节"的"结果犯"作为构成要件"有所不妥"。银监会称，上述构成要件在实践中难以判断，不利于打击犯罪，应改为以是否实施行为的"行为犯"作为构成要件。⑨ 但该建议最终未被完全接纳，也正是出于打击和惩治本罪的上述立法原意

---

⑧　参见卢勤忠：《金融诈骗罪中的主观内容分析》，载《华东政法学院学报》，2001（3）。

⑨　参见孙铭：《"行为犯"模式核定骗贷罪　银监会建言〈刑法〉修》，载《21世纪经济报道》，2006-06-23。

的考虑。总而言之，本罪为非目的犯，即不以法定的目的要素为犯罪构成要件。从犯罪构成理论分析，目的犯之目的是故意之外的主观要素，它与故意之内的目的是有所不同的，对此应当加以区分。[10] 而非目的犯之目的则是故意之内的主观要素，它与法定的故意要素是一致的，因而，就不存在需要专门证明故意之外的目的要素。申言之，本罪不以特定目的为要件，只要证明实施骗取行为具备故意的主观心态就足以认定本罪。[11]

---

[10]　参见陈兴良：《目的犯的法理探究》，载《法学研究》，2004（3）。

[11]　参见吴华清：《论骗取金融机构贷款、信用罪》，载《中国检察官》，2006（9）。

诈骗贷款与骗用贷款的相关问题研究

肖 怡[*]

一、我国对诈骗贷款与骗用贷款犯罪的立法现状

我国 1997 年修订后的刑法有关贷款方面的犯罪主要有贷款诈骗罪和高利转贷罪。按照刑法规定，贷款诈骗罪的行为人必须是以非法占有为目的，而高利转贷罪的行为人必须以转贷牟利为目的，即现行刑法只处罚以占有为目的的贷款诈骗和仅限于转贷的滥用贷款犯罪行为，对于以欺骗方法骗取贷款后不是出于非法占有或转贷牟利目的的其他滥用贷款行为，以及通过合法手段取得贷款后滥用贷款导致不能还贷和事后产生非法占有贷款的目的而拒不还贷的行为，刑法并不认为是犯罪，即使造成后果一般只能按照贷款纠纷处理。

经《刑法修正案（六）》第 10 条修正后的《刑法》第 175 条之一，增加了惩治以欺骗手段取得银行或者其他金融机构贷款、票据承兑、信用证、保函等，给银行或者其他金融机构造成重大损失或者有其他严重情节的犯罪的规定。有学者将本罪称为"虚假信用申请罪"[①]，有学者定名为"骗取信用罪"[②]，有学者定名是"诱骗金融贷款、金融票证罪"[③]，也有学者将本罪定名为"金融欺诈罪"。笔者建议使用"骗用贷款、信用罪"的罪名表述，当然，从权威上说，还有待于最高人民法院和最高人民检察院联合对该罪名作出统一认定的补充规定。这一内容，主要是针对近年来社会生活中大量存在的以虚假手段取得银行贷款，但行为人并非是以占有而是以使用为目的的滥用贷款的情况而设立的新罪名。通过对诱骗金融犯罪进行惩处和震慑，起到维护金融管理秩序、保证金融安全的积极作

用。可见，修正案正是顺应了理论和实践要求，具体对刑法作了修正，明确将骗用贷款的行为纳入刑法调整的范围之中，从而弥补了现行刑法中只有贷款诈骗罪和高利转贷罪罪名的不足。④

二、对贷款诈骗犯罪的比较研究

诈骗犯罪的传统构成模式都要求行为人具有"非法占有目的"这一主观构成要件要素，如德国刑法、日本刑法理论的通说。但对于经济欺诈犯罪，发达国家的刑法大多采用非目的犯的立法方式，不要求行为人具有非法占有目的。

如，德国刑法典在第256条 b 规定了信贷诈欺罪，即只要行为人在贷款申请中虚构了事实或隐瞒真相，无须证明行为人的主观目的，都构成信贷诈欺罪，即使行为人主观上只是为了一时的占用。⑤ 俄罗斯刑法典第176条规定了非法取得贷款罪：只要个体经营者或组织的领导人，以向银行或其他贷款人提供明显虚假的关于个体经营者或组织的经营状况或财务情况的信息而得到贷款或优惠的信贷条件，造成巨大损失的，构成本罪。在作为英美法系代表的美国，其贷款欺诈犯罪也不特别要求行为人必须具有非法占有目的。如《美国法典》第18编第1014节规定了虚假的贷款与信用申请罪，只要行为人在向由联邦提供保险的银行提交贷款或信用申请时，明知地制作虚假陈述或故意过高估计财产，就可构成虚假的贷款与信用申请罪。⑥

由此可见，发达国家对于贷款诈骗犯罪的规定，不关心行为人的主观目的，而只关注行为人取得贷款的方式本身，将定罪标准的重心放在"陈述的虚假性"行为而不是结果损失。这种行为犯立法模式，所保护法益较结果犯中的财产权更为广泛，与经济犯罪的实质相吻合。同时，可以减轻刑事诉讼证明要求。在美国，虚假陈述的认定标准很宽泛，不一定要求在正式的贷款申请中，也不一定是书面的，也不要求银行在依贷款申请采取行动时，必须依赖该陈述。⑦ 在德国，信贷诈骗罪大大减少了用一般的诈骗罪打击信贷诈骗时经常遇到的证据不足的困难，该罪一经制定，立即成为打击信贷方面的经济犯罪的强有力武器，使得当时比较严重的信贷诈骗活动得到强有力的遏制。⑧

相比较而言，我国将本罪定位于结果犯，实为贯彻了诈骗罪的重保护所有权

---

④ 参见李博：《浅析"刑法修正案（六）"对我国商业银行债权的保护》，载《西安金融》，2006（11）。

⑤ 参见苏彩霞：《贷款诈欺行为犯罪化之分析与立法建议》，载《新千年刑法热点问题研究与适用》，北京，中国检察出版社，2001。

⑥ 参见陈兴良：《金融诈欺的法理分析》，载《中外法学》，1996（3）。

⑦ 参见周密主编：《美国经济犯罪和经济刑法研究》，242～243 页，北京，北京大学出版社，1993。

⑧ 参见王世洲：《德国经济犯罪与经济刑法研究》，272 页，北京，北京大学出版社，1999。

的思维，对本罪的经济犯罪属性和主要客体的超个人法益性缺乏说服力，同时，这种立法模式导致刑罚在结果已发生的情况下才发动，而不是主动预防损失发生，对法益的保护时间颇显过迟。而且在我国，本罪的证明标准是按诈骗罪进行的，而由于本罪中"非法占有目的"在申请银行贷款时尚不明确，且贷款损失往往不像诈骗罪中从被害人交出财物时即可认定，需要等待当事人的无力归还情况出现。实际上，德、美的刑事证明对象只有一个——虚假陈述行为，我国则要证明三个——虚假陈述行为、骗取贷款所有权的行为、二者之间的因果关系。这样一来，在中国的外资金融机构必然会因其现实利益无法保障而忧心忡忡，势必带来大量外资金融机构望而止步，纷纷退出中国市场的被动局面。好在我国《刑法修正案（六）》进行了及时修订，增加了"骗用贷款罪"的新罪名，这一举措正是朝着弥补该漏洞，与国际惯例接轨的方向靠近的。

"金融刑法的范围与规模取决于金融状况。"[⑨] 因此，要比较不同国家的金融犯罪范围，就必须从比较它们的金融状况开始。发达国家经济状况走在前面，对金融体制的保护程度自然也较我国高，但是随着社会主义市场经济的蓬勃发展，我国对金融秩序的刑法保护必然越来越严密，在刑法中增设"骗用贷款罪"，正是一大体现。而这一趋势还将势必带来关于贷款犯罪的更多规定的研究和完善。

三、目前我国关于诈骗贷款和骗用贷款刑法规定的问题所在

目前，我国刑法关于贷款的诈欺行为的规定，就集中于两个罪名——"贷款诈骗罪"和"骗用贷款罪"。"贷款诈骗罪"属于非法占有型的贷款欺诈，即行为人采取诈骗方法获取贷款，主观上具有占有贷款所有权的故意；而"骗用贷款罪"，则属于虚假陈述型的贷款欺诈，即行为人在不符合贷款条件的情况下，采取诈骗方法获取贷款意图通过贷款营利，主观上只有使用贷款的故意。这两个罪名是否真的分工明确、各行其职，使法网疏而不漏了呢？在司法实践中，立法的规定还是给实际操作带来了诸多疑惑，关于贷款诈骗和贷款骗用的定罪量刑的理论与实践中仍然存在着大量问题。

（一）关于"贷款诈骗罪"中"非法占有目的"的形成时间的争议

对于行为人以欺诈手段占有贷款后再形成非法占有的目的的情况，即所谓的"事后故意"，而非欺诈行为实施中的故意（事中故意），刑法学界一直有争议。一种观点认为事后故意实际上是对前一行为的追认，并非前一行为的故意。从客观上看是对因果关系的颠倒，但不符合犯罪的理论和因果关系的规律。因此，事

---

⑨ 刘远：《金融诈骗研究》，23页，北京，中国检察出版社，2002。

后故意是不可能构成故意犯罪的罪过的。⑩ 另一种观点则认为，如果行为人在贷款的初期并无非法占有贷款的目的，而随着后来情况的变化，产生了非法占有的目的，因而拒不归还贷款的，仍是贷款诈骗罪。也就是说，作为本罪主观要件的非法占有的目的，既可以是形成于事前，也可以形成于事中。⑪ 此争议到目前仍然无法统一。

（二）关于"贷款诈骗罪"中是否存在间接故意的争议

有一种观点认为，"贷款诈骗罪"的主观方面也可以是间接故意。⑫ 有学者更具体地提出，在某些情况下，这种犯罪的主观方面也可以是间接故意，即明知本人可能没有偿还能力或者超出其偿还能力，而虚构偿还能力，对于到期是否能够偿还采取放任的主观心理态度。⑬ 但是，也有学者对此反驳道：这是不正确的。从立法上讲，《刑法》明确规定贷款诈骗罪以非法占有目的为构成要件，即本罪属于目的犯，而目的犯只能是直接故意犯。从理论上讲，非法占有目的是一切诈骗犯罪不可或缺的构成特征，否则便不成其为诈骗犯罪。⑭ 该理论争议一直困扰着司法操作。

（三）"贷款诈骗罪"中主观上以"非法占有为目的"的判断永远只是一个司法推定

对于《刑法》第193条规定的贷款诈骗罪，长期困扰司法人员的难题是：如何认定行为人具有非法占有贷款的目的？目前证明非法占有目的的方法主要是推定，即根据客观行为推定主观目的。在《全国法院审理金融犯罪案件工作座谈会纪要》中，列举了认定金融诈骗罪具有非法占有目的的几种情形：（1）明知没有归还能力而大量非法集资骗取资金的；（2）非法获取集资款后逃跑的；（3）肆意挥霍骗取资金的；（4）使用骗取的资金进行违法犯罪活动的；（5）抽逃、转移资金，隐匿财产，以逃避返还资金的；（6）隐匿销毁账目，或者搞假破产、假倒闭逃避返还资金的；（7）其他非法占有资金，拒不返还的行为。无疑，该纪要解决了司法实务中的一些问题，为司法部门开展工作提供了很好的参照。但是这种推定与真实情况之间是必然有差距的，客观的推定具有一定的盖然性。行为人明知没有偿还能力而大量骗取贷款的；采取欺诈的方法骗取贷款后逃跑的；采取欺诈

---

⑩　参见赵秉志主编：《金融诈骗罪新论》，161页，北京，人民法院出版社，2001。

⑪　参见周振想主编：《金融犯罪的理论与实务》，410页，北京，中国人民公安大学出版社，1998。

⑫　参见白建军：《金融欺诈及其预防》，16页，北京，中国法制出版社，1994。

⑬　参见陈兴良：《经济刑法学各论》，182页，北京，中国社会科学出版社，1990。

⑭　参见曾月英：《贷款诈骗罪若干问题研究》，载《中国刑事法杂志》，2002（5）；初炳东：《论贷款诈骗罪目的的认定及立法完善》，载张智辉、刘远主编：《金融犯罪与金融刑法新论》，308页，济南，山东大学出版社，2006。

的方法骗取贷款后肆意挥霍的；在骗得贷款后，利用所骗贷款进行违法犯罪活动的；采取欺诈的方法骗取贷款后，抽逃、转移资金、隐匿财产的；采取欺诈的方法骗取贷款后，隐匿、销毁账目，或者搞假破产、假倒闭的，应当说这其中的确有部分人是具有非法占有贷款的目的的，但是我们不能保证所有的人都有此目的。加上行为人在发生借贷纠纷前后的心理变化，以及贷款诈骗故意产生和形成的不确定性和贷款诈骗故意内容转化的突然性，再加上行为人采取种种规避法律的手法故意营造无力偿还贷款的所谓"合法理由"，妄图达到非法占有贷款的卑鄙目的，所有这一切都给两者界限的确认带来诸多困难。因此，这种推定的结果与事实本身还是无法完全一致的，"由于确定内在心理过程的证明力欠缺，此种司法推定有可能危害刑法保护的作为个人正义价值中的安全价值，并且与依法治国的理念相背离"[15]。

而且，在具体操作中，我们也不能不怀疑推定的公正性。抛开司法中存在的种种腐败现象，仅就我国当今司法人员素质的总体不高，学界对此类犯罪研究较为薄弱的现状，上述纪要极可能导致法官们在审理贷款诈骗案件时只注意那些教条化的客观事实，而忽视对行为人主观上非法占有目的的考察和判断，容易造成错案。[16]

（四）这种司法推定导致诉讼证明的困难而滋生轻纵罪犯的危险

既然是推定，真正具有此目的的行为人同样可以以此作为逃脱法网的借口，而大做文章。何况我国刑法还没有明确承认司法推定，由于事关罪与非罪，因而控辩双方在认定被告人主观心理状态是否具有非法占有目的上往往争论不休。近年来，越来越多、金额越来越大的贷款诈骗案件因为认识上的分歧不能定罪或随意定罪的现象屡屡发生。有些人以欺骗方法获取银行贷款，用于无效投入甚至是部分投入经营，部分用于挥霍、转移。损失发生后，又以"项目正在运行中"、"盈利预期"等理由证明其不具有非法占有目的，有的人骗得贷款后常常作出某些掩饰内心非法占有目的的行为，以"借款时并没有打算不归还，只是客观上的原因无法归还"为由进行辩解，以此狡辩主观目的不具备，而逃避刑事追究。结果一方面给金融资产带来巨大的危害，另一方面造成司法部门毫无良策来遏制该种犯罪的被动局面。形成这种局面的原因之一，就是以该目的有无决定社会危害性，这一理论见解导致了本罪司法中唯主观论，将定罪重置于对该目的的证实，而忽视了本罪的客观方面，使罪状规定的客观要件形同虚置。

---

[15] 薛瑞麟、丁天球：《论单位骗贷》，载《政法论坛》，2001（3）。

[16] 参见吴忆萍：《论贷款诈骗罪的完善和防范》，载《西南民族大学学报》，2004（4）。

（五）用立法救济司法只是权宜之计

有学者认为，将虚假陈述的贷款诈骗与非法占有的贷款诈骗同时予以犯罪化是解决非法占有的贷款诈骗举证难问题以及保护金融活动诚信原则、惩治贷款诈骗犯罪的有效途径。这样，只要行为人骗取贷款过程中作出虚假陈述，即构成虚假陈述贷款诈骗犯罪。如果行为人骗取贷款并非法占为己有，则构成非法占有的贷款诈骗犯罪。如果证据不足以证明行为人骗取贷款时主观上具有非法占有的目的，可以以虚假陈述的贷款诈骗罪追究其刑事责任。⑰ 而实际上，这种用"骗用贷款罪"的立法来弥补"贷款诈骗罪"的司法证明的欠缺不是长久之计。一方面，立法救济司法的做法本身就只能是权益之计，这不是一个科学的立法体系应该具备的状态；另一方面，何况两罪的刑罚差异很大，这就导致实际上不但不能真正做到法网恢恢、疏而不漏，而且使那些真正具有非法占有目的的行为只是因为证明无力而名正言顺避开证明的难度，而罚不当罪。因此，这种将无法确切证实的主观目的作为构成要件，又用另一个轻罪来救济司法证明的天生缺陷的方法，只可能最终导致处罚的不公。

（六）"对合法取得的贷款非法占有"的行为不受"贷款诈骗罪"的规制

虽然目前我国刑法规定的"贷款诈骗罪"明确使用了"非法占有为目的"的要件，但是这一规定并不能使"贷款诈骗罪"得以惩治所有以"非法占有为目的"的贷款行为。人的主观是很复杂的，并不一定是只有以欺诈取得贷款的行为人才有非法取得贷款所有权的心态。对于以合法形式取得贷款的，不管行为人是一开始就有非法占有的目的，还是之后才具有非法占有目的，对于到期不还贷的行为，该罪束手无策，因为该笔贷款不是以欺诈的方式取得的。

四、存在问题的解决方案

如果在"贷款诈骗罪"的立法中永远拘泥于对"非法占有目的"传统意义上的理解，要求诉讼中提供充分证据证明行为人的主观目的，其结果无非只能是以行为人的行为推定其主观目的。这只能导致判定犯罪失去客观标准。实际上，根据现行刑法，我们要认定行为人主观上具有非法占有的目的，构成贷款诈骗罪，必须同时具有三个条件：一是行为人是通过虚构事实、隐瞒真相等欺诈行为来取得贷款的，即实施了我国《刑法》第 193 条所列举的 5 种行为之一；二是行为人未按约定返还贷款；三是行为人取得资金时即明知不具有归还能力或者获得资金

---

⑰　参见线杰：《贷款诈骗罪的立法完善》，载《人民检察》，2001（4）。

后实施了某种行为，如携款逃跑，肆意挥霍资金，抽逃、转移资金，隐匿财产以逃避返还等等，也即前述纪要所列的 7 种行为。⑱ 经过这种分析，我们发现，实际上在对贷款诈骗行为定罪量刑的时候，"非法占有为目的"的要件并没有起到实质性的作用，而是被一系列的推定行为所替代了。姑且不考虑这些推定与事实之间有无差异，我们也会看到，实际上"贷款诈骗罪"的犯罪构成中还是客观要素在起着重要的作用。"目的"永远是一种"形而上"的东西，人们只能以客观的行为及结果来反推其主观思想状态。判断行为人的心理态度的根据只能是行为人实施的贷款诈骗行为在客观上的一系列活动表现。本罪附上一个"以非法占有为目的"的表述，的确给人以画蛇添足之感。

（一）"贷款诈骗罪"成立的主观要件只需具有骗取贷款的直接故意

从本罪的立法宗旨讲，惩治本罪的意义在于严厉打击和惩治危害银行等金融机构贷款或者其他金融信用保证的行为，以维护金融机构信用在社会信用体系中的基石地位和作用。由此可见，立法者是意在强调骗取金融信用行为对金融机构和社会的危害性，而不是追求行为人本身的主观目的。行为人骗取贷款的真实目的往往是多变的，既可能是行为之始为牟利目的，而后转化为非法占有目的，也可能是先以非法占有为目的。但随着经营发展又转化为牟利目的或者其他更复杂的目的，还有可能是以先骗取贷款或者金融机构保证为预备，然后根据经营或者交易实际决定行为目的。但是无论是什么目的，只要骗取了金融机构的贷款、信用，造成法定的犯罪结果，就足以说明行为具有的骗取贷款的直接故意这一主观心态。换言之，我们应该追究的行为人的主观状态是其明知自己在实施欺诈行为取得银行或其他金融机构的贷款，而希望达到这一目的。只有这个目的，这个主观要件，才是可以通过客观事实唯一性地、确定无疑地被证明的。而不是要用一系列不确定的事实来推定行为人具有非法地、永久性地占有该贷款所有权的主观心态。这是不科学的，也是徒劳！

"非法占有"从学理上分析，有采取"排除权利说"⑲ 或"利用处分说"⑳ 之分。"排除权利说"认为非法占有为目的是指排除权利者行使所有权的内容，由行为人自己作为财物所有权人而行动之意，解释为行为人意图非法改变公私财产所有权；"利用处分说"认为非法占有目的的占有是指民法上所有的四大权能之一的占有，解释为行为人既可是意图非法改变公私财物的所有权，也可是通过非法控制以骗用、获取其他不法利益。笔者以为，贷款诈骗罪有别于普通诈骗罪，这是因为传统诈骗犯罪的构成模式主要是在自然经济条件下形成，它所涉及的仅

---

⑱　参见杜宝庆：《增设贷款虚假陈述罪立法刍议》，载《天津市经理学院学报》，2006（3）。

⑲　张明楷：《刑法学》（下），北京，法律出版社，1997。

⑳　孙力：《论盗窃罪的犯罪构成》，西安，西北政法学院印行，1988。

仅是个人财产的安全；而贷款诈骗犯罪发生在一体化的市场经济条件下，人们对市场的信心成为经济的支柱，经济过程的诈欺行为已不仅仅只涉及被骗者个人的财产安全，更重要的是它直接影响了人们对市场的信心，影响了市场的心理秩序，具有超个人的价值，因而对于经济诈欺犯罪，无法适用传统的诈骗罪的犯罪构成来处理。事实上，立法者之所以将贷款诈骗罪从普通诈骗罪中分离出来，是因为其侵犯的客体、行为方式有别于普通诈骗犯罪。具体来说，行为人将贷款据为己有的意图可以构成贷款诈骗罪，而只想合法取得贷款又非法控制以骗用、获得其他不法利益的也可构成贷款诈骗罪。因而笔者以为"排除权利说"可以作为普通诈骗罪的非法占有为目的的理解；而贷款诈骗罪应当采用"利用处分说"作为非法占有为目的的理解。[21] 而且，这种处理方式，可以更好地解决对于"非法占有为目的"在间接故意是否构成、事后故意是否构成问题上的争议。

申言之，"贷款诈骗罪"为非目的犯，即不以法定的目的要素为犯罪构成要件。从犯罪构成理论分析，目的犯之目的是故意之外的主观要素，它与故意之内的目的是有所不同的，对此应当加以区分。[22] 而非目的犯之目的则是故意之内的主观要素，它与法定的故意要素是一致的。因而，就不存在需要专门证明故意之外的目的要素问题。[23] 即，本罪的成立只要求行为人具有骗取贷款的直接故意就足以认定，无须专门规定特定的目的。

（二）在"贷款诈骗罪"中取消"非法占有为目的"的要件，有利于诉讼和追回损失

犯罪构成的要件越多，诉讼中须严格证明的内容越多；主观要件越多，诉讼中检察官证明责任越重。而如果采取行为犯方式规定贷款诈骗罪，既减轻了检察官在诉讼中的压力，也不会放纵罪犯。我国台湾地区学者曾指出："学者专家一致认为'危险构成要件'乃抗制经济犯罪的有效刑法手段。通常对于实害犯的追诉，一定要等到有犯罪实害出现（如财产的损失），才可以开始进行刑事追诉。然而，由于经济犯罪的抽象性与复杂性，若固守犯罪实害的出现，方可进行刑事追诉的原则，则行为人极易湮灭证据，而使刑事追诉徒劳无功。因此，在经济犯罪之中只要有特定行为的出现即加以'犯罪化'，而得对之即刻进行刑事追诉，如此方可确保刑事追诉的成果。"[24]

在本罪中，如果按照目前推定行为人是否具有"非法占有为目的"的客观事实标准，几乎得等到贷款无法追回时，才能算足够证明，但是这样一来，银行的

㉑　参见肖乾利：《论贷款诈骗的犯罪构成要件》，载《求索》，2005（10）。

㉒　参见陈兴良：《目的犯的法律探究》，载《法学研究》，2004（3）。

㉓　参见吴华清：《论骗取金融机构贷款、信用罪》，载《中国检察官》，2006（9）。

㉔　林山田：《经济犯罪与经济刑罚》，104～105 页，台北，1981。

损失就很难挽回。若欺诈犯罪行为在实施过程中，对罪犯的控制较容易，有利于预防财产损失。而一旦钱财到手罪犯会立即逃跑，损失就难以挽回了。特别是电子网络在金融交易中的应用，使得金融诈骗的犯罪过程控制尤其关键。能否在犯罪对象被"交互"前查获犯罪，比能否在财物被骗到手后再追回具有更重大的现实意义。

（三）建议合并"贷款诈骗罪"与"骗用贷款罪"的罪状，取消犯罪目的要件

笔者认为，无论是虚假陈述的贷款诈骗还是非法占有的贷款诈骗，其行为本身就是诈骗，即给当事人灌输一些虚构的或与事实不符的东西，行骗取财物之实，使相对人为此对虚假的事实产生信任，并在此基础上自愿将属于自己的财物交付出去，那么其行为的本质是一致的。在立法技术上就完全没有必要将"以非法占有为目的"明文予以规定。对这一问题，刑法关于信用证诈骗等其他一些金融犯罪的规定可以说是最好的明证。再说，这种区分本身不具有科学性，虚假陈述的贷款诈骗的界定是以行为方式为标准，而非法占有的贷款诈骗的界定是以主观目的为标准，既然界定的标准不同，就不能将二者作为并列的概念提出。

在现有的立法中，"贷款诈骗罪"在最后的定罪中仍然是落脚于客观的事实——贷款到期不还。而"骗用贷款罪"的成立要件中也要求"给银行或者有其他金融机构造成重大损失或者有其他严重情节"，这就难免使两罪的客观标准在实质上重复了。如果按照我们对这两罪分工的理解，"贷款诈骗罪"应该是结果犯，而"骗用贷款罪"则应该是行为犯，但是，根据现行刑法规定，"骗用贷款罪"必须是给银行或者其他金融机构已经造成重大损失或者有其他严重情节，这显然是结果犯。这种规定不但与"贷款诈骗罪"的结果出现混同，而且也不符合理论上非法占有的诈骗与虚假陈述的诈骗的不同特征。如果行为人具有非法占有目的，使用了欺诈手段取得贷款，然后到期拒不还贷，携款潜逃，给银行带来严重损失的，从客观上讲，该种情况同样也符合"骗用贷款罪"的构成要件，因为，实际上，"非法占有为目的"这个心理活动的要件，是虚置的。

因此，我们在取消"非法占有为目的"这一形同虚设的要件规定后，应该将"贷款诈骗罪"与"骗用贷款罪"的罪状合并，统一定名为"贷款诈骗罪"，并将该罪设立为一个行为犯的构成，而到期不还贷的情况作为加重情节严厉惩处即可。

（四）建议设立"侵占贷款罪"

合法取得贷款后产生非法占有目的的，因为不具备法定的诈骗手段，不构成

"贷款诈骗罪"㉕，也不构成合同诈骗罪。㉖　侵占罪比较接近㉗，但是这是个自诉案件，量刑较轻。这种以合法手段获取金融机构的贷款而加以非法占有，拒不还贷的情况，已危害到管理秩序和金融安全，将该行为犯罪化是十分必要的。对此，笔者建议增设"侵占贷款罪"，对于借款人合法取得贷款，在贷款合同期满后，以隐匿财产、虚假破产或者其他方法拒不清偿贷款，造成银行或者其他金融机构的贷款较大损失的，予以刑罚制裁。

㉕　孙军工：《金融诈骗罪》，48 页，北京，中国人民公安大学出版社，2003。
㉖　参见鲜铁可编著：《金融犯罪定罪量刑案例评析》，293 页，北京，中国民主法制出版社，2003。
㉗　参见赵秉志主编：《金融犯罪界限认定司法对策》，327 页，长春，吉林人民出版社，2000。

贷款诈骗犯罪的理性思考

任继鸿[*]

金融是现代经济的核心，金融业已渗透到社会经济生活的各个方面，金融业发展的状况直接关系到现代国家的经济发展，进而影响到政权的稳定。贷款诈骗犯罪作为金融犯罪的重要组成部分，在我国金融领域属于多发常见的破坏性严重犯罪，笔者通过分析贷款诈骗犯罪的概念、犯罪构成、域外立法的借鉴以及立法完善等诸多方面问题，使我们能够对贷款诈骗犯罪有一个全方位、多角度、深层次、具体化的认识，以期达到理论和实际紧密联系的目的。

一、贷款诈骗犯罪的概念

关于贷款诈骗犯罪的概念如何概括，理论界存在较大争议，大体有以下几种观点：

1. 贷款诈骗犯罪是指行为人出于非法占有的目的，违反金融法规的有关规定，采取捏造事实、隐瞒真相等欺诈手段，骗取银行或其他金融机构的贷款，本人无偿还能力或超过本人偿还能力，数额较大的行为。[①]

2. 贷款诈骗犯罪是指以非法占有为目的，采取捏造事实、隐瞒真相或其他不正当手段，骗取不具有偿还能力或超出其偿还能力的巨额贷款，到期无力偿还，致使国家财产遭受重大损失的行为。[②]

3. 贷款诈骗犯罪是指以非法占有为目的，诈骗银行或者其他金融机构的贷款，数额较大的行为。[③]

4. 贷款诈骗犯罪是指以非法占有为目的，以伪造、引进资金、项目等虚假理由，使用虚假的经济合同、证明文件等诈骗手段，骗取银行或其他金融机构的

---

* 任继鸿，长春理工大学法学院副教授，法学博士。

① 参见鲜铁可主编：《金融犯罪定罪与刑罚》，161 页，北京，人民法院出版社，1999。

② 参见程小百、胡晓明主编：《经济诈骗犯罪及其对策》，217 页，北京，警官教育出版社，1998。

③ 参见马克昌主编：《经济犯罪新论》，357 页，武汉，武汉大学出版社，1998。

贷款，数额较大的行为。④

5. 贷款诈骗犯罪是指以非法占有为目的，采用虚构事实或者隐瞒真相等欺诈手段骗取银行或者其他金融机构的贷款，数额较大的行为。⑤

6. 贷款诈骗犯罪是指违反金融管理法规，采取捏造事实、隐瞒真相或者其他不正当手段，骗取不具备偿还能力或者超出其偿还能力的巨额贷款，到期无力偿还，致使国家财产遭受重大损失的行为。⑥

综上几种观点来看，前两种观点犯了定义过窄的错误。现实中确有在取得贷款后隐匿贷款去向或携款潜逃的情形。在这些情形中，行为人显然不是不具有偿还能力，也未超出其偿还能力，而是能还不还。如果根据上述观点，这部分行为将被排除在贷款诈骗犯罪之外，这既不符合立法精神，也不符合刑法理论的要求。至于第二种观点将数额要求表述为"巨额"，则更是明显违背立法要求。而第三种观点则有同义定义之嫌。第四种观点力求表述完善，但事实是各种各样的诈骗方法不可能在一个要求简明扼要的定义中完全概括。第六种观点对于促进贷款诈骗犯罪理论研究起到了积极作用，对于理论上正本清源，认清本罪的实质具有一定的作用，并且奠定了研究的基础，尤其是本罪以违反金融管理法规为前提，找到了本罪的切入点，为认定本罪起到了帮助作用。但是比较而言，第五种观点相对比较准确，它揭示了贷款诈骗犯罪的本质特征，是贷款诈骗犯罪的通说观点。

二、贷款诈骗犯罪的构成

（一）贷款诈骗犯罪的客体特征

学界对贷款诈骗犯罪的客体特征争议不大，主要是复杂客体和双重客体两种观点，但在表述上略有不同，表现如下：一是贷款诈骗犯罪侵犯的是双重客体，即国家的金融管理制度和公私财物的所有权。⑦ 二是贷款诈骗犯罪所侵犯的客体是国家对金融机构的贷款管理制度和金融机构所贷资金的所有权。⑧ 三是贷款诈骗犯罪所侵犯的客体是国家金融管理秩序以及国家、法人和公民的财产权益。⑨ 四是贷款诈骗犯罪所侵犯的客体是复杂客体，即国家对贷款、融资活动的监督管理制度和银行及其他金融机构对贷款的所有权。⑩ 五是贷款诈骗犯罪侵犯的客体

---

④ 参见高铭暄主编：《刑法学》（下篇），745 页，北京，中国法制出版社，1999。

⑤ 参见赵长青主编：《经济刑法学》，311 页，北京，法律出版社，1999。

⑥ 参见陈兴良主编：《经济刑法学》，182 页，北京，中国社会科学出版社，1990。

⑦ 参见王晨主编：《诈骗罪的定罪与量刑》，148 页，北京，人民法院出版社，1999。

⑧ 参见马克昌主编：《经济犯罪新论》，358 页，武汉，武汉大学出版社，1998。

⑨ 参见鲜铁可主编：《金融犯罪定罪与刑罚》，162 页，北京，人民法院出版社，1999。

⑩ 参见赵长青主编：《经济刑法学》，311 页，北京，法律出版社，1999。

是社会主义公有财产的所有权和国家对金融贷款的管理制度。⑪

第一种观点和第三种观点将贷款诈骗犯罪的客体之一界定为金融管理制度或金融管理秩序过于宽泛，因为国家对金融活动的管理绝不仅限于贷款，而是广泛涉及金融机构的设立、运行、货币的管理等等。而贷款诈骗只是违反其中的贷款管理制度，就犯罪客体而言，金融管理秩序与贷款管理制度是同类客体与直接客体的关系，将二者混为一谈显然是错误的，没有抓住问题的实质。而第四种观点将融资活动作为客体的内容也是不正确的。至于第三种观点将该罪的客体之一界定为国家、法人和公民的财产权益同样不妥，因为到目前为止，我国境内能够办理贷款业务的只是依法定程序设立的银行或其他金融机构，其他任何法人和公民都没有此种权力，所以该类主体的财产权益不应成为贷款诈骗犯罪的客体。第五种观点代表了学界部分学者的看法，将主要客体界定为所有权，这与本罪的归类不符，因为犯罪的主要客体决定着犯罪的归类研究，本罪之所以没有归入侵犯财产犯罪一章，是因为立法者的意图是为了更好地保护金融秩序，故此将本罪归类于破坏社会主义市场经济秩序罪一章加以研究。相对而言，第二种观点对贷款诈骗犯罪所侵犯客体的表述相对准确。即本罪是复杂客体，主要客体是国家对金融机构贷款的管理制度，次要客体是金融机构贷款的所有权。

（二）贷款诈骗犯罪的对象

贷款作为一种货币资金，只有现实地发放给借款人后，该项资金才能称为"贷款"，在放贷之前只是银行等金融机构经营的资金的一部分，即信贷资金。信贷资金是指金融机构按有偿有还的原则以有偿的形式集中和分配的资金，其来源主要是包括企业存款、财政存款、城乡居民的储蓄存款的各种形式存款、自有资金等。⑫ 行为人的诈骗行为针对的是金融机构的信贷资金，而"贷款"是行为人取得的资金，是诈骗的结果。尽管两者都是货币资金形式，但在不同阶段其称谓并不一致，而且体现的法律关系不同。从民事法律关系来讲，信贷资金体现的是一种所有权关系，而贷款体现的是一种债权关系。把本罪的犯罪对象理解为信贷资金，在解释论上是有说服力的，比如本罪的未遂，行为人行为的指向就是信贷资金，因为所谓的"贷款"还未形成。尽管在罪状描述上不够准确，但理解上应将二者等同，这也是刑法目的论解释的需要。

在信用贷款中，银行等金融机构并没有实际资金出贷，仅承担了一种保证付款的义务。信用贷款包括保证、票据承兑、开办信用证等。在保证情形下，行为人行骗的对象虽然包括银行等金融机构，但并非以诈骗贷款为目的，犯罪嫌疑人

⑪ 参见孙军工主编：《金融诈骗罪》，41页，北京，中国人民公安大学出版社，1999。
⑫ 参见张军主编：《破坏金融管理秩序罪》，175页，北京，中国人民公安大学出版社，1999。

仅以此为手段向其他金融机构进行贷款诈骗。也就是说，行为人的诈骗行为并没有指向该银行的信贷资金，因而单纯地骗取金融机构保证不符合本罪的客观方面特征。[13] 在票据承兑情形下，行为人以虚构事实的方式骗取金融机构承兑也只是获得一种付款保证而已，只有在请求付款时才是贷款诈骗的实行行为着手，当然，先前的行为可以看作是预备行为。[14] 在对外开办信用证情形下，也同样如此。另外，对境外金融机构进行贷款诈骗的，也不应适用本罪。本罪的主要客体为国家对贷款的管理秩序，是我国对国内金融机构的管理秩序，境外金融机构已超出这一秩序的调整范围，因而在此种情形下，其行为不符合本罪的客体要件，不能以本罪论处。

对于银行等金融机构采取吸收客户资金不入账，在账外进行经营的违法操作的账外资金[15]，搞所谓的"账外账"，用于发放贷款的，若行为人进行诈骗的资金属于这部分资金，也应以本罪论处。理由在于该项资金性质上属于信贷资金，只是由于银行等金融机构的工作人员违反规定造成了账内、账外的区别，资金的经营活动仍属于正常的金融机构的业务范围之内。而就一般人而言，申请贷款也不会考虑资金是否入账的差别，贷款借款人也不会考虑，即便考虑在法律评价上也无差别，该情形下对本罪的犯罪客体的侵害与诈骗账内资金是一致的，因此本罪的成立并不因被骗资金是否入账而有所区别，账外资金应和账内资金同样对待。

（三）贷款诈骗犯罪的主观方面

在贷款诈骗犯罪中，因为该罪以非法占有为目的，因而本罪属于目的犯。[16] 如何理解非法占有是一个难点，这不仅涉及探讨立法精神并使之合理化的解释之难，也牵涉到界定民法和刑法同一术语的区别之难。刑法相对于民法、商法等具有独立性，这一点是与刑法的从属性相对立的。[17] 坚持刑法的独立性，就要在解释上根据刑法的需要理解相关问题。比如，刑法中的"物"的范围与民法的"物"的范围就不一致：刑法中"物"的范围包括货币、物品等"一切具有价值、归属关系的东西"[18]；而民法中则不包括货币、有价证券。[19] 日本有学者认为，刑法规定的占有的概念，也与民法的"占有权"的意义全然不同，认为它是具有支

---

[13] 骗取银行等金融机构的保证的行为，在法律上是无效民事行为，按照法律的规定作出保证的金融机构不应当承担付款责任，也不能成为贷款诈骗罪的犯罪对象。

[14] 发生法规竞合关系，应以信用证诈骗罪追究行为人的刑事责任。

[15] 属《刑法》第187条用账外客户资金非法拆借、发放贷款罪所规定的情形。

[16] 目的犯，在德国刑法理论中称为断绝的结果犯（Kupierte Erfolgsdeelikte），日本学者大塚仁称之为直接目的犯。参见张明楷：《外国刑法学纲要》，83页，北京，清华大学出版社，1999。

[17] 参见［日］木村龟二主编，顾肖荣等译：《刑法学词典》，8页，上海，上海翻译出版公司，1991。

[18] 高铭暄主编：《新编中国刑法学》，102页，北京，中国人民大学出版社，1998。

[19] 参见佟柔主编：《民法学》，52页，北京，中国政法大学出版社，1985。

配意思的事实上的支配。⑳ 因而，"非法占有"应理解为无合法根据地永久性地支配一定的物或享有一定物的价值。行为人意图非法占有，既包括为自己获得非法的财产利益，也包括为他人获得非法的财产利益。

关于行为人产生非法占有目的应在行为前还是行为中，有观点认为，"如果行为人在贷款的初期并无非法占有贷款的目的，而随着后来情况的变化，产生了非法占有的目的，因而拒不归还贷款的，仍是贷款诈骗犯罪。即作为本罪主观要件的非法占有的目的，可以是形成于事前，也可以形成于事中"㉑。这种理解是值得推敲的。本罪的既遂以贷款人发放贷款为标志，从着手到既遂都要求行为人有贷款诈骗的故意和非法占有的目的，而行为人占有贷款后形成非法占有的目的，因不可能再有诈骗的行为，因而属于事后故意，而非行为实施中的故意即事中故意。事后故意实际上是对前一行为的追认，并非前一行为的故意。从客观上看是对因果关系的颠倒，不符合犯罪的理论和因果关系的规律。事后故意是不能构成故意犯罪的罪过的。前述观点实际上违背了刑法的基本原则即主客观相一致原则。根据最高人民法院《关于审理诈骗案件具体应用法律的若干问题的解释》的精神，具有下列情形之一的，应认定为具有非法占有目的：（1）假冒他人名义贷款的；（2）贷款后携款潜逃的；（3）未将贷款按贷款用途使用，而是用于挥霍致使贷款无法偿还的；（4）改变贷款用途，将贷款用于高风险的经济活动或投机行为造成重大经济损失，导致无法偿还贷款的；（5）为谋取不正当利益，改变贷款用途，造成重大经济损失，致使无法偿还贷款的；（6）将贷款用于个人挥霍或使用贷款进行违法犯罪活动的；（7）隐匿贷款去向，转移资金，贷款到期后拒不偿还的。此种观点在实践中值得借鉴，但需注意的是，这是一种事实推定。即根据事实综合判断行为人的主观心态，因而只能达到一定的盖然性，而不是只要有上述情形即认为其有非法占有的目的。

（四）贷款诈骗犯罪的客观方面

1. 编造引进资金、项目等虚假理由的认定

贷款理由在贷款合同中指贷款用途，是申请贷款的前提条件，也就是说在正常情况下借款人只有在生产经营缺乏资金时才可能申请贷款。法条中仅列举了"引进资金"和"项目"。这里的"引进资金"是指引进外国或地区的资金㉒，在司法实践中引进资金并不仅限于外资的引进，在我国经济建设中，特别是正在进行的"西部大开发"经济战略实施中，行为人编造引进内资而诈骗贷款的情形，也属于贷款诈骗罪的行为方式，尤其是贫困地区引进沿海发达地区资金的情况日

---

⑳　参见［日］木村龟二主编，顾肖荣等译：《刑法学词典》，18页，上海，上海翻译出版公司，1991。

㉑　周振想主编：《金融犯罪的理论与实务》，410页，北京，中国人民公安大学出版社，1998。

㉒　参见赵秉志主编：《金融诈骗罪新论》，163页，北京，人民法院出版社，2001。

益增多，如果仅将引进资金理解为引进外资显然范围太窄。这里的"项目"是指具体的、用于特定目的的贷款用途，例如固定资金贷款中即有技术贷款、基本建设项目贷款等。法条中"等"字表示"列举未尽"之意，因而除这两种贷款理由外，实际上还可包括其他理由，如购房贷款、助学贷款等，这和贷款的种类有关系，法条只是明示了两类常见的、涉及资金规模较大的贷款用途。所谓"编造"，指凭空捏造，即无根据地制造或夸大事实，可包括两种形式：一是根本没有合法的贷款需要而捏造贷款用途，如根本没有引进的资金却编造存在的事实；二是虽有贷款需要，但捏造根据夸大所需数额，如仅需较小规模的贷款却编造需要较大规模贷款的事实。所谓"虚假"，是指理由的不真实而非理由的不充分，是根据的不存在而非根据的不重要。

2. 虚假的经济合同的表现

经济合同是经济活动的依据，同时也是经济项目的有力证明。在这种情形中，实际上涉及两个合同，一是借款人与贷款人之间的贷款合同；一是借款人与其他人之间的经济合同，法条特指后一种情形。采用这种方式进行诈骗，通常涉及的合同有联营合同、买卖合同、建设工程合同、融资租赁合同、技术合同等。其中买卖合同所涉及的贷款形式为买方信贷或卖方信贷：买方信贷通常出现在涉外合同中，指由出口方的银行或信贷公司向进口方的商人或者进口方的银行提供贷款，用于支付进口贷款的一种贷款方式；卖方信贷是销货单位利用赊销方式销售商品所形成的资金不足，银行对此所发放的一种贷款。这里的"虚假"，应是合同主要内容的虚假，如合同当事人的虚假、标的虚假、价款的虚假等，至于仅仅在合同履行方式、地点、违约责任等方面记载的不真实不是法条所说的"虚假"。因而这里应当区分法条中"虚假"与合同无效之间的关系，可以说虚假的经济合同一定是根本不存在或无效的合同，而无效合同不一定是虚假的经济合同。法条中的"经济合同"应该是指《中华人民共和国合同法》中所指"合同"。现实生活中的"行纪合同"、"赠与合同"、"委托代理合同"等等，根本不可能成为法条所说的"经济合同"。尤其是随着1999年10月1日《中华人民共和国合同法》实施后，经济合同已经淡出社会生活，取而代之的"合同"一词，是指确立、变更、终止民事权利义务关系的协议，是广义的概念。而此处的经济合同是狭义的概念，主要是指当事人之间设立、变更、终止债权债务关系的协议。随着与时俱进时代发展的要求，法条中的"经济合同"有过时之嫌，在未来的立法中应当修改为"使用虚假的合同"似乎更妥当。

3. 虚假的证明文件的审视

贷款时借款人应提供相应的证明文件。银行等金融机构要审查贷款人的资信情况、还贷能力及合法身份，因此行为人往往使用虚假的证明文件证明自己具备借款资格，如金融机构的担保函、划款证明、贷款证、评估机构的评估报告等，骗取金融机构的贷款。证明文件是指借款人向银行或者其他金融机构申请贷款时，应当提交的能够证明其实际经济状况的各种文件。主要包括营业执照、工商部门年检注册手续等能够证明借款人身份的材料，资信情况证明如注册资本、基本账户、财产状况、资产负债表、损益表、财务会计报表等，原有到期贷款应付利息是否清偿，未清偿的是否有偿还计划等方面的证明，除此之外，有时还包括企业资产组成的指标，如对外股本权益性投资额。另外，使用虚假的贷款证，也属于此种情形。贷款证是指中国人民银行发给注册地法人企业向国内金融机构申请借款的资格证明书。[23] 贷款证的发放比较严格，因而对借款人的信用程度是有一定的证明力的。具有贷款证一般说明贷款企业在银行没有不良记录，是遵纪守法合规的贷款户。

4. 虚假的产权证明作担保和超出抵押物价值重复担保的认定

20 世纪 90 年代中后期，随着金融体制改革的深化，金融机构的贷款逐步从信用贷款向担保贷款转换，"担保贷款已成为今后贷款的主要形式"[24]。《商业银行法》第 36 条规定："商业银行贷款，借款人应当提供担保。商业银行应当对保证人的偿还能力，抵押物、质物的权属和价值以及实现抵押权、质权的可行性进行严格审查。经商业银行审查、评估，确认借款人资信良好，确能偿还贷款的，可以不提供担保。"从此规定可以看出，银行贷款以担保贷款为原则，以信用贷款为例外，这是防范金融风险的法律对策。根据《担保法》的规定，担保分为五种，即保证、抵押、质押、留置、定金。质押又分为动产质押和权利质押。担保贷款是指以特定的担保物品作为保证或者以保证人的信用或给付能力为担保的贷款，包括保证贷款、抵押贷款和质押贷款，担保贷款以抵押物或保证人的保证为条件，风险大大降低。这里的"产权证明"，即保证人的财产权利证明、抵押物或质物的财产权利证明。行为人虚构的抵押物、质押物产权证明既可以是本人的，也可以是第三人的。虚构产权的物一般包括房屋和其他地上定着物、交通运输工具、土地使用权等。虚构产权，既可能是完全的虚构，也可能是部分的虚构。既包括主体虚假，如将他人的产权虚构为自己的，也包括客体虚假，如对房屋土地使用权的虚构和夸张。既包括增大价值的虚构，也包括隐瞒瑕疵的虚构。虚构的"产权证明"必须是实质上造成符合贷款条件的假象。如果仅仅在产权证明中进行了不真实的记载，但并不实质影响贷款条件的，不是法条所说的"虚假"。所谓"超出抵押物价值的重复担保"，即将同一项财产分别向几个债权人提供担保。根据《担保法》第 35 条第 2 款的规定，"财产抵押后，该财产的价值大于所担保债权的余额部分，可以再次抵押，但不得超过其余额部分"。超出抵押

㉓ 1996 年 4 月 1 日中国人民银行《贷款证管理办法》第 1 条规定贷款证的作用在于减少金融机构贷款风险，它是建立信贷管理的自我约束的一种凭证。

㉔ 戴相龙主编：《领导干部金融知识读本》，180 页，北京，中国金融出版社，1998。

物价值重复担保，本质上也是在虚构财产，权利人在收贷时无法以抵押物全部实现自己的债权。

5. 其他方法的界定

"其他方法"即指除上述四种情形以外，和其性质相一致的骗取贷款的诈骗方式。刑法这项规定意在区别于上述四种情形以外的其他情形，以此避免出现不周延的情况，也称保底条款。这是贷款诈骗罪在现实情形下的"口袋罪"的一种表现形式，是一种无奈的选择。它的外延并不清晰，常见的骗贷方法大体如下：

（1）企业以母体裂变为由拒不还贷。

司法实践中某些企业在转换机制过程中，进行产权置换改革，采取母体裂变的方式变相甩开银行债务，把生产有竞争实力产品的车间、分厂分离出去另起炉灶，组建新的经济实体，把大量的银行债务甩到名存实亡的老企业身上，不承担银行到期贷款，另择银行开立新账户，当贷款银行行使债权时原企业已不存在，银行的贷款无法收回造成重大的直接经济损失，使债权落空。

（2）使用伪造的公章、印鉴骗贷。

对于在贷款过程中发现的使用伪造的公章、印鉴骗贷的，如果能与其他行为方式合并，如在虚假的证明文件、产权证明上使用伪造的公章、印鉴骗贷，则不构成本罪，否则以其他方式诈骗贷款论处，追究行为人的刑事责任。

（3）拒不偿还贷款。

司法实践中，行为人是通过合法的程序、正常的手续得到贷款并无欺诈行为，但贷款到期后行为人采取无理拖延、签订还贷协议、参加诉讼但不履行法院判决等方式恶意逃避债务的，以其他方法论处，对行为人定罪科刑。

三、贷款诈骗犯罪的域外立法

（一）俄罗斯贷款犯罪立法

俄罗斯现行刑法典是在 1996 年 5 月 24 日由国家杜马通过，并于 1997 年 1 月 1 日生效，有关贷款犯罪有两个方面，一是非法取得贷款罪，二是恶意逃避清偿信贷债务罪。前罪的规定模式近乎于《德国刑法典》第 265 条的规定，其打击的重点是取得贷款的欺诈行为本身，而不管行为人主观上是否有占有贷款的意图。《俄罗斯刑法典》与《德国刑法典》第 265 条的规定不同，其成立以"这种行为造成巨大损失"为要件。而恶意逃避清偿信贷债务罪的规定则意在惩罚恶意逃避清偿信贷债务的行为，这样就使取得贷款时并无占有目的，但取得贷款后产生非法占有目的的行为亦落入法网，同时也解决了证明困难的问题。

（二）美国贷款犯罪立法

《美国法典》第 18 篇第 1014 节明确规定："凡在申请、预付款、贴现、购买、购买协议、再购买协议、委托或贷款，或由于行为的更新、延续或其他情况，或由于证券的承兑、发行和替换或导致上述行为的变更或延展中，为了影响借贷机构（由联邦或联邦提供保险的借贷机构）的行为，而故意作虚假陈述或报告，或过高估价任何地产、财产或证券的，处 100 万美元以下罚金或 30 年以下监禁，或者二者并处。"鉴于在贷款和信用申请时虚假陈述或报告行为，该条款的政策目的是保护特定的金融机构。该罪要件如下：（1）被告向银行提供虚假陈述。该陈述一般是直接提出的，但不限于此。根据法律，"虚假陈述"不一定在正式的贷款申请中，也不一定是书面的，在口头申请中也可构成。（2）影响银行行为的目的，法律规定的影响银行行为的目的，与银行是否受到影响无关，只要求被告虚假陈述是为了影响银行的行为。（3）陈述的主要事实是虚假的。（4）虚假的陈述必须是明知的，所谓明知是该罪的犯罪意图明显，即行为人明知陈述是错误的，并且以此影响银行的目的，事实上的损害并非本罪的必要条件，尽管没有发生损失，被告仍会因此而被处罚，因为银行最终可以通过从被告另外的账户上找到资金而挽回损失。

（三）德国贷款犯罪立法

贷款诈骗在德国法律中称为信贷诈骗罪，最早见于 1976 年与经济犯罪作斗争的第一部法律之中，其是针对大范围存在的贷款欺诈行为所造成的严重后果和广泛的影响，为保障信贷制度健康发展而设立的，同时也为改变适用普通诈骗罪在司法实践中对于打击贷款欺诈行为存在证明困难的不利局面。信贷诈骗罪保护的法益，首先是贷款人的财产，其实这本可以在普通诈骗罪的前行阶段加以保护，但除此之外，信贷诈骗还应对特别重要的信贷制度所涉及的国民经济功能予以保障。很明显，立法者目的在于强调信贷诈骗罪的超个人法益，"由此来证明这种存在于个人财产损失的预备阶段的'抽象的危险行为构成'的合理性和这种行为首先是属于经济犯罪行为的合理性"。信贷诈骗罪的保护法益只能是贷款人的财产，否则在刑罚规范中也会将不负责任的商业目的明显的贷款人举示出来。对此，贷款人与借款人之间形成的债权上的信赖关系只不过是一个附随方面。

德国现行刑法第 256 条规定：（1）一经营体或企业就另一经营体或企业，或虚设的经营体或企业，关于信贷条件的许可，放弃或变更的申请，有下列行为之一的，处 3 年以下自由刑或罚金：1）就有利于贷款人但对其申请的决定具有重要意义的经济关系；2）资料或报告所表明的经济关系的恶化未在附件中说明，而其对申请的判断又非常重要的。（2）自动阻止债权人基于行为人的行为予以给付的，不依第 1 款处罚。非因行为人的行为而不给付的，只要其自动且真诚努力阻止提供给付的，不处罚。（3）第 1 款中的概念、经营体或企业是指与其标的物无关，而依经营方式和范围需要以商业经营方式成立的商业企业。

综上，俄罗斯贷款诈骗犯罪打击的重点是犯罪行为本身，居于主要地位，行为人的主观故意处于次要地位；美国贷款诈骗犯罪打击的重点则是针对犯罪人的虚假陈述行为本身，并不以造成银行等金融机构财产的实际损失的后果为构成要件；德国贷款诈骗犯罪创设的目的，是为了改变司法实践中打击贷款诈骗犯罪证明困难的不利局面。可见，上述三国的贷款诈骗犯罪的立法为我国最大限度地遏制犯罪，保护国有财产免遭损失提供了有益的借鉴，同时为我国加强打击贷款诈骗犯罪的刑事立法提供了有益的、重要的补充。在全球化背景下金融犯罪日趋猖獗的今天，研究和借鉴发达国家的刑事立法，不仅具有特别重要的现实意义，并将产生深远影响。

四、贷款诈骗犯罪的立法完善

面对贷款诈骗犯罪严重的社会危害性，尤其是在此种犯罪波及社会面广、影响人数众多，成为高频犯罪的严峻形势下，1994 年 5 月 25 日，国务院主持召开了全国性的"三防一保"工作的电话会议，时任国务院副总理兼中国人民银行行长的朱镕基同志出席会议并强调指出：贷款诈骗犯罪已成为当前金融系统的突出问题，必须予以遏制并坚决予以打击。此后，从 1995 年开始发生在金融领域的贷款诈骗犯罪成为国家打击的重点。

随着金融市场的开放，金融体系的建立与完善，我国 1997 年刑法典进一步强化了对金融领域犯罪的打击力度。贷款诈骗犯罪作为破坏社会主义市场经济秩序类罪中侵犯贷款管理制度的犯罪予以规定，从而使金融犯罪从传统的犯罪中分离出来，之所以这样做是由贷款诈骗犯罪的特殊性决定的。首先，贷款诈骗犯罪不仅侵犯了公私财产所有权，而且更为严重的是侵犯了国家的金融管理秩序，将其单独规定，凸显了国家对贷款法律秩序的关注和保护，也加大了对贷款诈骗犯罪的打击力度。其次，影响范围广。金融犯罪是一种对公众或对社会的犯罪行为，就贷款诈骗犯罪而言，其影响远远超出了普通犯罪的范围。再次，数额巨大，后果严重。贷款诈骗犯罪往往涉案数额巨大，社会危害性严重，甚至会影响金融系统的全局，危及社会秩序的稳定，危及国家的长治久安，而普通犯罪显然是不能与之相提并论的。最后，犯罪手段的特殊性。贷款诈骗犯罪属于高智能犯罪，其隐蔽性和欺骗性更强，大都利用高科技、现代化、信息网络系统的一些方法攫取巨额财产，而普通的刑事犯罪，在犯罪手段方面大都使用一些传统的简单的犯罪手段，往往易被人们所识破。

刑法对贷款诈骗犯罪没有规定单位犯罪是一个法律漏洞。《刑法》第 193 条规定：有下列情形之一的，以非法占有为目的，诈骗银行或者其他金融机构的贷款，数额较大的，处 5 年以下有期徒刑或者拘役，并处 2 万元以上 20 万元以下罚金；数额巨大或者有其他严重情节的，处 5 年以上 10 年以下有期徒刑，并处 5 万元以上 50 万元以下罚金；数额特别巨大或者有其他特别严重情节的，处 10 年以上有期徒刑或者无期徒刑，并处没收财产：（1）编造引进资产，项目等虚假理由的；（2）使用虚假的经济合同的；（3）使用虚假的证明文件的；（4）使用虚假的产权证明作担保或者超出抵押物价值重复担保的；（5）以其他方法诈骗贷款的。

从上述法律来看，单位不能成为贷款诈骗犯罪的主体，只有自然人构成本罪，即年满 16 周岁具有刑事责任能力的自然人，可构成本罪。而在现实生活中，随着市场经济体制的迅猛发展，市场多元化的格局日趋成熟，特别是国退民进市场准入机制的发展，民营企业的大量涌现，单位贷款的数量和规模必将呈上升趋势，所以有必要对单位贷款诈骗犯罪在理论上予以高度重视。

（一）单位贷款诈骗犯罪的现状

在现实生活中，申请贷款多是以单位名义进行的，而作为银行等金融机构的放贷对象也主要是企业单位，国家在宏观经济调控的政策上倾向于扶持企业的发展，加之单位贷款诈骗犯罪隐蔽性较强等原因，司法实践中很少出现追究单位诈骗罪刑事责任的情况[25]，所以法人、非法人单位贷款犯罪居高不下，尤其是 2001 年 1 月《全国法院审理金融犯罪案件工作座谈会纪要》明确指出："单位不能构成贷款诈骗犯罪。对于单位实施的贷款诈骗行为，不能以贷款诈骗犯罪定罪处罚，也不能以贷款诈骗犯罪追究直接负责的主管人员和其他直接责任人员的刑事责任，对于犯此罪的以合同诈骗罪论处。"[26] 该纪要起到了司法解释的作用，但使得在理论上对贷款诈骗犯罪的刑罚处罚客观上形成了混乱局面。

（二）单位贷款诈骗犯罪的学界争讼

在单位诈骗犯罪的处罚上目前理论界存在三种学说：无罪说、等同说和变通说。

第一种观点无罪说，认为根据《刑法》第 30 条"公司、企业、事业单位、机关、团体实施的危害社会的行为，法律规定为单位犯罪的，应当负刑事责任"

㉕ 参见吕敏、王宗光：《浅议当前贷款诈骗罪的特征与认定》，2000 年刑法学年会论文。

㉖ 载《人民法院报》，2001 - 03 - 20。

的规定，刑法中没有规定单位贷款诈骗罪，无论是立法的疏漏还是有意所为，司法实践中对现实存在的单位犯罪行为都不能以单位犯罪处罚。然而单位贷款诈骗行为具有社会危害性，因为刑法对单位贷款诈骗罪留有空白，所以不具有刑事违法性，根据罪刑法定原则不能追究单位犯罪刑事责任，司法实践中大都通过行政处罚、经济制裁的手段来解决，必要时可以通过立法机关修改法律或作出立法解释，以明确单位贷款诈骗罪的刑事责任问题。[27] 也有学者认为应追究其内部自然人贷款诈骗犯罪触犯的其他罪的刑事责任，如伪造公文、证件、印章罪。[28]

　　第二种观点等同说，即对单位贷款诈骗犯罪等同于自然人犯罪，依据《刑法》第193条处罚，理由如下：一是根据《刑法》第30条，没有规定单位犯罪的情况下，不能追究单位的刑事责任，但没有禁止追究单位的自然人的刑事责任，既然《刑法》第193条不属于单位犯罪，只能追究自然人的刑事责任，也不能认为对单位犯罪的刑事责任不予追究，就否认了自然人的犯罪行为。二是犯罪的本质是行为侵犯法益而不是行为人取得利益。就对法益的侵害而论，单位集体实施的犯罪行为与单纯的只有自然人实施的犯罪没有差异。三是从犯罪的主观方面来看，不能认为单位犯罪只是为单位谋取非法利益，而与个人利益无关。事实上，为了谋取单位的利益往往成为推动自然人犯罪的内心起因，本罪以非法占有为目的，既包括行为人本人以非法占有为目的，也包括替单位非法占有为目的，故此二者是统一的，完全符合犯罪主观要件的要求。四是从现有的司法解释来看，大多认为应追究单位犯罪中直接负责的主管人员和其他责任人员的刑事责任。五是共同犯罪的成立是独立于单位犯罪的，既然能够承认单位犯罪中两人以上的共同故意犯罪可以构成共犯，那么当单位集体实施的犯罪属于单位共同意志的体现时，其中二人以上的责任人员也可以构成共犯。六是我国现行刑法中有等同的立法例，如贷款犯罪中的用客户账外资金非法拆借、发放贷款罪，违法向关系人发放贷款罪和违法发放贷款罪即是实例。

　　第三种观点是变通说，即对单位贷款诈骗罪原则上应按合同诈骗罪定罪量刑。对此2001年1月最高人民法院《全国法院审理金融犯罪案件工作座谈会纪要》中明确规定，对单位实施的贷款诈骗罪不能以贷款诈骗罪定罪处罚，也不能以该罪名追究直接负责的主管人员和其他直接责任人员的刑事责任，而应以合同诈骗罪论处。此种观点之所以占有一席之地，并得到司法实践的认可，原因如下：一是行为符合犯罪构成要件，这是刑事责任的基本要求，《贷款通则》也规定所有贷款应当由贷款人和借款人签订借款合同，单位要得到贷款必须与金融机构签订借款合同，所以单位贷款诈骗罪是利用特殊的合同骗取金融机构的信贷资

───────────

㉗　参见孙军工：《金融诈骗罪》，59页，北京，中国人民公安大学出版社，1999。

㉘　参见吕敏、王宗光：《浅议当前贷款诈骗罪的特征与认定》，2000年刑法学年会论文。

金。二是从犯罪构成要件综合来看，单位贷款诈骗罪符合合同诈骗罪的构成要件，也符合罪刑法定的基本要求。三是合同诈骗罪有单位犯罪的法律规定，而在有法可依的今天，否认单位犯罪的特征而追求单位内部的自然人的刑事责任的理由难以成立，使人难以信服。㉙

(三) 单位贷款诈骗犯罪的学说评述

以上三种观点代表了现今学界的三种主张，其他学者的观点大体上可以归入其中。第一种观点是形式合理主义的反映，视法条如神明，将问题简单化，坚持绝对的机械的罪刑法定主义。第二种观点可以说是对罪刑法定的基本原则有了深层次的实质性的理解，从犯罪本质与刑法目的来看，具有一定的参考价值。第三种观点试图在罪刑法定原则的基础上寻求一条折中主义路线，但在本质上又违反了这一基本原则。其错误在于：一是按照合同诈骗罪论处单位贷款诈骗犯罪不能适用于一切情况，合同诈骗罪要求是"在合同签订、履行过程中"，尽管一般情况下，贷款应当签订合同，但也不排除在少数情况下申请人利用与业务人员的长期合作，彼此信任或者使用行贿等违法手段骗得金融机构发放贷款的情形，行为人承诺事后补签合同，但贷款到手后潜逃，对此种情形仍认定"在合同签订、履行过程中"显然是不准确的，不符合客观实际。二是这种观点具有片面性，不具有普遍性，违背罪刑法定原则，有类推之嫌。单位贷款诈骗犯罪按合同诈骗罪论处，而自然人犯罪却按贷款诈骗罪处罚，同一行为客观方面相同却使用两个不同的罪名是类推适用原则在今天的"复出"，在与时俱进的今天，显然是与刑法的发展相违背的。

(四) 单位贷款诈骗犯罪的立法完善

我国刑法中对于单位犯罪的刑事责任的承担主要是通过单位内部直接负责的主管人员和直接责任人员的刑事责任的分配来实现的。一是单位犯罪与自然人犯罪在主刑和附加刑的处罚上均相等，如贷款犯罪中的《刑法》第 186 条违法向关系人发放贷款罪和违法发放贷款罪，《刑法》第 187 条用账外客户资金非法拆借、发放贷款罪，均规定单位犯罪的对单位判处罚金，并对其直接负责的主管人员和直接责任人员，依照对自然人的刑罚处罚。二是对单位犯罪中的直接责任人员设立单独的立法例定罪处罚，如《刑法》第 175 条高利转贷罪，对单位犯罪中的单位判处罚金，对单位犯罪中的直接负责的主管人员和其他责任人员判处比自然人犯罪较轻的刑罚。

笔者认为，第一种处罚方式中单位内部人员和自然人犯罪的法定刑完全相

㉙ 参见薛瑞麒、丁天球：《论单位诈骗》，载《政法论坛》，2001 (3)。

同，实际上是混淆了单位犯罪和自然人犯罪的本质区别，单位人员的刑事责任应与自然人犯罪的刑事责任有所区别。理由如下：一是禁止双重惩罚的原则要求我们不能将二者混为一谈，因为单位已经通过罚金刑的方式，承担了一部分刑事责任，所以不能要求其有关责任人员承担单位犯罪的全部责任，而只能承担单位承担刑事责任后余下的责任。单位犯罪是为单位谋取非法利益，经单位集体或者单位负责人决定所实施的犯罪，与自然人为谋取非法利益而由本人实施的犯罪有所区别，单位犯罪的刑事责任应当由犯罪的单位和决定或参与实施犯罪的人员共同承担，既然对单位的犯罪已经判处了罚金刑，又对直接负责的主管人员和其他责任人员判处与自然人犯罪完全相同的刑罚，显然是违背禁止双重惩罚原则，殊不可取。[30] 二是从犯罪主体上讲单位犯罪是犯罪主体的一种形式，单位成员不具有独立的犯罪主体身份，从法律意义上讲单位犯罪和自然人犯罪是并列的主体关系，单位成员是从属于单位犯罪主体的一部分，因而决定了他不应当承担一个犯罪主体所应承担的全部刑事责任，即不应承担与自然人犯罪主体完全相同的刑事责任，相反应当承担其中的部分刑事责任。这种地位的不平等决定了在一般情况下，单位成员的刑事责任应当轻于自然人犯罪的刑事责任，比较合理的规定应当是基于单位成员在单位犯罪中的责任大小确认在同等犯罪的情形下，对单位成员的主刑处罚幅度应当略轻于自然人犯罪。最高人民法院《全国法院审理金融犯罪案件工作座谈会纪要》也指出，刑法分则条文规定有罚金刑，并规定在单位犯罪中直接负责的主管人员和其他直接负责人员按照自然人犯罪条款处罚的，应当判处罚金刑，但对直接负责的主管人员和其他直接负责人员所判罚金刑的数额，应当低于对单位判处罚金刑的数额。最高人民法院《全国法院审理金融犯罪案件工作座谈会纪要》的规定实际上已间接认可了单位人员的责任只是单位犯罪的一部分的事实，所以不能对单位人员处以与单位相同的罚金刑。三是近期的金融刑事立法也体现出单位人员的刑事责任区别于自然人犯罪的特征。

对单位贷款诈骗犯罪的立法应当采取以下两种方式加以完善，一是对单位贷款诈骗犯罪采用对直接责任人员单独设立法定刑的方式。二是可以将法条设计为对单位判处罚金，并对其直接负责的主管人员和其他责任人员在自然人犯罪责任的 1/3 至 1/2 的幅度内减轻处罚。类似这样的立法例在国外并不罕见，如《意大利刑法典》有多处刑事责任减轻的规定方式，如第 452 条"危害公共健康的过失犯罪"第 3 款规定，如果因过失而实施第 440 条、第 441 条、第 442 条、第 443 条、第 444 条、第 445 条规定的某一行为，分别适用有关条款规定的刑罚，并且在 1/3 至 1/6 减轻。[31]《泰国刑法典》对于某些特殊情节的刑罚加减也采用了分数

---

[30] 参见梁根林：《刑罚结构论》，325 页，北京，北京大学出版社，1998。

[31] 参见黄风译：《意大利刑法典》，134 页，北京，中国政法大学出版社，1998。

立法。如第 76 条规定："17 岁以上未满 20 岁的人犯罪的，法院认为适当时，可以减轻刑罚的三分之一或者二分之一。"第 78 条也规定："犯罪有可以减轻情节的，不论本法或者其他法律有无刑罚加减规定，法院在认为适当时，可以减少不多于二分之一的刑罚。"㉜

综上所述，我国刑法应当在单位贷款诈骗犯罪的立法上借鉴域外的刑事立法，规定单位犯罪的刑事责任及其承担方式，以此区别于自然人犯罪的情形，规范单位犯罪的刑罚体系，提高单位犯罪的罚金刑，加大对单位犯罪责任者的打击力度，使我国对单位犯罪的惩处与国际接轨，使全球化背景下的金融犯罪的惩治达到高度的和谐统一。

㉜　吴光侠译：《泰国刑法典》，18 页，北京，中国人民公安大学出版社，2004。

论单位贷款诈骗行为的处理

黄　嵩[*]

美国、德国所规定的贷款欺诈罪的主体，不仅包括自然人，而且包括法人，但是我国刑法却规定贷款诈骗罪的主体只能由自然人构成。然而现实生活中，单位实施贷款诈骗犯罪活动大量存在。据报道，我国南方某省发生的 45 起贷款诈骗案件中有 13 起属于单位贷款诈骗。[①] 特别是近几年，在"改制骗贷"和"破产骗贷"的带动下，单位诈骗贷款的手法更加多样化，诈骗贷款的数额也越来越惊人。单位贷款诈骗已经成为市场经济的一大毒瘤，不断侵蚀着我国金融体制的健康肌体，对市场经济的持续发展和社会经济构架的合理演化构成极大的冲击。以非法占有银行贷款为目的，侵犯银行债权的恶意逃债骗贷，甚至对民族文化和伦理秩序产生了恶劣的影响，必须采取积极而务实的措施予以打击和规制。有鉴于此，对单位贷款诈骗行为的处理便成了理论界和实务界研究的热点话题。

一、单位贷款诈骗的特征

下面通过一则典型案例对单位贷款诈骗行为的特征进行分析：1997 年 3 月，某县粮库负责人集体研究决定后，将该库负责质检、开票、计量、计算、复核、出纳 6 个环节的十几个人集中到粮库办公楼会议室，按照粮食收购程序，流水作业伪造购粮票据三千余张，并依据假凭证作出"粮食收购日报表"、"资金收付日结单"，由统计、财务部门分别报送粮食局和农发行。1997 年 7 月、10 月，1998 年 2 月，该粮库又以同样方式作了虚假收购。4 次累计虚购粮食 41 570 吨。1997 年 12 月和 1998 年 2 月、4 月，该粮库三次对虚购的粮食作了部分虚假销售处理，虚销 4 289 吨。1998 年 5 月，该县粮食局发现了该粮库虚购粮食问题后，研究决定对该库虚购粮食按虚销处理。该粮库将 28 028 吨粮食作了虚销处理。通过虚购、虚销，骗取国家粮食补贴 339 万元，骗取农发行贷款 3 967 万元。该粮库将

* 黄嵩，最高人民法院法官，法学博士。
① 参见刘建驰、曹雪平、蒋兰香：《贷款诈骗罪应规定单位犯罪》，载《法学学刊》，1998 (4)。

骗取的贷款主要用于：（1）收购水稻 1 387 万元；（2）归还农发行贷款 1 200 万元；（3）购置固定资产、议价粮油支出 125 万元；（4）1997 年 6 月至 1998 年 6 月，分别以粮库职工个人名义在工商银行、农业银行、建设银行、中国银行、农村信用社开设 30 多个账户，存款 1 255 万元。②

从上述案例可以看出单位贷款诈骗行为具有下列特征：一是行为的主体是单位。案例中的诈骗农发行贷款的行为由单位领导集体研究决策，单位中各有关部门分工协作，上下联动，主观上体现的是单位整体的意志，客观上表现的是单位的行为，而不是单位内部某一个或几个人的意志和行为。二是行为的目的是非法占有贷款，为单位谋取利益。从案例中单位诈骗贷款后的资金使用情况来看，其非法取得的贷款并不是被单位的主要领导或职工私分，而是用于单位的运作，诈骗贷款是为整个单位谋利益。为单位谋取利益并不一定限于非法利益，鉴于单位职能、性质等与自然人相比的多样性和特殊性，其诈骗来的贷款有可能用于牟取非法利益，也有可能将一部分用于获得同单位职能相关的合法利益，比如用于促进农村经济发展的粮食购销、开矿、修路等，但其违法性的关键在于其取得贷款的手段是欺诈，其对贷款的占有是非法占有。三是单位实施的诈骗更具欺骗性。单位实施的贷款诈骗行为由于有单位作掩护，并且单位所掌控的资源、智慧、能量都较个别自然人大得多，并且单位对外较自然人更具有公信力，所以单位贷款诈骗行为更容易得逞。四是单位贷款诈骗的数额通常比自然人诈骗贷款的数额更大，往往给金融机构造成更大的损失。案例中一个县级粮库竟然能在不到两年的时间里诈骗农业专项贷款近四千万元，足见其危害。

二、单位贷款诈骗常见的手法

有一些特殊的贷款诈骗手段，如利用企业改制诈骗贷款，利用虚假破产诈骗贷款，利用关联公司、个人控制的多个公司之间转移资产诈骗贷款等，这些造成我国银行等金融机构巨额金融不良资产的主要诈骗方式，大多表现为单位贷款诈骗。上述特殊的骗贷手法，虽然名目繁多，但能体现出一些共同的特点：一是多为单位诈骗贷款手法；二是多发生在履行借款合同的过程中，而不是签订借款合同的过程中；三是多表现为诈骗银行等金融机构的贷款性利益，即贷款债权。

（一）利用企业改制诈骗贷款

以下论述的几种利用企业改制诈骗贷款的情形从严格意义上说应该是使用欺诈手段恶意逃避巨额信贷债务的情形，但是鉴于我国现行刑法并没有明确规定恶意逃债的罪名，将下列确有必要给予刑事打击的行为看作是在履行借款合同过程中的贷款诈骗行为相对较为合理。

---

② 参见线杰：《贷款诈骗罪的立法完善》，载《人民检察》，2001（4）。

企业利用改制诈骗贷款，主要是不法企业利用体制改革和经营机制转换，以各种欺诈手段恶意消灭银行债权的行为。作为近年来单位骗贷的主要方式，"改制骗贷"在全国各地都曾有发生，不法企业往往打着"优化产业结构、资源合理配置"的旗号，对企业的主体资格、控股关系、财产占有形式等进行调整，达到否认银行债权、悬空银行债权的目的。改制骗贷的名目繁多，归纳起来大致有这样几种：

1. 利用股份改造骗贷。包括：（1）为了非法占有银行的贷款不还，原企业将优良资产分离出去与他人发起成立股份公司，股份公司不承担或少承担原企业债务，主要债务仍记在资产已剥离出去的原企业的名下；（2）企业通过增资扩股方式改制为股份公司，新的股东以未被告知原企业有债务为由否认银行债权的存在；（3）企业吸收职工参股改组股份制企业，假借提高企业的资产质量而将原债务剔除出财务报表，已成为新成立股份制企业的股东和全体职工齐心协力对抗银行，造成银行债权落空。

例如：甲、乙、丙三工厂欠下银行总计2亿元的贷款，为了将该笔贷款赖掉，经三家共同商讨，合并成立了丁集团，2亿元的贷款债务由丁集团承担。之后丁集团又通过股份制改造、转让股权、以优良资产对外置换不良资产等手段，经过三年的时间，使自身转变为一个空壳公司，使银行贷款债权实际不可能实现。银行于是将丁集团以及吸收了丁集团优良资产的另两家公司（股份公司和投资公司）作为共同被告上法庭。③

对于上述案件，法院判决丁集团向银行承担还贷义务，驳回了银行对股份公司和投资公司的诉讼请求。最终，银行通过申请强制执行，仅执行到丁集团名下的厂房等闲置资产价值两千余万元，2亿元贷款债权绝大部分都被赖掉了。法院定案的

---

③ 在此将该案件的详细情况予以披露，以助于揭示利用企业改制诈骗贷款案件的复杂性和高智商性：甲、乙、丙三工厂是某地历史悠久的企业，效益一直较差，三家工厂共计欠银行贷款2亿元，债务负担沉重。为了达到将这巨额贷款赖掉的目的，三工厂领导层进行了长达数月的密谋商讨，决定用改制的办法将银行的贷款逃掉。通过一番游说，争取到了地方政府的支持。1998年，地方政府对其所属的这三家企业改制，将其合并为丁集团，2亿元的贷款债务也由丁集团承担。合并后，丁集团进行了股份制改造，成立了一个股份公司，将其优良资产剥离给了股份公司，协议股份公司不承担丁集团的债务。此后，丁集团名下的主要资产逐渐只剩下对股份公司的法人股、两条碱生产线和原三家工厂的厂房、闲置设备等，这样，丁集团自身收益不高，却成了全部贷款债务的承担者。尽管多家银行不断催讨欠贷，但丁集团的态度只有一个字"拖"。另一方面，丁集团领导层（主要由原三家工厂的领导层共同组成）又在紧锣密鼓地进行最初就计划好的下一个赖账步骤。2002年，丁集团又一次进行资产重组改制，首先，丁集团将自己所持有的股份公司的股权转让给当地国有资产投资公司（以下简称投资公司），由投资公司将丁集团属下人员进行安置，作为经济对价，投资公司将名下的两笔因财政投资形成的陈年债权换给丁集团，此两笔债权形成于1987年，债务人早已不知所去，实际上是死账，但账面上确有记载，债权凭证也尚算完整。其次，丁集团将自己唯一值钱的两条碱生产线转让给股份公司，作为对价，股份公司将自己名下的几处无用的低值易耗品和经营中产生的不良资产给丁集团。经过股份制改造和上述两笔表面上等价的资产置换，丁集团达到了企业重组的目的：其名下只剩下一些无用厂房、闲置设备、不良债权等资产，彻底将银行2亿元的贷款债权悬空。银行收不回贷款，向法院起诉丁集团，同时也将股份公司和投资公司作为共同被告，要求撤销丁集团置换资产的行为，要求三被告共同承担贷款债务。

主要理由是，银行无法举证说明丁集团在股份制改造和资产置换过程中有非法消灭银行债权的意图。然而，从总体上并不难看出，丁集团进行股份制改造，以及丁集团、投资公司和股份公司之间所进行的明显不等价的互易行为，其目的，就是掏空丁集团名下的财产，使银行对丁集团的债权无法行使，达到骗逃银行贷款债权的目的。这种复杂的运作如果没有事前的恶意串通，以及背后的肮脏交易，是不可能顺利完成的，所以这一案件是单位使用欺诈手段，利用股份制改造和优良资产置换不良资产，在履行借款合同的过程中诈骗银行贷款得逞的典型案例。

2. 利用企业的分立骗贷。包括：（1）为了非法占有银行的贷款不还，原企业分立出一个新企业后形成两个企业，两个企业中只有一个承担原企业的债务，降低实际偿债能力，并且这一承继原企业银行贷款债务的企业往往是没有剩下什么资产的企业；或者分立的两个企业不根据所分得财产的比例来分割原企业债务，采取互相推诿的办法，谁都不愿意对原企业债务承担连带责任。（2）一个企业分立成两个企业后原企业注销，两个企业都是新注册而成立，都不承担原企业的银行债务。④

3. 利用企业出售骗贷。包括：（1）企业将资产出售给他人，原企业虽然已成空壳，但仍然存续，资产购买人由于与原企业之间没有产权关系而不承担债务，使银行的贷款债权悬空。（2）企业整体出售时，出售人对购买人隐瞒企业真实的负债状况，购买人不承认被隐瞒的债务，而出售人将企业卖出后隐匿所得款项，造成表

---

④ 下面是一个单位在履行借款合同的过程中，利用企业分立诈骗贷款，消灭银行债权的典型案例：1998年至1999年年初，某市轻工集团总公司（以下简称总公司）分次从该市工商银行某办事处贷款共计本金1.5亿元，此笔资金用于各车间的生产经营和技术改造。为了达到由企业将这笔巨额贷款占为己有，永不偿还的目的，总公司核心领导班子多次开会密谋商量对策。最终确定了以企业分立的形式进行改制逃债。1999年8月，总公司实施改制，将原来的车间组建为独立法人，先后分立出美味食品公司、美多调味品公司、北极星冷冻仓储公司，三家公司均为独立法人，但实际上只有美味食品公司继承了原总公司的主业，经营较好，其他两家公司很快名存实亡。改制后总公司仍然保留，但名下已无任何财产，不再直接进行经营，其全部财产分配给三家分立的公司，总公司存在的费用由三家分立的公司分摊。改制时未通知债权人工商银行，也未对贷款债务进行处理，工商银行的1.5亿元贷款仍然挂在总公司账上，在分出的三个子公司账上均无银行贷款的记载。2000年11月，继承了总公司优良资产的美味食品公司又一次进行改制，并由当地各政府主管部门出面，对其资产状况进行评估，评估的结果认定其净资产为负值，美味食品公司以此评估结论为据向外出售，公司职工和个体户林某（总公司董事长方某的妻弟）共同出面，没有支付任何代价，将此企业"零买断"，被买断后的美味食品公司又由林某和公司职工共同注入了部分资金，重新注册成立了有限责任公司，取名"新美味食品有限责任公司"（以下简称新美味公司），此次改制也未通知工商银行。在林某和职工的共同努力下，新美味公司经营状况良好，成为利税大户，被当地政府树立成为改制成功的典型。贷款到期后，总公司无力还贷，分出的两个公司以自己不是债务人且无力承担还贷责任为由也不承担债务，新美味公司则认为自己与总公司无关，是买来的，且系重新注册的一个新公司，不应承担总公司债务。工商银行只好起诉总公司和两个分出的公司，并以新美味公司是美味公司的继承人为由将新美味公司也列为被告，请求法院判决它们共同承担连带偿还银行贷款的责任。法院审理认为：美味公司改制成为新美味公司是经政府部门确定的，改制后原美味公司已经注销，如果遗留有债权债务应由其主管部门或出资人承担，但总公司作为出资人本身就是债务人，因而这种责任没有必要明确。新美味公司虽然得到了美味公司的一部分财产，但此财产是买受来的，并不构成对原美味公司法律地位的继承，因而，新美味公司作为一个注册成立的新企业，与总公司或美味公司欠银行的债务无关，不承担责任。

面上已无力偿债的假象，使银行债权无法行使；买受人购得企业后，将企业资产作价另行成立新企业，原被买的企业注销。此时，银行只能向出售人或买受人主张债权，但此时，两者手中形式上都不持有原企业财产，因而拒不偿债。（3）企业出售时，企业恶意不具体通知债权银行，而仅通过出售公告要求债权人申报债权，贷款银行由于无暇关注众多而杂乱的公告而不知要进行申报，出售行为完成后，债权人在主张债权时只能针对出售人而为，而此时出售人手中已无财产。

4. 利用兼并与被兼并骗贷。包括：（1）企业为将所欠贷款据为己有，采用吸收、合并方式进行兼并，恶意不通知贷款银行，使银行在兼并过程中未申报债权。兼并完成后，就只能向被兼并企业的股东追偿债务，而股东则声称根本无力承担债务。（2）企业兼并另一企业后，以其中的劣质资产新设企业，协议并公告由新企业承担全部债务，而优良资产留在本企业中。银行在行使债权时只能向新设企业主张，而此新企业无偿债能力。⑤

5. 企业利用承包租赁经营骗贷。包括：（1）企业为使银行债权悬空，将企业承包租赁给他人经营。承包或租赁人只进行经营和收取利润，拒不承担发包人所借的贷款。而发包人则以企业已被承包租赁，不受其控制为由拒不偿还贷款。（2）为达到消除银行债权的目的，承包人或租赁人在经营期间侵占或出售企业财产，造成企业偿债实力下降，最终即使银行通过诉讼后拍卖企业资产还贷，企业也早已变为空壳，使银行贷款血本无归。

---

⑤　下面是一个利用兼并与被兼并诈骗银行贷款债权的典型案例：嘉宝有限责任公司（以下简称嘉宝公司）成立于1996年，是一个符合公司法规定，由家顺集团和物资工贸公司（以下简称物资公司）共同出资的有限责任公司，体制先进、经营灵活，企业效益良好。某银行分理处于1999年向嘉宝公司贷款2 000万元，鉴于公司信用能力强，贷款采用信用方式。2001年，嘉宝公司进行改制，与众一公司达成了兼并协议，由众一公司将嘉宝公司兼并，兼并采用吸收式合并方式进行，兼并后，嘉宝公司主体资格注销，两公司统一以"众一公司"的名义对外进行经营。众一公司兼并嘉宝公司的过程中，两公司领导层想要设法将欠银行的2 000万元贷款赖掉。两公司经过策划，决定采取如下行动：第一，先在当地一家销量不好，但级别够高的报纸上发出公告，公告登载于报纸中缝不起眼的地方。公告要求：凡嘉宝公司的债权人应当在公告之日起15天内向嘉宝公司申报债权，逾期不申视为自动放弃。第二，不通过其他方式具体通知债权人，要求嘉宝公司有关部门职工"谨言慎行"，在同债权人接触中，严禁提起债权申报之事。第三，嘉宝公司的出资人也同时进行改制，将可能会被银行用以追偿贷款的资产迅速剥离出去。第四，清理检查所有两公司兼并过程中的来往文件，涉及这2 000万元贷款债务的往来电函文件均予销毁，造成嘉宝公司向众一公司隐瞒贷款债务的假象。于是，在嘉宝公司改制的同时，其两个出资人也先后进行了改制，家顺集团将所属资产交给其控股企业，不再直接进行经营，只对各个子公司持股和进行行政上的管理。物资公司本身是多年亏损的老企业，当地政府遂一纸文件将其撤销，所属不多的资产分配给职工作为养老保障。另一方面，银行分理处知道嘉宝公司正在进行改制，此间，多次到嘉宝公司进行债务清理方面的协商，嘉宝公司表示债务没问题，到期一定偿还。而嘉宝公司上下特别是财务部门的人员均得到领导指示，不要向银行人员提起申报债权的事。银行未被告知申报要求，也未看到报纸上的申报公告，因而未申报债权。政府在对嘉宝公司的资产和债务进行清理后，将嘉宝公司的原有资产按评估价转给了众一公司，嘉宝公司的债务中已经进行登记的，列入财务报表转由众一公司承担，包括银行分理处在内的多个债权人因未申报登记，在兼并协议里未被提及。2002年10月，兼并完成，嘉宝公司的主体资格被注销，众一公司继承了嘉宝公司的原有全部业务和资产，由于银行分理处的债权未被交接，众一公司拒不承担还款责任，原嘉宝公司2 000万元贷款的利息也被止付。

（二）利用破产诈骗贷款

破产制度萌生于资本主义早期，本是一种富于理性、有助于市场优化、有助于保护债权的有效而积极的制度。然而，这样一个原为保护债权人利益而生的制度，在当代的中国却完全变了味道。整个 20 世纪 90 年代，利用破产逃债，特别是骗逃象征着国家债权人主体的银行的贷款债务，风靡全国，其余波至今不衰。⑥ 在中国，破产作为单位诈骗贷款的工具⑦，被利用得无以复加。

单位利用破产为手段骗逃银行贷款，主要有以下表现形式：一是利用地方保护主义，取得政府支持，将骗逃银行贷款确定为破产目标；二是以法院和清算组为行骗的工具，使其强行否定破产财产上的他物权，使银行担保债权沦为普通债权；三是宣告破产前，债务人非法减少可供还贷的财产；四是将破产财产高值低估，从而降低对贷款的清偿率；五是故意提高破产费用，从而减少可分配财产；六是只清算固定资产，不清算权利资产，或在财产清算完毕前终结破产程序；七是给关联债权临时设定抵押或进行突击清偿，增加破产财产的负担；八是扩大破产债权的范围等。⑧

---

⑥ 国家经贸委 1997 年完成了对东北 80 家破产企业的调查，结果显示债权的平均清偿率只有 0.41%；2001 年 3 月 19 日，世界银行首次公布了长达 10 万字的《中国国有企业的破产研究》报告，这一报告是在研究 5 个代表性城市 15 个案例的基础上总结而成，表明银行债权在破产程序中能够收回的只有 3%～10%。这其中固然有一部分是企业经营不善，确实将资产亏损殆尽，无法还贷的情形，但其中也有相当一部分是企业借破产之名，行骗逃银行贷款之实。

⑦ 我国目前尚不存在自然人破产制度。

⑧ 以下是一则绩优子公司强搭母企业破产"顺风车"，诈骗贷款的典型案例：机业公司成立于 1996 年，为有限责任公司，注册资金为 350 万元，其中机器厂（大型国企）出资 50 万元，职工持股 300 万元。该公司资产结构合理，产品适销对路，信用能力较强，对到期债务有清偿能力，远未达到破产的界限。建设银行某分理处于 1998 年曾向该公司贷款 180 万元，该公司以土地使用权进行抵押，手续完备。贷款到期后，机业公司动起了骗逃银行贷款的脑筋，该公司先是伪造亏损账目，对银行表示不具备还款能力，长期拖欠贷款和利息。建设银行于是着手准备将其告上法庭。就在此时，其股东机器厂由于资不抵债程度严重，向法院申请破产。机业公司认为这是一个可以用来骗逃银行贷款债务的好机会，遂与出资人机器厂商议，要求与机器厂一同进入破产还债程序，其后再按照国家给大型国企破产后职工安置的优惠政策，为机业公司保住整个现有的利益，吞掉银行的贷款。机器厂于是向法院提出要求：让机业公司一并进入破产程序还债。法院审查后认为，"机业公司是独立法人，且其与机器厂性质不同，出资方式不同，机器厂只是机业公司的股东之一，将机业公司纳入机器厂的破产程序不合适"，因此，不同意机器厂的要求。机器厂清算组随后以股东名义找到工商部门，要求将机业公司原来以独立法人形式存在的注册事项进行变更，变更为非法人企业。由于法律并不禁止企业变更注册事项，工商局同意了机器厂的要求，并很快为其办理了注册变更手续。根据变更后的注册情况，机业公司不再是法人企业，而是隶属于机器厂的一个独立核算的非法人单位。机器厂持变更后的证据材料找到破产审理法院，法院同意了机器厂的要求，将机业公司的所有财产和债务纳入到破产程序中一并进行清算。最后，由于机器厂资不抵债状况严重，在全部接受了机业公司的资产后，这一状况并未改观，且根据有关规定，机器厂属于享受国家优惠政策的企业，破产财产要优先用于安置企业职工，银行不享有别除权，原来机业公司抵押给银行的土地使用权也同样被用来安置职工，银行只得到了微不足道的清偿。而就在破产程序结束后，机业公司很快就用分配给其职工所有的原来的机器设备等资产另外注册了一家新的企业，还是原班人马，迅速恢复了生产。

（三）转移资产诈骗贷款

转移资产骗逃贷款，并非单位贷款诈骗所独有的行为方式，但在单位贷款诈骗中表现得更为突出。司法实践中多见同一股东注册多个公司为转移资产骗逃贷款开方便之门，以及关联公司之间转移资产骗逃银行贷款。在司法实践中，行为人以转移资产骗逃银行贷款为目的，往往将虚假交易、资金空转、房地分离、公款私存等等诈骗伎俩综合运用。

三、对单位贷款诈骗行为的处理

尽管单位实施贷款诈骗行为在金融诈骗活动中是所占比率较高的违法行为，社会危害性非常严重，但《刑法》却未明确规定单位可以构成贷款诈骗罪，使得司法实践中不能以贷款诈骗罪对单位的这种行为定罪处罚。

关于如何对单位贷款诈骗行为定罪处罚，自1997年新刑法典颁布以来，一直是理论界争论不休的一个热点问题，司法实务界对此类犯罪的处理也不统一。主要有四种观点和处理方式：（1）认为单位实施贷款诈骗的，虽不能追究其刑事责任，但单位及其负责的主管人员和其他直接责任人员在实施贷款诈骗行为时，如有伪造公文、证件、印章等行为，依牵连犯的原则，也应该追究单位及其直接负责的主管人员和其他直接责任人员的刑事责任；（2）认为该种行为不构成犯罪；（3）认为单位实施贷款诈骗行为，虽不能追究单位的刑事责任，但其直接负责的主管人员和其他直接责任人员以自己的行为为单位骗取贷款的，实际上是自然人实施的贷款诈骗行为，可以追究单位直接负责的主管人员和其他直接责任人员的刑事责任；（4）认为该种行为构成合同诈骗罪。[⑨]

（一）不宜作牵连犯处理

上述意见（1）认为单位实施贷款诈骗的，虽不能追究其刑事责任，但单位及其负责的主管人员和其他直接责任人员在实施贷款诈骗行为时，如有伪造公文、证件、印章等行为，依牵连犯的原则，也应该追究单位及其直接负责的主管人员和其他直接责任人员的刑事责任，这种做法不妥当。因为当单位贷款诈骗行为与伪造公文、证件、印章行为存在牵连关系时，贷款诈骗行为才是目的行为，伪造公文等的行为是手段行为，一般情况下从情节上来说前者更重，是真正主要具有社会危害性的行为，仅仅在极少数情况下，存在伪造情节特别严重而诈骗贷款情节较轻的情形，并且从处刑上来比较，刑法对诈骗行为的处罚远重于伪造公

---

⑨　参见田立文、夏汉清：《贷款诈骗罪认定中的疑难问题》，载《人民司法》，2001（12）。

文、证件、印章行为。根据刑法理论关于牵连犯处罚的通说，按照"从一重处断"原则，在一般情况下理应处罚从性质上更为严重的单位贷款诈骗行为，而不能仅仅是处罚伪造公文、证件、印章行为，将单位贷款诈骗行为仅按伪造公文、证件、印章罪定罪处罚，无异于买椟还珠。

（二）不宜认定为不构成犯罪

上述意见（2）认为该种行为不构成犯罪。主要有两个理由，第一个理由是对"一行为符合特别法条与普通法条的法条竞合的情况下，当特别法条轻而普通法条重时，适用重法，即普通法条"这种处理方法的否定和批判。认为这势必造成理论上的混乱和实践中的重刑主义。在单位贷款诈骗行为构成贷款诈骗罪与合同诈骗罪法条竞合的情况下，"对贷款诈骗罪而言，刑法第 193 条贷款诈骗罪是普通法条，在主体是单位的情况下，特别法条不认为是犯罪，普通法条认为是犯罪，孰重孰轻非常明显。在此情况下，对单位实施贷款诈骗的行为以合同诈骗罪处罚，正是重法优于轻法观点的体现"。第二个理由是，认为"单位实施贷款诈骗行为在现实生活中是一种具有严重社会危害性的行为，但我国刑法却未明确规定单位可以构成贷款诈骗罪，使得在司法实践中不能依法对单位的这种行为定罪处罚。司法实践中将该种行为作为合同诈骗罪定罪量刑，于法无据，违背了我国法治的基本原则。因此，在目前情况下，不应对单位贷款诈骗行为定罪"[⑩]。这两点理由的不妥之处在于其对单位贷款诈骗行为构成法规竞合关系的误解，以及对单位贷款诈骗行为究竟符合哪一种犯罪的构成要件的模糊认识。

论者对于从属关系法规竞合的适用规则的见解有一定道理，但是，论者立足于"单位贷款诈骗行为属于贷款诈骗罪与合同诈骗罪的法规竞合"这一点却是错误的。因为构成法规竞合，必须同时符合四个条件：一是行为人实施了一个犯罪行为，二是一行为同时触犯数个刑法规范，三是形式上符合数个不同的犯罪构成，四是数个犯罪构成在法律上具有包容关系。[⑪] 对于一般主体以借款合同形式诈骗贷款的情况，由于犯罪主体和其他要件均同时符合两罪的犯罪构成，当然属于法规竞合。但是对于单位这种特殊主体利用借款合同诈骗贷款的行为，由于其主体不符合贷款诈骗罪的构成要件要求，并不构成贷款诈骗罪，所以，单位贷款诈骗行为并不是贷款诈骗罪与合同诈骗罪的法规竞合。但是，单位贷款诈骗行为却完全符合合同诈骗罪的犯罪构成，可以认定为合同诈骗罪，而并非论者所认为的不构成犯罪。

犯罪的最本质特征，是行为的严重社会危害性。《刑法》第 13 条关于犯罪的

---

⑩ 沈月娣：《对单位贷款诈骗行为定罪之我见》，载《人民检察》，2001（11）。

⑪ 参见吴振兴：《罪数形态论》，155～157 页，北京，中国检察出版社，1996。

定义，一方面揭示了在我国犯罪对社会主义国家和公民权利具有严重社会危害性的实质，另一方面也揭示了其法律特征，即依照法律应当受刑事处罚。单位贷款诈骗行为具有严重的社会危害性，动辄造成公私财产的巨额损失，无疑完全符合犯罪的本质特征，同时我国刑法虽未在贷款诈骗罪项下规定对单位贷款诈骗进行处罚，但其在犯罪构成上完全被包含在合同诈骗罪当中，依照该条法律也完全应当受到刑事处罚。

（三）不宜只处罚个人

上述意见（3）认为，单位实施贷款诈骗行为，虽不能追究单位的刑事责任，但其直接负责的主管人员和其他直接责任人员以自己的行为为单位骗取贷款的，实际上是自然人实施的贷款诈骗行为，可以追究单位直接负责的主管人员和其他直接责任人员的刑事责任。这种处理方式是在 2001 年最高人民法院印发《全国法院审理金融犯罪案件工作座谈会纪要》之前，实践中司法机关对单位贷款诈骗行为通常的处理方式。"从司法机关查办单位贷款诈骗案件情况看，如果数额巨大，影响恶劣的，一般以个人犯罪追究主要负责人员或直接责任人员的刑事责任。"[12] 这种做法并不具有普遍适用性，不能对所有单位贷款诈骗行为不加区分地一概而论。

现实中，有些犯罪分子为了诈骗贷款，专门设立皮包公司、空壳公司，一旦骗取了贷款，或者人去楼空，或者通过搞假兼并、假重组、假破产等方式，最终达到逃避贷款债务不还的目的，非法占有贷款。还有些公司、企事业单位成立后，不从事正常经营，而是指望一夜暴富，发展为专门靠诈骗银行贷款过日子的骗贷公司。还有一些犯罪分子，盗用自己所属单位或者其他单位的名义实施贷款诈骗行为，把骗来的贷款私分。对于上述形式的单位贷款诈骗行为，依照有关司法解释[13]，以个人犯罪追究主要负责人或直接责任人员的刑事责任是合理的。

除了上述情况之外，对于通常意义上的单位贷款诈骗行为，仅以个人犯罪追究主要负责人或直接责任人员的刑事责任则是不合理的。在刑法没有对单位贷款诈骗犯罪明确规定只处罚个人的单罚制的情况下，将单位犯罪的罪责完全只由个人承担，即违背了罪刑法定的原则，又违背了罪刑均衡和罪责自负的原则。由于

---

[12] 线杰：《贷款诈骗罪的立法完善》，载《人民检察》，2001（4）。

[13] 根据最高人民法院《关于审理单位犯罪案件具体应用法律有关问题的解释》，只有在以下两种情况下对于单位的违法犯罪行为才不追究单位的刑事责任，而直接追究个人的刑事责任：一是"个人为进行违法犯罪活动而设立的公司、企业、事业单位实施犯罪的，或者公司、企业、事业单位设立后，以实施犯罪为主要活动的，不以单位犯罪论处"。二是"盗用单位名义实施犯罪，违法所得由实施犯罪的个人私分的，依照刑法有关自然人犯罪的规定定罪处罚"。

我国刑法对单位犯罪中个人的处刑规定均轻于同类性质的自然人犯罪，意见（3）的做法无疑会加重行为人本应承受的刑罚。

（四）以合同诈骗罪处理的利弊

2001年最高人民法院印发了《全国法院审理金融犯罪案件工作座谈会纪要》，明确规定，"对于单位实施的贷款诈骗行为不能以贷款诈骗罪定罪处罚，也不能以贷款诈骗罪追究直接负责的主管人员和其他直接责任人员的刑事责任。但是，在司法实践中，对于单位十分明显地以非法占有为目的，利用签订、履行借款合同诈骗银行或其他金融机构贷款，符合刑法第二百二十四条规定的合同诈骗构成要件的，应当以合同诈骗罪定罪处罚"，使得对于单位贷款诈骗行为的司法认定在当前有了一个统一的标准。

这种处理方式有其合理的一面：一则在定罪上，由于单位贷款诈骗行为通常都是在签订、履行借款合同的过程中发生的，而借款合同是一种特殊的经济合同，单位贷款诈骗在形式上是符合合同诈骗罪的犯罪构成的；二则在量刑上，依照单位犯罪的处罚原则处罚单位贷款诈骗犯罪，合理分散了单位中应当负刑事责任的人员的刑事责任，符合罪刑均衡和罪责自负的原则。但是，这种处理方式也有其不合理的一面，刑法之所以将借款合同诈骗这种特殊的合同诈骗犯罪从合同诈骗罪中分离出来，是由于法律对信贷关系这一在国民经济中处于特别重要地位的客体的特殊保护，如果将单位贷款诈骗犯罪认定为合同诈骗罪，就会出现罪名与罪质的不统一。因此，不能回避刑法未将单位规定为贷款诈骗罪主体这一法律滞后的事实，应当认识到目前对单位贷款诈骗行为以合同诈骗罪定罪处罚只是一种"头痛医头，脚痛医脚"的权宜之计，解决这一问题的根本还在于将来再次修订刑法时，增加单位为贷款诈骗罪的主体。

用拾得的信用卡在自动取款机上取款
行为之定性探究

刘明祥[*]

在司法实践中，经常遇到这样一类案件：行为人拾得他人信用卡及密码，或者猜出密码后，用来在自动取款机上取走了大量现金。对这种行为应如何定性，目前存在较大争议。笔者拟对此作进一步的探究。

一、用拾得的信用卡在自动取款机上取款不应定盗窃罪

有一种观点认为，用拾得的他人信用卡在自动取款机上取款，应认定为盗窃罪，不能认定为信用卡诈骗罪（以下简称为盗窃罪说）。主要理由在于，信用卡诈骗罪是诈骗罪的一种特殊类型，同样应该具备诈骗罪的"因受欺骗而处分财产"的本质要素，而只有人才可能受骗，"机器不可能被骗"；用拾得的信用卡在自动取款机上取款，如同拾得他人的钥匙后用钥匙开门取走财物，这属于盗窃而不是诈骗。[①] 但是，笔者认为，这种观点值得商榷。

关于机器是否可能被骗的问题，是随着现代科学技术的发展，电子计算机的普及，使用计算机侵犯他人财产权的犯罪现象出现之后，对传统诈骗罪提出的一个挑战性的特殊问题。其特殊性主要表现在，传统的诈骗罪是以自然人因被欺诈陷于错误而交付（处分）财产为成立条件的，而机器不可能陷于错误，相对于机器的普通诈骗罪肯定不可能成立。例如，行为人通过连接到银行事务中心的计算机，私下更改自己存放在银行账户上的存款记录，增加存款数额，然后，通过计算机转到善意的第三者的账户上，用来归还自己的欠款。在这种场合，由于行为人是通过计算机自动转账，没有将他人财物转移到自己占有之下，不能构成盗窃罪；又因为没有现实的人陷于错误，诈骗罪不能成立，而其他传统类型的财产罪

---

* 刘明祥，中国人民大学刑事法律科学研究中心教授、博士生导师。

① 参见李文燕主编：《金融诈骗犯罪研究》，321 页，北京，中国人民公安大学出版社，2002。

也定不上。为了合理解决这一问题，20 世纪 80 年代以来，许多国家（如德国、日本等）在刑法中增设了使用计算机诈骗罪。② 不过，在有无必要增设此罪的问题上，各国立法者及学者们的意见并非完全一致。在德国，就有学者提出，所谓计算机诈骗，无非是人与计算机分工，通过自动的数据处理完成的，最终的效果可以归属于计算机背后的人的欺诈与错误，至于这个人是谁用不着去调查，也没有必要去确认，这类行为完全可以包容于传统的诈骗罪中。另有人主张，只要把现行法上的财物概念解释为包括转账金，就可以将那些采用非法手段把账上资金移动到"金钱债权"账户的行为，纳入传统的财产罪之中。在日本，也有学者认为，对通过不正当使用计算机而侵害他人财产的案件（包括我国刑法规定的信用卡诈骗罪），按传统的财产罪处理不会出现解释上的困难。因为在银行的存款仍然属于存款者占有，非法转移存款者的存款到自己的账户，这就是一种夺取占有的财产罪。还有学者认为，通过滥用计算机而侵害他人财产的案件中，只有那种把金钱债权移动到自己或第三者账户的情形，传统的财产罪才不能包容，而要解决这一问题并不一定要增设罪名，更不必要制定像现在日本刑法第 246 条之二（使用电子计算机诈骗）这样的复杂规定，只要刑法中有"存款视为财物"的简单规定就足矣。③

应当注意，在德、日等国，关于是否有必要增设计算机诈骗罪尽管有争议，但多数学者包括立法者都是持肯定态度。对于计算机诈骗（包含信用卡诈骗）有不同于传统诈骗罪的特殊性这一点并无异议，同时对于机器（主要指电子计算机）本身不可能被骗也无不同意见。只是主张没有必要增设计算机诈骗罪的学者们在解释时，认为利用计算机诈骗并非是使计算机陷于错误，并基于错误交付财物，而是使计算机背后的人产生了错误。因为被智能化了的计算机是代替人来处理事务的，是按人的意志来作判断并代替人行事的。在没有规定计算机诈骗罪（包含信用卡诈骗罪）的条件下，作这样的解释无疑是必要的，也是有道理的。但正是为了避免争议，许多国家都先后规定了独立的计算机诈骗罪、信用卡诈骗罪等罪。规定这类罪名本身就表明，这类犯罪有不同于传统诈骗罪、盗窃罪等侵犯财产罪的特殊性，否则，也就没有必要单独作规定了。不过，从许多设立独立罪名的国家（如德国、日本等）刑法所用的罪名和分类来看，大多是用"使用计算机诈骗罪"的称谓，并将之纳入诈骗罪中，视为诈骗罪的一种特殊类型，而并未称之为"使用计算机盗窃罪"，将其纳入盗窃罪中。有些没有单独设罪的国家的刑法，对使用计算机诈骗也是明文规定以诈骗罪论处（并非是以盗窃罪论处）。如瑞典刑法第九章第 1 条第 2 款规定："输入不正确或不完整的信息，或者修改

---

② 参见 ［日］林干人：《刑法各论》，日文版，255～256 页，东京，东京大学出版社，1999。

③ 参见 ［日］阿部纯二等编：《刑法基本讲座》，日文版，第 5 卷，56～57 页，法学书院，1993。

程序或记录，或者使用其他手段非法影响自动数据处理或其他类似自动处理的结果，致使行为人获利而他人受损的，也以诈欺罪论处。"由此可见，使用计算机诈骗（包含信用卡诈骗）虽然与传统的诈骗罪、盗窃罪等有差别，但在性质上仍然属于诈骗（并非是盗窃）。以机器本身不能受骗来否定在自动取款机上使用他人信用卡取款行为的诈骗性质，从而作为定盗窃罪的根据是值得商榷的。

值得一提的是，在日本，刑法规定有独立的使用计算机诈骗罪，但并无独立的信用卡诈骗罪，一般认为使用计算机诈骗包含绝大部分利用信用卡诈骗的情形。不过，日本刑法规定的使用计算机诈骗罪有一个突出的特点，就是仅限于利用计算机骗取财产性利益这一种情形，而日本刑法将普通诈骗罪分为骗取财物与骗取财产性利益两种情形，盗窃罪只能是窃取财物一种情形（不能窃取财产性利益）。这样一来，利用他人信用卡在自动取款机上直接取款，由于是使用计算机取得了财物（不是财产性利益），从而不能构成使用计算机诈骗罪；又因为传统的诈骗罪是以人受骗并交付财物为成立条件的，因而构不成诈骗罪。为此，理论上的通说和判例将这种情形解释为构成盗窃罪。④ 笔者认为，根据日本现行刑法的规定，这样解释无疑是有道理的。正是由于受这种解释论的影响，我国一些学者也以"机器不能受骗"为由，主张把在自动取款机上使用他人信用卡取款的行为认定为盗窃（不是信用卡诈骗）。但是，许多国家（包括我国）刑法对计算机诈骗罪、信用卡诈骗罪的规定与日本刑法的规定并不相同，并未把计算机诈骗罪、信用卡诈骗罪所骗取的对象限定为只能是财产性利益，而是还包含骗取财物（如在自动取款机上取款）的情形。例如，德国的计算机诈骗（德国刑法第263条a），就"包括滥用他人遗失的和已使用过的自动取款机卡以及通过合法的持卡人透支等不同情况"⑤。又如《美国模范刑法典》第224.6条（滥用信用卡罪）规定："明知有下列所揭事实，而以取得财物或服务为目的，使用信用卡者，即为犯罪。（1）该信用卡系盗品或伪造物。（2）该信用卡已被取消或解约。（3）依其他理由，该信用卡被发行人禁止使用。"并且，从立法的科学性和解释的合理性而言，也应该把使用计算机诈骗罪、信用卡诈骗罪的对象规定为（或解释为）既包括财产性利益也包含财物（不是仅限于财产性利益）。因为根据日本现行刑法的规定或通说的解释，对利用他人的信用卡或借记卡诈取财物案件的处理，会出现明显的不合理现象。如前所述，行为人冒用他人的信用卡在 ATM 机上直接取款，根据日本刑法的规定，不能定使用计算机诈骗罪（包含信用卡诈骗），按日本的判例和通说的解释是定为盗窃罪。但如果是在 ATM 机上将他人卡上的存款过户到自己的账户，用来支付了欠款，甚至是转到自己的账户后又提取了现金，

---

④ 参见［日］西田典之：《刑法各论》，3版，187页，东京，弘文堂，2005。

⑤ ［德］汉斯·海因里希·耶赛克：《为德意志联邦共和国刑法典序》，载徐久生、庄敬华译：《德国刑法典》，25页，北京，中国方正出版社，2004。

均应认定为使用计算机诈骗罪。⑥ 然而，从行为的性质来看，前者同后者并无实质的差异，定不同的罪明显不妥当。

此外，所谓用拾得的信用卡在自动取款机上取款，如同拾得他人的钥匙后用钥匙开门取走财物的说法，也不符合客观事实。因为用拾得的信用卡在自动取款机上取款，是将有关信用卡的信息资料输入自动取款机的信息系统，自动取款机按人事先设定的程序作出判断后，才将钱送到取款机外部窗口的，实际上是机器把钱送到取款人手中的，或者说是机器代替银行工作人员将款交付给取款者的，并非是取款者将他人占有之下的财物直接拿走。而拾得他人钥匙后用钥匙开门取走财物，则是行为人直接将他人占有之下的财物拿走。直接拿走他人占有的财物与经他人交付拿走其财物，正是盗窃与诈骗的重要区别之所在。况且，如果上述说法能够成立，那么，用假币或铁片投入自动贩卖机取得商品，自然就是盗窃，完全没有必要特殊对待了，更不用考虑设立独立罪名了。但在许多国家对这类不正当利用自动设备取得财物的行为却规定了独立的罪名。例如，德国刑法第 265条 a 规定，"意图无偿地骗取自动售货机或公用通讯网的给付，骗取无偿使用交通工具，或骗取无偿进入某一活动场所或某一机构的入场券的"，构成"骗取给付"罪。该罪是被置于"诈骗罪"一章（第 22 章），而并非是置于"盗窃罪"一章（第 19 章）。这表明立法者认为这种犯罪具备诈骗罪的本质，属于诈骗罪（而并非是盗窃罪）的一种特殊类型。特别值得一提的是，尽管日本的现行刑法规定的使用计算机诈骗罪不包含骗取财物的情形，判例和通说对利用信用卡在自动取款机上直接取款也是定盗窃罪，但《日本改正刑法草案》却采取了与此不同的立场，该草案第 339 条也有与德国刑法第 265 条 a 非常相似的规定，单独设立了"不正当利用自动设备、无票乘车"罪，并且也是将这种犯罪置于"诈骗罪"（而不是盗窃罪）一章（第 37 章）中。

二、用拾得的信用卡在自动取款机上取款不应定侵占罪

另有一种观点认为，用拾得的他人信用卡在自动取款机上取款，应认定为侵占罪（以下简称为侵占罪说）。主要理由在于："捡到了信用卡及其密码，也就等于在事实上获取了信用卡所含资金的支配力。从行为人的主客观危害性角度考量，这与捡到他人的钱包以后而产生非法占有他人财物的歹念的情况并无质的差别。"⑦ 侵占信用卡是主行为，使用信用卡是侵占信用卡的后续行为，应按主行为认定行为性质；既然盗窃信用卡并使用的成立盗窃罪，由此推论，侵占信用卡

---

⑥　参见［日］西田典之：《刑法各论》，3 版，188～194 页，东京，弘文堂，2005。

⑦　黄祥青：《刑法适用疑难破解》，209 页，北京，法律出版社，2007。

并使用的当然成立侵占罪。但是，这些理由难以成立。

其一，拾得信用卡并不等于拾得了信用卡上记载的现金。因为行为人拾得信用卡后，即便是知道了信用卡的密码，并且随时可以在自动取款机上取款，只要他不去取款或使用，就不可能导致信用卡主人财产上的损失。这同拾得他人的金钱或不记名、不挂失的有价证券等不归还有本质的差异，拾得现金或不记名、不挂失的有价证券不归还，就会造成所有者的财产损失。

其二，信用卡本身不等于刑法上的财物。虽然通常以卡片形式存在的信用卡也是物，生产信用卡也需要花钱，因此，从民事法律的角度而言，信用卡本身也是有价值的财物。但是，在我国，作为刑法上犯罪行为侵害对象的财物，不包含价值微薄之物。并且，我国刑法明文规定，只有侵占"数额较大"的财物，才可能构成侵占罪。因此，侵占信用卡本身不可能构成侵占罪。

其三，认为侵占信用卡是主行为，使用信用卡是从行为或者侵占信用卡的后续行为，前者吸收后者，这也与刑法理论不符。主行为吸收从行为是以两种行为都是犯罪行为为前提条件的，但将两者分开而论，捡拾他人信用卡不归还，这并非是犯罪行为，只有使用他人信用卡的行为才是犯罪行为，即《刑法》第196条明文列举的"冒用他人信用卡的"行为。如果将两者联系起来，即行为人捡拾之时就具有使用的犯罪意图，那么，拾得他人信用卡虽然是后续使用行为发生的前提条件，但只有使用才会造成他人财产的损失。既然如此，就不能认为捡拾行为是主行为，使用行为是从行为（或处于次要地位的行为）。应当认为，使用行为是实行行为，捡拾行为充其量只是预备行为。不能认为预备行为可以吸收实行行为，相反，应根据实行行为的性质来认定犯罪。

其四，以《刑法》第196条第3款的规定，盗窃信用卡并使用的应按盗窃罪定罪处罚，来推论侵占信用卡并使用的也应定侵占罪，这是违反罪刑法定原则的。因为该款的规定具有法律拟制的性质，对这种拟制规定不能"推而广之"，只能在法定的范围内适用。因为法律拟制的内容往往与法条规定的内容有较大的差异，只是立法者基于特别的理由才将并不符合某种规定的情形（行为）赋予该规定的法律效果。[8] 就盗窃信用卡并使用的行为而言，并不符合盗窃罪的构成要件，但立法者基于特别的缘由，规定对该行为以盗窃罪论处。在笔者看来，这一规定本身就存在缺陷。[9] 如果将其作为推论的根据，把侵占信用卡并使用的行为解释为构成侵占罪，将抢劫、抢夺、骗取信用卡并使用的行为解释为构成抢劫、抢夺、诈骗等罪，这显然是一种类推解释，实质上是把不具备抢劫、抢夺、诈骗等罪的构成要件的行为解释为构成这几种罪，这无疑是

---

[8]　参见张明楷：《诈骗罪与金融诈骗罪研究》，711页，北京，清华大学出版社，2006。

[9]　不过，在刑法未作修改并予以删除之前，还得严格按这一规定行事。参见刘明祥：《浅析盗窃信用卡并使用的行为》，载《中南大学学报》，2003（5）。

违反罪刑法定原则的。

其五，将拾得他人信用卡在自动取款机上取款的行为认定为侵占罪，还会带来一些无法解决的问题。例如，当行为人拾得的信用卡本身并非是他人的遗忘物而是遗失物时，根据我国刑法的规定，只有侵占遗忘物才可能构成侵占罪，而侵占遗失物并不构成犯罪。正因为如此，有人提出，如果是"拾得他人遗失于非特定场所的信用卡及其密码而提取钱款或消费的，一般不能认定为犯罪，以作民事违法行为处理为妥"⑩。但是，如果提取钱款的数额巨大，给所有者造成了严重的损失，也仍然不能认定为犯罪，这显然不妥当。又如，当行为人拾得的信用卡是第三者伪造的他人信用卡时，行为人不知是伪卡而在自动取款机上取得了大量现金，由于侵占罪说认为，使用行为是侵占的后续行为，又因为侵占这种伪卡不可能构成侵占罪，自然也是要作无罪处理。这同样难以令人信服。

三、用拾得的信用卡在自动取款机上取款应当定信用卡诈骗罪

还有一种观点认为，用拾得的他人信用卡在自动取款机上取款的行为，属于《刑法》第196条规定的信用卡诈骗罪中的"冒用他人信用卡"的情形，应当认定为信用卡诈骗罪。⑪ 笔者赞成这种观点。

首先，应当明确，我国《刑法》第196条规定的信用卡诈骗罪与日本现行刑法规定的使用计算机诈骗罪不同，并未将骗取的对象仅限于财产性利益。而该条所规定的作为信用卡诈骗罪常见表现形式的"冒用"他人信用卡，"使用"伪造的、骗领的或作废的信用卡，无疑也是包含用来在自动取款机上取款这种情形的。因为在自动取款机上取款，是信用卡的一种最基本的使用方式，刑法并未明文规定将这种使用方式排除在"冒用"、"使用"的范围之外，将其排除在外显然是缺乏法律根据的。

其次，拾得他人信用卡并知悉密码后，行为人自己用卡在自动取款机上取款，与在银行柜台刷卡后由银行工作人员将款交给他，很难说在性质上有何差异，而将同样的冒用他人信用卡取得他人财物的行为，按前述盗窃罪说，分别定为盗窃罪与信用卡诈骗罪两种不同的罪，这显然是违反定罪的基本原理的。再说，如果行为人既用他人的信用卡在自动取款机上取款，又冒用他人信用卡找银行工作人员提取现金，那么，对前者按盗窃罪定罪，后者按信用卡诈骗罪定罪，并且要实行数罪并罚，这无疑是不必要地增添了司法工作的负担。如果在自动取款机上取款和在银行柜台提款的数额分别均未达到盗窃罪与信用卡诈骗罪"数额

---

⑩ 黄祥青：《刑法适用疑难破解》，210页，北京，法律出版社，2007。

⑪ 参见刘宪权：《信用卡诈骗罪的司法认定》，载《政法论坛（中国政法大学学报）》，2003（3）。

较大"的标准，而合在一起则超过了信用卡诈骗罪的"数额较大"的标准，那就会出现无法定罪的不合理现象。但将两者均视为信用卡诈骗，则不存在定罪上的困难。由此可见，将冒用他人信用卡在自动取款机上取款的行为认定为信用卡诈骗，不仅与我国《刑法》第196条的规定相符，而且也会给司法机关处理这类犯罪案件带来便利。

再次，以信用卡诈骗罪是诈骗罪的一种特别类型为根据，完全用传统诈骗罪的观念来解释信用卡诈骗罪是行不通的。如前所述，"因受欺骗而处分财产"无疑是诈骗罪的本质特征，但使用计算机诈骗（包含信用卡诈骗）犯罪现象的产生对此提出了挑战，要解决这一问题，要么是在解释上做文章，要么是单设新的罪名。在刑法中单设使用计算机诈骗罪、信用卡诈骗罪，这本身就表明在立法上承认它具有不同于传统诈骗罪的特殊性。其特殊性就表现在机器本身并不能受骗，但由于机器是按人的意志来行事的，机器背后的人可能受骗，使用计算机诈骗、信用卡诈骗同传统诈骗罪相比，人受欺骗具有间接性，即以智能化了的计算机作为中介，实质上是使计算机背后的人受了骗；同时，人处分财物也具有间接性，即由计算机代替人处分财物，并非是人直接处分财物。既然如此，我们就不能完全用传统诈骗罪的观念来解释信用卡诈骗罪。并且，还应当看到，我国《刑法》第196条所规定的信用卡诈骗罪，还包含了部分不具有诈骗性质的行为，这就是"恶意透支"的情形。根据该条第2款的解释，所谓"恶意透支，是指持卡人以非法占有为目的，超过规定限额或者规定期限透支，并且经发卡银行催收后仍不归还的行为"。如果持卡人有非法占有的目的而恶意透支，但没有超过规定的限额，或者虽然超过了规定的限额，但并未超过规定的期限，或者既超过了规定的限额又超过了规定的期限，但经发卡银行催收后还是归还了，这都不可能认定为信用卡诈骗。可见，超过规定透支而又不归还，这才是构成犯罪的本质所在。但这并非是采用欺骗手段骗取财物，显然不具备诈骗的本质特征。这种行为的实质或者说危害性之所在是滥用信用，即滥用信用卡发行者给予会员（持卡人）的信用，侵害了信用卡发行者与会员（持卡人）之间的信赖关系，从根本上破坏了信用卡制度，妨碍了利用信用卡从事正常的交易活动。德国等国刑法之所以在诈骗罪之外，单独设立滥用信用卡罪，正是基于它与诈骗罪之间存在这样的重要差别。日本刑法虽然没有单独规定此罪，但也有一些有识之士建议借鉴德国的经验予以增设。⑫ 我国刑法在普通诈骗罪之外，另设信用卡诈骗罪，并将"恶意透支"明文规定为信用卡诈骗的四种表现形式之一，将其纳入金融诈骗罪一类，使之仍未脱离诈骗罪的范畴，这不得不说是一个缺陷。但从中可以看出，我国《刑法》第196条规定的信用卡诈骗罪，实际上是将多种滥用信用卡的行为包容在一

---

⑫　参见［日］神山敏雄：《日本的经济犯罪》，日文版，143～144页，日本评论社，1996。

起，不仅与传统诈骗罪有较大差异，而且严格说来，用"信用卡诈骗"的称谓并不合适，而冠之以"滥用信用卡罪"的罪名，或许更贴切一些。既然如此，我们也就不能用传统诈骗罪的观念来解释我国刑法规定的信用卡诈骗罪，在刑法未作修改之前，当然不能因为恶意透支不具备诈骗罪的本质，就不定信用卡诈骗罪而定其他罪，否则，就违反了有法必依和罪刑法定的原则。

以签发空头支票方式骗取财物的相关问题研究

李巧芬*

根据《刑法》第 194 条的规定，签发空头支票进行金融票据诈骗活动的，构成票据诈骗罪。据笔者调查，在 2003 年～2007 年间，北京市海淀区人民检察院所办理的 68 件票据诈骗案件中，有 28 件是采用签发空头支票方式进行票据诈骗活动的，占票据诈骗案件的 41.2%。其中，有 16 件系犯罪嫌疑人在其所在公司经营环节签发空头支票进行诈骗的，对利用单位名义签发空头支票进行诈骗认定属于单位行为还是个人行为，是实践中不可回避的问题。另外，在 28 件采用签发空头支票方式进行票据诈骗的案件中，普遍存在的难点即是如何认定行为人的非法占有的主观目的。而以签发空头支票方式骗取的财物应否包括财产性利益的问题则是实践中出现的新问题。为此，笔者将结合两个具体案例围绕上述三个问题进行探讨。

一、利用单位名义签发空头支票骗取财物，没有证据证明违法所得由实施犯罪的个人占有或者私分的，应如何认定

如前所述，实践中，犯罪嫌疑人在其所在公司经营环节利用单位名义签发空头支票骗取他人财物非常普遍，应当正确判断其是属于单位犯罪还是个人犯罪。单位犯罪首先是体现单位意志的单位整体犯罪，同时，单位犯罪又必须通过作为其组成人员的自然人来实施，如何判断单位成员实施的行为是个人行为还是单位行为，就成为实践中认定犯罪行为是否属于单位犯罪的关键。

据以研究的案例：2005 年，北京某创业科技有限公司向北京博思致远科技有限公司等 4 家公司购买笔记本电脑后，该公司法定代表人李某在明知账上无金额的情况下，仍然以北京某创业科技有限公司的名义指使该公司会计赵某开具空头支票，并将空头支票交予被害人。后李某逃匿。

---

* 李巧芬，北京市海淀区人民检察院法律政策研究室副主任。

（一）如何认定"以单位名义实施的犯罪"

根据刑法和有关司法解释的规定，认定是否是"以单位名义实施的犯罪"在实践中通常结合是否属于单位整体意志、是否由单位人员共同实施、是否以单位名义实施等加以具体判断。结合本案，认定该公司是否是以单位名义实施的犯罪，主要应当从以下几个方面进行考量：

其一，从订货及购货的方式来分析是否以单位名义购货。本案中四起事实中每起进货均是由该公司的职员订货，也即是以北京某创业科技有限公司的名义订货，而该公司为被害单位所开具的入库单也都是由该公司的库管以该公司的名义所开具。

其二，从开具支票的人员来分析是否是单位所实施。本案中李某的供述及证人的证言均能够证实，除为博思致远公司开具支票时因会计不在，李某在询问会计支票存放的地点后，向被害人开具支票外，其余三起事实中向被害人所开具的空头支票的具体内容都是李某授意该公司会计的，也就是说，开具支票的行为也是通过北京某创业科技有限公司的人员来完成的。

其三，从支票的内容来分析是否是本单位所出具的支票。4张空头支票上所盖的都是北京某创业科技有限公司财务专用章及李某之印，也就是交给被害人的支票是以北京某创业科技有限公司的名义进行的。

其四，从开具空头支票进行票据诈骗的行为的决定程序分析是否是经单位所决定。本案中公司向被害人购买货物后，开具空头支票等票据诈骗的行为，是由北京某创业科技有限公司的法定代表人李某决定、指使、同意实施的，所体现的是公司这一单位意志。公司的会计等其他职员均在李某的组织、指挥、安排下进行票据诈骗的部分行为，显然，这些行为均是以公司的名义实施。

综上，认定是否以单位名义实施犯罪，主要应当从订购货物、购买货物、收取货物以及向事主开具入库单等一系列行为中，公司是否作为合同的一方、以公司的名义进行，为被害人开具空头支票是否是通过公司的会计来完成，并以公司的名义而支付等方面进行综合判断。

（二）对以单位名义实施的犯罪，没有证据证明违法所得由实施犯罪的个人占有或者私分的，应当根据有利于被告的原则，认定为单位犯罪

根据最高人民法院《关于审理单位犯罪案件具体应用法律有关问题的解释》的规定，对于以单位名义实施的犯罪，具有下列情形之一的，应当认定为个人犯罪：一是单位属于个人为进行违法犯罪活动而设立，二是单位设立后以实施犯罪为主要活动，三是违法所得由实施犯罪的个人私分。

实践中，公司设立登记表能够证明公司是否是依法经过有关部门批准、登记

后成立，也即是否是依法成立的。而公司员工的证言以及记载公司日常经营情况的相关书证和被告人供述则能证明公司在成立后是否有正常的经营活动以及公司是否是为了犯罪而成立以及公司是否以实施犯罪为主要活动。因此，认定属于单位犯罪还是个人犯罪的关键就在于票据诈骗的所得是否为被告人占有或者私分。

结合本案，从在案证据来分析，被告人李某供述其将利用票据诈骗所得的笔记本电脑卖出去偿还以前公司的欠款、缴纳房租了，而没有任何证据证明被告人李某对违法所得加以私分或者占有。因此，根据刑事犯罪事实认定的基本规则，在没有确实、充分的证据证明该公司票据诈骗的违法所得为李某个人私分的情况下，就应作出有利于被告人的事实认定，即李某没有私分违法所得，从而不能认定本案行为是为了李某个人的私利，而应认定是为了公司的利益，因而应当认定其行为属于单位犯罪，而非李某的个人犯罪。因此，李某只需承担作为单位犯罪中直接负责的主管人员应当承担的责任。

综上，对于以公司名义购买笔记本电脑，后以该公司名义向被害人开具空头支票的票据诈骗行为，根据在案证据，如果没有证据能够证实违法所得被实施犯罪的个人占有或者私分，应当根据有利于被告人的原则，认定为单位行为。

二、如何认定票据诈骗中非法占有的目的

2001年1月21日最高人民法院发布的《全国法院审理金融犯罪案件工作座谈会纪要》（以下简称《纪要》）肯定了金融诈骗犯罪必须以非法占有为目的，也就是说，签发了空头支票并取得了财物不一定构成票据诈骗罪，只有以非法占有为目的骗取财物的才构成票据诈骗罪。[1] 但是就如何认定非法占有的目的，却有两种不同观点[2]：

第一种观点认为，对于票据诈骗、金融凭证诈骗罪、信用证诈骗罪等金融诈骗犯罪，刑法具体列举的诈骗行为的种种表现，本身就说明行为人具有非法占有目的，只要行为人实施了刑法条文所规定的客观行为，除有相反证据外，可以推定行为人具备了"以非法占有为目的"的要件。

第二种观点认为，认定行为人是否具备"非法占有"目的，应当按照最高人民法院2001年印发的《全国法院审理金融犯罪案件工作座谈会纪要》中的要求，

---

[1] 我国《票据法》、《票据管理实施办法》等将签发空头支票列为禁止行为之列，但签发了空头支票并取得了财物却不一定构成票据诈骗罪。票据诈骗罪的法条中包含"骗取财物的"等关键词。而2005年5月23日，中国人民银行发布《关于对签发空头支票行为实施行政处罚有关问题的通知》，其中规定，签发空头支票或者签发与其预留的签章不符的支票，不以骗取财物为目的的，由中国人民银行处以票面金额5%但不低于1 000元的罚款。

[2] 参见《经济犯罪案件中的法律适用问题——全国部分法院经济犯罪案件审判工作座谈会研讨综述》，载《刑事审判参考》，总第41集。

认定是否具有非法占有目的，应当坚持主客观相一致的原则，既要避免单纯根据损失结果客观归罪，也不能仅凭被告人自己的供述，而应当根据具体案件具体情况具体分析。③

笔者同意第二种观点，但是实践中在认定非法占有目的的证据的把握上存在着难点。

据以研究的案例：2005 年，被告人北京某信息技术有限公司法人代表周某，在其任法人代表期间，向高某借款 12 000 元人民币，后来又让其公司员工向高某借款 30 000 元人民币，并让其公司员工给高某一张 42 000 元的支票，并告诉高某公司账上没钱，过段时间再去兑现。后周某一直以过些天账上就会有钱为由推脱。后周某派其员工送给高某三台笔记本电脑用作借款的质押，后因周某逃匿，高某将电脑变卖，得款 12 000 元人民币。

（一）非法占有目的的含义

我国刑法理论界对非法占有目的的理解存在着激烈的论争。主要有"非法占有说"、"不法所有说"（排除权利人意思说）、"非法所有说"、"意图改变所有权说"、"非法获利说"等几种观点。笔者认为，上述观点中"非法所有说"较为科学。即所谓的"以非法占有为目的"，是指以犯罪方法将他人财物转移到自己的控制之下，并以所有人自居予以保存、使用、收益和处分，是对他人财物所有权全面的永久性的侵犯。④

（二）认定非法占有目的需要达到排除合理怀疑的程度

非法占有目的的具体认定，一般有直接主观认定和间接客观推定两种方式。⑤ 其中，后者可参照《关于审理诈骗案件具体应用法律的若干问题的解释》第 2 条所规定的六种情形和 2001 年 1 月 21 日最高人民法院发布的《全国法院审理金融犯罪案件工作座谈会纪要》所规定的七种情况来具体认定。也就是说，我们要通过与行为人主观心理密切联系的外在行为表现来加以推断，通过行为人本身实施的一系列客观行为来推断其主观故意。从主体资格是否真实，非法获取资金后逃跑，肆意挥霍骗取资金，使用骗取的资金进行违法犯罪活动，抽逃、转移资金、隐匿财产，以逃避返还资金，隐匿、销毁账目，或者搞假破产、假倒闭，

---

③　参见《经济犯罪案件中的法律适用问题——全国部分法院经济犯罪案件审判工作座谈会研讨综述》，载《刑事审判参考》，总第 41 集。

④　参见宓晓平、陈增宝：《关于诈骗犯罪非法占有目的的理解与认定》，载《经济犯罪审判指导与参考》，2003 年第 4 卷。

⑤　参见刘一守：《黄志奋合同诈骗案——如何认定诈骗犯罪中的非法占有目的》，载《刑事审判参考》，总第 35 集。

以逃避返还资金，采取其他非法占有资金、拒不返还的行为等多个方面审查清楚。

行为人具有非法占有的目的，势必表现为上述认定要素中的某一种或多种情形，但是，认定行为人具有非法占有目的的难点在于，案件情况的复杂多样性决定了行为人的客观行为有时并不是完全符合上述认定要素或者是完全不符合上述认定要素，有时尚不足以推断出行为人具有非法占有目的。显然，我们不能依据符合的要素或者不符合的要素数量的多少来认定其主观上是否具有非法占有的目的。此时，我们应当权衡分析其中相符合的要素，并排除不符合要素的合理怀疑，也就是说符合上述多个认定要素需要达到排除合理怀疑的程度，在此基础上，才能推断出行为人具有非法占有的目的。

结合本案，被告人周某隐瞒真相，在明知账上没有钱的情况下，向被害人出具了 42 000 元的空头支票，后在被害人催要欠款时逃避与被害人的联系，与此相对应的行为是：周某交付给高某三台笔记本电脑作为质押，并向其出具了欠条，在开具转账支票时向其告知公司支票账户余额不足，过段时间才有资金入账，让其到时再去银行兑现。本案的关键在于认定周某具有非法占有他人财物的主观目的能否排除合理怀疑。

首先，现有证据并不能证明被告人周某将所得的 42 000 元用于挥霍或者违法活动。

其次，现有证据并不能排除被告人周某有能力在出票后的一段时间内使账户达到足额状态的可能。在出具票据时，被告人周某正在经营依法成立的公司，其担任该公司法人代表，出资了全部的 30 万元注册资本，因此并不能排除犯罪嫌疑人周某有能力在出票后的一段时间内使账户达到足额状态的可能性，其非法占有的目的难以认定。

再次，周某向被害人高某提供了三台笔记本电脑作为质押，而被害人在周某到期拒不还款的情况下，也通过变卖三台笔记本电脑实现了其部分债权，因三台笔记本电脑的实际价值也无从确定，在此意义上讲，难以认定周某系以非法占有为目的而签发空头支票从而骗取财物。

最后，尽管周某有逃避债务的行为，但现有证据不能查明其不归还是因市场风险、经营不善、资金短缺等导致客观上不能归还，还是由于其主观上不愿意归还，也就是说，在案证据并不能必然证明其逃避债务确因其主观上意图非法占有。而从周某借款到期不还至被害人报案仅仅相距两个月的时间，也不能排除其此后归还的可能性。

综上，我们可以得出这样的结论：周某在签发空头支票后，在被害人催要还款时逃匿，使得被害人找不到周某，而其开具的支票账户上也没有钱，但是不应仅仅据此认定其具有非法占有的目的。因为根据刑事推定规则，需要认定其"非法占有目的"的证据达到排除合理怀疑的程度。而本案中并不能必然证明其签发空头支票没有归还的原因是其主观上不愿意归还。也就是说，本案中证明周某主观上具有非法占有目的的证据未达到排除合理怀疑的程度，不能以票据诈骗罪追究其刑事责任。

三、犯罪嫌疑人签发空头支票获得的财产性利益是否属于票据诈骗罪中的"财物"

仍以上述案例为例。该案中被告人周某给高某签发空头支票的目的是偿还其对高某的债务，也就是通过签发空头支票获得免除原有债务的财产性利益，这是否属于票据诈骗罪中的"财物"？根据《刑法》第 194 条规定，金融票据诈骗行为的表现形式之一，即以签发空头支票骗取财物。如何界定票据诈骗罪中的"财物"，是认定该案的关键，也是实践中经常遇到的问题。

所谓的"财产性利益"是指财物以外的有财产价值的利益。既可能是取得权利之类的含有增加财产意义的积极利益，也可能是免除债务之类的不减少财产而产生的消极利益。[6]

有学者认为，作为诈骗罪对象的财物包括财产性利益。因为财产性利益与狭义的财物对人的需要的满足，没有实质的差异，而且，财产性利益具有财产价值，甚至可以转化为现金或其他财物。如果不将财产性利益作为诈骗罪的对象，就会导致处罚的不公平。[7] 而以公私财物为犯罪对象的金融诈骗罪，是从传统诈骗罪中分离出来的新罪名，财产性利益也应当成为票据诈骗罪的对象。

笔者结合上述案例分析行为人签发空头支票骗取财产性利益符合票据诈骗罪的主、客观方面要件。

（一）签发空头支票骗取财产性利益符合票据诈骗罪中非法占有目的的主观要件

如前所述，"以非法占有为目的"的本质是对他人财物所有权全面的永久性的侵犯。而签发空头支票骗取财产性利益同样侵犯了他人财物所有权。因此，符合票据诈骗罪中非法占有目的的主观要件。上述案例中被告人周某因向高某借款使其应当承担对高某偿还借款的义务，也就是说，从合同的意义上讲，周某作为债务人，应当向高某偿还 42 000 元人民币，而高某所享有的债权完全可以转化为现金或其他财物等。周某向高某出具 42 000 元的空头支票的目的，就是要以

---

⑥ 参见刘明祥：《财产罪比较研究》，北京，中国政法大学出版社，2001。
⑦ 参见张明楷：《财产性利益是诈骗罪的对象》，载《法律科学》，2005（3）。

此空头支票偿还其债务，因空头支票无法兑现，高某实质上对 42 000 元的债权无法实现，间接导致其财物所有权无法实现。在此意义上讲，周某开具空头支票的行为符合票据诈骗罪中"以非法占有为目的"的主观要件。

（二）签发空头支票骗取财产性利益符合票据诈骗罪中的行为特点

票据诈骗中签发空头支票骗取财物的行为特点是，通过签发超过其付款时在付款人处实有的存款金额的支票的方式，使被害人相信其有能力、有可能还款，进而使被害人在认识上产生错觉，以致自愿地将自己所有或者持有的财产处分给行为人。而签发空头支票骗取财产性利益亦符合此行为特点。签发空头支票骗取财产性利益的行为本质即是通过签发空头支票使被害人自愿对其所享有的权利进行处分，符合票据诈骗罪中的行为特点。

综上，笔者认为，被告人基于主观上非法占有的故意，客观上实施了开具空头支票的行为，从而使被害人错误地消除了被害人和被告人之间的债权债务关系，在根本上造成被害人的财产损失，而被告人从中获取非法利益，这完全符合票据诈骗罪中以签发空头支票骗取财物的主、客观要件。

论骗取金融机构信用罪

——兼评《刑法》第 175 条之一

李 翔*

一、案情简介

甲系 A 公司法定代表人，乙系 B 公司法定代表人。A 公司长期拖欠 B 公司 100 万元人民币无力偿还。甲从朋友处得到一张伪造的中国建设银行的 500 万元汇票（收款单位是 A 公司），但 A 公司尚不具备贴现资质。甲遂与有贴现资质的 B 公司法定代表人乙联系，要求乙帮忙办理该张汇票的贴现，并允诺事成之后立即归还 B 公司欠款和利息。乙误认为汇票真实，并不会给相关银行带来损失，决定帮忙。为了顺利贴现，甲与 B 公司编造了虚假的购销合同，并由乙制作了虚假的增值税发票复印件等材料后，再由 B 公司用上述虚假材料向上海某银行申请汇票贴现。2006 年 9 月 6 日上海某银行批准贴现并于当日将 500 万元钱款划入 B 公司账户，B 公司在扣除 100 万元欠款、50 万元欠款利息和贴现利息后，余款均划入 A 公司账户用于甲的经营活动。2007 年 1 月 15 日上海某银行向中国建设银行要求付款，中国建设银行回复上述 500 万元的承兑汇票系假票。当日上海某银行向公安机关报案，遂案发。甲因经营不善，已无还款能力。①

《刑法》第 193 条规定了贷款诈骗罪，对以非法占有为目的，诈骗银行或者其他金融机构贷款的行为规定了刑事责任。中国人民银行等部门提出，近来一些单位和个人以虚构事实、隐瞒真相等欺骗手段，骗用银行或其他金融机构的贷款，危害金融安全，但要认定骗贷人具有"非法占有"贷款的目的很困难。建议规定，只要以欺骗手段取得贷款，情节严重的，就应追究刑事责任。全国人大常委会法制工作委员会经与有关部门研究，拟保留"以非法占有为目的"的贷款诈

---

* 李翔，华东政法大学法律学院副教授，硕士生导师，法学博士、博士后。

① 该案例来自上海市静安区人民检察院。

骗罪的规定，并在刑法中增加规定：以欺骗手段取得银行或者其他金融机构的贷款，给银行或者其他金融机构造成重大损失或者有其他严重情节的，追究刑事责任。[②] 在讨论过程中，全国人大常委会有的常委委员和部门提出，除骗用贷款外，对采用欺骗手段骗取金融机构的票据承兑、信用证、保函等，给金融机构造成重大损失的行为，也应作为犯罪追究刑事责任。全国人大法律委员会经与国务院法制办、中国人民银行、银监会等部门研究，建议在这一条中增加规定采用欺骗手段骗取金融机构的票据承兑、信用证、保函等，给金融机构造成重大损失或者有其他严重情节的犯罪。[③] 最终，根据《刑法修正案（六）》第 10 条规定，在《刑法》第 175 条后增加一条，作为第 175 条之一："以欺骗手段取得银行或者其他金融机构贷款、票据承兑、信用证、保函等，给银行或者其他金融机构造成重大损失或者有其他严重情节的，处三年以下有期徒刑或者拘役，并处或者单处罚金；给银行或者其他金融机构造成特别重大损失或者有其他特别严重情节的，处三年以上七年以下有期徒刑，并处罚金。单位犯前款罪的，对单位判处罚金，并对其直接负责的主管人员和其他直接责任人员，依照前款的规定处罚。"

二、司法适用上有关问题的研讨

（一）如何理解该条规定中的"欺骗手段"

"欺骗手段"是刑法上欺诈犯罪的行为表现形式，该手段表现为"虚构事实、隐瞒真相"。欺骗手段的核心内容应以银行或其他金融机构作出财产上的处分为标准。票据承兑、贴现、转贴现、再贴现的商业汇票，应以真实、合法的商品交易为基础。上述行为的实施都应当遵循平等、自愿、公平和诚实信用的原则。因此，行为人使用虚假的手段获取贷款及票据承兑等是对银行或者其他金融机构与客户之间信用关系的破坏，制造了银行及其他金融机构的金融交易风险。《刑法修正案（六）》作出的规定，就是体现对上述法益的保护。关于"欺骗手段"的具体表现为两个方面，即虚构材料和虚构主体资格。

1. 关于虚构材料的行为。本案中行为人的贴现行为，根据相关规定就是一种贷款行为。根据中国人民银行 1996 年 8 月颁布施行的《贷款通则》第 9 条规定，票据贴现，是指贷款人以购买借款人未到期商业票据的方式发放的贷款，因此，从本质上说，票据贴现就是一种贷款行为。中国人民银行 1997 年 5 月出台

---

② 参见全国人大常委会法制工作委员会副主任安建在 2005 年 12 月 24 日在第十届全国人民代表大会常务委员会第十九次会议上关于《中华人民共和国刑法修正案（六）（草案）》的说明。

③ 参见全国人大法律委员会副主任委员周坤仁在 2006 年 4 月 25 日在第十届全国人民代表大会常务委员会第二十一次会议上，全国人大法律委员会关于《中华人民共和国刑法修正案（六）（草案）》修改情况的汇报。

的《商业汇票承兑、贴现与再贴现管理暂行办法》中规定，向金融机构申请票据贴现的商业汇票持票人，必须具备下列条件：（1）为企业法人和其他经济组织，并依法从事经营活动；（2）与出票人或其前手之间具有真实的商品交易关系；（3）在申请贴现的金融机构开立存款账户。另外，持票人申请贴现时，须提交贴现申请书，经其背书的未到期商业汇票，持票人与出票人或其前手之间的增值税发票和商品交易合同复印件。对于票据承兑，向银行申请承兑的商业汇票出票人，必须具备下列条件：（1）为企业法人和其他经济组织，并依法从事经营活动；（2）资信状况良好，具有支付汇票金额的资金来源；（3）在承兑银行开立存款账户。商业汇票的出票人应首先向其主办银行申请承兑。因此，欺骗手段应以虚构上述材料为内容，例如虚构交易行为（伪造交易合同）、伪造增值税发票等等。但是上述行为都以取得银行或者其他金融机构信任为前提，即通过上述行为使银行或者其他金融机构作出财产处分，即贷款、承兑或者出具信用证及保函等。而"虚假手段"也应仅仅以上述内容为限，不应该扩大理解。修正后的《刑法》第175条之一使《商业汇票承兑、贴现与再贴现管理暂行办法》中第34条的内容④在刑法中得到落实。

2. 行为人虚构主体资质，取得银行或者其他金融机构信任，或者滥用资质，破坏银行或者其他金融机构与客户之间的信任关系。根据相关规定，要取得银行或者其他金融机构贷款、票据承兑、信用证及保函等，需要具备一定的主体资质条件，如果行为人并不具备上述条件，而通过虚假的手段虚构自己的资质条件，使银行或者其他金融机构作出处分行为，也应视为该罪中的"虚假手段"。同时《贷款通则》中对借款人作出了一些限制性规定，例如，不得用贷款在有价证券、期货等方面从事投机经营，禁止借款人用贷款进行生产、经营或投资国家明文禁止的产品、项目等等，即如果行为人虚构贷款用途，从银行或者其他金融机构获取贷款，也应理解为本罪中的"虚假手段"。但是，无论采用哪一种虚假手段，都应以银行或者其他金融机构作出财产处分为前提，行为人骗取的是银行或者其他金融机构的信用。

（二）如何理解"造成重大损失"或者"其他严重情节"

修正后的《刑法》第175条之一规定，行为人（自然人或者单位）构成本罪，需要以给银行或者其他金融机构造成重大损失或者有其他严重情节为条件。从本罪的立法模式来看，本罪包含了两种犯罪构成模式，即数额犯和情节犯。该种立法模式一般出现在经济犯罪中，其中的重大损失是指行为人贷款以后因为客

---

④ 承兑、贴现申请人采取欺诈手段骗取金融机构承兑、贴现，情节严重并构成犯罪的，由司法机关依法追究其刑事责任。

观原因导致贷款无法归还的情形，给银行或者其他金融机构造成实际经济损失。从这个角度分析，行为人对危害结果所持的心理态度是过失，即行为人虚构事实的行为是故意，但是，对给银行或者其他金融机构造成实际经济损失的危害结果则是过失。而情节严重则包括了贷款数额本身巨大，还包括行为人的犯罪手段、犯罪动机、次数等方面内容。根据情节犯的基本原理⑤，情节犯的罪过形式大多为故意，在情节包含数额、结果等情况下有可能表现为过失。在这种复合立法模式——"数额＋情节"的情况下，情节犯则表现为故意。

对于本罪的数额则需要司法机关作出相关规定。在司法解释尚未出台前，只能参照其他相关经济犯罪的解释数额来认定。虽然本罪在行为表现形式上与贷款诈骗等犯罪相似，但是，由于贷款诈骗等犯罪需要行为人以非法占有为目的，而本罪则排除行为人非法占有的目的，不宜以贷款诈骗罪的数额作为本罪的参照。有人认为，本罪与违法发放贷款的主观恶性和社会危害性程度相当，因此可以违法发放贷款罪的数额来认定。笔者认为上述提法不妥当。从两个罪的法定刑设置上看，违法发放贷款罪的法定刑要比本罪高，且犯罪主体以及犯罪构成都不相似。本罪是在《刑法》第175条的基础上增加的内容，在行为的表现形式上，本罪与高利转贷罪是相同的，行为人都是不以非法占有为目的，只是在高利转贷罪的构成要件上要求以转贷牟利为目的，即对贷款用途作出特别限定，其中套取金融机构贷款和本罪在行为表现形式上相似，其社会危害性也相似，因此法定刑的设置也是完全相同的。而高利转贷罪中是"违法所得"数额，因此，当前可以高利转贷罪中的数额的倍数（以银行利息与本金进行折算）作为本罪司法认定的参照标准。

此外，由于本罪的成立是以给银行或者金融机构实际造成损失为构成要件，所以，在理解"损失"上仍需要加以明确，即行为人如果弥补了银行的损失应当如何处理？是否需要一个明确的时间结点？换句话说，行为人的主动归还能否对定罪产生影响。对于该问题的讨论，涉及对该行为的"着手"的理解。基于本罪犯罪构成的立法模式，可以行为人开始实施"虚假"行为作为判断标准。根据我国刑法理论关于未完成形态的理解，如果行为人在案发前归还，虽然没有造成银行等金融机构的损失，不能成立既遂，但是，犯罪已经成立，因此，不可把犯罪成立与犯罪既遂完全等同起来。至于是否需要作出司法上的处断，则应综合全案来看。根据最高人民检察院2006年7月26日公布实施的《关于渎职侵权犯罪案件立案标准的规定》，直接经济损失和间接经济损失，是指立案时确已造成的经济损失。移送审查起诉前，犯罪嫌疑人及其亲友自行挽回的经济损失，以及由司法机关或者犯罪嫌疑人所在单位及其上级主管部门挽回的经济损失，不予扣减，

---

⑤ 参见李翔：《情节犯研究》，85～86页，上海，上海交通大学出版社，2006。

但可作为对犯罪嫌疑人从轻处罚的情节考虑。因此，从司法处罚的角度上看，笔者认为，对于行为人弥补银行损失的时间界限，应以司法机关立案时为标准。该种标准既满足宽严相济的刑事政策的需求，又符合刑法的规范价值。对于立案后归还的，不论是主动归还还是被动归还均不能影响本罪的成立，只能对量刑产生影响。那种以一审判决前或者以案件侦查终结前能否归还作为本罪成立与否的标准是不可取的。

三、其他相关问题的讨论

（一）关于本条的罪名

我国刑法上的罪名具有法定性，即刑法上的罪名都是由最高司法机关通过司法解释的形式加以确定的。罪名是对罪状的简化、概括和抽象，但同时又要能准确地表明该罪的基本情况，更为重要的是，罪名要能反映出该罪的本质。确立罪名也应遵循上述原则。《刑法修正案（六）》出台以后，本条的罪名一直没有明确。在学界也存在各种不同的表述，例如，有的称此罪为骗取信用罪[⑥]，有的主张以选择性罪名来确定本罪，即骗取（用）贷款罪、骗取票据承兑罪、骗取（用）信用证罪和骗取（用）保函罪。笔者认为，由于本罪的行为对象除了上述对象以外在立法上还用了"等"字，如果以上述选择性罪名来加以确定，行为人实施虚假手段骗取了银行的其他有关信用的行为则无法涵盖。由于本罪保护的法益是银行或者其他金融机关的信用，降低并防范金融风险，如果以骗取信用罪作为本罪罪名则显得过于抽象，并且范围过大。因此，笔者主张骗取金融机构信用罪比较合适，一方面突出本罪所保护的法益，另一方面也满足罪名简短化价值。

（二）与其他相关犯罪的界限

本罪的成立，虽然在行为表现形式上以"虚假手段"为要件，与刑法上其他欺诈类犯罪有相似之处，但是，本罪的本质特征并不以行为人非法占有为目的。以行为人骗取银行或者其他金融机构的信用证和信用证诈骗为例。前罪的犯罪对象为银行或者其他金融机构真实有效的信用证，银行或者其他金融机构之所以开具信用证，是因为行为人采用了虚假手段，因此，《刑法》第 175 条之一惩罚的是这种"骗用"的行为，行为人主观上不具有非法占有的目的。而信用证诈骗罪则是行为人以非法占有为目的使用虚假的信用证。因此，本罪与其他金融诈骗类犯罪的本质区别在于行为人主观上是否有非法占有的目的。此外，行为人在实施本罪的时候，往往有虚开增值税发票等犯罪行为，但是，虚开增值税发票是行为

---

⑥　参见李立众编：《刑法一本通》，2 版，139 页，北京，法律出版社，2006。

人实施骗取金融机构信用罪的手段行为，因此，两者之间存在牵连关系，应按照牵连犯的处罚原则，从一重处断。

综上，笔者以为，本案中的 B 公司的法定代表人乙并不知道汇票为假的，行为人也只是为了实现自己的债权，因此，行为人主观上没有非法占有的目的，而行为人虚构与 A 公司的交易合同，并且虚开增值税专用发票，滥用贴现资质，符合《刑法》第 175 条之一的规定，因此，对乙应以骗取金融机构信用罪定罪处罚。而甲则明知是假的汇票，利用不知情的他人（乙）的行为进行贴现，主观上具有非法占有的目的，属于票据诈骗罪的间接正犯，应以票据诈骗罪定罪处罚。

货币犯罪与证券犯罪

◇ 伪造货币罪构成特征比较研究

◇ 伪造货币罪若干问题比较研究

◇ 日本的证券犯罪
　　——以内幕交易罪为中心

◇ 本土化与国际化：我国证券犯罪立法问题研究

◇ 证券犯罪的惩治对策初论

◇ 论伪造、变造国家有价证券罪的司法认定

伪造货币罪构成特征比较研究

徐留成*

关于伪造货币罪的概念，在国际刑法中争议不大，也比较简单。如有论者认为，伪造货币罪是指违反国际公约的有关规定，伪造国际货币，或从事与此相关的犯罪行为。[①] 而在国内刑法中对伪造货币罪这一概念所下定义种类多达十余种，如有的认为，伪造货币罪，是指仿造货币的图案、形状、色彩等特征，使用各种方法，非法制造假币以冒充真币的行为。[②] 也有的认为，伪造货币罪，是指仿照货币的外部形状特征，非法制造货币，妨害货币管理制度的行为。[③] ……笔者认为，伪造货币罪是指以供流通或行使为目的，依照人民币或境外货币的特征，制造外观上足以使一般人误认为是真货币的假货币的行为。在这里还应当指出两点，一是应当用"依照……制造……"而不用"仿造……"，如用"仿造……"有在定义中犯同义语反复的错误之嫌。二是真假货币是相对而言的，依照真币的特征进行制造，未必仅限于依照真币的外部特征，有时为了逼真可能内外特征都要仿造。违反国家法律，非法制造的货币是假货币，尽管有的与真货币是同质同样的，也同样是假货币。因此，应当明确"制造外观上足以使一般人误认为是真货币的假货币的行为"。学者对伪造货币罪概念的不同理解，必然带来对伪造货币罪构成特征的不同认识。笔者就此问题在本文中作些比较研究，请专家学者予以指正。

一、客体特征比较研究

（一）境外刑法理论在客体方面存在的观点

对于伪造货币罪侵害的法益即客体，外国刑法理论存在着两种不同的观点。

---

* 徐留成，中国人民大学法学院法学博士，中国社会科学院法学所博士后流动站在站博士后。

① 参见赵秉志主编：《新编国际刑法学》，331页，北京，中国人民大学出版社，2004。
② 参见周道鸾主编：《单行刑法与司法适用》，468页，北京，人民法院出版社，1996。
③ 参见陈兴良主编：《刑法全书》，654页，北京，中国人民公安大学出版社，1997。

一种观点认为是货币的公共信用或者交易安全，另一种观点认为是国家的货币发行权。从刑法学说史上看，首先强调伪造货币罪对国家货币发行权的侵害，故属于对国家法益的犯罪，这种观点一直持续到中世纪。资本主义生产关系的发展，使得不少学者开始主张第一种观点。有的学者站在世界的立场上，主张伪造货币罪保护的法益只是货币的公共信用或者交易安全，因此，行为人不管是伪造国内货币，还是外国货币，也不问行为的时间、场所以及行为人的属性，都应当给予相应的处罚。而现在一般认为，伪造货币罪保护的法益首先是货币的公共信用或者交易安全，其次才是国家的货币发行权。故首先还是侵害社会法益的犯罪，同时也是侵害国家法益的犯罪。④ 正是基于这样的观点，德国、法国、意大利等国家才将伪造货币犯罪规定在损害公共信用犯罪的章节之中。

我国台湾地区的学者们也一致认为，"伪造货币罪之保护法益，在沿革上，昔以侵害'国家'之货币发行权，而认其为对于'国家'法益之犯罪。唯最近除货币发行权外，亦认其系侵害货币真正性之公共信用，而属对于社会法益犯罪。时至今日，则认其纯属于侵害货币之公共信用，为对于社会法益之犯罪者，已为日渐有力之见解。因此，本罪之法益是否包含'国家'之货币发行权在内，学说每有对立之见解存在"。"货币乃为现代经济生活之主要媒介，为确保交易之安全与圆满进行，自须保障货币之真实性。刑法伪造货币罪之规定，乃系对于侵害货币真正性之行为，以之为犯罪而予惩罚，旨在保障公共之信用，故属于侵害社会法益之犯罪，要属无疑。唯伪造货币行为，同时侵及'国家'所专有之货币发行权，亦属无可否认，故亦具有侵害'国家'法益之性质。观乎本'法'（即我国台湾地区'刑法典'）规定之体例，并认外国货币为有价证券，而非货币，足证本罪（伪造货币罪）之保护法益，主在维护社会之公共信用，同时亦兼及'国家'之货币发行权也。"⑤

（二）国内刑法理论在客体方面存在的观点

在我国刑法学界，学者们对于伪造货币罪所侵害的直接客体的认识也不一致。归纳起来，主要有以下几种观点：第一种观点认为，伪造货币罪侵犯的客体是国家对货币的管理制度，具体是指破坏货币的公共信用和侵害货币的发行权。⑥ 第二种观点认为是国家的货币管理制度。⑦ 此两种观点是我国学界比较通

---

④　参见张明楷：《外国刑法纲要》，692 页，北京，清华大学出版社，1999。

⑤　甘添贵：《刑法各论》（上），273～274 页，台北，1964。

⑥　参见高铭暄主编：《新编中国刑法学》（下册），603 页，北京，中国人民大学出版社，1998；张明楷：《刑法学》（下），634 页，北京，法律出版社，1997；张军主编：《破坏金融管理秩序罪》，57 页，北京，中国人民大学出版社，1999。

⑦　参见叶高峰主编：《金融犯罪论》，70 页，郑州，河南大学出版社，1999；孙际中主编：《新刑法与金融犯罪》，60 页，北京，西苑出版社，1998；黄京平主编：《破坏市场经济秩序罪研究》，323 页，北京，中国人民大学出版社，1999。

行的观点。第三种观点认为是国家金融管理秩序。⑧ 第四种观点认为是法定货币的发行权，即货币的发行管理制度。⑨ 第五种观点认为是国家的货币管理制度及由此形成的货币管理秩序。⑩ 第六种观点认为是国家金融管理制度和公私财产所有权。⑪ 第七种观点认为是复杂客体，既侵犯了社会对货币的公共信用，又侵犯了国家的货币发行权与管理秩序。⑫ 第八种观点认为是国家的货币管理制度和国家依法保障外币在境内正常流通的秩序。⑬ 第九种观点认为是国家的货币发行管理制度和国家保障外币在境内正常流通的制度。⑭

笔者认为，上述观点均有值得商榷之处：

第一，就第三种观点而言，"国家金融管理秩序"是我国刑法分则第三章第四节破坏金融管理秩序罪中所有犯罪所共同侵犯的同类客体。金融管理秩序除包括国家对货币的管理秩序外，还包括国家对证券、期货、金融票证、有价证券等的管理秩序，以及对金融机构以及金融活动的管理秩序等。若将"国家金融管理秩序"作为本罪的直接客体，显得过于宽泛，显然不能准确反映本罪与其他破坏金融管理秩序罪的区别。

第二，就第一种、第二种、第五种和第八种观点而言，将"国家的货币管理制度"作为本罪的客体亦不够十分准确。货币管理制度是货币的名称、单位、性质、发行、流通、黄金外汇储备等方面管理制度的总称。货币管理制度是我国刑法中规定的货币犯罪所共同侵犯的同类客体。将伪造货币罪的直接客体界定为国家的货币管理制度不能反映出本罪与其他货币犯罪的区别。

第三，第四种观点将"货币的发行管理制度"作为伪造货币罪的客体，基本上比较准确地反映了本罪特点以及本罪与其他货币犯罪的区别，但是仅仅将货币发行管理制度作为本罪客体却不够全面。因为伪造货币罪的对象不仅包括人民币，还包括境外货币，伪造境外货币行为侵犯的却是境外国家或地区的货币发行制度。

第四，第五种观点将"国家的货币管理制度"与"货币管理秩序"并列，其不当之处不仅表现在前后两项内容只是同一内容的不同文字表达方式而已，更重要的是其缺陷如同第一种、第二种、第五种和第八种观点，即用同类客体代替直接客体。

第五，第六种观点中的"国家金融管理制度"与第三种观点中"国家金融管

---

⑧ 参见何秉松主编：《刑法教科书》，708 页，北京，中国法制出版社，1997。

⑨ 参见薛瑞麟主编：《金融犯罪研究》，55 页，北京，中国政法大学出版社，2000。

⑩ 参见周振想主编：《金融犯罪理论与实务》，161 页，北京，中国人民大学出版社，1998。

⑪ 参见周道鸾、单长宗、张泗汉主编：《刑法的修改与适用》，387 页，北京，人民法院出版社，1997。

⑫ 参见黄明儒：《伪造、变造犯罪的定罪与量刑》，140 页，北京，人民法院出版社，2002。

⑬ 参见周道鸾主编：《单行刑法与司法适用》，468 页，北京，人民法院出版社，1996。

⑭ 参见郑丽萍：《货币犯罪研究》，173 页，北京，中国方正出版社，2004。

理秩序"，是同一意思的不同表达方式，其缺陷如同第三种观点一样，同样不能将其作为伪造货币罪的客体。第六种观点同时将"公私财产所有权"作为本罪客体也不妥当。伪造的货币只有进入流通后才可能侵犯到他人的财产所有权，但是伪造货币罪的成立并不以行使为要件，只要实施了伪造货币的行为，即使没有后续的行使行为，同样构成伪造货币罪。因此，伪造货币罪并不直接侵犯公私财产所有权。

第六，第七种观点将"社会对货币的公共信用"作为伪造货币罪的客体，其缺陷与将"国家的货币管理制度"作为伪造货币罪的客体一样，误将同类客体当作了直接客体。因为任何货币犯罪都侵犯了货币的公共信用，将其作为伪造货币罪的客体同样不能反映出伪造货币罪与其他货币犯罪的区别。第七种观点还将"管理秩序"与"国家的货币发行权"相提并论也不妥当，因为货币的发行权本身即属于货币管理秩序的一部分。

第七，第八种观点将"国家依法保障外币在境内正常流通的秩序"作为伪造货币罪的客体是科学的，其科学之处在于注意到了伪造外币行为的特殊性，但是这种观点仍存在如下两种缺陷：一是外币的概念不如"境外货币"的概念准确，因为准确地讲港澳台币不是外币而是境外货币。二是将"国家的货币管理制度"同时作为伪造货币罪的客体不够准确，其缺陷在前述中已有论及，不再赘述。

基于以上分析，笔者基本上同意上述第九种观点，但是应当将"外币"改为"境外货币"，即伪造货币罪侵犯的客体是国家的货币发行管理制度和国家保障境外货币在境内正常流通的制度。理由有三：一是因为伪造货币罪首先侵犯了我国的货币发行管理制度。货币的发行管理制度是货币管理制度的核心，其直接关系到货币币值的稳定和国民经济的健康运行与发展。伪造货币罪的刑事责任之所以重于其他货币犯罪，其中一个重要因素即是它直接危害的是货币发行管理制度。我国的人民币发行历来坚持集中统一发行原则。依照《中华人民共和国人民币管理条例》，人民币由中国人民银行统一发行。中国人民银行设立人民币发行库，在其分支机构设立分支库，负责保管人民币发行基金。人民币发行基金是中国人民银行人民币发行库保存的未进入流通领域的人民币。人民币发行基金的调拨，应当按照中国人民银行的规定办理。任何单位和个人不得违反规定动用人民币发行基金，不得干扰、阻碍人民币发行基金的调拨。二是因为伪造境外货币的行为虽然并不侵犯我国的货币发行管理制度，但是侵犯了我国保障境外货币正常流通的制度。[15] 三是因为"境外货币"的外延大于"外币"的外延，用前者比后者更准确。外币，顾名思义是指外国货币。由于历史及国际政治经济等原因，国际社会目前仍存在着不是国家主体的地区，如克什米尔地区等即是。像这些地区的货

---

[15] 参见郑丽萍：《货币犯罪研究》，170～173 页，北京，中国方正出版社，2004。

币称为外币，有失准确，称港币和澳币为外币亦有失妥当。据此，最高人民法院《关于审理伪造货币等案件具体应用法律若干问题的解释》（2000 年 9 月 8 日公布）第 7 条，将伪造货币罪中的"货币"解释为包括在国内市场流通或者兑换的人民币和境外货币。总之，此种观点一方面反映了伪造货币罪与其他货币犯罪在直接客体上的不同，同时也兼顾了伪造境外货币犯罪行为在侵犯客体上的特殊性。

（三）关于伪造货币罪的犯罪对象

综观世界各国和地区的刑事法律，均将"货币"（包括纸币、硬币）列为伪造货币罪的犯罪对象。至于"货币"的外延，除了本国（地区）货币之外，大多数国家和地区还明确规定包括外国货币。此外，法国、日本等国家和台湾地区，也将"银行券"划入犯罪对象的范畴。值得一提的是，法国还将"与货币符号具有相似性的物品、印刷品或样票"归为该类罪的犯罪对象，同时以货币的法律效力为标准，将货币划分为三种类型，即：具有法定价值的货币、不再具法定价值的货币、未经批准的货币，并且设置了不同的罪名和法定刑，很具法国之特色。⑯

我国 1979 年刑法典规定的伪造货币罪，其犯罪对象只能是人民币，至于外国货币，当时并未列入伪造货币罪的犯罪对象范畴。然而，随着我国对外开放程度的加深，伪造外国货币的现象在我国也日益增多。一旦发生伪造境外货币的案件，1979 年刑法典和当时的单行刑法及相关司法解释都无法适用，司法机关仅能以诈骗罪处理，这显然不利于国家间的司法协作和经济交往。而随着国际经济贸易的发展，各国经济交往不断增多，保护货币（包括外国货币和境外地区货币）的信用，已成为一个国际性问题。按照《防止伪造货币国际公约》的规定，中国也应承担打击伪造包括境外货币在内的货币犯罪的国际义务。在这种新的历史条件下，全国人大常委会 1995 年 6 月 30 日通过了《关于惩治破坏金融秩序犯罪的决定》。该决定第 23 条规定，"本决定所称的货币是指人民币和外币"，从而在刑事立法上将我国货币犯罪的犯罪对象扩大为人民币和外币。⑰最高人民法院《关于审理伪造货币等案件具体应用法律若干问题的解释》（2000 年 9 月 8 日公布）第 7 条规定："本解释所称'货币'是指可在国内市场流通或者兑换的人民币和境外货币。"这就从司法解释上将我国伪造货币罪的犯罪对象界定为可在国内市场流通或者兑换的人民币和境外货币。这里所指境外货币，既包括可在我国兑换的外国货币，也包括不可在我国兑换的外国货币，还包括我国

---

⑯ 参见白建军主编：《金融犯罪研究》，428 页，北京，法律出版社，2000。

⑰ 参见赵秉志、杨诚主编：《金融犯罪比较研究》，18 页，北京，法律出版社，2004。

港、澳、台等地区的货币，从而适应了司法实践中惩治伪造境外货币犯罪活动的需要。

基于最高人民法院《关于审理伪造货币等案件具体应用法律若干问题的解释》（2000 年 9 月 8 日公布）第 7 条对"货币"的解释，下列与货币有关的代币券等不能成为伪造货币的犯罪对象[⑱]：

1. 伪造的代币券。"代币券"是指部分单位发行的具有一定面额的代替人民币在一定范围流通的币券。代币券不是货币，因此伪造代币券不构成伪造货币罪，其不是本罪的犯罪对象。

2. 外汇兑换券。外汇兑换券是中国银行发行的外汇兑换券证明，发行时限定于临时入境的港、澳、台、各国华侨及外宾五种人使用，并且在指定范围内流通。外汇兑换券在历史上曾作为货币使用，具有货币的属性，在这种情况下伪造外汇兑换券可以构成伪造货币罪。但 1995 年我国取消外汇兑换券，其不再具有流通性，不再具有货币的属性，因而伪造外汇兑换券的行为不构成伪造货币罪。

3. 境外货币有价证券。境外货币有价证券包括政府公债、国库券、股票等，其作为外汇的一种，是用于国际结算的信用工具和支付手段。正如学者所言，"它虽然具有外币的某些功能，但却不是外币本身"，因此其不是伪造货币罪的犯罪对象。

4. 古钱、已经废止但非处于兑换期的通货。货币以具有强制通用力为前提，即货币必须具有流通性。行为人一般以正在通用的货币为模拟对象而伪造货币，但古钱或已经废止的通货已失去强制通用力，因而不能成为伪造货币罪的犯罪对象。需要说明的是，已经废止但尚处于兑换期的货币，在兑换期内仍可流通使用，故其仍然可以成为伪造货币罪的犯罪对象。[⑲]

5. 伪造的银元、银元宝、金条、金块、银块等。一方面，银元已经不能在市场上流通，不具有强制流通力；另一方面，银元宝、金条、金块、银块等只是金银制品，不是货币，也不是货币的代用品，因而不是伪造货币罪的犯罪对象。需要研究的是，像我国发行的纪念币能否成为本罪的犯罪对象？纪念币因纪念某一事件而限量发行，有些是等面额发行，有些币面值仅具有象征意义，此类纪念币因是国家发行，仍然是国家货币，虽不具有普遍意义上的流通性，但在一定范围内可以流通，可以成为伪造货币罪的犯罪对象。

另外，有人提出伪造的错币可以成为伪造货币罪的犯罪对象，理由是不排除某些不符合标准的货币即错币进入流通，由于人们认识能力的局限，实际上把它当作合乎规格的货币使用，因此伪造错币行为实际上也危害社会，原则上按伪造

---

⑱　参见韩金柱、范德安：《伪造货币行为要件探析》，载《沈阳师范大学学报（社会科学版）》，2004 (6)，33～35 页。

⑲　参见薛瑞麟主编：《金融犯罪研究》，56 页，北京，中国政法大学出版社，2000。

货币罪处罚并无不可。[20] 笔者认为，所谓"错币"是印制的不符合法定规格的货币。尽管某些不符合标准的货币进入流通，甚至因使用者认识能力的局限，把它当作合乎规格的货币使用，但它毕竟不是合法流通的货币。正因为如此，国家才规定，货币印制单位在货币印制过程中的所有不合格品，必须按规定全数销毁。所以，不能合法流通的错币不能成为伪造货币罪的犯罪对象。

二、客观特征比较研究

伪造货币罪在客观方面表现为伪造货币的行为，即依照人民币或境外货币的特征，制造在外观上足以使一般人误认为是真货币的假货币的行为。

伪造方法是多种多样的，就纸币而言，伪造的方法主要有：（1）机器制造，即利用现代化的制版印刷设备伪造货币。采用这种方法伪造的货币做工精细逼真，具有极大的欺骗性。随着现代科学技术的发展，犯罪分子已把电子分色印制、彩色制版、凹凸制版等新科技成果运用到伪造货币上，使伪钞更加逼真。采用机制方法伪造货币，不仅制作精良，质量逼真，而且批量制造数量较多。（2）复印，即利用黑白复印合成、彩色复印等方法印制假币。随着彩色复印机的诞生，"制造伪钞从一种需要高级技艺的操作，变成了办公室职员一念之差便可干出来的犯罪行为"[21]。（3）手工描绘。手工描绘也称临摹，是指比照真币用手工描绘。这是一种手段落后的印制假币的方法。此类假币制作的质量普遍较差，但是在群众防伪意识薄弱的地方投放也可得逞。（4）手工刻版，即在木版、石版、蜡版等模具上雕刻钱币图案，然后像盖戳一样分正反面印在纸上，再利用着色等程序制成假币。这也是一种手段落后的印制假币的方法。（5）拓印，即以真币为本，通过药液的浸泡和外力的作用，将真币上的文字、图像、颜色围印到其他纸面上，从而制成假币。这是一种最古老、流传时间最长的制作假币的方法。采用这种方法制作的假币，其图像、线条、人物神态逼真，仿伪程度较高，欺骗性大。而且由于这种造伪手法简便易学，无须什么设备，随时随地可伪造，因此，危害性也比较大。（6）影印，即以真币作为底片，用照相用的感光材料纸进行透射复印后，经过显影、定影处理，然后将正反面黏合在一起，再着色制成假币。（7）化学感光，即用化学感光方法将货币的外观特征移植到尺码相同的彩纸上。这是我国近年来出现的一种较为少见的伪造货币方法。用这种方法伪造的假币用通常的眼看、手摸方法都不易觉察，但经过一定时间后，感光效果消失，就剩下了一张彩色纸片。据悉，一天，一位做柑橘生意的农民正在路边卖货，有一

---

⑳　参见韩金柱、范德安：《伪造货币行为要件探析》，载《沈阳师范大学学报（社会科学版）》，2004（6），34～35页。

㉑　贺铁光：《罪恶的黑洞》，123页，北京，中国社会出版社，1997。

位妇女路过说要买 3 斤橘子看病人，要挑好的，价格不怕贵。农民称完向她收 3 元钱，她拿出一张 100 元大票。当时农民还特别仔细看了看，并未发现问题就收下了。后来该农民理钱时，除了一张百元钱大小的彩色纸片，怎么也找不到收下的 100 元钱。货币鉴伪专家得知后，指出这是有人用化学感光的方法将百元人民币的外观特征移植到了尺码相同的彩纸上，使其变成了百元面额的人民币。[22]

就金属货币而言，伪造的方法主要有：（1）浇铸，即按照真币的样式制作一个塑料模型，然后将溶解的金属液倒入模型中或将塑料模型置入金属液中而制作出假币。（2）铸造，即通过在金属图片上制作真币的图案标志，然后根据真币的三维特征精确地切割下来而制作出假币。（3）电镀，即通过电解活动，把与真币金属成分相同的金属薄膜镀在假币的外表而制成假币。

伪造的内容，包括货币的形状、规格、图案、字形、面额、色彩、号码、印纹等构成要素。货币的特征决定着伪造的内容，伪造的内容依附于货币的特征。在我国，伪造货币一般是指依照人民币或境外货币的特征进行完整的伪造。但是俄罗斯刑法学界普遍认为，伪造货币既包括完整伪造，也包括部分伪造。完整伪造即假币的生成完全由制造者自身完成，没有可资利用的既成基础；部分伪造即利用已有的基础进行制造，如在印钞厂已印制成的半成品货币上进行再加工。我国有些刑法学者认为，俄罗斯刑法学界的上述观点，在很大程度上与俄罗斯刑法没有规定变造货币罪有关。[23] 然而，笔者认为，尽管我国 1997 年刑法规定了变造货币罪，对货币进行部分伪造仍然构成伪造货币罪而非变造货币罪。例如，行为人在货币印刷单位非法获取已过 2/3 印刷程序的人民币半成品，然后完成余下的 1/3 的程序，这种部分伪造行为应构成伪造货币罪而非变造货币罪。这是因为，变造货币行为必须在真货币的基础上进行，而人民币半成品不是完整意义上的货币，尚称不上是货币，所以，这种部分伪造行为不符合变造货币罪的构成特征。

伪造货币是否必须以真币为样本？

从世界各国的立法规定以及刑法理论来看，一般认为伪造应以真币的存在为前提。这也是我国刑法理论的通说。但目前，我国有学者对此提出异议，认为对"伪造货币"行为如此界定会缩小伪造货币的范围，不利于打击伪造货币的犯罪行为，易于放纵犯罪。现实生活中存在着形形色色的伪造货币及相关犯罪行为，如有的犯罪分子在伪造面额为 200 元的人民币后谎称此乃中国人民银行新发行的货币并加以出售、使用；有的犯罪分子在伪造外币时，或许连其本人都不知道或没有见过某外国真币，而仅凭想象自己设计制作假外币，利用某些被害人也不知

[22]　参见张长红：《金钱阴谋》，4 页，北京，中国言实出版社，1998。

[23]　参见薛瑞麟主编：《金融犯罪研究》，58 页，北京，中国政法大学出版社，2000。

该国真币为何式样来欺诈对方而出售、使用该货币。上述行为均没有以真币为样板来制作假币，所制假币也不一定具备真币所具备的要件如号码或印章等。但它们同样破坏了货币的公共信用，同样属于伪造货币的行为。所以，应对我国现行刑法中伪造货币的行为重新予以界定。即伪造货币指没有货币发行权的人，制造出外观上足以使一般人误认为是真币的假币的行为。[24] 在日本，大谷实教授认为在伪造外国货币或预计将来要发行的货币这一点上，因为有可能使一般人误认为是真货币，因此，不要求有对应的真货币的存在。[25]

笔者认为，上述不要求以真币为存在前提的观点值得商榷。其一是因为，"伪"只有相对于"真"才能存在。在真实的货币都不存在的情况下，伪造货币从何说起呢？其二，犯罪的本质特征在于犯罪行为所侵犯的犯罪客体。伪造货币罪之所以成为世界各国刑事立法严厉惩治的重点，究其根源，关键就在于各国均认为这种行为对一个国家正常的货币发行秩序造成了破坏，损害了货币的信誉。而不以真实的货币为蓝本，仅凭行为人自己的主观臆想而"伪造"出来的货币，由于国家根本没有发行过这种货币，因而既不存在损害货币信誉的可能，也不可能对国家的货币发行秩序造成实际的损害。如果对这种行为以伪造货币罪论处，显然与伪造货币罪的本质特征相悖。从司法实践来看，这种制作本不存在的货币欺诈对方予以出售、使用的行为，是用虚构事实、隐瞒真相的手法来达到行为人非法占有他人财物的目的，而这正是诈骗罪的根本特征所在。因此，笔者认为，对这种行为应当以诈骗罪定罪处罚。[26]

三、主体特征

伪造货币罪的主体为一般主体，凡年满 16 周岁、具有刑事责任能力的自然人均可构成本罪。根据我国现行刑法的规定，单位不能成为本罪主体。这种规定是不是科学，有待进一步研究。依据最高人民法院 1999 年 6 月 25 日公布的《关于审理单位犯罪案件具体应用法律有关问题的解释》第 2 条，个人为实施伪造货币犯罪活动而设立公司、企业、事业单位的，或者公司、企业、事业单位设立后，以实施伪造货币犯罪为主要活动的，不以单位犯罪论处，而应以个人犯罪论处。在目前我国刑法没有规定单位可以成为伪造货币罪主体的情况下，对于虽然不是为实施伪造货币犯罪活动而设立公司、企业、事业单位，但单位成立后在从事合法经营活动的同时又实施伪造货币犯罪活动的，应按照自然人犯罪的规定来

---

[24] 参见刘艳红：《货币犯罪若干问题研究》，载《法商研究》，1997（3）；鲜铁可：《金融犯罪的定罪与量刑》，86～87 页，北京，人民法院出版社，1999。

[25] 参见［日］大谷实著，黎宏译：《刑法各论》，310 页，北京，法律出版社，2003。

[26] 参见赵秉志、杨诚主编：《金融犯罪比较研究》，21～22 页，北京，法律出版社，2004。

追究单位内部参与实施伪造货币活动的犯罪分子的刑事责任，不能以单位犯罪论处。这是罪刑法定原则的基本要求。

四、主观特征比较研究

1. 伪造货币罪的故意内容应否包括间接故意？伪造货币罪的主观方面必须是故意，过失不构成本罪，这一点在刑法理论界无异议。至于故意是仅指直接故意，还是也包括间接故意，理论界存在不同观点。大多数学者认为本罪主观方面只能由直接故意构成，少数学者认为本罪主观方面既可以是直接故意，也可以是间接故意，如认为本罪主观方面表现为明知自己伪造货币的行为会发生损害社会对货币的公共信用和国家对货币的制造发行权的危害结果，并且希望或者放任这种结果发生。[27] 笔者赞同大多数人的观点，认为本罪主观方面只能是直接故意。认为本罪主观方面也包括间接故意的观点值得商榷，这是因为，在认定直接故意与间接故意时，必须把行为人对于结果的意志态度与对于行为的意志态度加以区别。行为人对于结果的意志态度既可以是希望，也可以是放任，但行为人对于行为的意志态度却必定是希望，不可能存在对于行为本身的放任，否则行为就不可能实施。依据我国刑法规定，直接故意和间接故意的区分主要是以行为人对于法定构成要件结果的意志态度是希望还是放任为标准。伪造货币罪属于行为犯。就行为犯而言，行为犯所实施的行为及其主观故意，已足以说明其行为具有社会危害性，并且已达到应受刑罚处罚的程度，因此，尽管行为犯的行为也必定会给社会造成危害结果，但这种危害结果不属于法定构成要件的结果，而是犯罪构成要件之外的结果。[28] 也就是说，伪造货币罪这种行为犯的既遂不需要行为人对这种犯罪构成要件之外的结果的希望或放任，只要行为人明知并希望实施危害社会的伪造货币行为即可。因此，伪造货币罪的主观方面只能是直接故意。详言之，本罪的主观方面表现为：行为人明知自己在实施危害社会的伪造货币行为，仍然希望实施这种行为。

2. 伪造货币罪应否具有特定目的，应有何种特定目的。是否要求行为人具有特定目的，即是否作为目的犯，尚有争议。纵观国外立法例，通常都将伪造货币罪规定为目的犯。例如德国刑法典规定"以供流通或可能流通为目的"，再如日本、我国澳门地区刑法典和我国台湾地区的"刑法典"中，也均将"以行使（使用）为目的"作为危害货币管理罪的主观要件。我国 20 世纪 50 年代颁布的《妨害国家货币治罪条例》第 4 条明确规定"以营利为意图"，而 1979 年刑法和

㉗　参见黄明儒：《伪造、变造犯罪的定罪与量刑》，146 页，北京，人民法院出版社，2002。

㉘　参见郑丽萍：《货币犯罪研究》，182～183 页，北京，中国方正出版社，2004。

1997年刑法对本罪的主观方面没有明确规定，因此产生了认识上的分歧：一种观点认为，伪造货币等货币犯罪不应作为目的犯，否则就会使一些犯罪分子以自己所实施的伪造、变造、持有等行为不具有特定目的为借口逃避刑事制裁，不利于惩治目前比较猖獗的货币犯罪行为。[29] 另一种观点则认为，构成本罪必须以营利或行使等为目的，即本罪应为目的犯。笔者认为，如果行为人出于故意仅在客观上实施了该行为而没有进一步扩散流通伪币的行为，如只是为了鉴赏、收藏或供教学科研之用，则并不会对社会产生实害，因而不能构成犯罪。也即是说，仅从罪过的内容和行为的性质还不足以认定该行为构成犯罪，必须具有特定的目的。本罪的目的究竟是什么呢？笔者主张，应把伪造货币罪的目的内容表述为"以供流通或行使为目的"。理由有三：一是，伪造货币罪的法定刑为3年以上有期徒刑、无期徒刑或者死刑，这表明它是具有很大的社会危害性的严重犯罪。只有以流通（或行使）为目的的伪造货币的行为，才具有这样的社会危害性，才符合法律对它的评价。二是，从实践中的情况看，绝大多数的伪造货币的行为都是出于使伪造的货币进行流通（或行使）的目的，其行为动机是为了获取非法利益，而且以往的审判实践也往往是把出于鉴赏、收藏的目的而伪造货币的行为排除本罪之外的。因此，将"以供流通或行使为目的"作为伪造货币罪的构成要件，符合行为人的心理实际，符合以往的审判实际。[30] 三是，"营利"是指谋求利润，往往与一定的商业活动联系在一起。一般来讲，伪造货币是为了牟取非法利益。但本罪的行为人并非一定将伪造的货币转手卖给他人来获取经济上的利益，有的是供本人或赠送亲友使用，这就不是与商业活动相联系，而这种行为在司法实践中无疑是以伪造货币罪论处的。因而，本罪不能以"营利"为目的。[31]

---

[29] 参见杨春洗、高格主编：《中国当前经济犯罪研究》，380页，北京，北京大学出版社，1996。

[30] 参见薛瑞麟：《论伪造货币罪》，载《政法论坛（中国政法大学学报）》，1999（6），41页。

[31] 参见赵秉志、杨诚主编：《金融犯罪比较研究》，23～24页，北京，法律出版社，2004。

伪造货币罪若干问题比较研究

陈志军*

一、中国刑法上的伪造货币罪是否属于目的犯

（一）学说分歧

中国刑法学界对伪造货币罪属于故意犯罪是不存在异议的。但在除了要求具备犯罪故意的罪过心理之外，是否进一步要求具备特定的犯罪目的的问题上存在分歧。在此问题上，我国刑法学界存在以下两种不同的观点：

1. 否定说

持这种观点的学者认为，《刑法》第 170 条并未规定伪造货币罪必须具备牟利之类的犯罪目的，因而不必具备特定的犯罪目的要件，只要是故意就符合犯罪主观方面的要件。[①]

2. 肯定说

持这种观点的学者认为，《刑法》第 170 条规定的伪造货币罪属于目的犯，以具备特定的犯罪目的为构成要件。在这种观点下具体又有两种主张：

（1）盈利或谋取非法利益目的说。有学者认为，伪造货币罪要求行为人主观上必须具有盈利或谋取非法利益的目的。[②]

（2）意图流通目的说。有学者认为，伪造货币罪要求行为人主观上必须具有

---

* 陈志军，中国人民公安大学法律系副教授，法学博士。

① 参见高铭暄主编：《新编中国刑法学》（下册），603 页，北京，中国人民大学出版社，1998；张明楷：《刑法学》，2 版，607 页，北京，法律出版社，2003。

② 参见高铭暄主编：《中国刑法词典》，549 页，上海，学林出版社，1989；赵长青主编：《经济刑法学》（分论），141 页，重庆，重庆出版社，1991；苏惠渔主编：《刑法学》（修订版），506 页，北京，中国政法大学出版社，1997；李建华等主编：《新刑法实用手册》，257 页，北京，光明日报出版社，1997。

使假币进入流通领域的目的。③

(二) 理论评析

笔者认为，否定说是正确的。主要理由在于：

1. 应当全面地考察境外的立法例

我们应当全面、准确地理解境外的立法例，而不能只看到一部分国家和地区的立法。我们知道，伪造货币的行为对一个国家或地区经济秩序的危害极大，几乎所有的国家和地区的刑法上都规定了伪造货币犯罪。就主观方面是否要求具有一定目的来说，大致可以分为两种立法例：

(1)"要求具有特定目的"的立法例。采用这一立法例的国家和地区有属于英美法系的美国、加拿大、中国香港特别行政区，以及属于大陆法系的德国、俄罗斯、白俄罗斯、瑞士、日本、韩国、中国台湾地区和澳门特别行政区。根据所要求的犯罪目的的不同，又可以分为三种类型：

第一，以欺诈人或加损害于人为目的。

采取这一立法例的是美国。虽然模范刑法典并非真正意义上的立法，但这一规定被不少州的刑法所采纳。《美国模范刑法典》第 224・1 条规定了伪造文书罪："（1）以欺诈人或加损害于人为目的或明知其行为为有促使他人易于为欺诈或加害行为，而为下列行为者，即为犯伪造文件罪……文书包含印刷物或其他记录情报之手段、货币、硬币、代用货币、邮票、印章、信用卡、徽章及其他表示价值、权利、特权、同一性之记号在内。（2）等级。伪造文书罪，如其文书系货币、公债、邮票、印花及其他政府发给之证书……属第二级重罪。"可见，美国刑法上的伪造货币罪在主观上要求"以欺诈人或加损害于人为目的"。

第二，以销售为目的。

采取这一立法例的有俄罗斯、白俄罗斯等。《俄罗斯联邦刑法典》第 186 条规定了伪造货币或者其他有价证券罪："（1）以销售为目的而制作或销售伪造的俄罗斯联邦中央银行钞票、金属货币、国家有价证券或以俄罗斯货币计价的其他有价证券或外国货币或以外国货币计价的有价证券的，处 5 年以上 8 年以下的剥夺自由，并处或不并处没收财产；（2）上述行为，数额巨大的，或由具有制作或销售伪造货币或伪造有价证券罪前科的人员实施的，处 7 年以上 12 年以下的剥夺自由，并处没收财产。（3）本条第 1 款或第 2 款规定的行为，由有组织的团伙实施的，处 8 年以上 15 年以下的剥夺自由，并处没收财产。"可见，俄罗斯刑法上的伪造货币罪在主观上要求具备"以销售为目的"。

---

③ 参见陈兴良主编：《刑法疏议》，304～305 页，北京，中国人民公安大学出版社，1997；马克昌主编：《经济犯罪新论：破坏社会主义市场经济秩序罪研究》，236 页，武汉，武汉大学出版社，1998；马克昌主编：《刑法学》，423 页，北京，高等教育出版社，2003。

《白俄罗斯刑法典》第 84 条规定了制造、持有、买卖伪造的货币、证券罪："以出售为目的而制造、持有，或买卖尚在白俄罗斯共和国领域内流通中的货币、国家证券或其他证券或者在外国流通的货币、证券的，可处 2 年以上 7 年以下剥夺自由，并处没收财产；如系再犯或有组织犯罪，可处 5 年以上 15 年以下剥夺自由，并处没收财产。"可见，白俄罗斯刑法中的伪造货币罪在主观上要求具有"以出售为目的"。

第三，以行使或投入流通为目的。

加拿大、德国、瑞士、日本、韩国及中国的港、澳、台地区都采取这一立法例。《加拿大刑事法典》第 449 条规定了制造伪币罪："制造或者着手制造伪币的，构成可诉罪，处 14 年以下监禁。"第 448 条规定了"伪币"的含义："（1）类似或者显然意图以仿真硬币做真硬币或真纸币使用的假硬币、假纸币；（2）伪造或未伪造完毕的银行券、空白银行券；（3）以冒充或高于票面价值的通用硬币或纸币使用为目的制作或挖补的真硬币或真纸币；（4）锉掉或者削掉原压印花边而换上新的压印花边以恢复原状的通用硬币；（5）以仿照、冒充为目的分别被镀上金、银或镍的通用货币、银币或镍币；（6）被以各种方法涂上或镀上能产生金、银或镍的表面效果并意图仿照或冒充通用金币、银币或镍的普通硬币、金属片或混合金属片。"可见，加拿大刑法中的伪造货币罪在主观上要求"意图以仿真硬币做真硬币或真纸币使用"，或"冒充或高于票面价值的通用硬币或纸币使用为目的"，或"以仿照、冒充为目的"等特定目的。

《德国刑法典》第 146 条规定了伪造货币罪："（1）实施下列行为之一的，处 2 年以上自由刑：1）意图供流通之用，或有流通可能而变造货币，使票面具有较高价值的；2）以相同的意图收集伪造或变造的货币；3）将在第一项或第二项条件下伪造、变造的货币或收集的伪造、变造的货币作为真货币使用的。（2）情节较轻的，处 5 年以下自由刑或罚金。"可见，德国刑法上的伪造货币罪在主观上要求具有"意图供流通之用，或有流通可能"之目的。

《瑞士联邦刑法典》分则第 10 章下第 240 条规定了伪造货币罪："1. 伪造金属货币、纸币或钞票，意图将其作为真币流通的，处重惩役。2. 情节特别轻微的，处监禁刑。3. 行为人在外国实施犯罪后回到瑞士而未予引渡的，如果该行为在犯罪地亦应受处罚，行为人应受处罚。"可见，瑞士刑法上的伪造货币罪在主观上要求具备"意图将其作为真币流通"的目的。

《日本刑法典》第二编"罪"下第 16 章专章规定了"伪造货币罪"：1）第 148 条第 1 款规定了"伪造货币罪"："以行使为目的，伪造或者变造通用的货币、纸币或者银行券的，处无期或者 3 年以上惩役。"2）第 149 条第 1 款规定了伪造外国货币罪："以行使为目的，伪造、变造正在日本国外流通的货币、纸币或者银行券的，处 2 年以上有期惩役。"可见，日本刑法上的伪造货币罪在主观上要求"以行使为目的"。

1998 年 12 月 31 日修订后的《韩国刑法典》分则第 18 章专门规定了"妨害通货罪"。其中第 207 条规定的就是"伪造、变造通货罪":"(1)以使用为目的,伪造、变造通用的大韩民国货币、纸币或者银行券的,处无期或者 2 年以上劳役。(2)以使用为目的,伪造、变造流通于国内的外国货币、纸币或者银行券的,处 1 年以上有期劳役。(3)以使用为目的,伪造、变造流通于国外的外国货币、纸币或者银行券的,处 10 年以下劳役。(4)以使用为目的,输入或者输出前三项所列之伪造或者变造的通货的,以伪造或者变造之犯罪论处。"可见,韩国刑法上的伪造货币罪在主观上要求"以使用为目的"。

我国台湾地区"刑法典"第 195 条规定了伪造变造通用货币罪:"意图供行使之用,而伪造、变造通用之货币、纸币、银行券者,处 5 年以上。"可见,我国台湾地区"刑法"上的伪造货币罪在主观上要求具有"意图供行使之用"的目的。

我国香港《刑事罪行条例》第 98 条规定了伪造纸币及硬币罪:"(1)任何人制造流通纸币的伪造品或受保护硬币的伪制品,意图由其本人或他人将该伪制品作为真的流通纸币或真的受保护硬币行使或付给,则该项所说的人即属犯罪,一经公诉程序定罪,可处监禁 14 年。(2)任何人在无合法权限或辩解下制造流通纸币的伪制品或受保护硬币的伪制品,即属犯罪,一经公诉程序定罪,可处监禁 3 年。"可见,香港地区刑法中的伪造货币罪在主观方面要求"意图由其本人或他人将该伪制品作为真的流通纸币或真的受保护硬币行使或付给"之目的。

《澳门刑法典》第 252 条规定了假造货币罪:"1. 意图充当正当货币而流通,而假造货币者,处 2 至 12 徒刑。2. 意图供流通之用,而将正当货币之票面伪造或更改至较高价值者,处 1 至 5 徒刑。"可见,我国澳门特别行政区刑法上的伪造货币罪在主观上要求具有"意图充当正当货币而流通"的目的。

(2)"不要求特定目的"的立法例。如法国、意大利、瑞典、阿尔巴尼亚、保加利亚、印度、新加坡、菲律宾等国家就采用这种立法例。

《法国刑法典》第 422—1 条规定了伪造、变造货币罪:"伪造或者变造在法国具有法定价值或者由法国或国际机构发行的具有法定价值之钱币或银行券的,处 30 年以下徒刑并科 300 万法郎罚金。"

《意大利刑法典》第二编"重罪分则"下第 453 条规定了伪造货币罪:"对下列人员,处 3 年至 12 年有期徒刑和 100 万里拉罚金:1)伪造在国内外合法流通的国家货币或者外国货币的;2)以任何方式变造真实货币,使其票面价值提高的;3)虽未参加上述伪造或变造,但与伪造人或变造人通谋或者参与某一中间人通谋将伪造的或变造的货币引入国内、持有、花用上述货币,或者以其他方式将上述货币投入流通的;4)以投入流通为目的,向伪造货币者或中间人购买或者以任何方式接受伪造的或变造的货币的。"意大利刑法并未对伪造货币的行为构成犯罪规定必须具有特定的目的，只有对"购买或者以任何方式接受伪造的或变造的货币"的行为构成犯罪规定必须具有"以投入流通为目的"。

《瑞典刑法典》第 16 章第 6 条规定了伪造通货罪："任何人，在瑞典王国境内或境外伪造纸币、硬币或者以其他方法伪造纸币、硬币的，将被以伪造通货罪判处不超过 4 年的监禁；情节轻微的，处以罚金或者不超过 6 个月的罚金；情节严重的，处 2 年以上 8 年以下监禁。"

《阿尔巴尼亚刑法典》第 183 条规定了伪造货币罪："伪造或者流通伪造的货币的，处 5 年以上 15 年以下监禁。"

《保加利亚刑法典》第 233 条规定了伪造、变造货币罪："伪造或者变造在国内或国外流通的真货币的，按伪造货币判处 10 年以上剥夺自由。"

《印度刑法典》第 231 条规定："伪造货币或故意参与伪造货币的任何工序的制造的，处可达 7 年的监禁，并处罚金。"第 232 条规定："伪造印度货币或故意参与伪造印度货币的任何工序的制造的，处无期徒刑或可达 10 年的监禁，并处罚金。"

《新加坡刑法典》第 231 条规定："伪造货币或明知所实施的是伪造货币行为过程的一部分的，处无期徒刑或者可长至 7 年的有期徒刑，并处罚金。"第 232 条规定："伪造通货或明知所实施的是伪造通货行为过程的一部分的，处无期徒刑或者可长至 10 年的有期徒刑，并处罚金。"根据其第 230 条的规定，"货币"和"通货"具有不同的含义："货币"是指由政府有权当局或英联邦其他部分的有权当局或任何外国政府有权当局印制并发行的用作货币的金属；"通货"系指在新加坡境内或英联邦其他地区或任何外国依法流通的货币。

《菲律宾刑法典》第 163 条规定了伪造货币罪："制造、进口、仿造假币，以及与伪造者、进口者通谋的，处以下刑罚：……"

由上可见，国外及我国台、港、澳地区关于伪造货币罪的立法例是各不相同的，并非都规定了特定的犯罪目的要件。我国显然是采用了以法国、意大利为代表的第二种立法例。这两种立法例并没有优劣之分，这种区别只是体现了各国和地区在惩治伪造货币犯罪刑事政策上的差别：有些国家和地区对其规定一定的限制性目的，意味着将不具有此种目的的其他伪造行为排除在犯罪圈以外了；而在未规定特定目的的国家和地区中，立法者则高度重视对伪造货币行为的惩治，即无论出于何种犯罪目的，都属于犯罪行为。这种对伪造货币行为刑事惩治范围的大小差异是由各国和地区的金融犯罪态势及立法者所持的刑事政策理念决定的。

2. "非法定目的犯"之提法的科学性值得商榷

肯定说的最终理论根据在于所谓的非法定目的犯理论。我们知道，目的犯是指以特定的犯罪目的作为必备的犯罪构成要件的犯罪。在我国刑法学界，有学者主张把刑法上的目的犯分为法定目的犯和非法定目的犯两种：法定目的犯是指刑法条文直接对作为犯罪构成要件的犯罪目的作出明确的规定，非法定目的犯是指并不在条文中规定某一犯罪所需的特殊目的，而需要法官根据一定的原则予以补充，典型的例子是刑法关于盗窃、抢劫、诈骗和抢夺等罪的规定。[④] 在我国刑法学界，对于犯罪构成的属性，存在法律说、罪状说、概念说、理论说、事实说、法律＋理论说等多种观点。[⑤] 法律说认为，犯罪构成是刑法所规定的或依照、根据刑法确定的成立犯罪的标准、规格。[⑥] 笔者认为，主张犯罪构成是通过理论推演出来的犯罪认定标准的概念说、理论说是不科学的，主张犯罪构成法定性的法律说才是科学的。犯罪构成的法定性，是作为我国刑法最高原则的罪刑法定原则的最基本要求。罪刑法定包括罪的法定和刑的法定两个方面。罪的法定是前提和基础，否则刑法的人权保障机能就无从谈起。罪的法定其实就是犯罪构成要件的法定。但罪刑法定并不是说法律为每一个具体案件都事先确定好了一个对号入座的认定标准，由于司法实践的具体性、复杂性，立法肯定具有一定程度的抽象性，对于构成要件的具体内涵的理解往往还需要在司法实践中进行法律解释以探询立法原意。但需要指出的是，对立法原意进行探询的法律解释绝对不能替代立法，立法是创设、修改、废止刑法规范的活动，而法律解释是在法律规范内部进一步阐明规范具体含义的活动，不能以法律解释的形式进行创设、修改、废止法律规范的活动。具体犯罪的构成要件通过刑法总则和分则相结合的方式予以规定，刑法立法已经创设了完整的刑法规范（体现为犯罪构成要件），无须也不能由刑法解释去增设、删减、变更组成刑法规范的犯罪构成要件。无论是犯罪客体、犯罪客观方面、犯罪主体，还是犯罪主观方面，均需由刑法立法作出规定，不存在非法定的犯罪构成要件。作为犯罪主观方面要件之一的犯罪目的的要件也不例外，只能由刑法立法加以规定，不存在非法定的犯罪目的的要件，所谓的非法定目的犯的提法是不科学的。主张非法定目的犯的学者以盗窃罪、信用证诈骗罪、信用卡诈骗罪、票据诈骗罪等作为论证的依据，笔者认为，这种论证是值得商榷的。在盗窃罪、信用证诈骗罪、信用卡诈骗罪、票据诈骗罪等犯罪中，以非法占有为目的是主观方面的应有之义，这类犯罪行为不可能存在其他的犯罪目的，这在德日刑法理论上被称为主观的构成要件要素。[⑦] 如日本刑法理论就认为，尽管刑法条文上没有列明，但"不法取得的意思"自应是盗窃罪、诈欺罪、侵占罪等

———————————

　④　参见刘艳红：《论非法定目的犯的构成要件构造及其适用》，载《法律科学》，2002 (5)。

　⑤　参见肖中华：《犯罪构成及其关系论》，70～74 页，北京，中国人民大学出版社，2000。

　⑥　参见高铭暄主编：《刑法学原理》，第 1 卷，444 页，北京，中国人民大学出版社，1993；马克昌主编：《犯罪通论》，65～66 页，武汉，武汉大学出版社，1999；张明楷：《刑法学》，2 版，121 页，北京，法律出版社，2003。

　⑦　在德日刑法构成要件该当性、违法性、有责性三个要件组成的递进式犯罪构成理论模式下，传统的观点认为构成要件是纯客观的，但晚近的观点都认为，构成要件往往也包括主观的因素在内，如诈骗行为就必然包含"非法占有的意图"的主观因素。

所谓取得罪的主观构成要件要素。⑧

笔者认为，目的犯可以分为两类：（1）无须明确在刑法条文中列明的以一定的犯罪目的为构成要件的目的犯，如盗窃、诈骗、侵占等犯罪，"以非法占有为目的"是这类行为主观方面的必有含义。在这一类目的犯中，作为构成要件的犯罪目的对纳入刑法评价视野的客观方面的犯罪行为的范围没有限定性作用，只是起到补充说明和强调作用，没有这种目的，就谈不上盗窃、诈骗、侵占的存在。（2）必须在刑法条文中列明的以一定的犯罪目的为构成要件的目的犯。与前一类目的犯不同，这类目的犯所要求的特定犯罪目的对纳入刑法评价视野的客观方面的犯罪行为的范围能起到限定作用，如《刑法》第 217 条规定的侵犯著作权罪必须"以营利为目的"。我们知道，侵犯著作权的行为可能出于各种目的，除了营利目的外，还可能是损害他人声誉等各种目的，之所以规定"以营利为目的"，就是为了限制一下纳入刑法调整范围的侵犯著作权行为的范围。但这两类目的犯的犯罪目的都是法定的犯罪构成要件，即都具有法定性，只不过法律在立法技术上有所区别而已，有的必须明确列明，有的则为了立法的简约不再列明（题中应有之义）。⑨ 如前所述，即使在境外"要求伪造货币罪必须具有特定目的"的立法例内部也是存在区别的，大致有以下三类：有的要求以欺诈人或加损害于人为目的；有的要求以销售为目的；有的要求以行使或投入流通为目的。可见，伪造货币罪并不像盗窃、诈骗等犯罪一样，必然包含特定的犯罪目的，而是可能具有多种犯罪目的，是否要求具备特定的犯罪目的要件以及要求具备何种特定的犯罪目的，由立法者根据刑事政策的考虑而作出选择。而我国立法并未对伪造货币罪规定有关限定性的目的要件，这就意味着我国刑法上的伪造货币罪不是目的犯，不要求特定的犯罪目的。

3. 有些持肯定说的学者所举的为了教学、演出等而伪造货币的行为不能以伪造货币罪论处的例子是不能成立的：第一，这种行为之所以不认为是犯罪，是因为这种情形下伪造货币的数量或面额一般都很小，不够伪造货币罪的追诉标准。难以想象为了教学、演出就可以伪造大量的货币。第二，否定说的根据并不是说不存在使伪造货币行为正当化的事由（如公安机关为了研究假币犯罪的新动态而根据犯罪分子的技术模拟伪造货币以便掌握相应的侦查技术），而是说伪造货币行为可能出于多种犯罪目的，并不必然包含某种特定的犯罪目的，是否要求犯罪目的必须由立法来抉择。

---

⑧　参见马克昌：《比较刑法原理》，136 页，武汉，武汉大学出版社，2002。
⑨　在金融诈骗罪中一些犯罪列明"以非法占有为目的"，而另外一些未列明，这种立法不统一的做法值得检讨。笔者认为，对于诈骗型犯罪的"以非法占有为目的"要件，因为是"诈骗"行为的应有含义，要么都不列明，要么都列明以示强调。

二、伪造货币罪犯罪对象的范围

(一) 中国伪造货币罪犯罪对象的立法沿革

1. 《妨害国家货币治罪暂行条例》

为稳定金融状况，巩固新生人民政权的经济基础，1951 年 4 月 19 日政务院发布了《妨害国家货币治罪暂行条例》，对伪造国家货币等犯罪的刑事惩治问题作出了规定。《妨害国家货币治罪暂行条例》第 2 条对伪造国家货币罪的犯罪对象"国家货币"的含义作出了规定："本条例所称国家货币，指中国人民银行发行之货币。"

2. 1979 年刑法

1979 年《刑法》第 122 条规定："伪造国家货币或者贩运伪造的国家货币的，处三年以上七年以下有期徒刑，可以并处罚金或者没收财产。"可见，1979 年刑法规定的伪造货币罪的犯罪对象是"国家货币"。

3. 《关于惩治破坏金融秩序犯罪的决定》

为了惩治伪造货币和金融票据诈骗、信用证诈骗、非法集资诈骗等破坏金融秩序的犯罪，1995 年 6 月 30 日八届全国人大常委会第十四次会议通过了《关于惩治破坏金融秩序犯罪的决定》。《关于惩治破坏金融秩序犯罪的决定》第 23 条对伪造货币罪的犯罪对象"货币"作出了规定："本决定所称的货币是指人民币和外币。"

4. 1997 年刑法

1997 年刑法沿袭了 1995 年《关于惩治破坏金融秩序犯罪的决定》中关于伪造货币罪的规定，将伪造货币罪的犯罪对象规定为"货币"。2000 年 9 月 8 日最高人民法院发布的《关于审理伪造货币等案件具体应用法律若干问题的解释》，于第 7 条第 1 款对伪造货币罪的犯罪对象的具体含义作出了规定："本解释所称'货币'是指可在国内市场流通或者兑换的人民币和境外货币。"

从上述规定来看，我国刑法规定的伪造货币罪的犯罪对象也是经历了不小变化的，主要包括以下几个阶段：

1. 国家货币阶段。在 1995 年《关于惩治破坏金融秩序犯罪的决定》制定之前，我国刑法上的伪造货币罪的犯罪对象都仅限于国家货币，即中国人民银行依法发行的货币，包括纸币和硬币。《中国人民银行法》第 16 条规定："中华人民共和国的法定货币是人民币。以人民币支付中华人民共和国境内的一切公共的和私人的债务，任何单位和个人不得拒收。"在这一阶段，伪造货币罪的犯罪对象仅限于人民币。

2. 人民币和外币阶段。随着我国改革开放与对外经济合作和交流的发展，境外货币和人民币的兑换日益普遍和频繁。伪造外币的行为也危及我国国家的经济安全，比如外汇储备就成为国家保证对外支付能力稳定金融秩序的重要手段。而且，随着我国经济的迅速发展，人民币的影响力也日益增强，在境外实施的伪造人民币犯罪活动也日益增多，为了加强与境内外打击跨国假币犯罪的合作，也有必要改变这种对境内外货币的不对等保护状态。因而，《关于惩治破坏金融秩序犯罪的决定》第 23 条，明确将外币和人民币并列规定为伪造货币罪的犯罪对象。

3. 人民币和可在国内市场流通或者兑换的外币阶段。尽管 1997 年刑法与《关于惩治破坏金融秩序犯罪的决定》对伪造货币罪的规定没有什么区别，但是并没有吸收《关于惩治破坏金融秩序犯罪的决定》第 23 条对"货币"含义的规定。2000 年 9 月 8 日最高人民法院发布的《关于审理伪造货币等案件具体应用法律若干问题的解释》，于第 7 条第 1 款对伪造货币罪的犯罪对象的具体含义作出了规定："本解释所称'货币'是指可在国内市场流通或者兑换的人民币和境外货币。"根据司法解释从属于立法的原则，该解释就是对 1997 年刑法中伪造货币罪之"货币"含义的说明，溯及至 1997 年刑法实施之日。这一解释与《关于惩治破坏金融秩序犯罪的决定》第 23 条是存在较大差别的：《关于惩治破坏金融秩序犯罪的决定》第 23 条对外币的范围没有任何限制；而前者限制了可以成为伪造货币罪犯罪对象的"外币"的范围，即只有"可在国内市场流通或者兑换的境外货币"才能成为伪造货币罪的犯罪对象。这种解释的合理性值得怀疑，有可能引起那些货币不能在中国市场流通或者兑换的国家的不满，因而影响与这些国家进行打击跨国假币犯罪的合作。"可在国内市场流通或者兑换的境外货币"的具体范围，可以国家外汇管理局发布的外汇牌价上列明的外汇种类为限，目前包括：美元、港元、欧元、英镑、日元、瑞士法郎、德国马克、法国法郎、新加坡元、荷兰盾、瑞典克朗、丹麦克朗、挪威克朗、奥地利先令、比利时法郎、意大利里拉、加拿大元、澳大利亚元、西班牙比塞塔、芬兰马克、澳门元、菲律宾比索、泰国铢、新西兰元。由上可见，我国国家外汇管理局公布的外汇牌价中并未将台币列入，而港币、澳门元都列入了。但实践中，伪造台币的案件已经出现。为此，2001 年 1 月 21 日最高人民法院《关于印发〈全国法院审理金融犯罪案件工作座谈会纪要〉的通知》规定，对于伪造台币的，应当以伪造货币罪定罪处罚。

（二）已经退出流通的货币能否成为伪造货币罪的犯罪对象

1. 境外的立法例

对于这一问题，各国和地区立法也存在两种不同的立法例：

（1）否定说。这是绝大多数国家和地区所持的立场。比如《意大利刑法典》

第 453 条规定的伪造货币罪，以"在国内外合法流通的国家货币或者外国货币"为犯罪对象；《白俄罗斯刑法典》第 84 条规定的制造、持有、买卖伪造的货币罪，就以"尚在白俄罗斯共和国领域内流通中的货币或者在外国流通的货币"为犯罪对象；《日本刑法典》第 148 条第 1 款规定的伪造货币罪，以"通用的货币、纸币或者银行券"为犯罪对象，第 149 条第 1 款规定的伪造外国货币罪，以"正在日本国外流通的货币、纸币或者银行券"为犯罪对象；《韩国刑法典》第 207 条规定的伪造、变造通货罪，以"通用的大韩民国货币、纸币或者银行券"、"流通于国内的外国货币、纸币或者银行券"、"流通于国外的外国货币、纸币或者银行券"为犯罪对象；我国台湾地区"刑法典"第 195 条规定的伪造变造通用货币罪，以"通用之货币、纸币、银行券"为犯罪对象；我国香港《刑事罪行条例》第 98 条规定的伪造纸币及硬币罪就以"流通纸币或硬币"为犯罪对象。

（2）肯定说。法国刑法采用这一比较特殊的立法例。《法国刑法典》第四卷第四编下第二章为"伪造货币罪"。在这一章中，第 422—1 条规定："伪造或者变造在法国具有法定价值或者由法国或国际机构发行的具有法定价值之钱币或银行券的，处 30 年以下徒刑并科 300 万法郎罚金。"除该条外，该章第 442—3 条还规定："伪造或变造已不再具法定价值或者不再允许的法国或外国钱币或银行券的，处 5 年监禁并科 50 万法郎罚金。"根据《法国刑法典》第 442—8 条的规定，"第 442—2 条第 1 款以及第 442—3 条至第 442—7 所指轻罪未遂，处相同之刑罚"。可见，法国刑法上不但处罚这种行为的既遂形态，还处罚其未遂形态。体现了其从严惩治假币犯罪的刑事政策。这种立法例可能是基于这类行为还有可能造成那些对新旧货币更替没有及时了解的人的错误认识进而影响金融秩序的考虑。

2. 我国的立法

我国也像大多数国家和地区一样奉行否定说。2000 年 9 月 8 日最高人民法院发布的《关于审理伪造货币等案件具体应用法律若干问题的解释》第 7 条第 1 款规定："本解释所称'货币'是指可在国内市场流通或者兑换的人民币和境外货币。"可见，只有"可在国内市场流通或者兑换的"人民币和境外货币才能成为伪造货币罪的犯罪对象。这就意味着"根本不能流通和使用的"或者"已经在国内市场停止流通或者兑换的"人民币和境外货币不能成为伪造货币罪的犯罪对象。但需要指出的是，在各国（地区）货币更替的实践中，国家在宣布废止某一种货币时，往往还留有一定的兑换期，在兑换期间往往仍可流通、使用，尽管这种货币已经失去了通货的特征，但在兑换期间对之进行伪造的，仍可构成伪造货币罪。

三、制造、提供伪造货币的材料、专用设备、技术行为的定性

伪造货币犯罪之所以能顺利得以实施，往往与非法制造、提供伪造货币材

料、专用设备、技术的行为密不可分。但制造、提供伪造货币材料、专用设备、技术行为，实际上只是伪造货币罪的预备行为、帮助行为，并非伪造货币罪的实行行为。但要有效地遏制伪造假币罪，就必须同时打击此类行为。在如何惩治这类行为的立法上，各国和地区的刑法立法存在差异。了解这种差异，有助于此类案件的正确处理。

（一）境外的立法例

许多国家和地区都针对这种上游行为规定了专门的犯罪。

《加拿大刑事法典》第 458 条规定了"制造、持有或买卖制造假币的工具罪"："无合法理由（证明具有合法理由的责任由行为人承担），实施下列行为之一的，构成可诉罪，处 14 年以下监禁：（a）制造或修理；（b）着手进行制造或修理；（c）买卖；或者（d）保管或持有明知曾用于或经改装意图用于制造假币或假有价票证的任何机器、发动机、工具、材料或其他物品。"

《德国刑法典》第 149 条第 1 款规定了预备伪造货币及印花税票罪："为预备伪造货币或印花税票而制造下列物品，为本人或他人收集、陈列待售、保管或转让给他人，如预备伪造货币的，处 5 年以下自由刑或罚金……（1）适合于实施上述犯罪的印版、模型、印刷组版、活字组版、影印负片、字模或类似工具；（2）为伪造货币或官方印花税票而特制的纸张或类似纸张。"

《法国刑法典》第 442—5 条规定："未经批准，使用或持有专用于制造钱币或银行券的材料与工具的，处 1 年监禁并科 10 万法郎罚金。"

《意大利刑法典》第 461 条规定了"制造或持有用于伪造货币、印花或水印纸的水印或工具罪"："伪造、购买、持有或者转让专门用来伪造或者变造货币、印花或水印纸的水印或工具的，如果行为人不构成更为严重的犯罪，处以 1 年至 5 年有期徒刑和 20 万至 100 万里拉罚金。"

《瑞士刑法典》第 247 条规定了制造、非法使用伪造工具罪："为下列行为之一的，处监禁刑：（1）制造或设法获得伪造或变造金属币、纸币、钞票或官方有价证券的工具，意图非法使用的；（2）非法使用制造金属币、纸币、钞票或官方有价证券的工具的。"

《日本刑法典》第 153 条规定了"准备伪造货币罪"："以供伪造、变造货币或者银行券之用为目的，准备器械或者原材料的，处 3 个月以上 5 年以下惩役。"

《印度刑法典》第 233 条规定："无论何人，制造或修理任何铸模或工具，或参与制造或修理任何铸模或工具的任何工序，或买卖或让与任何铸模或工具，为了使其用于、或明知或有理由相信是用于伪造货币的，处可达 3 年的监禁，并处罚金。"第 234 条规定："无论何人，制造或修理任何铸模或工具，或参与制造或修理任何铸模或工具的任何工序，或买卖或让与任何铸模或工具，为了使其用于、或明知或有理由相信是用于伪造印度货币的，处可达 7 年的监禁，并处罚金。"第 235 条规定："无论何人，占有一定工具或材料，为使其用于伪造货币、明知或有理由相信是企图被用于伪造货币，处可达 3 年的监禁，并处罚金；如果伪造的是印度货币，处可达 10 年的监禁，并处罚金。"

《新加坡刑法典》第 233 条规定："制作或修补，或者实施制作或修补行为过程的一部分，或买卖或处置任何印模或工具，旨在使用，或明知或有理由相信将被使用于伪造货币的，处可长至 3 年的有期徒刑，并处罚金。"第 234 条规定："制作或修补，或者实施制作或修补行为过程的一部分，或买、卖或处置任何印模或工具，旨在使用或明知有理由相信将被使用于伪造通货的，处可长至 7 年的有期徒刑，并处罚金。"第 235 条规定："拥有用于伪造货币或明知有理由相信将用于伪造货币的任何工具或物质的，处可长至 3 年的有期徒刑，并处罚金；被伪造的货币系通货的，处可长至 10 年的有期徒刑，并处罚金。"

《香港刑事罪行条例》第 101 条规定了"涉及制造、保管或控制伪制物料及器具的罪行"："（1）任何人制造、保管或控制其意图用作制造或准许他人用作制造流通纸币的伪制品作为真的流通纸币或真的受保护硬币行使或付给，则该名首述的人即属犯罪，一经循公诉程序定罪，可处监禁 14 年。（2）任何人知道任何物品有特别设计或改装或曾作特别设计或改装以用作制造流通纸币的伪制品，而在无合法权限或辩解下制造、保管或控制该物品，即属犯罪，一经公诉程序定罪，可处监禁 3 年。（3）除第（4）款另有规定外，任何人知道任何器具能将——（a）与受保护硬币的任何一面的全部或部分相似的式样；或（b）与受保护的硬币的任何一面的图像反面的全部或部分相似的式样，加与任何物品上，而制造、保管或控制该器具，即属犯罪，一经循公诉程序定罪，可处监禁 3 年。（4）根据第（3）款被控的人，如能证明以下事项，即可以此为其免责辩护——（a）他在金融管理专员书面同意下制造、保管或控制（视属何情况而定）有关器具；或（由 1992 年第 28 条修订）（b）他在其他合法权限或合法辩解下制造、保管或控制有关器具。"

《澳门刑法典》第 261 条第 1 款规定："制造、输入、为自己或他人取得、供应、为出售而展示或留置下列物件，为实行第 252 条……所指之行为作出预备者，处最高 1 年徒刑，或科最高 120 日罚金：（a）在性质上可用作实施犯罪之模、压印、印版、压印机、衡压器、底片、照片或其他工具；或（b）与为防止被仿制而特制之纸张同类、或可能与之混淆之纸张，又或与特别用于制造货币、债权证券或印花票证等之纸张同类、或可能与之混淆之纸张。"

（二）我国的立法现状

我国在打击这种伪造货币的上游违法行为的立法上显得很不完善。刑法（包括附属刑法条款）未对这类行为进行明确规定，只是在《人民币管理条例》这一行政法规中规定了有关的行政处罚措施。2000 年 2 月 3 日国务院发布了《人民币管理条例》，其中对人民币印制的特殊材料、技术、工艺、专用设备的管理作了规定：（1）《人民币管理条例》第 11 条规定："印制人民币的原版、原模使用完毕后，由中国人民银行封存。"（2）《人民币管理条例》第 12 条规定："印制人民币的特殊材料、技术、工艺、专用设备等重要事项属于国家秘密。印制人民币的企业和有关人员应当保守国家秘密；未经中国人民银行批准，任何单位和个人不得对外提供。"《人民币管理条例》第 40 条规定了违反上述规定的违法行为的法律责任，即印制人民币的企业和有关人员未经中国人民银行批准，擅自对外提供印制人民币的特殊材料、技术、工艺或者专用设备等国家秘密的，由中国人民银行给予警告，没收违法所得，并处违法所得 1 倍以上 3 倍以下的罚款，没有违法所得的，处 1 万元以上 10 万元以下的罚款；对直接负责的主管人员和其他直接责任人员，依法给予纪律处分。（3）《人民币管理条例》第 13 条规定："未经中国人民银行批准，任何单位和个人不得研制、仿制、引进、销售、购买和使用印制人民币所特有的防伪材料、防伪技术、防伪工艺和专用设备。"《人民币管理条例》第 41 条规定了违反这一规定的违法行为的法律责任，即违反本条例第 13 条规定的，由工商行政管理机关和其他有关行政执法机关给予警告，没收违法所得和非法财物，并处违法所得 1 倍以上 3 倍以下的罚款；没有违法所得的，处 2 万元以上 20 万元以下的罚款。可见，我国刑法未对非法制造、提供用于伪造货币的模板、特殊材料（如防伪材料等）、防伪技术、防伪工艺和专用设备等的行为单独规定为犯罪，而只规定了警告、没收违法所得和非法财物、罚款等行政处罚措施。

不过需要指出的是，我国刑法对制造、提供伪造货币材料、专用设备、技术的行为也并非毫无办法。我国刑法上的犯罪预备和共同犯罪制度为处罚这类行为提供了依据。但是，这种制度并不能为有效地遏制这类行为提供刑法保障。

（三）具体认定

2000 年 9 月 8 日最高人民法院《关于审理伪造货币等案件具体应用法律若干问题的解释》第 1 条第 3 款规定："行为人制造版样或者与他人事前通谋，为他人伪造货币提供版样的，依照刑法第一百七十条（伪造货币罪——引者注）的规定定罪处罚。"这一规定包括以下两个方面的含义：

1. 对于制造版样的行为，无论是否与伪造货币的人事前有通谋，均应按照伪造货币罪论处。我们知道，如果行为人与伪造货币的人事前有通谋而帮助其制造版样的，根据共同犯罪理论，制造版样属于事前的帮助行为，自然应以伪造货币罪论处。问题在于，当行为人与伪造货币的人事前无通谋而制造版样时，是否能以伪造货币罪论处。我们知道，伪造货币罪的犯罪对象是货币，具体是指可在国内市场流通或者兑换的人民币和境外货币。版样与货币本身还是存在本质区别的。将制造用于伪造货币的版样的行为也以伪造货币罪论处，实际上是扩大了伪造货币罪客观方面的实行行为范围。

2. 与他人事前通谋，为他人伪造货币提供版样的行为，应以伪造货币罪论处。根据共同犯罪理论，此种行为也属于事前的帮助行为，自然应以伪造货币罪论处。

可见，最高人民法院《关于审理伪造货币等案件具体应用法律若干问题的解释》的上述规定是不无问题的，而且也没有对非法制造、提供除版样以外的其他用于伪造货币的特殊材料（如防伪材料等）、防伪技术、防伪工艺和专用设备等的行为如何定性作出规定。笔者认为，应当借鉴其他有关国家和地区刑法的立法例，对这类行为设立独立的罪名。在现有的立法条件下，对非法制造、提供除版样以外的其他用于伪造货币的特殊材料（如防伪材料等）、防伪技术、防伪工艺和专用设备等的行为，如果和伪造货币的人事前或事中有通谋的，自然应当以伪造货币罪论处；如果没有通谋的，可以非法经营罪论处。但这只是一种权宜之计，应当尽快规定独立的罪名。

四、伪造货币罪犯罪未遂形态的认定

伪造货币罪作为一种直接故意犯罪，可能存在犯罪预备、犯罪未遂和犯罪中止之各种犯罪未完成形态。在此指研究具有典型特征的犯罪未遂问题。在伪造货币罪犯罪未遂的认定中，主要应当注意以下两个问题：

（一）伪造货币罪是否存在犯罪未遂形态

1. 学说分歧

在这一问题上，我国刑法学界也存在两种不同的主张：

（1）肯定说。持这种主张的学者认为伪造货币罪存在犯罪未遂。[10] 这是绝大多数刑法学者的主张。

（2）否定说。持这种主张的学者认为伪造货币罪不存在犯罪未遂。如有学者认为，伪造货币罪是属于"行为金融犯罪"。所谓"行为金融犯罪，是指不需要犯罪结果作为构成要件，只要实施一定的行为，即可构成的金融犯罪。行为金融

---

⑩ 参见马克昌主编：《经济犯罪新论：破坏社会主义市场经济秩序罪研究》，237 页，武汉，武汉大学出版社，1998；黄京平主编：《破坏市场经济秩序罪研究》，332～333 页，北京，中国人民大学出版社，1999；薛瑞麟主编：《金融犯罪研究》，63 页，北京，中国政法大学出版社，2000；张明楷：《刑法学》，2 版，607 页注③，北京，法律出版社，2003。

犯罪的特征，是行为的实施，不要求结果的产生。所以，在行为金融犯罪中，不存在既遂、未遂犯罪之分"⑪。

2. 理论评析

笔者认为，肯定说是正确的。主要理由在于：

（1）持否定说的学者没有正确区分行为犯和举动犯的概念。所谓行为犯，是指以法定的犯罪行为的完成作为既遂标志的犯罪。这类犯罪的既遂并不要求造成物质性和有形的犯罪结果，而是以行为完成为标志，但是这些行为又不是一着手即告完成的，按照法律的要求，这种行为要有一个实行过程，要达到一定程度，才能视为行为的完成。因此，在着手实行犯罪的情况下，如果达到了法律要求的程度就是完成了犯罪行为，就应视为犯罪的完成即既遂的构成；如果因犯罪人意志以外的原因未能达到法律要求的程度，未能完成犯罪行为，就应认定为未完成犯罪而构成犯罪未遂。⑫如脱逃罪就是如此，并不是一开始实施脱逃行为就是犯罪的完成与既遂，而是以达到逃脱了监禁羁押的状态和程度，作为犯罪行为的完成和犯罪既遂成立的标志。而所谓举动犯，亦称即时犯，是指按照法律规定，行为人一着手犯罪实行行为即告犯罪完成和完全符合构成要件，从而构成既遂的犯罪。从犯罪构成性质上分析，举动犯大致包括两种构成情况：一是原本为预备性质的犯罪构成。如分裂国家罪、颠覆国家政权罪等。二是教唆煽动性质的犯罪构成。如煽动分裂国家罪、煽动颠覆国家政权罪。这两类犯罪行为实际上还只是预备性质的犯罪行为或者引起他人犯意的行为，都不是真正意义上的实行行为，但是基于这类行为之极大的社会危害性，一旦真正实施并得逞往往就会影响国家政权的存亡，因而刑法立法将这类预备行为或教唆行为实行行为化，旨在从严打击这类犯罪行为，遏制其于萌芽状态。举动犯是着手实行犯罪就构成既遂，因此其不存在犯罪未遂问题。⑬由上可见，行为犯和举动犯存在区别，区别的关键就在于既遂的标准，以及有无未遂形态。伪造货币罪肯定不属于举动犯，确实属于行为犯。如上所述，行为犯并不是一着手实行就达到既遂的，而是有一个过程，要达到一定程度，才能视为行为的完成。如果行为人已经着手实行伪造货币的行为，但是由于其意志以外的原因，未达到一定的程度的，就成立犯罪未遂。

（2）境外也存在大量承认属于行为犯的伪造货币罪存在犯罪未遂形态的立法例。如《法国刑法典》第442—1条及第442—3条规定了伪造货币罪。该法第442—8条规定："第442—2条第1款以及第442—3条至第442—7条所指轻罪未遂，处相同之刑罚。"《日本刑法典》第148条规定了伪造货币罪。该法第151条

---

⑪　麦天骥：《金融犯罪论》。转引自薛瑞麟主编：《金融犯罪研究》，62页，北京，中国政法大学出版社，2000。

⑫　参见高铭暄主编：《刑法学原理》，第2卷，296～297页，北京，中国人民大学出版社，1993。

⑬　参见高铭暄主编：《刑法学原理》，第2卷，298～299页，北京，中国人民大学出版社，1993。

明确规定："前三条犯罪（第148～150条——引者注）的未遂，应当处罚。"《韩国刑法典》第207条规定了伪造通货罪。该法第112条规定："第207条、第208条及前条的未遂犯，亦予处罚。"我国台湾地区"刑法典"第195条第1项规定了伪造变造通用货币罪。该条第2项规定："前项之未遂犯罚之。"

（二）伪造货币罪犯罪未遂的具体认定标准

1. 学说分歧

在肯定伪造货币罪存在犯罪未遂的学者内部，对犯罪未遂与既遂的区分标准也存在不同的看法。主要存在以下几种主张：

（1）伪造行为是否完成说。持该种学说的学者主张以伪造行为的完成与否作为区分伪造货币罪之既遂与未遂的标准。伪造行为完成的，为犯罪既遂；反之，由于行为人意志以外的原因使伪造行为未完成的，为犯罪未遂。[14]

（2）是否足以使人误认为真币说。持这种学说的学者主张以所伪造的货币是否达到足以使一般人误认其为真币的程度作为区分伪造货币罪之既遂与未遂的标准。伪造的货币达到足以使一般人误认其为真币程度的，为犯罪既遂；反之，由于行为人意志以外的原因使其伪造的货币未达到足以使一般人误认其为真币程度的，为犯罪未遂。[15]

（3）是否进入流通说。持这种学说的学者主张以行为人所伪造的货币是否进入流通领域作为区分伪造货币罪之既遂与未遂的标准。伪造的货币进入流通领域的，为犯罪既遂；反之，由于行为人意志以外的原因使伪造的货币未进入流通领域的，为犯罪未遂。[16]

2. 理论评析

笔者认为，第二种主张是合理的。

（1）伪造货币罪属于行为犯，应当以伪造行为的完成作为犯罪既遂的标志，但犯罪行为的完成是一个抽象的概念，必须有一个具体的认定标准。即必须对伪造行为达到何种程度构成既遂给出一个临界点。伪造货币，是指仿照真货币的式样、票面、图案、颜色、质地、防伪技术等，用描绘、复印、影印、机器印刷等方法，制作假货币的行为。伪造货币罪的危害性就在于损害国家货币管理制度，

---

[14] 参见许成磊：《伪造货币罪及其与关联行为关系的认定》，载赵秉志主编：《中国刑法案例与学理研究·分则篇（二）：破坏社会主义市场经济秩序罪》（上），166页，北京，法律出版社，2001。

[15] 参见黄京平主编：《破坏市场经济秩序罪研究》，332～333页，北京，中国人民大学出版社，1999；薛瑞麟主编：《金融犯罪研究》，63页，北京，中国政法大学出版社，2000；张明楷：《刑法学》，2版，607页注③，北京，法律出版社，2003；马克昌主编：《刑法学》，424页，北京，高等教育出版社，2003。

[16] 参见许成磊：《伪造货币罪及其与关联行为关系的认定》，载赵秉志主编：《中国刑法案例与学理研究·分则篇（二）：破坏社会主义市场经济秩序罪》（上），166页，北京，法律出版社，2001。

使人们误认为是真货币而接受、行使，致使国家货币信用受损。只有所伪造的货币达到足以使人们误认为是真货币的程度的，伪造的货币才足以对国家货币管理制度造成现实的危害。但我们知道的是，人们对假币的鉴别能力是存在很大区别的，我们既不能以反假币专家的鉴别能力为标准，也不能以因年老、年幼等因素而鉴别能力低下的人的认识能力为准，而只能以占社会绝大多数的一般人的认识能力为认定标准。因而以伪造的货币是否达到足以使一般人误认为是真货币的程度作为区分伪造货币罪之既遂与未遂的标准是合理的。

（2）"伪造行为完成说"本身是正确的，但其缺乏具体的认定标准，"是否足以使人误认为真币说"其实就是"伪造行为完成说"的具体化。而且，"伪造行为完成说"最主要的不足在于容易导致以下两种错误做法：第一是以国家印制真货币所需要的所有工序的完成为认定标准，这就会导致对许多已经造出足以以假乱真的假币的行为仍以未遂论处；第二是以犯罪人原来设计的所有伪造工序完成为认定标准，这一方面会使得对一些已经造出足以以假乱真的假币但未完成原先设计工序的行为仍以未遂论处，另一方面也可能使得对一些虽然完成犯罪分子所设计的工序但仍未造出足以以假乱真的假币的伪造行为以既遂论处。总之，伪造货币行为的完成既不能以国家制造真货币所需要的工序完成为准，也不能以犯罪分子所预先设计的工序完成为准，而只能以所制造的假币达到足以使一般人误认为是真货币的程度作为认定标准。

（3）"是否进入流通说"实际上是修改了伪造货币罪的犯罪构成特征，即伪造货币罪不是行为犯，而成为了结果犯，即完成了伪造行为乃至制造出了足以以假乱真的假币还不能达到犯罪既遂，只有发生所伪造的货币进入流通的危害后果才能达到既遂。这显然是对立法的误解，势必放纵犯罪。

日本的证券犯罪

——以内幕交易罪为中心

[日] 津田博之* 著　刘　隽** 译

导　言

本研讨会的主题是金融犯罪，说到金融犯罪，能够列举很多，如不法融资与非法存款、非法利息等相关犯罪。不法融资是指，行为人明知自己的融资行为会使融资的金融机关发生损失仍然进行融资的行为，不法融资由背信罪予以规制。关于非法存款则由银行法等所规制着。另外，也存在利用国民因不景气而产生的不安全感，以保证返还高利息为由使被害人提供金钱的欺诈经营的模式，这种欺诈经营也未曾绝迹过。同时，对利息的法规范包括私法上的利息规范与作为刑罚对象的利息，由于两者之间的差别，导致所谓的灰色区域的利息成为社会问题，可以说通过 2006 年的法律修订似乎该问题基本上得到了解决。此外，在出资法中也规定了有关这些问题的犯罪。

虽然上述的这些问题很重要，但是近年来，在有关作为公司筹措资金重要手段之一的股票之上，出现了各种各样的问题。近年来由于网络交易的增长等因素，个人投资者的股票交易越发活跃。同时，使用投资基金以买卖股票、公开收购（TOB）为形式以取得股票、收购企业为目标的行为也活跃地进行着。例如，活力门有限公司（Livedoor Co.，Ltd，是日本一家因特网服务提供商）与富士电视台围绕着获得日本广播公司的经营权所产生的争议，结果引起了公众对于企业并购的强烈关注，其后，由于 Livedoor 制作虚假的财务报告，散布虚假的收购消息，被以证券交易法上的散布虚假信息罪、有价证券报告书虚假记载罪而受到起诉，Livedoor 的前法定代表人堀江贵文，被认定主导了整个事件，受到了惩

---

* 津田博之，日本明治学院大学教授。

** 刘隽，中国人民大学法学院 2006 级刑法学博士研究生。

役 2 年 6 个月的实刑判决。这说明，在证券犯罪中，从大多数案件被处以罚金与缓刑，渐渐地处罚变得愈发严厉起来。并且，起因于 Livedoor 案件，村上投资基金实施的内幕交易事件也被予以起诉，"以能言善辩的股东"受到关注的村上世彰，以实施了似乎并不专业的投资犯罪受到了广泛的关注。裁判所对于本事件，以惩罚内幕交易为由，对村上科以了 2 年惩役的实刑，并处罚金 300 万日元，同时还将追缴约 11 亿元的追惩金。①

再者，由于在日本开始了为对抗美国的投资基金所进行的收购，而实施的收购防卫对策等原因，可以说日本围绕着股票交易的状况为之一变。在 2001 年还导入了不需要企业出于一定的目的等条件，就能够取得本公司股票的制度，可以说与以前的状况相比也发生了变化。

在本文中，将特别以内幕信息罪为重点，思考日本证券犯罪的现状与课题。

1. 日本的证券犯罪

首先，日本的证券犯罪大致而言，主要的犯罪有，被规定在证券交易法上的操纵证券市场罪（第 159 条）、内幕交易罪（第 166 条）、损失填补罪（第 42 条 2 款，对于投资者买卖股票债券等有价证券产生的损失，证券公司事后返还）。在 Livedoor 事件中所认定的散布虚假信息罪（第 158 条）属于操纵证券市场罪的关联犯罪。在上述犯罪中，内幕交易罪是 1988 年，损失填补罪是 1991 年新设的犯罪。操纵证券市场罪作为一种古典的证券犯罪，不过是一种个别的行为类型。（译者注：个别的行为类型是指，只有有限的个别的行为方式能构成操纵证券市场罪），不过，证券交易法中也存在禁止一般的证券不法交易行为的规定（第 157 条）。

操纵证券市场罪的行为方式是假装买卖、合谋买卖，要求行为人具有使他人误认为对象股票的交易状况看上去频繁兴盛的目的，在操纵变动股价罪中要求行为人具有诱使他人进行股票交易的目的。换言之，是指行为人发布错误信息的行为是有可能使投资者产生错误的投资判断的行为，操作稳定股价罪是指，使应该变动的股价稳定地处于一定的价格，由此制造有关股价本来的变动方向的错误信息的行为。

其次，关于内幕交易罪。内幕交易是指，在公司发生有可能涉及影响投资者的投资判断的一定事实时，禁止公司的关系人在该事实公开之前，买卖公司的股票，公司关系人违反该禁令，买卖公司股票的行为。在 1988 年内幕交易罪被导入之前，曾经有见解主张，根据证据交易法中禁止不法交易行为的第 157 条，内

---

① 目前，堀江贵文与村上世彰都正处于被控诉之中，裁判所对村上追缴约 11 亿元的追惩金是根据相关必须没收、追缴内幕交易罪的犯罪收益的规定作出的，根据规定裁判所能够对犯罪收益予以没收、追缴，但是一般犯罪是否没收、追缴是能够委托给裁判所自由裁量的，证券犯罪则是必须没收、追缴。

幕交易行为实质上是被禁止着的。但是该见解，在实际的立法过程中没有被采用。②

对于内幕交易，在美国，很早就开始予以规制，随着欧洲导入了该规范，日本也开始进行对内幕交易行为的规制。在日本国内，导入该规范的契机是，在1987 年秋天发生了疑似内幕交易事件。③ 因为该事件使得内幕交易的不平等感终于变为了实际的感觉了。

但是，在导入内幕交易罪之初，设定的法定刑是，6 个月以下的惩役或者 50 万元以下的罚金或者可以并处上述两种刑罚，是非常轻的法定刑。其后，通过1997 年的修订，本罪的法定刑改为，3 年以下的惩役或者 300 万元以下的罚金（法人是 3 亿元以下的罚金）或者并科处罚。在 2006 年的证券交易法的全面修订中（法的名称也改为金融商品交易法），又改为 5 年以下的惩役或者 500 万元以下的罚金（法人是 5 亿元以下的罚金），经历了连续的两次修改后，法定刑得到了提升。由于本罪能够缓期执行的刑罚是 3 年以下的惩役或者 50 万元以下的罚金（刑法第 25 条第 1 项），可以说，进行了相当的重罚化。关于内幕交易的详细问题点，笔者希望在后文中再详细检讨。

另外一个新设立的犯罪——损失填补罪是少见的犯罪类型。损失填补是指，不管事前还是事后，证券公司填补因证券交易而产生的损失的行为。损失填补的犯罪化，可以说是以日本证券业界的体制问题为背景的。一般认为，成为上述行为犯罪化的发端的，是在 1989 年发生的股灾中，证券公司对于大额投资者进行填补损失，投资者采取将股票的具体买卖完全委托给证券公司的交易形态，证券公司期待通过将来的继续交易填补自己的损失。我国的证券交易制度是，以证券公司作为证券交易的媒介，在这种制度安排之下，证券公司为了提高营业利益，不仅使用自己的资金进行股票交易，进行大额的股票交易委托买卖也是有必要的。在这种委托买卖之中，投资者将具体的买卖判断委托给专业的证券公司，证券公司通过利用投资者的资产进行大量的交易以提高媒介手续费利益。可以说，正是由于有这种交易方法，导致证券公司不能使投资人蒙受损失，成为进行损失填补的温床。事前的损失保证虽然没有罚则的规制，但是一直以来就是被禁止的。不过，由于没有罚则的惩罚措施，在现实中，规避法律的行为横行无羁，结果导致，开始将类似行为作为犯罪加以规制。

损失填补犯罪化以后，一般认为，损失填补似乎得到了遏制。但是随着1997 年第二次的股灾发生，一家证券公司由于填补损失而导致破产。这导致了

---

② 在该见解未被立案的背景因素之中，背景之一是因为证券交易审议会的报告认为第 157 条规定难以适用于内幕交易行为。

③ 即 TATEHO 化学事件，TATEHO 化学工业有限股份公司投机期货交易造成了巨额的损失，尽管公司陷入了经营危机，其高管人员、控股股东、交易银行在公布经营危机之前就将股票抛售的事件。

在 1997 年的第二次股灾后，通过修正证券交易法，损失填补的法定刑，从在规则制定之初的，证券公司一方是 1 年以下惩役或者 100 万元以下罚金或者并科处罚（法人是 1 亿元以下的罚金），对顾客则施以 6 个月以下惩役或者 50 万元以下的罚金或者并科处罚。被提升至，证券公司一方 3 年以下惩役或者 300 万元以下罚金或者并科处罚（法人是 3 亿元以下的罚金），顾客是 1 年以下惩役或者 100 万元以下的罚金或者并科处罚。

2. 证券犯罪的保护法益

论及经济犯罪整体的保护法益时，存在一个问题，即是认定为一种抽象的法益，还是还原为具体的经济利益之法益进行思考？可以说证券犯罪正是该问题的显著代表领域。具体而言，操纵证券市场罪、内幕交易罪、损失填补罪可以说无论哪个罪都不是侵害了具体的个人财产的犯罪。例如，行为人通过内幕交易行为取得利益或者免遭损失所直接对应的被害人是不存在的。因此，证券犯罪与盗窃罪、诈骗罪此类对个人的财产犯罪不同，是没有具体的被害人的"无被害人犯罪"。

如前所述，操纵证券市场罪是，伪造有关股票交易的数据、股价变动方向的信息使投资者产生错误认识的犯罪。证券市场是自由竞争市场的一个具体表现，股价是根据买者与卖者之间的供求关系而形成的。操纵证券市场的行为正是损害这种价格形成机能的犯罪。

有关内幕交易罪的保护法益，能够列举出：投资者对于证券市场的信赖、证券市场的公正性与健全性。可以说，主流的学说是认为：内幕交易罪的保护法益是投资者对于证券市场的信赖。但是，对于将内幕交易罪的法益认定为证券市场秩序的见解，存在批判④，认为不应该将暧昧的精神侧面作为法益保护，不应该将不具有具体的利益侵害性的法益作为法益保护。

关于损失填补罪的保护法益，可以举出：包括市场的价格形成机能与投资者对市场的信赖的见解；事前的损失填补约定由于阻碍了公平的价格形成给其他的投资人带来了损害，事后的损失填补则不是通过市场机制来对投资成果进行分配的，在这一点上是损害了市场机制的见解。前者是主流的见解。

接下来，笔者希望就证券犯罪共同的保护法益即投资者的信赖进行分析。

证券市场对于企业来说是重要的资金筹集手段，为了使证券市场发挥上述作用，必须使证券市场的资金筹集机能有效。那么，如何能够让证券市场有效地发挥上述机能呢？市场规则由于参加者的信赖被遵守，市场由此保持市场机能的有效性。如果失去了参加者的信赖，导致参加者退出市场，市场本身就无法继续运转。在证券市场中一般投资者的信赖正是关系到市场本身运行的重大利益。损失

---

④　参见［日］神山敏雄：《新版 日本的经济犯罪》。神山教授是想将本罪的保护法益还原为具体的经济利益，关于操纵证券市场罪的保护法益，神山教授认为是一般投资者的经济利益。［日］神山敏雄：《日本的证券犯罪》，13 页，东京，日本评论社，1999。

了一般投资者的信赖会给市场带来重大的损害。

是应该还原为具体的经济利益，还是认定为抽象的保护法益，这个问题是有关经济犯罪整体的重大问题。例如，如果伪造货币行为横行，国民失去了对货币的信赖的话，货币就会失去作为货币的意义。因此，能够认为货币伪造的保护法益是国民对于货币的信赖。同样的，证券市场这样的经济系统也仍然必须保护参加者即一般投资者的信赖。不过，一般投资者的信赖究竟是怎样的信赖，也有必要尽量具体化。换言之，各类犯罪，可能会失去怎样的投资者的信赖？有必要彻底进行研究。

在内幕交易罪的场合，公司关系者通过其优势地位利用能够影响投资判断的重要事实，能够先于不可能知道该信息的投资者交易股票。那么，就必须尽量迅速地解除这种信息不平衡，寻求适时的信息公开制度。在东京证券交易所，如果上市公司开示公司信息，原则上要在开示前向东京证券交易所说明其内容，将信息登录到被称为适时开示服务阅览服务的信息传达系统，其作用是将公司的重大信息向媒体机关、一般投资者公开。为了保证市场的公平性，那么就不容许使用优势信息。如果该作用本身被破坏，一般投资者会因自己不知道信息而不安，就有可能从市场退出。信息迅速地开示给一般投资者，投资者就能立于平等的地位进行投资活动，那么，对于信息平等的信赖就是内幕交易中的投资者的信赖。

3. 内幕交易罪的有关问题

接下来，笔者想简单地讨论一下，有关日本内幕交易罪中的问题点。

(1) 行为主体。

最开始的问题点是，行为主体的问题。在日本，董事、控股股东、高级职务人员、公司重大变动事实的有关合同签订人等是公司关系者（包括退职后一年以内的上述人员），除了公开收购公司的相关人以外，从公司关系者那里得到信息的人也包括在内幕交易罪的行为主体之内。不过，上述信息受取者以从公司关系者那里直接取得信息的人（一次信息受领者）为限，例如，从信息受领者那里听到信息的人，即二次信息受领者不是内幕交易罪的行为主体。这样一来，就出现了，意图通过他人，使自己成为二次信息的受领者，利用另外的第三人进行内幕交易的可能性。

如果立足于与保护法益之间的关系来看，可以说，使用优势信息才是有问题的行为，所以，应该将信息公示前的所有信息受领者全部作为行为主体。

在德国，不问知道内部信息的途径与方法，知道内部信息者全部作为行为者处罚。[5] 连偶然知道内部信息者也包括在内，平等的对待所有的行为者，在这个

---

⑤　参见［日］神山敏雄：《新版 日本的经济犯罪》，100 页，东京，日本评论社，1999。

意义上，可以说是公平的处罚。但是，如果扩大行为主体的范围，仍然留有一个问题是，如何进行区别内幕信息行为与一般的交易行为。再者，在信息开示前，如果重要信息已经广泛地流传着，能够认为在这种情况下的买卖证券是使用了优势信息吗？一般认为，不平等已经消失的场合，不能认为侵害了证券交易罪的保护法益。这样来看，有必要对内幕交易的行为者限定一定的范围，为了防止任意性的区分，应该通过形式的要件对行为者加以限定。

此外，关于信息的取得途径也是有必要限定范围的。例如，在类似于偶然知道内部信息的场合，有必要要求行为人具有恶用该信息的主观意图等等，要求行为人的行为立足于可以被认为是利用了不平等信息的立场。

实际上，在村上基金进行的内幕交易中，对于法律所规制的对象即有关内幕交易的重要事实，被告人村上主张，自己没有受到公司关系者对重大事实的传达，是"听来的"。如果是偶然听到的，能够考虑不作为内幕交易对待，但是，构成偶然听到也是要求具有一定的要件的，这些条件能够阻却被告人的上述主张。相反，一般认为，如果是像出租车司机那样是真正的偶然听到，还是不应该处罚的。

（2）重要事实的列举方法。

日本的内幕交易法规中，为了明确化重要的事实，列举了构成具体的事实。不过，正是由于这种规范模式，会有产生处罚漏洞的可能性。因此，法律也规定了"有关该上市公司的运营、业务或者财产的重要事实给投资者的判断带来重要影响的"这样的条款（兜底条款）。法律通过个别的列举重要事实，就有可能区分允许行为与禁止行为，立足于与罪刑法定原则之间的关系来看也是最理想的规范方法。特别是因为，在证券交易中，内幕交易行为与合法行为之间的区别很重要，所以，内幕交易行为的明确化非常重要。规定兜底条款是很重要的，但是应该将该条款的适用限制在列举事实以外的重要事实之上。判例也是作同样的解释。不过，关于内幕交易罪的规范方法问题，是日本特有问题的可能性很高。

结　语

上文特别以内幕交易为中心，对于日本的证券犯罪进行了大致的介绍。目前，在日本，以收购企业为目标的公开收购行为越来越多。对于公开收购关系人也正在进行着内幕交易的规制，开始所介绍的村上基金内幕交易事件，就属于在公开收购中相关的重要事实出现问题的事件。在村上基金事件中，村上被处以惩役2年的实刑并处罚金300万元，对此能够评价为，量刑毕竟还是反映了被告人作为基金的使用者是专业的这个事实。

　　近年来，中国的证券市场也越来越活跃。笔者也听说目前中国通过互联网络进行股票投资正在流行。内幕交易罪是为了保护证券市场的健全化而规制的重要犯罪。笔者尝试着，对相关该罪的保护法益论、具体的规范方法，将其作为问题的切入点，加以了检讨，本文的论述如果能够给诸位带来哪怕是很少的收获，就是笔者之幸了。

本土化与国际化：我国证券犯罪立法问题研究

高铭暄*　王剑波**

一、引论：我国证券犯罪立法本土化与国际化的现实矛盾

法律作为一种文化现象，与一国的政治、经济、历史传统密不可分。不同国家的政治、经济、历史发展轨迹互不相同，法律制度也就必然各具特色，互有差异。历史法学派著名代表人物萨维尼曾精辟地指出："法律深深地植根于一个民族的历史之中，而且其真正的源泉乃是普遍的信念、习惯和民族的共同意识。就像一个民族的语言、构成和举止一样，法律也首先是由一个民族的特性，亦即民族精神决定的。"① 这就是说，"本土化"是任何国家的法律与生俱有的、首要的特征。一国法律的起源并非始于对域外法律的借鉴和移植，它是该国特有的生产方式、历史传统、风俗习惯、意识形态、道德规范、宗教信仰、地理环境等因素综合影响下的产物。各国在法制现代化进程中，要立足于现实国情与社会需要，从本国的传统法律文化中探寻法律精神的真谛，架构现代化法制，并可以此为根基，借鉴、移植域外的先进法律制度，而不是简单、盲目的效仿。具体来说，法律本土化有两层含义：一是从本国固有的传统法律文化中挖掘可行的法律理念、法律制度，加以改造和继承，以实现自我完善和超越；二是从域外引进先进的法律理念、法律制度，加以内化和吸收，以完成自我进化与创新。

尽管法律呈现出浓厚的个体性、本土化特征，我们仍不能否认各国法律间共同性的客观存在。"随着社会经济文化的发展，交往的日益频繁，历史上存在的国家、民族以及地域间的堡垒，会越来越打开，从而法律文明的历史个性逐渐减

---

  * 高铭暄，中国人民大学法学院教授，博士生导师，中国人民大学刑事法律科学研究中心名誉主任，中国法学会学术委员会副主任，中国法学会刑法学研究会名誉会长，国际刑法学协会副主席暨中国分会主席。

  ** 王剑波，中国人民大学法学院刑法专业博士研究生。

  ① ［美］E. 博登海默著，邓正来译：《法理学：法律哲学与法律方法》，88 页，北京，中国政法大学出版社，1999。

弱。在法律文化的交流与传播过程中，各个民族或民族国家的法律制度之间相互沟通，相互渗透，相互吸收，从而逐渐成为一个协调发展、趋于接近的法律格局"②。这就是说，在一个开放的时代，各国法律都不可避免地会烙上"国际化"的印记。法制现代化不是孤立封闭的进程，也不是某个国家或者地区的个别现象，而是开放式的、国际性的发展过程。"一个开放式的交互性的法律文明系统，才是富有生命和活力的有机系统，而闭关自守，盲目排外，必然导致法律文明进步张力的丧失。"③ 一国法律制度的形成与发展，起初主要受制于本土化因素，但随着各国的交流与沟通，其必定会超越本土界限而受到域外法律制度的影响，且在此基础上互相借鉴、有机融合。具体来说，法律国际化也有两层含义：一是在维持本国法律理念、法律制度的基础上，按照国际普遍规范和原则制定国内法律，以实现与国际接轨和交流；二是各国的法律制度相互协调、相互融合，进而形成一种相互依存、相互联结的国际性法律。

法律本土化和国际化是实现法制现代化的两条途径，但二者又存在着现实的矛盾：法律本土化是各国法律发展的内在本质，是各国在其固有的人文积淀因素影响下的价值追求；法律国际化是人类法律发展的外在要求，是人类在其共同文明因素影响下的共同价值追求。简而言之，法律本土化强调法律要有本国特色，强调了法律的个体性、特殊性；法律国际化强调法律在各国间的交流与融合，强调了法律的共同性、普遍性。

就证券犯罪的刑事立法而言，其也存在着本土化与国际化的矛盾。一方面，我国的证券市场与国外的证券市场有着质的区别，世界上市场经济比较发达的国家，证券市场的发展是一种自然必然性，然而我国的证券市场却是在经济转轨中由政府催生的，而且在相当长的一段时间里政府还将证券市场定位于为国有企业解困服务，这就使得市场功能表现出许多中国特色。④ 证券市场的发展，对我国优化资源配置、深化金融体制改革、转换企业经营机制和建立社会主义市场经济体制起到了积极的作用。因此，证券法律规范的创设必须要考虑到我国发展市场经济的社会背景，证券犯罪的刑事立法必须要体现我国证券市场的个体性特征。另一方面，"市场经济作为一个国际化的经济运行模式，尽管可以根据各国的国情采取不同的模式，却无法摆脱统一的市场供求规律的支配，在这一规律的支配下，市场经济有强烈的同构性。一个国家的经济越走向世界，这种同构性就越强。而这种同构性的保障机制和表现形式则是法律。一个国家要实行市场经济，就必然面临在市场经济引导下的法制现代化与国际接轨的问题。"⑤ 自 2001 年 12

---

② 公丕祥：《国际化与本土化：法制现代化的时代挑战》，载《法学研究》，1997（1）。
③ 刘作翔：《法律文化论》，113页，西安，陕西人民出版社，1992。
④ 参见李茂生、苑德军主编：《中国证券市场问题报告》，9页，北京，中国社会科学出版社，2003。
⑤ 卢勤忠：《中国金融刑法国际化研究》，8页，北京，中国人民公安大学出版社，2004。

月 11 日正式加入世界贸易组织（WTO）始，我国本土化的证券市场管理机制和经营理念在与国际证券市场接轨的过程中已经作出了很大的调整。为适应"入世"后的需要，保障我国证券市场规范、有序、健康地发展，2005 年 10 月 27 日十届全国人大常委会第十八次会议更是修订通过了《中华人民共和国证券法》。因此，作为保障证券市场规范运行的最后手段，我国证券犯罪的刑事立法绝不能忽视国际证券市场的共同性特征。

总之，如何协调与解决证券犯罪刑事立法本土化与国际化之矛盾关系，这不仅是一个重要的时代命题，也是我国法制现代化进程中面临的一个世纪挑战。

二、本土化：我国证券犯罪立法模式的选择

（一）各国证券犯罪立法模式的考察比较

所谓证券犯罪的立法模式，是指国家在法律上规定证券犯罪的方式。证券犯罪的立法模式所要解决的问题，不是立法者如何在法律中设定证券犯罪的罪状和法定刑，而是通过何种法律对证券犯罪进行规制。科学的证券犯罪立法模式能够正确地反映证券犯罪的本质，便利证券犯罪法律规范的适用。纵观世界各国和地区，证券犯罪的立法模式，不外乎以下三种：其一，刑法典规定型。这是指将证券犯罪的罪状及其法定刑在刑法典分则中予以明确规定。其二，单行刑法规定型。这是指以单独的刑事法律形式集中规定证券犯罪的罪状及其法定刑。其三，附属刑法规定型。这是指在其他非刑事法律中规定有关证券犯罪的罪状和法定刑，即在其他有关证券的法律诸如证券法、证券交易法、证券业法、证券市场法，甚至公司法等中，附带规定证券犯罪的罪状及其法定刑。[6]

一般来说，上述三种模式之间并不是相互排斥的，一个国家可以根据自己的国情扬长避短，选择最适合于自己控制证券犯罪需要的模式，也可以几种模式都采用。英美法系国家一般没有成文的刑法典，因此多采用附属刑法与单行刑法相结合的模式。例如，美国在 1933 年《证券法》和 1934 年《证券交易法》之中以附属刑法规范对各种证券犯罪作出了规定，以后又在 1984 年《内幕交易制裁法》和 1988 年的《内幕交易与证券欺诈实施法》这两部单行刑法之中对特定证券犯罪作出了规定。大陆法系国家则多采用附属刑法模式。例如，日本在 1948 年《证券交易法》之中以附属刑法规范对各种证券犯罪作出了规定。

（二）我国证券犯罪立法模式的历史演进

一般认为，证券犯罪是一种法定犯，证券犯罪的刑事立法是随着社会经济的

---

⑥ 参见祝二军：《证券犯罪的认定与处理》，165～167 页，北京，人民法院出版社，2000。

发展而不断变化的。随着我国证券市场的建立、发展和完善，证券犯罪的刑事立法也经历了一个逐渐发展演进的过程。

1. 1997 年《刑法》修订前——附属刑法与单行刑法并行

证券犯罪是伴随着现代证券市场的成立与发展而出现的，是刑法介入证券市场，调整证券法律关系的产物。1979 年《刑法》颁行之时，我国的经济生活正处于高度集中的计划经济体制之下，经济活动的自主性受到了极大的限制，证券市场难以建立，当然也就不可能存在证券犯罪。因此，我国 1979 年刑法并没有关于现代意义上的证券犯罪的规定。党的十一届三中全会以后，我国开始实行改革开放的基本国策，计划经济的坚冰开始消融，商品经济的各种要素破冰而出。1990 年 12 月上海证券交易所成立，1991 年 7 月深圳证券交易所成立，从此我国的证券市场步入了正轨，在曲折中不断发展壮大，证券机构与从业人员逐年增多，证券交易量大幅度上升，有力地促进了社会主义市场经济的发展。但是，证券市场是商品经济高度自由化的产物，高回报与高风险相伴而生。在证券市场繁荣的背后，证券欺诈不断，操纵市场盛行，内幕交易严重。针对证券市场的这些失范行为，我国的立法机关与行政机关审时度势，及时出台了一系列法律、法规来规范证券市场，严厉惩治证券违法犯罪活动。

1993 年 4 月 22 日国务院发布《股票发行与交易管理暂行条例》（以下简称《暂行条例》），针对证券发行、交易及相关活动中的内幕交易、操纵市场、欺诈客户、虚假陈述等行为作出了禁止性的规定，并分别不同情况，详细地规定了相应的民事责任和行政责任，且在第 78 条明确指出："违反本条例规定，构成犯罪的，依法追究刑事责任。" 1993 年 9 月 2 日国务院证券监督管理委员会发布《禁止证券欺诈行为暂行办法》（以下简称《暂行办法》），对上述几种证券违法行为作出了更为详尽的描述与界定，并在第 26 条特别指出："对违反本办法的证券管理、监督人员，除依照本办法予以处罚外，证监会有权要求或者建议有关部门依法追究其行政、刑事责任。" 1993 年 12 月 29 日八届全国人大常委会第五次会议通过了《中华人民共和国公司法》（以下简称《公司法》），《公司法》在其第十章"法律责任"中首次以非严格意义上的附属刑法规范对在公司监管中可能出现的证券犯罪，如欺诈发行股票、债券罪，擅自发行股票、债券罪等犯罪作出了规定。具体规定模式为："……构成犯罪的，依法追究刑事责任。"⑦

---

⑦　从严格意义上讲，只有规定了罪状及其法定刑的刑法规范，才称得上完整的证券刑法规范。依此标准，我国的刑法典与单行刑法规定了证券犯罪的罪状及其法定刑，属于完整的证券犯罪刑法规范。而我国的证券犯罪附属刑款则不同，它只是在规定证券一般违法行为的处罚时，附带笼统地规定"构成犯罪的，依法追究刑事责任"，它只有具体的罪状而没有明确的法定刑的规定，因此我国的证券犯罪附属刑事条款并非严格意义上的证券刑法规范。

虽然《暂行条例》、《暂行办法》和《公司法》都对证券犯罪作出了规定，但这些规定仅限于证券犯罪的"罪状"，而缺乏明确的"法定刑"。同时，我国1979年刑法也没有与此相关的犯罪条文，内容上无法与之衔接，致使相关的证券犯罪没有得到应有的刑事处罚。为了摆脱这一困境，立法机关随即采取了发布单行刑法的方式使上述附属刑法规范的处罚确定化。1995年2月28日八届全国人大常委会第十二次会议通过并实施了《关于惩治违反公司法的犯罪的决定》（以下简称《决定》），对欺诈发行股票、债券罪，擅自发行股票、债券罪等犯罪的法定刑作出了补充规定。

2.1997年《刑法》修订后——刑法典为主，附属刑法为辅

1997年，历经17年风雨的1979年刑法完成了自己的历史使命。我国立法机关以"制定一部统一的、比较完备的刑法典"为指导思想，对1979年刑法进行了全面修订，将1979年刑法实施以来由全国人大常委会作出的有关刑法的修改补充规定和决定（即单行刑事法律）研究修改后编入了新刑法典，并将一些民事、经济、行政等法律中"依照"、"比照"1979年刑法有关条文追究刑事责任的规定（即附属刑法规范），改为新刑法典的具体条款。⑧ 这就完成了包括有关证券犯罪规定在内的单行刑法、附属刑法的法典化。

尽管如此，与证券市场的快速发展相比，我国证券法制建设明显滞后，证券犯罪刑事立法仍显不足，这在一定程度上影响和制约了证券市场的进一步发展。1998年12月29日九届全国人大常委会第六次会议通过了我国证券市场的基本法律——《中华人民共和国证券法》（以下简称《证券法》），《证券法》沿袭了《公司法》的立法模式，在其第十一章"法律责任"中以非严格意义上的附属刑法规范对证券犯罪作出了规定。《证券法》在保持与1997年刑法相应规范相互衔接的同时，又增加了一些证券犯罪，这些规定对惩治和预防证券犯罪有着很大的作用。但是，新的问题又出现了。《证券法》的第十一章"法律责任"中共有16条"……构成犯罪的，依法追究刑事责任"的规定，但1997年刑法典中能够找到对应的罪刑条款的只有9条，另外7条（即第176、177、178、179、186、189、193条）则在刑法中无相应的规定，从而又陷入了有"罪"无"刑"的境地，在实践中根本无法适用。

为了摆脱上述困境，2005年立法机关修订《证券法》之时，对证券刑事责任的规定方式作了变动。2005年《证券法》改变了1998年《证券法》的做法，对于每一类型的证券违法行为只明确规定了民事责任或行政责任，而未规定承担刑事责任，只是最后在第231条规定："违反本法规定，构成犯罪的，依法追究

---

⑧ 王汉斌：1997年3月6日在第八届全国人民代表大会第五次会议上关于《中华人民共和国刑法（修订草案）》的说明。

刑事责任"。这一仅有的证券犯罪"附属条款"消除了刑法条文与证券法条文之间互不照应、相互矛盾的状况，转而把认定证券犯罪的任务移交给了刑法，实现了刑法与证券法之间的协调统一。

（三）我国证券犯罪立法模式的理性评析

通过对我国证券犯罪立法模式历史演进的考察，我们可以看出，随着我国刑事立法技术逐步由幼稚走向成熟，证券犯罪的立法也趋向合理化。1997年刑法修订前，我国的刑事立法模式是刑法典、单行刑法与附属刑法共存⑨，证券犯罪的立法模式是附属刑法与单行刑法并行。1997年刑法修订后，为了维持刑法典的完整统一，我国基本上摒弃了单行刑法的刑事立法模式⑩，证券犯罪的立法模式也随之转变为以刑法典为主、附属刑法为辅。经过十余年的发展、完善，证券犯罪的这一立法模式已趋于稳定。

然而，鉴于我国的证券犯罪附属条款并非严格意义上的证券刑法规范，不少学者对上述证券犯罪的立法模式提出了质疑。有学者认为，由于我国证券法中的刑事责任条款缺乏明确的"法定刑"，因而其并非附属刑法规范。所以，我国现行证券犯罪立法采用的是纯法典型的立法模式。这一模式稳定性较高，但适应性较差，无法满足及时抗制证券犯罪的需要；如果追求刑法抗制证券犯罪的适应性，频繁地进行改动，就会破坏刑法的稳定性和权威性。因此，这一模式弊端较大，鲜有国家采用，我国也应摒弃这一模式，宜借鉴国外采用纯附属刑法型立法模式。⑪本文并不赞同上述学者的主张。法律从来就不是孤立的，"从最广泛的意义来说，法是由事物的性质产生出来的必然关系"⑫，法律必须尽可能与其同时的生产关系保持一致。具体到证券犯罪刑事立法之中，各国对证券犯罪立法模式的选取，必须考虑到本国的刑事立法传统以及证券市场的实际需要。而我国现行的以刑法典为主、附属刑法为辅的证券犯罪立法模式呈现出了较为浓厚的"本土化"特征，其既是对我国传统的刑法典立法模式的继承和发展，又满足了我国证券市场稳定发展的实际需要，其存在既是必要的，也是合理的，具体理由如下：

---

⑨ 从1979年刑法颁行至1997年刑法修订前，我国最高立法机关先后通过了25部单行刑法，并在107个非刑事法律中设置了附属刑法规范。

⑩ 从1997年刑法颁行至今已十年有余，期间仅颁行了一部单行刑法，即1998年12月29日全国人大常委会《关于惩治骗购外汇、逃汇和非法买卖外汇犯罪的决定》。

⑪ 参见祝二军：《证券犯罪的认定与处理》，171～176页，北京，人民法院出版社，2000；卢勤忠：《中国金融刑法国际化研究》，175～191页，北京，中国人民公安大学出版社，2004；苏彩霞：《中国刑法国际化研究》，194页，北京，北京大学出版社，2006。

⑫ ［法］孟德斯鸠著，张雁深译：《论法的精神》（上），1页，北京，商务印书馆，1959。

1. "以刑法典为主"是对我国刑事立法传统的继承和发展

（1）"以刑法典为主"的立法模式是我国传统刑事法律理念在现代刑事立法领域的新体现。"一个社会与过去的纽带关系永远不可能完全断裂，它是社会本性所固有的，不能由政府法令或旨在专门立法的公民运动所创设。如果不在某种最小的程度上存在这种纽带，一个社会就不成其为社会了"⑬。刑法典作为刑事立法的"结晶"，即是刑事立法领域联结传统与现代的最牢固的"纽带"。在我国古代社会，刑法典是统治阶级治世之根本大典，历朝历代统治者对刑法典之威慑作用笃信不疑，都非常重视对刑律的修订。时至今日，统一、完备的刑法典不但受到了立法机关的信赖，而且因其方便适用而受到了司法机关的青睐，广大刑法学者对其功效也大为推崇。有学者认为，"以一部刑法典规定所有的犯罪及其刑罚，无疑具有以下优点：由于刑法典具有较大的威慑力，从消极的一般预防角度而言，有利于预防犯罪；由于刑法渊源集中、统一，从形式上看有利于司法机关适用。"⑭ 更有学者明确指出，"将经济犯罪行为规定于刑法典之中，使经济刑法具有刑法之外形，自然较易产生一般预防作用而且具有威吓经济犯罪之功能……将经济刑法规定于刑法以外法规的立法方式，在一般预防效果上，似有较低犯罪威吓功能。"⑮ 因此，将证券犯罪归入刑法典之中，维持我国刑事立法的完整统一，符合我国的刑事立法传统，有利于犯罪的预防和司法的适用。

（2）"以刑法典为主"的立法模式在我国新时期证券犯罪刑事立法中承担着新的历史使命。"中国的法治之路必须注重利用中国本土的资源，注重中国法律文化的传统和实际"⑯，但我们利用本土资源不是为了对法律传统进行简单的恢复，而是为了可以超越传统，建立与中国现代化相适应的法制。"以刑法典为主"的立法模式的确立，并不只是对我国刑事法律传统的简单传承，其在新时期承担着新的历史使命，即保持证券市场的稳定以利于我国市场经济的持续健康协调发展。一方面，我国的证券市场需要稳定发展。我国的证券市场成立于20世纪90年代初期，虽只有十多年的发展历史，但其已成为我国社会主义市场经济体系中非常重要的、不可分离的组成部分。证券市场的推进步伐必须与我国市场经济的发展相合拍而不能过于急进，"在稳定中求发展"应是我国证券市场发展的长期指导方针。否则，证券市场的动荡必然会对我国市场经济的发展造成不利的影响。我国证券监督管理委员会前首席顾问梁定邦先生曾撰文指出："证券市场需要一种稳定性、可预测性。市场最可怕的就是不可预测……朝令夕改，不断地改变政策，不断地改变法律，往往造成投资者在无所适从的情况下的投机现象，因

---

⑬ ［美］E. 希尔斯著，傅铿、吕乐译：《论传统》，427页，上海，上海人民出版社，1991。

⑭ 张明楷：《刑事立法的发展方向》，载《中国法学》，2006（4）。

⑮ 林山田：《经济犯罪与经济刑法》，99～100页，台北，三民书局，1981。

⑯ 苏力：《法治及其本土资源》，6页，北京，中国政法大学出版社，2004。

为投资者看不到远期有什么，只能看到眼前的东西。"⑰ 另一方面，证券犯罪立法模式的选择又会对证券市场的稳定发展起到不可忽视的作用。在我国，刑法是仅次于宪法的"基本法律"，它本身的性质要求其具有一定的稳定性。由此，将证券犯罪归入刑法典之中，事实上向证券从业者、管理者、立法者传递了一个这样的信息：证券市场需要稳定，证券法律规范不能、也不会朝令夕改。总之，刑法典的稳定性，切合了新时期我国证券市场稳定发展的需要。

2. "以附属刑法为辅"是对域外先进法律制度的内化和吸收

（1）"以附属刑法为辅"的立法模式在我国新时期证券犯罪刑事立法中的确立，是由证券犯罪的法定犯性质所决定的。一般认为，证券犯罪是一种法定犯。由法定犯的原理所决定：刑法所规定的证券犯罪必须以违反证券法律法规为前提。如果对证券犯罪仅有刑法规定，而没有证券法律法规的规定相对应，这样的立法是与通行的法定犯的原理相背离的，是不科学的。因此，以附属刑法规范规定证券犯罪是立法科学性的表现。此外，本文并不赞同认为我国证券法中的刑事责任条款并非附属刑法规范的观点。我国证券法中的刑事责任条款是在规定证券一般违法行为的处罚时，附带笼统地规定"构成犯罪的，依法追究刑事责任"，它只有具体的罪状而没有明确的法定刑的规定，因而其并非严格意义上的证券附属刑法规范。但这并不能否定这些条款的附属刑法规范性质，这是因为：我国的证券法中仍有关于证券犯罪罪状的具体描述，对相关证券犯罪的法定刑我们完全可以依照刑法的规定来确定，证券法没有必要多此一举，只要证券法与刑法的规定相互照应、相互衔接即可。

（2）"以附属刑法为辅"的立法模式在我国新时期证券犯罪刑事立法中的确立，是对域外先进法律制度的内化和吸收。法国著名启蒙思想家孟德斯鸠曾经说过："为某一国人民而制定的法律，应该是非常适合于该国的人民的；所以如果一个国家的法律竟能适合于另外一个国家的话，那只是非常凑巧的事。"⑱ 这告诉我们，完全移植他国的法律制度，成功率是极小的。无论域外的法律制度多么优越，都不能脱离本国的法律文化传统，都要经历内化和吸收的过程，否则将难以在本国的土壤中长久驻足。以我国本土刑事立法传统为基石，经过对域外附属刑法规定的内化和吸收，我国新证券法采用了概括性的方式对证券犯罪作出了规定。本文认为，这一规定具有积极的意义。一方面，这一规定有利于犯罪的预防。它使广大证券从业者、管理者认识到，违反证券法的行为会受到处罚，甚至会受到刑罚的严厉处罚，从消极的一般预防角度而言，这有利于预防证券犯罪。另一方面，这一规定有利于刑法与证券法的协调统一。它消除了刑法条文与证券

---

⑰ 《梁定邦先生纵谈〈证券法〉与证券监管》，载《证券市场导报》，1991（1）。

⑱ ［法］孟德斯鸠著，张雁深译：《论法的精神》（上），7页，北京，商务印书馆，1961。

法条文之间互不照应、相互矛盾的状况，转而把证券犯罪的认定任务交给了刑法，实现了现行刑法与证券法之间的协调统一。当然，刑法对证券违法行为也并非随意入罪，而必须参考证券法的相关规定，这也是法定犯的必然要求。

所谓"法有限，情无穷"，立法者无论多么殚精竭虑、高瞻远瞩，都不可能对未来证券市场的发展作出详尽无遗的预见和判断。证券犯罪立法的稳定性与适应性之间的矛盾是始终存在的，无论我们采用何种立法模式，都不可能一劳永逸地解决适用性的问题。证券犯罪立法的稳定性是相对的，如果证券犯罪的立法明显滞后于证券市场的发展，难以实现公平、公正，那就应该在与相关证券立法保持一致的情形下修订刑法典中关于证券犯罪的规定。本文认为，为了最大限度地保持刑法典的稳定，修正案模式是比较理想的选择。采用刑法修正案的方式，既可保持刑法典结构和内容的完整性，又有利于维护刑法的统一性，便利司法的适用；既可保持刑法典的长期稳定性，又可对刑法典进行局部的修改补充，适应社会发展的需要。目前，我国已多次在刑法修正案中对证券犯罪作出了修订。[19]

三、国际化：我国证券犯罪存在范围的划定

（一）我国证券犯罪存在范围的划定标准

时下，世界许多国家和地区有关证券犯罪的刑事立法中，没有一个比较一致的证券犯罪的存在范围。对于证券犯罪的存在范围，历来有广义说和狭义说之争。广义说认为，证券犯罪是指在证券领域内所发生的一切犯罪，或者说一切与证券有关的犯罪，既包括在证券发行、交易活动中发生的、直接危害证券管理秩序的犯罪，如内幕交易罪、操纵证券市场罪等，也包括其他与证券有关的犯罪，如发生在证券领域内的伪造、挪用、侵占、诈骗、贿赂等犯罪。狭义说则认为，证券犯罪仅指证券发行、交易及相关活动中的犯罪，即指证券发行人、证券商、证券交易所、证券管理人员、证券从业人员或者其他人以获取非法利益为目的，违反证券管理法规，在证券发行、交易及相关活动中从事内幕交易、操纵证券市场、欺诈客户、虚假陈述等情节严重的行为。其最显著的特征是对证券市场管理秩序的破坏。[20]

本文认为，从证券犯罪类型化的功能来说，狭义说的主张更为可取，理由是：首先，将证券犯罪类型化，其目的在于帮助掌握证券犯罪的个体性特征，进

---

[19]　我国自 1999 年 12 月 25 日九届全国人大常委会第十三次会议上首次以刑法修正案模式修改刑法典以来，立法机关至今已经通过了 6 个刑法修正案。刑法修正案目前已经成为立法机关修正刑法的唯一模式。

[20]　参见刘宪权：《证券期货犯罪理论与实务》，48 页，北京，商务印书馆，2005。

而研究分析证券犯罪与其他犯罪之异同，以利于制定适当的刑事政策，预防证券犯罪的发生。而广义说却模糊了证券犯罪与其他相关刑事犯罪的界限，例如，利用证券作为工具的诈骗犯罪与违反证券市场管理秩序的犯罪，二者所保护的同类客体并不相同，且行为特征亦不相同。显然，广义说无法抽象出证券犯罪的独有特征，流于空泛，必然会减弱将证券犯罪类型化的功能。其次，狭义说将证券市场的管理秩序作为证券犯罪侵害的同类客体，并以此为"最显著的特征"，围绕这一基本特征界定证券犯罪的内涵和外延，使之与传统的财产犯罪或经济犯罪，如挪用、侵占、诈骗、贿赂等犯罪相互区别开来，并使其独立成为类罪。就此意义而言，狭义的证券犯罪说更可取。

(二) 我国证券犯罪存在范围的立法沿革

1.1997 年《刑法》修订前——证券犯罪零星分布

20 世纪 90 年代初，随着沪深两地证券交易所的成立，证券市场快速发展，证券失范行为亦随之泛滥。1993 年，我国先后发布了《暂行条例》与《暂行办法》，将证券发行、交易及相关活动中的内幕交易、操纵市场、欺诈客户、虚假陈述等行为入罪。但是，由于"法定刑"的缺失，上述证券犯罪行为并未得到应有的刑事处罚。

1993 年，《公司法》首次以附属刑法方式规定了在公司监管中可能出现的两种证券犯罪，即欺诈发行股票、公司债券罪（第 207 条）与擅自发行股票、公司债券罪（第 210 条），但并未规定"法定刑"。1995 年，《关于惩治违反公司法的犯罪的决定》的施行，使对欺诈发行股票、公司债券罪（第 3 条）与擅自发行股票、公司债券罪（第 7 条）的处刑明确化。

综上所述，1997 年《刑法》修订前，在司法实践中能够适用的罪名只有两个，即欺诈发行股票、公司债券罪与擅自发行股票、公司债券罪。

2.1997 年《刑法》修订后——证券犯罪逐步扩张

1997 年，我国旧刑法迎来了全面的修订。对于证券犯罪，1997 年《刑法》在保留、吸收、修改《暂行条例》、《暂行办法》、《公司法》与《决定》中有关证券犯罪规定的同时，根据我国证券市场的发展与证券违法行为的实际情况，增加了一些新的证券犯罪。具体来说，我国 1997 年《刑法》规定的证券犯罪有两大类共 6 个罪名：证券发行过程中的两个罪名，即欺诈发行股票、债券罪（第 160 条），擅自发行股票、公司、企业债券罪（第 179 条）；证券交易过程中的四个罪名，即内幕交易、泄露内幕信息罪（第 180 条），编造并传播证券交易虚假信息罪（第 181 条第 1 款），诱骗投资者买卖证券罪（第 181 条第 2 款），操纵证券交易价格罪（第 182 条）。

1998 年，为进一步规范我国的证券市场，全国人大常委会通过了我国证券市场的基本法律——《证券法》。《证券法》在保持与 1997 年《刑法》相应规范相互衔接的同时，又增加了一些证券犯罪。具体来说，新增的证券犯罪共有七种：公司承销、代理买卖擅自发行的证券犯罪（第 176 条）、证券发行人不依法披露信息犯罪（第 177 条）、非法开设证券交易场所犯罪（第 178 条）、擅自设立证券公司经营证券业务犯罪（第 179 条）、非法融资融券交易犯罪（第 186 条），证券交易虚假陈述、信息误导犯罪（第 189 条），擅自处置客户证券犯罪（第 193 条）。

1999 年，为了严惩破坏社会主义市场经济秩序的犯罪，全国人大常委会通过了《中华人民共和国刑法修正案》。修正案第 3 条对 1997 年《刑法》第 174 条进行了修改，把证券法规定的非法开设证券交易场所犯罪（第 178 条）与擅自设立证券公司经营证券业务犯罪（第 179 条）归入到擅自设立金融机构罪之中。

2001 年，我国正式加入世界贸易组织（WTO），并在证券业方面作出了一系列承诺。[21] 为适应"入世"后的需要，1998 年《证券法》被列入了修订的议程，并于 2005 年修订通过了新的《证券法》。但从表面上看，2005 年《证券法》"蒸发"了 1998 年《证券法》关于证券犯罪的规定，仅采用了一个条文概括性的方式对证券犯罪进行了宣示，进而将证券犯罪的认定任务移交给了刑法。

2006 年，全国人大常委会通过了《中华人民共和国刑法修正案（六）》。该修正案第 5 条对 1997 年《刑法》第 161 条进行了修改，从而把证券法规定的证券发行人不依法披露信息犯罪（2005 年《证券法》第 193 条）归入不依法披露重要信息罪之中；修正案第 12 条新增了金融机构擅自运用客户资产罪，从而把擅自处置客户证券罪（2005 年《证券法》第 211 条）归入其中。

综上所述，1997 年《刑法》修订后，证券犯罪在司法实践中能够适用的罪名共计 9 个，即 1997 年《刑法》规定了 6 个，两个修正案又增加了 3 个。

（三）我国证券犯罪存在范围的未来展望

通过对我国证券犯罪存在范围立法沿革的考察，我们可以看出，我国刑法规范对证券市场的介入是逐步深入的，我国证券犯罪的存在范围总体呈扩张趋势。但是，2005 年《证券法》却"不经意"地收缩了证券犯罪的存在范围。这就在新时期给我国证券犯罪的刑事立法提出了新的问题：我国证券犯罪的存在范围应当扩张还是收缩？我们应以此为契机，重新科学、合理地划定证券犯罪的存在范围，进一步完善我国证券犯罪的刑事法律体系，以保障我国证券市场的稳定

---

　　[21]　根据我国"入世"时的承诺，外国证券机构可直接（不通过中国中介）从事 B 股交易；自加入时起，允许外国服务提供者设立合资公司，从事国内证券投资基金管理业务；自加入后 3 年内，将允许外国证券公司设立合资公司，合资公司可从事（不通过中方中介）A 股的承销、B 股和 H 股及政府和公司债券的承销和交易、基金的发起。参见对外贸易经济合作部世界贸易组织司译：《中国加入世界贸易组织法律文件》，737 页，北京，法律出版社，2002。

发展。

1. 我国证券犯罪存在范围的收缩

(1) 收缩的现状。"没有法律就没有犯罪、没有法律就没有刑罚"的罪刑法定原则，是我国刑法的基本原则之一。"善良的人们总是希望一切应当以犯罪论处的行为在现实上都以犯罪论处，但罪刑法定原则使这一愿望难以实现"[22]。2005 年《证券法》仅采用一个条文概括性的方式对证券犯罪作出了宣示，其目的是为了解决 1998 年《证券法》某些附属刑法条款无法适用的难题，以实现刑法与证券法之间的协调统一。事实证明，这一修订取得了良好的效果，消除了刑法条文与证券法条文之间互不照应、相互矛盾的状况。但这一修订也带来了某种不利的后果：由于罪刑法定原则的限制，可以追究刑事责任的证券违法行为就只能被局限于刑法典所规定的那几种证券犯罪范围内。可见，2005 年《证券法》的修订，在事实上缩小了 1998 年《证券法》所规定的证券犯罪的范围。

(2) 收缩的评析。法律的制定和变动不应是率性的行为，"轻易地改变法律，实为一种削弱法律根本性质的方法"[23]。1998 年《证券法》以非严格意义上的附属刑法规范将一些证券违法行为入罪，这些行为虽处于有"罪"无"刑"的境地，但无论是理论界还是实务界一般对这些行为的犯罪性质都未持异议。因此，这些规定客观上起到了预防犯罪的作用。随着 2005 年《证券法》的修订，在我国证券法律体系中存置达 7 年之久的相关证券犯罪莫名其妙地"蒸发"了，更令人遗憾的是立法者对此未作任何说明。[24] 这似乎给我国的证券市场传达了一个不好的讯号：上述行为被"非犯罪化"处理。这显然不利于对证券犯罪的预防、惩治，不利于我国证券市场的稳定发展。

2. 我国证券犯罪存在范围的扩张

(1) 扩张的依据。20 世纪 90 年代初，我国证券市场成立不久，立法机关就开始着手证券法律规范的制定。由于当时我国的证券市场远不成熟，立法者对证券违法犯罪行为的理解也不深入，于是证券法在制定过程中大量借鉴了国外的规定，其结构体系也与国外的证券法律基本一致。[25] 可以说，1998 年《证券法》对证券犯罪的规定具有一定的"超前性"。而我国的刑事立法则在"成熟多少写多少"的立法思想指导下[26]，对 1998 年《证券法》的附属刑法规范并未作出积极回应，只是在之后的刑法修正案中逐步将一些严重危害证券管理秩序的证券违法行

---

[22] 张明楷：《刑法格言的展开》，39 页，北京，法律出版社，2003。

[23] 武树臣：《亚里士多德法治思想探索》，载《法学》，1985 (5)。

[24] 参见周正庆：2005 年 4 月 24 日在第十届全国人民代表大会常务委员会第十五次会议上关于《中华人民共和国证券法（修订草案）》的说明。

[25] 参见柳随年：1993 年 8 月 25 日在第八届全国人民代表大会常务委员会第三次会议上关于《中华人民共和国证券法（草案）》的说明。

[26] 参见《彭真文选》，424 页，北京，人民出版社，1991。

为入罪。本文认为，目前我国证券犯罪的存在范围应当进一步扩张，理由是：一方面，2001 年"入世"之后，我国根据承诺逐步向国外开放了证券市场。外国证券机构的介入，不仅改变了我国证券市场的管理体制和经营理念，使我国证券市场的国际化程度进一步提高，而且使得证券发行、交易过程中的一些违法行为也凸显与国际接轨的趋势，手法新颖、危害严重。另一方面，随着 2005 年《证券法》对我国证券犯罪存在范围的收缩，无论是与英美法系国家还是与大陆法系国家相比较，目前我国证券犯罪的存在范围都过于狭窄，这显然不利于对证券违法犯罪行为的预防和惩治，不利于我国证券市场的稳定发展。因此，我国证券犯罪的存在范围应该是扩张而不是收缩。

（2）扩张的限度。一方面，历史唯物主义精辟地指出，生产力决定生产关系，经济基础决定上层建筑，这是不依人的意志为转移的普遍的客观规律。作为上层建筑构成要素之一的法律，是一定社会生产力发展基础之上的社会经济关系的反映，有什么样的经济发展关系，就有什么样的法律，超越经济发展关系的法律，是不可能长存的。从世界范围来看，在可以预见的时期内，各国经济的发展都不可能平衡，这自然决定了各国法律发展的不平衡。因此，无论是凯尔森的"国际法律共同体"的激进观念㉗，还是罗迪埃的"世界法律统一主义"的浪漫理想㉘，都还只能是带有一定程度的乌托邦式的幻想。国际性证券法律的出现遥遥无期，对证券犯罪的国际统一认定还只能是镜花水月。所以，我国在划定证券犯罪存在范围之时绝不能简单、盲目地效仿西方，而必须以本国最有利于抗制证券犯罪的需要和保障证券市场的良性运转为目标。另一方面，西方国家的证券市场已有百年历史，已经形成了相当有效的法律运作机制，积累了相当丰富的证券犯罪立法经验。我国的证券刑事立法当然不能对反映社会发展规律的知识与经验视而不见，我们应在维持本国法律理念、法律制度的基础上，按照国际通行规范和原则划定我国证券犯罪的存在范围，以实现与国际接轨和交流。

综上所述，本文建议，立法机关可否结合 2005 年《证券法》的规定，在借鉴国外相关规定的基础上，以刑法修正案的方式一揽子增加下列证券犯罪：一是证券公司承销、代理买卖擅自发行的证券罪（2005 年《证券法》第 190 条）；二是短线交易罪（2005 年《证券法》第 195 条）；三是证券交易虚假陈述、信息误导罪（2005 年《证券法》第 207 条）；四是私下接受客户委托买卖证券罪（2005 年《证券法》第 215 条）；五是证券公司违法经营非上市证券罪（2005 年《证券法》第 216 条）。

㉗ ［奥］凯尔森著，沈宗灵译：《法与国家的一般理论》，357 页，北京，中国大百科全书出版社，1996。

㉘ ［法］勒内·罗迪埃，徐百康译：《比较法导论》，15 页，上海，上海译文出版社，1989。

四、结论：我国证券犯罪立法本土化与国际化的协调统一

面对滚滚而来的国际化发展潮流，我国要在法治道路上稳步前行，就不能只看到法律本土化与国际化之间的现实矛盾，更要看到二者的协调统一。法律发展的共性绝不是对法律发展个性的排斥，法制现代化进程中的国际化趋势也不意味着法律本土化特征的消亡。就我国证券犯罪的刑事立法而言，一方面，我国证券犯罪立法模式的选择，主要考虑的是本土化因素。这是因为，"以刑法典为主、附属刑法为辅"的立法模式能更好地预防犯罪，便利司法的适用，有利于证券市场的稳定发展。另一方面，承认我国证券市场的本土化特征，并不意味着对我国证券市场国际化趋势的否认。相反，在我国证券犯罪存在范围的划定上，我们考虑更多的是国际化因素，以实现与国际接轨和交流。总之，我国证券犯罪立法应实现本土化与国际化的协调统一，这是时代的选择，历史的潮流。

证券犯罪的惩治对策初论

胡学相* 张 鹏**

我国加入 WTO 以后，全球证券市场国际化进程的加快，证券市场的交往也变得更为频繁、复杂，这些都为国内证券市场创新及发展带来了新机遇，但也出现了一些国际上早已认定但我国《刑法》却没有规定的新型证券犯罪，这些现象值得我们反思。在我国证券犯罪现象层出不穷的今天，我们却很少见到证券犯罪行为被查处的状况，究其原因，既有立法上存在的缺陷，也有司法上的打击不力。惩治证券犯罪，我们任重而道远。

一、证券犯罪的概念与特征

（一）证券犯罪的概念

关于证券犯罪的概念，我国刑法学界历来有狭义和广义之说。"狭义说"认为，证券犯罪指证券发行、交易及相关活动中的犯罪，其最显著的特征是对证券市场秩序的破坏和对投资者的合法权益的侵害。"广义说"认为，证券犯罪是指所有与证券有关的犯罪，既包括违反证券法律规定的操纵证券交易价格罪等犯罪，还包括与证券发行和交易有关的诈骗、贿赂、挪用公款等犯罪，甚至还包括欺诈发行股票、债券等妨害对公司、企业的管理秩序的犯罪。

显然，"广义说"是以犯罪对象为标准来下定义的，其缺陷十分明显：

（1）它对证券犯罪概念的界定在外延上过于宽泛，导致概念过于模糊和不确定，且与其他类罪的概念发生交叉混淆，令人难以把握。

（2）它将盗窃、抢劫、抢夺、贪污、侵占证券和以证券贿赂、诈骗等行为构成的犯罪都纳入证券犯罪的范围，使证券犯罪混同于其他普通刑事犯罪，从而导致把证券犯罪作为某一类罪名独立出来进行研究，丧失了针对性和实际意义。

---

* 胡学相，华南理工大学法学院教授，法学博士，硕士生导师，主要从事刑法学研究。

** 张鹏，华南理工大学法学院 2005 级刑法学硕士研究生。

（3）它涉及的各种具体犯罪分布于《刑法》多个章节中，与刑法典的体系及刑法典的立法精神相抵触。

"狭义说"将证券市场秩序和投资者的合法权益作为证券犯罪侵害的同类客体，围绕这一基本特征界定证券犯罪概念的内涵和外延，使之与其他经济犯罪相互区别开来，符合我国关于类罪名划分的普遍标准（以同类客体为划分标准），也符合国际上证券犯罪范围的一般类型标准。

笔者认为，证券犯罪，是指行为人违反证券法律、法规，从事证券发行、交易及相关活动，破坏证券市场秩序，侵害投资者的合法权益，情节严重，依照刑法应当追究刑事责任的行为。

根据上述证券犯罪的定义，以同类客体作为划分标准，我国《刑法》现有的证券犯罪应该包括以下四类：

第一类：危害证券信息公开制度的犯罪，如以虚假招股说明书、认股书、公司、企业债券募集办法发行股票、公司企业债券罪（《刑法》第160条），提供虚假的或者隐瞒重要事实的财务会计报告罪（《刑法》第161条）。

第二类：危害证券监管制度，如擅自发行股票、公司、企业债券罪（《刑法》第179条）。

第三类：危害证券信息保密制度，如内幕交易、泄露内幕信息罪（《刑法》第180条）。

第四类：危害证券交易操作制度，如编造并传播证券交易虚假信息罪（《刑法》第181条与《刑法修正案六》第5条），诱骗投资者买卖证券罪（《刑法》第181条），操纵证券交易价格罪（《刑法》第182条）。

（二）证券犯罪的特征

1. 犯罪行为具有特定时空性。证券犯罪以证券市场为依托，以破坏证券发行与交易为必要环节，因此，证券犯罪在发生时空方面具有特定性。在时间上，它多数发生在一级市场证券募集发行之时，或者二级市场开市以后收市以前，在空间上，它必定依赖于证券一级或二级市场。

2. 犯罪行为的复杂性。证券领域是一个相当复杂的经济领域，又是一个相当复杂的法律领域。由繁杂的法律、法规，详尽的财会制度和行为标准共同构筑的证券市场是一个复杂的经济与法律结合体，这决定了利用证券发行或交易环节来牟取暴利的证券犯罪必然有与之相适应的复杂手段。

3. 犯罪主体的智能性和专业性。证券犯罪主体大多具有较高的智力和一定的社会地位，在证券资讯或资金、权力方面条件优越，熟悉证券方面的专门知识，具有长期投资证券市场的投资经验，熟悉证券市场的行情走势，以及对个股投资价值的判断、财务状况分析能力。作案时沉着谨慎、手段多样，善于捕捉最佳的犯罪时机，使一般受害人难以察觉。作案后善于隐蔽，给破案查处造成极大困难。例如，前不久被查处的"带头大哥777"王秀杰一案。警方现已查明，"带头大哥777"真名为王秀杰，并非如他所称出身高级干部家庭。他自2007年2月以来，开始在网上设群传授股票经验，因其自称对股票预测准确率超过90％，又自诩为"散户的保护神"，许多人通过缴费方式申请加入了"带头大哥777"的QQ群。股民缴费最少的每人每年3 000元，最多的竟达3万多元。经查明，"带头大哥777"在博客上的自我介绍多为不实之词。7月初，王秀杰被吉林省公安厅网警总队刑事拘留。长春市人民检察院于2007年7月24日正式对王秀杰以涉嫌非法经营罪批准逮捕。据了解，此案涉案金额上千万元。[①]

4. 犯罪危害的深远性。证券犯罪最大的危害是影响社会资源乃至公共资源的分配，使优势资源之间产生高度的相关性，也就是说拥有资源优势的人将越来越有优势，从而导致社会严重分化。其对社会的影响是潜在的、深层次的，渗透到社会生活的各个方面。

5. 犯罪行为的国际化趋势。据统计，2000年以来，全球资本市场游资交易总量，已由1980年的5万亿美元增加到目前的10万亿美元，相当于国际经合组织成员国GDP总值的1倍，到了2005年，这一数字达到15万亿，全球投机性交易则超过了90％，贸易和投资的比重则不足10％。这些投机资本时刻寻找着暴利的机会，从而形成极大的金融证券风险。加之金融衍生工具的迅速发展，多达1200余种的金融衍生品种使得交易者可以以更低的成本进行更为灵活的金融运作，加大了风险程度。如果这些国际游资进入我国证券市场，产生证券犯罪是可以预料的。[②]

6. 犯罪类型日新月异。我国于2003年1月推出QFII制度[③]，极大地方便了外资证券机构推出更多的证券新品，诸如浮动利率债券、股票指数、期权指数等等。与此相配套，国外证券经营机构还带入一些新发行机制和方式、新的证券品种。虽然这些变化对于处于瓶颈效应制约的中国股市而言，正是机遇所在，但也带来了新的市场风险。因为对不熟悉多数证券创新工具的国内监管部门以及司法部门而言，很难准确鉴别或者准确度量新推出的金融品种风险，因而，很难对证券犯罪进行准确认定和公正处罚。

---

① 参见http://www.sina.com.cn，"第一财经日报"，2007年7月25日访问。
② 参见顾雷：《证券市场新型犯罪识别与赔偿途径》，18页，北京，中国民主法制出版社，2004。
③ 所谓QFII是指境外的金融与证券经营机构在国内证券市场中推出一系列金融证券新品种的资格与程序。

二、证券犯罪的原因分析

(一) 市场诱导因素

1. 投资者的过度投机心理

当今我国资本市场，不是钱少了，而是钱多了，可谓流动性过剩，投资者寻找不到更为安全可靠的投资途径，最明显的特征就是我国接近 10 多万亿人民币的储蓄存款无处可投。尽管证券市场早有"十投九亏"的警示和传闻，在股票市场高额利润诱惑和追求博弈暴富心理的支配下，仍有越来越多的投资者涌进证券市场，伺机在股市投机一把。④ 从过去发生的诸多案例来看，如"红光"事件、"大庆联谊"事件、"东方锅炉"以及"银广厦"事件，这些美丽的谎言在被揭穿之前，股价都有过惊人的涨幅，每一次上市公司弄虚作假都或多或少与投资者的投机、赌博心理有关，也与投资者对股票收益的过高预期息息相关，这些非理性的投机与博弈心理对诸多证券犯罪的形成起了推波助澜的作用。再如前述的"带头大哥 777"王秀杰一案中，那些被财富梦冲昏了头脑的散户们只剩下盲从了，将"大哥"捧上了天，奉为了神。而在这个"连赌场不如"的市场里，"大哥"也利用了人人想发财的心理，让散户们跟进跟出，又通过 QQ 群大量敛财，坐收渔翁之利。

2. 证券市场缺失诚实信用

市场经济不仅是自由经济，更是诚信经济和法制经济，然而，对于我国证券市场的参与者而言，诚信是一种奢侈品。最近据媒体报道，国家审计署对 16 家具有上市公司年度会计报表审计资格的会计师事务所的年度审计报告进行审查，发现有 14 家会计师事务所出具了 23 份严重失实的审计报告，造成财产会计信息虚报 71.43 亿元，共涉及 41 名注册会计师。⑤ 很多会计、律师、资产评估师等中介机构置职业道德、法律以及投资者的信任于不顾，帮助上市公司弄虚作假；有的上市公司高管人员置信誉于不顾，疯狂制造虚假信息和从事内幕交易，如"银广厦"、"红光实业"、"蓝田"、"活力二八"等，大肆进行圈钱、骗钱的罪恶勾当。

3. 证券经营机构监管缺失

有关机构提供的调查数据表明：在 29 家证券公司中，多数证券经营管理机构在管理制度上存在隐患，个别机构违规现象严重，成为证券犯罪孳生的重要原因。许多证券营业部业务员操作不规范，存在私自挪用客户资金的情况，对个别

---

④ 参见顾雷：《证券市场新型犯罪识别与赔偿途径》，28 页，北京，中国民主法制出版社，2004。

⑤ 参见张进：《审计上市公司：会计作假应予严惩》，载《检察日报》，2002 - 12 - 17。

"大户"实行信用交易，允许其大额透支交易，对证券交易市场造成潜在的威胁；有的证券公司营业部承销或者代理未经国家主管部门核准或者审批擅自发行的证券，数额巨大；有的证券公司违反证券法律法规，未经客户委托，买卖、出借、质押客户的证券，或者诱骗投资者买卖不必要的证券，情节十分严重，甚至个别营业部发生非代理人擅自提取客户保证金的严重违法、违规事件。[6]

（二）证券犯罪立法疏漏

1. 法律规定不具体，缺乏可操作性

根据目前我国刑法的规定，许多证券犯罪的条文都规定了"数额较大"、"情节严重"、"造成严重后果"等，但"数额较大"、"情节严重"、"造成严重后果"具体的标准却没有作出明确的规定。这样使得很多案件都因为达不到"数额较大"、"情节严重"、"造成严重后果"等而不能作为犯罪对待从而不予以刑罚处罚。这种抽象性的规定在很大程度上放纵了证券犯罪的发生。

2. 相应的证券犯罪罪名与证券法的规定缺乏对应与衔接

认真解析 2005 年 10 月我国《证券法》的修改，不难发现，修改后的证券法在"法律责任"这一章中第 231 条规定："违反本法规定，构成犯罪的，依法追究刑事责任"，这是一个非常笼统的规定。具体如何去追究刑事责任呢？除了少有的几个关于证券犯罪的罪名外，其他的严重社会危害性的行为，《刑法》中没有一一对应的罪名，司法机关在面对这样的问题时往往因无法可依而不得不搁置案件。

3. 相关立法之间缺乏较好的衔接

从某种程度上说，证券犯罪行为都是由一般的证券违法行为的进一步发展的结果，证券犯罪行为都必然触犯了有关的行政法规。现行的许多规定只是规定情节严重的构成犯罪，而对于情节不十分严重未构成犯罪的却没有规定相应的行政处罚措施。行政处罚法中虽有相关的规定，但不够详细具体，过于概括。因此，厘清证券犯罪行为和一般的证券违法行为的界限，是非常必要的。划清二者之间的界限，有利于集中力量打击社会危害性程度严重的证券犯罪行为，防止打击面过大，影响刑罚的威慑作用的发挥。

（三）刑事司法机关查处不力

2006 年 5 月至 2007 年 5 月是中国股市"疯牛"的一年，上证大盘指数从 1 500 点上升到最高 4 300 多点，很多股票实现了翻番，有的甚至翻几番。上市公司中大多数的股票是正常上涨的，但有些股票的上涨却非常离谱。杭萧钢构

---

⑥ 参见顾雷：《证券市场新型犯罪识别与赔偿途径》，34 页，北京，中国民主法制出版社，2004。

（600477）在短短 4 个月里涨停 27 次，股价由 5 元飙升至 30 元；股改复牌的 ＊ST长控（600137）当天大幅上涨，最高涨幅超过 1 000％，股价由最低 14.36 元飙升到最高 85 元，最大自然人股东一日之间变成了亿万富翁，制造了暴富神话。这些现象的产生极不正常，背后必定隐藏着某些犯罪行为。据报，"杭萧钢构案件"的当事人已被采取刑事措施。但这只是沧海中的一粟，实际上有相当一部分行为已经符合犯罪的典型特征，但是这些行为却没有受到刑事司法调查和审理。现实中为什么难以启动刑事司法程序呢？笔者认为有如下原因：

（1）和传统的犯罪相比，证券犯罪比较难以取证，监管部门和司法机关在相关的技术手段和方法上仍有待提高。"杭萧钢构案件"就是最好的例子，中国证监会和相关部门无法找到相应确切的证据。

（2）查处证券犯罪的司法成本较高，处理起来有难度，可能导致司法机关在受理证券犯罪案件时有所顾虑，不愿意介入。司法人员缺乏证券相关知识、司法资源有限也是其中因素之一。

（3）证券犯罪说到底就是资源优势的滥用。[⑦] 掌握资源优势的人，要么有权，要么有钱。权力和金钱，是两类非常有效的工具性资源。滥用权力而形成的信息优势可能表现为利用内幕信息进行内幕交易的犯罪、滥用委托依赖关系提供虚假信息诱骗投资者买卖证券的犯罪、提供虚假的或者隐瞒重要事实的财务会计报告的犯罪等等。滥用金钱而形成的优势可能表现为滥用资金实力操纵证券市场的犯罪。从这个意义上说，证券犯罪要么是滥用权力的犯罪，要么是滥用金钱的犯罪。因此，对待这两种人，查处起来必定会遇到很多复杂的问题，监管部门和司法机关在抉择上会面临一定的困境。

（4）我国证券市场一直由政府主导，政府直接管理市场，被业内称为"政策市"，政府像关心自己的孩子一样去关心证券市场，在对证券违法犯罪行为进行惩戒时可能会考虑到对市场、对社会的影响，怕破坏了社会的"和谐"。国外有些发达国家在制度设计上与我们不同，司法机关独立性更强，查处时考虑市场因素的成分较少。[⑧]

（5）证券市场违法犯罪的受害人往往不是直接的，有时虽然危害很严重，被害主体却并不确定，或者，有些人实际上受害了，却不一定能认识到。所以，司法机关在查处方面也缺少来自受害人的外部压力和配合。

此外，还有执法体制的问题等更复杂、更深层次的其他社会因素，也可能导致案件的受阻或搁置。

---

⑦　参见白建军：《证券犯罪与刑法》，载《中国法学》，1998（3）。

⑧　参见http：//cn. biz. yahoo. com/050914/2/coiu＿1. html。

三、证券犯罪惩治对策

(一) 证券犯罪的刑事立法对策

我国对证券犯罪的刑事立法起步较晚，系统、明确地将严重危害证券管理秩序的行为规定为犯罪始自 1997 年《刑法》，并且这些规定的内容概括性、抽象性较强，造成实际适用上的困难，使得很多证券犯罪行为得不到有效的惩治。笔者认为，目前应着重从如下几个方面完善我国证券犯罪的刑事立法：

1. 加强证券犯罪的刑事立法解释

对于"数额较大"、"情节严重"、"造成严重后果"等具体数额、情节的标准亟待相关部门作出详细的司法解释予以明确。证券领域里的经济犯罪数额和其他领域里的经济犯罪的数额有很大的区别，动辄上千万上亿，因此不能照搬其他领域的犯罪数额来要求证券市场。再者，由于各地区的经济发展程度不同，对数额标准的认同程度也不尽相同，因此，在全国范围内不宜作统一划定。笔者建议最高人民法院，最高人民检察院会同中国证监会对证券市场领域的"数额较大"、"情节严重"、"造成严重后果"等进行标准量化解释，供各地人民法院在审理证券犯罪案件时参考和把握。证券市场的快速发展变化而引起的证券犯罪现象不是仅仅靠频繁立法所可以解决的，这也是不现实的，这时就应充分发挥司法解释的作用，以随时应付证券犯罪的突如其来的新形式、新变化。

2. 增设相应的证券犯罪罪名

2005 年修改的《证券法》用"违反本法规定，构成犯罪的，依法追究刑事责任"。(第 231 条) 这样一个笼统性的规定，代替了原有的《证券法》中的各个条文后面"达到×××程度，予以追究刑事责任"的规定，这是远远不够的。除现有的几个证券犯罪罪名外，笔者认为有必要增设以下罪名来弥补《刑法》现有罪名的不足：

(1) 增设"短线交易罪"(Shot-Swing Trading)。

从当今世界各国的证券立法情况看，大多数国家都将禁止交易的时间规定在 6 个月左右，并对在法律禁止证券交易期限内买卖特定证券的行为实行刑事处罚，以提高证券市场公正性，最大限度地保护投资者的合法权益。自美国 20 世纪 30 年代首开短线交易入罪的先河以来，日本、德国、荷兰和我国台湾地区等国家和地区都纷纷效仿，普遍接受对短线交易进行刑事处罚。⑨ 我国 2005 年修改的《证券法》虽规定，"上市公司董事、监事、高级管理人员、持有上市公司股份百分之五以上的股东，将其持有的该公司的股票在买入后六个月内卖出，或者

---

⑨　参见祝二军：《证券犯罪的认定和处理》，403 页，北京，人民法院出版社，2000。

在卖出后六个月内又买入，由此所得收益归该公司所有，公司董事会应当收回其所得收益。"但这种短线交易行为对其他股东或者投资者的侵害没有得到应有的处罚。之所以要增设短线交易罪，是为了"防止公司内部人员操纵市场行情，进行投机买卖，而不是潜在的内幕交易，其目的在于健全股市之发展、避免内部人员投机性交易，并维持市场交易的公平性。"⑩

短线交易罪的表述，笔者建议为："上市公司董事、监事、高级管理人员、持有上市公司股份百分之五以上的股东以及为股票发行或者上市公司出具审计报告、资产评估报告和法律意见书的专利机构和人员，在法律规定禁止交易的期间内，进行反向证券交易的行为，除三年以下有期徒刑或者拘役，并处非法所得一倍以上五倍以下的罚金。"

（2）增设"欺诈客户罪"。

当今世界很多发达国家对欺诈客户行为都规定为证券犯罪，如日本、韩国、美国和我国台湾地区，对证券公司未经过客户的委托，买卖、挪用、出借客户账户上的证券或者将客户的证券用于质押等非法处置客户证券的行为视为欺诈客户犯罪，受刑事处罚。

2005 年修改的《证券法》第 79 条规定："禁止证券公司及其从业人员从事下列损害客户利益的欺诈行为：

（一）违背客户的委托为其买卖证券；

⋯⋯⋯⋯⋯

（三）挪用客户所委托买卖的证券或者客户账户上的资金；

（四）未经客户的委托，擅自为客户买卖证券，或者假借客户的名义买卖证券；

⋯⋯⋯⋯⋯

（七）其他违背客户真实意思表示，损害客户利益的行为。

欺诈客户行为给客户造成损失的，行为人应当依法承担赔偿责任。"

笔者认为，对于欺诈客户的行为，如果已经达到严重危害社会，符合刑法的犯罪本质特征，应该定罪，并且应该有专门的"欺诈客户罪"。

欺诈客户罪与诱骗投资者买卖证券罪有很大的不同，最本质的区别是诱骗投资者买卖证券罪中的"诱骗"更偏向于通过非正常证券交易业务渠道利用欺骗手段诱骗客户，故意提供虚假资料，以伪造、变造或者销毁交易记录等手段诱骗投资者买卖证券，或者提供虚假的证券交易记录的数据、样式，导致客户因这种欺诈而陷于错误判断，这种行为显然已经脱离证券营业部日常经营范围；而欺诈客户犯罪中的"欺诈"则多指擅自为客户买卖证券，或者利用客户的名义进行证券

---

⑩ 吴光明：《证券交易法论》，272 页，台北，三民书局，1996。

交易。

欺诈客户罪的表述，笔者建议为："在证券交易中，有以下行为之一，造成严重后果、情节严重或者数额巨大的：

（一）违背客户的委托为其买卖证券；

（二）挪用客户所委托买卖的证券或者客户账户上的资金；

（三）未经客户的委托，擅自为客户买卖证券，或者假借客户的名义买卖证券。

对于上述行为，处3年以下有期徒刑或者拘役，并处或者单处1万元以上10万元以下罚金；单位犯前款的，对单位判处违法欺诈客户交易额一倍以上五倍以下罚金，并对其直接负责的主管人员和其他直接责任人员，处3年以下有期徒刑或者拘役。"

（3）增设非法承销证券罪。

我国《证券法》第190条规定，"证券公司承销或者代理买卖未经核准擅自公开发行的证券的，责令停止承销或者代理买卖，没收违法所得……"

《证券法》第191条规定，"证券公司承销证券，有下列行为之一的……

（一）进行虚假的或者误导投资者的广告或者其他宣传推介活动；

（二）以不正当竞争手段招揽承销业务；

（三）其他违反证券承销业务规定的行为。"

在我国《刑法》中找不到相应的罪名来规制承销商的非法行为，但行为人非法承销或者代理数额巨大的擅自发行的证券，造成严重后果的，已经达到犯罪的程度，构成犯罪。笔者认为应当设立专门的非法承销证券罪来追究承销公司代理买卖未经核准或者审批擅自发行的证券行为的刑事责任。非法承销罪与擅自发行股票、公司债券罪存在很大的不同，其根本的区别是擅自发行股票、公司债券罪属于一级市场证券犯罪，是违反发行程序和条件的非法发行行为，而非法承销证券罪，其重点在于直接承销或者代理没有经过国家有关部门批准的股票、债券，属于二级市场证券犯罪，是违反交易程序和条件的非法承销或者代理行为。

非法承销罪的表述，笔者建议为："承销或者代理买卖未经核准或者审批擅自发行的证券，数额巨大或者后果严重的，处三年以下有期徒刑或者拘役，并处或者单处非法承销或者代理资金金额百分之一以上百分之五以下的罚金；单位犯本罪的，对单位判处违法所得一倍以上五倍以下罚金，并对其直接负责的主管人员和其他直接责任人员，处三年以下有期徒刑或者拘役。"

3. 完善相关的刑法处罚与行政处罚之间的衔接

证券犯罪行为都必然触犯了有关的行政法规。但是厘清证券犯罪行为和一般的证券违法行为，是非常必要的。在定性和处罚上要做好相关的刑法处罚与行政处罚之间的衔接工作，划清二者之间的界限，有利于集中力量打击社会危害性程度严重的证券犯罪行为，防止打击面过大，影响刑罚的威慑作用的发挥。

4. 完善有关涉外机构及人员证券犯罪的相关立法

加入 WTO 之后，以及随着 QFII 和 QDII 的扩大，我国证券市场游戏规则已发生很大变化，过去形成的本土化的证券市场管理体制和经营理念必须在与国际证券市场接轨的过程中进行调整。⑪ 外来因素将与业已形成的相对稳定的本土证券市场习惯做法发生冲突，不可避免地也会产生许多新型证券犯罪。因此有关惩治证券犯罪和违规行为的刑事法律作出相应的调整，以便更加有效地预防和遏制证券犯罪。当然，这需要我们在立法上应当具有前瞻性。

（二）强化刑事司法对惩治证券犯罪的对策

在经济犯罪的司法对策中，刑事司法对策无疑是重点，其内容丰富并且在预防和惩治经济犯罪上更具有直接的意义。证券犯罪刑事司法对策，就是针对证券犯罪的特点和变化，在预防和惩治证券犯罪过程中应采取的策略方式和执法措施的总体。

1. 坚持"严而不厉"的惩治原则

证券犯罪的惩治原则当然要以刑法总则规定的"罪刑法定原则"、"罪责刑相应原则"等基本原则为指导。那种希冀通过提高法定刑、加大处罚力度来遏制证券犯罪的观点，显然是很天真的，也不符合刑罚轻缓化的发展趋势。正如白建军教授在回答如何遏制证券犯罪时所说，惩戒证券违法犯罪的关键在于加大司法的确定性，降低"暗数"，即要坚持"严而不厉"，而不是"厉而不严"。

如果能做到"执法必严"，使证券违法犯罪行为有比较大的机会受到惩戒，受到处罚的概率更大。只要伸手，就一定会被捉，这样，各个市场主体才不会有太大的侥幸心理，证券犯罪的行为才会减少。相反，如果"棒子很粗，举得很高，打下来的机会却很少"，违规成本实际上很低，在巨额利益的驱动下，更多人仍会铤而走险。而且，"厉而不严"也不符合法律公平、公正的原则。所以，笔者认为在惩治证券犯罪上，应该坚持"严而不厉"的原则。

"严而不厉"的"严"字重点体现在执法必严上。"徒法不足以自行"，我们的法律不是制定得不好，而是没有得到很好的贯彻和执行。我国《刑法》和《证券法》中关于证券犯罪的规定不可谓不多，但真正查处的案件不多，力度不够。执法体系的不完整，是造成证券市场违法成本低的另一重要原因。证券市场违法犯罪往往不单是涉及行政责任，仅靠单一的行政执法并不能达到惩戒目的，还必须把民事制裁和刑事制裁都配套起来。事实上，如果对证券市场少一些行政的限制和干预，把更多的问题交给法律去解决，结果并不可怕。美国 20 世纪 90 年代

---

⑪ 参见许前川：《论证券犯罪》，载《商场现代化》，2006（11）。

证券市场的违法违规现象并不比中国少，但美国证券市场中依法查处的案件却比中国多得多，许多藏在黑暗角落的证券违规案件都被曝光出来，都得到了及时处理，从而有力地维持了证券市场的良好秩序。

2. 加强证券犯罪刑事执法监督

加强证券犯罪的刑事执法监督，是强化证券犯罪刑事司法对策的一个重要的、不可忽视的环节。它对完善证券管理、堵塞证券业漏洞、维护社会主义法制原则，保证各项科学、合理和可行的证券法律、法规的贯彻落实，乃至于促进整个社会风气尤其是党风建设的根本好转，将起到重要作用。[12] 我们不应该因为害怕丑闻公司的出现，而不敢推动市场化进程。在完善各项市场机制的同时，应该增加证券监管机构查处的权利和手段，增加证券监管人员事后严查案件的意识，用事后严处带来的威慑力来弥补市场监管机制的可能漏洞。

从证券业自身监督机制看，国家证监会作为监督管理执行机构，从客观上对证券发行与交易进行管理和监督，并拟定政策、规章和一些重大事项。各国对证券交易所都明确规定，一般投资者不能直接进行交易，只有证券商、经纪人才能代理买卖双方进入交易所参加交易。交易所对成交价格、成交单位、成交后的结算都有严格的规定，并且对交易所内部人员也严加约束。如遇有利用内部情报、操纵价格、垄断欺诈等行为和事件发生，也作相应规定予以严厉制裁。它对刑事执法也起到不可忽视的作用。我国应当借鉴外国的先进制度加强对证券市场的监督。此外，要注意加强证券犯罪外部监督机制的功能，尤其是在市场经济条件下检察机关的法律监督职能。严格区分罪与非罪的界限，对非法发行证券、证券欺诈、内幕交易、操纵证券市场、在有关文件中作虚假说明和陈述以及证券从业人员为他人买卖股票提供其他便利，从中收受贿赂、侵吞公司或客户资金或挪用公司、客户资金、股票进行炒股牟利等危害大、情节严重构成犯罪的行为，要坚决依法打击。为了使检察机关法律监督职能在惩治证券犯罪的实际中能得到落实，有必要补充现行法律，赋予检察机关实施法律监督相应的处置权。包括拘留、通缉、侦查中的监听、窃听、录音、录像、秘密搜查等，以保证及时、有效处理证券犯罪案件。使证券犯罪的刑事执法监督名副其实、证券市场平稳健康发展。

3. 加大对单位证券犯罪的打击力度

在我国证券犯罪的实践中，单位犯罪现象十分严重。单位较之自然人具有人员多、技术强、具有经济、技术、信息等优势，其实施证券犯罪的规模都比较大并且危害性比一般的自然人犯罪更为严重，对我国的证券市场所造成的损害更为巨大，所以，进一步加强对于单位证券犯罪的打击将成为今后防治证券犯罪工作的重心。最近，媒体大肆报道的"杭萧钢构案件"中，中国证监会已经对涉案的

---

⑫　参见高格、于秀峰：《证券犯罪的刑罚适用与司法强化》，载《法律适用》，1995（6）。

单位进行了处罚，但这种处罚只是轻微的行政处罚。该案已经进入了刑事司法程序，如果法院通过审判，能对涉案单位进行刑罚处罚，其效果会更好，更能使其他证券犯罪行为得到遏制。

4. 加强侦查队伍的专业性建设，提高侦查人员的素质

加强司法实践部门对证券犯罪理论学习，提高识别证券犯罪的能力，不仅要对股票、基金、期货交易、股票指数和认股权证等证券品种的认识，还要对内幕交易、泄露内幕信息罪、短线交易、非法承销、欺诈客户等证券犯罪产生原因、犯罪手段、主体特征等进行研究，逐渐提高司法实践部门对证券犯罪认定准确性和处罚精确性。

我国目前已经在逐步加强证券犯罪的侦查队伍的建设。例如：自公安部成立经济犯罪侦查局之后，至 2000 年 5 月，全国各地的经侦队伍也相继组建；据《财经》杂志 2007 年 7 月号透露，一个专门针对证券犯罪的调查机构——证监会稽查二局，即证券犯罪侦查局即将成立；据人民网介绍，在 2003 年全国公务员招考中，公安部证券犯罪侦查局共招聘 48 人，其中总局 12 人、地方分局 36 人。但经侦队伍尚处于建设之初，专业力量仍显不足。但这个年轻的队伍人员有限，装备落后，对日益增多的各种经济犯罪的查处已颇感力不从心，对证券犯罪的查处更显得微不足道。据了解，经侦部门的负责人相当一部分从刑侦部门转入，对经济犯罪的认识尚且不足，对证券犯罪就更生疏了，并且经侦人员侦查证券犯罪的业务能力偏低。⑬ 近年来，各地经侦部门都从非公安院校中引入相关专业的毕业生以对付专业性较强的犯罪。但是，证券市场是全国性的网络交易市场，证券交易的无纸化，使其技术问题、操作问题也不是财经院校的毕业生都能把握好的，更何况他们在短期的培训之后，在法律意识上、侦查技能上和身体素质上还可能差强人意。经侦部门查处证券犯罪的困难又体现了出来。所以有必要进一步加强当前侦查队伍的建设以对付证券犯罪。

5. 加强防治证券犯罪的国际交流与合作

国外的许多发达国家如美国、日本等其证券市场的发展已有相当长的时间的历史了，如美国 1933 年就出台了《证券法》，将证券犯罪从传统的犯罪中分离出来，明确地在立法上予以规定，以便有效地惩治此类犯罪。其证券市场之所以能够如此健康、稳定地发展同其防治证券犯罪所做的这些努力是分不开的。我们有必要根据我国自身的特点，立足于我国的实际，借鉴其他国家成功的做法与经验。

除了经验的交流与学习之外，对于打击证券犯罪，尤其是涉外证券犯罪的交

---

⑬　参见《浅析我国证券犯罪的成因及对策》，载 http://www.03dm.cn/zhengzhi/faxue/200512/38894_2.html。

流与合作，没有国际刑警组织及其他相关的国际组织、机构以及其他国家的支持是难以取得成功的。随着 QFII 额度的扩大，海外资本大肆进入了我国的证券市场，随着形势的不断发展变化，将来对证券市场的规范必须依靠国际间的交流与合作。

证券犯罪是与证券市场相生相伴的产物，国外的实践已经证明，即使是在证券市场十分成熟和发达的国家，证券犯罪也是常见的。我们不能因噎废食，而应该未雨绸缪。实现证券本身的真实性和合法性；实现证券信息知悉、传播、利用过程的公平性和合法性；实现交易资金经管、使用环节的公正性、诚实信用性和合法性。以此作为我们惩治证券犯罪司法对策的出发点和立足点，及时发现证券市场中的新情况、新问题，总结防范证券犯罪的经验，研究防范证券犯罪的对策，为证券市场的健康发展保驾护航。

论伪造、变造国家有价证券罪的司法认定

魏　东*

根据现行《刑法》第 178 条的规定，所谓有伪造、变造国家有价证券罪，是指伪造、变造国库券或者国家发行的其他有价证券，数额较大的行为。在认定本罪时，司法实践和理论上都存在不少具有争议的问题，尤其是以下一些问题值得认真检讨：

一、关于本罪构成特征方面的若干问题

（一）本罪的客体要件和犯罪对象问题

一般认为，伪造、变造国家有价证券罪侵害的客体是正常的国家有价证券管理秩序。本罪的犯罪对象，是国家有价证券，即国库券和国家发行的其他有价证券。其中，国家发行的其他有价证券，主要指由中央政府、财政部和国家银行发行的除国库券以外的各种国家债券，包括财政债券、国家建设债券、国家重点建设债券、特种国债、保值公债以及国家银行金融债券等有价证券。国家有价证券的发行和兑付，都由国家政府、国家银行负责，具有可靠的保证和良好的信誉，收益高而风险小，逐渐成为个人和单位投资的上佳选择。现实生活中，国家有价证券也容易成为遭受侵害的"目标"，一些违法犯罪分子大肆进行伪造、变造国家有价证券的违法犯罪活动，从而直接妨害了正常的国家有价证券管理秩序，扰乱金融秩序，并且往往给国家、投资单位和个人造成重大损失，具有极严重的社会危害性。

与本罪的犯罪对象有关，有几种特殊情况需要讨论：一是关于伪造、变造外国国家有价证券行为的定性问题；二是关于伪造、变造作废无效的国家有价证券行为的定性问题；三是关于"伪造"（实质即"非法制造"）客观上本来就不存在，但在外观上具有国家有价证券的外观、格式并能够使一般人信以为真的"假

---

* 魏东，法学博士，西南政法大学博士后流动站研究人员，四川大学法学院教授，硕士生导师。

国家有价证券"行为的定性问题。

1. 关于伪造、变造外国国家有价证券行为的定性问题。对此，目前理论界主要有两种观点①：一种观点认为，外国国家有价证券可以成为伪造、变造国家有价证券罪的犯罪对象，因此，对于伪造、变造外国国家有价证券且数额较大的行为，应定伪造、变造国家有价证券罪；另一种观点则相反，认为本罪犯罪对象不包括外国国家有价证券，而应仅限于我国的国家有价证券，对犯罪对象不能任意扩大，因而，对于伪造、变造外国国家有价证券的行为，不能以本罪论处，但对于其中伪造、变造外国国家有价证券后又骗取他人数额较大的财产的，可按诈骗罪论处。笔者认为，上述第一种观点可取。理由是：其一，《中华人民共和国刑法》（以下简称《刑法》）第 178 条规定的伪造、变造国家有价证券罪并没有明确规定其犯罪对象仅限于本国的国家有价证券，也没有明确规定其犯罪对象不包括外国国家有价证券。因此可以认为，本罪的犯罪对象应该是既包括我国的国家有价证券，也包括外国国家有价证券。这与国外许多国家的立法例也是相一致的，即把伪造外国有价证券与伪造本国有价证券都规定为伪造有价证券罪。② 其二，同伪造货币罪的犯罪对象包括本国货币和外国货币一样，本罪的犯罪对象理应包括本国国家有价证券和外国国家有价证券。这主要是因为，随着经济全球化和国际贸易、国际交往的发展，对各国货币、国家有价证券进行有效的法律保护已成为各国共同的任务，尤其是东南亚金融危机更加直观、明确地表明了世界各国金融的相互依赖性，可以说是一损俱损，因而刑法基于世界主义的立场理应惩罚伪造、变造本国和外国的国家有价证券的行为。③

2. 关于伪造、变造作废无效的国家有价证券行为的定性问题。对于这个问题，应针对具体情况进行具体分析。笔者认为，大致可以分为以下几种情况来分析：其一，如果行为人事先并不知道是作废无效的国家有价证券而当作有效的国家有价证券进行伪造、变造，数额较大的，应该认定为伪造、变造国家有价证券罪。在这种情况下，查明行为人的主观故意具体内容十分重要。当然，如果行为人在发现是针对已经作废无效的国家有价证券而进行伪造、变造后，就不再进行伪造、变造，也没有利用其伪造、变造的国家有价证券骗取钱财，则可视为情节轻微、危害不大，不以犯罪论处。其二，如果行为人明知是已经作废无效的国家有价证券，而进行伪造并向不知情的他人进行兜售，骗取财物，数额较大的，应认定构成诈骗或有价证券诈骗罪。

3. 关于"伪造"客观上不存在，但在外观上足以使一般人信以为真的"假

---

① 参见陈正云主编：《金融犯罪透视》，31 页，北京，中国法制出版社，1995；程小白、胡晓明主编：《经济诈骗犯罪及其对策》，340～341 页，北京，警官教育出版社，1998。

② 参见陈正云主编：《金融犯罪透视》，91 页，北京，中国法制出版社，1995。

③ 参见魏东主编：《证券犯罪的认定与侦查》，46 页，北京，群众出版社，1999。

国家有价证券"的行为的定性问题。对此，目前理论界主要有两种观点④：一种观点认为，应构成伪造国家有价证券罪；另一种观点认为，不能构成伪造国家有价证券罪，但如果伪造假国家有价证券，并据此骗取财物且数额较大的，可构成诈骗罪。

笔者认为，伪造客观上本来不存在，但在外观上酷似国家有价证券并能使一般人信以为真的"假国家有价证券"，即所谓"独创、首创"假国家有价证券的行为，可以认定为伪造国家有价证券罪。这正如伪造足以使一般人误认为是货币的假货币的行为，例如根据人民币的一般形状、基本特征等自行设计制作出面值为 1 000 元的假货币，在这种情况下，虽然客观上不存在与伪造的货币相当的真货币，但由于其在外观上足以使一般人认为是货币（尤其是外国货币更易蒙骗人），因而不能排除这是伪造货币行为。⑤ 这种看法，在国外也得到了理论支持。⑥ 这种独创性地设计制作足以使一般人误认为是真的假国家有价证券行为，之所以可以认定为伪造国家有价证券罪，其主要原因同样在于，它严重侵害正常的国家有价证券管理秩序。当然，如果行为人出于骗财目的，其独创性地设计制作的假国家有价证券足以使一般人都误认为真，并据以实施骗财行为，且数额较大的，同时触犯有价证券诈骗罪和伪造国家有价证券罪，则按牵连犯从一重处断原则进行处理，即可按有价证券诈骗罪论处，并从重处罚。

（二）本罪的客观方面问题

伪造、变造国家有价证券罪的客观方面，表现为行为人实施了伪造、变造国库券或者国家发行的其他有价证券，数额较大的行为。可见，本罪客观方面的特征主要有以下两点：

1. 行为人必须实施了伪造、变造的行为。"伪造"，是指行为人没有得到合法授权而依照真实的国库券或者国家发行的其他有价证券的形状、格式、图案、色彩、纸张质地、面额价值等，通过印刷、复印、拓印、影印以及绘制等各种方法，非法制造假的国家有价证券冒充真的国家有价证券的行为。行为人的伪造手段，随着社会的发展和科技的进步也在不断地"改进"。例如，在 20 世纪 70、80 年代出现的伪造假币、假证券案件中，行为人所采用的伪造手段基本都是比较原始的，费时费力，如临摹描画、拓印加工、揭页粘贴等，既容易辨伪，而且数量不是很大。但近年来，犯罪分子逐渐利用复印机、打印机、扫描机和高级电脑等高科技成果和手段，即使不精通伪造、印刷技术也能伪造出真伪难辨的假币和有

---

④ 参见程小白、胡晓明主编：《经济诈骗犯罪及其对策》，342～343 页，北京，警官教育出版社，1998；陈正云主编：《金融犯罪透视》，88～89 页，北京，中国法制出版社，1995。

⑤ 张明楷：《刑法学》（下），625 页，北京，法律出版社，1997。

⑥ 参见［日］大塚仁：《刑法概论（各论）》，增补版，399～400 页，东京，有斐阁，1992。

价证券来，并且伪造能量极大增强。在认定"伪造"行为时应注意，行为人制造假的国家有价证券的行为必然是没有得到合法授权的非法行为。国家有价证券只能依法由国家政府或银行指定的单位承印，除此之外其他任何单位和个人不得非法制作印刷；而伪造国家有价证券的行为人，恰恰是在没有得到合法授权的情况下实施了非法制造国家有价证券行为，具有明显的违法性。

"变造"，是指行为人在真实的国库券或者国家发行的有价证券的基础上，通过剪贴、挖补、粘接、拼凑、覆盖、涂改等手段，改变其面值或者增加其数量的行为，变造国家有价证券的行为，由于受作案方法本身的限制，一般不如伪造行为的"生产能量"大；但随着变造手段的翻新，以及国库券或者国家发行的其他有价证券面额的增大，就使得大量变造国家有价证券成为可能，因而应当对其予以犯罪化。

上述"伪造"与"变造"两种行为，行为人只要实施了其中一种行为，即构成本罪；如果行为人同时实施了伪造与变造的行为，仍然只构成本罪一罪。但如果行为人没有实施伪造或者变造的行为，而是利用其他票证假冒国家有价证券以骗取他人财物的，则由于行为人的行为不符合本罪客观方面的特征而不能构成本罪；但如果行为人骗取他人财物数额较大，可以以诈骗罪或金融诈骗罪（如票据诈骗罪、有价证券诈骗罪等）论处。

2. 行为人伪造、变造的国库券或者国家发行的其他有价证券，其数额较大，这是构成本罪在客观方面的定量特征。根据《刑法》第178条的规定，在认定伪造、变造国家有价证券行为是否构成犯罪时，"数额较大"是一个重要标准：达到"数额较大"，行为人的行为即构成本罪；若没有达到"数额较大"，则不构成本罪，应以一般违法行为处罚。

如何确定"数额较大"以及"数额较大"的具体数量标准是多少？这些问题，法律没作明确规定，有待司法解释进一步作出明确规定。对于前述第一个问题，有学者认为包括两种情况：一是伪造、变造的国库券或者其他政府债券的"份数、张数"达到一定数额；二是伪造、变造的国库券或者其他政府债券的"票面金额"累计达到一定数额，并且认为，这两个数额只要达到其中一个即可构成犯罪。[⑦]笔者认为，这种理解虽有一定道理，并且也符合《刑法》第178条规定和以往司法解释的基本精神；但从法律逻辑上讲并不科学。事实上，在解释《刑法》第178条所规定的伪造、变造国家有价证券罪的"数额较大"、"数额巨大"和"数额特别巨大"时，应该是以行为人所伪造、变造的国家有价证券的"票面金额"累计数额为依据的，而不可能以其"份数、张数"为依据；即使过去司法解释中提出可以其"份数、张数"为依据，对于处理那些仅仅依据伪造、

---

⑦　参见孙际中主编：《新刑法与金融犯罪》，131页，北京，西苑出版社，1998。

变造出半成品性的国家有价证券（例如未来得及制作出票面额即被破获）案件很实用，即计算出其"份数、张数"即可解决其是否达到"数额较大"的问题。笔者认为，这种做法不科学，因为：半成品性的国家有价证券还不能视为"伪造、变造的国家有价证券"，也不能在社会上欺骗人，更不能在社会上流通，所以不能以其为依据来判断"数额"大小；半成品性的国家有价证券同其他备用的纸张、机器设备等并无实质的区别，它们只不过都是犯罪工具而已，显然不能把它们都视为"伪造、变造的国家有价证券"并且以其"份数、张数"为依据来计算"数额"大小。⑧ 所以，笔者认为，在确定"数额较大"时，应以伪造、变造的国库券或者其他政府债券的"票面金额"累计数为依据，来判断其数额是否较大，而不宜以其"份数、张数"为依据。至于伪造、变造国家有价证券"数额较大"的具体数量标准，在正式的司法解释出台以前，我们认为可以参照新刑法颁行前所用的有关司法解释的基本精神，即以 1 000 元以上不满 30 000 元为"数额较大"的标准。⑨

（三）本罪的主体和主观方面问题

伪造、变造国家有价证券罪的主体，可以是自然人和单位。作为本罪主体的自然人，必须是达到法定刑事责任年龄（已满 16 周岁）、具有刑事责任能力的自然人。作为本罪主体的单位，指《刑法》第 30 条规定的公司、企业、事业单位、机关、团体。

伪造、变造国家有价证券罪的主观方面，只能是故意，并且一般具有获取非法利益的目的。关于故意，行为人在主观上必须明知自己所实施的是伪造、变造国库券或者国家发行的其他有价证券的行为，并且明知这种伪造、变造行为会发生危害社会的结果，而希望或者放任这种危害结果发生。可见，本罪主观方面的故意，既包括直接故意，这是绝大多数情况（此种情形下行为人主观上往往具有获取非法利益的目的）；还包括间接故意（此种情况下行为人主观上不一定具有获取非法利益的目的）。

关于本罪主观上是否必须具有获取非法利益的目的（或营利目的等），对于这一问题，理论界多数倾向于肯定回答，但在具体表述上又有明显差异。有的论者说得比较绝对，不承认有例外，如认为"行为人在主观上只能是出于故意，并且具有营利目的。如果行为人不具有营利的目的……则不能构成本罪"⑩；或者认为"本罪在主观方面必须是故意，并且以伪造、变造国家债券获取非法利益为

---

⑧ 参见魏东主编：《证券犯罪的认定与侦查》，49～50 页，北京，群众出版社，1999。

⑨ 参见最高人民法院：《关于办理伪造国家货币、贩运伪造的国家货币、走私伪造的货币犯罪案件具体应用法律的若干问题的解答》（1994 年 9 月 8 日）。

⑩ 王新：《金融刑法导论》，187 页，北京，北京大学出版社，1998。

目的，即行为人伪造、变造政府债券是为了进一步使用，使其进入市场，进行国债交易或兑取现金"⑪。但另外一些论者在用语上留有余地，并不强调行为人主观上必须具有营利目的，而是冠以"一般"等修饰语，意在说明其尚有例外。如赵秉志教授主编的《新刑法教程》一书认为，伪造、变造国家有价证券罪"在主观方面必须由故意构成，并且一般具有谋取非法利益的目的"⑫。此外，相关论文也用"一般"说法，如认为伪造、变造国家有价证券罪"在主观上是故意犯罪，一般具有谋利的目的"⑬ 等等。笔者认为，从《刑法》第178条的规定和司法实践来看，营利目的并不是伪造、变造国家有价证券罪主观上必备要素，即使行为人主观上并不具备营利目的也可以构成本罪；另一方面，我们也承认这样一种现实，即绝大多数情况下行为人主观上是具有营利目的的，但这是另外一个问题，这并不等于说本罪主观上必须具有营利目的。例如，行为人出于好奇或者显示才能的动机，或者为报复社会等非营利目的，先后故意伪造、变造数额较大的国库券或者其他有价证券，则行为人的行为符合伪造、变造国家有价证券罪的主客观构成要件，应认定为成立本罪。

二、关于本罪与其他伪造、变造型犯罪的界限问题

现行刑法规定的伪造、变造型犯罪除本罪之外主要有以下罪名：（1）伪造货币罪；（2）变造货币罪；（3）伪造、变造、转让金融机构经营许可证罪；（4）伪造、变造金融票证罪；（5）伪造、变造股票、公司、企业债券罪；（6）伪造、出售伪造的增值税专用发票罪；（7）伪造、倒卖伪造的有价票证罪；（8）伪造、变造、买卖国家机关公文、证件、印章罪；（9）伪造公司、企业、事业单位、人民团体印章罪；（10）伪造、变造居民身份证罪；（11）辩护人、诉讼代理人伪造证据罪；（12）帮助毁灭、伪造证据罪；（13）伪造、变造、买卖武装部队公文、证件、印章罪等等。这些伪造、变造型犯罪，大致可分为三种情况：一是伪造、变造货币、有价证券、金融票证、增值税专用发票等直接破坏市场经济秩序的犯罪，如前述第1～7项所列罪名。以及伪造、变造国家有价证券罪，共8项罪名；二是伪造、变造公文、证件、印章等直接危害社会管理秩序或者国防利益的犯罪，如前述第8～10项和第13项所列罪名，共4项罪名；三是伪造、变造刑事、民事、经济、行政证据而直接妨害司法公正、司法管理秩序的犯罪，如前述第11～12项所列的2项罪名。

本罪与其他伪造、变造型犯罪既有联系也有区别。联系是：在客观行为方面

---

⑪　孙际中主编：《新刑法与金融犯罪》，131页，北京，西苑出版社，1998。

⑫　赵秉志主编：《新刑法教程》，546页，北京，中国人民大学出版社，1997。

⑬　丁慕英等主编：《刑法实施中的重点难点问题研究》，681～688页，北京，法律出版社，1998。

具有相似性，即都实施了伪造、变造行为，这种行为只能采取作为方式；在主观上都只能由故意构成，过失不能构成犯罪。从区别来看，主要有以下几个方面：

一是犯罪对象各别。伪造、变造国家有价证券罪的犯罪对象是国库券或者国家发行的其他有价证券；而其他伪造、变造型犯罪的犯罪对象都不是国库券或者国家发行的其他有价证券，而是除此之外的其他物品如货币、金融票证、股票、公司、企业债券、增值税专用发票以及各种公文、印章、证件、诉讼证据等。这种对象上的区别是十分明显和容易进行区分的。例如，如果行为人伪造、变造的对象是金融票据和金融凭证（具体包括汇票、本票、支票、信用证、信用卡及其他结算凭证），或者是股票、公司、企业债券，则很明显，行为人的行为就只可能构成伪造、变造金融票证罪或伪造、变造股票、公司、企业债券罪，而不可能以本罪论处。所以，区别和正确认识伪造、变造行为的具体对象十分重要，这是划清本罪与其他伪造、变造型犯罪的关键。

二是犯罪客体不同。这一点，是同前述犯罪对象不同相联系并由它所决定的。总的来说，伪造、变造货币、国库券或国家发行的其他有价证券、股票、公司或企业债券、金融票证等的犯罪，直接破坏了金融秩序；伪造增值税专用发票罪危害国家正常的税收征管秩序；伪造、变造公文、证件、印章的犯罪侵害了社会管理秩序或者国防利益；伪造、变造证据的犯罪妨害了正常的司法秩序，正因为犯罪对象不同，从而决定了各自所侵害的具体法益不同。就本罪而言，由于本罪的犯罪对象是国家有价证券，就决定了本罪的直接客体是正常的国家有价证券管理秩序，而不是一般的金融秩序。

三是构成犯罪的客观方面不同。就本罪而言，《刑法》第178条规定必须具备"数额较大"才能构成犯罪；而其他有些伪造、变造型犯罪在客观方面并不都是如此要求的。例如，伪造货币罪和伪造、变造金融票证罪，在客观方面就没有数额或后果等的要求，实际上多数伪造、变造型犯罪客观方面都无数额的规定；而帮助毁灭、伪造证据罪，在客观上要求"情节严重"才能构成犯罪。

四是犯罪主体不同。就本罪而言，犯罪主体既可以是自然人，也可以是单位；类似的还有伪造、变造股票、公司、企业债券罪，伪造、变造金融机构经营许可证罪等罪。但有些伪造、变造型犯罪，其主体只能是自然人，而不能由单位构成，如伪造货币罪、变造货币罪，伪造、变造武装部队公文、证件、印章罪等就是只能由自然人构成的犯罪。

五是主观方面的具体内容不同。就本罪来说，行为人明知的内容是，自己所实施的行为是伪造、变造国库券或者国家发行的其他有价证券的行为，并且这种行为会发生危害社会的结果，而希望或放任这种危害结果发生；行为人主观上一般具有营利目的，但并不以此为必要要素。而其他伪造、变造型犯罪的主观方面，行为人所明知的具体内容、主观上意志因素以及是否具备某种特殊目的等方面，都与本罪的主观方面有区别。例如，伪造货币罪的主观方面，行为人明知的内容是自己所实施的行为是伪造货币的行为，显然与伪造、变造国家有价证券罪主观方面的"明知"内容不同；辩护人、诉讼代理人伪造证据罪的主观方面，行为人明知的内容是自己所实施的行为是伪造证据的行为，主观上一般不具备营利目的，这显然也与伪造、变造国家有价证券罪的主观方面相区别。

三、关于本罪的罪数形态问题

实践中，常常出现这样一些情况：行为人在实施伪造、变造国家有价证券罪的过程中，其方法行为或结果行为又触犯其他罪名，或者行为人同时又实施了其他伪造、变造型犯罪或其他犯罪，从而涉及罪数形态问题。笔者认为可分以下几种情况来分析处理：

其一，伪造、变造国家有价证券罪的方法行为构成他罪，二者成立牵连犯的情况。例如，行为人在实施本罪的过程中，其方法行为即伪造、变造、买卖国家机关公文、证件、印章的行为又触犯了伪造、变造、买卖国家机关公文、证件、印章罪成立牵连犯，应依从一重处断原则论处，即依本罪论处，而不实行数罪并罚。

其二，行为人以伪造、变造国家有价证券行为作为方法行为，其目的行为是实施有价证券诈骗罪的行为，分别成立伪造、变造国家有价证券罪和有价证券诈骗罪，亦构成牵连犯。对此，亦应依从一重处断原则论处；但由于此两罪的法定刑完全一样，我们认为宜以其中任何一罪论处，并适当从重处罚。

其三，行为人既实施了本罪行为，又实施了其他的伪造、变造型犯罪或者其他犯罪，但本罪与他罪之间又不成立牵连犯或吸收犯的情况，应实行数罪并罚。例如，行为人先实施了伪造、变造国家有价证券罪，接着又实施了伪造股票、公司、企业债券罪和伪造货币罪，如果三罪都未经审判并且没超过追诉时效，即应认定行为人的行为构成三罪，并以三罪实行数罪并罚。再如，行为人既实施了伪造、变造国家有价证券罪，又实施了操纵证券交易价格罪，则应认定行为人的行为构成了此两罪，并应实行数罪并罚。

四、关于本罪的共犯形态问题

本罪的实施往往涉及相对复杂的过程和若干环节，因而在实践中有许多犯罪是以共同犯罪形态出现的，需要予以正确认定。共同犯罪是指二人以上共同故意犯罪，依刑法规定，共同犯罪的成立条件有三：一是犯罪主体必须是二人以上（包括二人）；二是主观上必须有共同故意；三是客观上必须有共同的犯罪行为。

所以，认定共同犯罪必须从这三个条件着手来考虑，同时具备的方能认定成立共同犯罪。

就伪造、变造国家有价证券罪而言，其共同犯罪的成立条件是：（1）犯罪主体必须是二人以上。所谓二人以上，实际含义是指，犯罪主体至少是二人，犯罪主体可以超过二人。有些时候，实施本罪的主体可能是数人甚至数十人，很明显地符合本罪共同犯罪的主体数量条件。但应予注意：其一，在自然人构成共同犯罪的场合，至少有二人或二人以上是达到法定刑事责任年龄、具有刑事责任能力的自然人。如果仅有一人具有刑事责任能力而其他人都不具备刑事责任能力，则显然不符合共同犯罪的主体条件，即不能成立共同犯罪。其二，本罪主体可以是单位，因此，自然人与单位可以构成本罪的共同犯罪，两个以上的单位也可以构成本罪的共同犯罪。但如果仅有一个单位犯罪，则其中直接负责的主管人员和其他直接责任人员与其单位不成立共同犯罪，而只能认定为一个单位犯罪，应依照单位犯罪的处罚规定追究刑事责任。（2）各共犯在主观上必须有共同故意。这里的共同故意有两层意思：一层意思是，各共犯具有相同的犯罪故意，即都明知自己是在实施伪造、变造国家有价证券的行为，并且明知这种行为会发生危害社会的结果，而希望或放任这种危害结果发生的主观心理态度；二层意思是，各共犯在主观意思上彼此相通，都认识到自己是在同他人一道共同实施伪造、变造国家有价证券的行为，而不是自己单个人孤立地实施这种犯罪。（3）各共犯在客观上必须有共同的犯罪行为。各共犯在共同实施伪造、变造国家有价证券犯罪过程中，可能有一定分工，如有的共犯筹资、购置犯罪工具和设备，有的共犯进行技术指导，有的共犯进行实际操作并将伪造、变造的假国家有价证券"成品"制作出来，有的共犯则负责库存和外销，等等，但这些共犯的行为是一个整体，各共犯的行为都是共同的伪造、变造行为的有机组成部分。

洗钱罪

◇ 日本的金融监看制度

    ——犯罪收益转移防止法与律师的作用

◇ 反洗钱法律与法规

    ——内地与香港之比较

◇ 反国际洗钱犯罪面临的问题与应对

◇ 全球化视野下洗钱犯罪的刑法立法对策浅探

    ——以我国加入的国际公约为参照

◇ 中国洗钱犯罪规定与国际公约规定的对接

◇ 洗钱罪共犯问题研究

    ——兼论事后不可罚行为的处罚

◇ 洗钱罪的立法完善研究

    ——与国际公约相对照

◇ 洗钱罪若干问题研究

◇ 洗钱罪刑事立法的反思与完善

    ——以《联合国反腐败公约》为视角

◇ 地下钱庄在资金非法跨境转移中的作用及刑事法制的对策

日本的金融监看制度
——犯罪收益转移防止法与律师的作用

[日] 村冈启一* 著 刘隽** 译

在全世界的律师之间，如何对应"金融监看"（Gatekeeper）制度成为一个大的问题。当初，律师之间甚至将其混同于世界杯中的足球守门员了，所以，在乍一听"看门者"就马上能够理解其内容的人不多吧。关于金融监看制度，简单地说，是指作为封堵洗钱（资金洗净）与恐怖活动资金的对策，想要把律师、注册会计师等专业技术职务人员作为金融交易的门卫（Gatekeeper）的制度（译者注：即监看金融交易）。如果更为容易理解的说，就是指，专业技术职务人员如果从顾客的秘密信息中发现有洗钱可能性的"可疑交易"，瞒着顾客将该信息通传给搜查机关。因为其中包括关系到应以管理秘密为法律专业职务的义务的根源性问题，所以这在世界范围内都是个大问题，即便将英文 Gatekeeper 就这样直译为"门卫制度"，问题的本质也不显现出来。关于这个问题，日本律师联合会（以下简称"日辩联"）展开了强有力的反对运动，连一般的市民也懂得将其命名为"律师向警察进行的密告制度"。各位，这样，问题的本质就稍微显现出来一些了吧？

当初，日本政府是打算通过国家考试，授予资格给应该担任"门卫"的专门技术职务人员，从而建立一项独立的职业（profession），即原本的意图是，并不仅限于律师与注册会计师，在监督官厅（法务省，知事等）的监督之下，扩大至被授予资格的司法代书者、行政代书者、理税师各行业。总之，是打算将一般与顾客（即委托人）之间存在"保密义务"关系的专业职务人员，全都作为金融交易的"门卫"。因此，稍微修正一下"日辩联"的命名，叫作"所有的专业职务人员向警察进行的密告制度"应更为正确吧。

不过，日本政府的这个计划，受到以"日辩联"为首的市民们的强有力反

* 村冈启一，日本一桥大学大学院法学研究科教授。

** 刘隽，中国人民大学法学院刑法学专业 2006 级博士研究生。

对，反对运动的结果是，该计划不得已进行了大的变更。在日本，2007年3月施行的第一部金融监控法即《有关防止犯罪收益转移的法律》规定，上述五种职业人（辩护律师、注册会计师、司法代书人、行政代书人、理税师）被包括在协助防止洗钱的对象事业者之中，但是，他们被排除于具有"可疑交易"报告义务的对象事业者之外。即，转变为即使不"检举"也可以。

由于我从最初就开始反对该法案，并且在立法过程中也一直持反对意见，所以，从现在来说，作为反对运动的成果，能够回避将律师当作金融交易的"门卫"，可以说我是成功的。不过，由于日本政府并非放弃了在将来以律师为首的上述五种职业作为"门卫"的构想，因此，今后一定会有基于同样目的的立法活动的到来。所以，阻止了目前的立法化只是暂时的成功，我认为问题依然存在。在这里，我想利用这次被邀请的机会，向诸位说明，对诸位而言还不大熟悉的该金融监控制度的背景与问题点，同时，我还想试着就今后日本立法的展望谈一谈。最近，听说中国也加入了后述的 FATF 组织，那样一来，我认为，中国的律师围绕着洗钱的规制终归也要面临同样的问题的。

1. 背景

(1) FATF 组织关于洗钱规制的建议。

通过毒品买卖、人身买卖所带来的收益，钻了税务申报的漏洞成为合法资金后，就叫作洗钱（资金洗净），是通过又一个犯罪手段使犯罪资金回转到正常经济的活动。由于大规模的资金洗净是超越了国境，由国际犯罪组织集团实施进行的，所以资金洗净的犯罪对策成为国际性课题。成为这种国际性资金洗净对策指挥部的是 FATF 组织[①]（金融活动工作组），该组织制订的"40 条建议"成为事实上的资金洗净对策的国际基准。只不过是，连世界性的国际机构都不算的 OECD（译者注：经济合作发展组织）成员国的政府间组织 FATF 的建议，是怎样在国家间具有如此大的影响力的？这是因为，违反该建议的国家在国际金融交易市场，受到了由他国金融机构进行的，严重的调查以及对抗措施，这样的不利对待。该组织 1990 年制订的最初建议仅仅是以药物犯罪收益的洗钱行为为规制对象，通过 1996 年的修改，将规制对象的前提犯罪从药物犯罪扩大至一般的重大犯罪。与此同时，科以金融机构对有资金洗净怀疑交易的报告义务。其结果是，我国的金融机构致力于确认顾客本人是谁，如果判断为可疑交易时，向金融厅报告可疑交易。[②] 金融机构成为最初的"市场的门卫"（Gatekeeper）。并且，

---

① 是 Financial Action Task Force on Money Laundering 的略称，是在 1989 年，根据西方七国首脑会议提出的 7 月 16 日经济宣言，以 OECD 加盟各国为中心建立的，为了推进洗钱犯罪的对策而设立的政府间机构组织，FATF 事务局被放置于 OECD 机构内。

② 根据的是金融机构本人确认法以及有组织犯罪处罚法。

在 2003 年修订的 FATF 的 "40 条建议"③ 中，"门卫" 从金融机构扩大至一般的金融交易业者，与此同时，即便是被称为专业职业人员的律师、公证人、其他法律专业职业人员以及会计师，在从事一定的金融交易时，该组织也规定其有确认顾客本人的义务、记录的保存义务以及可疑交易的报告义务（建议第 16 条 a）。那么，法律专业职业人员有上述义务的一定金融交易范围有哪些呢？根据建议的规定，是指不动产买卖、委托人的资产管理、银行存款等账户的管理、公司设立出资的汇总、法人等的设立运营、企业的买卖（建议第 12 条 d）。因此，只有将金融交易作为专业的特定的律师不被作为规制的对象，全国无论哪个城市的普通法律专业职务人员，在从事一定的金融交易时，一律成为规制的对象。

（2）日本政府的立法动向。

日本政府也是 FATF 成员国，所以，政府对新的 "40 条建议"，负有制定法律的义务，即制定对本国的法律专业职务人员科以可疑交易报告义务的法律。2005 年 11 月，日本政府决定：（1）警察厅订立为了实施 FATF 建议的法律案；（2）法律的目的是制定资金洗净对策与恐怖活动资金对策；（3）作为可疑交易报告对象的 "金融情报机关"（Financial Intelligence Unit，略称 FIU）由以前的金融厅（特别金融情报室）移管至警察厅；（4）法律案决定向 2007 年的国会提出。④ 法案制定的目的归根结底是为了实施建议而进行的法律整备，在日本国内，实际上，并没有证明法律专业职务人员已经有干预洗钱与恐怖活动资金流通的，规制必要性那种具体的立法事实存在。并且，2006 年 6 月，在日本出示了最初的金融监控法案的概要。其中，规定了有关《承担义务者禁止将可疑交易的申报义务以及申报事实泄漏给顾客》，作为承担义务的对象人员，法规规定有五种专门职业技术人员，即 "注册会计师、司法代书人、行政代书人、理税师、辩护律师"。该法案如果通过了，律师、司法代书人等法律专业职务人员就必须向警察厅的金融情报机关（日本版 FIU）报告委托人的可疑交易，而且，还必须对委托人隐瞒该报告的事实。收集到的交易情报被警察厅的金融情报机关进行整理分析，在此基础上，预定向警察的搜查机关提供。因此，的确，法律专业职务人员所担当的作用是成为 "警察间谍"。所以，"日辩联" 指出了该法案的作用，并将其命名为 "向警察密告委托人的制度"。并且，"日辩联" 为了阻止该立法，呼吁市民，展开了反对运动。

2. 问题点

全世界的律师联合会反对该制度，其理由主要有两个。一个是，违反了作为

---

③ 从 "日辩联" 的主页 http：//www. nichibenren. or. jp 中，该建议的英文、日文版本都能够得到。

④ 平成 17 年（2005）11 月 17 日，由国际有组织犯罪、国际恐怖组织犯罪对策推进处提交《有关为了实施 FATF 建议的法律整备》。

律师职业基础的秘密保护原则。律师有保守委托人秘密的义务，正因为律师与委托人间的通信秘密被保护着，所以委托人才能全部说真话，并能够从律师那里得到最为合适的法律帮助。可是，金融监看制度一被导入，委托人就必须意识到有可能，在委托人不知道的情形下，其本人的秘密信息由律师传到警察那里。再一个是，违反了律师以及律师协会必须独立于国家的原则。作为律师的职责，有时，即便要与国家权力对决也要保护委托人作为市民的人权，这就意味着，律师将从委托人那里得到的秘密信息通报给予委托人有对抗关系的警察，这是对委托人的背叛。其结果是，国民对律师以及律师协会的信赖将荡然无存。上述无论哪个原则都是作为律师职业的存在基础而存在着的，因此，"对警察的密告制度"本身，应该说蕴藏着引起律师职业制度崩溃的危险性。这个反对理由是正确的，如今，在加拿大与欧盟的比利时，根据其各自国家的法律认为金融监控制度违反了宪法，以此为理由提起了禁止诉讼，并得到了裁判所的支持停止了该制度的实施。日本也是，遭到了以"日辩联"为首的强有力反对运动的结果是，在2007年3月，日本政府变更了当初的方针，免除在与委托人之间的关系中负担保密义务的律师等专业职务人员，可疑交易的报告义务。（可是，依然对法律等专业职务人员科了与金融交易业者相同的确认顾客本人的义务与记录等的保存义务。参照"日辩联"规章的附加资料。）不过，问题是，存在该制度的起源建议，即FATF认为，律师在对委托人维持严守秘密的原则的同时，作为洗钱的对策履行可疑交易的报告义务是可能的，即认为，守秘义务与可疑交易的报告义务是可以共同存在的。无论如何，对于日本政府而言，寻求将法律专业职务人员作为"门卫"是必定的。2007年秋，是预定对根据FATF而进行的日本金融监控制度的审查，FATF的建议在何种程度上实现将被判定。这次制定的防止犯罪收益转移法，是对以律师为首的法律专业职务人员免除了"可疑交易的报告义务"，因为这明确地违反了建议精神，日本政府被要求快速完全地实施建议精神是确实的。这样一来，日本政府与"日辩联"之间，围绕着"可疑交易的报告义务"的立法化，容易再次进行激烈斗争。

难道没有某种解决矛盾的策略吗？我作为一名在法科大学院研究司法理论、讲授司法理论的学人，对该问题有如下考虑。

3. 个人见解

我是以这个问题即对律师来说"老板是谁"（Who is a master）开始我的思考的。从作为一种职业开始律师的存在之时，历史上律师所具有的，作为"当事人的代理人"维护委托人的个人利益这种性格，与作为"独立的司法机关"贡献于正义、公正这种公共利益的实现这种性格是并存着的。可是，两者之间的关系并非是以同等的价值处于同一水平的存在着，归根结底是以"当事人的代理人"性格为中心的，律师通过追求委托人的个人利益，可以说，作为结果而言，具有实现公共利益的关系。在这个意义上说，律师的"老板主要是委托人"。可是，到了近来，围绕着律师的作用，比较起律师作为"当事人的代理人"的性格变为更为强调的是作为"独立的司法机关"性格的一方。渐渐有主张认为，律师，不仅要维护委托人的利益，同时也要维护超越了委托人个人利益的法制度到社会的一般利益。即，应该说律师应该服务的老板不仅包括委托人，还包括欲实现法制度的公共利益受益者（例如，证券交易制度背后的投资者等）。金融监控立法对律师而言一律科以"可疑交易"的报告义务，这就意味着，律师的老板不仅有委托人还有国家。不过，律师同时为两个老板服务，这就陷入了原则性的利益相反，是不可能的，因此，从最初开始就陷入了利益相反的安全监控制度在原理上是不成立的。然而，在FATF开始制定金融监控对策的立法者的思想中，存在善良的委托人与进行资金洗净的有组织犯罪集团之间的善恶二元论，因此，不考虑这种原理上的不可能。即，应该认为"律师有从委托人那里能够直接取得秘密信息的特殊地位，因此，应该容易判断有关是否有洗钱交易。因此，委托人是善良人时报告义务是没有的，仅仅在是恶人时报告义务才发生，因此，不是同时的服务于两个老板"。可是，律师被要求报告是因为，不能确实地认定是洗钱犯罪，仅仅是"可疑"的交易，因此，被要求进行上述判断的律师，仍然是在委托人与国家这两个老板面前，无论对哪一个表示忠诚都被陷入困境（如果选择服务于一个老板，其结果就是背叛另一个老板）状态。

此外，FATF也进行了以下叙说，"例外地，承认如果是保密义务范围内的交易信息就作为不适用报告义务的对象看待，因此，律师只要提供保密义务范围外的'可疑交易'情报就可以了"。根据这个提案，限于属于保密义务的范围内，律师不管委托人的交易信息是否可疑，都用不着通报，也就是说，对律师而言，完成从前的业务似乎没有丝毫的变化。可是，FATF作为例外所预设的是，以诉讼为前提的律师与委托人之间的保密特权范围内的信息，不包括一般的法律帮助的过程中所得到的信息。不过，有关保密义务的范围是委托给各国的立法进行自由裁量的，所以，日本还有一个选择就是，最大限度地扩大这一点，即"在法律帮助的过程中取得的信息作为保密信息的范围以内"。不过，假如，即便产生了最广的认可保密义务的范围的法律，只要将"可疑交易"的报告义务一律科以于律师这一原则仍然被维持着，服务于两个老板的这种构造本身就不会改变。在这个意义上说，从市民一方的感觉来说，律师作为"警察的间谍"依然残存。

如果可能有替换的方案，我认为，不是从国家一方对律师一律地科以报告义务，而是以服务于委托人一个老板的律师这种职业的基本构造为前提，从律师一方任意地认定"可疑交易"，向金融情报机关进行申报，这种方法是不是反而能解决矛盾呢？即便到了现在，律师的保密义务也并非是绝对性的，这被予以普遍的承认。例如，在美国确立了律师认识到委托人将来可能犯罪时，对委托人的保密义务被解除，律师即使将该犯罪信息开示给搜查当局也不承担惩戒责任与法责任的规则。⑤ 在日本也是，认为为了防止委托人将来的犯罪，开示秘密信息作为守密义务的例外是能够认可的。那样一来，原本在金融监控制度中，纳入以律师为首的法律专业职务人员的理由，应该是通过洗钱对策使有组织犯罪集团明白没有漏洞可钻，因此，我认为，在有能力察知资金洗净的律师作为专家的判断之下，如果有可能将"可疑交易"通报给金融机关，仅仅建立这样的法结构就完全可以了。我想，律师不能服务于委托人与国家这两个老板，律师通过自己的判断，为了与洗钱犯罪作斗争，拒绝有"可疑交易"的委托者的委托，能够自己选择国家这个老板。在这个意义上，我认为，"日辩联"作出宣言，律师不支持洗钱犯罪，一方面，要求律师慎重地判断是否属于有关资金洗净的"可疑交易"；另一方面，作为对委托人保密义务的例外，不承认律师通过自己的判断对金融情报机关有报告"可疑交易"的余地，不是过分顽固地要求对委托人的保密义务了吗？⑥

---

⑤ ABA Model Rules of Professional Conduct のRule 1.6。

⑥ "日辩联"《关于委托人的身份确认以及记录保存等的规程》（2007 年 7 月 1 日施行）。

反洗钱法律与法规
——内地与香港之比较

沈仲平* 著　张爱晓** 译

一、洗钱的定义

与腐败的概念类似，"洗钱"① 这个术语也存在多种不同的定义。所以这些定义都涉及隐瞒犯罪所得的来源、特性并使之合法化两方面。洗钱罪的概念源于1988 年 12 月 20 日通过的《联合国禁止非法贩运麻醉药品和精神药品公约》(《维也纳公约》)。该公约第 3 条第 (1) (b) (i) 规定，每个缔约国都应当采取必要的措施在本国法律内确认下列行为为刑事犯罪：明知财产来源于麻醉药品或精神药品的犯罪，为隐瞒或掩饰该财产的真实性质、来源、所在地、处置、转移、相关的权利或所有权，而故意地转换或转移该项财产。与《维也纳公约》相一致，2000 年 11 月 15 日通过的《联合国打击跨国有组织犯罪公约》(UNCTOC)② 第6 条明确规定了洗钱是指下列故意行为：

(1) 明知财产为犯罪所得，为隐瞒或掩饰该财产的非法来源，而转换或转让该财产；

(2) 明知财产为犯罪所得，而隐瞒或掩饰该财产的真实性质、来源、所在地、处置、转移、所有权或有关的权利。

其适用范围已从"源于"毒品犯罪的财产拓展至"犯罪所得"。第 2 条 (e)

---

* 沈仲平，中殿律师学院社会科学学士、法学学士、法学硕士、法学博士，英格兰及威尔士、香港最高法院及澳大利亚联邦法院大律师，澳大利亚首都直辖区最高法院大律师及律师。

** 张爱晓，中国人民大学法学院 2007 级刑法学博士研究生。

① 例如，1998 年印度的《洗钱防止法》将洗钱定义为：(a) 直接或间接从事涉及诸如犯罪所得等财产的交易；或 (b) 在印度领土内接受、占有、隐瞒、掩饰、转移、转化、处置诸如犯罪所得等财产，或将其调离或运入印度。参见 Masahiro Tauchi：《亚洲的欺诈：问题与对策》(1998 年)，13 页。详尽地列举洗钱行为的种类反而只会限制立法的适用范围。

② 该公约又被称为《巴勒莫公约》。2000 年 11 月 15 日第 55 届联合国大会第 55/25 号决议通过。

将"犯罪所得"定义为直接或间接地源于或得自于犯罪的任何财产。简言之，正如金融行动特别工作组（FATF）所说的，洗钱就是处置犯罪所得以掩饰其非法来源的过程。这个过程相当重要，因为它将非法所得转化为合法利润，并为进一步的犯罪活动提供资金和财政资源。

二、洗钱的问题

地下洗钱活动具有秘密与犯罪属性，因而不可能有官方的统计数字。国际货币基金组织估计，全球每年非法洗钱额约占世界各国 GDP 总和的 2% 到 5%。[③] 这表明，1996 年洗钱的数额是 5 900 亿美元到 150 000 亿美元，大概是当年西班牙全年 GDP 总值。根据中国经济时报的报道，内地每年洗钱涉及的金额大概是 2 000 亿人民币（大概 250 亿美元）。其中涉及走私活动的大概是 700 亿元，涉及公务员贪污腐败的大概是 300 亿元。[④]

中国内地直到最近才意识到这个问题。正如郭建安所评论的："在建立社会主义市场经济的过程中，（内地的）金融基础设施如此脆弱，根本无法阻止洗钱活动。中国特有的多种因素又进一步促进了洗钱的恶化。"[⑤]

促使洗钱需求不断增长的因素包括：毒品交易泛滥，法律不完善、制度薄弱，官员腐败，金融市场竞争无序，农村的非法贷款业务，监督缺失，银行和金融业工作人员经验缺乏、素质低下等。另据报道，香港现已成为进出内地的大规模洗钱中心。[⑥]

香港有以下几个吸引洗钱者的特征：缺失的国外交易控制，稳定的金融系统，优良的银行设备，高效的通讯系统和国际金融、运输网络。据称，从 1980 年起香港就成为内地犯罪集团和毒品组织的"洗钱机"[⑦]。毒品组织的利润通常以小面值的现金形式存在，他们通过将现金转移到海外的银行来规避法律的实施。而后，通过账户间的电汇转移，以虚假的姓名将资金存入美国银行。这种小面值账单的规模已超过了任何一个欧洲国家的货币交易总量。例如，1982 年，美国从德国汇入汇出的货币量是 1 200 万美元，从法国汇入的货币量是 880 万美元，而从香港汇入的货币量竟多于 1 亿美元。1980 年至 1984 年间，从香港流入美国的现金增长了 10 倍，达到 17 亿美元。2002 年 10 月，香港警务处估计，香

---

③　FATF，*Money Laundering：What is the Scale of the Problem*.

④　参见《亚洲周刊》，2003 年 3 月 3 日，36 页。

⑤　郭建安：《中国的洗钱状况及对策》，香港大学第三届"大中华的犯罪及其控制"年度学术讨论会（2002 年 6 月 21～22 日）会议论文。

⑥　参见《香港成为大陆的洗钱机器》，载《远东经济评论》，2001－06－13。

⑦　参见 Gaylord：*The Chinese Laundry：International Drug Trafficking and Hong Kong's Banking Industry*，1992，84～86 页。

港每年犯罪活动的得益已超过了 93 000 万港元。2006 年 3 月 1 日，总共138 500 万港元（大约 17 600 万美元）犯罪所得被控制。此外，自《贩毒（追缴收益）条例》和《有组织及严重犯罪条例》制定以来，已有 10 500 万港元犯罪所得被责令没收，41 300 万港元已被没收。⑧

三、洗钱的方式

洗钱是一个复杂的过程。据澳大利亚国家犯罪局（1991 年）报道："洗钱计划包括这样一个过程：隐瞒其来源，迷惑、打破货币跟踪，而后再将其合法地转回犯罪分子并用于安全用途，从而使得犯罪分子能够操纵其持有的原始犯罪所得。"⑨

这个过程可被表述为三个阶段：放置阶段——将直接源于犯罪活动的现金存入金融机构或购买资产；离析阶段——隐瞒、掩饰犯罪所得的性质或所有权；融合阶段——货币被整合或重新投入合法的经济、金融系统并与其他资产混同。

洗钱技术"数不胜数、多种多样、复杂、狡诈、隐秘"⑩。它们有下列三个共同特征：（1）需要隐瞒犯罪所得的真实所有权和来源；（2）需要保持对犯罪所得的控制；（3）需要转换犯罪所得的形式或性质。⑪

FATF 指出最常见的洗钱方法包括"构建行为、掉头式交易、空壳公司、利用秘书公司在银行账户签名或利用他人账户"⑫。张江⑬描述了经常被犯罪分子使用的清洗得自诈骗、走私、挪用、贪污及毒品犯罪的黑钱的七种方式：

（1）利用国内和国外地下钱庄之间的互换。⑭（2）利用国外附有信用证的虚假进口合同。（3）利用虚假的或他人的身份证开立银行账户，通过金融机构来洗钱。（4）借入贷款而用犯罪所得来偿还。（5）利用国外地下交易市场走私出国。

---

⑧　参见 JFIU（联合财富情报组）的信息，以及 Arthur Luk：《洗钱：中国香港的最新发展》，第 16 届关于技术及其对刑事责任、安全和刑事司法的影响的国际会议（2002 年 12 月 6～10 日）论文（美国查尔斯顿）。

⑨　澳洲国家犯罪局：*Taken to the Cleaners：Money Laundering in Australia*，堪培拉，1991，31 页注释 4。

⑩　William C Gilmore：《赃钱：反洗钱对策的演变》，1999，30 页。

⑪　参见 William C Gilmore：《赃钱：反洗钱对策的演变》，1999，30 页。

⑫　*FATF on Money Laundering XIII：Hong Kong and China*. 可访问 http://www.info.gov.hk/nd/fatf/money.htm.

⑬　参见张江：《中国反洗钱犯罪基本对策》，该文章发表于 2000 年 10 月加拿大温哥华打击洗钱和金融犯罪国际会议上。

⑭　2001 年，公安部门和司法机关在广东省发现了一个地下钱庄，涉案金额达 1 000 亿元人民币。2004 年 4 月～12 月，联合打击地下钱庄违法犯罪专项行动摧毁了 155 个地下钱庄和非法外汇交易中心，涉案金额达 125 亿元人民币：（大概 15 亿美元）。参见中国人民银行：《2005 反洗钱报告》，17～18 页。

（6）利用资金能迅速回收的股票市场或投资来洗钱。（7）通过工程项目或固定投资洗钱，例如，投资于娱乐业使犯罪所得与投资收入相混合。投资于不动产会涉及大量的资金，也是洗钱的常用方法。

其他的洗钱形式有通过跨境递送走私现金[15]，以及"货币兑换操作"，即在香港以受益人名义开立一个银行账户，将犯罪所得以港元存入该账户，而其代理人转而在内地用人民币支付。[16]

随着内地经济的发展，洗钱活动也愈演愈烈。外汇管理局的一位官员曾评论说："国内和海外洗钱者的各种洗钱活动都相对集中于沿海经济发达地区；洗钱活动中所涉及的赃钱来源广泛，包括各种经济犯罪，如挪用、贿赂、逃汇、诈骗、偷税以及非法经营的收益。"[17]

内地经济还是以现金交易为主，这也是洗钱问题依然严重的原因。跟踪、监视资金流向非常困难。并且，由于行政控制软弱无力，政府官员缺乏经验，在不发达地区洗钱活动也呈明显的增长趋势。全球一体化、中国融入世界经济、业务交易的多样化、国外直接投资的增长，以及各种尖端通讯技术的迅速发展，都不可避免地增加了内地洗钱过程的规模及复杂性。

四、内地和香港的反洗钱法律与法规

（一）内地

1979 年《中华人民共和国刑法》并无关于洗钱罪的规定。1978 年改革开放前，内地根本不存在洗钱活动。1989 年 12 月 4 日，七届全国人大常委会第九次会议批准了《联合国禁止非法贩运麻醉药品和精神药品公约》（1988 年），这是内地对洗钱活动的最早的法律约束。作为对公约的回应，1990 年 12 月 28 日全国人大常委会通过了《关于禁毒的决定》（以下简称《决定》），其中第 4 条第 1 款规定："为犯罪分子窝藏、转移、隐瞒毒品或犯罪所得的财物的，掩饰、隐瞒、出售毒品获得财物的非法性质和来源的，处七年以下有期徒刑、拘役或管制，可以并处罚金。"

这是内地首次对洗钱犯罪进行制裁的立法。作为对《维也纳公约》的回应，其适用范围仅限于与毒品犯罪有关的犯罪所得。《决定》是内地第一个关于洗钱

---

[15]　跨境资金转移已被 FATF 认为是世界反恐融资的重要阻碍因素。参见 FATF：《9 项特别建议》之九：现款送递，2004 年 10 月 22 日。

[16]　这种洗钱方式也便利了 1 190 万元人民币的诈骗：香港特别行政区诉 KONG Kwong Por 案，CA 657 of 1996（1997 年 5 月 22 日）。

[17]　Bank Cleans Up Cash Laundering，载 China Daily，2003 - 01 - 16。

的刑事立法，第 12 条明确规定对于毒品犯罪的非法所得及其收益都应没收⑱：
"对查获的毒品、毒品犯罪的非法所得以及非法所得所获得的收益，一律没收。"

1994 年 12 月 20 日，最高人民法院进一步明确了《决定》第 4 条的适用范围，并引入了主观因素。《最高人民法院关于适用〈全国人民代表大会常务委员会关于禁毒的决定〉的若干问题的解释》（以下简称《关于禁毒的解释》）第 6 条将《决定》第 4 条第 1 款的掩饰、隐瞒毒赃性质、来源规定为独立的犯罪，该条规定："根据《决定》第四条第一款的规定，掩饰、隐瞒毒赃性质、来源罪，是指明知是出售毒品所得的财物而通过金融机构中转、投资等方式，掩盖其非法性质和来源，或者明知是出售毒品所得的财物而有意向司法机关隐瞒其非法性质和来源的行为。"

《关于禁毒的解释》第 6 条第 2 款还指出了本罪与窝藏毒赃罪的区别，即在于本罪行为人掩饰、隐瞒的是财物的非法性质和来源，而不是财物本身。将明知作为该罪的主观要件，表明若缺乏故意、仅有行为还不足以定罪。这也表明，根据现已废止的 1979 年《刑法》第 11 条的规定，起诉方必须证明被告人"明知自己的行为会发生危害社会的结果，而希望或放任这种结果发生"，因而实施了犯罪。

自从《关于禁毒的决定》和《关于禁毒的解释》实施以来，也出现了一些反洗钱的国际及地区法律文件。其中最重要的是金融行动特别工作组（FATF）1990 年提出、1996 年修订的关于洗钱问题的"40 项建议"。在此期间，中国颁行了一些特别的行政法规，这在一定程度上间接地打击了洗钱活动。这些法规是：

1. 《现金管理暂行条例》。1988 年国务院发布，1988 年 10 月 1 日施行。该条例鼓励开户单位和个人在经济活动中，采取支票、汇票、转账账目等转账方式进行结算，减少使用现金。

2. 《中华人民共和国外汇管理条例》（1996 年 4 月 1 日施行，1997 年修订）。该条例由国务院颁布，加强了对外汇交易的控制和管理。

3. 《中国银行海外机构反洗钱基本原则》（1998 年制定）。

4. 《个人存款账户实名制规定》（2000 年 4 月 1 日施行）。该规定由国务院制定发布，中国人民银行组织实施。规定个人应使用经金融机构核实的正式身份证件上的实名。

最重要的反洗钱立法是 1997 年大规模的修订《刑事诉讼法》和《刑法》时制定的。这是关于洗钱罪的规定首次正式写入刑法，并于 1997 年 10 月 1 日起施

---

⑱ 1979 年《中华人民共和国刑法》第 171 条规定，制造、贩卖、运输毒品的，可以并处没收财产。

行。1997 年《刑法》第 191 条规定[19]：

"明知是毒品犯罪、黑社会性质的组织犯罪、走私犯罪的违法所得及其产生的收益，为掩饰、隐瞒其来源和性质，有下列行为之一的，没收实施以上犯罪的违法所得及其产生的收益，处五年以下有期徒刑或者拘役，并处或者单处洗钱数额百分之五以上百分之二十以下罚金；情节严重的，处五年以上十年以下有期徒刑，并处洗钱数额百分之五以上百分之二十以下罚金：

（一）提供资金账户的；

（二）协助将财产转换为现金或者金融票据的；

（三）通过转账或者其他结算方式协助资金转移的；

（四）协助将资金汇往境外的；

（五）以其他方法掩饰、隐瞒犯罪的违法所得及其收益的性质和来源的。

单位犯前款罪的，对单位判处罚金，并对其直接负责的主管人员和其他直接责任人员，处五年以下有期徒刑或者拘役。"

根据法律规定，构成洗钱罪需要具备以下四个要件：

（1）前提条件：此处的财产是三种上游犯罪的违法所得[20]；

（2）主观要件：行为人明知是三种上游犯罪的所得，即毒品犯罪、黑社会性质的组织犯罪、走私犯罪；

（3）目的：为掩饰、隐瞒违法所得的来源和性质；

（4）行为：行为人实施或参与了第 191 条规定的五种行为方式之一。

对第 191 条的解释和适用，存在一些问题。第一个问题是：该条中"明知"的要求是什么？1997 年刑法中并没有明知的定义，规定明知的主观要件的是1997 年刑法第 14 条，而该条是 1979 年刑法第 11 条的完全复制。实践中似乎是事实上知道。在定义中并没有"应当知道"这个词语。有人认为如果立法机关认为"应当知道"即是某项犯罪的充足的主观要件的话，那就会明确表述出来。如刑法第 219 条明确规定"明知或应知前款所列行为，获取、使用或者披露他人的商业秘密的，以侵犯商业秘密论"。然而，最高人民法院和最高人民检察院在处理盗窃财物案件中对"明知"作出了不同的理解。最高人民法院、最高人民检察院《关于办理盗窃案件具体应用法律的若干问题的解释》（1992 年）[21] 第 8 条第 1款规定："认定窝赃、销赃罪的'明知'……只要证明被告人知道或者应当知道是犯罪所得的赃物而予以窝藏或者代为销售的，就可以认定。"最高人民法院、

---

[19] 1997 年《中华人民共和国刑法》有不同的英文译本。本文采用的版本取自全国人大常委会法制工作委员会译：《中华人民共和国刑法》（英文版），北京，中国检察出版社，1998 年。

[20] 上游犯罪是指能够产生可成为洗钱罪对象的犯罪所得的任何犯罪。参见《联合国打击跨国有组织犯罪公约》（2000 年）第 6 条。

[21] 1992 年 12 月 11 日实施。

最高人民检察院和公安部在《关于依法查处盗窃、抢劫机动车案件的规定》(1998 年)[22] 中对明知的主观要件作了进一步的规定。该规定第 17 条指出：本规定所称的"明知"，是指知道或者应当知道。为平衡这些权威规定，法院在处理洗钱案件中似乎拟对"明知"进行自由解释而非字面解释，即包括实际上知道和应当知道。这种解释与 FATF 关于洗钱问题的"40 项建议"第 5 条规定的客观要件和《联合国打击跨国有组织犯罪公约》第 6 条（f）的规定是一致的，该项规定：本条第 1 款所规定的作为犯罪要素的明知、故意或目的可根据客观实际情况推定。

第二个问题是：第 191 条规定的洗钱罪是否也适用于实施了上游犯罪的行为人？在这个问题上，内地学术界的观点各异。赵秉志[23]认为：如果上游犯罪的犯罪分子在获取财物后，进一步实施了隐瞒犯罪所得的性质或来源的行为，即可定洗钱罪。可以看到，这种观点与香港司法部门的意见是一致的。而高铭暄[24]和丘志馨[25]则认为，洗钱罪的主体只能是上游犯罪的犯罪分子以外的人，且第 191 条中所说的"明知"显然是针对上游犯罪的犯罪分子以外的他人而言的。[26] 所以这些观点都未经法院的检验。第 191 条规定的五种行为方式中的四种都涉及在他人实施上游犯罪后为其处置犯罪所得提供协助和便利。对第 191 条的起草用语进行恰当的解释，可以发现该条第 5 分段所指的行为，即"以其他方法掩饰、隐瞒犯罪的违法所得的性质和来源"，可以涵盖犯罪分子试图将其上游犯罪的违法所得合法化的所有情况。

第三个问题是第 191 条的适用性。这已被认为是内地的洗钱法律得以有效实施的一个障碍。[27] FATF 关于洗钱问题的"40 项建议"第 4 条建议规定：各国应将毒资洗钱犯罪扩大到基于严重罪行的洗钱犯罪，各国自行确定何种严重罪行可被称为洗钱性质的犯罪。尽管经过 2001 年修正案[28]和 2006 年修正案[29]的修订，中国《刑法》第 191 条仍局限于 7 种特定的上游犯罪的违法所得，即毒品犯罪[30]、

---

[22] 1998 年 5 月 8 日实施（公通字〔1998〕31 号）。

[23] 参见赵秉志：《刑法新教程》，562 页，北京，中国人民大学出版社，2001。

[24] 参见高铭暄：《新型经济犯罪研究》，728 页，北京，中国方正出版社，2000；郭建安：《中国的洗钱状况及对策》。

[25] 参见丘志馨：《论洗钱犯罪及其对策》，载《政法学刊》，1998（4）。

[26] Also see discussions in Yuan (2002)，225～228 页。

[27] 参见高铭暄：《新型经济犯罪研究》，723 页；鲜铁可：《金融犯罪的定罪与量刑》，396～398 页，北京，人民法院出版社，1999。

[28] 2001 年 12 月 29 日《刑法修正案（三）》。

[29] 2006 年 6 月 29 日《刑法修正案（六）》。

[30] 参见 1997 年《中华人民共和国刑法》第 347～357 条。

黑社会性质的组织犯罪、恐怖活动犯罪[31]、走私犯罪[32]、贪污贿赂犯罪、破坏金融管理秩序犯罪、金融诈骗犯罪。尽管第 191 条被认为是源于《维也纳公约》，但其狭窄的适用范围无疑降低了法律的有效性。这也产生了法律上的漏洞，使得处置其他严重犯罪和有组织犯罪如跨境赌博组织、拐卖人口、偷税的违法所得的行为不能得到该条的规制。

虽然经过修正案的修订和立法机关的努力，《刑法》第 191 条仍不符合国际公约规定的标准，如《联合国打击跨国有组织犯罪公约》（2000 年）第 6 条第 1 款、《联合国反腐败公约》（2003 年）第 23 条和 FATF 的"40 项建议"（1990 年）第 4 条。

第 191 条进一步创设了单位洗钱犯罪。[33] 该条第 2 款规定：单位犯前款罪的，对单位判处罚金。并且，单位的刑事责任进一步拓展到了"对其直接负责的主管人员和其他直接责任人员"。经过 2001 年 12 月 29 日的修订，对上述自然人的刑罚由 5 年以下有期徒刑或者拘役提高到了 5 年以上 10 年以下有期徒刑。这表明内地的立法机关认识到了由单位实施的洗钱犯罪的严重性质。1997 年《刑法》第 30 条将单位界定为"公司、企业、事业单位、机关、团体"。这表明，对于掌握公司信息并且知道或应当知道其公司进行洗钱活动的任何高层主管或董事，刑事法网都可以予以涵盖。法院除了依照第 191 条的规定没收实施洗钱犯罪的违法所得及其产生的收益外，还可以依照 1997 年《刑法》第 59 条的规定没收洗钱犯罪直接负责的主管人员和其他直接责任人员的个人所有财产的一部或全部。

除了第 191 条的规定外，刑法中也有关于洗钱罪的其他一些条款，这都有利于规制非法金融机构及其洗钱活动。第 174 条规定，未经中国人民银行批准擅自设立商业银行或金融机构的，属于可罚的犯罪行为，情节严重的，可处 10 年有期徒刑。第 312 条规定了处置赃物的共犯，从而弥补了第 191 条洗钱罪的几种上游犯罪的不足。根据刑法总则第一章第 25、26、27 条的规定，参与洗钱的任何一方都可以共犯被起诉。

显而易见，第 191 条是威慑性而非预防性的条款。它并不包括金融机构、专业团体或其他市场参与者的报告制度。中国人民银行的行政法规在一定程度上弥补了这个不足。

2003 年 1 月 13 日至 15 日，中国人民银行为打击洗钱活动，同时出台了三个配套行政法规：《金融机构反洗钱规定》（中国人民银行令〔2003〕第 1 号，2003 年 1 月 13 日制定）；《人民币大额和可疑交易报告管理办法》（中国人民银行令

---

[31]　参见 1997 年《中华人民共和国刑法》第 294 条。

[32]　参见 1997 年《中华人民共和国刑法》第 151～157 条。

[33]　这与 FATF 的"40 项建议"第 6 条是一致的。

〔2003〕第 2 号，2003 年 1 月 14 日制定）；《金融机构大额和可疑外汇资金交易报告管理办法》（中国人民银行令〔2003〕第 3 号，2003 年 1 月 15 日制定）。

这三个配套行政法规经 2002 年 9 月 17 日中国人民银行第 7 次行务会议通过，2003 年 1 月发布、3 月 1 日起施行。这几个法规根据《立法法》（2000 年）㉞第 56 条制定，目的是保证法律的实施、对金融业进行有效监管。负责实施反洗钱法律法规的机关是公安机关、中国人民银行和国家外汇管理局。若国家公务员在公共事务中滥用职权或玩忽职守，就会被相应级别的人民检察院调查并起诉。㉟

《金融机构反洗钱规定》所称金融机构，是指在中华人民共和国境内依法设立和经营金融业务的机构，包括政策性银行、商业银行、信用合作社、邮政储汇机构、财务公司、信托投资公司、金融租赁公司和外资金融机构等。作为对刑法第 191 条的完善，该规定第 3 条将洗钱的定义拓展至"将毒品犯罪、黑社会性质的组织犯罪、恐怖活动犯罪、走私犯罪或者其他犯罪的违法所得及其产生的收益，通过各种手段掩饰、隐瞒其来源和性质，使其在形式上合法化的行为"。因此，该规定也适用于与贪污、诈骗、偷税和其他有组织犯罪的违法所得及其产生的收益有关的交易。该规定进一步强化了《个人存款账户实名制规定》（2000年），首次规定了报告可疑交易和核实新客户身份的强制要求。并且，账户资料和交易记录至少应保存 5 年。根据该规定第 7 条，中国人民银行于 2002 年成立了反洗钱局㊱和调查可疑案件的监测中心。该机构由中国人民银行、公安部门和其他政府部门的代表组成，其工作人员被委派参加国际法律实施会议以学习其他国家的经验。㊲中国人民银行还发起了一次旨在识别可疑交易的工作人员培训计划。

《人民币大额和可疑交易报告管理办法》和《金融机构大额和可疑外汇资金交易报告管理办法》专门用以规定并管理人民币大额和可疑交易向中国人民银行的报告制度㊳、大额和可疑外汇资金交易向国家外汇管理局报告的制度。㊴行政部门也应当向公安机关报告并协助其调查洗钱犯罪案件。㊵《人民币大额和可疑交易报告管理办法》第 2 条将可疑支付交易定义为"交易的金额、频率、流向、用途、性质等有异常情形的人民币支付交易"。该办法第 8 条列举了 15 种可疑支付交易，包括与贩毒、走私、恐怖活动严重地区的客户之间在 10 个营业日以内

㉞ 2000 年 3 月 15 日第九届全国人民代表大会第三次会议通过，2000 年 6 月 1 日起施行。

㉟ 参见《中华人民共和国刑事诉讼法》第 18 条。

㊱ 参见《中央银行建立反洗钱防御战线》，载《今日中国》，2002（9）。

㊲ 参见《中国积极参与打击洗钱的国际努力》，新华社，2003-03-27。

㊳ 参见《人民币大额和可疑交易报告管理办法》第 4 条。

㊴ 参见《金融机构大额和可疑外汇资金交易报告管理办法》第 3 条。

㊵ 参见《人民币大额和可疑交易报告管理办法》第 18 条、《金融机构大额和可疑外汇资金交易报告管理办法》第 15 条。

频繁发生资金支付的情况。《金融机构大额和可疑外汇资金交易报告管理办法》第9、10条列举了11种可疑外汇现金交易和20种可疑外汇非现金交易，包括非居民个人外汇账户频繁收到境外大量汇款，特别是从生产、贩卖毒品问题严重的国家（地区）汇入款项的情况。

但是，如果洗钱者避开官方金融系统、手续的话，那所有这些法规就不起作用了。在内地农村地区，从地下钱庄以高利率获取非法贷款仍相当普遍。[41] 因此，现在评论或评价这三个行政法规自2003年3月1日实施以来的所取得的成就，还为时尚早。但这些法规有力地表明了内地已经认识到了洗钱问题的严重性以及中央政府打击洗钱活动的决心。并且，报告制度和核实客户身份制度的引入，无疑也是同国际标准接轨的积极的、重要的一步。

为了提高对洗钱活动控制的有效性，内地于2006年10月31日颁布了《反洗钱法》。2007年6月28日，中国正式成为FATF的成员国。[42]

（二）香港

香港自1990年起一直是FATF的成员。洗钱犯罪由香港警务处和香港海关进行调查。1989年，这两个法律执行部门成立了联合财富情报组[43]，以接受金融活动中的可疑交易报告。而后报告即被送往相应的调查部门，如香港警务处毒品调查科、有组织罪案及三合会调查科或海关毒品调查科。除了有关法规外，金融和保险管理部门也在各自服务行业内发布了应用指南。1999年6月1日，FATF称赞香港在打击洗钱活动中取得了全面的进步和成功。

香港的第一个反洗钱立法是1989年通过的《贩毒（追缴收益）条例》(DTROP)。[44] 该条例将知道或有合理理由相信财产代表贩毒得益而仍处理该财产的行为，规定为犯罪。该条例适用于香港及其他地方的财产。[45] 该条例第4条将"贩毒得益"定义为"该人在任何时间，因自己或他人从事贩毒而收受的任何款项或其他酬赏"。因此，贩毒分子可同时被指控犯有毒品犯罪和处理贩毒得益罪。1995年9月1日生效的《贩毒（追缴收益）修订条例》对《贩毒（追缴收益）条例》进行了大量的修订。第25条规定，如有人知道或有合理理由相信任何财产全部或部分、直接或间接代表任何人的贩毒得益而仍处理该财产，即属犯罪。第25A条规定，凡任何人知道或怀疑任何财产是全部或部分、直接或间接代表任何人的贩毒得益而未披露的，即属犯罪。第25A条（3）（a）规定了对披露人的

---

[41] 参见《中国人民银行关于取缔地下钱庄及打击高利贷行为的通知》（2002年2月25日）。

[42] 2005年1月21日中国成为FATF的观察员。

[43] 参见JFIU信息，载http://www.info.gov.hk/police/jfiu。

[44] 香港法律第405章。

[45] 《贩毒（追缴收益）条例》第2条（3）。

保护，即上述披露不得当为违反合约或任何成文法则、操守规则或其他条文对披露资料所施加的任何规限。

为有效地开展对有组织犯罪和洗钱的调查，香港于 1994 年制定了《有组织及严重犯罪条例》（OSCO）。⑥ 该条例第 25 条规定，如有人知道或有合理理由相信任何财产全部或部分、直接或间接代表任何人从可公诉罪行的得益而仍处理该财产，即属犯罪，可处 14 年监禁。第 25 条（4）进一步规定，凡提述可公诉罪行之处，包括若在香港发生即会构成可公诉罪行的行为。与《贩毒（追缴收益）条例》的条款类似，《有组织及严重犯罪条例》第 25 A 条亦规定，凡任何人知道或怀疑任何财产是全部或部分、直接或间接代表任何人从可公诉罪行的得益，曾在与可公诉罪行有关的情况下使用或拟在与可公诉罪行有关的情况下使用，而未披露的，即属犯罪。

该条例在 2000 年被修订，并增加了一个预防性条款，要求货币兑换商、汇款代理人对 20 000 港元或等值的其他货币款额以上的交易核对客户身份，并须将交易纪录至少保存 6 年。⑦

除被提起诉讼外，犯罪分子还必须被剥夺犯罪得益的享用价值和利润。《有组织及严重犯罪条例》第 8 条（1）和《贩毒（追缴收益）条例》第 3 条（1）授权法庭对已被提起诉讼的人或已死亡或潜逃的犯罪分子发出没收令。为防止犯罪嫌疑人将财产或资产转移出香港，《有组织及严重犯罪条例》第 15 条和《贩毒（追缴收益）条例》第 10 条进一步授权法庭，可发出限制令，禁止任何人处理可变现财产。检控官也可以向原讼法庭申请就可变现财产发出抵押令，以作为向政府缴付款额的抵押。⑧

将洗钱行为犯罪化仅是打击这类行为的方法之一，而有效地防止、侦查洗钱活动还需要其他商业管理部门的警醒努力。根据《银行业条例》第 7（3）条，香港金融管理局发布了《防止清洗黑钱活动指引》，⑨ 要求金融机构向金融管理局报告任何涉嫌与贩毒或其他可公诉罪行有关的清洗黑钱交易。鉴于巴塞尔委员会在《银行客户尽职审查》中提出的建议，香港金融管理局于 2003 年 3 月发布了《〈防止清洗黑钱活动指引〉补充文件》，增加了关于恐怖分子筹资活动、代理银行、不合作国家和地区以及政界人士的条款规定。该补充文件第 6 节规定了向认可机构介绍客户的中介人应为适当人选，并应尽职审查客户身份。中介人还应提交业务中介人证明书及所有有关客户身份证明的资料及其他文件。

---

⑥ 香港法律第 455 章。

⑦ 《有组织及严重犯罪条例》第 24C 条。

⑧ 《有组织及严重犯罪条例》第 16 条、《贩毒（追缴收益）条例》第 11 条。

⑨ 第 3.3 号《防止洗钱活动指引》（1997 年），2000 年 12 月 22 日更新。

证券及期货事务监察委员会（2003 年 4 月）[50]、保险业监理处（2000 年 11 月）[51]、香港律师会（1995 年）[52] 以及香港大律师公会（2003 年）[53]，都向其成员发布了关于有组织犯罪和洗钱犯罪的应用指南或指引，这些指引要求相关人员在保存记录、客户查证、可疑交易报告中都应尽职审查并采取有效措施和程序。

自 1998 年以来，已有 138 件洗钱案件被起诉。从 1998 年至 2002 年 10 月 31 日，联合财富情报组共收到 32 904 件可疑交易报告。其中大部分是由银行和金融机构作出的，大概仅 1‰ 或 331 件是由非金融机构作出的。

（三）内地和香港特区之比较

香港特区与内地的反洗钱立法有以下五个方面的不同之处：

1. 主观要件

《有组织及严重犯罪条例》和《贩毒（追缴收益）条例》第 25 条对主观意图的要求是知道或有合理理由相信财产是犯罪得益。需要证明的主观意图——不管是知道还是有合理理由相信，都指向正处理的财产。[54] "有合理理由相信"涉及主观和客观两个方面。正如 Mayo JA 在香港特别行政区诉 Shing Siu Ming［1999］一案中所评论的："知道，如果能够证明，就很容易解决问题。然而，困难的是'有合理理由相信'这个词的使用。这包含了主观和客观两个方面。我们认为，这要求有证据证明存在合理理由，使具有一般理性的社会成员相信被协助的人是贩毒分子或从中获益的人，这是客观方面。另外，还必须证明这些理由为被告所知晓。这是主观方面。"

内地《刑法》第 191 条规定的主观要件是明知。由于采用了应当知道的标准，如果法院认为被告人应当知道财产是四种上游犯罪的违法所得的话，即可基于相同事实对被告人定以洗钱罪。

2. 犯罪行为

《有组织及严重犯罪条例》没有具体列举洗钱案件中所禁止的行为种类。条例第 2 条（1）在非常广泛的范围内对与第 25 条中的财产相关的"处理"一词进行了释义，包括：（a）收受或取得该财产；（b）隐藏或掩饰该财产；（c）处置或转换该财产；（d）将该财产运入香港或调离香港；（e）以该财产借贷，或作保证。

与内地《刑法》第 191 条不同，《有组织及严重犯罪条例》中对"处理"的定

---

[50]　香港《防止洗钱和恐怖融资指导手册》。

[51]　香港《防止洗钱指导手册》。

[52]　香港律师会第 95～294 号通知，1995 年 11 月 20 日。

[53]　香港大律师公会 2003 年第 27 号通知。

[54]　香港特别行政区诉 Wong Ping Shui Adam and Another 案，［2001］1 HKLRD 346，348 页（CFA）。

义并没有局限于任何指明的行为。这就更为灵活，也能够涵盖现存的以及未来出现的洗钱活动的不同表现形式。

3. 上游犯罪的实施

内地《刑法》第 191 条要求财产事实上是四种上游犯罪之一的违法所得。《有组织及严重犯罪条例》并未将犯罪行为限定为处理可公诉罪行的得益，而定义为知道或有合理理由相信财产代表从可公诉罪行的得益而仍处理该财产。因此，检控官不必证明行为人实施了上游犯罪或财产事实上是犯罪得益。上游犯罪的存在并不是判处行为人犯有处理犯罪得益罪的必要前提。[55] 需要确定的根本问题是被告人是否知道或有合理理由相信财产确实是可公诉罪行的得益。[56]

其基本原理显而易见。洗钱罪已成为国际犯罪，没有国界限制。因而所涉及的财产并不必须代表香港的犯罪得益，它也可以代表在世界其他地区的犯罪得益。[57] 正如香港终审法院常任法官 Mr. Litton 在 Lok Kar Win and Others 诉香港特别行政区一案中所评论的[58]："从（《有组织及严重犯罪条例》）第 25 条的用语可以明显地看出，该条旨在将在香港处理源于可公诉行为的得益予以犯罪化，而不管该行为在何处发生。具有决定意义的因素是这种行为根据香港法律属于可控诉的罪行，而不在于这种行为在其发生的国家是否是犯罪。"

在香港，如果某项财产是从外国转移而来或财产源于外国，检控官也不必证明在国外管辖范围内实施的上游犯罪。在这方面，内地刑法并无明确规定。第 191 条在这点上保持了沉默，其立场不甚明了。

4. 法人洗钱犯罪

与内地《刑法》第 191 条第 2 款不同，香港特区并没有法人实施的洗钱罪的明确规定。似乎《有组织及严重犯罪条例》第 25 条中的"人"足够宽泛，能够涵盖《释义及通则条例》第 3 条中的法团或非法团组织。而第 3 条中的"人"包括"法团或并非法团组织的任何公共机构和团体，即使这些词语出现于订出罪行或与罪行有关的条文内……本定义亦适用。"没有理由来说明为什么不能依据《有组织及严重犯罪条例》或《贩毒（追缴收益）条例》第 25 条对法人提起诉讼。然而，问题点在于，证明被怀疑牵涉洗钱案件的法人的意图，是检察机关的责任。

5. 上游犯罪主体与洗钱罪

在内地，一般认为根据《刑法》第 191 条的规定，某项犯罪的犯罪分子不能

---

[55] 参见香港特别行政区诉 Shing Siu-ming 案，[1992] 2 HKC 818，at 824（CA）。

[56] 参见 Seng Yuet Fong 诉香港特别行政区案，[1999] 2 HKC 833，at 836（CFA）。

[57] 参见律政司诉 Liu Xiu Nian 案，[2001] 2 HKLRD 851，at 860-861（CA）。

[58] Lok Kar-win Kevin and Others 诉香港特别行政区案，[1999] 4 HCC 796（CFA）。

被同时指控犯有清洗该项犯罪所得的洗钱罪。然而在香港是可以的。"任何人的得益"这种表述含义宽泛，包括犯罪分子本人。它指的是代表本人或他人所犯罪行的得益。[59]

五、内地的改革

（一）法律改革

在内地，洗钱问题日益严重。目前的趋势是在境内清洗黑钱或将财产转移出境。内地应对清洗各种形式的有组织犯罪和严重犯罪的犯罪所得的行为——不论在境内还是其他任何地方，作出规定。

需要考虑的相关法律和实践问题很复杂，包括：（a）将上游犯罪扩展到所有的有组织犯罪和严重犯罪是否恰当[60]；（b）五种行为方式是否能够拓展或用一般术语如"处理"犯罪或上游犯罪的得益来表示；（c）在境外实施的犯罪是否在所有情况下都必须符合上游犯罪的犯罪构成，还是仅要求相关行为是刑事犯罪即可；（d）违法所得是否包括跨境犯罪或在境外实施的犯罪的所得；（e）如果财产是被转移到国内的，是否必须证明该项财产在其原管辖国内事实上是犯罪所得；以及（f）重新审视明知的定义，是否应予修订或具体化以涵盖应当知道，或者明知、故意和目的要素，可根据客观事实情况加以推定。

（二）制度改革

在内地，公众普遍地对洗钱知之甚少。即使在金融机构和立法机关当中，对洗钱的性质与操作也仍然缺乏了解。政府和司法官员的素质和经验在不同城市、地区也存在较大差别。金融机构之间的无序、不公平竞争以及尖端网络技术的迅速发展，更加剧了这一问题的严重性。

亚太反洗钱工作组批评中国缺少对超过一定门槛之上的所有交易的报告要求，未建立中央报告机构，对银行工作人员也缺乏足够的培训。但从 2002 年起，内地显示了打击洗钱活动的坚强决心。2002 年 5 月，中央人民政府国务院批准建立反洗钱工作部际联席会议制度（IMWCS）。[61] 中国人民银行[62]负责制定反洗钱指引并监督金融机构。2004 年 4 月，中央金融情报组——中国反洗钱监测分

---

　　[59]　Lok Kar-win Kevin and Others 诉香港特别行政区案，[1999] 4 HKC 796，at 798 (CFA)。

　　[60]　我国台湾地区将所犯最轻本刑为 5 年以上有期徒刑以上之刑的"重大犯罪"作为上游犯罪的标准。参见我国台湾地区"洗钱防制法"第 3 条。

　　[61]　2002 年由公安部领导。政府机构改革后，由中国人民银行领导。

　　[62]　2003 年第十届全国人民代表大会第六次全体会议修改。

析中心（AMLMAC）[53] 成立。2004 年 5 月，IMWCS 的成员增至 23 个政府机构。[54] 2004 年，中国人民银行、国家外汇管理局和公安机关成功破获洗钱案件 50 余起，涉案金额达人民币 5.7 亿元、美元 4.47 亿元。[55]

内地应进一步完善制度框架，并采取各种措施，建立恰当的洗钱犯罪的预防、侦查和起诉机制。在这方面，需要考虑以下几点：（a）强化中央和地方各级的督导小组，以审查现行政策、监督资源的有效分配以及反洗钱法律和行政法规的执行与实施；（b）加强中央金融情报组，以接收、评价金融机构和私人部门递交的可疑交易报告（STR）；（c）在各级地方和农村地区建立特别工作组，以消灭地下钱庄系统及其非法贷款业务；（d）对负责反洗钱法律执行或金融机构监管的司法官员、检察官、警察、海关官员和其他政府公务员制订专门的反洗钱培训计划，并提供技术支持；（e）对社会公众开展反洗钱教育与宣传，提高他们的问题意识。

（三）行政改革

打击洗钱的策略不仅仅在于刑事司法，还应当与经济、社会政策以及国内政治文化发展相协调。与腐败问题类似，缺少私营部门和市民社会的支持与合作，洗钱问题就不可能得到有效的规制。[56] 另一方面，还必须有足够的约束与控制。1978 年中国进行改革开放。中国加入世贸组织无疑将为保险业、项目融资和国外直接投资等诸行业带来新的机遇。商业交易量的增长、复杂性的增强也增加了金融和服务业洗钱的风险和脆弱性。企业的目标是利润和可持续增长。社会主义市场经济的激励竞争会继续间接促使金融机构为保持其商业客户，而以牺牲公众利益为代价，放松对客户身份核实与可疑交易报告的要求。中国人民银行发布的行政规则也必须加强以应对新的形势。在这方面，建议采取以下适当措施：

（a）将可疑交易报告制度扩展到律师、会计师、审计师、保险业和中介机构；（b）加强对尽职审查的监管，规范私营部门有关保持交易记录、核实客户身份和报告可疑交易的程序；（c）完善中国人民银行的反洗钱行政规则，如政界人士、代理银行和风险管理的评估；以及（d）根据国际标准和预防、侦查洗钱活动的最新发展，对银行工作人员和商业部门制订专门的培训计划。

---

[53] 该中心包括 13 个部门，同时还在上海、深圳两地设立了分中心。

[54] 这 23 个政府部门是：最高人民法院、最高人民检察院、国务院办公厅、外交部、公安部、安全部、监察部、司法部、财政部、建设部、商务部、中国人民银行、海关总署、国家税务总局、国家工商总局、广电总局、国务院法制办、银监会、证监会、保监会、国家邮政总局、外汇局、中国人民解放军总参谋部。

[55] 中国人民银行发布：《2005 反洗钱报告》，15 页。

[56] 参见联合国药物管制和预防犯罪办事处：《全球反腐败规划》（2001 年），以及《联合国反腐败政策手册草案》，101 页。

（四）国际合作

洗钱是一种国际犯罪，因此任何国家都不可能单独地打击洗钱活动。与法律及其执行机构不同，犯罪没有国界。犯罪所得可以在被发现之前，容易、迅速地通过电子手段从一国的管辖领域转移到另一国的管辖领域。并且由于其隐蔽性，也很难被发现、调查和起诉。因此，摒弃政治利益，所有国家联合起来，共同打击洗钱犯罪非常重要与必要。这包括信息和情报的交流、合作调查、相互法律协助和引渡。作为社会主义国家，中国有着将信息作为保密材料或国家秘密而予以保密的传统和实践。

现在中国已认识到了反洗钱斗争必须在国际战线上开展。最近有一些值得注意的动向。2004 年 10 月 6 日，中国参加了欧亚反洗钱与反恐融资工作组（EAG）成立大会。到 2004 年年底，中国已加入了 32 个相互法律协助协议和 21 个双边引渡协议。2005 年 1 月，中国成为 FATF 的观察员；2007 年 6 月 28 日，中国正式成为 FATF 的成员国。

为了在国际背景下打击洗钱犯罪，中国应进一步采取以下措施：

（a）加强金融情报组与其他国家和地区情报组在洗钱和其他有组织犯罪信息和情报的收集、评估、传播和交流方面的密切合作；（b）积极参与、协调并协助国际洗钱活动的合作调查；（c）审视现行政策与实践，根据反洗钱斗争的实际需要和国际标准，出台新的措施；（d）根据国际反洗钱形势和技术的最新发展，加快法律执行机构的现代化；（e）在双边、多边协议和国际条约网络下，加强与其他国家和地区的合作。

反国际洗钱犯罪面临的问题与应对

刘守芬* 牛广济**

一、国际洗钱犯罪

传统意义上，洗钱犯罪是指通过一定的操作和安排来掩饰、隐瞒非法所得及其收益的存在、性质、非法来源、和/或非法使用，从而使得该等非法所得及其收益在公开市场中披上合法化外衣。[①] 这种界定的要点在于把实质属于非法的所得和收益形式合法化，基于这种理解和认识，各国刑法中都规定洗钱罪的上游犯罪（predicate offense）的存在。[②] 比如在20世纪90年代，洗钱的上游犯罪包括掩盖银行、证券、贸易和保险欺诈、卖淫、非法赌博、敲诈、武器走私、恐怖主义和毒品犯罪等，其中，毒品犯罪是数额最大的上游犯罪[③]，贩毒者每年大约通

---

* 刘守芬，北京大学法学院教授，博士生导师。

** 牛广济，北京大学法学院博士生。

① See Judy Fendo, Attacking the Tools of Corruption: the Foreign Money Laundering Deterrence and Anticorruption Act of 1999, 23 Fordham Int'l L. J. 1540, 1544（2000）; Duncan E. Alford, Anti-Money Laundering Regulations: a Burden on Financial Institutions, 19 N. C. J. Int'l L. & Com. Reg. 437（1994）.

② 中国刑法规定的上游犯罪是毒品犯罪、黑社会性质的组织犯罪、恐怖活动犯罪、走私犯罪、贪污贿赂犯罪、破坏金融秩序犯罪、金融诈骗犯罪；英国《2003年反洗钱规定》中将洗钱犯罪的上游犯罪扩展至一切严重犯罪，符合了欧盟2001/97号指令（简称欧盟第二部《反洗钱指令》）的要求；美国《洗钱控制法》（Money Laundering Control Act of 1986，简称MLCA）中，要求有特定非法行为（specified unlawful activities，简称上游犯罪），这些行为既包括国内犯罪，比如资产掩盖、接受［他人］为获取贷款而提供的礼物或佣金、欺诈银行或其他金融实体以及其他非商业行为（《敲诈影响和腐败组织法》（Racketeer Influenced and Corrupt Organizations Act 简称RICO）规定敲诈行为，也包括国外犯罪，如对外国银行的欺诈、贩卖毒品、绑架、抢劫、敲诈、使用爆炸物破坏财物、谋杀和向外国政府官员行贿，2001年10月生效的美国《爱国者法》又将外国腐败犯罪列入上游犯罪范围，包括贿赂政府官员、为政府官员的利益或政府官员本身不当处理、盗窃或挪用公共财产以及非法武器销售）。

③ Ronald K. Noble & Court E. Golumbic, A New Anti-Crime Framework for the World: Merging the Objective and Subjective Models for Fighting Money Laundering, 30 N. Y. U. J. Int'l L. & Pol.（1997—1998）, at 87-88.

过西方的银行系统周转 1 000 亿到 3 000 亿美元。④

但"9·11 事件"后，这种界定受到挑战，因为在基地组织（al Qaeda）和其他恐怖组织的犯罪中，洗钱行为发生在恐怖行为之前：即在恐怖行为实施之前，合法所得资金被通过一定的商务安排来掩盖这些资金的最初来源，从而最终使得这笔钱用于非法或者犯罪目的。⑤ 这样的欺骗和掩盖性质的操作和安排使得司法机关难以追踪犯罪资金的最终来源而找到幕后主犯。21 世纪初，全球反恐的努力大大强化最直接的动因和最重要的动力就是这种新型的洗钱犯罪，尤其以"9·11 事件"为出发点，对抗掩盖合法收入来源的资金运作，也成为反洗钱的重要组成部分。

本文所论及的反国际洗钱犯罪行为包含清洗犯罪所得及旨在资助犯罪活动而清洗合法所得这两种行为。本文的国际洗钱犯罪是指带有国际因素的洗钱犯罪，包括上游犯罪不在甲国而洗钱行为在甲国、上游犯罪和洗钱行为均跨越几个国家等情形。应当指出的是，在当前反国际洗钱犯罪还主要是国内犯罪的范围并由各国的国内法来调整，尽管一些国际组织或条约也致力于反洗钱犯罪，但是这种努力需最终内化为各国国内法并且由各国的国内司法机构来执行。

二、国际洗钱犯罪的规模

洗钱犯罪隐蔽性强，犯罪暗数高，目前尚缺乏切实有效的方法来测算全球每年洗钱的具体数额，而且不同机构依据不同标准作出的推算亦不相同，但各机构的数据均显示出这个数值很高且正在迅速增长。⑥

1998 年，国际货币基金组织给出的数据为每年大约占全球 GDP 的 2% 到 5%⑦，1998 年，美国政府部门的保守估计为 1 000 亿美元到 3 000 亿美元⑧，

---

④　Ronald K. Noble & Court E. Golumbic, A New Anti-Crime Framework for the World: Merging the Objective and Subjective Models for Fighting Money Laundering, 30 N. Y. U. J. Int'l L. & Pol. 79, 85 (1997—1998).

⑤　See John Gibeaut, Show Them the Money, A. B. A. J., Jan., 2002, at 47.

⑥　An estimate from the Financial Action Task Force has stated that illicit drug sales in Europe and North America amount to $ 122 billion (U. S.) annually. See David Lascelles, Money Laundering Under Seige, *Financial Times*, April 20, 1990, at 39. This is approximately equal to the projected total annual expenditures of the Government of Canada for 1993/1994. Another estimate, from the U. S. Department of State, holds that $ 100 billion (U. S.) is laundered in the United States each year and $ 300 billion (U. S.) worldwide. See International Narcotics Control Strategy Report.

⑦　See Kavita Natrajan, Combating India's Heroin Trade Through Anti-Money Laundering Legislation, 21 Fordham Int'l L. J. 2014 (1998); Efforts to Combat Money Laundering: Hearing of the House banking and Financial Services Committee, 2000 WL 11069063 (March 9, 2000) (statement of Stuart Eizenstat, Deputy Secretary of the Treasury).

⑧　See United States General Accounting Office (GAO), Money Laundering: Fincen's Law Enforcement Support Role Is Evolving, 1 (June 19, 1998), GAO/GGD-98-117.

2000 年，美国有学者保守地估计全球每年的洗钱数额在 5 000 亿到 6 000 亿美元，甚至达到 8 000 亿⑨或 10 000 亿美元⑩，2001 年，经济合作与发展组织下属的反洗钱金融行动工作组给出的数据为每年最高额为 14 600 亿美元，最低为 5 310亿美元。⑪ 为对这些数字有个比较明确的概念，可以参考 2000 年美国年财政总预算是 15 000 亿美元。⑫ 具体情况见下表：

全球每年洗钱数额估测及对比数据

1.1 全球每年洗钱数额估测		
基准年	估测机构	数额（亿美元）
1998	美国国会会计处	1 000～3 000
2000	美国研究洗钱的部分学者	5 000～8 000
2001	金融行动工作组	5 310～14 600
2006	国际货币基金组织	9 349～23 373⑬
1.2 对比数据		
2000	美国财政预算	15 000

新近的一些因素加剧了国际洗钱犯罪的增加。这些因素包括传统的国际毒品交易、与日俱增的全球化旅游、移民、商品和服务贸易，通讯革命以及许多国家宽松的边界政策。⑭ 因此，数年前还是新概念的国际犯罪现在已妇孺皆知。研究表明加拿大 80％的洗钱案件带有国际因素⑮，因为其社会政策开放，拥有高效的国际金融体系。在英国警方调查的严重证券诈骗及其洗钱犯罪中，80％有跨国因素。⑯

---

⑨ See Efforts to Combat Money Laundering: Hearing of the House banking and Financial Services Committee，2000 WL 11069063（March 9，2000）（statement of Sen. Charles E. Schumer）.

⑩ See Efforts to Combat Money Laundering: Hearing of the House banking and Financial Services Committee，2000 WL 11069063（March 9，2000）（statement of Dr. Raymond Baker，scholar，Brookings Institution）.

⑪ See United Nation Statistic Division and the Organization for Economic Cooperation and Development's Financial Action Task Force on Money Laundering，2001.

⑫ See Budget of the United States Government，Fiscal Year 2000，available at http://w3. access. gpo. gov/usbudget/fy2000（visited on Jan. 24，2000）.

⑬ 1998 年国际货币基金组织给出的比例大约是 2%～5%，该栏的具体数字是根据 2006 年全球 GDP 总值 467 468 亿美元计算出来的。

⑭ See John L. Evans，International Money Laundering: Enforcement Challenges and Opportunities，Sw. J. L. & Trade Am.，Spring，1996.

⑮ See Margaret E. Beare & Stephen Schneider，Tracing of Illicit Funds: Money Laundering in Canada，（Department of the Solicitor General，1990）.

⑯ See Michael Levi，White-Collar Crime: The British Scene，525 Annals of the American Academy of Political and Social Science 71，80（1993）.

在金融机构全球化的背景下，受巨额利益[17]诱惑，美国历史最悠久的纽约银行参与洗钱行为，凸显了国际洗钱的普遍性和严重性。传统的认识一直将洗钱犯罪的离岸金融中心[18]与开曼群岛、安提瓜岛、巴哈马群岛之类监管非常宽松的国家和地区联系起来，但现实的情况是一些监管极其严格并致力于反洗钱的国家（甚至是美国），也可能成为洗钱犯罪的温床。

三、国际层面的努力及其局限

（一）国际层面努力的成效

目前国际洗钱犯罪主要集中在贩毒、贪污、税收和恐怖主义洗钱犯罪等领域。联合国通过的有关反贩毒[19]和反贪污[20]的国际公约明确要求成员国将此两类犯罪的收益纳入洗钱犯罪的客体范畴。关于税收领域的反洗钱，经济合作发展组织的努力引人注目，该组织在1998年通过《有害的税收竞争：日益全球化的问题》报告[21]，2000年通过《面向全球的税收合作》报告[22]和《消除有害税收实践

---

[17]　在纽约银行洗钱案中，依据纽约银行的陈述，其每月在俄国洗钱犯罪运作中收益2.4亿美金，试图根除洗钱犯罪的努力受到该丰厚回报的严重抵制。See Al Guart，Bank Made Killing on Mob：$720M in Profits from Russian Crime Dough，N. Y. Post，Aug. 21，1999，at 9.

[18]　离岸金融中心是指一般来说，各国的金融机构只从事本币存贷款业务，但第二次世界大战之后，各国金融机构从事本币之外的其他外币的存贷款业务逐渐兴起，有些国家的金融机构因此成为世界各国外币存贷款中心，这种专门从事外币存贷款业务的金融活动统称为离岸金融（offshorefinance）。也就是说，任何国家、地区及城市，凡主要以外币为交易（或存贷）标的，以非本国居民为交易对象，其本地银行与外国银行所形成的银行体系，都可称为离岸金融中心。由于其设在某国境内但与该国金融制度无甚联系，且不受该国金融法规管制，也被称为"离岸金融天堂"。

[19]　《1988禁止非法贩运麻醉药品和精神药物公约》。

[20]　《2003联合国反腐败公约》。

[21]　该报告创设了有害的税收竞争论坛，列明了解决成员国有害的税收优惠体制的指导方针，而且通过了一系列的反有害的税收操作实践的建议。经济合作发展组织的主要目的在于保护被侵害的税收基地的利益，因为，金融天堂因提供比税收基地有利的措施而把来源于税收基地的投资和存款吸引到金融天堂；同时，减少和控制在客观上有助于洗钱的银行保密操作实践，This Report was prepared by the Committee on Fiscal Affairs of the OECD chaired by Jeffrey Owens of the United Kingdom. See Charles M. Bruce，OECD Report on Tax Havens and Preferential Tax Regimes，Int'l Enforcement L. Rep.，Aug.，2000.

[22]　依据1998年报告设定的标准，明确了符合有害的税收优惠体制（比如，保险业、基金经理和银行业务）标准的成员国；依据1998年报告设定的标准，明确了符合避税天堂标准的30多个国家和地区；包含了与非会员国的合作部分，See OECD Delays and Strengthens Implementation of Tax Initiatives While Target Countries React，15：11 Int'l Enforcement L. Rep. 885，Nov.，1999. The OECD delayed the implementation of this harmful tax competition initiative while strengthening cooperation in an atmosphere of both acceptance and criticism。

谅解备忘录框架》。㉓《1999 抑制恐怖主义融资国际公约》（International Convention for the Suppression of the Financing of Terrorism）规制的重点是要求缔约国把替恐怖主义募集资金和融资犯罪化，其中会涉及掩盖合法资金来源这种辅助性的行为㉔，但是这种行为没有被独立为洗钱犯罪，而是作为向恐怖主义融资犯罪的一部分来规定；同时，尽管与贩毒、贪污、偷税相比，恐怖主义犯罪的贪利性不明显，甚至不是恐怖主义犯罪的主要特征，恐怖主义犯罪背后主要是意识形态和政治态度的分歧，但是恐怖主义依然会让某些参与人获得巨大利益，因此，也有必要将该部分非法所得列入反洗钱范畴；目前，国际社会没有专门针对恐怖主义犯罪非法收益洗钱犯罪的公约，但是可以通过《反跨国有组织犯罪公约》中的反洗钱条款来应对，因为恐怖主义犯罪一般都是有组织犯罪。

目前，各国对反毒品犯罪立场基本一致，对相关国际公约的执行也持积极态度。联合国大会于 1988 年通过《禁止非法贩运麻醉药品和精神药物公约》（维也纳公约），要求签字国把洗钱行为犯罪化，并保证银行保密不会成为犯罪侦查的障碍。在此之前两年，时为全球最大毒品消费国的美国已在《1986 洗钱控制法》中将外国贩卖毒品犯罪作为洗钱罪的上游犯罪。鉴于我国毒品犯罪的严峻形势，1988 年，我国签署了该公约，并于 1989 年经全国人大常委会批准，1990 年 11 月 13 日起生效。为履行该国际义务，把贩毒罪列入上游犯罪范围，我国全国人大常委会于 1990 年 12 月 28 日颁布《关于禁毒的决定》，明确规定"掩饰、隐瞒毒赃性质、来源罪"，并在 1997《刑法》中把毒品犯罪明确列为洗钱罪的上游犯罪之一。

（二）国际层面的局限

在国际反腐败洗钱领域，虽说有些许合作，但远远不够，而国家利益本位的做法则体现明显。如美国和欧洲国际反腐败洗钱的努力主要着眼于特定领域，即贪污或侵占美国政府或欧洲国家旨在实施对外援助的款项，因为这些款项最终来

㉓ 在该文中，明确了一些具体的目标，以及完成这些目标的期限，旨在 2005 年底前实现全面的合作。See Bruce Zagaris, OECD Releases MOU on Harmful Tax Practices, 17：1 Int'l Enforcement L. Rep.，Jan.，2001；David Ignatius, Tax Cheats Have Unlikely Friends, Int'l Herald Trib.，Apr. 20, 2001, at 8. The reference to 'global police' was attributed to Congressman Dick Armey (R.-Tex.)。

㉔ 参见王水明：《论洗钱犯罪与国际恐怖主义融资》，载《中国反恐立法专论》，327 页，北京，中国人民公安大学出版社，2007。《1999 抑制恐怖主义融资国际公约》第 2 条规定："5. 任何人如有以下行为，也构成犯罪：（a）以共犯身份参加本条第 1 款或第 4 款所述罪行；（b）组织或指使他人实施本条第 1 款或第 4 款所述罪行；（c）协助以共同目的行事的一伙人实施本条第 1 款或第 4 款所列的一种或多种罪行；这种协助应当是故意的，或是：（一）为了促进该团伙犯罪活动或犯罪目的，而此种活动或目的涉及实施本条第 1 款所述的罪行；或（二）明知该团伙意图实施本条第 1 款所述的一项罪行。"该公约于 1999 年 12 月 9 日由第 54 届联合国大会通过，2002 年 4 月 10 日生效。2001 年 11 月 13 日，时任外交部长的唐家璇代表中国签署了该公约；2006 年 2 月 28 日，全国人大常委会批准了该公约。

自美国或欧洲国家的纳税人[25]；而对除此之外的发生在其他国家的贪污或者侵占行为，则表现出拒绝抵制甚至欢迎的态度，因为洗钱将使巨额贪污款流入其境内，如果配合罪犯所属国实施反洗钱，则这笔款项最终会被退回罪犯所属国。因此，西方国家常以人权保障、司法体制不透明等各种借口拒绝有关国家如我国签订引渡条约，这实际上为包括我国在内的相关国家遏制腐败犯罪及其洗钱行为设置了障碍，在我国至今数目惊人的资金被腐败分子携至国外而无法追回就是明显例证。

在反恐怖主义洗钱领域，虽然各国都一致主张反恐，但出于各自利益之考虑，关注点却并不相同。美国和欧洲主要关注中东国家因意识形态问题而危害其国家安全，俄罗斯主要关注车臣武装分裂组织侵犯俄罗斯主权完整和统一，我国则主要关注东突分裂势力破坏我国国家统一。

（三）出路

尽管国际社会在反洗钱方面已经有了一些努力成果，但是所涉及领域仍然在贪污、反恐、贩毒等有限领域，很多上游犯罪比如偷税、侵犯知识产权犯罪和抢劫等领域并未达成共识。而且，由于各国国情和国家利益的不同导致打击洗钱犯罪的严厉程度和标准不同，使得国际社会缺乏一个统一的标准和一致行动。虽然有了一些国际公约，但缺乏强有力的执行机构和监督机制，对国际公约的执行仍然要依赖各成员国国内法来实现。

四、国内法层面问题及出路

（一）司法管辖权

美国反洗钱法包含上游犯罪是外国犯罪的洗钱，在 2001 年之前其要求非法收益洗钱行为的金融操作必须全部或部分发生在美国，对洗钱罪采取的是属地管辖权。因此，如果洗钱行为不发生在美国，美国的刑法无法以洗钱罪来处罚。比如，在 A 国实施上游犯罪在 A 国洗钱，去美国投资，则美国的洗钱罪条款不具有管辖权。美国《1986 反洗钱控制法》的上游犯罪区分国内犯罪和国外犯罪（an offense against a foreign nation），其中的国外犯罪（国际犯罪）包括针对外国银行的欺诈[26]、贩卖毒品[27]、绑架[28]、抢劫[29]、敲诈[30]、使用爆炸物破坏财物、

---

[25]　See The Money Laundering and Financial Crimes Strategy Act，31 U. S. C. 5340 (1998) .

[26]　18 U. S. C. 1956 (c) (7) (B) (iii).

[27]　See id. 1956 (c) (7) (B) (i).

[28]　See id. 1956 (c) (7) (B) (ii).

[29]　See id.

[30]　See id.

谋杀㉛，在 1992 年的修订中增加了向外国政府官员行贿。㉜因此，只要上游犯罪是上述国际犯罪，且在美国实施全部或部分洗钱行为，美国即有管辖权，而不要求美国法律对上游外国犯罪也有管辖权。

我国《刑法》中没有区分上游犯罪是国内犯罪还是国际犯罪，因此我们需要确定我国《刑法》中规定的上游犯罪是否包括外国犯罪。我们认为，现行法律中不包括外国犯罪。因为，设立洗钱犯罪的最初和最根本目的在于遏制上游犯罪，正是因为上游犯罪对我国有很大的危害性，我们才需要用洗钱罪来遏制。对于外国人在外国的走私犯罪收益到我国来洗钱，对我国并没有实质性危害，那么我国也就没有行使管辖权的动力。因此，要确立我国《刑法》对国际洗钱犯罪的管辖权，必须首先确立我国《刑法》对上游犯罪的管辖权。对于外国人或无国籍人在国外针对我国和/或我国公民犯罪，我国《刑法》可以行使保护性管辖权㉝，比如对某国外犯罪人将境外贩毒所得通过我国境外金融机构后实施洗钱的行为。如果该等上游犯罪的非法所得流入我国进行洗钱，例如将贩毒所得通过在开曼群岛设立的特殊目的公司到内地来投资，则可以以犯罪结果所在地对上游犯罪行使管辖权。对于我国公民在国外实施的上游犯罪可以行使属人管辖权。㉞在确定对上游犯罪管辖权的基础上能比较好地解决洗钱罪管辖权问题。

同时，美国和我国的例子说明，目前国际社会对国际洗钱犯罪的管辖范围不包括所有的上游外国犯罪，行使管辖权的依据也只是管辖原则采取的是属人管辖、属地管辖和保护性管辖，而不是普遍管辖。

从 21 世纪开始，随着国际恐怖主义犯罪的迅速发展，国际洗钱犯罪对人类社会的危害越来越大，国际社会需要确立对国际洗钱犯罪的普遍性管辖权，以遏制危害日益严重的洗钱犯罪的蔓延。有国际公约已经确立了对洗钱犯罪的普遍性管辖权，比如 1988 年 12 月 19 日通过，1990 年 11 月 11 日生效的《联合国禁止非法贩运麻醉药品和精神药物公约》㉟ 授权各国对毒品洗钱犯罪的普遍管辖权：

㉛ See 1956（c）（7）（B）（ii）.

㉜ See 1956（c）（7）（D）. 该罪名是 1992 年修订 MLCA 时加入的，给予受贿方在受贿后有洗钱的需要。

㉝ 当然同时需要满足其他两个条件：（1）我国刑法规定的法定刑最少 3 年以上；（2）依据犯罪地法律也构成犯罪并且应当给予刑事处罚。参见《刑法》第 8 条。

㉞ 对于此类洗钱犯罪，要区别对待，如果通过直接或间接投资的形式来我国投资，则我国惩罚的动力不足，因为该洗钱行为对我国的实际危害不大；如果通过地下钱庄进入我国，然后进入我国合法的金融系统，最后退出的话，我国则会严厉处罚。比如我国外商投资领域只需要提供外国投资实体的资信，而不需要资金最终来源合法的证明，这样，某外国人在开曼群岛设立了特殊目的公司到我国来投资，那么只需要提供在开曼群岛设立的特殊目的公司的资信而无须就资金的最终来源作出说明，即使可能该笔投资的最终来源是贩卖毒品所得。

㉟ 截至 2005 年 1 月有 170 个签字国。

其第 4 条第 2 (b) 款规定当被指控的罪犯在其领土内，并且不把他引渡到另一缔约国时，也可采取可能必要的措施，对其按第 3 条第 1 款确定的犯罪，确立本国的管辖权；第 4 条第 3 款规定本公约不排除任一缔约国行使按照其国内法确立的任何刑事管辖权，这样就可以不管是否对上游犯罪有管辖权，而依据国际公约直接对洗钱犯罪行使普遍管辖权。但是，在我国的立法和司法实践中，尚没有看到行使普遍管辖权的例子。同时，更多的国际洗钱犯罪的公约没有确立普遍管辖权。

在向普遍管辖权方向的努力上，美国的例子可以借鉴。第一，美国反洗钱法律直接将上游犯罪划为国内犯罪和外国犯罪，而不管对该国外犯罪是否有司法管辖权；第二，即使上游犯罪是外国犯罪且洗钱行为不在美国国内，美国一样有管辖权。美国 2001 年《爱国者法》第 317 部分规定了美国法院对外国人和外国金融机构的"长臂司法管辖权"。"长臂管辖权原则"的确立则扩大了美国洗钱法律的管辖权，即使洗钱行为不发生在美国国内，美国也有管辖权。依据其规定，在美国的金融机构开有账户的外国金融机构实施洗钱行为，美国法院有司法管辖权。[36] 比如墨西哥银行职员从事的金融交易活动违反了《美国法典》第 1956 (a) 节的规定，美国可以行使管辖权，即使该洗钱行为完全发生在墨西哥而与美国无关。

(二) 上游犯罪中国际犯罪的范围

在上游犯罪中国际犯罪的范围也在日益扩大，但仍有进步空间。在 2000 年前，各国国内法中洗钱罪的上游犯罪范围比较狭窄，在 21 世纪初，各国国内法包括的国外犯罪的范围有了比较大的增加，基本上涵盖了主要类型的洗钱罪。

比如，在《爱国者法》颁行前，美国司法机构无法以洗钱罪对一些有很大影响的洗钱犯罪实施惩罚。在纽约银行洗钱案中，尽管主犯 Lucy Edward 和其丈夫 Peter Berlin 账户里的 800 万美元被查封没收，但是因为在案发时《美国法典》里没有涵盖他们的洗钱行为所涉及的犯罪收益，即这种犯罪收益不是来自于《美国法典》里所规定的上游犯罪，因此不能被判处洗钱罪。[37] 在花旗私人银行洗钱案中，加蓬国总统 Omar Bongo 通过花旗私人银行的秘密账户存款多达 500 万美元，美国政府无法对 Omar Bongo 提起洗钱指控，因为其贪污受贿行为不在《美

---

　　[36]　See 302 (a), 115 Stat. 272. The Findings and Purpose of the PATRIOT Act provides documentation as to the extent of the global money laundering problem，and the Congressional purpose and goals in resolving those issues by adoption of the statute.

　　[37]　See U. S. v. Berlin，No. 99 Cr. 914 (S. D. N. Y.，2000).

国法典》的上游犯罪名单中。⑱ 由于 2001 年前美国洗钱罪立法的上游犯罪只包含少部分国外犯罪，美国政府对付国际洗钱犯罪的手段只有两个：美国国务卿发布金融报告和总统授权的大规模的经济制裁，且后一种手段主要在洗钱犯罪危及美国国家安全的时候才使用。⑲ 为弥补该法律漏洞，同时加强反恐洗钱，2001 年 10 月生效的美国《爱国者法》将外国腐败犯罪列入上游犯罪范围，包括贿赂政府官员、为政府官员的利益或政府官员本身不当处理、盗窃或挪用公共财产以及非法武器销售。⑳ 在美国洗钱犯罪立法中，其上游犯罪中的外国犯罪（即本文中的国际犯罪）依然没有包括偷税罪、侵犯知识产权犯罪。

在我国 2006 年《刑法修正案（六）》出台之前，我国《刑法》规定的上游犯罪只包括四种类型犯罪即毒品犯罪、黑社会性质的组织犯罪、恐怖活动犯罪、走私犯罪，在《刑法修正案（六）》出台后，我国现行刑法中规定的上游犯罪范围增加了贪污贿赂犯罪、破坏金融管理秩序犯罪、金融诈骗犯罪，现在我国《刑法》中洗钱罪的上游犯罪涉及 7 大类 81 个罪名，涵盖范围比较广泛，能够从立法上比较有效地打击危害巨大的贪污犯罪和金融类犯罪。但是，还有一些常见的洗钱犯罪没有列入上游犯罪范畴，比如偷税罪、侵犯知识产权的犯罪和抢劫罪等常见多发犯罪。

（三）很难或者不能在外国获取相关证据

即使国际犯罪被归入某国的上游犯罪之中，当上游犯罪发生在外国领土之时，或者可以证明洗钱犯罪的金融记录在域外司法管辖权范围之内时，该国的相关司法执法部门则经常因国界限制而无法从该境外获取必要的证据。㉑ 因此，国家之间的配合对反洗钱来说至关重要。但由于某些国外政府官员自身就与上游犯罪有牵连，从这些国家获取相关证据就极为困难甚至不可能。㉒ 因此，需要国家

---

⑱　The funds laundered by President Bongo were derived from bribes he had received to grant a lucrative government contract to a French oil company. See Jeff Gerth，Hearings Offer View into Private Banking; Secret Accounts Under Scrutiny as Foreign Wealth Moves Abroad，N. Y. Times，Nov. 8，1999，at A6 (interviewing Mr. Raymond Baker，guest scholar at Brookings Institute).

⑲　See Treasury Secretary Lawrence H. Summers，Remarks at the National Money Laundering Conference (Oct. 26，2000)，available at http：// www. treas. gov/press/releases/ls982. htm (hereinafter "mmers Remarks").

⑳　See 317，115 Stat. 272. The full name for PARTIOT Act is Uniting and Strengthening America by Providing Appropriate Tools Required to Intercept and Obstruct Terrorism Act of 2001.

㉑　See 315，115 Stat. 272. Section 315 expanded the definition of financial institutions to include insurance companies and securities firms.

㉒　See Department of Treasury，The National Money Laundering Strategy for 2000，(March，2000)，available at http：// www. treas. gov/press/releases/docs/ml2000. pdf (hereinafter "Money Laundering Strategy 2000").

间达成司法互助条约并切实执行条约的相关条款。

目前，国际社会有诸多司法协助条约：这些条约允许某成员国在审查起诉犯罪事项时，在其他成员国获取书面证据以及其他形式的司法协助；这些条约在打击犯罪方面建立了沟通渠道、提供了广泛的合作，包括：收集证词或者证人证言，提供文件、记录和证据，送达法律文件，寻找和识别相关人员，执行搜查和查获请求以及对犯罪有关的收益进行没收提供帮助。[43] 尤其在反国际毒品犯罪领域，根据相关司法协助条约，一个国家可以要求另一国家识别、追踪、冻结或查封毒品犯罪收益及其他犯罪工具[44]；这样的司法协助协议在美国、墨西哥、阿根廷、巴西、哥伦比亚、开曼群岛、泰国、菲律宾等三十多个国家之间有效。

长期以来，中国主动在警务合作、情报交流、案件协查、追赃缉捕等多个层面积极与各国开展全方位合作。在司法合作方面，《民事诉讼法》和《刑事诉讼法》均以专章或专门条款就司法管辖权确定、法律文书送达和司法判决承认执行方面加以规定。中国加入了《关于向国外送达民事或商事司法文书和司法外文书公约》，并与多个国家签订了有关司法合作的条约。截至 2004 年年末，中国与 32个国家签署了刑事司法协助条约，其中有 23 个条约已经生效；与俄罗斯、泰国、蒙古等 21 个国家缔结了双边引渡条约，其中 16 个条约已经生效。上述条约均适用于反洗钱领域。[45]

国际司法互助条约不足之一是缺乏强制执行司法协助法没收令的条款[46]，而是允许成员国自行判断是否对相关资产进行冻结。在上游犯罪是与本国没有关系或者至少没有直接且明显关系的国外犯罪而洗钱行为发生在本国时，该国家往往不会采取没收或冻结行为，因为如果采取配合态度，往往意味着这些赃款最终会被返还给外国政府。

不足之二是对业已存在的司法互助条约或国际公约缺乏有效的执行，即使执行也带有强烈的国家利益考虑。美国的例子是个典型，1998 年，克林顿政府一方面为了强化国际反毒品洗钱的努力，以阿富汗、伊朗、尼日利亚与联合国禁毒公约的要求不符拒绝依据《外国援助法》对这些国家进行援助；另一方面，为了美国的利益，尽管哥伦比亚、巴基斯坦和巴拉圭也没有与联合国禁毒公约的要求相符，但是依然提供了援助。

---

[43] See Basle Committee on Banking Supervision〔hereinafter Basle Committee 1992〕，Minimum Standards for the Supervision of International Banking Groups and their Cross-Border Establishments (July 1992) (last modified on Jan. 25，2000) available at http：//www. bis. org. publ. index. htm.

[44] See Department of Treasury, The National Money Laundering Strategy for 2000，（March 2000），available at http：// www. treas. gov/press/releases/docs/ml2000. pdf （hereinafter "Money Laundering Strategy 2000"）.

[45] 《反洗钱报告》，载http：//www. pbc. gov. cn/detail. asp？col＝1540&ID＝52，2007 年 6 月 7 日访问。

[46] Id.. This is true of the MLAT between the United States and Barbados.

（四）掩盖合法资金的最初来源的洗钱行为的犯罪化问题

上文已提及，针对掩盖合法资金最初来源的洗钱，国际社会的目前的做法是把其归入恐怖主义融资犯罪的共犯以资助恐怖主义罪来定性，而不是将其独立为洗钱犯罪。目前，各国打击该种犯罪行为的通行方法是强化金融机构的报告义务。比如美国的《银行保密法》基于"KYC"（know-your-costumer）原则，建立了现金交易报告制度（CTRs）、可疑交易报告制度（SAR）、跨境现金交易报告制度和外国银行和证券账户报告制度；我国在此方面的规定主要是《金融机构反洗钱规定》、《人民币大额和可疑支付交易报告管理办法》和《金融机构大额和可疑外汇资金交易报告管理办法》等。我们认为，鉴于该种洗钱行为的重大危害，特别是被用于恐怖主义融资的时候，应该研究将这种掩盖合法资金最初来源的行为以独立的洗钱罪来论处，而不仅仅是资助恐怖主义犯罪的共犯，以更为有效地打击恐怖主义融资行为，从而更有效地遏制恐怖主义犯罪。

五、结　论

随着国际洗钱犯罪规模的日益扩大，国际洗钱犯罪会越来越多地危及金融秩序，破坏金融机构的正常运行秩序，减少政府税收收入，破坏公平竞争的秩序，加剧政府官员的腐败，在极端的情况下还会危及国家安全。随着全球化进程的加速，国际洗钱的规模会与日俱增，因为犯罪人很容易利用各国反洗钱机制和金融体制不统一、相互配合不紧密、漏洞很多的特点，将犯罪收益在全球的金融体系进行复杂的运作，从而使得查获该犯罪变得极其困难甚至不可能。在国内法的层面上反国际洗钱犯罪努力将很快甚至已经边际效用最大化，为此，需要针对国内法层面上反国际洗钱犯罪所遇到的问题务实地展开国际法层面的反洗钱的努力和合作，这包括增加普遍管辖权的适用范围，对现有反洗钱公约切实地执行，对某些部分作可操作性的调整，通过新的国际反洗钱条约和国际司法互助条约。同时，在协调各国努力的时候，需要切实考虑和协调各国的国家利益，以确保国际法层面努力的切实效用。

全球化视野下洗钱犯罪的刑法立法对策浅探
——以我国加入的国际公约为参照

李希慧[*]

全球化，实际上指的是经济全球化。"经济全球化"这个词，据说最早是由T. 莱维于 1985 年提出的。[①] 至于何谓经济全球化，至今仍然是仁者见仁，智者见智。有人从生产力运动和发展的角度分析，认为经济全球化是一个历史过程：一方面在世界范围内各国、各地区的经济相互交织、相互影响、相互融合成统一整体，即形成"全球统一市场"；另一方面在世界范围内建立了规范经济行为的全球规则，并以此为基础建立了经济运行的全球机制。在这个过程中，市场经济一统天下，生产要素在全球范围内自由流动和优化配置。因此，经济全球化是指生产要素跨越国界，在全球范围内自由流动，各国、各地区相互融合成整体的历史过程。[②] 也有的人认为，全球化指的是在货物、资本、生产、技术、信息等生产要素跨国流动加速发展的条件下，全球市场经济进一步形成，国家和其他政治力量出现整合和重组，各国之间的联系和相互作用大大加强。[③] 国际货币基金组织则将全球化表述为：是通过贸易、资金流动、技术创新、信息网络和文化交流，使各国经济在世界范围高度融合，各国经济通过不断增长的各类商品和劳务的广泛输送，通过国际资金的流动，通过技术更快更广泛的传播，形成相互依赖关系。[④] 尽管目前对全球化的界定不尽相同，但各国、各地区的经济相互交织、相互影响、相互融合、相互依赖是其基本的内容。

由于在全球化下各国、各地区的经济相互交织、相互影响、相互融合、相互依赖，这就必然导致金融流通的国际化，也就是投资和收益要在不同的国家或者

* 李希慧，北京师范大学刑事法律科学研究院教授，博士生导师，法学博士，中国法学会刑法学研究会秘书长。

① 参见张宝珍：《什么是经济全球化？》，载《人民日报》，2000 - 06 - 15，7 版。
② 参见张宝珍：《什么是经济全球化？》，载《人民日报》，2006 - 06 - 15，7 版。
③ 参见路爱国：《经济全球化综述》，载浙大行知网，2003 年 6 月 28 日访问。
④ 参见路爱国：《经济全球化综述》，载浙大行知网，2003 年 6 月 28 日访问。

地区之间流动，这就使得洗钱犯罪由主要发生在一国或者一个地区之内发展为通常具有跨国、跨地区的特点。据 2002 年的有关资料统计，当时近三年我国外逃资本达 530 亿美元[⑤]；另有资料表明，我国外逃资金每年达 480 亿美元。[⑥] 除了我国境内的大量"黑金"通过跨国（边）境洗钱流出境外之外，国（边）境外的一些犯罪分子也通过各种方式将境外的"黑金"转移到我国境内，使之表面合法化。如我国大陆人员汪照通过其负责经营的广州市百叶林木业有限公司为正遭到国际通缉的大毒枭区伟能清洗毒品犯罪所得的巨额资金，即是境内人员为境外犯罪分子洗钱的例子。[⑦] 可见，全球化时代的洗钱犯罪必然深深打上跨国（边）境的烙印，因此，基于全球化的视野对我国洗钱犯罪的刑法立法进行研究是很有意义的。

虽然看似一国的刑法立法不能解决全球化背景下洗钱犯罪跨国、跨地区的问题，但是，如果一国的刑法立法编织了一张对洗钱犯罪的恢恢之网，无疑会对打击和预防包括跨国、跨地区的洗钱犯罪具有重要的意义。因此，笔者主张进一步完善我国现行刑法关于洗钱犯罪的规定，使之更有利于打击和惩治洗钱犯罪。

一、扩大洗钱罪的上游犯罪范围

我国 1979 年颁布的《中华人民共和国刑法》没有涉及洗钱犯罪，洗钱犯罪的刑法立法发端于 1990 年，洗钱的上游犯罪经历了一个不断变化的过程。1990 年 12 月 28 日全国人大常委会颁布并施行的《关于禁毒的决定》第 4 条将"掩饰、隐瞒出售毒品获得财产的非法性质和来源"的行为规定为犯罪，虽然当时的司法实践和刑法理论没有将该种犯罪称为"洗钱罪"，但实际上该种行为本质上就是清洗出售毒品所获得财产的非法性质和来源，因此，可以说当时的洗钱犯罪的上游犯罪仅限于贩卖毒品罪，范围甚是狭隘。根据 1997 年修订的《中华人民共和国刑法》（以下简称《刑法》）第 191 条的规定，明知是毒品犯罪、黑社会性质组织犯罪、恐怖活动犯罪、走私犯罪的非法所得及其产生的收益，为掩饰、隐瞒其来源和性质，有提供资金账户；协助将财产转换为现金、金融票据、有价证券；通过转账或者其他结算方式协助资金转移；协助将资金汇往境外；以其他方法掩饰、隐瞒犯罪所得及其收益的来源和性质等行为之一的，没收实施以上犯罪的所得及其产生的收益，处 5 年以下有期徒刑或者拘役，并处或者单处洗钱数额的 5％以上 20％以下罚金；情节严重的，处 5 年以上 10 年以下有期徒刑，并处

---

⑤　参见毛磊：《中国金盾之剑指向洗钱犯罪》，载http：//www.people.com.cn/GB/guandian/183/6103/6104/20020618/755251.html。

⑥　参见http：//www.loveunix.com/viewthread.php？tid＝16095.

⑦　参见http：//finance.sina.com.cn？2006 年 02 月 18 日。

洗钱数额 5％以上 20％以下罚金；单位实施上述行为的，对单位判处罚金，并对其直接负责的主管人员和其他直接责任人员，处 5 年以下有期徒刑或者拘役；情节严重的，处 5 年以上 10 年以下有期徒刑。最高人民法院、最高人民检察院的司法解释将上述条文规定的犯罪确定为洗钱罪，洗钱罪的罪名由此产生。从上述规定可以看出，《刑法》所规定的洗钱罪的上游犯罪较之《关于禁毒的决定》第 4 条所规定的清洗贩毒所得的洗钱犯罪的上游犯罪的范围大大地拓宽了，因为毒品犯罪、黑社会性质组织犯罪、恐怖活动犯罪、走私犯罪都是小型的类罪，包括了至少二十多种具体犯罪。2006 年 6 月 29 日全国人大常委会颁布的《刑法修正案（六）》进一步扩大了洗钱罪上游犯罪的范围，在毒品犯罪、黑社会性质组织犯罪、恐怖活动犯罪、走私犯罪的基础上，增加了贪污贿赂犯罪、破坏金融秩序犯罪和金融诈骗犯罪三类，增加的具体犯罪达数十种。

由上所述，尽管我国现行刑法所规定的洗钱罪的上游犯罪的范围较之洗钱犯罪立法初期的上游犯罪的范围，进行了很大程度的扩大，但与 2000 年 11 月 15 日第 55 届联合国大会通过、同年 12 月 12 日中国政府签署、2003 年 8 月 27 日全国人代常务委员会批准、2003 年 9 月 29 日生效的《联合国打击跨国有组织犯罪公约》所确定的洗钱的上游犯罪的范围相比，仍有一定的差距。根据该公约第 6 条的规定，应将所有的严重犯罪（可受到最高刑至少 4 年的剥夺自由）、参加有组织的犯罪集团的行为、腐败行为、妨害司法的行为等规定为上游犯罪。2003 年 10 月 31 日，第 58 届联合国大会全体会议审议通过、同年 12 月 10 日我国签署、2005 年 10 月 27 日全国人大常委会批准加入的《联合国反腐败公约》第 23 条规定"各缔约国均应当至少将该公约确立的各类犯罪列入上游犯罪"。而该公约所列出的上游犯罪包括第 15 条的贿赂本国公职人员罪，第 16 条的贿赂外国公职人员或者国际公共组织官员罪，第 17 条的公职人员贪污、挪用或者以其他方式侵犯财产罪，第 18 条影响力交易罪，第 19 条的滥用职权罪，第 20 条的资产非法增加罪，第 21 条的私营部门内的贿赂罪，第 22 条的私营部门内的侵吞财产罪，第 24 条的窝赃罪，第 25 条的妨害司法罪。对照我国现行《刑法》关于洗钱上游犯罪与上述两公约关于洗钱上游犯罪的规定，其差距表现在：其一，上述两公约将窝赃罪和妨害司法罪作为洗钱的上游犯罪，而我国刑法则没有这么做。其二，我国刑法中的贪污贿赂罪没有完全涵盖公约中的贪污贿赂罪的内容。如上述公约中的贿赂外国公职人员或者国际公共组织官员、对外国公职人员或国际公共组织官员行贿等犯罪，在我国《刑法》中均付诸阙如。另外，我国刑法虽然规定了斡旋型的受贿罪，即《刑法》第 388 条规定的国家工作人员利用本人职权或者地位形成的便利条件，通过其他国家工作人员职务上的行为，为请托人谋取不正当利益，索取请托人财物或者收受请托人财物的行为，但上述斡旋型受贿罪的内容与上述公约规定的影响力交易罪的内容并不完全相符，即上述公约第 18 条所规定影响力交易罪中的"影响力"包括公职人员的影响力和其他人员的影响力，其他人员的影响力是指公职人员以外的其他人因其与公职人员具有亲属关系、朋友关系、师生关系、同事关系而具有的影响力，而《刑法》第388条所规定的斡旋型受贿罪仅限于国家工作人员利用其对其他国家工作人员的影响力为他人谋取利益，并收受他人财物的情形，而没有将与公职人员具有亲属关系、朋友关系、师生关系、同事关系利用其对公职人员的影响力为他人谋取利益，从而收受他人财物的行为规定为犯罪。其三，我国刑法所规定的贿赂犯罪的对象仅限于财物，这与上述公约所确定的贿赂是"不正当好处"也具有很大的差别，不正当的好处包括一切有形或无形的利益，其范围甚广。

以上是从两公约所确定的洗钱犯罪的最小范围的上游犯罪，而公约所确定的洗钱犯罪的最大范围的上游犯罪则是一切能产生所得及收益的犯罪。尽管我国现行刑法所规定的洗钱罪的上游犯罪即使连公约所要求的最小范围也没有达到，但从有利于打击洗钱犯罪，全面履行我国批准的国际公约所确定的义务等方面来讲，有必要将《刑法》第191条所规定的洗钱罪的上游犯罪修改为"一切能产生所得及收益的犯罪"。

理论上有人主张将洗钱罪的上游犯罪应扩展至本犯实施的犯罪，其主要理由是：第一，将上游犯罪扩展至本犯所实施的犯罪是国际公约的立法价值取向，因为《联合国反腐败公约》第23条将洗钱犯罪不适用于实施上游犯罪的人作为一种例外，而将本犯作为洗钱罪的主体是其基本要求。第二，本犯不能成为洗钱罪的主体的主要根据是事后不可罚理论，而这种理由并不能有效地成立，换句话说，洗钱罪主体的确定不应被此理论限制。第三，不可罚的事后行为并不是绝对的不可罚，法律可以将其规定为犯罪行为。如英国《1968年盗窃罪法》第22条规定，盗窃罪的实行犯只要是在"盗窃过程之外"处置赃物的，就可以构成赃物罪。[⑧]

笔者不赞成上述观点和理由。首先，即使《联合国反腐败公约》的立法价值取向是将上游犯罪扩展至本犯所实施的犯罪，但只要公约没有作出强制性的要求，各国就可以根据本国的国情作出选择，我国当然也可以选择不将本犯所实施的犯罪纳入上游犯罪的范围。其次，事后不可罚的理论是否被一个国家的立法和司法所遵循，取决于各国的刑法理论与司法传统。大陆法系国家一贯恪守事后不可罚理论，在某种程度上是对人性弱点的妥协，因为一个人实施了上游犯罪后，为了逃避刑事追究和处罚，通常会进一步实施掩饰、隐瞒上游犯罪所得及收益的性质和来源的行为，基于人性的这一弱点，只对犯罪人所实施的上游犯罪定罪处

---

⑧　参见樊凤林、刘东根：《〈论联合国反腐败公约〉与我国洗钱罪上游犯罪的立法完善》，载http://www.jcrb.com/zywfiles/ca531813.htm。

罚，而不对其进一步所实施的清洗行为予以刑事追究。而英美法系国家的刑法理论崇尚节俭和经济原则，主张不管行为人所实施的数个犯罪行为之间是否具有一种必然的联系，也不考虑人性本身所具有的逃避刑事追究的弱点，只要行为人所实施的行为触犯了数个罪名，都要按数罪进行并罚，可以说，英美刑法理论和司法实践处理数罪的做法具有浓厚的功利色彩。我国的刑法理论一贯奉行大陆法系的罪数理论，刑事司法也秉承大陆法系国家的传统，因此，事后不可罚的理论始终适用于司法实践。再次，事后行为要么可罚，要么不可罚，不是绝对不可罚的说法意味着有的事后行为可罚，有的事后行为不可罚，这就会导致同样是事后行为但受到的处理却不同的局面，有失公平。最后，在我国，洗钱犯罪的上游犯罪的法定刑通常比较高，有的甚至包括死刑，即使对本犯只按照其所实施的上游犯罪定罪处罚，而不对上游犯罪与下游犯罪实行数罪并罚，也足以保证对其的处罚做到罪刑相适应。

总之，笔者不赞成将本犯所实施的犯罪纳入上游犯罪的范围。

二、增设过失致使犯罪所得及收益表面合法化的犯罪

在现实生活中，不乏有人已经预见自己的行为可能导致犯罪所得及收益表面合法化的结果，但轻信该种结果能够避免，也不排除有人应当预见自己的行为可能使犯罪所得及收益表现合法化但由于疏忽大意而没有预见，以致发生犯罪所得及收益表面合法化的情况，也就是说，实践中由于过于自信的过失或者疏忽大意的过失而使犯罪所得及收益表面合法化的情况是客观存在的，对于这类具有严重社会危害性的过失行为显然不能以洗钱罪定罪处罚，因为洗钱罪的主观罪过是故意，一种犯罪不可能故意和过失两种罪过形式并存，所以，只能将这种行为另加专门规定，作为洗钱犯罪中的一种具体犯罪。也许有人会指出，上述两公约都没有要求缔约国将过失致使犯罪所得及收益表现合法化的行为规定为国内法的犯罪，为什么我国刑法要增设这种犯罪呢？笔者认为，我国加入和批准的两公约虽然没有上述要求，但从有利于遏制洗钱犯罪的角度来讲，增设上述犯罪是十分必要的。因为，洗钱罪的故意所要求的"明知"有时很难认定，从而导致一些实施了使犯罪所得及收益表面合法化行为但难以证明其主观上"明知"的人逃脱法网，因此，增设过失致使犯罪所得及收益表面合法化罪，可以使惩治洗钱犯罪的法网更加严密，从而更有利于打击洗钱犯罪。

也许有人认为，对因过失致使犯罪所得及收益表面合法化的行为可以按玩忽职守罪定罪处罚，但在笔者看来，这种做法行不通。因为我国刑法规定的玩忽职守罪的主体是国家机关工作人员，而因过失致使犯罪所得及收益表面合法化行为的实施者大多并不具有国家机关工作人员的身份，即使行为人具有国家机关工作

人员身份，其行为有时也不具备构成玩忽职守罪所要求的致使公共财产、国家和人民利益遭受重大损失的特征，因为将境外的犯罪所得及收益通过一定的方式在我国境内进行清洗，并没有造成我国的经济损失，而只是对我国的金融管理秩序造成破坏，因此，无法按玩忽职守罪对上述行为定罪处罚。

也许还有人认为，对过失致使犯罪所得及收益表面合法化的行为可以按国有公司、企业、事业单位人员失职罪处理，但笔者认为这样做也不是十分妥帖。因为《刑法》第168条规定的犯罪名为国有公司、企业、事业单位人员失职罪，其主体限于国有公司、企业、事业单位的工作人员，然而，过失致使犯罪所得及收益表面合法化的行为人要么是非国有单位的工作人员，从而不具备国有公司、企业、事业单位人员失职罪的主体身份，要么具备了该罪的主体身份，但没有造成国家利益的重大损失，所以，也不能按国有公司、企业、事业单位人员失职罪处理。

总之，通过上述分析，只能对少部分过失致使犯罪所得及收益表面合法化的行为按玩忽职守罪或者国有公司、企业、事业单位人员失职罪处理，而更多的过失致使犯罪所得及收益表面合法化的行为则无法被科以刑罚。基于此，笔者主张增设过失致使犯罪所得及收益表面合法化罪，将任何人所实施的此类行为都归于该种犯罪之中。

中国洗钱犯罪规定与国际公约规定的对接

朱建华*

近年来，在关于我国刑法规定的洗钱罪的讨论与研究中，特别在比较我国关于洗钱的立法与国外或国际条约的差别后，认为我国刑法对洗钱罪的上游犯罪规定的范围狭窄，应当扩大洗钱罪的上游犯罪的范围，大概是一个比较普通的现象。① 笔者认为，这其中可能存在着误解。笔者认为，我国关于洗钱犯罪的规定，符合国际公约中的有关规定，不考虑我国刑法存在着洗钱罪罪名下的洗钱犯罪与非洗钱罪罪名下的洗钱犯罪，而仅以洗钱罪罪名下的洗钱行为上游犯罪的规定情况，论述我国刑事立法在此规定上的缺陷是有问题的。

一、相关国际公约对洗钱罪的规定

1988 年 12 月的《联合国禁止非法制动麻醉药品和精神药物公约》是国际社会第一个明令惩处洗钱犯罪的国际公约，明确了毒品洗钱犯罪的概念，要求各缔约国通过本国的立法机构明确立法将洗钱定为犯罪，但仅规定各国须将与贩毒有关的洗钱定为犯罪。② 2000 年 11 月 15 日第 55 届联合国大会审议通过了《联合国打击跨国有组织犯罪公约》，2000 年 12 月 12 日中国政府签署了该公约，2003 年 8 月 27 日十届全国人大常委会第四次会议批准中国加入该公约，该公约于 2003 年 9 月 29 日正式生效。2003 年 10 月 31 日，第 58 届联合国大会全体会议

---

* 朱建华，西南政法大学教授，博士生导师。

① 参见于改之：《国际反洗钱立法与我国对洗钱犯罪的惩治》，载《人民检察》，2001（3）；段治国、徐永芹：《中美洗钱罪之比较》，载《山东公安专科学校学报》，2002（1）；郑秀云：《加入 WTO 后我国洗钱犯罪的发展趋势及反洗钱对策》，载《公安研究》，2002（4）；程亮生：《试论我国洗钱罪的立法完善》，载《山东省政法管理干部学院》，2003（1）；杨仁荣：《反洗钱国际比较及中国的选择》，载《浙江金融》，2004（4）；彭凤莲：《从〈联合国反腐败公约〉看我国洗钱罪的立法趋势》，载《法学评论》，2006（1）；黄树标：《对完善我国反洗钱制度的思考》，载《法制与经济》，2006（2）。

② 参见中国人民银行武汉分行货币金银处：《洗钱犯罪及国际、国内反洗钱状况》，载《武汉金融》，2003（2）。

审议通过了《联合国反腐败公约》，同年 12 月 10 日，中国政府在《联合国反腐败公约》上签字。2005 年 10 月 27 日，十届全国人大常委会第十八次会议以全票通过决定，批准加入《联合国反腐败公约》。该公约于 2005 年 12 月 14 日正式生效。这两个国际公约中均有关于反洗钱罪的内容。除此之外，世界银行、货币基金组织、巴塞尔委员会、欧盟委员会等从 20 世纪 80 年代以来，均通过了相应的自己管辖权范围内的反洗钱公约，商业银行也组织了自发性的反洗钱组织——沃尔夫斯堡集团，通过了私人银行反洗钱宣言。

在我国参加并已经生效的《联合国打击跨国有组织犯罪公约》第 6 条和《联合国反腐败公约》第 23 条中，规定了大致相同的内容：

（一）各缔约国均应依照其本国法律基本原则采取必要的立法及其他措施，将下列故意行为规定为刑事犯罪：

1. （1）明知财产为犯罪所得，为隐瞒或掩饰其财产的非法来源，或为协助任何参与实施上游犯罪者逃避其行为的法律后果而转换或转让财产；

（2）明知财产为犯罪所得而隐瞒或掩饰该财产的真实性质、来源、所在地、处置、转移、所有权或有关的权利；

2. 在符合其本国法律制度基本概念的情况下：

（1）在得到财产时，明知其为犯罪所得而仍获取、占有或使用；

（2）参与、合伙或共谋实施，实施未遂，以及协助、教唆、便利和参谋实施相应条款所确立的任何犯罪。

（二）为实施或适用上述（一）的规定：

1. 各缔约国均应寻求将（一）中的内容适用于范围最为广泛的上游犯罪；

2. 各缔约国均应将《联合国惩治跨国有组织犯罪公约》第 2 条所界定的所有严重犯罪和根据该公约第 5 条、第 8 条和第 23 条及《联合国反腐败公约》中确立的犯罪列为上游犯罪。

从这两个公约的上述规定可以看出，其寻求将洗钱犯罪的上游犯罪最大化。上述要求虽然是为打击跨国有组织犯罪和腐败犯罪而规定，但是由于在一国的法律体系中，不可能单独为跨国有组织犯罪或腐败犯罪独立规定一套罪名体系，而不管是跨国有组织犯罪还是非跨国性犯罪，是腐败犯罪还是其他普通刑事犯罪，都共用一套罪名体系。相关国际公约并没有要求各国一定要规定一个独立的洗钱罪名，而只是要求将相关的洗钱行为予以犯罪化——"规定为刑事犯罪"，也就是说，只要将相关的洗钱行为规定为犯罪行为，即应认为是符合了相关国际公约的规定。

二、中国刑法对洗钱罪的规定

国际反洗钱立法的趋势是对一切犯罪所得的清洗行为定罪，即不限定上游犯罪范围。1990 年联合国关于洗钱金融活动小组提出的报告中也明确指出洗钱犯罪不只限于清洗毒品犯罪所得，还应包括清洗那些严重犯罪所得和某些牟取巨额财富的犯罪所得。③

中国在 1979 年《刑法》中没有规定洗钱罪罪名，在 1997 年《刑法》起初只规定洗钱罪的上游犯罪为毒品犯罪、走私犯罪和黑社会性质组织犯罪，经过《刑法修正案（三）》和《刑法修正案（六）》的修正，在我国刑法中，洗钱罪的上游犯罪已经包括了毒品犯罪、黑社会性质的组织犯罪、恐怖活动犯罪、走私犯罪、贪污贿赂犯罪、破坏金融管理秩序犯罪、金融诈骗犯罪，洗钱的行为方式包括：明知是毒品犯罪、黑社会性质的组织犯罪、恐怖活动犯罪、走私犯罪、贪污贿赂犯罪、破坏金融管理秩序犯罪、金融诈骗犯罪的所得及其产生的收益，为掩饰、隐瞒其来源和性质，而为其（1）提供资金账户的；（2）协助将财产转换为现金、金融票据、有价证券的；（3）通过转账或者其他结算方式协助资金转移的；（4）协助将资金汇往境外的；（5）以其他方法掩饰、隐瞒犯罪所得及其收益的来源和性质的。

上述规定表明，我国对洗钱罪的规定，具有中国自己的特色，即将洗钱罪作为一个独立的罪名予以规定，而并没有将洗钱作为一个类罪名进行规定，对洗钱罪的行为方式及其上游犯罪的种类予以法定化。我国刑法所规定的洗钱罪的上游犯罪虽然只有七类犯罪，而实际上，其所囊括的罪名是比较多的，虽然没有在洗钱罪这一具体罪名中将《联合国惩治跨国有组织犯罪公约》和《联合国反腐败公约》中所规定的一切犯罪所得都作为其上游犯罪，但其所包括的罪名达 63 个之多④，已经尽可能地将洗钱罪的上游犯罪范围扩大化。

能否由此得出结论说，我国刑法中关于洗钱罪的规定特别是其上游犯罪的规定与国际公约的规定不相一致，从而与公约的规定相抵触？没有履行公约规定的义务？笔者认为，不可以这样认为。

由于传统文化、经济水平以及法制状况等方面的不同，各国对于什么是洗钱犯罪以及对于该种犯罪应在何种惩治程度上予以打击缺乏统一的认识。这种认识上的差异，就犯罪行为的认定来说，既可以表现为各国对该罪客观方面的表现要求不尽相同（如有的国家规定掩饰和隐瞒的行为应达到已能随意支取犯罪收益的

---

③ 参见最高人民检察院办公厅编：《新刑法实务全书》，378 页，北京，红旗出版社，1997。

④ 如果考虑黑社会性质组织犯罪、恐怖活动犯罪可能触犯的罪名，我国刑法规定的洗钱罪名的上游犯罪涉及的罪名可能更多，难以具体确定。

程度），又可以表现为各国对该罪之上游犯罪的范围限定有所相同；而就犯罪行为的处理来说，有的国家将洗钱列入重罪范围给予严厉打击，以达到以儆效尤的目的；另有一些国家则只将其作为一般性犯罪进行惩处。⑤ 这种不同国家对于同一种犯罪认识不同以及立法技术差异，不仅是可能的，而且是必然的。

我国目前的刑法规定应该认为是已经遵守了国际公约的相关规定。在洗钱罪是否为一个独立罪名还是一个类罪名问题上，以及在是否将洗钱犯罪的上游犯罪都归入到洗钱罪具体罪名的内容中，国际公约并没有作出明确的具体要求，公约只是要求将洗钱行为"规定为刑事犯罪"，要求把严重的犯罪及腐败犯罪、有组织犯罪、妨害司法的犯罪作为洗钱的上游犯罪。因此，并不能从我国刑法对洗钱罪规定的上游犯罪中得出我国刑法没有遵守这一国际公约的结论。关键在于，在中国，洗钱罪是一个独立的罪名，我们可以认为它是一个狭义的洗钱概念，对洗钱罪名之外的洗钱行为，我国刑法通过其他方式将其规定为构成其他刑事犯罪。结合洗钱罪罪名下的上游犯罪与非洗钱罪罪名下的洗钱行为的上游犯罪范围来看，我国刑法对有关洗钱犯罪的规定与国际社会的要求是一致的。在国际社会中，对洗钱罪的规定方式本来就是多种多样的，只要认为其将洗钱行为规定为犯罪，在其刑事立法中尽可能地将洗钱行为"适用于最为广泛的上游犯罪"即应认为是符合国际公约的规定。

在国际社会，对于洗钱罪的规定方式是各不相同、多种多样的，并没有统一的模式。如在美国，根据美国总统下属"有组织犯罪问题咨询委员会"的解释，洗钱是指"为了掩盖收入的存在、非法来源或非法使用，就该等收入设置假象使其具有表面合法性的过程"⑥。美国《洗钱控制法》（Money Laundering Control Act of Law）规定，洗钱犯罪是一个综合性的罪名，具体包括 4 种犯罪：非法金融交易罪、非法金融转移罪、以非法所得进行交易罪和"推定洗钱罪"⑦（意指将行为人基于认识错误，把非犯罪收益误认为是犯罪收益而实施的非法金融转移行为予以定罪）。国际刑警组织认为，任何掩盖或伪装非法获得资产的身份以便使其看起来来自合法渠道的行为（包括未遂的行为），就是洗钱。金融行动特别工作组认为，凡隐瞒或掩饰因犯罪行为所取得财物的真实性质、来源、地点和流向，或协助任何一与上述非法活动有关的人规避法律责任的，均属洗钱行为。欧共体《关于防止洗钱者利用银行系统的指令》规定，洗钱就是明知是犯罪财产而故意拥有、转移、隐藏或帮助犯罪分子逃脱法律制裁的行为。通过这些国家或国

---

⑤ 参见罗智勇：《洗钱罪的国际立法状况》，载《湖南大学学报》（社会科学版），2001（3）。

⑥ ［美］WS Weerawooria：Banking Law and the Financial System in Australia，200 页，Butterworths 出版社，1993。

⑦ 阮方民：《洗钱犯罪的惩治与预防》，98 页，北京，中国检察出版社，1998。

际组织的规定可以看出，他们采取广义的洗钱概念。[8] 而在我国刑法中，对洗钱犯罪采取了洗钱罪具体罪名与其他洗钱行为相结合的规定方式。

三、中国立法情况下对洗钱罪名之外的洗钱行为的处理

从联合国有关公约中可以看出，明知财产为犯罪所得，为隐瞒或掩饰其财产的非法来源，或为协助任何参与实施上游犯罪者逃避其行为的法律后果而转换或转让财产；以及明知财产为犯罪所得而隐瞒或掩饰该财产的真实性质、来源、所在地、处置、转移、所有权或有关的权利，皆是洗钱罪下的行为。同时，在符合其本国法律制度基本概念的情况下：在得到财产时，明知其为犯罪所得而仍获取、占有或使用；以及参与、合伙或共谋实施，实施未遂，以及协助、教唆、便利和参谋实施洗钱行为的，都是洗钱犯罪。根据这一标准，可以认为，在我国刑法中存在着不属于洗钱罪罪名下的洗钱犯罪行为。

对于洗钱罪名以外的洗钱行为，在我国刑法中，实际上早就规定为犯罪，只不过罪名不是洗钱而已。早在《刑法修正案（三）》和《刑法修正案（六）》以前，有关资助恐怖活动的犯罪虽然没有直接规定相应的罪名，但可以作为恐怖活动的共同犯罪处理；对于贪污贿赂犯罪、破坏金融管理秩序犯罪、金融诈骗犯罪的所得及其产生的收益，为掩饰、隐瞒其来源和性质的类似于洗钱罪罪名下的行为，如果是事前通谋的，可以构成相应犯罪的共同犯罪，如果不是事前通谋的，则有相应的窝藏、转移、收购、销售赃物罪、非法出具金融票证罪等进行处理。当然在刑法修正案对刑法进行修正后，相应的行为应该可以直接按照洗钱罪进行处理。

由于中国在刑事立法中，洗钱罪是一个独立的罪名，而不是一类犯罪的类罪名，对刑法所规定的洗钱罪名下的上游犯罪以外的其他犯罪而为其提供资金账户、协助将财产转换为现金、金融票据、有价证券、通过转账或者其他结算方式协助资金转移、协助将资金汇往境外或者以其他诉讼法掩饰、隐瞒犯罪所得及其收益的来源和性质的行为，虽然根据刑法的规定，不能定洗钱罪，但是对于这类实际上的洗钱行为，在我国刑法中也仍然是构成犯罪的，一般可以窝藏、转移、收购、销售赃物罪、非法出具金融票证罪等定罪处罚。这实际上是一种广泛意义上的洗钱犯罪。因此，不能认为我国刑法仅对毒品犯罪、黑社会性质的组织犯罪、恐怖活动犯罪、走私犯罪、贪污贿赂犯罪、破坏金融管理秩序犯罪、金融诈骗犯罪的洗钱行为规定了犯罪，而没有对这几种犯罪以外的其他犯罪的洗钱行为规定为犯罪。在我国刑法中，洗钱实际上可以在两种意义上理解：一种是以洗钱

---

⑧ 转引自李德：《国际反洗钱法律框架及制度》，载《海南金融》，2003（9）。

罪名直接定罪量刑的洗钱犯罪；另一种是虽然是洗钱行为，但按照洗钱罪罪名定罪处罚，而根据其洗钱行为所触犯的具体罪名按照其他犯罪定罪处罚。这样做，完全符合《联合国惩治跨国有组织犯罪公约》和《联合国反腐败公约》中关于"各缔约国均应寻求将本条第1款适用于范围最为广泛的上游犯罪"的要求，即在我国刑法中，根据我国法律中采取了相应的立法措施，将明知财产为犯罪所得，为隐瞒或掩饰其财产的非法来源，或为协助任何参与实施上述犯罪者逃避其行为的法律后果而转换或转让财产规定为犯罪；将明知财产为犯罪所得而隐瞒或掩饰该财产的真实性质、来源、所在地、处置、转移、所有权或有关的权利的行为规定为犯罪；将在得到财产时，明知其为犯罪所得而仍获取、占有或使用的行为规定为犯罪；通过刑法总则的规定，将参与、合伙或共谋实施，实施未遂，以及协助、教唆、便利和参谋广义上的洗钱行为规定为犯罪。

如果说"9·11事件"前打击洗钱活动，主要是针对把"黑钱"变成"白钱"的漂洗活动进行打击，以往关注洗钱是将非法收入"合法化"问题，那么在"9·11事件"后，人们关注反恐融资，例如美国将切断恐怖分子的资金来源作为打击国际恐怖活动的主要手段。恐怖融资不一定是"黑钱"或非法收入，可以是来自各个渠道的合法收入，如一个正常经营的公司、某慈善基金会等，尤其是短期内暴富的国家，由于政治上与西方社会的对立，资助恐怖分子从事恐怖活动（将"白钱"洗"黑"），恐怖活动从20世纪末至今成为蔓延全球的一种活动，反恐融资成为反洗钱最热门的话题。⑨针对这一客观现实与国际社会的经验教训，我国通过刑事立法，明确将个人或者单位资助恐怖活动的行为规定为独立的犯罪。

因此，我国刑法对洗钱犯罪的规定，符合有关国际公约的规定要求——对洗钱行为"规定为刑事犯罪"，对洗钱行为作为犯罪予以处罚，同时又照顾到我国的立法传统，保持对洗钱犯罪处理的中国特色——将洗钱分为洗钱罪罪名下的洗钱与非洗钱罪罪名下的洗钱。

---

⑨　参见凌涛：《当前我国反洗钱工作面临的形势和任务》，载《金融纵横》，2005（3）。

洗钱罪共犯问题研究

——兼论事后不可罚行为的处罚

林　维*

《刑法修正案（六）》扩大了洗钱罪中上游犯罪的范围，导致其原本就存在的共犯主体问题更为尖锐复杂，本文结合事后不可罚行为的重新理解，并兼及妨害司法行为中相关问题的处理，对洗钱罪中的若干问题略加探讨，希望能够对相关的理论和实践有所裨益。

一、上游罪犯教唆他人为其实施洗钱行为的定性

洗钱罪的上游犯罪包括毒品犯罪、黑社会性质的组织犯罪、恐怖活动犯罪、走私犯罪、贪污贿赂犯罪、破坏金融管理秩序犯罪、金融诈骗犯罪。在司法实践中，实施了上述上游犯罪的犯罪分子经常地教唆他人为其进行洗钱，甚至可以说，洗钱行为均是在上游罪犯的要求之下实施的，而这种要求在其他场合都可以认定为一种教唆。存在争议的是实施此种教唆行为的上游罪犯是否能够认定构成洗钱罪。

这一问题同隐匿犯人罪等犯罪中所产生的犯人教唆第三者隐匿自己的行为是否成立隐匿犯人罪的教唆犯是类似的。对于这一问题，德国刑法第 257 条第 3 款明文规定，参与被包庇犯罪的人，不因包庇行为而受处罚，但教唆其他未参与被包庇犯罪的人进行包庇的，不在此限，即对该问题采取了肯定的观点。在没有明文规定的刑事立法区域中，则存在着肯定说和否定说的争议。肯定说存在着三种观点，其一，认为既然被教唆的第三者成立隐匿犯人罪，根据共犯从属性说，本犯当然成立隐匿犯人罪的教唆犯；其二，认为犯人本身的隐匿行为缺乏期待可能性，因而不可罚，但是教唆他人犯隐匿犯人罪的行为则使他人陷入了犯罪，因而不缺乏期待可能性。其三，认为犯人本身的隐匿行为不可罚，是因为此种行为属

---

* 林维，中国青年政治学院法律系教授，博士。

于刑事诉讼法中被告人的防御自由范围内的行为，但是教唆他人隐匿自己的行为，超出了防御自由的范围，更加侵害了刑事司法作用，因而应予处罚。[①] 日本的判例即以"防御权的滥用"为根据，一贯持肯定态度。但否定论的观点针锋相对地认为，既然连自己作为正犯都没有期待可能性，那么作为较正犯更轻的犯罪形式的共犯，更应该认为没有期待可能性而不可罚[②]，或者认为以防御权滥用为根据的见解，是以教唆他人的行为对调查犯罪具有侵害为根据的，但是请求他人把自己藏起来也并不是一件难事，因此也不可能期待本犯不如此行为。[③] 我国台湾地区的判例也持同样见解，认为"犯人自行隐避，在刑法上即非处罚之行为，则教唆他人顶替自己以便隐避，当然亦在不罚之列"。在赃物类等其他妨害司法犯罪中，同样存在着是否认为此类行为属于不可罚的事后行为的争议。对此，我国通常也持否定的观点。

正是基于同样的逻辑，普遍地认为上游罪犯不能构成洗钱罪的主体，也不能构成洗钱罪的教唆犯或者帮助犯。

主要基于期待可能性和不可罚的事后行为理论的否定论，实际上隐藏如下两个推论：首先，不能期待本犯不实施隐匿或者保护自己的行为。但是这一期待不能无法合理地推导出，法规范对本犯也无法期待其实施对国家法益侵害更大的犯罪行为。本犯的逃匿等妨害司法行为是可以予以当然地想象的，因而理所当然地被其本犯行为所吸收，但是另行独立地实施教唆第三人提供妨害司法的行为，超出了本犯所能容纳的范畴。

其次，本犯行为吸收事后行为因而导致事后行为不可罚的结论，隐含着本犯行为的法益侵害一定重于事后教唆行为。[④] 在日本，这样的推论表现为共犯是较正犯更轻的犯罪形式。表现在法定刑设置上，大多数国家的立法例都规定得较为轻缓。例如日本刑法中藏匿犯人罪的最高法定刑为2年惩役，隐灭证据罪的最高法定刑也仅为2年。以窝藏、代为销售赃物罪的法定刑为例，我国1979年刑法第172条对其规定的最高法定刑也仅为3年有期徒刑，第162条第2款对窝藏、包庇一般犯罪分子行为规定的法定刑为2年以下有期徒刑、拘役或者管制；情节严重的，处2年以上7年以下有期徒刑。即便在当时的刑法典中，这两个罪的法

---

① 参见张明楷：《外国刑法纲要》，722页，北京，清华大学出版社，2007。

② 参见［日］西田典之著，刘明祥、王昭武译：《日本刑法各论》，357页，北京，中国人民大学出版社，2007。西田典之在共犯的处罚根据上采取的是因果共犯论的观点，即认为共犯的处罚根据在于和自己或他人的行为所引起的法益侵害或其危险之间存在因果性。参见［日］西田典之：《共犯的分类》，载马克昌、莫洪宪主编：《中日共同犯罪比较研究》，5页，武汉，武汉大学出版社，2003。但按照因果共犯论的观点，本犯教唆他人对其隐匿的行为，也同样应该予以处罚。

③ 参见［日］大谷实著，黎宏译：《刑法各论》，428页，北京，法律出版社，2003。

④ 但是在美国法中，却恰恰认为唆使他人作伪证比作伪证本身的罪行更重。参见储槐植：《美国刑法》，268页，北京，北京大学出版社，1996。

定刑设置也是较低的，法定最高刑为 2 年或者 1 年有期徒刑的犯罪仅有非法捕捞罪、非法剥夺宗教信仰自由罪、侵犯少数民族风俗习惯罪，私藏枪支、弹药罪，重婚罪、虐待罪，私自开拆、隐匿、毁弃邮件、电报罪，侵犯通信自由权利罪、偷越国（边）境罪。而在 1997 年刑法中，法定最高刑为 2 年或者 1 年有期徒刑的犯罪仅有损害商业信誉、商品声誉罪，虚假广告罪、非法剥夺公民宗教信仰自由罪、侵犯少数民族风俗习惯罪，私自开拆、隐匿、毁弃邮件、电报罪，重婚罪，非法使用窃听、窃照专用器材罪，故意延误投递邮件罪、传播淫秽物品罪，战时拒绝、逃避服役罪、隐瞒境外存款罪、侵犯通信自由罪、偷越国（边）境罪。显然，在妨害司法行为法定刑设置较低的情形下，对于本犯所侵害的法益的保护和评价压倒了对司法秩序这一法益的保护和评价，事后妨害司法的行为被本犯行为所吸收而不可罚，一般也不会出现罪刑失衡的情况。

显然，事后行为不可罚论是建立在特定的法定刑设置类型之下的理论。因此，考察本犯教唆他人实施妨害司法行为或者洗钱行为（本质上这也是一种妨害司法行为）的定性[5]，必须具体地考虑法定刑的平衡问题。尤其是考虑到《刑法修正案（六）》增加了洗钱罪的上游犯罪，将其包括至贪污贿赂犯罪、破坏金融管理秩序犯罪、金融诈骗犯罪，同时提高了掩饰、隐瞒犯罪所得及其收益罪（原第 312 条之窝藏、转移、收购、代为销售赃物罪）的法定刑，将该罪的法定最高刑提升至 7 年有期徒刑。显然，在这样的一种构成要件和法定刑设置情形下，无论是在掩饰、隐瞒犯罪所得及其收益罪还是洗钱罪中，完全有可能出现本犯的法定刑低于事后洗钱或者掩饰、隐瞒犯罪所得及其收益行为的教唆的法定刑。例如，刑法第 395 条的巨额财产来源不明罪的法定最高刑仅为 5 年有期徒刑，因此行为人将数额特别巨大的来源不明财产，教唆他人通过洗钱的方式为其掩饰、隐瞒上述违法所得的性质和来源，在属于洗钱罪情节严重的情形下，其法定最低刑即为 5 年有期徒刑。由于上游犯罪和洗钱罪之间的量刑标准不同，即便在上游犯罪的法定最高刑高于洗钱罪的法定最高刑，但仍然有可能在具体案件中，由于情节或者数额的交叉规定，出现类似罪刑不均衡的情形。此时，仍然以所谓的共犯轻于正犯的立场排斥上游罪犯成立洗钱罪的教唆犯，就可能导致洗钱罪实行犯的量刑要重于教唆甚至直接参与洗钱实行的上游罪犯，也很容易出现不同上游罪犯无论轻重，尽管实施了相同的洗钱的教唆甚至实行行为，洗钱行为在整个案件中完全没有得到评价的情形。

因此，对上游罪犯教唆他人为其洗钱场合，应当认为构成上游犯罪和洗钱罪的教唆，数罪并罚。

---

[5] 全国人大常委会法工委刑法室的相关人员即认为，除洗钱罪外，对其他类似行为可按照刑法第312条规定处罚，只是没有使用洗钱罪的具体罪名而已，参见朗胜主编：《走向完善的刑法》，186 页，北京，中国民主法制出版社，2006。

二、上游罪犯能否成立洗钱罪的实行犯或共犯

同前述问题类似的是，上游罪犯能否自己实行洗钱行为从而构成洗钱罪？这一问题包含着：上游罪犯的实行犯能否实行洗钱行为构成洗钱罪，以及上游罪犯的共犯能否实行洗钱行为构成洗钱罪？

在类似的赃物犯罪的研究中，一般的刑法理论和审判实践认为，本犯的正犯者不能成为赃物罪的主体，因此本犯的正犯者处理赃物的行为，是不可罚的事后行为。但是，对于本犯的共犯例如教唆犯、帮助犯能否成立赃物罪，各国有着不同的判断。意大利基于共犯独立性说认为本犯的教唆犯、帮助犯不能成立赃物罪的主体，而德国刑法第 260 条则规定，作为为继续实施抢劫、盗窃或窝赃犯罪而成立的犯罪集团成员实施此等犯罪的，处 6 个月以上 10 年以下自由刑，这就意味着抢劫、盗窃集团的成员同样可以构成所谓的结伙窝赃的实行犯。在日本，本犯的共犯行为与赃物参与罪构成并合罪则是已经确立下来的判例，例如盗窃教唆与赃物的有偿受让、盗窃教唆与赃物的有偿处分斡旋、盗窃帮助与赃物保管等。⑥ 当然也有少数人认为应当认定构成牵连犯，但无论是并合说还是牵连说，都承认本犯的共犯可以构成赃物罪的实行犯。甚至从本犯那里有偿收受赃物的人，将该赃物转卖给其他人的时候，本犯参与了该行为的场合，也构成赃物罪。但是在隐匿犯人罪和隐灭证据罪中，虽然判例也坚持共犯人的隐匿行为构成犯罪，但始终存在另外的否定观点，认为共犯人具有共同的不被发觉的利益，因此，共犯人之间的隐匿行为都属于不具有期待可能性的行为。

不受处罚的后行为是行为复数的情况下的一种不纯正竞合，这一行为经常被归入吸收关系，但是基于不同的基本思想，单纯的保障或利用行为只要没有给受害人造成新的损失或者针对另外一个法益，那么就应让位于真正作为犯罪侵害行为核心的取得行为，后行为与侵害他人法益的基本行为相比，没有独立意义，但是鉴于所涉法益的差异，有些行为不能被当作后行为而不受处罚，例如为了掩盖侵占罪而伪造文书或者将盗窃物品出卖给善意第三人时进行欺骗。⑦ 显然，事后行为是否不可罚的判定需要结合法益侵害的独立性以及该行为同本犯行为之间的联系紧密性而进行。

另外，基于同样的立场，事后不可罚行为取决于本犯和所谓事后妨害司法行为之间刑的均衡，即便认为在本犯自己实行妨害司法行为场合，确实无法予以合

---

⑥ 参见［日］西田典之著，刘明祥、王昭武译：《日本刑法各论》，221 页，北京，中国人民大学出版社，2007。

⑦ 参见［德］冈特·施特拉腾韦特、洛塔而·库伦著，杨萌译：《刑法总论》，439 页，北京，法律出版社，2006。

法期待，因而应予吸收而不应数罪并罚的，也不应绝对地坚持本犯吸收事后行为的做法，而应该采取重行为吸收轻行为的原则。更进一步而言，本犯实行的妨害司法行为仍然具有构成要件的该当性，仅仅因为被吸收而不处罚，但并非在任何情况下都不认定为犯罪。德国学者即认为，不纯正竞合的基本思想是，通过适用有优先权的规定已恰当理解把握了犯罪，但当构成要件在系统关系与刑罚规定在系统上的关系不协调或者不完全协调时，该思想就会碰到麻烦，特别是被排除的本身更温和的规范在某一特定方面，比得到优先适用的法律更严厉时，更严厉的规定是否具有优先权就具有实际意义。因此大多数都认为，更温和的规定具有阻止作用，量刑时以及考虑到附带后果时，可以适用被排除的规定。⑧ 虽然学者主张在此种竞合情况下仍然采用重规范的吸收原则而不是采用并罚的处理方式，但是同样也涉及罪刑均衡对于事后行为是否可罚的判断所产生的重要影响。但无论采取何种原则，本犯可以构成妨害司法行为的实行犯。

问题在于，是否需要区分本犯的正犯和共犯？事实上，即便不认为本犯的正犯不能构成妨害司法行为，但是本犯的共犯例如教唆、帮助犯，虽然同正犯行为同属一个共同犯罪，但其事后的妨害司法行为已经远远超出了本犯之共犯行为的范畴，两种行为之间并不存在着必然的发生性和连接性，因此并不存在吸收和被吸收的关系，自应并罚。而在本犯的正犯也应当按照重罪吸收轻罪的原则被认定的情况下，本犯的共犯与正犯的区分就没有太大的必要了。

而在洗钱罪中，我国通常的观点仍然基于事后不可罚行为的立场，认为洗钱罪的主体只能是上游罪犯以外的没有共犯关系的自然人和单位，因为从逻辑上讲，犯罪分子实施犯罪获得财产后自然要对财产进行清洗，使之成为合法财产，这种不可罚的事后行为阻却责任，不能独立成罪。⑨ 国外否定论的立法例如法国刑法典第 222—38 条规定了清洗贩毒非法所得罪，按照这一规定，上游罪犯本人的洗钱行为不能构成该罪，也不能构成该罪的共犯。

但是肯定论者认为，洗钱罪的主体可以是从事上游罪犯的行为人。⑩ 主张类似肯定论的立法例如美国即将上游罪犯纳入到洗钱罪的主体之中，认为法律将洗钱和特定的非法活动规定为相互独立的犯罪，并分别予以惩罚。⑪ 英国 1993 年刑事司法法第 31 节和 1988 年刑事司法法第 93 节 C 的隐瞒或者转移犯罪收益罪也规定，为了逃避适用本法对犯罪的起诉或者作出、执行没收令的目的，隐瞒或者

---

⑧ 参见［德］冈特·施特拉腾韦特、洛塔而·库伦著，杨萌译：《刑法总论》，440 页，北京，法律出版社，2006。

⑨ 参见钊作俊：《洗钱犯罪研究》，载《法律科学》，1997（5）。

⑩ 参见邵沙平：《新刑法与我国对洗钱的法律控制》，载《法学前沿》，第 1 辑，北京，法律出版社，1997。

⑪ 参见吴可：《论洗钱犯罪》，载《检察理论研究》，1997（3）。

掩饰任何是或者全部或者部分、直接或者间接属于犯罪收益的财产；转换或者转让该财产或者将该财产转移出管辖的。该罪的主体即为上游罪犯，其立法的目的就在于严惩洗钱犯罪。新加坡1992年毒品贩运法第43节第1款、第3款规定，明知财产全部或者部分地得自于毒品贩运，出于为帮助逃避对毒品贩运罪的起诉，或者逃避作出或者执行没收令的目的为自己或者为他人实施贩运、隐瞒、掩饰、转让或者转移出管辖该贩毒收益，或者全部或者部分得自贩毒收益的财产，构成隐瞒毒品贩运利益罪，显然也认可上游罪犯可以构成该罪。德国刑法第261条第2款同样认为，为自己或为他人获得第1款所列举的财物，而进行窝藏，或掩盖其来源，或对此类财物来源的侦查、追查、追缴、没收与保全进行阻挠或者破坏的，同样构成洗钱罪。日本的《反洗钱法》第9条规定的隐瞒贩毒非法收益罪明确规定该罪主体只能是贩毒犯罪人，而与贩毒分子不具有事前通谋关系而在事后帮助洗钱的人只能构成第10条接受贩毒非法收益罪。我国台湾地区1996年的"洗钱防制法"第2条第1款同样规定该法所称洗钱，包含掩饰或隐匿因自己或他人重大犯罪所得财物或财产上利益者。

从构成要件上分析，洗钱行为分为五种，即：提供资金账户；协助将财产转换为现金、金融票据、有价证券；通过转账或者其他结算方式协助资金转移；协助将资金汇往境外；以其他方式掩饰、隐瞒犯罪所得及其收益的来源和性质。在立法措辞上，前四种行为更多地倾向于以协助上游罪犯的形式实施洗钱行为，但是第五种行为类型包含了所有掩饰、隐瞒犯罪所得及其收益的来源和性质的行为，因此在构成要件上的解释上，本犯所实施的直接洗钱行为完全可以包容在洗钱罪中。从法益侵害的角度而言，上游犯罪同洗钱行为所侵害的法益并不相同，洗钱行为的侵害法益完全超出了上游犯罪的范畴，而这种侵害行为并非属于上游罪犯必须实行因而可以被吸收的事后行为，而是属于独立的一个新行为，因而在法上自然可以要求或者期待上游罪犯不实施此类行为。因此对于上游罪犯（无论是本犯实行犯还是共犯）所实施的洗钱行为，均可独立构成洗钱罪而应与上游犯罪并罚。如果对上游罪犯实施的洗钱行为不加处罚，显然只能助长上游罪犯尽快实施洗钱行为。另外，类似的处理方式实际上在组织、领导、参加恐怖组织罪中即有所体现。《刑法》第120条第2款规定，犯组织、领导、参加恐怖组织罪并实施杀人、爆炸、绑架等犯罪的，依照数罪并罚的规定处罚。在《刑法修正案（六）》颁行之后，应当认为恐怖活动犯罪分子所实施的洗钱行为同样应当按照该条规定，而与其所实施的上游犯罪予以并罚。

三、与上游罪犯事前通谋的洗钱行为的处罚

共犯理论一般认为，事前通谋的按照共同犯罪认定，立法上此类规定，例如

刑法第 156 条规定，与走私罪犯通谋，为其提供贷款、资金、账号、发票、证明，或者为其提供运输、保管、邮寄或者其他方便的，以走私罪的共犯论处；第 310 条规定，实施窝藏、包庇行为，事前通谋的，以共同犯罪论处。因此，有学者认为，在这种情况下，即使共同犯罪所犯之罪的法定刑低于窝藏、包庇罪的法定刑，也应以共同犯罪论处。⑫ 有的虽然没有刑法明文规定，但根据通常的刑法理论，无论在司法解释上还是一般观念上，都无例外地主张事前通谋的此类行为，按照本犯的共同犯罪论处。

但是从本质上讲，此类情形固然对本犯具有精神上的支持作用，从而增加共犯行为的危险性，但同事前提供客观帮助促进犯罪的进行这样一种共犯构造仍有所不同，前者对共犯结果的因果力远远弱于事前的帮助行为。尤其考虑到当帮助行为本身构成某一犯罪时，所产生的问题远较帮助行为本身并不具有某种构成要件该当性的一般情形要复杂。总的原则仍然应当是（事实上，在处理前述上游罪犯是否构成洗钱罪问题上也是如此）：不应笼统地根据事后不可罚行为这一概念或者事前通谋即构成共犯而忽略事后行为的构成要件该当性，而更应该结合罪数形态理论解决其定罪问题，尤其要考虑到罪刑的均衡。实际上，即便在事前帮助构成共犯场合，如果事前帮助行为独立成立另一犯罪，例如为他人实施性质一般的招摇撞骗行为（法定最高刑为 3 年有期徒刑），在前者对其伪造行为并不知情的情况下，帮助提供其伪造的国家机关证件、印章行为且情节严重的（法定最高刑为 10 年有期徒刑），对于帮助犯自然不能简单地按照招摇撞骗罪的帮助犯处罚，必须考虑其所处罚的伪造国家机关证件、印章罪的法定刑。这样的观念在修正案提高洗钱罪和掩饰、隐瞒犯罪所得及其收益罪的法定刑的背景下，尤为重要。

因此，即便在刑法明文规定了按照共同犯罪论处的场合，从理论上讲，首先，这样的规定仅仅明确提示事前通谋的此类行为要按照本犯的共犯处理，但并不妨碍就其他法规范而对该共犯行为进行独立的评价；其次，这一规定也并未独断地排除在事前通谋事后帮助的行为符合其他法规范的构成要件时，不能采用那些同共犯理论不相冲突的，包括罪数形态理论在内的其他理论来多方位地评价这一行为类型。因此，无论刑法是否具有类似规定（在洗钱罪中，就没有此类注意规定），与上游罪犯事前通谋事后为其洗钱的场合，洗钱的实行犯应当按照上游犯罪的共犯与洗钱罪的想象竞合论处，从一重罪处断。而对于上游罪犯，按照前述上游罪犯能够构成洗钱罪主体的结论，视情况，仍可能构成上游犯罪和洗钱罪的并罚数罪。

---

⑫ 参见张明楷：《刑法学》，830 页，北京，法律出版社，2005。

四、第三人教唆、帮助上游罪犯实行洗钱罪的处罚

如果认为上游罪犯或者其他本犯不能构成洗钱罪或者其他妨害司法犯罪的主体，在本犯实施犯罪行为例如盗窃罪之后，本犯和第三人共同搬运本犯所盗窃的赃物，在日本法中，只有第三人构成搬运赃物罪，从本罪的本犯助长性考虑，这种场合下本犯不能成为搬运罪的主体，因此这并非可罚的事后行为，而是不可罚的事后行为。这是通常的观点。但是问题在于，在上游犯罪之后（在其他妨害司法行为场合亦如此），可能出现第三人教唆原来并无洗钱故意的上游罪犯实施洗钱行为，或为上游罪犯自己洗钱提供并不属于洗钱罪构成要件内的协助等行为的间接帮助行为，此时，并不存在客观上的共同实行行为，也就无法像前述案例那样认定第三人构成洗钱罪或者其他妨害行为的正犯，就可能出现处罚不能的情形。或者，可能只能认为此类教唆或者帮助因其身份而导致其行为不可罚的人实施符合洗钱罪构成要件的行为，虽未直接实行，但其行为符合间接实行的样态，因而得以构成洗钱罪的间接正犯。但是，这一间接正犯的结论，同被教唆者（即上游罪犯）的行为并无合法期待可能的结论相矛盾。而且在洗钱行为已经为上游罪犯所吸收因而并不具有可罚性，甚至连构成要件该当性都不符合的情形下（如果认为洗钱罪的构成要件行为均为协助行为，而不包括上游罪犯自己实施的洗钱行为的话），连间接正犯的成立都存在疑问。

从法益侵害的角度而言，这样的行为当然具有处罚的必要。按照前述有关对事后不可罚行为的重新解析，在认可上游罪犯可以构成洗钱罪的直接正犯前提下，这一问题就会得到迎刃而解：即教唆者或者帮助者同直接实行洗钱行为的上游罪犯构成洗钱罪的共犯，按照洗钱罪的教唆犯和帮助犯论处。事实上，这一案件类型也促使我们能够更为广阔地思考洗钱罪的主体问题。

洗钱罪的立法完善研究
——与国际公约相对照

王良顺*

一、我国洗钱罪立法的"四阶梯"

洗钱罪作为一种新的犯罪，是伴随着毒品犯罪、恐怖活动犯罪、有组织犯罪等犯罪而出现的犯罪类型。在改革开放之前，这些犯罪在我国还没有发生，相应地，既不可能出现通过这些犯罪获得的大量赃物，更不可能出现企图通过一定方式来将所获得的赃物予以表面合法化的洗钱行为。因此，1979年刑法没有规定洗钱罪就成为极为自然的现象。然而，伴随着改革开放的深入，这些发生在外国的犯罪也随同外国的产品和技术一起进入了中国，与此同时，洗钱行为也如影随形地开始显现。我国最早规定洗钱犯罪的立法是1990年《关于禁毒的决定》，这一立法文件规定了掩饰、隐瞒毒赃性质、来源罪。这是新中国成立以来我国刑法首次规制实质意义上的洗钱犯罪。只是这种洗钱犯罪的上游犯罪被限定为单一的毒品犯罪，规制的范围过于狭窄，无法满足打击洗钱犯罪的需要。不过，该立法总算开启了我国洗钱犯罪立法的帷幕，因此，可以将之视为我国洗钱犯罪立法的第一级阶梯。

洗钱罪立法的第二级阶梯是刑法典。1997年刑法第191条规定："明知是毒品犯罪、黑社会性质的组织犯罪、走私犯罪的违法所得及其产生的收益，为掩饰、隐瞒其来源和性质，有下列行为之一的，没收实施以上犯罪的违法所得及其产生的收益，处五年以下有期徒刑或者拘役，并处或者单处洗钱数额百分之五以上百分之二十以下罚金；情节严重的，处五年以上十年以下有期徒刑，并处洗钱数额百分之五以上百分之二十以下罚金：（一）提供资金账户的；（二）协助将财

* 王良顺，中南财经政法大学法学院副教授，硕士研究生导师，法学博士，研究方向为刑法学与犯罪学。

产转换为现金或者金融票据的；（三）通过转账或者其他结算方式协助资金转移的；（四）协助将资金汇往境外的；（五）以其他方法掩饰、隐瞒犯罪的违法所得及其收益的性质和来源的。单位犯前款罪的，对单位判处罚金，并对其直接负责的主管人员和其他直接责任人员，处五年以下有期徒刑或者拘役。"这一规定较为全面地规定了洗钱罪的构成要件和法定刑，上游犯罪的范围被限制为毒品犯罪、黑社会性质的组织犯罪、走私犯罪，建构起洗钱罪立法的基本框架。随后的洗钱罪立法修改主要是扩张上游犯罪的范围，其他的内容则基本保持原状。

洗钱罪立法的第三级阶梯是 2001 年 12 月全国人大常委会通过的《刑法修正案（三）》。该修正案的第 7 条对刑法第 191 条作出了修改，修改的内容表现为扩充了上游犯罪的范围，将恐怖活动犯罪列入上游犯罪之中，并对单位犯罪的处罚增加一个加重法定刑幅度，其他的内容则维持刑法第 191 条的规定。这一修改主要是为了回应加强打击恐怖犯罪活动而作出的。

洗钱罪的第四级阶梯是 2006 年 6 月全国人大常委会通过的《刑法修正案（六）》。这一立法再一次对刑法第 191 条第 1 款进行了修改，修改的内容仍是扩大上游犯罪的范围。它进一步将贪污贿赂犯罪、破坏金融管理秩序犯罪、金融诈骗犯罪列入上游犯罪的范围，其他的内容则基本维持不变。经过这一次修改，洗钱罪上游犯罪的范围扩大到七类犯罪之中，包括毒品犯罪、黑社会性质的组织犯罪、恐怖活动犯罪、走私犯罪、贪污贿赂犯罪、破坏金融管理秩序犯罪、金融诈骗犯罪。由于这七类犯罪每一类都包括较多的具体犯罪，据不完全统计，洗钱罪上游犯罪的种类已经达到近九十个。

我国洗钱罪的立法修改受国际公约的影响明显。刑法典第 191 条的规定与 1988 年签订的《联合国禁止非法贩运麻醉药品和精神药物公约》，《刑法修正案（三）》对洗钱罪的修改与 1999 年通过的联合国《制止向恐怖主义提供资助的国际公约》，《刑法修正案（六）》对洗钱罪的进一步修改与 2003 年通过的《联合国反腐败公约》之间都存在着密切的关联。我国在缔结国际公约后及时修改洗钱罪的立法，积极履行国际公约的义务。经过四次立法完善，我国洗钱罪的立法从无到有，从狭窄的上游犯罪扩展至较为广泛的上游犯罪，进展十分明显。而在如此的短时间内进行四次立法完善，在我国的刑事立法史是绝无仅有的一例。

同时，在行政法规上，2006 年 10 月我国颁布了《中华人民共和国反洗钱法》，与其他的行政法规共同构成了反洗钱的行政法规体系。从洗钱立法的角度看，它在以下两点上有所进展。其一，洗钱的上游犯罪的范围留有余地。《反洗钱法》第 2 条规定："本法所称反洗钱，是指为了预防通过各种方式掩饰、隐瞒毒品犯罪、黑社会性质的组织犯罪、恐怖活动犯罪、走私犯罪、贪污贿赂犯罪、破坏金融管理秩序犯罪、金融诈骗犯罪等犯罪所得及其收益的来源和性质的洗钱活动，依照本法规定采取相关措施的行为。"这一规定没有将洗钱的上游犯罪完全局限在《刑法修正案（六）》所划定的六类犯罪之内。其二，确立了金融机构和非金融机构及其工作人员所负有的反洗钱的义务。这种义务的范围包括依法采取预防、监控措施，建立健全客户身份识别制度、客户身份资料和交易记录保存制度、大额交易和可疑交易报告制度等。同时，还规定了金融机构、非金融机构及其直接责任人员在不履行反洗钱义务时应当受到的行政处罚。这些行政法规在配合洗钱罪的刑事立法、促进反洗钱工作的展开方面都具有重要的意义。

二、洗钱罪的立法完善

经过上述四次立法完善，我国洗钱罪的立法已经取得重大的进步。但是，洗钱罪立法与我国缔结的国际公约的要求是否一致，能否满足抗制洗钱犯罪的现实需要仍有进一步研究的必要。将我国洗钱罪的立法与国际公约相对照，可以发现两者主要在以下三个问题上存在着差异。

（一）上游犯罪的范围

许多国际公约都对洗钱罪的上游犯罪作出了规定。例如，《联合国禁止非法贩运麻醉药品和精神药物公约》第3条第1款规定，生产、制造、提炼、配制、提供、兜售、分销、出售麻醉药品或精神药物等毒品犯罪都是洗钱罪的上游犯罪。《联合国打击跨国有组织犯罪公约》第6条也规定了较为广泛的上游犯罪。以下以《联合国反腐败公约》为例分析国际公约关于洗钱罪上游犯罪的规定。《联合国反腐败公约》第23条第1款在规定了洗钱罪的行为方式与未遂和共犯等问题后，第2款规定："二、为实施或者适用本条第一款：（一）各缔约国均应当寻求将本条第一款适用于范围最为广泛的上游犯罪；（二）各缔约国均应当至少将其根据本公约确立的各类犯罪列为上游犯罪……"可见，《联合国反腐败公约》关于洗钱罪的上游犯罪的最低要求是涵盖公约所规定的各类犯罪，最高的标准则是将上游犯罪扩展至最为广泛的上游犯罪。该公约所规定的犯罪主要有贿赂本国公职人员，贿赂外国公职人员或者国际公共组织官员，公职人员贪污、挪用或者以其他类似方式侵犯财产，影响力交易与滥用职权、资产非法增加，私营部门内的贿赂，私营部门内的侵吞财产、窝赃、妨害司法等犯罪。

对于如何履行国际公约所要求的规定上游犯罪的义务，学者们提出了不同的观点。这些不同观点有相近之处，这就是认为应当继续扩大上游犯罪的范围。而不同之处在于不同的观点所主张应当列入上游犯罪的种类并不相同。其一，有学者认为，应将偷税、诈骗以及证券市场上的内幕交易和市场操纵等严重犯罪纳入洗钱罪的上游犯罪的范围内。① 这一观点主张将部分经济犯罪列入上游犯罪，扩大了原有的上游犯罪范围，具有积极意义。但是，它所主张的上游犯罪范围存在着边界不清晰的问题，不符合罪刑法定原则。其二，有学者提出，采用列举式立法与兜底概括性立法相结合的方法来拓宽上游犯罪的范围，应当将严重的财产犯罪增加列入上游犯罪的范围，同时补充规定"其他可以产生违法所得及其收益的犯罪"为上游犯罪。② 这种观点所主张的上游犯罪范围更为广泛，只是其中所谓"其他可以产生违法所得及其收益的犯罪"的外延极不清晰，难以与罪刑法定原则相一致。其三，有学者认为，上游犯罪的范围应当界定为"严重的犯罪"，即法定最低刑在有期徒刑 6 个月以上的犯罪。③ 这种观点将上游犯罪界定为法定最低刑在 6 个月以上的犯罪，关照到了上游犯罪的严重程度，界定的标准清晰，具有较强的可操作性。但是，这种观点的问题是，它从法定刑的角度来界定上游犯罪的范围，而没有从犯罪类型的角度、着眼于上游犯罪与洗钱罪之间的内在联系来界定上游犯罪的范围，因此，所界定的上游犯罪难以符合洗钱罪的本质。

在立法上，外国的洗钱罪上游犯罪的范围的立法大致有三种不同的情况：其一，狭窄的上游犯罪范围，即将上游犯罪限定为毒品犯罪。例如，法国刑法典第二章"伤害人之身体或者精神罪"第四节"毒品走私罪"第 222—38 条："无论采取何种欺诈手段，为第 222—34 条至第 222—37 条所指之罪的犯罪人的收入或者财产来源作虚假证明提供方便条件，或者，知情而故意为投放、隐藏或兑换此种犯罪所得之任何活动给予协助的……"而第 222—34 条至第 222—37 条所指之罪就是指毒品犯罪。其二，中间型的上游犯罪范围，即将上游犯罪限制为一定范围内的犯罪。不过，不同国家的立法的具体内容和立法方式有所不同。例如，德国刑法第 261 条以列举的方式规定了洗钱罪的上游犯罪的范围，具体包括重罪以及特殊规定的其他犯罪。西班牙刑法第 301 条规定："明知为实施属于触犯重罪行为之所得，取得、改变、转移其赃物，或者为隐藏或者隐瞒赃物的不法来源而实施其他行为，或者帮助犯罪行为参与人改变赃物性质为合法所得的……"可见，西班牙的洗钱罪上游犯罪的范围限于重罪。意大利刑法典第 648 条—2 规定："除了共同犯罪的情况外，对产生于非过失犯罪的钱款、财物或者其他利益进行替换或者转移，或者针对上述钱款、财物或者其他利益进行其他活动，以便阻碍对其犯罪来源的甄别的，处……"因此，意大利的洗钱罪的上游犯罪为故意犯罪。俄罗斯刑法第 174 条规定："实施与明知是他人通过犯罪手段取得的资金和其他财产有关的金融业务和其他法律行为（除本法典第 193 条、第 194 条、第

---

① 参见《洗钱罪与对策研究》课题组：《我国反洗钱工作的现状与问题》，载《犯罪与改造研究》，2006（2）。

② 参见李仁真、王江凌：《上游犯罪法律问题研究》，载《人民检察》，2006（5）（上）。

③ 参见刘宪权、吴允锋：《论我国洗钱罪的刑事立法完善》，载《政治与法律》，2005（6）。

198 条、第 199 条、第 199 条—1 和第 199 条—2 规定的犯罪除外），从而使对上述资金的占有、使用和处分合法化……"故俄罗斯的洗钱罪的上游犯罪的范围非常广泛，除了少数特定的犯罪之外，绝大部分的犯罪都是洗钱罪的上游犯罪。其三，广泛的上游犯罪范围，即所有的犯罪都是洗钱罪的上游犯罪。例如，越南刑法典 251 条规定："任何人通过财政、银行或者其他业务使犯罪所得的财产合法化，或者用犯罪所得的财产从事经营或者其他经济活动的……"可见，越南的洗钱罪的上游犯罪为全部犯罪。

对比国际公约和外国的洗钱罪的立法，我国的洗钱罪的上游范围应当进一步扩大。从国际公约的角度来看，我国的洗钱罪的上游范围没有完全覆盖公约所要求的最小范围的上游犯罪，例如，滥用职权、窝赃、妨害司法等犯罪这些《联合国反腐败公约》所要求必须列入洗钱罪上游犯罪范围的犯罪，仍然没有成为我国的洗钱罪的上游犯罪。从外国立法来看，绝大部分国家的洗钱罪上游犯罪的范围都是极为广泛的，甚至有的国家将所有的犯罪都归入洗钱罪的上游犯罪。相比较而言，我国的洗钱罪上游犯罪的范围则狭窄得多。而且，从实际的需要来看，有必要扩大洗钱罪的上游犯罪范围。其一，为了严密法网、遏制犯罪的增长，有必要将洗钱罪的上游犯罪范围进一步扩大。洗钱将犯罪所得的财产进行清洗，清除其表面的非法性，不仅使司法机关在侦破刑事案件、查缉赃物时遭遇困难，妨害司法机关的正常活动，而且会使犯罪人表面合法地持有犯罪所得，为犯罪组织积累对抗社会和政府的经济实力提供了可能。洗钱所带来的严重后果不仅在已经成为洗钱罪上游犯罪的犯罪中存在，而且在其他更多的犯罪中同样也存在。其二，为了加强国际刑事司法合作，应当扩大洗钱罪的上游犯罪的范围。洗钱犯罪是一种国际性明显的犯罪类型，许多犯罪分子为了洗钱经常通过多个国家的金融机构来实现。因此，反洗钱需要不同的国家通过国际合作来实现。如果不将大部分的犯罪都列入洗钱罪上游犯罪之内，就无法通过反洗钱的国际合作来打击转移赃款赃物的行为。其三，立法是为了满足现实的需要，但是，同时应当在可预见的范围内具有一定的前瞻性。对于现在尚没有出现但是未来有可能出现的犯罪，应当适度提早在立法中加以规定，不能完全被动地应付，否则，就会出现频繁修改立法的局面，不利于维护法律的严肃性。我国在短短的十几年的时间里就对洗钱罪进行了四次立法修改，在很大程度上就是立法缺乏前瞻性的结果。

虽然扩大洗钱罪的上游犯罪范围是必要的，但是应当根据我国的立法体例来设计具体的立法方案。在笔者看来，将洗钱罪上游犯罪的范围界定为故意犯罪是最为适当的选择。首先，将上游犯罪界定为故意犯罪符合我国反洗钱的需要。故意犯罪占我国犯罪中的绝大部分，过失犯罪的数量极少，而且过失犯罪都是由于行为不够谨慎所导致的事件，过失犯罪不会产生犯罪所得，更不可能有洗钱的要求。因此，将故意犯罪列入上游犯罪符合我国强化反洗钱的要求。其次，符合我国的刑事立法体例。由于国情和历史文化传统不同，不同的国家的刑事立法都有其固有的传统和特征，扩大洗钱罪上游犯罪的范围应当与我国现有的刑事立法体例相协调。虽然有的国家或者地区的刑法从法定刑的角度来界定上游犯罪的范围，但是这种立法方法不符合我国的立法体例，我国的刑事立法没有必要效仿。因为，我国刑法尚没有依据法定刑的轻重来对犯罪进行分类的立法例。而且，以法定刑为标准来界定上游犯罪的范围比较烦琐，不容易为负有反洗钱义务的单位与个人所掌握。相反，从犯罪的类型出发将上游犯罪的范围界定为故意犯罪，既符合国际公约的要求和我国反洗钱的需要，又易于为民众所接受，是可以采用的立法完善方案。

（二）洗钱罪的行为方式

简而言之，所谓洗钱就是将犯罪所得予以表面合法化的行为。《英格兰与威尔士注册会计师协会关于识别与处理洗钱指南》规定："'洗钱'一词包含一切试图改变非法获得的金钱形状，以使其看似得自合法来源的过程。"同时，这一文件还规定了洗钱的三个阶段："洗钱有三个阶段。洗钱分子在这些阶段中可能进行许多次交易，而显示出犯罪活动：（a）放置（置入）——物理性地处置得自非法行为的现金收益；（b）离析——通过制造复杂的多层次的金融交易，将非法收益与其来源彻底分离，意图掩盖审计线索和资金的真实所有人；（c）融合——为犯罪所得财富提供合法性的外观。如果离析阶段得以成功，融合阶段就是将经过清洗的收益投回经济活动。通过这种方法，使表面看起来是正常的商业资金重新流入金融系统。"④ 放置（placement stage）、离析（layering stage）和融合（integration stage）构成洗钱三个前后相连的环节，通过这三个环节的活动，洗钱才最终得以完成。

从国际公约所规定的洗钱行为方式来看，《联合国禁止非法贩运麻醉药品和精神药物公约》第3条规定了清洗毒赃的行为有三类，共"转换"、"转让"、"掩饰"、"隐瞒"、"获取"、"持有"与"使用"等七种行为方式。1990年欧洲理事会《关于清洗、追查、扣押与没收犯罪收益的公约》第6条和欧盟部长理事会1991年6月10日《关于为防止洗钱的利用金融系统的指令》第1条也有相同的规定。⑤《联合国反腐败公约》也有类似的规定。可见，国际公约关于洗钱的行为方式的规定达到了高度的一致，不仅在内容上相当契合，就是在文字的表述和规范的结构上也极为相似。下面以《联合国反腐败公约》的规定为例来分析洗钱的行为方式。该公约第23条"对犯罪所得的洗钱行为"对各缔约国洗钱犯罪的

---

④ 阮方民：《洗钱罪比较研究》，373～374页，北京，中国人民公安大学出版社，2002。

⑤ 参见阮方民：《洗钱罪比较研究》，312、332页，北京，中国人民公安大学出版社，2002。

立法提出了具体的要求。该条第1款规定了洗钱的行为方式。"一、各缔约国均应当根据本国法律的基本原则采取必要的立法和其他措施，将下列故意实施的行为规定为犯罪：（一）1.明知财产为犯罪所得，为隐瞒或者掩饰该财产的非法来源，或者为协助任何参与实施上游犯罪者逃避其行为的法律后果而转换或者转移该财产；2.明知财产为犯罪所得而隐瞒或者掩饰该财产的真实性质、来源、所在地、处分、转移、所有权或者有关的权利；（二）在符合本国法律制度基本概念的情况下：1.在得到财产时，明知其为犯罪所得而仍获取、占有或者使用。2.对本条所确立的任何犯罪的参与、协同或者共谋实施、实施未遂以及协助、教唆、便利和参谋实施。"

可见，国际公约中所规定的洗钱行为包括两个问题，即洗钱的行为方式与处罚洗钱的未遂和共犯问题，其中，处罚洗钱的未遂和共犯的规定与我国刑法相一致。因为，我国刑法普遍处罚犯罪未遂和共犯。在这一问题上我国刑法不需要作出新的修改。

需要研究的是洗钱的行为方式问题。根据该规定，洗钱行为方式可以包括三种类型：其一，转换或者转移犯罪所得的财产。其二，隐瞒或者掩饰该财产的真实性质、来源、所在地、处分、转移、所有权或者有关的权利。其三，明知是犯罪所得而获取、占有或者使用犯罪所得的财产。如前所述，这三类洗钱行为可以进一步分为七种行为方式，分别是"转换"、"转让"、"隐瞒"、"掩饰"、"获取"、"持有"与"使用"。有学者将这七种行为形式分为两类，"即具体的行为形式与抽象的行为形式"。其中，"所谓具体的行为形式，是指反洗钱刑法规范中对某种洗钱行为形式的规定只涵盖了某种自然行为形式。如'转换'、'转让'、'获取'、'持有'与'使用'犯罪所得及其非法收益等五种收益等五种行为形式"。"所谓抽象的行为形式，是指反洗钱刑法规范中对某种洗钱行为形式的规定涵盖了多种自然行为形式。因而某种自然行为形式是否属于构成要件的行为，需要司法人员作规范判断。如'隐瞒'、'掩饰'"，并赞同在立法中同时采用这两种行为形式相结合的方式。⑥ 这种理解在学界有一定的代表性。

但是，在笔者看来，这种将洗钱罪的行为方式区分为具体与抽象两种行为方式的解读，有待商榷。首先，将公约中所规定的隐瞒、掩饰界定为抽象的洗钱行为方式，不符合公约的规定。事实上，这两种行为并不是抽象的行为方式，而是针对具体对象的洗钱行为，其对象是犯罪所得的"真实性质、来源、所在地、处分、转移、所有权或者有关的权利"。这种对象与作为"转换"和"转让"的对象——财产是互不隶属的。因此，隐瞒、掩饰本身就是两种具体的行为方式，与其他的行为之间并不是包含与被包含的关系。而且，从公约规定的法条结构看，

---

⑥ 参见阮方民：《洗钱罪比较研究》，138～139页，北京，中国人民公安大学出版社，2002。

"隐瞒"和"掩饰"被规定在三类行为的中间,既不是开篇提纲挈领的总括,也不是结尾言之未尽的补足,不可能是一种规定抽象行为方式的方式。其次,构成要件要素都是构成要件类型化的因素,每一个构成要件要素就是抽象的。也正因为构成要件与构成要件要素的抽象性,构成要件才具有反复适用于具体案件的能力。因此,不能将构成要件要素界分为具体的构成要件要素与抽象的构成要件要素。在笔者看来,公约所规定的三类行为方式都是并列的洗钱行为方式。不过,这三类不同的洗钱行为方式却具有共同的本质,这就是它们都是掩盖犯罪所得的来源与性质,以使犯罪所得表面合法化的行为。

我国刑法关于洗钱罪的规定,在行为方式上采用列举与概括相结合的方法,将洗钱行为规定为四种列举的洗钱行为与一种概括性的洗钱行为。这种立法方法是我国刑法立法一种较为常见的立法形式,在许多的法条中都有采用。五种洗钱罪的行为分别是提供资金账户的,协助将财产转换为现金或者金融票据的,通过转账或者其他结算方式协助资金转移的,协助将资金汇往境外的和以其他方法掩饰、隐瞒犯罪的违法所得及其收益的性质和来源的行为。这五种行为形式的实质都是掩饰、隐瞒犯罪的违法所得及其收益的性质和来源的行为,即将犯罪所得进行"清洗",使犯罪所得及其收益获得表面的合法化。从洗钱的环节来看,我国洗钱的行为方式主要集中在放置与离析这两个环节上,而第三个环节的洗钱行为并未列入洗钱罪的行为方式之中。

为履行国际公约的义务,学者们提出了完善洗钱罪的立法方案。大体上,有三种不同的主张。其一,有学者认为,应当补充规定"获得、持有、使用非法收益罪"这一新的罪名,弥补洗钱罪立法的不足,从而实现将洗钱行为的全过程予以犯罪化。[⑦] 但是,如果在洗钱罪之外补充规定一个独立的罪名,那么这种犯罪与洗钱罪就变成两个并立的罪名。这种立法的完善方法是否可行,有待研究。其二,有学者主张,对于洗钱罪应当增加规定两种新的洗钱行为方式:第一,增加规定"明知财产为犯罪所得而隐瞒或者掩盖该财产的真实性质、来源、所在地,处分、转移所有权或者相关的权利"。第二,增加规定"在得到财产时,明知其为犯罪所得而仍获取、占有或者使用"[⑧]。这种观点直接移植了国际公约中所规定的两类行为,以弥补洗钱罪立法的缺失。但是,这种观点既没有说明这两类行为与我国洗钱罪立法中的概括性行为方式之间的关系,也没有清楚地说明这两类行为方式在洗钱罪的法条中应当如何表述。因此,其立法完善方案不够具体。其三,重新设计洗钱罪的客观要件。有学者认为,我国洗钱罪行为方式侧重于对赃款的"转换",没有涵盖其他六种洗钱行为方式。应当将洗钱罪的行为方式规定

---

⑦ 参见蔡雪冰、李莎莎:《洗钱罪若干法律问题浅论》,载《湖南科技学院学报》,2006 (1)。

⑧ 彭凤莲:《从〈联合国反腐败公约〉看我国洗钱罪的立法趋势》,载《法学评论》,2006 (1)。

为："凡有下列洗钱行为之一，处……：（1）转换、转让或者转移该违法所得及其产生的收益；（2）隐瞒、掩饰该违法所得及其产生的收益的性质、来源、所在地、处置、转移相关的权利或者所有权的；（3）隐瞒、掩饰该违法所得及其产生的收益的；（4）获取、持有、使用该违法所得及其产生的收益的。"⑨ 只是，将其中的第三种行为方式与第一种行为方式并列规定为洗钱罪的行为方式的做法，值得商榷。因为，"转换、转让或者转移该违法所得及其产生的收益"其实就是"隐瞒、掩饰该违法所得及其产生的收益"的具体方式之一，因此，将这两种行为方式并列是种属混同，有失妥当。

笔者认为，我国洗钱罪的立法在行为方式上确实存在着规定不够明确的问题，有必要作出修改，以履行所承担的国际公约义务。不过，我国虽然缔结了有关的国际公约，有将公约的内容予以国内法化的义务，但是同时应当避免照搬公约规定的倾向。对于国际公约所规定的洗钱行为，应当进行具体的分析，并在此基础上依据我国的刑法立法体例来完善洗钱罪的立法。具体地说，在国际公约所规定的三类洗钱行为方式中，第一类行为实际上包括了两种情形，分别是为隐瞒或者掩饰该财产的非法来源而转换或者转移该财产的行为，以及为协助上游犯罪者逃避其行为的法律后果而转换或者转移该财产的行为。其中，第一种情形已经包含在我国洗钱罪的五种行为之中，而第二种情形的洗钱行为，实际上已经包含在包庇罪之中。因此，第一类洗钱行为中的两种情形均已经规定在我国的刑法典之中，现行立法无须作出修改。第二类洗钱行为是隐瞒或者掩饰犯罪所得财产的真实性质、来源、所在地、处分、转移、所有权或者有关的权利。应当说，我国刑法在文字上没有规定这类洗钱行为，但是，从实质意义上看，第二类行为实际上也已经包括在我国洗钱罪的行为方式之中。这是因为，这类行为无非也是掩饰、隐瞒犯罪的违法所得及其收益的性质和来源的具体形式之一，因此，应当认为它已经规定在洗钱罪第五种洗钱行为方式"以其他方法掩饰、隐瞒犯罪的违法所得及其收益的性质和来源的"行为之中。因此，第二类行为同样不必作出补充规定。

值得研究的问题是第三类洗钱行为方式，即"在得到财产时，明知其为犯罪所得而仍获取、占有或者使用"，这种行为方式是洗钱的第三个环节"融合"的具体体现。在融合环节中，犯罪所得的财产的来源与性质已经得到了清洗，获取、占有或者使用这种财产就是将这种经过清洗的财产重新投入经济活动，它与放置和离析这两个环节的洗钱行为确实有所不同。但是，在笔者看来，既然是洗钱行为的组成部分与最后的环节，在广义上这种行为仍是掩饰或者隐瞒犯罪所得财产来源和性质的行为，而且将经过清洗的犯罪所得重新投入经济活动或者流

---

⑨　刘宪权、吴允锋：《论我国洗钱罪的刑事立法完善》，载《政治与法律》，2005（6）。

通，也是最后彻底完成洗钱过程的必要程序。因此，在广义上，公约规定的第三类行为的本质仍是掩饰、隐瞒犯罪的违法所得及其收益的性质和来源的行为，能够包含在我国洗钱罪第五种行为之中。不过，由于与洗钱罪的前四种洗钱行为有着较大的区别，这类行为在立法中确有予以特别明确的必要。为此，笔者认为，应当在第四种洗钱行为之后，补充规定："（五）获取、占有或者使用上述犯罪的违法所得及其收益"，并将第五种概括性的洗钱行为修改为第六种。

（三）明知

我国的洗钱罪是故意犯罪和目的犯，其主观方面必须是明知是犯罪所得及其收益，并且具有特定的犯罪目的，即"为掩饰、隐瞒其来源和性质"。国际公约也有类似的规定。因此，国内法与国际公约在此问题上是协调的。需要讨论的问题是，如何界定这里的明知与犯罪目的。《联合国反腐败公约》对此提出了特殊的要求，其第28条规定："作为犯罪要素的明知、故意或者目的。根据本公约确立的犯罪所需具备的明知、故意或者目的等要素，可以根据客观实际情况予以推定。"关于这一要求是否应当在刑法典中加以规定，在理论上存有争议。有学者认为，在理论上我国不承认对明知的认定进行推定，因此不能规定在刑法典中。[⑩] 同时，也有相反意见，有学者认为应当将明知修改为"知道或者应当知道"[⑪]。

"明知"不仅规定在我国刑法的总则之中，同时在刑法分则的近三十个条文中也有着明确的规定。刑法总则的明知是第14条规定的犯罪故意中相对于危害行为及其危害结果的明知。通说认为，故意的明知包括对结果必然发生的明知与对结果可能发生的明知。而刑法分则规定的明知则具有多种不同的情况，总体上主要分为以下三种。其一，对犯罪对象身份的明知。例如，刑法第310条规定的窝藏、包庇罪，需要明知被窝藏或者包庇的对象是"犯罪的人"。这种类型的明知占其中的大部分。其二，对犯罪对象所具有的某种状态的明知。例如，刑法第138条所规定的"明知校舍或者教育教学设施有危险"。其三，对自己身体所具有某种状态的明知。例如，刑法第360条传播性病罪的"明知自己患有梅毒、淋病等严重性病"。因此，从刑法分则来看，明知是否修改，不单纯是洗钱罪的立法完善问题，而是一个关系到多种犯罪的全局性问题，应当慎重考虑。关于明知的程度，在理论上从来就有"确定说"与"可能说"之争，其中以"可能说"为通说。基于可能说的立场，关于明知所包括的范围有多种不同的表述方式，诸如"知道与可能知道"、"确知与不确知"、"知道与应当知道"等不同的表述。不过，

虽然表述的文字有所不同，但是上述多种不同表述的内容却大致相同，即不仅行为人确切地知道是明知，而且行为人可能知道也是明知。

司法机关在认定明知上的立场与理论通说相一致。最高人民法院、最高人民检察院的多项司法解释都肯定了应当知道或者可能知道是明知的两种情形之一。例如，2000 年 11 月最高人民法院《关于审理破坏森林资源刑事案件具体应有法律若干问题的解释》对非法收购盗伐、滥伐森林罪的构成要素"明知"的解释，2001 年 6 月最高人民检察院《关于嫖宿幼女罪主观上是否需要具备明知要件的解释》对嫖宿幼女罪主观要件"明知"的解释，2004 年 12 月最高人民法院、最高人民检察院《关于办理侵犯知识产权刑事案件适用法律若干问题的解释》对销售假冒注册商标的商品罪构成要素"明知"的解释，都将明知解释为包括知道与应当知道或者知道与可能知道。根据这些文件的规定，应当知道或者可能知道，都是基于某种或者某几种特定的主、客观事实来认定行为人具有法律所要求的明知。例如，依据行为人"在非法的木材交易场所或者销售单位收购木材的"事实来推定出行为人"明知是盗伐、滥伐的林木"。从认识的方法来看，这种认定的方法是一种间接的认识方法，与通常的直接认定明知的方法有所不同。直接认定的方法是指案件事实本身直接表明行为人具有明知，而推定的方法则是以某种其他的事实来认定行为人具有明知。在具备一定条件的情况之下，以推定的方法来证明案件事实同样可以达到事实清楚、证据确实充分的证明要求。尤其是，在高智能的犯罪之中，要想收集到足够的直接证据来认定行为人的犯罪故意通常是很困难的，而运用推定的方法证明故意或者犯罪目的可以起到堵塞犯罪人逃避罪责漏洞的作用。正因为如此，我国司法机关认同了用推定的方法认定明知的做法。可见，《联合国反腐败公约》所要求的对主观构成要件进行推定，实际上已经为我国的刑法理论与司法实务所认同。同时，由于明知是多种犯罪所共同具有的构成要素，而这些犯罪相互之间的差别较大，如果只是将洗钱罪的明知界定为可以通过推定来认定，而对其他犯罪的明知却不作同样的解释，则不利于保持立法用语的一致性。综合这两个方面的因素，笔者认为，不宜在洗钱罪的立法中照搬国际公约中推定认定明知的规定，由司法解释进行个别性的界定更为妥当。

综上所述，我国洗钱罪的立法只需作局部的完善即可。建议将刑法第 191 条修改为："明知是故意犯罪的违法所得及其产生的收益，为掩饰、隐瞒其来源和性质，有下列行为之一的，没收实施故意犯罪的违法所得及其产生的收益，处五年以下有期徒刑或者拘役，并处或者单处洗钱数额百分之五以上百分之二十以下罚金；情节严重的，处五年以上十年以下有期徒刑，并处洗钱数额百分之五以上百分之二十以下罚金：（一）提供资金账户的；（二）协助将财产转换为现金或者金融票据的；（三）通过转账或者其他结算方式协助资金转移的；（四）协助将资金汇往境外的；（五）获取、占有或者使用故意犯罪的违法所得及其产生的收益的；（六）以其他方法掩饰、隐瞒故意犯罪的违法所得及其收益的性质和来源的。单位犯前款罪的，对单位判处罚金，并对其直接负责的主管人员和其他直接责任人员，处五年以下有期徒刑或者拘役；情节严重的，处五年以上十年以下有期徒刑。"

洗钱罪若干问题研究

张 阳[*]

洗钱罪是我国目前刑法规定的一种严重经济犯罪。洗钱行为不但为掩饰犯罪分子的罪行，使其逃避法律的制裁提供极大便利，而且严重妨碍了金融机构的正常活动，成为滋生腐败的温床。更有甚者，它还是有组织犯罪资金来源不可或缺的"生命线"。现在，洗钱已发展成为一个有着高额利润的、复杂的犯罪领域，并成为国际上一大公害。鉴于洗钱行为的严重危害性，2006 年 6 月 29 日出台的《刑法修正案（六）》在《刑法修正案（三）》的基础上又增加了三类洗钱罪的上游犯罪——贪污贿赂犯罪、破坏金融管理秩序犯罪和金融诈骗犯罪，加大洗钱行为的惩罚范围。此外，2006 年 10 月 31 日出台的《反洗钱法》也为进一步完善我国反洗钱制度提供了坚实的基础，也由此看出国家对洗钱犯罪的重视及严惩的决心。

《刑法修正案（六）》对洗钱罪的上游犯罪的范围进一步扩大、对犯罪行为等的规定也相对较为明确，但是除修正案中提及的这些方面，洗钱罪中仍有许多问题值得探讨。

一、关于洗钱罪的客观行为本质

从刑法典所规定的洗钱罪的五种客观行为方式来看，洗钱罪的行为本质是对犯罪所得进行实质性的清洗[①]，而并不限于被动地将犯罪所得进行隐藏或掩饰。除此之外，洗钱罪犯罪目的——"掩饰、隐瞒违法所得及其产生的收益的来源和性质"的特别规定，更是对其行为客观特征的提炼和概括。对行为本质有了充分的认识，才能使我们灵活应对司法实践中复杂多变的具体情况。

何谓"掩饰"？对此，刑法学界有以下几种理解：

---

* 张阳，郑州大学法学院讲师，刑法学博士。

① 参见江志：《关于洗钱罪之若干法律问题研究》，载《澳门检察》，2003（4），64 页。

第一，所谓"掩饰"，是指行为人以捏造事实或其他弄虚作假的手法进行掩盖。②

第二，所谓掩饰，即遮掩粉饰之意，其表现形式是多种多样的，但是只是向司法机关编造虚假情况，意图使司法机关相信出售毒品所获得的财物的性质和来源是合法的。如明知某一犯罪分子的录像机是其贩毒后以赃款购买，却向司法机关骗称是朋友所送，或者以其他合法途径得到的。③

第三，所谓掩饰行为，即行为人明知是犯罪分子走私、贩卖毒品所得的非法财物，而混入各种合法收入中存入银行。通过金融机构的中转，使其表面上变成合法收入。④

第四，所谓掩饰是行为人明知犯罪分子的财物是出售毒品获得的，故意捏造事实或者以其他弄虚作假的手法进行掩盖，粉饰其真实性质和来源的行为。⑤

而所谓"隐瞒"，有学者认为是明知真相而不告诉，向有关机关隐瞒犯罪所得的真实所在，以使其逃避查获⑥；也有学者认为，所谓隐瞒，是在司法机关调查核实时，对于犯罪分子经过"洗钱"具有某种"合法形式"的财物的实际性质和来源加以警告⑦，等等。

综上，笔者认为无论掩饰还是隐瞒，在本质上都是以假象来掩盖犯罪所得的真正性质，以阻止发现财产的非法来源，甚至还有学者认为是一种"异于正常消费形态的积极加工行为"⑧。

其实，从广义上讲，掩饰也是一种隐瞒，不过两者还是存在一定差异的，其区别的关键在于行为是主动还是被动的。掩饰行为相对于隐瞒行为更具有主动进行的意味⑨，即行为人主动采取各种方式对毒品犯罪、走私犯罪、黑社会性质的组织犯罪、恐怖活动犯罪的违法所得的性质和来源进行掩盖、粉饰，使其他人误以为是合法所得。隐瞒行为相对而言就较为被动，只有当司法机关向行为人查询时，行为人明知真实情况而故意制造假象以干扰司法活动的，才可成立。而掩饰行为则不论司法机关有无查询均可成立，也就是说，掩饰行为既可以是在司法机关尚未调查相关犯罪之前，也可以是在此之后而积极采用各种行为为该违法收益获取合法凭证而运作，意图使他人相信其具有合法性质。即行为人的掩饰行为不

---

② 参见欧阳涛、陈泽宪主编：《毒品犯罪及对策》157页，北京，群众出版社，1993。
③ 参见杨聚章、沈福忠主编：《刑法新增罪名研究》，149页，郑州，河南人民出版社，1992。
④ 参见娄云生：《刑法新罪名集解》，243页，北京，中国检察出版社，1994。
⑤ 参见崔庆森、陈宝树主编：《中外毒品犯罪透视》，225页，北京，社会科学文献出版社，1993。
⑥ 参见杨聚章、沈福忠主编：《刑法新增罪名研究》，149页，郑州，河南人民出版社，1992。
⑦ 参见赵秉志、吴振兴主编：《刑法学通论》，740页，北京，高等教育出版社，1993。
⑧ 谢立功：《台湾、澳门防制洗钱之法理结构比较》，载《澳门检察》，2002（3），94页。
⑨ 参见于志刚主编：《热点犯罪法律疑难问题解析》，459页，北京，中国人民公安大学出版社，2001。

以司法机关的查询行为为依托而独立存在。

此外，洗钱罪的行为不能由不作为构成。所谓不作为，是与作为相对应的危害行为的另一种表现形式，是指行为人负有实施某种行为的特定的法律义务，能够履行而不履行的危害行为。⑩ 构成不作为犯，必须以行为人负有某种特定义务为前提。对此，对洗钱行为控制较早的英美法系国家，就规定有银行等金融机构及其从业人员的"可疑交易报告、检举"义务，如英国规定只要是可疑交易，哪怕只有一英镑都要报告，这是金融机构职员的一项义务。法国则规定超过5万法郎的业务数额，银行就有义务识别，等等。依据这些规定，金融机构的职员及有关当事人必须履行此法定义务，否则就可能因构成以不作为实施的洗钱罪而承担相应的刑事责任。不过，就目前我国刑法而言，法律并未规定公民特定的检举、报告义务，因此不能因知情不举而认定行为人构成不作为的洗钱罪。

二、关于洗钱罪的主体

有的学者认为"由于洗钱犯罪具有比传统的赃物犯罪更为严重的危害性，因此，将洗钱罪的主体范围较传统的赃物犯罪主体有所扩大"，"不可罚的事后行为的理论已落后，应该在洗钱罪上对其有所突破"⑪，但这种观点在现行刑法体系下是无法立足的。

首先，从逻辑上，犯罪分子实施犯罪获得资产以后，自然要对之进行清洗，对其不法的来源予以掩饰，使之合法化。虽然"清洗"行为在一定程度上又侵犯了金融正常秩序，但从本质上讲它仍是上游犯罪的自然发展结果，所以如果上游犯罪的主体实施相关的洗钱行为，仍是一种不可罚的事后行为，不能再独立构成洗钱罪。其次，从刑法第191条第1款第1～4项的规定来看，"提供"、"协助"等行为方式均为便利他人犯罪的手段，由此可见这四项行为只能由上游犯罪本犯以外的人实施。至于第5项"以其他方法掩饰、隐瞒犯罪的违法所得及其收益的性质和来源"这一行为方式，虽然没有明确的"协助"、"帮助"等措辞，但我国理论界的通说认为，"主要指行为人将犯罪分子的违法所得及其收益，以投资、购置不动产、放贷等各种方式用于合法的经营、使用，再从中获取收益或转让、出售，从而隐瞒其违法所得的真实来源和性质"⑫。该项以概括的立法语言规定了相对抽象的行为方式，以弥补前四项具体行为方式规定的遗漏。这两者之间只是一种具体与抽象的关系，而行为方式则具有相同的特征或本质属性。从这个意义上讲，也应该具有"帮助"或"协助"的特质。所以，洗钱罪的主体也只有上

---

⑩　参见马克昌主编：《犯罪通论》，167页，武汉，武汉大学出版社，1999。

⑪　阮方民：《洗钱罪比较研究》，271～272页，北京，中国人民公安出版社，2002。

⑫　周道鸾、张军主编：《刑法罪名精释》，310页，北京，人民法院出版社，1998。

游犯罪的本犯以外的其他人才能构成。

但是，对上游犯罪的本犯应怎样理解，是仅限于实行犯还是亦包括教唆犯和帮助犯？

德国刑事判例的立场[13]认为，上游犯罪的正犯、共同正犯以及当初基于取得意图的教唆犯，只不过是实现了本犯行为时赃物取得的意图，所以，事后的隐藏、转移赃物的行为都可以评价为前罪不可罚的事后行为。但是在帮助犯的场合，其在本犯实行行为时对目的物的取得意图并不直接，只是一种派生的意识，即使后来实现了取得，也是基于为自己取得的新的故意。所以将本犯的帮助犯作为新罪独立处罚是可能的。在日本刑法理论界的通说则认为，教唆、帮助本犯的共犯行为，通常不包括在本犯之内，可以成为赃物罪的主体。[14] 在实务界，已经确定的判例一般认为本犯的共犯和赃物参与罪构成并合罪，在学界尽管有并合罪说与牵连犯说之间的区别，但均认定成立这两种罪[15]，即认为本犯的教唆犯或帮助犯可以成为下游犯罪的主体。至于我国台湾地区，理论界一般认为，"本犯包括共同正犯在内，且不以实行共同正犯为限，即共谋共同正犯，亦兼括及之。如其属于本犯时，纵为本犯之行为，即无成立本罪之余地"。"至于本犯之教唆犯或帮助犯，则与共同正犯之情形不同。盖本犯之教唆犯或帮助犯，并非自己为本犯之行为，赃物并不在本犯之教唆犯或从犯持有之中。"有的还认为在教唆或帮助之后又实施收受行为的，并非不可罚的事后行为。因此，本犯之教唆、帮助犯于教唆或帮助后又为收受行为的，应分别成罪，应以具体情形，按想象竞合犯或数罪并罚处断。实务界的见解是，"盗窃罪之成立，原以不法取得财物为要件，教唆行窃而收受所窃之赃物，其受赃行为当然包括于教唆盗窃行为之中，不另成立收受赃物罪名"。上述见解均值得商榷。赃物罪与其本犯之财产罪的保护法益，均系个人对财物之持有利益，两者具有保护法益的同一性。因此，在适用论上，某具体犯罪事实，倘在犯罪认识上，同时该当本犯之狭义共犯与赃物罪之正犯，在犯罪评价上，即有成立法条竞合之可能。[16]

对于上游犯罪本犯的范围问题，我国的理论界与实务界也存在不同认识。司法实践[17]中认为，本犯的教唆犯是可以构成新罪的，而且在定罪量刑时没有作为牵连犯从一重处断，而是实行数罪并罚。但刑法学理论界常见的观点却认为，

---

⑬　参见［日］齐野彦弥：《赃物罪的主体》，载德国刑法研究会编：《警察研究》，第59卷第11号，59页。

⑭　参见［日］大塚仁著，冯军译：《刑法概说》（各论），321页，北京，中国人民大学出版社，2003；［日］大谷实著，黎宏译：《刑法各论》，245页，北京，法律出版社，2003。

⑮　参见［日］西田典之著，刘明祥、王昭武译：《日本刑法各论》，190页，武汉，武汉大学出版社，2005。

⑯　参见甘添贵：《体系刑法各论》，第2卷，464页，台北，瑞兴图书股份有限公司，2000。

⑰　参见《盗车52辆价值1 348万北京宣判—特大团伙盗车案》，载中国法院网，2004－05－10。

"这里的本犯包括原犯罪的实行犯、教唆犯与帮助犯，而不仅限于实行犯"[18]。当然，也有学者认为，本犯的教唆犯或者帮助犯可以构成新罪。以赃物犯罪为例，如抱有销赃图利意图的某甲教唆某乙去盗窃，又将这种盗窃得来的赃物转手出卖的，就应成立盗窃罪和销赃罪两罪。不过，对这种情形的最终处理，学说上又有两种相异的见解。一种观点主张把这种情况作为牵连犯从一重处断，另一种观点则主张对此实行数罪并罚。

对此，笔者认为上游犯罪的教唆犯与帮助犯是不包括在上游犯罪的本犯范围内的，换句话说，上游犯罪的教唆犯和帮助犯可以成为洗钱罪的主体。因为，教唆或帮助上游犯罪的行为与洗钱犯罪的行为性质并不相同，所侵犯的客体也有区别。并且，作为从犯，并不必然对犯罪所得实际控制，所以即使对犯罪所得的性质进行掩饰、隐瞒的，也不是教唆、帮助行为的当然结果。

但是，在教唆犯或帮助犯在实施教唆或帮助本犯的行为时，是带有谋取利益的目的情况下，这就属于一种牵连犯，即教唆或帮助实行犯实施上游犯罪的行为是一种手段行为，其目就是牟利，那么实施的洗钱行为就是目的行为，应以牵连犯从一重罪处罚。

还有一种情况就是，教唆犯实施教唆的行为时，就已经与实行犯对犯罪所得的处置作出了一定的计划安排，也就是已经形成一定的合意，这种情况下教唆犯的性质就已经发生转变，其与实行犯关于犯罪所得的共谋行为，在共同犯罪中就应当被评价为实行行为，而不是原来意义上的教唆犯、帮助犯实施的刑法分则规定的实行行为之外的非实行行为，已经转化为共同正犯，即日本刑法理论中的共谋共同正犯。我国刑法对此也有相关规定，即事前通谋、事后实施帮助行为之人，可以成立共谋共同正犯。这种情况下又对犯罪所得予以处置的，就是一种不可罚的事后行为，不能再另行成立洗钱罪。

三、关于洗钱罪的"明知"

目前，不少学者主张将洗钱罪的主观方面扩大至包括过失犯罪，将那些"应知但不知或因重大过失而实施的洗钱行为犯罪化"[19]。国际条约虽普遍地将洗钱罪视为故意犯罪，但其实只是最低要求。国际性或区域性反洗钱规范早有将故意与过失一并犯罪化的立法思路。比如，1990年《欧洲反洗钱公约》就明确建议缔约国将"应当怀疑是犯罪所得而转换、转让、隐瞒、掩饰、获取、占有或者使用的行为"予以刑事化；《美洲反洗钱示范法》和《联合国禁毒署反洗钱示范法》

⑱ 张明楷：《刑法学》，833 页，北京，法律出版社，2003。

⑲ 江志：《关于洗钱罪之若干法律问题研究》，载《澳门检察》，2003（4），65 页。

则是在同一条文中将故意与过失均肯定为洗钱罪的主观要件。对此，也有少数国家和地区在刑事立法上对此作出呼应，德国、荷兰、英国以及我国香港地区均确立了过失洗钱的刑事责任。但是至今在立法上确立过失洗钱犯罪的国家尚不多见，大多数国家和地区还是只规定了限于故意的主观构成。

根据我国刑法典的规定，洗钱罪除须具有特定犯罪目的之外，主观方面还以行为人对特定犯罪的违法所得及其产生的收益有"明知"为构成要件。

（一）"明知"的总分结构

"明知"的概念并不仅仅出现于刑法分则故意犯罪的构成要件中——刑法总则第 14 条第 1 款将犯罪故意的认识因素概括为"明知"。总则中的规定是对所有犯罪故意成立的总的要求，是所有故意犯罪的一般构成要素，其内容是"自己的行为会发生危害社会的结果"，可以称之为一般明知。其旨在明确"明知"作为犯罪故意的认识因素，对犯罪故意的成立起基础性作用，"明知是故意的认识程度的质的规定性"[20]，即没有明知，则不可能有犯罪故意。而刑法分则中对某些犯罪构成要素的"明知"，是刑法分则规定的特定要素，内容更为特定，不妨称其为特定明知。所以，总、分则中的"明知"不是一个概念。特定明知是一般明知的前提，其能否认定，往往直接关系到故意罪过的认定。正如我国台湾地区学者郑健才曾指出："'刑法'总则上所称之明知，与'刑法'分则上所称之明知不同。前者系作为基本主观要件之一种基础；后者则系一种特定主观要件。犯罪须具备此特定主观要件时，'刑法'分则之明知为第一次明知，'刑法'总则之明知为第二次明知。有第一次之明知，未必即有第二次之明知。但只有具备分则中的明知，才能产生总则中的明知；但分则中的明知不等于总则中的明知，只是总则中的明知的前提。"[21] 分则中的"明知"，强调的仅仅是行为人的认识因素，是具体犯罪构成总体性评价的一个对象，它未必与总则中的"明知"一样，和"希望或者放任"危害结果的发生结合在一起。当然，只有当同时具备了主观方面的要件（明知＋希望或放任），并且犯罪构成的其他要件也具备时，该行为人的行为才符合某一具体的犯罪构成。在赃物犯罪中，行为人只有明知自己行为的对象是赃物，才能进一步明知行为的性质，知道自己的行为会发生妨害司法机关正常活动的危害结果。由此，总则和分则中的"明知"既有直接联系，又不是完全等同的。

（二）"明知"的含义

对"明知"含义的理解主要体现为对"明知"程度要求的界定上。对此，我

---

[20] 姜伟：《犯罪故意与犯罪过失》，149 页，北京，群众出版社，1992。
[21] 郑健才：《刑法总则》，96 页，台北，三民书局，1982。

国法学界有几种不同的观点：第一，确定说。认为"明知"就是行为人明白知道，在法律含义上只表现为行为人的确定性认识，不确定的认识不能视为"明知"[22]。第二，可能说。这种观点认为，刑法典中规定的"明知"当然不要求确知，即不要求行为人确定地、确切地、确实地知道是犯罪所得，只要有这种认识的可能性足可成立"明知"[23]。第三，知道和应当知道说。1992年12月11日最高人民法院、最高人民检察院《关于办理盗窃案件具体应用法律的若干问题的解释》中将"明知"理解为"知道或者应当知道"。"知道"是指明确、明白知道之意，"应当知道"则指有充足的理由和根据怀疑是犯罪所得。第四，充足理由怀疑说。认为所谓"明知"，"只要有充足理由怀疑就可以构成"[24]。第五，双重理解说。这种观点认为，主观上具有的"明知"，不能理解为仅指确切地知道，而应理解为包括两种情况：一是行为人确切地知道是犯罪所得；二是行为人虽然不是确切地知道，但是知道他人的财物可能是犯罪所得。[25]

上述第一种观点将"明知"理解为"确知"，程度的确定较为狭窄。"明知"当然包括确知，但如果有充分的理由和根据间接地推测出认识的内容也不失为"明知"，所以"确定说"并不可取。第二种观点认为"明知"是可能知道，似乎有一定道理，但值得推敲，因为所谓"可能"实质上是一种不确定的、或然的状态，既包括有一定的理由知道，也包括无充分的根据而加以合理的推知。如此一来，就会将"明知"理解成具有明知的可能性，赃物犯罪的明知要素就成了可有可无的次要条件，并且对行为的定性也会取决于一种与客观事实的吻合程度，显有客观归罪之嫌。第四种将"明知"理解为"有充足理由怀疑"的观点有值得肯定之处，但仍欠全面：因为"明知"本身包括确知在内，所以不能将行为人确切知道的情形排除在外。而且，它也只是从司法认定的角度提出的对明知的一种思考，没有准确界定明知的含义。第五种观点对"明知"理解为既有"确切地知道"之意，又有"可能知道"之意。应该说这种观点考虑得较全面、充分，但其第二层次的理解与"可能说"有着共同的矛盾之处，故不是最佳之选。

其实，从司法实践来看，一般赃物犯与本犯之间往往心照不宣，双方并不言说物品的赃物性，而且在案发后，即使有过说明，双方一般也会否认对赃物有过交代，行为人还会千方百计"证明"自己并不确知是赃物。如果要求行为人主观上是确定地、明确地知道自己行为对象的赃物性，必将加重司法机关的举证责任，可能导致大部分赃物犯罪分子的刑事责任难以被追究，从而也不利于对本犯的惩治，有损于刑法的保护功能。如果在实践中坚持"明知就等于确

22　曹子丹、侯国云主编：《中华人民共和国刑法精解》，174页，北京，中国政法大学出版社，1997。
23　钊作俊：《洗钱犯罪研究》，载《法律科学》，1997（5），57页。
24　胡云腾：《论金融犯罪》，载《法学前沿》，第1辑，87页，北京，法律出版社，1997。
25　参见李希慧：《论洗钱罪的几个问题》，载《法商研究》，1998（2），50页。

知"的立场，就会被犯罪分子所利用以逃避惩罚，而一些有悔罪表现的犯罪分子反而会因自己的供述受到了刑事追究，这也有违刑事政策。有鉴于此，笔者还是大体上赞同第三种观点的理解，但对此应进一步完善为：赃物犯罪主观方面的"明知"应当包含两种情况：一是行为人知道自己行为对象的赃物性；二是行为人虽然不知道，但他有充足的理由和根据应当知道此情况。这样的界定不仅对明知的内容涵括全面，也体现了明知的程度要求，即包含明知必然性和明知可能性两种情况。

当然，"知道和应当知道说"的观点也受到一些学者的批评，认为这只不过是换了一个角度，侧重从客观方面来认定"明知"，而不是从行为人实际心理出发理解"明知"的程度，且"应当知道"比较强调客观上行为人的注意义务。并且，以"应当知道"来认定"明知"，容易混淆故意与过失的界限，有将本罪主观态度扩大到过失的倾向。㉖ 理由在于：首先，"应当知道"是赃物，本身就表明行为人事实上还不知道是赃物，而"明知"是赃物表明行为人事实上已经知道是赃物，故"应当知道"不属于"明知"。其次，如果说"应当知道"是特定主观要件，则属于第一次应当知道（或预见），刑法总则第 15 条中的"应当预见"属于第二次应当知道；具有第一次应当知道后，才可能有第二次应当知道。因此，"应当知道"只是过失心理状态的表现。具体而言，行为人"应当知道"自己窝藏、转移、收购、代为销售的是赃物，只能表明行为人应当预见自己的行为是窝赃等赃物罪行为，只能表明行为人应当预见自己的行为可能发生妨害司法机关正常活动的危害结果，故只属于过失的范畴。㉗

之所以有学者将"应当知道"理解为过失，笔者认为原因在于两点：

第一，刑法第 219 条"侵犯商业秘密罪"中规定，"明知或应知前款所列行为，获取、使用或者披露他人的商业秘密的，以侵犯商业秘密论"。这里既然将"应知"与"明知"相并列，将"应知"误解为过失也就是十分自然的了。因此，通行的观点就认为，侵犯商业秘密罪的罪过形式包括过失㉘，"在'应知'的情况下，构成本罪（即侵犯商业秘密罪）的，是一种过失犯罪"㉙。

第二，"之所以理解为过失，是将'应知'（应当知道）与疏忽大意过失中的应当预见对比所得出的结论"㉚。刑法第 15 条第 1 款规定："应当预见自己的行为可能发生危害社会的结果，因为疏忽大意而没有预见……以致发生这种结果的，是过失犯罪。"因此，刑法理论上就将疏忽大意过失称为无认识的过失，其基本

㉖　参见张军主编：《破坏金融管理秩序罪》，550 页，北京，中国人民公安大学出版社，1999。

㉗　参见张明楷：《如何理解和认定窝赃、销赃罪中的"明知"》，载《法学评论》，1997（2），88 页。

㉘　参见王作富主编：《刑法分则实务研究》（上），761 页，北京，中国方正出版社，2001。

㉙　高铭暄主编：《新型经济犯罪研究》，842 页，北京，中国方正出版社，2000。

㉚　陈兴良：《"应当知道"的刑法界说》，载《法学》，2005（7），82 页。

特征就是"应当预见而没有预见"。这里，应当预见是预见义务与预见能力的统一：预见义务是有义务预见，预见能力是有预见的可能性。基于这种理解，"应知"就应理解为是"虽然不知但可能知道"，也就是以"不知"为前提的，由此表明行为人的主观心理状态是过失。

针对第一点，也有学者认为侵犯商业秘密行为人主观上只能是故意，行为人在应知的情形下仍然侵犯商业秘密的，推定其具有故意。㉛ 并且，虽然理论界对于"应知"究竟是故意还是过失，颇有分歧，但司法解释中凡涉及"应当知道"的规定，均认为是指故意的情形。这样的司法解释共有 6 个，分别是：1998 年 5 月 8 日最高人民法院、最高人民检察院、公安部、国家工商行政管理局《关于依法查处盗窃、抢劫机动车案件的规定》第 17 条，2000 年 11 月 22 日最高人民法院《关于审理破坏森林资源刑事案件具体应用法律若干问题的解释》第 10 条，2002 年 7 月 8 日最高人民法院、最高人民检察院、海关总署《关于办理走私刑事案件适用法律若干问题的意见》第 5 条第 2 款，2003 年 12 月 23 日最高人民法院、最高人民检察院、公安部、国家烟草专卖局《关于办理假冒伪劣烟草制品等刑事案件适用法律问题座谈会纪要》第 2 条，2004 年 12 月 8 日最高人民法院、最高人民检察院《关于办理侵犯知识产权刑事案件具体应用法律若干问题的解释》第 9 条第 2 款，都规定"明知"是指知道或者应当知道。除此以外，2001 年 6 月 11 日最高人民检察院《关于构成嫖宿幼女罪主观上是否需要具备明知要件的解释》，将"明知"规定为"知道是或者可能是"，这一表述可以理解为"知道或者可能知道"，因而其含义等同于"知道或者应当知道"㉜。这些司法解释还根据具体情况规定了相应的推定的基础事实，并且规定这种推定是可反证的，有反证即可推翻这一推定，因此，这里的"应当知道"是与"知道"并列的，是"明知"的情形之一，更确切地说是刑事推定意义上的明知。

对于第二点，如果仅仅从语言学上作如此理解是有一定根据的。但追究其立法本意，立法者并不是在过失意义上来使用"应知"的，它的真实含义应当是指经由确定性的事实能够推定知道，即司法人员根据案件事实和证据能够得出行为人对财物性质"不可能不知道"、"必然是知道的"。"应当知道"作为"明知"的一种情况，是依据充足的理由和事实根据推定的，因此，行为人认识因素的规范评价价值等同于"确知"。

因此，只要行为人根据相关事实和一般常识认识到财物可能来路不正，就可以推定其赃物性，在此前提下仍决意实施相关隐瞒、掩饰赃物性质、来源的行为

㉛　参见陈兴良主编：《刑法学》，592 页，上海，复旦大学出版社，2003。
㉜　陈兴良：《"应当知道"的刑法界说》，载《法学》，2005（7），81 页。

的，就具有赃物犯罪的故意。

当然，关于"应当知道"的提法不一定就十分妥当，它确实容易被误解为不知。由此，有学者建议引入"推定故意"的概念。并且认为，推定故意是相对于现实故意而言的，是证明故意推定的肯定性结果，因而，也是故意的一种特定类型。[③] 但是，这样一来，不仅会与现行刑法和刑法理论中的犯罪故意概念有一定冲突，因而不得不对故意概念予以重构以适应之，这明显有些得不偿失。而且，关于推定故意所要解决的有些情形下故意证明比较困难的问题，只要科学地确定推定的基础事实，通过司法推定等司法技术即可保证结论的正确性，从而解决"明知"的证明问题。所以，无须引入新的故意概念。当然，对于"应当知道"的措辞我们还可以再作进一步的考虑。

[③]　参见陈兴良：《"应当知道"的刑法界说》，载《法学》，2005（7），82页。

洗钱罪刑事立法的反思与完善

——以《联合国反腐败公约》为视角

胡　隽[*]

一、《联合国反腐败公约》关于洗钱罪规定之解读

国际社会最早对洗钱犯罪进行法律控制的国际公约是 1988 年 12 月 19 日通过的《联合国禁止非法贩运麻醉药品和精神药物公约》（以下简称《联合国禁毒公约》），该公约将"隐瞒或掩饰财产非法来源的行为"规定为犯罪，但是该公约所规定的洗钱犯罪，是以毒品犯罪的构成为前提的。1995 年联合国禁毒计划总署起草并通过了《联合国禁毒总署关于洗钱和没收与贩毒有关财产的示范法》，该示范法较《联合国禁毒公约》有了相当大的发展，打击的锋芒由毒品犯罪扩展到非毒赃范围，并且发展了毒赃洗钱犯罪的构成要件，规定了法人的刑事责任。鉴于洗钱活动往往具有跨国性和有组织性，2000 年联合国制定并通过了《联合国打击跨国有组织犯罪公约》，该公约在对洗钱犯罪的犯罪构成进行规定的同时，在洗钱犯罪的上游犯罪的范围、行为方式等方面作了重要突破，如要求将洗钱犯罪"适用于范围最为广泛的上游犯罪"，完善了洗钱罪的犯罪构成。

《联合国反腐败公约》（以下简称《反腐败公约》）在《联合国打击跨国有组织犯罪公约》的基础上，对洗钱问题也给予了特别关注。这是因为洗钱罪虽然不同于典型意义上的腐败犯罪，但在当今社会，洗钱又与腐败犯罪有着密不可分的关系。正如有学者所言，洗钱与腐败是犯罪之树上的两个具有密切联系的毒瘤，对于社会具有极大的危害性。洗钱保护腐败，腐败又推动了洗钱。[①] 腐败犯罪都是典型的贪利型犯罪，腐败分子利用手中的权力攫取巨额非法财富之后，要将非法收入合法化，洗钱成为腐败犯罪的最佳选择。通过洗钱，犯罪收益得以逃避没

---

　　* 胡隽，中国人民公安大学讲师，法学博士。

　　① 参见乐欣：《反腐败与反洗钱需要加强国际法律合作》，载《检察日报》，2004 - 03 - 08。

收，从事犯罪活动的腐败犯罪分子得以逍遥法外。可见，洗钱在某种程度上成为腐败行为的助推器，因此，要有效地控制腐败犯罪，就必须严厉打击洗钱犯罪。面对腐败洗钱的日益猖獗，各国都纷纷采取措施来预防和控制腐败洗钱，《反腐败公约》则顺应时代发展的需要，明确将洗钱犯罪作为一种腐败犯罪的关联犯罪加以规定。

《反腐败公约》在第三章"定罪与执法"第23条明确规定："一、各缔约国均应当根据本国法律的基本原则采取必要的立法和其他措施，将下列故意实施的行为规定为犯罪：（一）1.明知财产为犯罪所得，为隐瞒或者掩饰该财产的非法来源，或者为协助任何参与实施上游犯罪者逃避其行为的法律后果而转换或者转移该财产；2.明知财产为犯罪所得而隐瞒或者掩饰该财产的真实性质、来源、所在地、处分、转移、所有权或者有关的权利；（二）在符合本国法律制度基本概念的情况下：1.在得到财产时，明知其为犯罪所得而仍获取、占有或者使用；2.对本条所确立的任何犯罪的参与、协同或者共谋实施、实施未遂以及协助、教唆、便利和参谋实施；二、为实施或者适用本条第一款：（一）各缔约国均应当寻求将本条第一款适用于范围最为广泛的上游犯罪；（二）各缔约国均应当至少将其根据本公约确立的各类犯罪列为上游犯罪；（三）就上文第（二）项而言，上游犯罪应当包括在有关缔约国管辖范围之内和之外实施的犯罪。但是，如果犯罪发生在一缔约国管辖权范围之外，则只有当该行为根据其发生地所在国法律为犯罪，而且根据实施或者适用本条的缔约国的法律该行为若发生在该国也为犯罪时，才构成上游犯罪；（四）各缔约国均应当向联合国秘书长提供其实施本条的法律以及这类法律随后的任何修改的副本或说明；（五）在缔约国本国法律基本原则要求的情况下，可以规定本条第一款所列犯罪不适用于实施上游犯罪的人。"

根据上述规定，我们可以看出，《反腐败公约》规定的洗钱罪具有以下特征：

其一，就洗钱罪的主体而言，任何自然人、法人或其他实体都可以构成本罪的主体。《反腐败公约》第26条规定："各缔约国均应当采取符合其法律原则的必要措施，确定法人参与根据本公约确立的犯罪应当承担的责任。"由此表明公约采纳了"法人主体肯定说"的主张，明确法人可以构成洗钱罪的主体。这里，还涉及上游犯罪的主体与洗钱罪主体的关系问题，即上游犯罪的主体能否成为洗钱罪的主体。对此，《反腐败公约》第23条第2款第5项和《联合国打击跨国有组织犯罪公约》第6条第2款第5项均规定："在缔约国本国法律基本原则要求的情况下，可以规定本条第1款所列犯罪不适用于实施上游犯罪的人。"这一方面意味着就公约本身的含义来讲，其犯罪主体包括了上游犯罪的主体，另一方面又意味着各国对于上游犯罪的主体能否构成洗钱罪的主体，在立法上享有选择权，即根据本国法律原则的要求，既可以规定上游犯罪的主体构成洗钱罪，也可以规定洗钱罪主体不包括上游犯罪的主体，从而表现出对各缔约国国内法立法权的充分尊重。

其二，就洗钱罪的主观罪过而言，公约要求必须表现为故意，并且以"明知"作为构成犯罪的基本要件。根据《反腐败公约》第 23 条第 1 款和《联合国打击跨国有组织犯罪公约》第 6 条第 1 款的规定，只有同时具备"故意实施"并且"明知为犯罪所得"两个条件时，才能构成本罪。所以，过失不能构成本罪。同时，《反腐败公约》第 28 条明确规定："根据本公约确立的犯罪所需具备的明知、故意或者目的等要素，可以根据客观实际情况予以推定。"可见，《反腐败公约》确立了主观要件推定制度，降低了证明标准，减轻了控方的证明责任，体现了严厉打击洗钱犯罪的价值取向。

其三，就洗钱罪的行为方式而言，《反腐败公约》规定了三类行为方式。第一类是直接针对犯罪所得的财产进行转换或转移的行为，即为隐瞒或者掩饰该财产的非法来源，或者为协助任何参与实施上游犯罪者逃避其行为的法律后果而转换或者转移该财产的行为；第二类是处置犯罪所得的财产的相关权利行为，即除了转换、转移行为以外的其他隐瞒或者掩饰该财产的真实性质、来源、所在地、处分、转移、所有权或者有关的权利的行为；第三类是在得到犯罪所得后，对财产行使民法上的部分权能之行为，即在得到财产时，明知其为犯罪所得而仍获取、占有或者使用的行为。[②]

这里涉及 7 种具体的行为，即转换、转移、隐瞒、掩饰（财产的真实性质、来源、所在地、处分、转移、所有权或者有关的权利）、获取、占有和使用。"转换"，是指将财产从一种形式转化为另一种形式。这种改变是对财产外在表现形式的改变，如将财产从现金转换为有价证券、外币或消费品等。"转移"的含义既包括在不改变财产外在表现形式与内在所有权性质的前提下对其处所的改变，也包括对财产所有权的改变。"隐瞒或掩饰财产的真实性质"，是指以各种手段给财产披上合法的外衣，或虚假说明或显示财产的非法性质；"隐瞒或掩饰财产的来源"，是指以各种手段掩盖财产的真正来源，或对其真正来源予以虚假说明或显示；"隐瞒或掩饰财产的所在地"，是指以各种手段掩盖财产的真实所在地，或对真实所在地予以虚假说明或显示；"隐瞒或掩饰财产的处分"，是指以各种手段掩盖财产的处分过程或痕迹，或对该过程或痕迹予以虚假说明或显示；"隐瞒或掩饰财产的转移"，是指以各种手段掩盖财产的转移过程或痕迹，或对该转移过程或痕迹作虚假说明或显示；"隐瞒或掩饰财产的所有权或者有关的权利"，是指以各种手段掩盖财产的所有权或持有权、使用权、收益权、抵押权等相关的民事权利，或对上述各项权利作虚假说明或显示。"获取"，是指行为人通过购买、交换、受赠等形式，取得了对财产的事实上的所有。"占有"，是指行为人以各种方

---

②　参见彭凤莲：《从〈联合国反腐败公约〉看我国洗钱罪的立法趋势》，载《法学评论》，2006（1），105 页。

式，实际取得对财产的支配控制。"使用"，是指行为人通过经营、居住、利用等方式，实际取得对财产的事实上的使用。③ 可见，《反腐败公约》对洗钱行为的规定具体、详尽，而且此类行为都是以积极的作为形式实施的，不能以消极的不作为形式实施。

对于这三类行为方式，公约对缔约国提出了明确要求，即"各缔约国均应当根据本国法律的基本原则采取必要的立法和其他措施，将下列故意实施的行为规定为犯罪"，可见，公约对于洗钱罪的规定必须在各缔约国的国内法中有所体现，这是每个缔约国都必须履行的强制性义务。其中，对于第三种行为方式，考虑到它属于非典型的洗钱行为方式，公约对此特别强调"在符合本国法律制度基本概念的情况下"，由此表明对这种行为方式而言，是否在国内法中规定为犯罪，属于选择性规定，应主要依照各国的刑法制度来加以确定。④

此外，公约还对洗钱罪的修正的犯罪构成作出了规定，列举了 8 种行为方式，即"参与、协同、共谋、实施未遂、协助、教唆、便利和参谋"。可见，这一规定既包括洗钱罪的共犯形态，又包括洗钱罪的未完成形态。

其四，就洗钱罪的行为对象而言，指的是犯罪所得的财产。根据《反腐败公约》第 2 条第 4 款和第 5 款的规定，"犯罪所得"系指通过实施犯罪而直接或间接产生或者获得的任何财产；"财产"系指各种资产，不论是物质的还是非物质的，动产还是不动产，有形的还是无形的，以及证明对这种资产的产权或者权益的法律文件或者文书。就洗钱罪行为对象的范围而言，《联合国禁毒公约》只限于毒品犯罪所得的财产；《欧洲反洗钱公约》中包括一切刑事犯罪所得财产；《欧盟反洗钱指令》中包括毒品犯罪以及由各成员国确定的犯罪所得的财产；《美洲反洗钱示范法》中包括毒品犯罪及由各成员国确定的严重犯罪所得的财产；《联合国打击跨国有组织犯罪公约》中包括该公约所规定的严重犯罪、有组织犯罪、腐败犯罪及妨害司法的犯罪所得的财产。⑤ 而《反腐败公约》则在这一点上与《欧洲反洗钱公约》相似，原则上包括了所有犯罪所得的财产。

其五，就洗钱罪的上游犯罪而言，《反腐败公约》首先在第 2 条第 8 项中对"上游犯罪"作出了明确界定，即指由其产生的所得可能成为本公约第 23 条所定义的犯罪对象的任何犯罪。而公约第 23 条第 2 款第 1 项和第 2 项又对上游犯罪的范围作了明确规定。其中，第 1 项规定，"各缔约国均应当寻求将本条第 1 款适用于范围最为广泛的上游犯罪"；第 2 项规定，"各缔约国均应当至少将其根据

---

③ 参见阮方民：《洗钱罪比较研究》，218～220 页，北京，中国人民公安大学出版社，2002。

④ 参见赵秉志、陈弘毅主编：《国际刑法与国际犯罪专题探索》，261 页，北京，中国人民公安大学出版社，2003。

⑤ 参见杨宇冠、吴高庆主编：《〈联合国反腐败公约〉解读》，181 页，北京，中国人民公安大学出版社，2004。

本公约确立的各类犯罪列为上游犯罪"。由此可见，洗钱罪上游犯罪的最大范围，可以是"范围最为广泛的任何犯罪"。由于公约只指出了"明知财产为犯罪所得"，但并没有限定所清洗的钱为何种犯罪所得，所以囊括了国内刑法中规定的所有能够产生犯罪收益的犯罪。而其最小范围则是《反腐败公约》所规定的贿赂本国公职人员、贿赂外国公职人员或者国际公共组织官员、影响力交易等 10 种犯罪行为。这是公约要求各缔约国必须履行的强制性义务，是最低要求。同时，《反腐败公约》第 23 条第 2 款第 3 项规定，就最小范围内的上游犯罪而言，不论其发生于缔约国管辖范围之内还是之外，都属于洗钱罪的上游犯罪。不过，对于上游犯罪发生在缔约国行使管辖权以外的情形要适用"双重犯罪原则"，即只有当该行为根据其发生地所在国法律为犯罪，而且根据实施或者适用第 23 条的缔约国的法律该行为若发生在该国也为犯罪时，才构成上游犯罪。而根据《反腐败公约》第 43 条第 2 款的规定，犯罪行为发生地所在国与缔约国的法律是否将这种犯罪列入相同的犯罪类别或者是否使用相同的术语规定这种犯罪的名称，则在所不问。

二、我国刑法与《联合国反腐败公约》对洗钱罪规定之比较

我国 1979 年刑法典中没有规定洗钱罪。但在 1989 年 9 月 4 日我国批准加入《联合国禁毒公约》后，为了履行公约义务，打击毒品犯罪，1990 年 12 月 28 日全国人大常委会通过了《关于禁毒的决定》，明确规定了针对毒品犯罪的"掩饰、隐瞒毒赃性质、来源罪"，首开我国关于洗钱行为犯罪化规定之先河。随着国际社会对洗钱犯罪惩处力度的加大，我国 1997 年刑法典第 191 条正式对洗钱罪作出了明文规定。此后，面对国际恐怖主义的严重威胁，加之，我国已经参与制定并签署涉及洗钱犯罪的《制止向恐怖主义提供资助的国际公约》、《联合国打击跨国有组织犯罪公约》，2001 年 12 月 29 日在《中华人民共和国刑法修正案（三）》第 7 条中对刑法第 191 条进行了修改，将恐怖活动犯罪增列为洗钱罪的上游犯罪，对单位犯洗钱罪增加规定了情节严重的罪状，适当提高了法定刑。2006 年 6 月 29 日，十届全国人大常委会第二十二次会议通过的《中华人民共和国刑法修正案（六）》第 16 条又对洗钱罪的罪状作了修改，即把贪污贿赂犯罪、破坏金融管理秩序犯罪和金融诈骗犯罪增加为洗钱罪的上游犯罪，加大了对洗钱罪的打击范围，从而使我国反洗钱刑事立法日趋完备、成熟。

修改后的刑法第 191 条明确规定："明知是毒品犯罪、黑社会性质的组织犯罪、恐怖活动犯罪、走私犯罪、贪污贿赂犯罪、破坏金融管理秩序犯罪、金融诈骗犯罪的所得及其产生的收益，为掩饰、隐瞒其来源和性质，有下列行为之一的，没收实施以上犯罪的所得及其产生的收益，处五年以下有期徒刑或者拘役，

并处或者单处洗钱数额百分之五以上百分之二十以下罚金；情节严重的，处五年以上十年以下有期徒刑，并处洗钱数额百分之五以上百分之二十以下罚金：（一）提供资金账户的；（二）协助将财产转换为现金、金融票据、有价证券的；（三）通过转账或者其他结算方式协助资金转移的；（四）协助将资金汇往境外的；（五）以其他方法掩饰、隐瞒犯罪所得及其收益的来源和性质的。单位犯前款罪的，对单位判处罚金，并对其直接负责的主管人员和其他直接责任人员，处五年以下有期徒刑或者拘役；情节严重的，处五年以上十年以下有期徒刑。”通过比较我国刑法与《反腐败公约》关于洗钱罪的规定，不难发现，两者之间存在较大差异，主要表现在以下几个方面：

（一）行为方式不同

根据我国刑法第191条的规定，洗钱罪的行为方式包括五种：（1）提供资金账户的；（2）协助将财产转换为现金、金融票据、有价证券的；（3）通过转账或者其他结算方式协助资金转移的；（4）协助将资金汇往境外的；（5）以其他方法掩饰、隐瞒犯罪所得及其收益的来源和性质的。而如前所述，《反腐败公约》规定的行为方式有三种，即直接针对犯罪所得的财产进行转换或转移的行为、处置犯罪所得的财产的相关权利的行为、对财产行使民法上的所有权部分权能的行为。由此可见，尽管我国刑法采取列举与概括相结合的方法，对洗钱罪的行为方式作出了明确规定，但是，这五种行为方式实质上仅仅相当于《反腐败公约》规定的第一种行为方式，即为了隐瞒或掩饰财产的非法来源和性质而直接针对犯罪所得的财产进行转换或转移的行为，从而将处置犯罪所得的财产的相关权利行为、对财产行使民法上的所有权部分权能的行为排除在外，从而，除转换或转移行为以外的隐瞒或者掩饰犯罪所得的真实性质、来源、所在地、处分、转移、所有权或者有关的权利的行为都不能构成洗钱罪。因此，我国刑法对洗钱罪行为方式的立法规定过于狭窄。

（二）上游犯罪的范围不同

我国刑法规定的洗钱罪的上游犯罪仅限于毒品犯罪、黑社会性质的组织犯罪、恐怖活动犯罪、走私犯罪、贪污贿赂犯罪、破坏金融管理秩序犯罪、金融诈骗犯罪。而如前所述，《反腐败公约》将洗钱罪的上游犯罪范围作了最大范围与最小范围的界定。其最大范围是公约给各缔约国提供的一种立法导向，不具有强制力，各缔约国可以根据本国的实际情况来选择实施。但是，公约界定的最小范围是各缔约国必须执行的最低标准，因而，各缔约国必须无条件地在其国内法中加以规定，没有选择的余地。尽管《刑法修正案（六）》扩大了洗钱罪上游犯罪的范围，但是，对比我国刑法规定与《反腐败公约》的最低标准，可以发现，两者之间仍然存在一定差异。也就是说，我国刑法第 191 条规定的上游犯罪的范围不属于公约界定的"最小范围"，而公约界定的"最小范围"中的犯罪行为并没有完全列入我国刑法规定的上游犯罪之中。例如，我国刑法规定的贪污贿赂犯罪并不能囊括公约规定的贿赂外国公职人员或者国际公共组织官员罪、影响力交易罪、滥用职权罪等腐败犯罪。因此，我国刑法对洗钱罪上游犯罪范围的界定仍显得较为狭窄。

（三）主体范围不同

对于洗钱罪的主体既可以由自然人构成，又可以由单位构成，我国刑法与《反腐败公约》的规定并无二致，但是对于上游犯罪的主体能否成为洗钱罪的主体，两者的规定仍然存在差距。我国多数学者主张，上游犯罪主体对洗钱犯罪而言具有消极的身份，上游犯罪的行为人不能成为洗钱罪的主体，而只有上游犯罪的正犯与共犯以外的人才可成为洗钱罪的主体。⑥ 然而，《反腐败公约》虽然没有明确规定上游犯罪的主体可以成为洗钱罪的主体，但是，从公约第 23 条第 2 款第 5 项"缔约国……可以规定本条第 1 款所列犯罪不适用于实施上游犯罪的人"之规定可以判断出，就公约的立法本意而言，洗钱罪的主体中包含了上游犯罪的主体。

（四）主观要件不同

我国刑法规定洗钱罪的行为人必须出于"为掩饰、隐瞒其来源和性质"这一特定目的，即本罪属于目的犯。对于目的犯，是不存在间接故意的，因此，洗钱罪只能由直接故意构成，间接故意不能构成洗钱罪的主观方面。⑦ 然而，《反腐败公约》根据洗钱行为方式的不同，对其主观方面的要求也不尽相同。对于第一、二种行为方式，公约要求行为人必须出于"隐瞒或者掩饰非法所得"之目的，因为洗钱行为的本质就是要通过一定的方式改变非法所得的面目，使之貌似合法财产，因而属于目的犯，只能由直接故意构成；而对于第三种行为方式，公约只要求行为人"明知财产为犯罪所得"，不要求具备特定的目的，因而既可以由直接故意构成，也可以由间接故意构成。同时，《反腐败公约》第 28 条确立了主观要件推定制度，降低了证明标准，减轻了控方的证明责任，体现了严厉打击洗钱犯罪的价值取向。据此，洗钱罪中的"明知"既包括确实知道，也包括应当知道。这里的"应当知道"，就是司法人员根据案件事实和证据材料推定出行为人对于财产的性质所持有的主观态度。

---

⑥ 参见罗欣：《〈联合国反腐败公约〉与我国洗钱罪的构成》，载《中国刑法学年会文集（2004 年度）》，第 2 卷，北京，338 页，中国人民公安大学出版社，2004。

⑦ 参见王作富主编：《刑法分则实务研究》（上），2 版，626 页，北京，中国方正出版社，2003。

三、我国洗钱罪规定之立法完善

(一) 扩展洗钱罪行为方式的类型

如前所述，尽管我国刑法采取列举与概括相结合的方法对洗钱罪的行为方式作出了明确规定，但是，这五种行为方式实质上仅仅相当于《反腐败公约》规定的第一种行为方式，即为了隐瞒或掩饰财产的非法来源和性质而直接针对犯罪所得的财产进行转换或转移的行为，从而将处置犯罪所得的财产的相关权利的行为、对财产行使民法上的所有权部分权能的行为排除在外。

实质上，一个完整的洗钱行为一般包括放置（处置）、培植（离析）和融合（归并）三个阶段。第一，放置阶段（placement stage）。在这一阶段，洗钱者将黑钱放入清洗系统，主要是将来自犯罪活动所得的现金改变成便于携带或者控制的形式，例如大批现金的处理，走私大批现金，将非法收益与合法存款混在一起，将大批存款分化成小面额形式存储和细分银行或商业交易等。第二，培植阶段（layering stage）。在这一阶段，犯罪人通过复杂、多层次的错综的交易，给犯罪收益创造一幅虚假的画面，模糊犯罪收益的真实来源、性质以及犯罪收益与犯罪者的联系，从而使得貌似合法的资金与非法收益真假难辨。在该阶段中，行为人主要通过多种多样的转移和交易来隐藏非法存款的来源和性质等。第三，融合阶段（integration stage）。在该阶段，犯罪收益经过充分的培植后，已经和合法资金混同融入合法的金融和经济的运行中，犯罪收益已经披上了合法的外衣。由于犯罪收益已经具备了合法形式，犯罪人就可以自由地使用该犯罪收益，购买"干净、合法"的资产、股权、知识产权、期货、债券、不动产和商业资产等。[8]

由此对照我国刑法关于洗钱罪的规定，一方面，《反腐败公约》规定的非典型的洗钱行为，即"明知其为犯罪所得而仍获取、占有或者使用"，在我国立法上应当予以犯罪化。因为这种行为实际上就是洗钱第三阶段的将犯罪所得"再利用"的行为。这种行为在我国以往的立法中没有给予足够的关注，但这种"明知其为犯罪所得而仍获取、占有或者使用"的再利用行为，必然会影响到这些犯罪所得及其收益的来源、性质，使其难以查明，从实质上看，这也是一种洗钱行为。[9] 将再利用行为予以犯罪化，不仅有利于顺藤摸瓜，发现并切断洗钱行为的非法资金来源，而且有利于加大对洗钱犯罪的打击力度，严惩腐败洗钱犯罪。另一方面，对于两种典型的洗钱行为，我国应当将"转换或者转移"行为、"隐瞒

---

⑧　参见徐汉明、贾济东、赵慧：《中国反洗钱立法研究》，183 页，北京，法律出版社，2005。

⑨　参见赵秉志：《关于我国刑事法治与〈联合国反腐败公约〉协调的几点初步探讨》，载《法学杂志》，2005（1），19 页。

或者掩饰"行为，按照《反腐败公约》的表述方式纳入我国刑法典之中，从而将洗钱行为第一、二阶段的所有行为均予以犯罪化。特别是我国刑法对于"转换或者转移"行为、"隐瞒或者掩饰"行为的规定，局限于通过金融机构进行，难以适应形势发展的需要。当前，随着经济的迅猛发展及金融制度的改革和管理措施的完善，利用金融机构为中介进行洗钱犯罪越来越困难，而通过直接投资等领域洗钱可以规避银行的监督，受到洗钱犯罪分子的青睐，由此洗钱犯罪分子的手法不断翻新，涉及领域由传统的银行业发展到空壳公司、离岸公司、博彩业、保险业、证券业、地下钱庄和网络行业等诸多新兴行业。因此，扩展这两种典型的洗钱行为的外延，而不再局限于我国刑法规定的五种行为方式，是我国的必然选择。

（二）扩大洗钱罪上游犯罪的范围

从世界反洗钱立法的发展趋势来看，洗钱罪上游犯罪的范围经历了一个不断扩张的过程，由《联合国禁毒公约》中的毒品犯罪发展到《反腐败公约》中的"范围最为广泛的上游犯罪"，并且，诸如《欧洲反洗钱公约》、《美洲反洗钱示范法》等区域性国际公约也都规定了较为广泛的上游犯罪范围。此外，随着经济的发展和我国对外开放水平的提高，我国境内的洗钱犯罪形势日益严峻，一些国际犯罪集团利用我国法律体系不健全、金融监管不得力的缺陷，大肆进行洗钱犯罪活动。这里，仅以每年在国内通过地下钱庄洗出境外的 2 000 亿元人民币为例，其中的走私收入约为 700 亿元，官员腐败收入为 300 亿元以上，剩下的"大头"竟然是外资企业的偷税行为形成的。[10] 可见，扩大洗钱罪上游犯罪的范围，既是适应我国反洗钱形势发展的需要，又是顺应国际反洗钱立法趋势的必然，而《刑法修正案（六）》对洗钱罪上游犯罪范围的扩大，让我们看到了希望的曙光。

那么，我国刑法应当将洗钱罪上游犯罪的范围扩大到何种程度为宜呢？对此，学术界存在争论。第一种观点认为，我国的洗钱罪上游犯罪应扩大为严重犯罪，这样既包括了现有刑法中的七类犯罪，也可以将盗窃、诈骗、抢劫等侵犯财产犯罪和其他严重犯罪所得纳入洗钱罪对象范围，既符合国际上多数国家的立法规定，也符合我国参加的国际条约之标准。[11] 第二种观点认为，不能因为各国都存在将洗钱犯罪上游犯罪扩大化的趋势就得出将洗钱罪上游犯罪扩大到一切犯罪的结论，而应采取"特定犯罪＋其他严重犯罪"的表述方式适当扩大我国的洗钱罪上游犯罪的范围，具体包括：危害国家安全犯罪、危害公共安全犯罪、破坏社会主义市场经济秩序犯罪、妨害社会管理秩序犯罪、危害国防利益犯罪、贪污贿赂犯罪、渎职罪以及其他严重犯罪。[12] 第三种观点认为，为兼顾立法的前瞻

⑩　参见《南方周末》，2003－01－29，B14 版。

⑪　参见卢勤忠：《我国洗钱罪立法完善之思考》，载《华东政法学院学报》，2004（2），65 页。

⑫　参见徐汉明、贾济东、赵慧：《中国反洗钱立法研究》，199 页，北京，法律出版社，2005。

性，并从更为实质的意义上贯彻国际公约鼓励扩大洗钱罪上游犯罪范围的立法精神，应当将我国洗钱罪上游犯罪的范围扩展到所有可能产生犯罪收益的犯罪。[13]

对此，笔者认为上述第一、二种观点均存在一些可商榷之处。第一种观点将上游犯罪界定为"严重犯罪"，固然具有很强的可包容性，但是对于何谓"严重"，缺乏明确的可操作的标准，不利于司法实践对于洗钱犯罪的具体认定。第二种观点采取原则性和灵活性相结合的方式，在列举洗钱罪上游犯罪的特定来源后，通过兜底条款的方式对洗钱罪上游犯罪的范围进行规定，有利于针对反洗钱工作中出现的新情况合理地运用反洗钱法律规范来打击洗钱行为。但是，这一观点对于洗钱罪上游犯罪的列举似乎仍有商讨的余地。因为这一观点实际上是将我国刑法分则中的侵犯公民人身权利、民主权利罪与侵犯财产罪和军人违反职责罪这三类犯罪排除在洗钱罪上游犯罪之外，而认为其他七类犯罪均有可能成为洗钱罪上游犯罪。然而，实质上，并不是所列举的七类犯罪都有可能涉及洗钱，如危害国家安全、危害公共安全犯罪中的许多罪并不产生犯罪收益，因而也不存在将"黑"钱洗"白"的可能，反过来看，没有列举的三类犯罪并不是不可能涉及洗钱，如绑架罪与拐卖妇女、儿童罪等。因此，笔者认为，这种"特定犯罪＋其他严重犯罪"的表述方式，过于烦琐，不符合立法的简明性要求，而且"其他严重犯罪"的兜底性表述，同样过于笼统，缺乏明确的界定标准。

笔者赞同第三种观点，认为应当将洗钱罪上游犯罪的范围扩展到"一切可能产生犯罪收益的犯罪"，这是由洗钱罪的本质特征以及现实的犯罪状况所决定的。从本质上讲，洗钱就是"改变钞票面目的活动"，它是一个过程，凭此过程，财产被操作，从而使其来源变得貌似合法。[14] 对于这种将犯罪收益"合法化"的行为，无论行为人清洗的是何种犯罪所得的收益，其本质并没有区别，都会对金融安全和司法机关的正常活动造成侵害。如果仅仅因为上游犯罪种类的不同，就对使用同样方法同样程度地侵害同一客体的两种洗钱行为，在刑法上作出罪与非罪的不同评价，必然有损罪责刑之间的均衡。就现实状况而言，在洗钱活动越来越"专业化"的今天，"职业"的洗钱者大多并不知道，也不需和不想知道其"上游犯罪"的种类，而他们却正是反洗钱斗争的重点所在。[15] 同时，将上游犯罪范围扩大到"一切可能产生犯罪收益的犯罪"，符合《反腐败公约》的立法旨趣，因为只有财产为"犯罪所得"，才能成为洗钱的对象，由此表明，上游犯罪应当是能够获取非法收益的犯罪。

---

⑬　参见赵军：《论洗钱罪上游犯罪的相关问题——与〈联合国打击跨国有组织犯罪公约〉相协调》，载《法学评论》，2004（4），60页。

⑭　参见［法］安德鲁·博萨著，陈正云等译：《跨国犯罪与刑法》，63页，北京，中国检察出版社，1997。

⑮　参见赵军：《论洗钱罪上游犯罪的相关问题——与〈联合国打击跨国有组织犯罪公约〉相协调》，载《法学评论》，2004（4），59页。

（三）扩大洗钱罪的主体范围

根据我国刑法第 191 条的规定，单位可以构成洗钱罪主体，表明我国刑法的规定与《反腐败公约》相一致。但对于上游犯罪者能否成为洗钱罪主体这一问题，仍然存在较大争议，我国刑法理论通说认为上游犯罪者不能构成洗钱罪的主体。否定说认为，刑法第 191 条在列举洗钱行为方式时，分别使用了"提供"、"协助"等用语，这些用语只能针对第三者而言，而不可能是针对上游犯罪者自身。至于毒品犯罪、黑社会性质的组织犯罪、恐怖活动犯罪、走私犯罪、贪污贿赂犯罪、破坏金融管理秩序犯罪、金融诈骗犯罪本人，通过一定的方法掩饰、隐瞒自己的犯罪所得及其产生的收益的性质和来源，则属于实施上述犯罪的后果的逻辑必然延伸，属于"不可罚的事后行为"，不能独立成罪。[16] 而肯定说则认为，洗钱罪的主体可以是从事毒品犯罪、黑社会性质的组织犯罪、走私犯罪等的行为人。[17]

对此，笔者赞同肯定说的主张，认为我国应当扩大洗钱罪的主体范围，将上游犯罪的主体纳入洗钱犯罪主体之列。其理由如下：

1. 将上游犯罪的主体纳入洗钱犯罪主体之列，并不必然违反"不可罚的事后行为"理论。所谓不可罚的事后行为（共罚的事后行为），指犯罪完成后伴随该犯罪的违法状态继续的状态中所实施的行为，只要根据该犯罪构成要件已完全评价，不构成其他犯罪的情况。[18] 可见，这种行为并不是"不可罚"，而只是因其可以被评价于事前的状态犯的构成要件之中，而成为"共罚的事后行为"。因此，"不可罚的事后行为（共罚的事后行为）"成立的要件是：（1）是在事前的状态犯中通常被包含的行为；（2）不存在新的法益侵害的情况。[19] 按照这一评价标准，对照洗钱罪的上游犯罪，一方面，从是否被包含在事前的状态犯中来看，上游犯罪构成要件所预想的违法状态中并不必然包括后续的洗钱行为，也就是说，洗钱行为是脱离上游犯罪行为而独立存在的，是可为或可不为的，并不是上游犯罪构成要件所预想的违法状态中的行为。从这个意义上说，上游犯罪的犯罪人所实施的洗钱行为，并不能为上游犯罪本身所包含。[20] 另一方面，从是否存在新的法益侵害来看，洗钱罪是独立于上游犯罪的一个新的犯罪行为，因而必然存在新的法益侵害。在"《反腐败公约》谈判工作的正式记录（准备工作文件）注释"中对公约第 23 条的注释是："准备工作文件将表明，依照本条确立的洗钱罪，应理

---

[16] 参见王作富主编：《刑法分则实务研究》（上），2 版，626 页，北京，中国方正出版社，2003。

[17] 参见邵沙平：《新刑法与我国对洗钱的法律控制》，载《法学前沿》，第 1 辑，23 页。

[18] 参见［日］川端博：《刑法总论讲义》，613 页，东京，成文堂，1997。转引自马克昌：《比较刑法原理》，783 页，武汉，武汉大学出版社，2002。

[19] 参见马克昌：《比较刑法原理》，784 页，武汉，武汉大学出版社，2002。

[20] 参见罗欣：《〈联合国反腐败公约〉与我国洗钱罪的构成》，载《中国刑法学年会文集（2004 年度）》，第 2 卷，339 页，北京，中国人民公安大学出版社，2004。

解为独立和自主犯罪，先前因上游罪曾被定罪并非确定洗钱所涉资产的非法性质或者来源的必要条件。"[21] 可见，公约本身也是将洗钱罪作为独立于腐败犯罪的一个新罪名。可见，上游犯罪者的洗钱行为侵犯了不同于上游犯罪的新的法益——国家的正常金融管理秩序和司法机关的正常活动，因此，洗钱罪所具有的独立客体与独特罪质，决定了对洗钱罪应当独立评价，而无法包含在上游犯罪之中。正是基于以上两点理由，笔者认为，上游犯罪者的洗钱行为，不构成不可罚的事后行为，因而，将上游犯罪的主体纳入洗钱犯罪主体之列，并不会违反"不可罚的事后行为"理论。

2. 将上游犯罪的主体纳入洗钱犯罪主体之列，符合司法经济原则。如果在立法上不将上游犯罪的主体纳入洗钱犯罪主体之列，则势必要在排除洗钱行为的主体是上游犯罪主体之后，才能将其认定为洗钱罪主体，这就给司法认定带来某种不便。尤其是当洗钱的上游犯罪发生在境外的情况下，如何查明该洗钱行为的主体究竟是不是上游犯罪的主体，往往非常困难。因此，规定洗钱罪主体可以包括上游犯罪主体，符合司法经济原则，也更为可行。[22]

3. 将上游犯罪的主体纳入洗钱犯罪主体之列，符合国际立法潮流。当前，美国、英国、加拿大、日本、澳大利亚等国家和我国香港、台湾、澳门地区的立法均认为，上游犯罪者可以成为洗钱罪的主体。同时，由于洗钱行为是一种严重的跨国性犯罪行为，各缔约国可以根据国际公约对其行使普遍管辖权，那么，如果上游犯罪不属于普遍管辖的犯罪，当上游犯罪人实施洗钱行为时，国际社会就无法依据公约对犯罪分子进行处理，从而使犯罪分子可能逃避法律的制裁，放纵一些本该受到严厉处罚的犯罪分子。因此，对于上游犯罪发生在外国，而洗钱行为发生在我国的洗钱犯罪案件，如果我国刑法不将上游犯罪主体纳入洗钱罪的主体之列，一旦查明犯罪嫌疑人确属于上游犯罪的主体，那么，对于这种洗钱行为发生在我国，并且给我国造成实际危害的行为却不能依照我国刑法加以处理，只能将其引渡或移交犯罪地司法当局予以处罚，同时我国也就没有资格参与该犯罪资产的分割，显然不利于维护我国的国家利益。[23]

(四) 修改洗钱罪的主观要件

根据我国刑法的规定，洗钱犯罪构成要求行为人主观上必须明知是毒品犯罪、黑社会性质的组织犯罪、恐怖活动犯罪和走私犯罪的违法所得及其产生的收

---

[21]　赵秉志、王志祥、郭理蓉编：《〈联合国反腐败公约〉暨相关重要文献资料》，94 页，北京，中国人民公安大学出版社，2004。

[22]　参见阮方民：《论中国刑法中洗钱罪定义的完善》，载 2005 年桂林《反洗钱法国际研讨会文集》，43 页。

[23]　参见徐汉明、贾济东、赵慧：《中国反洗钱立法研究》，195 页，法律出版社，2005。

益，并出于掩饰、隐瞒其来源和性质的目的才可以构成洗钱犯罪，从而排除了间接故意和过失构成本罪的可能。然而，根据《反腐败公约》的规定，由于洗钱行为方式的不同，行为人的主观方面的要求也不尽相同，仍然存在间接故意存在的余地，但是同样排除了过失构成本罪的可能。

对此，笔者认为，不应当将过失洗钱的行为予以犯罪化。尽管国际上有将因过失不知是他人来源于上游犯罪之所得而予以清洗者，予以刑罚处罚的情形，如德国刑法典第 261 条第 5 款的规定，但是，如果将过失洗钱行为也予以犯罪化，很可能造成因打击面过大而出现分散反洗钱工作重点、削弱反洗钱力度这种事与愿违的结果。因此，从节约法律资源、提高反洗钱工作的效率与效果的角度来看，不应当将过失洗钱的行为予以犯罪化。

那么，洗钱犯罪能否由间接故意构成呢？笔者以为，我国应当以《反腐败公约》的规定为参照，在适当范围内承认间接故意存在的可能。如前所述，一个完整的洗钱行为一般包括放置、培植和融合三个阶段，根据这三个阶段的不同特点，《反腐败公约》对洗钱犯罪的构成要求也不尽相同。对于第一、二阶段的典型的洗钱行为，包括为了隐瞒或掩饰财产的非法来源和性质而直接针对犯罪所得的财产进行转换或转移的行为、处置犯罪所得的财产的相关权利行为，应当要求行为人不仅"明知财产为犯罪所得"，而且具有"隐瞒或掩饰犯罪所得"之目的，因为洗钱行为的本质就是要通过一定的方式改变非法所得的面目，使之貌似合法财产，因而属于目的犯的犯罪构成，只能由直接故意构成。但是，对于第三阶段的非典型的洗钱行为，即对财产行使民法上的所有权部分权能的"获取、占有或者使用"行为，只要行为人明知自身获取、占有、使用的财产来源于法律规定的特定犯罪所得，就可以构成犯罪，并不要求行为人具有掩饰或隐瞒非法所得来源、性质等目的，即知情犯的犯罪构成，既可以由直接故意构成，也可以由间接故意构成。[24] 可见，公约在洗钱行为中设置了两种不同的犯罪构成，即目的犯的犯罪构成和知情犯的犯罪构成，因而其主观要件也不相同。因此，我国在修改洗钱罪立法时，可以借鉴公约的这种立法思路，将洗钱行为的第一、二阶段与第三阶段加以区别，设置不同的犯罪构成，既坚持"明知财产为犯罪所得"的要求，又将特定目的作为选择性要件，从而在适当范围内承认间接故意存在的可能。

同时，《反腐败公约》第 28 条确立了主观要件推定制度，洗钱罪成立要素中的明知、故意或者目的，可以根据客观实际情况予以推定。但是，我国刑法中缺乏类似的规定，因而关于洗钱罪的证明责任与证明标准同其他绝大多数故意犯罪一样，证明责任由控方承担，证明标准是"犯罪事实清楚，证据确实充分"。但

---

[24]　参见徐汉明、贾济东、赵慧：《中国反洗钱立法研究》，197 页，北京，法律出版社，2005。

是，由于绝大多数洗钱行为都具有隐蔽性，加大了司法机关查处的难度，使得一些洗钱犯罪分子逍遥法外。因此，笔者建议，我国借鉴公约的规定，确立洗钱罪主观要素的推定制度，允许司法人员根据案件事实和证据材料推定行为人对于财产的性质所持有的主观态度，进而降低证明标准，减轻控方的证明责任，体现严厉打击洗钱犯罪的价值取向。

地下钱庄在资金非法跨境转移中的
作用及刑事法制的对策

时延安*

犯罪国际化的表现之一，就是犯罪资金及其收益的跨国、跨境转移，其转移过程既可能通过银行等合法的金融机构进行，也可能通过非法组织来实施。① 这种非法组织，俗称地下钱庄或地下银行，即非法成立的、事实上从事金融业务的组织。按照地下钱庄经营货币种类及业务类型分类，地下钱庄可分为本币型、外汇型和综合型三种表现形式：本币型地下钱庄，即通常所说的标会、抬会、互助会，以经营人民币业务为主，如存贷款、高利贷、典当及募集基金等，这种类型在全国大多数省份均有存在，尤以民营企业发展迅速的浙江、江苏等省表现突出；外汇型地下钱庄主要从事买卖外汇、跨境汇款非法金融活动及洗钱等违法犯罪活动，经营币种为外汇和人民币（用于换汇），主要分布在外向型经济发达、外资企业众多或者华侨比较集中的沿海地区及边境地区，如广东、福建、山东、黑龙江等地；综合型地下钱庄则兼营前两种钱庄的业务。② 财政部曾作过统计，每年通过地下钱庄洗出去的"黑钱"高达 2 000 亿人民币③，相当于我国国内生产总值的 2%，其中走私"黑钱"约为 700 亿，官员腐败"黑钱"超过 500 亿，其他的则是一些外资企业或私营企业为逃避国家税收和监管而进行的收入转移。④ 资金非法跨境转移，既破坏了金融秩序，更严重妨碍了对走私、毒品、腐

---

* 时延安，中国人民大学法学院副教授。

① 资本非法跨境转移的渠道与途径主要包括三种：一是通过经常项目实现；二是通过资本项目实现；三是通过现金转移或者地下钱庄系统实现。前两种途径的操作方式、运行机制和变化流程比较容易把握，而后一种则具有很强的隐蔽性。资本转移的构成包括需要洗干净的黑钱（如走私收入、贪污腐败收入、贩毒收入等）和一般性纯粹要外逃的资金（如由于产权制度不完善，私营企业主将资金转移至境外）。参见杨胜刚、吴立源：《资本外逃与地下钱庄关系初探》，载《河南金融管理干部学院学报》，2003 (4)。

② 参见王鑫：《地下钱庄的成因及防治对策》，载《湖南公安高等专科学校学报》，2005 (10)。

③ 参见李苏：《地下金融现状及对策》，载《科技与经济》，2006 (9)。

④ 参见杨胜刚、吴立源：《资本外逃与地下钱庄关系初探》，载《河南金融管理干部学院学报》，2003 (4)。

败等犯罪的惩治，对资金追缴等司法活动造成严重妨害，因而严厉打击地下钱庄，遏制资金的非法跨境转移是刑事法制必须认真面对和解决的重要课题之一。

一、地下钱庄在资金非法跨境转移中的作用

地下钱庄在资金非法跨境转移中的作用，简单地说，就是为走私、毒品、腐败等犯罪分子提供洗钱、非法汇兑和为一些企业主提供资金转移通道。例如，我国台湾地区与大陆的通汇管制，台商资金进出大陆，通过地下通道往往比正规途径要减少好几个百分点的汇兑费用，且汇兑速度快，比合法通道快 3、4 天；又如，一些外资企业为规避税收，企业账面不赢利，而将实际盈利部分通过地下钱庄汇回本国等。⑤ 这些地下钱庄在经营上具有三个特点：（1）从地下钱庄的组织模式看，有家族型、空壳公司型和网络型三种。家族型地下钱庄以个体户为多，经营点大都设在家中或商业区，以小商店为掩护，家庭成员全职或兼职从事非法汇兑活动。在境外的合作伙伴也多数是该家族的直系亲属。空壳公司型地下钱庄常以咨询公司、五金交电公司等名义为掩护，租房办公，靠一部电话、一部传真机从事交易。网络型地下钱庄往往以一、两个资金雄厚的地下钱庄为主体，拖带若干个小型的地下钱庄作为卫星钱庄，形成经营网络。⑥ 一些地下钱庄还与当地黑恶势力勾结。（2）从地下钱庄的运作方式看，大多数地下钱庄都利用了合法金融机构的结算网络进行非法交易。地下钱庄与"客户"交易时，"客户"只要按约定将人民币或外币汇款缴至地下钱庄银行账户即可办理，有的地下钱庄还为"客户"先垫款后收账。如境内款项划转主要通过银行办理，即需要人民币或外汇的"客方"只要经介绍人电话或传真与地下钱庄谈妥交易后，将外汇或人民币存入地下钱庄以他人名义开立的银行"本外币一本通"储蓄账户，地下钱庄核实收款后，便立即按照商定好的价格将人民币或外汇资金划转到"客方"银行"一本通"储蓄账户，迅速完成外汇非法交易活动。⑦（3）在清算方式上，地下钱庄在境外、境内各设银行账号，拥有相对独立的融资清算系统。一方面，为境外需要人民币资金的企业或个人在境内提供人民币，而在境外收取外币；另一方面，为境内需要外币的企业或个人在境外

---

⑤ 参见王自力：《地下钱庄合法化是个馊点子》，载《银行家》。

⑥ 在福建"8·25"专案中破获的福清郑亦细命地下钱庄案件中，郑亦细命每天上午 9 点左右会定时与国外的合作伙伴联系，商定当天的外汇汇率，接下来再由他与境内的卖汇客户、他的钱庄的下线、中小型地下钱庄商定汇率，郑亦细命不但决定着福清的外汇黑市价，同时能够直接调拨各中小型地下钱庄的资金，承接各中小钱庄消化不了的大单。中小钱庄像储蓄所一样，围绕郑亦细命的"央行"形成一个地下金融网络。参见霍耀刚：《地下钱庄的运营特点及侦查对策》，载《江西公安专科学校学报》，2005（1）。

⑦ 参见王鑫：《地下钱庄的成因及防治对策》，载《湖南公安高等专科学校学报》，2005（10）。

提供外币，同时在境内收取人民币。⑧ 从目前看，地下钱庄在资金非法跨境转移中作用巨大，具体表现为：（1）涉案资金规模大。例如，2002 年破获的山东威海"11·14"特大跨国非法买卖外汇案涉案金额高达 5 000 余万美元；广东许某地下钱庄在被取缔前曾为十几个"客户"非法买卖外汇 5 亿多元港币。（2）地域分布广泛。地下钱庄不仅集中在东南沿海地区，在边境贸易地区也存在；而且犯罪分子往往在不同的城市设有多个钱庄，呈现明显的点多面广之势。⑨

地下钱庄利用资金跨境转移进行洗钱主要有三种形式⑩：（1）利用地下机构的隐蔽性为外汇犯罪资金流通提供服务，吸纳资金并将无收入来源的资金通过一定的方式变得合理，将无正常手续的收入变成合法收益，即将"黑"钱变"白"的非法经营过程。（2）频繁更换账户来掩饰巨大的不明资金往来。（3）地下钱庄主要利用反复对敲业务进行外汇交易，获取人民币和外汇的汇价差。内地钱庄在国（境）内外成立两个以上公司，然后通过公司业务往来经营外汇差，这是地下钱庄洗钱的最主要方式。此外，当国家监管严格的时候，如国（境）内外两地以上成立的公司相互结算存在资金缺口，地下钱庄甚至冒着危险雇佣得力人员采用偷渡的形式偷运现金（根据实际需要双向转移）。地下钱庄经营的这项业务，为诸多犯罪活动进行资金交易，有的从事走私的不法分子为牟取暴利，通过地下钱庄将出售走私货物所得的人民币转成外币进行支付，例如，在"远华"特大走私案中，厦门某地下钱庄就成了远华走私集团获得外汇资金进行境外结算的主要"货源"渠道；有的通过地下钱庄将人民币兑换成外汇，并以出口货款名义汇回境内结汇，以骗取出口退税；一些境内人员为出境参与赌博活动，还通过地下钱庄来筹措外币赌资等。⑪ 澳大利亚的华人黑社会常找 18 岁～20 岁的"小"留学生正式或非正式加入其组织，并为其组织服务，即：令其以自身名义汇出黑钱到我国大陆或者香港特区，然后再通过地下钱庄等方式汇回澳大利亚。⑫

---

⑧ 其主要操作手法是：换汇人在境内将人民币交给地下钱庄或汇到地下钱庄指定的银行账号上，地下钱庄按当日外汇黑市价计算出应支付的外汇的数量并通知其在境外的合伙人将外汇打入换汇人所指定的境外账户，反之亦然。地下钱庄在境内外之间采取轧差清算，当外汇头寸不足时，地下钱庄再通过"换汇专业户"兑换后汇给境外合伙人。1998 年前，"换汇专业户"外汇来源主要是利用假进口合同、假报关单进行骗汇获取，1998 年以后由于实行了报关单联网核查，基本堵住了利用假报关单骗汇的漏洞。现在大的地下钱庄通常拥有自己的公司和客户关系网，他们往往通过与境外公司反复对敲业务来平衡收支，在地下钱庄经营圈中术语称为"打数"。通过地下钱庄进行非法外汇交易的大部分是从事非法经营的企业，它们通过办理外汇与人民币的划转汇把所得想方设法转移到国外，以达到转移资产逃避法律追究的目的。参见赵晓红、解春雷：《地下钱庄的现状考察及防范打击对策研究》，载《济南金融》，(1)。

⑨ 参见温源：《地下钱庄：阳光下无遁处》，载《光明日报》，2004－11－29。

⑩ 参见李友刚：《从地下钱庄与洗钱的关系探讨遏制洗钱工作的对策》，载《湖南财经高等专科学校学报》，2007－04。

⑪ 参见温源：《地下钱庄：阳光下无遁处》，载《光明日报》，2004－11－29。

⑫ 参见贾涛：《浅谈跨境地下钱庄》，载《我国金融家》，2005 (6)。

地下钱庄进行非法资金转移方面主要采取"明、暗线"的方式操作，即其人民币与外汇的兑换和汇付以间接的方式进行，而不以直接汇兑的运作手法完成，人民币不必流出境外，外汇也不必流入境内：暗线，即外汇资金运作由境内地下钱庄控制在境外循环，其外汇资金划转不经过境内而直接在境外完成操作；当境内"客户"需要外汇资金时，地下钱庄先在境内收取人民币，之后指使境外同伙将外汇资金划到该"客户"指定的境外银行账户上；同样，当境外"客户"需要人民币资金时，地下钱庄要求"客户"先将外汇划入其控制的境外银行账户，然后在境内支付人民币。明线，即境内人民币资金在境内企业和银行之间大循环，表现为其账户人民币资金进出异常活跃，快进快出，且账户只保留极少余额，与其资金的巨额、频繁转移形成强烈的反差。[13] 下面的表格可以比较清晰地展示这一流程[14]：

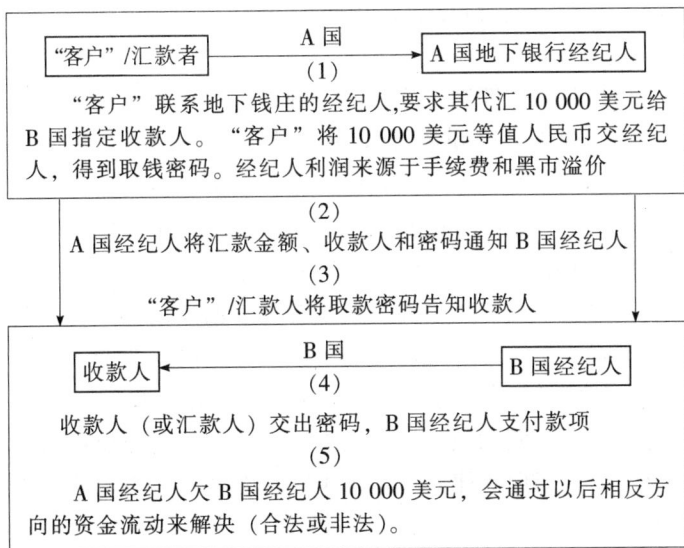

例如，2001年，佛山市公安局破获的梁建辉等人非法买卖外汇案中，其境内、境外两环节的运营方式尤为突出。在该案中，当境内的"客户"需要外汇时，便将人民币转账至境内地下钱庄指定的账户上，或将支票、现金送至地下钱庄经营点。境内地下钱庄收到人民币后，便通知其境外的合作伙伴，按行规计算好汇率和佣金，将相应的外币划至境内"客户"在境外指定的账户中；同样，当境内"客户"需要人民币时，便由其境外分公司或代理人将外币划入境外地下钱

---

⑬ 参见温源：《地下钱庄：阳光下无遁处》，载《光明日报》2004-11-29。

⑭ 参见杨胜刚、吴立源：《资本外逃与地下钱庄关系初探》，载《河南金融管理干部学院学报》，2003（4）。

庄指定的账号，境外地下钱庄通知其境内合作伙伴按约定好的汇率，将相应的人民币划入境内"客户"的账户中，境内外地下钱庄每笔交易的完成，多数通过传真银行对账单来确认双方定期核数、对冲。这也是地下钱庄买卖外汇最普遍的经营方法。另外，出于逃避侦查的目的，地下钱庄境内、外合作伙伴在定期核数、对冲之后会及时销毁账目。⑮ 在澳大利亚唐人街的一些公司即采取类似方式：在进行我国与澳大利亚之间的汇兑时，这类公司会提供给换汇者一个我国大陆境内的账号，让国内的汇款人将人民币悉数存入该账号，等该笔境内汇款被确认后，由境外公司直接交付等值外币；由于国内有些银行异地存款能"即时到账"，所以在境外用电话确认该笔汇款的时间很短，看起来像是外币"即时到账"；以我国官方公布的外汇牌价为基础，上浮一到两个点，使其价格基本等同于各主要外汇指定银行的兑换价格与相应的现钞兑换现汇的手续费的总和。至于如何保持我国境内公司与澳大利亚境内公司之间的资金平衡，有四个可能：（1）地下钱庄的资金量相当可观，可以短时间忍受这种不平衡；（2）利用自然对冲交易自动平仓，这些交易在较长时间内能够实现自然平仓；（3）利用个别与我国大陆接壤的国家或地区将人民币视为"准硬通货"，在一定范围内可自由流通，将人民币走私到这些区域，再将人民币兑换成美元等完全可自由兑换的货币；（4）非法以人民币出资，成立外商投资企业，以利润或清算方式将大量人民币转化成完全可自由兑换货币。这些机构所作交易受到当地有关法律保护，获得"外汇兑换许可证"的机构或个人都必须具有相当高的信誉等级。据当地华人称，这些机构的信誉相当高。这种模式实质是通过先进的通信手段和国内外金融工具，违反我国大陆人民币及外汇管理有关法律、扰乱正常金融秩序的"地下钱庄"在海外的延伸，其运作的特点是：隐蔽性强，难于追查；境内外社会地位不对称，跨境地下钱庄在海外的部分符合当地法律要求，属于正常的企业范畴，而境内部分属于有组织的金融犯罪团伙；手续简便快捷，一般可于 1 小时内完成交易；风险较高，交易得不到我国法律保护。⑯

二、地下钱庄资金非法跨境转移的刑事法抗制

对于资金非法跨境转移的刑事法抗制，主要考虑三个方面：

（一）刑法方面

从我国现行刑法看，对于这类行为已经具有相当的刑法规制，具体而言，即

---

⑮　参见霍耀刚：《地下钱庄的运营特点及侦查对策》，载《江西公安专科学校学报》，2005（1）。

⑯　参见贾涛：《浅谈跨境地下钱庄》，载《我国金融家》，2005（6）。

擅自设立金融机构罪（第 174 条）、非法吸收公众存款罪（第 176 条）、集资诈骗罪（第 192 条）、逃汇罪（《关于惩治骗购外汇、逃汇和非法买卖外汇犯罪的决定》第 3 条）、洗钱罪（第 191 条）和非法经营罪（第 225 条）。但是，从严密法网的角度判断，尚有一些疏漏，有必要从刑法立法上予以完善：（1）对洗钱罪的上游犯罪继续予以扩张。虽然《刑法修正案（六）》将洗钱罪的上游犯罪的范围扩展至贪污贿赂犯罪、破坏金融管理秩序犯罪、金融诈骗犯罪，但是比照《联合国打击跨国有组织犯罪公约》（第 55 届联合国大会第 62 次全体会议于 2001 年 11 月 15 日通过）第 6 条和《联合国反腐败公约》（第 58 届联合国大会于 2003 年 10 月 31 日通过）第 23 条的规定，洗钱罪的上游犯罪应当扩展至所有能够产生犯罪所得犯罪。（2）将个人或者单位向银行或其他金融机构虚报大额款项来源的行为规定犯罪。就地下钱庄从事非法跨境资金转移的活动看，最终还是主要通过合法的金融体系来进行境内外或者境内的资金转移，而在进行这些活动中则通过高低报、虚假合同等方式来掩盖资金的真实来源。如果无法查明该资金的真实来源的话，则无法根据刑法第 191 条规定洗钱罪或其他犯罪来追究，而如此势必事实上形成了一个法网疏漏，因此，有必要将这类行为规定犯罪，作为一个截堵性条款来严密法网。

（二）刑事法律实践方面

鉴于地下钱庄从事非法跨境转移资金问题严重，国家外汇管理局和公安部于 2001 年组建了"全国打击非法买卖外汇违法犯罪活动联合办公室"，相继破获了一系列特大地下钱庄案。2004 年 4 月，国家外汇管理局与公安部、中国人民银行联合下发了《关于联合开展打击地下钱庄违法犯罪活动的通知》，在全国范围内开展打击地下钱庄的专项行动。2004 年，全国各银行类金融机构共报告人民币大额和可疑交易 463 191 万笔，交易金额累计 165 820 175 亿元，平均每月报告人民币大额和可疑交易 38 166 万笔、1 381 140 亿元。在央行《反洗钱报告》中，对 2004 年资金的流入流出情况进行了全面的分析。个人大额外汇资金交易共计存 663 168 万笔，主要集中在广东、福建、浙江、北京和辽宁；企业和个人可疑外汇资金交易共计 42 161 万笔，主要集中在辽宁、广东、新疆、上海和北京。[⑰] 2005 年，我国反洗钱监测分析中心共接到人民币大额资金交易报告 1 102 亿笔，外汇大额资金交易报告 935 126 万笔。其中，人民币可疑资金交易报告 28 134 万笔，外汇可疑资金交易报告 198 189 万笔；全国银行类金融机构报送的人民币可疑资金交易报告的数量是上年的 7 185 倍，外汇可疑资金交易报告的数量是上年的 11 196 倍。2004 年 4 月至 12 月，公安部、中国人民银行、国家外汇管

[⑰] 参见李四能：《反洗钱工作现实途径的探讨——从地下钱庄的危害谈起》，载《华东经济管理》，2006（7）。

理局在全国范围内联合组织开展了打击地下钱庄违法犯罪活动，组织专项打击行动 479 次，打掉地下钱庄及非法买卖外汇交易窝点 155 个，涉案金额 125 亿元人民币。[18]

虽然在反洗钱方面，我国政府已经采取了十分积极的措施，但是，尚有很多方面有待完善。比如，金融机构与公安、司法部门还需进一步加强。公安、司法部门，尤其是地方公安、司法部门，与金融机构的合作机制还没有妥善建立起来。一些地方金融机构为了本单位业务考虑，对于明显的可疑交易情况采取视而不见的态度。虽然《反洗钱法》为金融机构和按照规定应当履行反洗钱义务的特定非金融机构设定了建立客户身份识别制度、客户身份资料和交易记录保存制度、大额交易和可疑交易报告制度的义务（第 3 条），且规定了相关的惩罚条款，但是，对于如何发现这些违反义务的行为以及公安、司法机关的职责，法律并没有规定。因而有必要建立相关的合作机制以及监督机制。

（三）反洗钱的国际合作方面

我国政府一贯重视反洗钱领域的国际合作。目前已经加入了《联合国禁毒公约》、《联合国打击跨国有组织犯罪公约》[19] 和《联合国反腐败公约》。[20] 2005 年 1 月 21 日，我国成为金融行动特别工作组（FATF）的观察员，现在正为成为正

---

[18]　参见易新：《对我国金融领域反洗钱合力机制建设的思考》，载《金融经济》。

[19]　《联合国打击跨国有组织犯罪公约》第 7 条（打击洗钱活动的措施）规定，各缔约国应在其力所能及的范围内，建立对银行和非银行金融机构及在适当情况下对其他特别易被用于洗钱的机构的综合性国内管理和监督制度，以便制止并查明各种形式的洗钱。这种制度应强调验证客户身份、保持记录和报告可疑的交易等项规定；确保行政、管理、执法和其他负责打击洗钱的当局（本国法律允许时可包括司法当局）能够根据其本国法律规定的条件，在国家和国际一级开展合作和交换信息，并应为此目的考虑建立作为国家级中心的金融情报机构，以收集、分析和传播有关潜在的洗钱活动的信息；缔约国应考虑采取切实可行的措施调查和监督现金和有关流通票据出入本国国境的情况，但须有保障措施以确保情报的妥善使用且不致以任何方式妨碍合法资本的转移。这类措施可包括要求个人和企业报告大额现金和有关流通票据的跨境划拨。

[20]　《联合国反腐败公约》第 14 条（预防洗钱的措施）规定，各缔约国均应当在其权限范围内，对银行和非银行金融机构，包括对办理资金或者价值转移正规和非正规业务的自然人或者法人，并在适当情况下对特别易于涉及洗钱的其他机构，建立全面的国内管理和监督制度，以便遏制和监测各种形式的洗钱，这种制度应当着重就验证客户身份和视情况验证实际受益人身份、保持记录和报告可疑交易作出规定；确保行政、管理、执法和专门打击洗钱的其他机关（在本国法律许可时可以包括司法机关）能够根据本国法律规定的条件，在国家和国际一级开展合作和交换信息，并应当为此目的考虑建立作为金融情报机构，作为国家中心收集、分析和传递关于潜在的洗钱活动的信息；缔约国应当考虑实施可行的措施，监测和跟踪现金和有关流通票据跨境转移的情况，但必须有保障措施，以确保信息的正当使用而且不致以任何方式妨碍合法资本的转移。这类措施可以包括要求个人和企业报告大额现金和有关流通票据的跨境转移。缔约国应当考虑实施适当而可行的措施，要求包括汇款业务机构在内的金融机构：（1）在电子资金划拨单和相关电文中列入关于发端人的准确而有用的信息；（2）在整个支付过程中保留这种信息；（3）对发端人信息不完整的资金转移加强审查。

式成员积极创造条件。2004年10月6日，我国与俄罗斯、哈萨克斯坦、塔吉克斯坦、吉尔吉斯斯坦、白俄罗斯共同发起成立了"欧亚反洗钱和反恐融资小组"，成为创始成员，2005年4月在上海召开了第二次会议。同时，我国与世界银行、国际货币基金组织等国际组织与有关国家和地区在反洗钱领域进行了富有成效的磋商与合作。在双边合作领域，我国与美国、俄罗斯、加拿大等国家的反洗钱合作已经启动，与香港和澳门特别行政区的反洗钱合作进一步加强，国际和区域合作的重点逐步由政策层面转向操作层面。因而从今后发展看，应从具体操作层面加强合作。地下钱庄属于跨国有组织犯罪的一种高级形式，因而应与国际组织及外国政府及金融机构达成共识，采取有效措施对之进行惩治。在一些本国货币可自由兑换的国家，对外汇管制并不像我国这么严格，个人从事外汇交易也并不违法，因而一旦这些国家的公民或法人与我国境内地下钱庄进行非法资金跨国转移，其所在国并不认为其违法，但是，如果结合其在我国境内地下钱庄的非法活动看，显然具有违法性质，因而与这些国家合作，首先要向这些国家证明这些行为属于跨国有组织犯罪。

总之，遏制地下钱庄的非法跨境资金转移行为，需要协调立法与实践，兼顾国内与国外，建立有效的监控体系，如此方能及时发现各种类型的地下钱庄，维护正常的金融秩序。

金融犯罪的成因与控制

◇ 金融犯罪的成因及控制

◇ 作为金融犯罪的犯罪者和受害者的银行或其他金融信贷机构

◇ 试论金融犯罪的成因与预防

◇ 金融犯罪的全球化趋势及法律防范机制研究

金融犯罪的成因及控制

〔美〕尼尔·沙福尔* (*Neal Shover*)

〔美〕安迪·霍克斯特勒** (*Andy Hochstetler*)   著

杨洁译***

本文为中国人民大学法学院所举办的"全球化背景下的金融犯罪"国际学术研讨会的会议文章。感谢苏珊（Susanne Karstedt）对本文草成所提出的建议。

金融犯罪是触犯刑法的犯罪行为，"以对信用的欺骗、隐瞒或者违反为特征，无须依赖物理强制、暴力或威胁而实施。是个人或组织基于私人或商业利益的获取而实施的"（美国司法部 2005：A1）。相当比例的金融犯罪都是罪犯远离被害人而实施的，如果其直接面对受害人，便会竭力使交易合乎常规和形式合法。金融犯罪与入室盗窃、抢劫等街头犯罪有显著区别，后者是通过直接面对被害人或者进入被害人的家中或办公场所而实施。在北美和一些欧洲国家，金融犯罪一直是在对更具广阔背景的白领犯罪的关注和控制努力中加以考察的。基于此，大部分对白领犯罪的研究成果可直接应用于关于金融犯罪的研究之中。

金融犯罪和其他犯罪的比较首先在于金融犯罪者的特征，他们中相当一大部分享有物质特权和高尚名誉。更重要的是，这意味着，他们大部分人无须和普通的罪犯一样"每天挣扎着以防陷入破产的深渊"（希普勒，2004：300）。对基本物质生活和不稳定的财政状况的无休止关注，这和金融罪犯的世界和生活格格不入。一旦负担家庭生计的人受伤则全家数日都陷入物质绝望，金融犯罪者不生活在这样的家庭中。和普通罪犯相比，金融罪犯较少生活在社会的底层或者在强势的公共或私人组织之外；除了他们的物质状况，一部分金融罪犯还占据着支配性位置，可以利用组织的地位和影响来实现犯罪目的。有组织的安排和对他人的控制都可能增加犯罪行为的实施机会（Tittle，1995；2004；Piquero and Piquero，2006）。

物质特权、受尊敬和组织权力非常重要，因为它们塑造了生活的各个方面，

---

* 尼尔·沙福尔，美国田纳西大学社会学系。

** 安迪·霍克斯特勒，美国艾奥瓦州立大学社会学系。

*** 杨洁，中国人民大学法学院 2006 级刑法学硕士研究生。

从对生命历程各个阶段的选择到安逸生活的获取，都可以看到它们所施加的影响。同时它们也有利于培养乐观自信的心态，这是经济上处于弱势或从属地位的公民所较少具有的。正如一位地位处于上升时期的英国大学生所言，她直到大学时期才遇到"认为'情绪结构'不是基于焦虑和怀疑的情绪化的见解，而是基于安全和自信的见解"（Skeggs，1997：132）。这并不意味着金融罪犯不会遇到挫折或失败，只是说他们更不可能期待挫折和失败，或者视它们为无法补救的。

特权、尊敬和组织权力不是可分的变量，然而，如若假定它们如此将是愚蠢的。任何群体的成员，特别是在庞大和多民族国家里，都可以被排序为从有不稳定收入、尊严缺失和对其他人只有很少或没有控制权的人，到那些生活富足、受商业巨头和政治领袖器重和用决策影响着无数他人生活的人。特权阶层包括了那些坚持认为自己属于中产阶级之列的人以及那些富裕又有权势的精英。

在新千禧年前的数十年里，美国和其他西方国家的政治领袖、国家管理者和政策制定者们勤勉地推行犯罪是理性选择的观念。这个观念的基础是认为犯罪行为是决策的产物，在决策过程中，行为人考察和评估可供选择的潜在的净收益，尤其关注不利后果的可能性，被逮捕和受惩处的可能性可能是这些因素中最突出的。从"犯罪即选择"理论的视角看，犯罪无疑是有目的和经过了精确算计的行为。犯罪者基本上都是为了利己而实施犯罪的，而为什么犯罪在他们看起来是合理的仍然有待解释。

本文把理性选择理论扩展到分析金融犯罪以及控制金融犯罪的挑战上。文章首先对该理论的相关概念和理论逻辑，特别是对政策制定者在解释和使用时的逻辑作出说明。这种强调换句话说就是，推动学术争辩的，并非是那些围绕着犯罪解释产生的晦涩难懂的理论论争，而是政治领袖们理解和使用理性选择理论的方式。接着我们论证如何将该理论的概念和逻辑系统地应用于理解金融犯罪变化率。之后再讨论白领金融犯罪的决策过程。文章的最后评论了将金融犯罪视为选择的理论的政策含意。

金融犯罪的变化率

和所有形式的犯罪行为一样，金融犯罪随时间、地点和人口而随机分布。那么，为什么犯罪率会随时间变动？为什么一些地理区域、职业和行业会比其他地区、职业、行业遭受更多金融犯罪的困扰？这些问题让我们将重点关注以下两个方面：（1）犯罪机会；（2）倾向于或受诱惑利用这些机会来实施犯罪的群体。对前者的理解，需要考察作为犯罪机会双重构成之一的诱惑之来源与分布。

诱　惑

诱惑是容易导致人头脑发热的安排或者境遇。就像孩子眼中的闪亮物，诱惑引人注意。它像是在熙熙攘攘的人流下无人注意的钱包，又像是停靠在不起眼的小街上的名贵跑车；它是政府和商业公司之间的成本加利合同；它是政府官员颁发营业执照和审批生产中的自由裁量权；诱惑又是财富500强公司高级管理人员及代表们与渴望投资发展经济却经验不足的国家的官员们之间的生意。当个人或者团体遇到诱惑，它提醒着人们所渴求的东西，因为特殊的境况促使诱惑看起来比以前更容易得到。

诱惑不是犯罪机会，它并不引发个人或组织的一致反应。很多人愉快地视诱惑为无物——别人看起来很显眼的东西他们完全不在意——而且大部分注意到诱惑的人的反应看起来漠不关心，因良知浮上心头。然而，那些偶然遇见并注意到诱惑的人将注意力立即转向是否存在监管以及如何规避。对他们而言，各种诱惑能产生吸引力，部分原因在于能带来挑战和成就感。在走向新千年的世界，对人们的要求"不仅仅是阅读、写作、填写表格的能力，连同一些最低限度的自尊的表达"（Weisburd et al. , 1991：182-183）。

金融诱惑的形式和生成的变化早在半个世纪前的第二次世界大战时就已经开始（Shover and Hochstetler，2006）。这些变化不仅发生在美国，也发生在其他国家。国家慷慨赠与的增加、金融服务的变革、信息共享和金融交易的新技术以及经济市场和关系全球化等的萌芽与发展速度在各个国家不尽相同，但是这些改变已经在全球范围内影响了诱惑的生成（Friedman，2006）。例如，国家公共福利计划的增长，扩大了公民包括报酬和津贴在内的整个收入。在坚挺的美元体系下，美国各种权利方案的联邦支出在1945年～1995年之间增长了1 900%（从750亿美元到15 000亿美元）（U. S. Department of Health，Education，and Welfare，1959；U. S. Social Security Administration，1999）。截至1992年，51.7%的美国家庭都接受了某种形式的联邦资助，范围从社会保障和医疗保险到军人退休金、农业补贴和助学贷款（Samuelson，1995）。而国家慷慨资助的最大份额并没有流入个人手中，仅2002年，美国的公司就收到了1 250亿美元的政府补助（Citizens for Tax Justice，2003）。

遍及全球的保险业的增长也增加了诱惑的生成量（Shover and Hochstetler，2006）。在很多国家，标准的保险已经覆盖人身、住宅、商业、家居用品及车辆损失等险种。而消费信贷爆炸性地增长产生的诱惑却超过保险业发展影响的数倍，自1980年起，消费信贷额就已经是天文数字。美国每年发行5 000万张信用卡，由此产生了信用卡诈骗（Weisburd et al. ，1991；Buffalo News，2004）。一些"大盒子"零售连锁店为消费者提供的即时信贷繁荣了身份盗贼（Copes and Vieraitis，2007）。消费者和抵押贷款的爆炸性增长虽然在中国来得比较晚，但是国际银行家们相信"未来将要发生的会使任何我们现已看到的事情都微不足道"（Christian Science Monitor，2005）。中国在1998年—2004年间住房抵押贷款以年均115％的速度增长，就是一个征兆（*The Economist*，2005）。有人预测，中国公民个人金融服务的 31％的年增长率将持续到 2013 年（Von Emloh and Wang，2004）。考虑到上述变化和预测，中国的金融犯罪明显已经大量增加或者这种趋势可能持续到未来是不足为奇的。

然而，相比国家慷慨资助的增加、保险业的发展和消费信贷使用的增长，计算机技术的发展对诱惑生成的影响更为重要。它使以前非常麻烦费时的信息存储、获取和传输变得更容易、快捷且广泛，为实施针对个人和组织的犯罪提供了近似便利。银行、商户之间的电子金融转账、自动柜员机和家庭银行事务已在全球使用，高速数据网络、电话线和卫星用户可以在远距离同时操作交易账户和基金。这种发展催生和加速了一种不是以制造产品和提供服务而是通过操作金融账户及其衍生交易获取利润著称的高产型企业形式，即"金融资本主义"的出现（Calavita，Pontell and Tillman，1997）。金融资本主义通过投机交易创造财富，而所有这些都是通过计算机实现的。

在个人电脑和和虚拟身份的世界里，个人与组织和遥远的相对方从事交易行为，无法轻易地确认他们的信用和意图。通常来说，当面对面交互式交易让步于通过数字网络进行的非个人接触式交易时，交流已经变得越来越疏远且难以有效监控。举例说，从组织盗窃的犯罪，无须破门而入就可以完成。盗窃组织的记录、秘密资料、资金和计划书；转移组织资产。窃贼能在数分钟内完成数额巨大的盗窃，抑或在相当长一段时间内将资源慢慢消耗掉。罪犯无须出现在犯罪现场：通过电子的方式进行操作在未来可能发生，在时间和空间上与个人的行为相分离（Vaughan，1983：78）。在电子交易的世界之外，交易双方可能彼此认识，但更多的情况下他们并不相识。

监管与机会

当缺乏足够的自制或者有力监督时，诱惑就会导致犯罪机会的产生。犯罪机会是可以提供潜在的犯罪收益而且几乎没有被发现或处罚的风险的安排和境遇。机会总出现在旁观者的眼中，但是许多犯罪机会也有客观和常识的一面，这就是大多数成年人在相同的情境下看见和认可它的原因。正是这个原因，汽车司机们被警告在离开汽车的时候不要把车钥匙留在点火开关里，或将包装诱人的礼物放在大家都能看到的地方。无论陌生人的电话看起来多么合理且让人信服，谨慎者都不会透露自己的信用卡号码。金融犯罪的机会遍及不同领域和日常生活的各种事务中，特别是在工作场所。

有犯罪倾向或者容易被诱导犯罪的人在注意到诱惑的同时，也受到良知的阻力或者他人的注意。在对犯罪机会与潜在的良心谴责、社会地位的丧失或者对他人意见的顾虑进行权衡时，自制就成为个人或组织被劝诫的力量。很多人选择放弃利用犯罪机会，最重要的原因包括对道德和伦理规范的遵从、对自尊的关注以及不能辜负那些视自己为行为楷模的人的决心（Paternoster and Simpson，1993）。然而，自制并非完美，这也是为什么国家及其监管机构随时待命的一个原因。国家监管可以采用靠人直接观察的形式，或者通过定期审计、电视摄像机或电脑程序等非人际的形式。

然而，掠夺式的行为可能对他人造成威胁或伤害的事实并不能确保它成为监管的焦点。政府可以对掠夺式的金融行为视而不见，也可以选择将其作为关注的焦点；它可以积极识别并确立对这类行为的监管，也可以等到有公民和组织提出诉讼时再被迫这么做。为公众熟悉的刑事检控机构广泛应付于街头罪犯，但并不理所当然地积极追诉白领金融犯罪。大量的犯罪处在政府监管予以特别关注的范围之外，因此罪犯也不太可能受到调查，可以不受惩罚地实施行为。此外，对于金融犯罪，政府机构及其工作人员被赋予了实质判断的权力，可以任意行使一系列的选择权（Hawkins，2003）。

政府官员在调查可疑的金融犯罪时，发现案件从简单易懂的行为，到涉及多人且极难理解和重构的复杂行为，应有尽有。由于资源有限，阻力最小的方法是首先调查异乎寻常的案件，将调查资金适当地用于个别的犯罪者。调查的首要目标是传达给犯罪者他们可能将受到监视的信息。犯罪者如果仔细权衡犯罪的代价和收益，就会考虑到被抓获和受到正式制裁的可能性。不过，与实施街头犯罪可感知的风险相比，金融犯罪一般被认为较为安全。金融犯罪存在很多需要顾虑的风险，但是大部分并不会导致刑事处罚。

除了政府以外，受害方、非政府组织（NGO）和揭发者都对受诱惑者和有犯罪倾向者进行了监管：他们也会出示证据，对非法行为进行控告，并对一些案件提起可能的刑事检控。各种形式的监管形式总的来说已经跟不上金融诱惑生成的步伐。尽管整顿金融交易的技术力量会随着时间推移而改善，但是制定规章的官员们鲜有积极领路的。他们采用或开发新的监管技术的速度非常缓慢，特别是近几十年，如我们所见，在技术迅速变革、一些更大规模的经济进行改革的背景下尤为如此。这些都是令人相信金融犯罪率近年来已经急剧增长的一些突出的理由（Shover and Hochstetler，2006）。

倾向犯和诱惑犯

诱惑的存在是犯罪机会存在的关键性的决定因素，但对于高金融犯罪率的发生，还必须有充足的个人和组织，他们能意识到机会的存在，并准备在监管无效的时候利用这些机会。犯罪倾向者的成因与本质是不同的，并且因人而异。受到诱惑的个人拥有一些品质或经验，使得他们比那些缺乏权衡和选择能力的人更有可能利用诱惑。具有利用诱惑倾向的组织具有结构上、文化上或者程序上的特征，足以增加其职员认识到诱惑并选择实施的可能性。

除了个人和组织之外，更广阔的领域的三个方面因素对于决定实施金融犯罪的人的比例高低至关重要：商业周期的波动和市场的不确定性，有力监管缺失的观念无处不在，以及在特定领域、行业或历史阶段获得了合理性和广泛支持的不顺从的文化。商业周期的波动引起了有犯罪倾向和受诱惑的群体数量的变动（Staw and Szwajkowski，1975；Clinard and Yeager，1980；Simpson，1987；Baucus，1994）。经济低迷可能引起收入降低和未来前景的黯淡，导致恐慌和竞争的加剧。当越来越多的公民和组织面对经济不确定或者被逼到破产的边缘时，绝望的情绪随之逐步增强。这就引起各种背景和身份的公民去考虑那些正常情况下他们不能接受的行为选择，包括犯罪。对组织而言，为了获取资金、劳动力、原材料以及其他生产所需的资源，他们必须参与到各种市场中。这些市场条件，从经济衰退不稳定，到健康乐观，各不相同。当前者发生时，市场的不确定性就增加了。对商业公司的高层人员和管理者来说，这使计划变得复杂化，焦虑逐步增加，并且带动了风险投资（Baucus and Near，1991）。这对企业家和处在破产边缘的小商行来说尤为如此。

经济条件和潜在的金融罪犯的数量关系是曲线形的，剧烈的经济好转和衰退都会增加权衡犯罪选择的个人和组织的数量。在经济繁荣时期，当"每个人都在变得富有"的信念广泛散播时，人们变得自大和敢于冒险。当每个人看起来都做得很好，竞争对手和周围的人都脱离了原先的境地，广泛认为踌躇和不参与此刻的游戏是愚蠢的。许多人开始相信，错过任何机会将会被其他人抛在后面。他们认定处于上升阶段的经济大潮会掩盖他们的活动，降低法律执行的警惕性，并且增加逍遥法外的机会；这些想法也壮大了他们的胆量。经济的增长也使人们感到有权去分享经济繁荣的硕果，并相信"现在是出手的时候了"。

这种情况在经济发展迅速但不平稳或者伴随着强烈的社会经济变革时表现尤为突出。在中国，20世纪70年代末至80年代初期，贸易政策的自由化导致了外国直接投资额的急剧增长。自1993年至今，中国引进的外国直接投资额增长了一倍，从300亿美元增长到了600亿美元（联合国贸易发展会议，2007）。经济活动规模急剧增扩大，在1992年至2000年之间，人均国内生产总值（GDP）从2 939元增加到7 086元（中国国家统计局，2004）。虽然这些变革的积极作用非常大，但是它们也增加了诱惑的产生，引发了无限制的投机主义。这不仅归因于技术的变革，也是由于社会和商业氛围的转变。例如，随着对外贸易的蓬勃发展，腐败行为因为实力雄厚的跨国公司的代表需要贿赂地方的商业机构而变得更加诱人（Glac，2007）。

法律风险和因犯罪引起痛苦后果的几率是理性选择理论中关键的因变量。拥有特权的公民隐藏在他们特殊的产生土壤中，可以知晓监管者是否在注意他们以及注意的密切程度。当国家紧密地监管潜在的犯罪行为时，通过对被逮捕的罪犯的反应暗示政府不能容忍金融犯罪，犯罪率就会降低。当政府对犯罪的监管比较分散或者漠不关心并且对诱捕的那些罪犯宽大处理时，不可避免地会滋长"犯罪后受到严厉刑罚的机会将微乎其微"这种观念。当负责控制白领金融犯罪的政府机构和职员们对任务缺乏热情或者受到的政治和财政支持非常小时，那种破坏法律可以免受处罚、威慑失效的观念会在拥有特权的公民中滋长。越来越多的公民和组织肆无忌惮地行为，金融犯罪率也随之增加。

一个获得足够支持的监管系统具有重要的预防效果。当美国国家税务局（IRS）在 20 世纪 90 年代中期明确传达它将成为一个更加仁慈、温和的机构时，它所征集的税收减少了（Johnston，2003）。这种现象引起了一个 IRS 委员的观察：我得出的结论是，强制力的减小造成了消极的后果。人们看到别人做了不应该做的事情却不受惩罚；他们目睹了公司的丑闻；他们知晓了在太多律师和会计师明显无耻的庇护下的不体面行为；甚至有人断定遵守法律并不重要（*Washington Post*，2004，E3）。

这些在各个地区、行业或时期流行的关于监管的信条，也同样适用于组织：当许多组织开始相信，选择犯罪带来不利后果的可能性并不大时，犯罪率就增加了。很多公司相信，安然公司的高层管理者们在公司倒闭前的 10 年里采取行动制止员工从违反职业道德的交易中获利但最终失败的事实，给其他公司传递了一个信号：他们将不必对不法行为负责（Cruver，2002；McLean and Elkind，2004）。

无论何时何地，若不服从的文化获得强势和信奉，它就使得个人或组织对于违背或质疑道德行为的潜在行为更易于进行合理性解释，从而增加了潜在犯罪者的数量。文化变异的两种维度至关重要。其一就是，为允许的违法行为提供能够互相容忍的修辞学的构造。这些中和或解释的技术，通过钝化法律的道德力量和抵消参与犯罪的罪责为犯罪开脱，使其正当化或者提供其他犯罪便利（Sykes and Matza，1957；Scott and Lyman，1968；Maruna and Copes，2005）。与中和的技巧一样，克制的技巧就是对形成优先选择、可感知的选择以及犯罪选择可能性的预期行为的语言学上的构造。经常相互提醒和被官方认可其合理性，使得发生金融犯罪的公司的比例和愿意参与其中的个人数量减少。

克制的文化，可能的形式包括公开发出的警言，如"美德是自己的奖赏"，"诚实是最好的方针"，以及"保护股东的投资是我们工作的一部分"。克制与中和的语言按比例混合，是形成整体文化的一个重要决定因素（Braithwaite，1989）。它绝不是可能刺激或者阻碍犯罪的唯一消息源。一些自制的因素在早期生活中就形成了。

生成环境

金融罪犯的共同背景及特征和它的"近亲"——街头罪犯的典型特征截然不同。无可争议地说，前者凭借物质环境、受尊敬以及很多情况下在组织中占据的权威地位处于更加有利的位置（Karstedt and Farrall，2007）。中产阶级双亲家庭的特征是占据了金融犯罪者的相当大的份额（Forst and Rhodes，1980；Benson and Moore，1992；Benson，2002；Shover，Coffey and Sanders，2004）。表1比较了美国1995年—2006年已宣判的街头犯罪和白领犯罪的特点。它证实了白领和金融罪犯年龄偏长，受过更良好的教育，包括了更高比例的女性和更少的少数民族和种族背景的公民。物质生活的充裕，如果不明显享有特权的话，会因经济道德的改变而使公民更有意实施一系列低级犯罪（Karstedt and Farrall，2006）。那么，金融罪犯的特权背景有什么重要意义呢？

表1　美国1995年—2006年因联邦街头犯罪和金融犯罪被科刑的个人罪犯的特征

特征	街头罪犯[a]	金融罪犯[b]
种族（非洲裔和拉美裔美国人的比例）	47.1%	40.2%
性别（男性比例）	92.1%	71.7%
教育背景		
高中以下	38.2%	17.6%
高中毕业	40.5%	30.1%
大学肄业	18.4%	1.9%
大学毕业	2.9%	20.3%
年龄		
21岁以下	9.7%	1.6%
21～30岁	40.2%	23.4%
31～40岁	29.1%	29.7%
41～50岁	14.8%	24.9%
50岁以上	6.2%	20.4%
平均年龄（岁）	31.9	44.4

资料来源：美国量刑委员会：《联邦判决统计原始资料》（年鉴，1995—2006）

a. 包括因谋杀罪、一般杀人罪①、殴打罪、抢劫罪、入室盗窃罪和盗用汽车罪被宣判的罪犯。

b. 包括因欺诈罪、侵占罪、税收犯罪和反托拉斯犯罪被宣判的罪犯。

对街头犯罪以及一直实施街头犯罪的行为人的解释，突出了儿童时代及家庭病态对其成因的重要意义：贫穷的家庭长期被打上功能紊乱的烙印。父亲是个永不悔改的酒鬼或者瘾君子，而在这样环境里的母亲，则是一个愤怒的泼妇或者顺从的无能者。父母不给他们的孩子阅读，不重视教育，也不教授或展示良好的品

---

① 指非预谋杀人罪——译者注。

德（Shipler，2004：161-162）。

在物质资源即使不丰富却也足够，并且人们互相尊重也合乎常规地得到保障的这种阶级结构或者强大组织中，情况又会如何呢？这样领域中的文化和社会风气似乎可以孕育出充足数量的、意图去实施金融犯罪的人。他们的生成圈中的三种文化状况可能对于解释金融犯罪率的增长有重要意义：格式化的大肆争夺恩惠，弥漫的傲慢自大情绪，以及一种权利伦理。这个关于特权形成原因更具包容性的经验环境的解释，很大程度上是从针对西方资本主义国家展开的研究中得出的。它们解释了滋生犯罪的温床为什么不仅仅是酒馆和监牢，还有公司的办公室、立法机关的休息室以及类似的特权享有者聚集的地方的主要原因。

竞争就是和他人争夺利益、奖励或者地位。这是一种竞争意识。Lareau（2002；2003）观察到，中产阶级家庭的孩子经常显现、体验一种和他们的兄弟姐妹们竞争的意识。正如他们对子女培养的整体风格一样，中产阶级家庭的父母相信，竞争是一种积极的体验，因此他们试图灌输给子女（Lareau，2003：60-61）。他们有规律地精确监控子女的成长过程，以便子女培养出在职业和管理劳动力方面茁壮成长所必备的技能。父母推动着孩子去竞争从而变得优秀。中产阶级家庭中的孩子们被以数不尽的方法传达父母和他人期望他们成功的信息。他们期望生活能提供回报机会。这在工薪阶层的家庭里并不常见和突出。

在竞争文化里，个体被驱动去努力争取成功，无论是财富，还是名誉和尊重；他们不断担心可能出现阻挡他们前程的情况。竞争风气对人际关系和个人行为的支配的强度和普遍度随场合和时间而改变。在安然公司，管理政策要求每年用强迫曲线来评价员工，结果15％的员工将会获得不合格的绩效级别（Cruver，2002）。像这样在竞争环境中产生的普遍的不安全感，为不法行为提供了强大的推动力。根据对已科刑的白领罪犯的访谈，Spencer（1965）注意到，他们过于夸张地强调了他们社会地位的升迁以及在与他人的竞争中占据的优势。这些可能占据一切，胜过所有职责和承诺。在充满竞争的社会里，进步是通过和同类人比较而进行评价的，因而不可避免地会出现成功者和失败者。成为成功者的渴望某种程度上是由对沦为失败者的恐惧激发的。安然公司的"末位淘汰（rank and yank）"② 制度就滋生了强烈的恐惧：

一句话，任何使你骤跌至比以前的评价结果更低的年度等级排名足以让很多人去参加抗抑郁病的课程或者让人从喝啤酒转到喝更烈的波旁酒。等级排名状况的降低将影响你的薪水、你的自尊、你在同事中的地位，更糟糕的是，你的奖

---

② "rank and yank"是一种把员工分等级排列的绩效管理制度，直译为"评级与封杀"，即定期对员工按业绩加以排列，位于最后一个等级的员工将被淘汰，被淘汰的比例一般为10％，安然公司为15％，这是一种有较大争议的商业管理规则，它可能在企业内部造成一种残酷的、侵略性、竞争性的企业文化，这种企业文化可能导致企业的不稳定——译者注。

金。一旦被"发布"的等级排名伤害，就像兽群中受了伤的动物，其他员工就会开始避开你，因为你可能引来狮子（Brewer，2002：92）。

一个被判有罪的电话推销员就很有发言权：你可以卖1万美元1张票，你也可以卖49.95美元1张票，都是一样的原理。相同的规则，相同的游戏。我喜欢赢，你知道，我喜欢在我从事的所有游戏中都赢。钱是我获罪的一个原因，也是一个从事这份工作的原因。但获胜是我想要做的，我要打败办公室里的其他所有人。

他不是唯一一个描述这个拥有竞争性文化的世界的力量的人：销售产品让我开始打电话给第一个人……太让人吃惊了。这就像"我不能相信我刚刚做到了"！真是难以置信。在那之后，就不再是关于钱了……是的，开始是关于钱，但是当我意识到我每天都可以做到的时候，这已经不是关于钱了，你知道，这是关于竞争。我要成为最好的推销员，而且有一天我要赚最多的钱（Shover，Coffey and Sanders，2004：69）。

在竞争性文化里，人们通常根据财富和物质财产来评价个人的成功。

然而，竞争不必是经济上的。对很多人来说，通过非凡的成就确立和保持同僚的尊重是一个优先选择，但是人们为获得上级的重视、丰厚的报酬和事业的进步而竞争。查尔斯·柯尔逊，前白宫参谋人员，评论道：尼克松和我相互理解——一个年轻的雄心勃勃的政治权力拥有者和一个年长的觊觎宝座者。我们两个都是有着相同的低层中产阶级的出身的人，都是懂得我们一生工作的艰辛，非常高傲地在追求着最难捉摸的目标——赢得早年曾冷落我们的那些人的认同和尊重（Colson，1976：31-22）。

渴望通过竞争努力来证明尊重是他们应得的，这种渴望是导致某些白领犯罪发生的不可忽视的原因。但金钱，作为衡量竞争成就的媒介，其作用是无法超越的。它的十进制的度量，远胜于用来衡量受尊重程度的备受质疑且存在细微差别的各个度量。一个企业家的处于升迁期的儿子——一个小商人注意到：

对于我们中那些和20世纪80年代华尔街的单调工作赛跑的人，金钱呈现出一道神秘的光环。一旦你取得适当水平的成功了，一旦你得知你的抵押贷款和汽车费用都支付完毕了，一旦看到你的肚子鼓起来了，金钱就仅仅成为你与周围的人比较成功级别的方式……钱变成了记分板上的分数而已。

这表明，不是所有从竞争中努力奋斗脱颖而出的胜利者都会从胜利中找到慰藉；一旦取得胜利，他们发现紧紧握住已经赢得的东西只有不安全感。对另外一些人而言，成功的竞争激起了他们对更多相同成功竞争的渴望。

在我事业每个新的水平线上，我都会将目标推向更高。当我还是个助理的时候，我想成为副总。当我当上了副总，我又想成为高级副总……当我一年赚两万美元的时，我想我可以赚10万美元……当我赚100万美元的时候，我想我可以赚 300 万美元。总会有人处在阶梯的更高位置，于是我不由自主地想：他真的比我强一倍？野心湮没了理性。我不能在现实的限制下获得满足……时间越长，数目变得越大，赌注变得愈发关键，热情变得愈加火热。

最重要的是通过提升和奖励成功，竞争性的环境为不法行为提供了特有理解和辩护（Coleman，1987）。在这些环境中，规范化的限制转变成了被规避的挑战或用于获取利益。工作场所竞争产生的根源对许多无法躲避它的负面作用的人来说可以追溯到过去。肆意竞争所带来的道德腐蚀效应在各种环境中都能看到，但是在竞争者是年轻男性的地方最为显眼。在年轻男性的数目和影响占统治地位的地方，他们的观点看法就限定了集体的风气。

傲慢和专横的习气偶尔也会在街头罪犯的行为中看到，现实生活中遇到的大摇大摆地挥舞着枪的情景，经常会让我们重新想起这个事实。但是傲慢自大，在某些地方对于并未生活在贫困边缘的罪犯来说，更可能是一个犯罪的跳板。生活在物质安全有保障且受到尊敬的环境里的人习惯于高高在上：他们发号施令，而其他人则按照指示行动。他们的意见被征求并被看重的人认真对待。他们被等待着。他们中大部分人了解成功，以竞争努力后的成功者的姿态出现。然而不是所有人都能很好地处理；在白领犯罪的犯罪记录里，高傲自大的白领罪犯通常反复犯罪。例如，当强大富有的公众人物决定给予朋友或同事非竞争性合同时，傲慢自大的面孔是不可避免的。在一次大型公开会议上，据传闻安然公司的首席执行官把一位令他讨厌的质问他的会计师称为"混蛋"（Cruver，2001：54；Swartz，2003：265）。当然，这种对他人公然的蔑视在精英白领罪犯中并不常见，通常，他们不会表现出此类不相称的行为，但是傲慢自大可能会使其斯文扫地。一个证券诈骗犯回忆起在他的图谋失败之前所经历的接近自大的自负感时说道：我的妻子和我变得越来越被需要了。我非常成功，以致人们谈笑中都讲着我的事迹。我的姐夫甚至称他的弟弟依靠在亚特兰大刮起的风暴而赢得世界。我岳母曾声称我是个天才。我暗自佩服她的洞察力。我的办公室必须扩大以容纳我的智力、仁慈以及收缩的谦逊。一流的人物都征询我对事情的看法（Lawson，1992：67）。

他和其他像他一样的人，开始相信"他们不必遵守规则，因为他们制定规则"（Swartz，2003：302）。

当职业不能提供必需的物质、组织和戏剧化的支持时，自大就会表现为对法律限制或其制定者的轻蔑和漠视。很多人只能有条件地接受政府有权干涉他们工作环境和限制他们决策的观念。进一步地，他们对应该厉行勤勉义务和实施符合普通公民期待的谨慎行为的定则拒绝接受。一位被指控犯有内幕交易罪的前科学家、企业家兼公司首席执行官，当被问及如何看待他的犯罪行为时，回答道：

我想我那时太自大了，以致相信我能够走捷径。我不关注正在发生的细节，也不考虑后果。我最大的错误之一就是——我拒绝处理人们必须处理的日常细节来避免犯错。并且我认为我不必处理的那些细节应该由别人处理，而不是我——这样的想法背后可能隐藏着自大的心态（Waksal，2003）。

自大的人习惯于能够操纵世界，而且将时间都投入到寻找捷径中。当因实施犯罪而案发时，自大的人否认一切或者将其描述为一个错误或者失常。他们深信自己正直的人格已经植根于他们已经获得的东西以及在生活的其他方面取得的成功。他们把自己和"真正的罪犯"区分开来。

对于在拥有特权以及受尊重的家庭中长大的孩子来说，"父母的雄心和高期望，成功的压力，受教育的机会，和对职业成就的推动，所有这些一同构成了权利和机会的意识"（Shipler，2004：145）。权利文化使处于各种环境中的参与者相信某种利益是他们应得的，而质疑或者破坏利益的传递是不合理的。Behn and Sperduto（1979：55）指出，这种道德规范并不是一个"规范个人或政治行为的有意识的信条，而是一个作为对行为的限制只适用于特定场合下的信条"。Lareau（2003）观察到中产阶级家庭的孩子会质疑权威并与其论战。争辩求得改正是他们日常所做。这些孩子能很快给权威人物提供建议，并且提出特别的要求。他们乐于传达意见，并且已经产生因他们的努力和成功而使自己与众不同的意识。Lareau和她的同事们也注意到，当特权要求遭到拒绝，中产阶级的孩子们会迫使他们的父母直到提供特权。这些孩子们获得了一种权利意识，并对其加以运用。

在关于内科医生中的欺诈行为的开创性研究中，一个来自加利福尼亚大学的调查小组采访了医疗保险机构、医疗补助机构和美国医学会的 60 位官员、42 名被判为医学诈骗的内科医生，以及一个包含 32 名没有犯罪记录的内科医生的对照组（Jesilow，Pontell and Geis，1993）。调查人员发现，推动内科医生实施医疗补助诈骗的条件之一，就是认为迟钝的外部力量妨碍了他们获取应得的"餐后甜点"。换句话说，重罪的内科医生相信他们有资格在没有外部限制的情况下追逐财富。这一点的作用是，证实了权利的风气在职业的从业者或者组织管理者中间是如此地深入人心，以至于被视为理所当然，并且磨蚀了人们遵守法律的意愿。

相信自己有资格在没有外部限制的情况下追逐财富，对于此信条的赞同，职业人士们绝不孤立。商业公司的所有者和管理者们相信他们通过给市民提供就业机会，对市民生活和社会福利给予了非常大的贡献。他们会经常提到他们及其职工通过支付各种税收返还给政府的财富。很多人将时间和金钱奉献给市民组织和事业。职业人员，不管是内科医生、律师还是工程师，都将他们的工作及其产生的可见效果视为他们重要性的证据。他们和高级公共部门的管理者通常相信，他们为社会生活作出的贡献以及因为工作而对家庭作出的牺牲，赋予了他们走捷径的权利，并且可以要求其他人不能要求的额外利益。

道德层级是另一种权利来源。享受特权的人懂得，财富或者运气已经将他们置于有权势的位置，可以控制组织和其他人。他们不是砌砖工，他们知道这一点。他们每天怀着"他们的荣耀和受尊敬是一种赠与，因此他们有权被相应地对待；特权和受遵从是他们应得的"。如此，当被要求采取节俭措施时，拥有特权的人和其他人的反应可能不同。在近几十年来的公司重组过程中，当雇员在工资福利方面作出让步时，管理人员的薪酬却直线上升。在 2000 年，安然公司倒闭之前，公司的首席执行官，一个部长的儿子，他的行为显示了强烈的个人权利意识。在其每年薪酬攀升到数百万美元以后的很长一段时期内，雷（Lay）安排从公司提取了大量个人贷款。他把安然公司的职位和合同提供给他的亲戚们。并且，雷和他的家族使用安然公司的喷气飞机组，视飞机为其私人财产。一位秘书试图为一名忙于安然业务的主管人员安排飞行航班，却被告知雷的家族成员已经预订了公司的三架飞机（McLean and Elkind，2004：3-4）。

当老板走向急剧破产和毁灭的边缘时，安然的雇员们仍然继续进行公务旅游，住最好的宾馆，吃最好的餐馆。这些就是安然公司的大多数雇员享受的额外补贴——这对于这些不断奔忙着，远离家庭，每天工作 14 个小时的雇员们是公平的交易。我将其视为我们的补偿的一部分（Cruver，2002：73）。

他们的权利意识，因特权阶层的极度慷慨赠与而得以强化。这种情况长久地被接纳为生活的合理部分，以至于它已不被视为是自由决定的产物。

特权公民的生活条件产生了截然不同的文化侧重点，这种侧重，便利了参与金融犯罪。当认为特权应该扩展到可以使生活应该更容易，以及为保证这种信念而实施的不合道德或违法的行为很可能不会招致公众的制裁的时候，对特权和犯罪机会的利用将不再保留。在承受着可察觉的经济压力和精英家族的数量不断增加的区域或历史环境下，愿意跨过道德底线去实施金融犯罪的人群就增加了。例如，Callahan（2004）主张，最近几十年内美国特权阶层面临的日益不稳定的经济状况导致了各种形式欺骗的增长。竞争，权利意识，普遍深入的自大意识，使特权公民容易看到犯罪机会并理性地作出犯罪决策。

组织背景

金融犯罪主体在很大比例上为合法的正式组织的所有者、管理者或雇员。在这类组织中我们能发现大量孕育犯罪倾向者的一般社会条件。当该类条件具备时，金融犯罪的几率显著增加。显著的例子如：绩效压力，深入人心的政府监管不可靠的观念，为金融犯罪开脱或对其默许的组织文化。

另一个同样重要的原因是管理者传达出来的对犯罪行为所持有的态度。工作组织中等级的差异是固然存在的，在组织架构和动态运作中，上下级的形式也是无法避免的。高级管理层和管理者通过制定的政策、作出的决定来影响下级为组织成功作贡献的方式。有证据表明，他们扮演着同僚和下级的精神榜样的角色。调查员就商业道德问题对 1 227 名《哈佛商业评论》的读者进行了调查，询问他们"觉得什么因素会影响高级管理层作出不道德的决定"。分析结果显示，"上级的行为是下属首要的效法准则"（Brenner and Molander，1977：66）。

对工业销售人员禁止行为的影响因素调查中显示，"一个早期的，并长期存在的因素为公司高层领导的榜样行为"（Sonnenfeld and Lawrence，1978：152）。对 64 名曾在财富 500 强公司中任职的退休中层管理者的调查中，Clinard（1983）也有类似的发现。下属珍视并期待高级管理层、管理者及团队领导传达出来的遵从犯罪法规与否的"信号行为"。如果他们给同事或者雇员传达的信息为违反法规是不可宽恕的，那么必须要遵守法规的信息将会被领会并接收。如果他们不坚持对法规的遵守，那传达的信息将会变为遵守法规并非为事情进行的首要条件（Hambrick and Mason，1984）。对法规遵守不知不觉的松懈，对道德及法规遵从的漠视将导致有犯罪倾向的管理者和员工的比例大大增长（Gobert and Punch，2006）。

决　策

公共官员发现了理性选择在解释犯罪原因中的理论价值，典型地将犯罪诠释为犯罪者经过简单计算，估计出犯罪带来的收益要胜于被发现而受到惩罚的几率，因而选择犯罪的结果。然而，大家不得不承认，这仅仅是一个有用的概括和总结性的方法；选择是由一系列更为复杂的考虑和估计形成的。和街头犯罪一样，金融犯罪决策者的理性也受到文化和环境的限制。但是和众多对街头犯罪决策过程的研究相比，对白领金融犯罪的研究要少得多（Gobert and Punch，2006）。其中一个原因是，他们拒绝承认他们实施了犯罪或者受到了公正的判决，结果是"我们几乎没有证据表明在他们犯罪时，相信或者知道可能的犯罪处罚"（Levi，2006：3）。然而，对组织决策过程认知的应用能帮我们揭示这些事项。

决策是行为人追求渴望目标、权衡可能后果并在可能的选择中进行抉择的认知和考虑过程。虽然决策者试图作出有利的决策，但各个团体会给他们施加自己特定的偏好及希冀，这些会影响决策者的关注点，对相关变数的权衡以及最终的选择。受理性选择观点的启发，政策制定者和公共官员们可以毫不费力地调和街头罪犯承认自己的错误决策，因为制定者和官员们对罪犯们有缺陷的决策动态过程以及他们早期从父母或者街头获取的异常的体验有一定的认知。不管犯罪者是因为多种理由还是因为他们对犯罪代价的评估为社会所限而进行犯罪，这都和将是否犯罪看作一个选择的过程并不矛盾。这些事实都未破坏旨在强调提高犯罪潜在代价的重要性。因此，尽管犯罪者有歪曲的看法、异常的体验和疏忽的决策，威慑手段还是可以影响潜在犯罪者并且有效减少犯罪。同时，使用理性选择理论作为政策指南，非常直截了当且易于应用。

但是，我们有理由相信比起街头罪犯来说，白领金融犯罪分子对经济情况更为敏感，并且表现得更为理性。街头罪犯总是无一例外地选择在享乐主义的街头文化背景下实施犯罪，这种文化中，毒品消费以及其他男性的存在蒙蔽了其判断力和事先考虑的能力。毒瘾，紧迫的个人问题，精神疾病和绝望，导致了不管是富人还是穷人的鲁莽决定。然而这些情形在白领金融犯罪中并非像其他类型犯罪那么突出。例如，一次对金融犯罪者和非罪犯生意人的比较中发现，犯罪者更可能存在酗酒、通奸或者赌博等问题，而大部分金融犯罪者就没有（Alalehto, 2003）。很多白领工作者都是在激励、监督并且奖励谨慎决策的世界中生活和工作。他们通常年龄较大，且能够比较成熟、小心谨慎地待人。Weisburd, Waring 和 Chayet（2001）研究了美国地方法院 1 095 名白领金融罪犯及其犯罪案例，发现：被调查的犯罪行为中都涉及了决策过程，并且决策的过程符合罪犯的背景及罪犯对犯罪的理解，比较合理。从这个意义上说，我们研究的罪犯看起来都遵从犯罪的理性模型（Weisburd et al.，2001：150）。

因为很多金融犯罪者在选择犯罪时头脑都是清醒的，他们对金融犯罪的实施决策可能会极端复杂。不同寻常的是，他们在犯罪之前就对机遇和制约因素有深刻的理解。很多犯罪分子会紧密跟踪、了解国家的政治、当地和外地的经济发展动态。他们可能对组织和个人生活如何依靠政治经济大背景及如何引导组织和个人的生活有着敏锐和复杂的诠释。然而经济环境与控制街头无知犯罪政策之间的联系就比较难以解释，因而也无须理论家或巧妙的解释来将它们和金融犯罪者的选择联系在一起。

那些处在十分舒适地位的人，在选择偏好的犯罪形式时，会寻找那些高回报低风险的类型，这样能让他们看起来比较体面。大部分白领犯罪者试图维持他们通常的受人尊重的形象，这和他们的目标与谨慎的生活相一致。如果看起来粗俗或危险的犯罪，对他们来说也无用处。即使不能总保持道德上的正派，很多白领都营造了一种整洁并具有商业触觉的形象。当排场消费和临时性的奢华成为各阶层贪婪的犯罪者的目标时，金融犯罪者试图传达的胜利的形象便受到了广泛的尊重。有些人想要成为社团领导人或者成功企业家。街头犯罪者会付出相当大的努力去扮演坚毅的恶棍或者逃犯的角色，这点和金融犯罪是不相关的。白领金融犯罪者更可能设计表面上看起来很清白和受尊敬的犯罪与生活方式，正如他们从事的工作一样。

即使环境也会影响选择。决策者能够审视他们所处的形势，直觉地领悟其他人在做什么并期望得到什么。这样，通过"偏好塑造"，背景环境"结构性地建议"并影响了选择（Dowding, 1991；Dunleavy, 1991）。由于对个人或群体评估潜在成本和收益起引导作用，结构性条件和环境背景对于最终选择犯罪也显得非常重要。在金融犯罪中，犯罪者通常会对犯罪行为将造成的道德上和法制上的后果进行有意的掩盖（Shover，Coffey and Sanders，2003）。其中一种方法是，犯罪者将会选择在不易发现的环境和场面中进行犯罪（Vaughan，1998：32）。

"麻痹良知"的过程也是犯罪的一个重要组成部分，该过程中组织或职业成员对修辞和语言学方法的共享起到了一定的作用（Geis and Salinger，1998：87）。有些人相信自己比其他人有更完整的理解力，或者说觉得自己的观点是有价值的，这类人更容易麻痹良知。例如，在119名被采访的餐馆老板中，80%的人认同价格战是餐馆经营中一种最主要和最具威胁性的战略；相同比例的人表示在他们的产业亚文化中，犯罪是一种正当的现行为（Alalehto，2000）。由于对公平和权利的共识，在犯罪之前的借口中，沮丧的情绪都会成为犯罪的理由。如果有意趣相投的人参与犯罪，犯罪者将不理会公众对犯罪行为的看法，从而弱化法制的威慑性影响。

交易是带有谈判条款的商业业务。他们是使谈判者在谈判过程中不考虑道德因素以防出现不利谈判结果的先决背景。一旦有线索表明谈判方有着灵活的道德和法律标准，交易商就可以敏锐地意识到并迎合。交易也是有竞争性的，交易者可能精心设计交易质量以防交易对方在其他领域积极寻求交易优势。内部人士视交易为游戏，在游戏中，玩家通过操纵他人来达到期望目标。

机密和欺骗是游戏的一部分。通常交易的机密性和竞争性本身并不导致错误的行为，但是它们可以使参与者将违规、欺骗和很多犯罪行为视为交易的一些小步骤。时间的紧迫性加大了犯罪的可能性。交易者经常会合理安排时间，并将与工作相关的社会活动看作是一种投资。因为时间总在不停地流逝，成本也在不断地积聚，一旦"作出承诺，协商方就不会再关心要做什么"（Couch，1989：105）。回头再看，机会是如此地简单而唾手可得。在阴谋发展期间，努力、成本及尴尬都来自内心的变化。在努力达成交易的过程中，处理眼前危机，克服日常争论、法律阻碍及对大环境的兴趣，都变得遥远并考虑欠周。

很多犯罪都是由交易的一般特征引起的，但在特殊的组织中，也存在一些引起特殊违法行为的结构性变量和文化变量。产业中的商业周期和经济条件感觉起来或许不会像获得下一份合同或奖金那么重要。但在不同的组织中，人们对于大环境对遵守法规和犯罪所起的作用持有的看法也是不相同的。奖励机制，问责措施备忘录及办公室的休闲谈话所传达的消息都可能影响决策，并且影响方式是多样的。但在组织中对业绩追求的压力及对犯罪有促进作用的组织文化的存在将大大提高犯罪的可能性。

业绩压力是个人或组织单位因为有维持或改进业绩标准的需求而产生的焦虑或者恐惧（Needleman and Needleman，1979；Baucus，1994）。该种压力均源于对业绩尚未达到同辈或者上司眼中的标准的信念。而这种恐惧通常会随着时间的流逝产生并逐渐强烈。当组织中采用非法方案解决某些问题成为惯例时，犯罪组织文化便产生了。组织中的人指望上级及组织中有共同问题的同事一起讨论问题的解决方案。不仅实践经验及逐渐形成的事情解决惯例会使作出犯罪决定变得更为容易，同时对犯罪的共同理解，及一致的语言风格也对其产生一定的影响。一旦关键参与人员识别出哪些人是应该避开的，哪些人是可以安全接近的，阴谋的车轮就开始向前滚动。如果有经验，即使少许情报被泄漏了也可以完成任务；口头的保证只不过是例行的闲聊而已。"人们从社会环境中得到的帮助越多，尤其是积极的且值得信赖的帮助，实施犯罪的可能性就越大。"（Bussmann，2003）

组织犯罪者和其他金融犯罪者受环境的限制不大。相反，他们的行为通常是由于在道德上误解某些复杂变数而导致的。很多人习惯于选择多、老练圆滑的环境。有些人甚至设计社会生活的琐碎细节来牟取经济利益，他们掌握了评估事情的结果是可取的还是不可取的诀窍。

如果将白领犯罪视为可以轻易用方程建立模型并进行数学运算的话，那就过于简单化了。犯罪者都是有偏好的。他们的估计及道德指南随压力和文化条件的不同而变化。他们可能并非在认真考虑的基础上作出决策，而仅仅是基于一种什么事情简单及事情通常是如何完成的抽象理解。不过，很多犯罪者还是花费了大量的时间和脑力来考虑行动方案及行动中可能的意外，并且详细地评估其言行的后果。相比街头犯罪者来说，白领金融犯罪者可能更关注选择犯罪所要付出的代价及带来的收益。

正视金融犯罪

理性选择理论不仅能够解释金融犯罪的根源，同时也可以提供减少金融犯罪最可行的解决方法。作为制定政策的指导，理性选择理论的基本假设是"当处罚不确定，甚至完全不可能时，犯罪将急剧上升"（van den Haag，1975：70）。以下引言是对家长、教师以及立法者的建议：有效提高人们行为举止的方法是提供规则、教以戒律、树立榜样以及执行法律。针对不良行为，应该让当事人承担责任，必要时施以惩罚。仅仅有理论上的责任是不够的。你不能指望能够通过道德感化来矫正罪犯的行为，而应该用最老套而实用的方法，那就是叫他停下来然后告诉他为什么；如果他不停，那就在必要时运用法律的强制力迫使他停下来。这很简单，但却需要坚决的行动以及坚定的意志力（Bennett，1992：165）。

在许多西方国家，这条建议已深入人心，并具体实施到了针对街头犯罪及其犯罪分子的各项政策中。例如，在美国，严厉法律的成果随处可见，有数据显示，在2006年6月30日这天，每133个居民中就有一个被关进过监狱（美国司法部，2007）。这一数字自 1973 年以来增长了 500％。有关法律威慑效果的研究显示确定的处罚可能产生一定的威慑力，但严酷的处罚，如果说有效果的话也微乎其微（von Hirsch et al. ，1999；Simpson，2002）。其结果是对少数犯罪分子施加的严酷刑法所产生的威慑力很有可能会比对大量违法者采取的官方处罚产生的威慑力小。所以必须让金融犯罪分子知道并确信他们的活动正受到严密且有力的监督。因为比起街头犯罪分子白领金融犯罪者更为理性，也更少走极端，所以理论上来说，法律对其犯意的威慑力和其他控制力会更为显著（Weisburd et al. ，2001）。当这些人犯罪被调查、被起诉并施以处罚的可能性增加，并伴随着受损公众形象所带来的耻辱时，金融犯罪率将会下降。

然而，对金融犯罪进行有力监督并作出有效回应却困难重重，让人沮丧。首先遇到的困难就是对有名望的罪犯施加更多制约或更大责任总会受到的阻力。立法机关对新法案的动议总是难以维系，就在看起来快要成功的时候，其法律执行机构人事和预算会受到限制，使其受到重创。

呼吁加强金融诱惑监督的人士面临的障碍，最后几乎都不是因为难以推广新的行为规范或难以执行监督。受到金融犯罪侵害的组织可能会不愿意上报外部的官员，而其组织内部的反应又通常不确定也不够强烈（美国注册舞弊审核师协会，2007；Bussmann，2006）。金融诱惑的增长速度超过了对其监督的技术手段的发展，而且监督机构及其人员的腐败进一步妨碍和降低了监督的有效性。除了以上存在的问题，还有调查和起诉金融犯罪所面临的技术挑战。很多金融犯罪都没有报道，因为调查官员可能欠缺充分调查金融犯罪的专门知识和技术。为调查金融犯罪，经常需要由各个机构人事组成任务小组，但是要明确责任人并证明其有犯罪故意则很困难。这是公诉人常常会选择民事起诉部分的主要原因，因为民事诉讼胜诉所需要的证明标准相对较低。不能成功进行调查和起诉金融犯罪所存在的问题也是监督的主要责任在于管理机构和管理过程的原因。

然而，仅仅将法律威胁和处罚的重要性集中在其威慑效果上是错误的。处罚对于公民和官员目标的道德和宣示性影响同样也应该考虑。刑事司法体系通过对犯罪的处罚，向白领犯罪者传达了相当明确的信息。很有可能的是，那些追求人际和公众尊重的白领们将会非常顾虑身陷囹圄的耻辱。会被像普通罪犯一样对待的可能，给傲慢、有资历的白领们灌输了一定的卑微感。如果监狱的高墙能说话，金融犯罪者就不太可能对其话语中传达的信息置若罔闻了。支持对金融犯罪增加重大处罚几率的政策也有会利于官员们优先处理这些事务。例如，这已在警察中成为共识，即合情合理地将扰乱公共秩序的罪犯迅速释放意味着这些犯罪应该在可能的范围内予以忽略。因此，轻微的法律处罚规定和一些政府机构零星的处罚执行就可能被其他公职人员视为应该将其注意力转移到别处。当存在充分有效的处罚，个别零散的犯罪行为决策就不太可能；更为重要的是，向设立充分有效的处罚这个方向发展会加强执行力度，并最终完善道德构建。

　　和街头犯罪的数据相比起来，白领金融犯罪数量和分布的数据显得少而无力。但是，美国和其他国家的研究清晰地表明，金融诈骗和其他金融犯罪极度常见，且不论是受害者还是更大的社会，都付出了昂贵的代价（美国注册舞弊审核师协会，2006；Bussmann，2006；Kane and Wall，2006；Levi et al.，2007），然而却没有人能够有哪怕一点点的信心能够对金融犯罪的时间和地域变化作出概括。值得庆幸的是，理性选择理论的逻辑，给出了具有说服力的理由，让我们相信西方世界正面临金融犯罪率不断上升的狂潮，这一狂潮甚至也可能正席卷世界各地。这些具体的原因包括金融诱惑形式不断翻新和诱惑不断在全球扩散增加、监督不力以及对犯罪者几乎没有惩处或者惩处过轻。

　　世界上大多数地方在调整监管的主流方法中顺应了革命性的改变，其结果是显著的。反应型的调整取代了对生产过程的直接的国家监管，代之以坚持对守法的自我监管以及为确保它实现进行的组织方案的监管（Ayres and Braithwaite，1992；Braithwaite，2002；Braithwaite，2005）。政府已经将大量的调整工作转向了教育被管理者明白他们需要做什么的项目中，并帮助他们开发和运作内部的守法方案。同时，政府还努力吸收其他方面的力量加入到调整过程中来，专职机构、商业团体以及社区组织都被认为在减少组织不遵守法律行为的努力中扮演了重要的角色。这个向自我调整转变的运动的效果如此地显著，以至于由美国量刑委员会制定并由联邦法官使用的量刑指南在审判被指控的组织和官员时，都会将存在可靠的内部守法方案视为决定量刑的一个减轻因素。

　　对金融犯罪的调整大规模地转向合作性或"反应型调整"方案的效果仍未可知。实证调查的结论尚不清楚，但看起来这些方案确实需要政府监管的支持和官方对严重故意或疏忽大意不遵守法律的行为主动施加刑事处罚。这些方案也要求公司管理层承诺建立强有力的内部守法方案。对从999家澳大利亚商业公司所采集数据进行的分析显示，"总体来说，内部遵从法律方案的实施，是片面、象征性和不认真的"。分析还表明，"强制行动提高了方案实施的水平"（Parker and Nielsen，2005：441）。然而，有证据表明，自我调整和内部守法方案与严格的政府执法结合的效果随着行业类型的不同而改变。无论这些方案对于控制金融犯罪的效果如何，它们都可能不会提升对环境的保护（Stretesky，2006）。没有人鼓吹单纯依赖公司的自律；政府必须保持实施严密监管和施加处罚的能力与决心，以防私人当事者遵从法律自愿性的恶化。由经济生产和市场全球化引起的不断加剧的竞争，是自发调整提升的主要促进因素。它也使在不远的将来任何对这种趋势的显著逆转都是不可能的。因而，看来似乎为确保有效的公司自我监管方案，政府监管的类型和水平既难以产生又不易维持。

　　虽然强制措施的可用性及具体应用很重要，但无论是对公众还是对私人而言，这都不是有效守法体系的唯一因素，公民坚持有效监管的重要性怎么强调都不过分。若顺其自然，执法的公职人员会行使监管优先权和监管程序，以反映对他们而言监管是有效的事实。不可避免地，来自外部支持者和当事人的侵扰，被视为破坏了知识运作程序和假定的专门技术。然而，除非或直到公民组织起来并采取行动，国家及其监管机制可能一直不均衡地去满足强势群体的利益。只有当公民坚持对金融犯罪采取更确定的处罚，特权和强势犯罪者认为他们可以逍遥法外的设想才能被消除。直到那时，应用理性选择理论来控制金融犯罪行为和犯罪者的预言才会实现。

作为金融犯罪的犯罪者和受害者的银行或其他金融信贷机构

〔西〕Dr. Dr. h. c. mult. Francisco Muéoz Conde

〔意〕Dr. Luigi Foffani

合著

朱　婷*　译

1. 绪论：从私有财产的刑事保护到对社会主义市场经济秩序的保护

以一种传统的方式去解释和区分财产犯罪或者中国刑法典第五章所规定的"侵害财产罪"，即是区分"暴力"和"诈骗"。因此，正如著名的古罗马法学家西塞罗在公元前 1 世纪说道："*Duobus modus fit iniuria：aut vi，aut fraude.*"（"犯罪有两种方式：一种是使用暴力，另一种是使用诈骗的手段。"）

通过分析普通法系中盗窃法的发展，乔治·弗莱彻区分了三种基本类型的财产犯罪：盗窃罪，挪用罪和诈骗罪。这三种犯罪的区别和受害人的参与性质有关：在盗窃罪中，受害者人绝不主动参与；在挪用罪中，受害人同意最初的取得行为，但却不同意后来的据为己有；在诈骗罪中，受害人同意财产转移，但这仅仅因为他或她是受骗者。[①]

在大陆法系的一些刑法典中也有相同的模式。例如，德国刑法典区分了 *Diebstahl-Raub*，*Unterschlagung* 和 *Betrug*，西班牙刑法典区分了 *Hurto-Robo*，*Apropiación indebida* 和 *Estafa*。[②]

但正如弗莱彻所说，随着当代法律的发展，这种区分变得模糊了，这种模糊不仅仅是现代立法的产物，而且更反映出犯罪观念的深层次转变。

事实上，在现代刑法中，由于众多的社会和经济因素，盗窃、挪用和诈骗这种传统的区分方式已经不能解释新的财产犯罪的不同法律形式，同样也不能解释新的"经济犯罪或白领犯罪"以及中国刑法典第四章"破坏社会主义市场经济秩序犯罪"，这些经济犯罪有自己内在的逻辑，有时它们与财产本身无关，但与市

场整体或经济的子系统有关，比如财政系统，就是不同的社会和经济条件的产物，也表达了犯罪的新概念。

以白领犯罪或者中国刑法典中的"破坏社会主义市场经济秩序罪"为代表的新的犯罪模式，很容易看出为什么以"财产犯罪"为研究重点的旧的犯罪类别无法再解释新型的经济犯罪。承认这个事实同样可以帮助我们理解为什么白领犯罪在传统中被资本主义市场经济国家排除在刑事起诉之外。在这个体系中，立法者总是担心对某种财产犯罪进行严厉的处罚将被认为是抗议的形式，甚至对这种建立在私有财产基础上的经济体系构成威胁。

但是现代社会产生了一系列新的问题，这些问题是由那些为别人管理资金的人造成的。不管是社会主义社会还是资本主义社会，这些人在整体上对市场经济产生很大的影响，甚至是超出了某一个国家或地区的区域性限制，甚至超出了经济体系本身。19世纪中期工业革命开始时，对生产原料和市场的控制逐渐私有化。国家没有意识到这一点，这是一个自动调节的过程。著名的自由主义的标志"*lassez faire，lassez passer*"鼓励了国家的自由放任政策，更不用提刑法或者对这一体系的刑罚性控制了。

渐渐地，在1929年纽约股市崩溃引起的经济危机以及第二次世界大战之后，资本主义经济纯粹的投机系统坍塌了，这时候必须制订一种更强的对市场进行整体控制的方案。为了达到这一目的，更强的刑罚干预变得不言自明。这是新经济政策的方向，正如20世纪30年代美国罗斯福"新政"或是斯堪的纳维亚和德国的社会民主政权，第二次世界大战后的英国工党，用税收政策以及刑法手段，通过规范市场来纠正过度的资本。

同样，科学技术的进步和日益盛行的用户至上主义创造了一些新的应该被规范和强制的领域，不只是使用民事或行政的手段，也包括了刑事制裁。结果，在学术领域衍生出了刑法的一个新的分支，称为经济刑法。对于法人挪用资金、计算机诈骗和商业信贷欺诈等等犯罪，人们不仅达成一致意见，认为对此必须采取行动，而且认为首先必须创造出新的刑事干预的手段，比如危险犯、法人犯罪等等。立法者开始颁布新的刑法，也就是德国法学家弗里德·哈斯摩尔所称的[3]"Modernen Strafrecht"和"现代刑法"。换句话说，刑法几乎不得不帮助实现新的政治和经济目标，可以有效保护新的部门或对一些领域进行干涉。受法律保护的利益和观念，比如环境或者市场经济开始被用于刑事律师的技术语言中，同时，刑法的新学科，如环境刑法、经济刑法也兴起了。大量新的罪名被创造出来，例如1997年中国刑法典关于"破坏环境资源保护罪"的章节，以及"破坏

---

③　参见弗里德·哈斯摩尔：Produktverantwortung im modernen Strafrecht，1993；汉斯摩尔与弗朗西斯科·孔德：La responsabilidad por el producto en Derecho penal，巴伦西亚，1995。

社会主义市场经济秩序的犯罪"（刑法分则第三章，也是整个刑法典条文最多的一章）。

这也导致了"刑法膨胀"的事实④，超出了古典刑法的传统限制。除非有很明显的危险或应被保护的合法利益受到损害刑法才能干涉⑤，这种假定已经被推翻。取而代之的是，刑法具有保护社会体系的整体功能，或者保护诸如环境或市场经济之类子系统的功能。⑥

我们应该继续思考与这次会议主题相关的现代刑法的发展，即"金融犯罪"，而本文将会把银行和其他金融贷款机构作为金融犯罪的犯罪者和受害者来加以讨论。

2. 银行在金融犯罪中的角色：犯罪学的模式

现代刑法一直与银行和其他贷款机构相关，但是在动态犯罪中这些机构的角色在每个案例中却大不相同。因此，为了便于描述和区分，我们可以将案例大致划分为四种情况：

a）在某些案例中，银行（在许多国家，银行在刑事或行政方面的管理职责是能够被预见的）或者作为代表的个人（管理员、经理或雇员）被预见为一种犯罪的犯罪人，而这种犯罪是有利于本银行利益却有损第三方、社会或者整个银行系统的利益（见下面的3）。

b）在某些案例中，银行成为损害第三方利益的犯罪工具，也就是说，银行被用作一种法律—经济的工具，并分别指向两类不属于银行的、与犯罪有关的人——犯罪者和受害者（见下面的4）。

c）在某些案例中，银行是其内部的个人犯罪行为的受害者，这些人（行政人员、经理、雇员）背叛了他们自己和银行系统的信任关系，其罪行直接损害了银行的利益（见下面的5）。

d）在某些案例中，银行成为外部的个人所做的损害银行利益行为的受害者（见下面的6）。

3. 银行作为犯罪行为的犯罪者

在某些案例中，银行和银行经理可能扮演着犯罪行为犯罪者的角色，他们忠于银行利益却损害了第三方的利益。我们不得不首先考虑，银行业或财政行为的弊端，以及银行行为或金融媒介的弊端。在历史上和在比较法学中，对滥用职权行为进行惩处一直是对银行业和财政部门进行刑事（和行政）干预的最重要的手段之一，这与欧盟法的原则是一致的。其目标是保卫整个经济系统存

④ 参见［西］Jesús Silva Sánchez：la Expansión del Derecho penal，2版，马德里，2002。
⑤ 参见弗朗西斯科·孔德，Mercedes García Arán：Derecho penal，Parte General，7版，2007。
⑥ 刑法的功能或系统方法，例如，Günther Jakobs，Strafrecht，AT 1982；批评这一观点的批评家Claus Roxin 所著："Strafrecht"，4版，第1卷，2006。同样可见上述汉斯摩尔的观点。

在的基础。在这种情况下，应当保护的是信用和财政经济发挥功能的核心条件：假设有一种在制度上超个人利益的代表，能够保护储蓄者/投资者的个人经济利益。

除了这些弊端，另一些案例中，银行系统作为犯罪行为的犯罪者是对行政机关履行监督职责的行为进行了妨害。我们再一次发现，与欧洲法律体系一脉相承的是，犯罪政策的目标是确保银行系统的稳定，国家和欧盟金融市场的规范运作，以及储户的普遍利益。

其他由银行的董事和经理为了银行利益所犯的罪，可能在银行的经营过程中发生：比如做假账和其他的法人犯罪，可能同样被包括在"银行犯罪者"的形式中，即使这些犯罪对所有法人组织形式的公司都是普遍的，而不是银行刑法的特殊表现形式。

与银行业及其日常业务（信用业务）的特点更相称的另一种犯罪，源自于最古老的破产刑事法，至今仍存在于欧洲法律体系中：这种犯罪在意大利被称为 *bancarotta preferenziale*（art. 216.3 legge fallimentare italiana），在德国被称为 *Gläubigerbegünstigung*（§ 283c german StGB）。那些濒临破产的债务人向债权人提供了担保，而此时债权人并无权获此担保，也就是说，债务人明知或故意地给债权人而不是其他人这种好处。当这种情况发生时，法律就会对债务人进行惩罚。

我们刚刚谈到了破产债务人给予特定债权人好处这种犯罪行为。而特定债权人常常即是银行，因为一般情况下，银行作为债权人有能力去调整处于破产压力之下的债务人，使其置于某种艰难的境地。如债权人不仅取得了犯罪所得利益，而且主动将债务人置于压力之下，滥用其职权去获得并非自身合法权利的报酬或担保，那么他就可以被认为与无力偿债的债务人负有同样的刑事责任，完全处于"银行犯罪者"的模式中。

我们同样能够发现，最后一个重要的犯罪学模式是由意大利的立法者提出的，即高利贷犯罪（1996 年 3 月 17 日的法案，nr. 108），这为刑法典第 644 条给出了新的措辞，并明确地指出了加重情节（惩罚可以达 15 年监禁）。在这个案例中，高利贷是在"专业的银行业或变动的金融仲裁活动中的行为"（art. 644.3，nr. 1 p. c.）。这也同样指出法律应当"限制任何一种可能被认为是高利贷的利息"。从这一规则的结构中我们可以清晰地发现，它为信贷行为确立了基本的限制，因此在银行刑法中扮演了重要的角色，在比较法中同样成为一个典型。同样在德国，即使没有同等的重要性和自治性，在 § 291 StGB 中被称为 Kreditwucher 的犯罪，也把信贷认为是高利贷犯罪发生的主要领域之一（Wucher）。

4. 银行作为犯罪行为的犯罪工具

在犯罪学和比较法中与"银行犯罪者"模式一样重要的是，银行可能作为犯罪行为的工具，而银行外部的个人成为犯罪者和受害者。我们可以说，首先，许多国家的法律制度中，都有关于信用卡犯罪的银行刑事法。在传统法中，这些犯罪属于较小的（即使有时是大的）欺诈式的财产犯罪，法官经常处理这些案件。正是由于这些犯罪的数量（一般较小），大量形式上违法的行为和抽象危害的存在（例如签订未标日期的支票或是空头支票），以及法院必须处理大量案件的需要，在许多法律体系里我们可以看到一种消灭这些违法行为和将其行政化的趋势。

当然，在银行领域，一些关于动产和洗钱的规定，与将银行作为犯罪"工具"关系更为密切。这些犯罪的规定已经在过去几年延伸至整个国家的法律系统，另一个重要原因是，由欧洲最重要的以及全世界的跨国机构所推动的一系列犯罪—政治运动。可以确信的是，在这种情况下，国家的立法者和跨国机构的代表首先追求的目标不仅仅是对付一般的"贪利型犯罪"，而且有更加具体的目的，即在银行系统中预防有组织犯罪的可能性，避免合法经济被犯罪经济污染。近来，与国际恐怖组织及其财政来源进行斗争也同样成为他们的目的。

5. 银行作为"内部"犯罪的受害者：德国模式"Untreue"

然而关于贷款，问题出现在潜在的贷款者的行为中，在准予贷款方面，问题在于保护银行免受其董事、经理或雇员可能作出的不诚实和共谋的行为，这些行为一般由对某些客户徇私所致（至少在犯罪学的重要案件中是这样），这严重违背了关于贷款结果和风险争论的规则（一般的外部规则或某个银行的内部规则），加剧了损害以及银行资产的危险。

在这种情况下，银行成了"内部"犯罪的受害者，问题的关键在于滥用信贷行为或者是失信、挪用。在一般规则的背后，有一系列真实的案例，包括完全违反信贷系统制度性目标的情况（例如贷款完全违反银行的利益，只为客户谋利益），以及更为严重的不正常的透支情况。在后一种情况中我们可以发现，在贷款方面形式上的无规律性（例如，无授权或在银行体系中无资格），以及在准予贷款时对银行资产所假定的过多的风险。

对于信贷活动中出现的这些病态现象，不同国家的法律体系给出的解释都各不相同：这些现象始于德国的"Untreue"（挪用），成形于传统的侵犯财产犯罪，在日耳曼地区的法律体系中，其特征表现得尤为明显，以特定的经济—法人为形式，只对公司经理和董事适用，像法国的"abus de biens, du credit, des pouvoirs et des voix"（art. L. 241-2，n. 4 e 5 e art. L. 242-6，n. 3 e 4 C. com.），西班牙刑法典第 295 条的 *administración desleal* 和意大利最近规定于法人犯罪中的 *infedeltà patrimoniale*（民法典第 2634 条）。

在比较法学的历史上，通过形成于对公务员制度进行刑事保护一类案例的规则，我们同样可以发现对信贷活动中滥用和挪用行为的惩处：最重要的例子可能是在 20 世纪 80 年代后期的意大利，法院引用了 "peculato per distrazione" 的规定（公务员的挪用行为）（art. 314 PC）。这种严苛的判例法处理方式——由于银行活动强烈的私有化过程而不再被引用——是认识到银行业的经理和雇员应当对公共事务负责任而作出的法律解释（刑法典 art. 358）。

除了这种最不具有特殊性的历史经验——显示出了公共和私人在经济事务方面的结合，这种结合在当今已经不可能存在（至少在欧盟国家的法律体系中是这样的）——刑事判例法对于银行业者在信贷活动中引发的滥用职权问题作出的最重要的解释，可能就是德国法引用 § 266 *StGB*（*Untreue*）法规而作出的判例。这条法规同样存在于其他法律体系中，在传统的经济刑事法领域，在立法和科学水平上更有影响，这并不是巧合。

在银行界，应该鼓励法官使用 *Untreue*（不诚实/挪用）——尤其是涉及准予贷款的特殊时刻——目前，这在德国最高法院的判例法中已经形成惯例（*Bundesgerichthof*）："法院认为准予贷款基本上是一项有风险的业务，因此，只有严重违背银行业务中通用的信息和验证职责，尤其是 § 18 KWG 才可能会招致这些犯罪。"

6. 银行作为"外部"犯罪的受害者：银行存款作为受刑法保护的合法利益

当谈到银行可能成为犯罪的"受害者"，区分由外部人员实施的侵犯银行利益的犯罪（"外部"犯罪），以及由内部人员实施的犯罪（"内部"犯罪）是恰当的。

在"外部"犯罪的案件中——不考虑最平常的暴力型财产犯罪（小额盗窃、抢劫等）——在犯罪学和比较法领域，新型的与科技和计算机发展相联系的犯罪行为越来越多，例如自动柜员机的不同形式的滥用。

从保护银行不受外部犯罪侵害的观点来看，在银行刑法中讨论最多的问题之一，即银行欺诈，非常值得深入研究。从对破产者取得贷款进行事先干预的角度，我们会考虑保护那些专门从事信贷业务的主体（即银行）去抵制在客户申请和接受贷款时可能出现的欺诈行为。在一些法律体系中，这一问题通过预见特别的犯罪行为已经被充分考虑，特别是通过预见惩罚欺诈水平的特别形式。

我们可能特别记得一个发生在德国的犯罪 "Kreditbetrug" 案（§ 265 StGB）——这是由制裁经济犯罪的第一部法律所引述的，1976 年的（1. WiKG, *Gesetz zur Bekämpfung der Wirtschaftskriminalität*）——类似意大利的 "mendacio bancario" 模式，在 1936 年的银行法中已经被预见（art. 95），同样在 2005 年 12 月 28 号的法案 nr. 262 中也存在；在奥地利的犯罪 "Kreditschädigung" 案（§ 152 StGB）和其他类似的葡萄牙的补充法令中（D. L. 28/1984），在丹麦刑法典（§ 298 n. 1 StGB）和土耳其法典（art. 504 n. 1：但在最近这一案件中是欺

诈恶化的情况）也同样存在。除此之外，新近在东欧国家的法典重修中，我们也能够找到类似的模式，例如斯洛文尼亚 1995 年的 art.235，俄国刑法典 art.176 和波兰 1998 年的刑法典 art.297。

这种机会——即使在法律文献中经常提到——是由传统的诈骗罪提供的预期和说明，尤其来自信用行为的特性，同样也来自于寻找证据的困难，从历史观点上看是一致的，与诈骗犯罪相关（包括犯罪行为的客观和主观方面）。

很显然，信贷是经济的基本元素，是建立在信任基础之上的。在经济关系内部，信贷通常建于财政手段之上，通常是向企业提供其所需要的资金和金钱。在现代经济中，这种功能由公共的或私人的金融机构提供，包括银行、信托公司、储蓄所、贷款协会和信用合作社。

同样明显的是这种重要的功能不得不被国家调节和保护，在重大案件中必须使用刑事制裁。

信贷是双方行为，一方是债权人，通常是银行；另一方是债务人。双方都可能实施金融犯罪：债务人通过不同方式进行诈骗；银行作为整体或通过其管理者、控权人、董事等等，可以实施挪用、受贿、扭曲事实以及其他形式的银行犯罪。

下面，我们将谈到一些由债务人实施的金融犯罪。从债务人的角度来看，信贷就是一个人借款的能力，或者是准时拿到物品的能力，就像一种由特定贷款方对于借款人的偿付能力及信用进行评估的结果。从银行取得贷款有两种不同方法，但一般情况下，银行会在借款时要求借款人对于其偿付能力提供担保。如果银行的董事或委员会认为债务人提供的担保是充足的，一般会向其发放贷款。但是，在债务人还款期限到来时一般存在无法偿还的危险。如果无力偿还是由于事故或是灾难，银行就只能对债务人提起民事诉讼，而不是控诉犯罪行为。在商业中，变穷或者发生灾祸并不是一种犯罪。

但是，也有一种可能，债务人以欺诈的方式拿到了贷款，使用虚假的经济合同，使用虚假的单据，使用虚假的财产权利证书作为超过其自身价值的抵押，或者是通过其他方式来骗取贷款。如果所有这些行为都可以被认定为诈骗犯罪，问题就很容易解决了，因为在诈骗罪的法律定义之下，这些行为应当受到惩罚。但如果不认定为诈骗罪，这些特定罪行就会免受刑罚。这个问题就不好解决了。在某些案件中，民事和刑事的法律控制的界限是模糊的，为了消除法官的疑虑，立法者制定了一些涵盖这些情况的具体罪名。

但是，立法者制定新的关于欺诈性地逃避责任的罪名同样有其他的原因。就像我们在本文绪论中所提到的，传统的欺诈的观念（德国称为 Betrug，西班牙称为 Estafa，意大利称为 Truffa，等等）并没有包含每个"对于事实或法律通过言辞或行为进行的欺诈（故意或非故意的），包括一个人或其他人使用欺诈的目的"（根据英国 1968 年法案 s. 15）。在很多情况下，这种结构是不容易应用的。例如，在计算机诈骗中，很难解释一个机器如何实施欺诈。但是在诈骗案件中出现的主要困难主要是诈骗的因果关系：它是与财产、服务或是通过欺诈获得的其他好处有关吗？⑦

普通法系中的判例法显示出，法院在对这类以诈骗法律定义为基础的犯罪定罪时往往有困难。例如 1996 年的 *Preddy* 案，法官认为一个人在取得抵押之前实施欺诈行为并不属于诈骗犯罪，因为他并没有取得"属于另一个人的财产"。此外还有其他的案件，像 1981 年的 *R. v. Lambie* 案，被告人由于消费账目超过了其信贷限额，而被要求归还 Barclay 卡（她也同意了），但她已经在 Mothercare 分店用 Barclay 卡买完东西了。她被起诉并且被宣告有罪，因为通过欺诈手段取得了金钱利益，这违背了 1968 年的盗窃法案 s. 16。这表明，即使是最准确的法律表述或定义都不是绝对确定的。

应用欺诈的普遍定义的另一个问题与精神因素或犯罪意图有关。在意图方面，毫无疑问很容易证明义务的主观归因。但正如莱西·韦尔斯所说："我们应该提醒自己意识到存在非故意欺诈的可能性和永久掠夺意图的缺乏，例如，通过欺诈手段来获得服务（或信贷）的行为都被认为是犯罪，那么人们（我们中的大多数）可能仅仅因为对自己的银行情况或信用卡账户存在疏忽或是无知即被定罪，在交易过程中人们意识到这可能超出其权限，于是在下一步骤有意识地与银行问题分开。"⑧

关于"以欺诈手段来获得贷款"的主观要素的另一个具体问题是，传统的欺诈概念假设欺诈不仅与不诚实有关，而且与意图非法取得有关，这毫无疑问是有因果联系的。

如果债务人通过欺诈手段获得了贷款却又归还，那会怎么样呢？

他应该为自己不诚实的行为受到惩罚吗？如果他没有给银行造成任何损失，并且他归还了这笔钱，如果是这样，怎么办呢？

作为诈骗的一种尝试或者是阴谋，或通过创造一种具体的危险犯罪惩罚不诚实行为，因为它对信贷系统的功能造成危险，即使最终都未对银行造成损害？

如果银行的特殊利益或金融体系的整体利益受到合法保护，即使案件中某个银行利益没有受损会怎样呢？

如果对这种行为进行处罚的重点在于犯罪所涉数额，我们如何决定数量巨大，或者特别巨大，就像中国刑法典第 193 条，当债务人必须偿还债务时会怎样呢？当债务人以虚构的理由取得贷款时，这种诈骗是一种损害吗？

---

⑦　参见［意］莱西·韦尔斯：《刑法的重构》，修订 2 版，286 页，1998。
⑧　［意］莱西·韦尔斯：《刑法的重构》，修订 2 版，286 页，1998。

构成犯罪所必备的主观意图仅仅与行为联系在一起，还是应当包含一种给银行造成损害的意图呢？

如果某个人以虚构的理由取得贷款，因为他过失地认为有了这笔贷款就可以在经济危机时拯救他的公司，他一直想还这笔债务，但是到最后却没办法归还，这样的主观要素足以使他受到刑罚惩罚吗？因过失犯诈骗罪是可能的吗？有没有明确的与这种犯罪有关的"可归责性线索"呢？

所有这些问题使得许多国家的立法者制定了明确的罪名来惩罚信贷方面的滥用行为，或者是贷款诈骗行为，这是不容易包含在传统的诈骗之中的。1976年的德国刑法典第265条b）惩处Betrug这种犯罪行为（*Betrugskredit*）⑨，1995⑩年西班牙刑法典第290条，与1997年中国刑法典第193条⑪也有类似的规定。这些法律都有同样的目标：通过惩处贷款诈骗行为来保护金融信贷系统。但是，当然这些法律还是有很多不同。

例如，德国刑法典和西班牙刑法典规定，欺诈行为的主体应该是商业社会或公司的董事或管理者，欺诈行为存在于有关公司的法律或经济状况的虚假文件中，并不是任何人都可以犯这个罪。

德国和西班牙的刑法典并不关心犯罪所涉数额，同样也不要求行为对发放贷款的机构或个人构成损害的结果。西班牙刑法典要求有造成损害的行为，但不是损害本身，当损害发生时，就加重处罚，但是罪名仍然相同。

在德国刑法典中，损害可能是由于欺诈引起的，但是这种犯罪行为不得不被单独惩罚，但在自愿放弃犯罪以避免损害发生的情况下，是可能免除刑事责任的。

在这方面，英国刑法典的演进是相当有趣的。

英国法院在处罚以不同方式进行贷款诈骗的行为方面存在的困难推动了法案的修订：1968年反盗窃法案，1978年反盗窃法案，1996年反盗窃法案（修正案）。

---

⑨　Klaus Tiedemann，Wirtschafsbetrug，1998，Art. 265 b.

⑩　Francisco Muñoz Conde，Über den sogenannten Kreiditbetrug，in Festschrift für Klaus Tiedemann，2007.

⑪　参见1997年中国刑法典第193条：有下列情形之一，以非法占有为目的，诈骗银行或者其他金融机构的贷款，数额较大的，处5年以下有期徒刑或者拘役，并处2万元以上20万元以下罚金；数额巨大或者有其他严重情节的，处5年以上10年以下有期徒刑，并处5万元以上50万元以下罚金；数额特别巨大或者有其他特别严重情节的，处10年以上有期徒刑或者无期徒刑，并处5万元以上50万元以下罚金或者没收财产：

（1）编造引进资金、项目等虚假理由的；

（2）使用虚假的经济合同的；

（3）使用虚假的证明文件的；

（4）使用虚假的产权证明作担保或者超出抵押物价值重复担保的；

（5）以其他方法诈骗贷款的。

在"通过诈骗拿到转账资金"名义下，这部法令在1968年反盗窃法案第十一章后加入了第十五章（A）：

15A.

（1）如果一个人通过诈骗为自己或他人拿到转账资金，他是有罪的。

（2）转账资金在以下条件发生时——

（a）借方作一账目，

（b）贷方作另一账目，并且

（c）信贷由借方产生或借方由信贷产生。

后来在1968年法案第二十四章之后补充了24（A）"不诚实地保留错误的信贷行为"。

在1978年反盗窃法案的第一章（通过诈骗获得服务）第二节（取得服务的情况）后面补充规定：

"（3）在不违背上面（2）规定的一般性条件的前提下，为取得服务而使另一方提供贷款，或引起或准许一项贷款，任何支付（无论是否为了利益）将会或已经与贷款有关。"

那些区别显示了莱西·韦尔斯提到的英国关于诈骗的规则："即使两个主要的立法意图相隔10年，似乎在调控诈骗犯罪方面，刑法仍然缺乏一个合理、完整，并且可行的方案。"

我们想补充的是，即使是不同的立法意图，比较刑法缺乏一个合理、可行的方案不仅表现在调控诈骗犯罪方面，并且表现在以不同方式取得贷款方面，这并不是诈骗，而是另外的我们不知道如何去准确定义的犯罪行为。

7．欧洲协调的可能性："欧洲犯罪"案件

现在应该把我们的注意力集中到欧盟经济刑法的协调方面，这是几年前经过由K. Tiedemann组织的一组专家详细论证的（"欧洲犯罪"案件）。它包括一个经济刑法议案的提议——尽管有刑事工具过分扩张的危险——特别建议在贷款的提供方和消费方之间的关系上进行特别的干预。

事实上，这一议案建议，一方面这种犯罪行为被称为"贷款诈骗"（Kredit-betrug, estafa de crédito），旨在惩罚"那些涉及取得、维持或转换贷款条件，或者为了避免撤销而给银行提供虚假或不完整的指示，或提交关于公司经济状况的虚假或不完整的文件，而这对于决定是否准予贷款是至关重要的"，并把惩罚延伸至"那些在提出贷款申请之后，为了获得准许、维持或者改变公司的贷款条件，或者为了避免撤销，向银行遗漏信息或文件，而这些信息或文件对于决定是否准予贷款是至关重要的"。在另一方面，它明确表示不惩罚"那些本能地、谨慎地尽力避免银行作出贷款决定的人"（第49条）。

另一方面，该议案提议仅限于银行部门的"不诚实或挪用"的具体犯罪行为，(*infedeltà nell'esercizio del credito*，*Untreue bei Kreditgewàhrung*，*administración fraudulenta en la concesión de crédito*)，以补充更加宽泛的"不当经营或挪用"的犯罪行为（*Ungetreue Geschäftsführung*，*administración fraudulenta*），这可以适用于所有的商业公司（第45条），以及惩处"那些在银行中有决定权的人，或作为银行雇员，违反有关贷款目的章程或是有关风险争论的预防性的章程，给予或使某人得到贷款，或改变其条件或遗漏其撤销，以一种矛盾的方式对信贷进行合理有效的管理，对银行造成的损失"（第50条）。

试论金融犯罪的成因与预防

李永升*

一、金融犯罪的成因

金融犯罪作为一种病态，其形成的原因是多方面的，其中既有金融系统外部的原因，也有金融系统内部的原因；既有宏观调控方面的原因，也有微观管理方面的原因；既有社会方面的原因，也有个体方面的原因。总而言之，金融犯罪的形成与滥觞有多方面的致因源，是众多原因交互作用的结果。从我国当前金融犯罪的状况来考察，其形成的原因主要有以下几个方面：

（一）金融犯罪社会层面的原因

金融犯罪作为经济犯罪的组成部分，既是一种经济现象，又是一种社会现象。因此，探究金融犯罪的成因离不开对其社会原因的分析。但对其社会原因的分析，如果仅仅将其表述为"旧社会的余孽"、"十年'文化大革命'的遗患"或者"外来文化的消极影响"似乎显得有些过于简单、陈旧，没有揭示金融犯罪产生的社会本质。那么，金融犯罪社会层面的原因究竟有哪些呢？我认为可从以下几点来分析：

1. 经济转轨频仍，社会监控弱化，是金融犯罪产生的直接根源。自从 20 世纪 80 年代以来，我国的经济体制在短短的十几年中经过了三次大的历史性跨越，从传统形态的计划经济到过渡形态的有计划商品经济再到最新形态的市场经济体制，每一次经济体制的转换虽然对我国经济的发展和繁荣都具有重大的促进和推动作用，但毋庸讳言，宏观经济体制的转型使旧的社会控制机制失效，而新的社会控制机制又未能迅速建立，这样在社会监控方面就必然造成一定的空白和漏洞，为金融犯罪活动提供了可乘之机。例如，在信贷管理方面，由于金融政策不

---

* 李永升，西南政法大学教授，博士生导师，刑法教研室主任，主要研究刑法基础理论及中国刑法学。

稳，有时鼓励放贷，有时又紧缩银根；一会儿拉开储蓄大战，一会儿又证券满天飞。如此种种不正常的经济现象，加上社会监控的疲软，使很多违法犯罪分子利用金融体制改革中存在的缺陷捞取了巨大的社会财富。

2. 社会分配不公，国民心态失衡，是金融犯罪产生的重要因素。在我国社会主义初级阶段，公民从事劳动生产以后从社会那里获得的第一次分配的第收入相当菲薄，其劳动成果的绝大部分被社会以公积金或公益金的形式予以提留，用以进行第二次分配。而在第二次分配的情况下，已不再是以劳动者的贡献为标准，当权力被作为"商品"进入市场以后，权力便成为调节这一分配的重要杠杆。为了获取远远超过第一次分配的第二次分配的利益，从而改善自身的物质生活与精神生活状况，必须将视野转向生产过程之外去寻求物质利益的再分配。在这种情况下，社会物质利益的分配因权力的介入而形成倒挂现象，一方面助长了人们对权力的盲目崇拜，另一方面也助长了人们对金钱的畸形景仰，从而导致社会上某些人心态失衡，认为自己的劳动成果为社会所吞噬，社会对自己不公平，在这种心理支配下，开始对社会产生抵触情绪，为了弥补自己的损失，寻求社会物质利益的再分配，便采取各种非法的活动向社会进行报复，在国家监控弱化的情况下，金融部门就成为他们首先瞄准的目标，于是在金融系统内部的某些败类的配合下，金融犯罪便愈演愈烈。

3. 拜金主义盛行，物欲倾向严重，是金融犯罪猖獗的社会心理原因。货币是商品交换的媒介，是固定充当一般等价物的特殊商品。货币具有不同于一般商品的性能，它可以脱离商品的固有形态而存在，因此，一方面它为人们从事物质交换提供了极大的方便，另一方面，也由于货币脱离商品的固有形态而独立存在的神秘光环为人们所迷惑，从而产生了对金钱的崇拜心理。在我国社会主义市场经济条件下，人们长期被压抑的物欲和私欲受市场经济负面效应的影响，日益暴露出来，有钱就可拥有一切，成了某些人在社会生活中所奉行的座右铭。于是乎，人们由对金钱的迷恋逐渐发展到对金钱的疯狂追逐，金钱在人们心目中的地位被一次次爆炒而最终被推向极致。在这样的心理驱使下，某些金融机构工作人员，不再把廉洁奉公、遵纪守法视为荣耀，而是将攫取金钱的多少作为自己社会地位的象征，于是有的工作人员大肆进行贪污、挪用、受贿，发放人情贷款、关系贷款，甚至与社会上的犯罪分子同流合污、内外勾结，共同侵吞国家资财。而社会上的犯罪分子则更是钱迷心窍，一心钻在钱眼里，把罪恶的双眼不停地盯着金融机构，将肮脏的黑手不断地伸向金融王国，贷款诈骗、金融票据诈骗、信用证诈骗、信用卡诈骗等，无一不是将金融机构作为自己非法致富的"财神爷"。

（二）金融犯罪心理层面的原因

毛泽东同志曾经指出："……外因是变化的条件，内因是变化的根据，外因通过内因而起作用。"① 这一精辟的论述告诉我们，任何事物的发展变化，其根本的原因不在于事物的外部，而在于事物的内部。就金融犯罪而言，导致其犯罪的客观因素只是一个外部条件，而最根本的原因却在于行为人个体的主观因素。正因为如此，我们就不难解释为什么在相同的社会政治、经济、文化背景之下，大多数人都能做到遵纪守法，而实施金融犯罪的只是少数人。

现代心理科学的研究成果表明，人的一切行为总是由动机支配的，而动机来源于需要，所以人们从事任何活动，归根到底都是为了追求某种需要。需要作为人的心理现象之一，是人的行为的内在原因。然而人生活在社会中，其主观需要除了受生理上的制约外，还必然受到社会因素的制约。因此，人的需要在另外一种意义上又是客观事物在个体头脑中的反映。一般来讲，如果一个人的需要能够适应并服从社会的需要，把自己的需要调整和节制在社会允许的范围内，并用自己的辛勤劳动为社会创造财富，在这种情况下，需要是推动社会前进的巨大动力。反之，如果一个人把个人的需要看得高于一切，为了满足个人的需要，可以置社会的需要、他人的死活于不顾，甚至铤而走险，以身试法。那么这种对个人需要和欲望的放纵行为，就会对社会的发展带来极大的破坏作用。因此，在我们的现实生活中，不良的个人需要和个人需要的失控往往就成为某些犯罪动机形成的重要前提。从司法实践来看，金融犯罪者为满足需要所实施的违法犯罪行为所表现出来的心理特征主要表现在以下两个方面：

1. 金融犯罪者承认自己是法律的破坏者，但不承认自己是犯罪。他们认为选择某种外部条件进行破坏是名正言顺的，也就是"有权不用，过期作废"，"常在河边走，焉能不湿鞋"。正是在鲁迅先生早已描述过的阿Q式"和尚动得，我亦动得"的心理作用下，那些大大小小的金融犯罪者在侵吞国家人民财产时，才表现得那么心安理得，毫无愧色。

2. 金融犯罪者大多属于"拜金主义"者。他们认为货币作为社会性财富的一般代表，具有极大的支配力，有了钱便能支配自己甚至他人的命运。于是，他们拼命追逐金钱，聚敛财富，做金钱的俘虏。在不择手段攫取暴利的犯罪中，拜金主义实际成了他们主观心理的经济动因。当他们被抓获以后，他们只是认为自己比别人倒霉而已。因此，在作案时既胆大妄为，又千方百计地规避法律，存有极强的侥幸心理。

(三) 金融犯罪管理层面的原因

管理是促使社会有序发展的重要手段，是社会活动的重要组成部分。一个部门的管理制度是否健全，不仅关系到一个部门的管理水平和办事效率，同时也关

---

① 《毛泽东选集》，2版，第1卷，302页。

系到该部门的工作人员的文明程度和廉洁状况。就金融管理来讲，不管是国家对金融活动的宏观管理，还是金融业务部门对其单位内部的宏观管理，如果管理松弛，监督不力，有法不守，有章不循，都会给人们物欲外流造成可乘之机，为金融违法犯罪打开方便之门。从我国近年来金融犯罪的成因来看，就管理层面来分析，主要有以下几个方面的因素：

1. 金融管理混乱，宏观调控不力，是金融犯罪滋生的重要诱因。近年来，随着金融体制改革力度的不断加大，由于各种管理措施没有及时跟上，金融领域的管理秩序一度陷入无序状态，各种扰乱金融秩序的现象频频发生，使金融管理活动凸现混乱不堪的局面。这种混乱状态主要有以下十大表现：其一，筹措资金混乱；其二，资金拆借混乱；其三，入股投资混乱；其四，发放贷款混乱；其五，存贷利率混乱；其六，结算秩序混乱；其七，机构网点批设混乱；其八，金融机构法人代表管理混乱；其九，社会办金融混乱；其十，内部管理混乱。[②] 由于存在上述混乱现象，某些不法分子乘机浑水摸鱼，导致非法集资诈骗、用账外客户资金非法拆借发放贷款、违法发放贷款、银行结算凭证诈骗等犯罪活动甚嚣尘上，使本来就混乱不堪的金融秩序变得更加混乱。

2. 金融管理失范，制度形同虚设，是金融犯罪产生的重要条件。金融部门历来以"三铁"著称于世，工作纪律严明，规章制度健全，形成了金融部门特有的风格。然而，近年来，随着市场经济的发展、社会监控的乏力，金融系统原有的规章制度失去了应有的规范和约束作用，给犯罪分子提供了很多可乘之机。例如，有的基层站、所公章、私章随处乱放，票据、凭证无人专管，定期结算走过场，给犯罪分子作案提供了难得的时机条件；有的银行对要求开立账户的单位的资金、经营范围审查不严，对于已经建立账户的单位和个人，没有切实履行监督职责，如有的单位或个人出借或出卖账号，随意签发空头支票，使犯罪分子有空可钻；有的银行工作人员吃取回扣或者收受贿赂，违反现金管理制度，让犯罪分子提取大量现金，使国家资金遭受重大损失。有的部门在贷款方面，未能严格实行"三查"（即贷前调查、贷中审查、贷后检查）制度，使"三查"形同虚设，犯罪分子在实实在在的"三查"面前可以轻轻松松地蒙混过关。有的金融部门对各单位的经济活动没有进行经常性的检查和监督，本单位对其账目亦未开展认真、全面的清查，即使一年一度的年终查账，也是敷衍了事，流于形式，使犯罪分子不仅不能及时被揭露出来，反而利用金融管理失范的状况更加肆无忌惮地伺机作案。

3. 金融从业人员素质差，防范意识薄弱是金融犯罪产生的重要因素。近年来，随着我国金融业务的迅速发展，金融队伍日益壮大，青年职工大量涌入金融

---

② 参见陈梅池、郭修清：《我国金融混乱的表现、成因及其治理对策》，载《经济体制改革》，1995（2）。

机构，这些人大部分通过分配、招收、顶替等渠道进入金融系统，他们当中不少人未经严格的政治审查和业务培训就上岗工作，加之不少单位的领导忙于应付日常业务，存在追求经济效益的观念，对职工的法纪教育、职业道德教育、廉政教育等抓得不紧不牢，从上到下，往往是一层不如一层，到了基层就更是放任自流，致使多数从业人员放松了思想改造，缺乏拒腐防变的能力，进而凭借手中掌握的权力，大搞行业不正之风，由违纪到违法，逐步走上犯罪道路。与思想政治素质低下相关，某些金融从业人员的业务素质也令人担忧，有的人对新拓展的业务不熟悉，特别是对信用卡、信用证业务普遍生疏，容易轻信外商的种种许诺，以致诈骗分子一纸假巨额存单，就能充作与我方合作投资的信用依据。这种并不高明的骗术，往往成功率还相当高，这不能不是我方银行从业人员业务素质差的一个明证。除此之外，有的银行工作人员对印鉴真伪的辨别能力较差，对假币缺乏鉴别能力，对某些先进技术尚未熟练掌握，所有这些亦为犯罪分子提供了良好的作案条件。

（四）金融犯罪法律层面的原因

社会主义市场经济实质上就是法治经济。金融管理必须纳入法治轨道，实现金融活动的依法管理，是依法治国的一个重要方面。然而就我国目前的情况来看，众多金融犯罪的出现和金融立法和执法活动的缺陷有着千丝万缕的联系，从而成为金融犯罪长期屡打不止的重要致因源。其主要表现有以下两个方面：

1. 金融立法滞后为金融犯罪的产生提供了客观条件。我国的金融制度的建立虽然已经跨越了四十余个春秋。但在金融立法方面，与现实的需要相比，仍存有很大的差距。由于受计划经济体制的长期熏陶，我国以往的金融管理模式，主要是依靠行政手段进行管理，法律制度很不健全，且仅有的法律规范也大多表现为一定行政法规和行政规章，不仅法律效力层次低，而且配套性差。这种立法格局与金融管理在国民经济中的实际地位和要求极不相称。近年来，随着我国金融体制改革的深化和市场经济的发展，国家立法部门对金融立法给予了高度重视，先后制定了《银行法》、《商业银行法》、《票据法》和《保险法》等法律。1997年修订的新刑法又专门在经济犯罪中设置了两节，较为详细地规定了金融犯罪问题。尽管我国目前的金融立法较之过去有相当大的进步和改观，然而在金融领域的很多方面，无法可依的现象依然存在，诸如规范信贷管理的信贷法、调整结算法律关系的结算法等等，均待字闺中。所有这些法制空白地带，往往为犯罪分子从事金融犯罪活动打开了方便之门。例如在司法实践中频频发生的集资诈骗、贷款诈骗、信用卡诈骗、信用证诈骗等金融犯罪，究其原因除了管理层面的原因外，有关方面的金融立法不健全也不能说不是一个重要的因素。

2. 金融执法不力是金融犯罪产生的又一重要因素。金融犯罪的成因在法律层面上除了立法的不健全以外，执法不力也是导致金融犯罪屡禁不止的重要原因。这方面的表现主要有以下几点：一是有案不报，以罚代刑。金融系统内部实行一票否决权制度，使不少单位害怕企业声誉受损而影响职工的福利上升，因此对发生的金融犯罪没有做到严查深究，甚至竭力掩盖隐瞒，包庇袒护，或者仅仅在内部实行消化处理，以罚代刑，造成金融犯罪的隐形案件剧增。二是以有无造成实际危害作为是否定罪的标准。在日常司法工作中，有不少司法部门在查处金融犯罪案件时，仅以有无造成实际危害作为是否立案的标准，这在事实上无疑助长了金融犯罪分子侥幸心理，即只要犯罪行为未造成实际损害，就会万事大吉，行为人本身也秋毫无损。因而是一计不成又施一计，及至犯罪得手，已经给国家造成了不可挽回的巨大损失。三是对金融犯罪打击力度不够。这主要表现在对金融犯罪分子的降格处理非常严重，有法不依、违法不究、执法不严的现象已非个别，而有相当的普遍性。尤其对于金融部门某些领导人员玩忽职守的行为更是查处不力，往往以"交学费"为遁词，在所谓"接受教训"、"下不为例"的搪塞之下，逃脱了法律制裁。以上种种表现在很大程度上助长了犯罪分子铤而走险的心理。

二、金融犯罪的预防

金融犯罪作为经济犯罪的重要表现形式，是各种层面的消极因素交互作用的结果。鉴于该类犯罪产生的原因多多，其本身又兼具经济违法、行政违法和刑事犯罪多种性的特征，要预防和控制这一方面的犯罪，就必须进行全方位、多渠道的治理方能奏效。笔者认为，要真正有效地预防金融犯罪，必须做好以下几个方面的工作：

（一）深化金融体制改革，规范金融管理秩序

马克思主义基本原理告诉我们，经济基础决定上层建筑，物质决定意识，完善的金融体制是以发达完善的市场经济为前提的，健康向上的高标准的思想意识是由现存的物质生活条件决定的，而完善的金融体制和健康向上的思想状态则是预防金融犯罪的根本所在。来势凶猛的金融犯罪现象，正说明和反映了我国现存的金融体制存有某种程度的不完善之处，因此，要从根本上预防金融犯罪，就必须不断改革现有的金融体制，使之适应市场经济发展的需要，这是预防金融犯罪系统工程的总的前提。党的十六大工作报告指出要防范金融风险，深化金融体制改革，正是顺从和适应了这一现实客观的需要而提出的。

我国目前的金融体制的改革尚处于"瓶颈阶段"，许多金融犯罪的滋生与金融体制的不完善直接相关，因此，要遏制和减少金融犯罪的发生，就必须不断加

快改革的步伐，尽快建立起适应社会主义市场经济要求的新体制。为此，必须做好以下几个方面的工作：

1. 强化中央银行的宏观调控。首先，必须明确中央银行的职责。《银行法》已经就中央银行的职责作了明确的规定，这是从法律上强化了中央银行的监管职能，据此中国人民银行成为监管金融事业的公正的法官，对于保证金融秩序的稳定和金融事业健康有序的发展负有十分重要的职责。其次，确保中央银行的独立性。为适应市场取向要求，中央银行必须独立自主地行使职责，切实摆脱政府的干预，依法杜绝财政在资金上挤银行的现象，切实做到财政赤字不得从中央银行透支来弥补。计划部门不得迫使中央银行通过增发货币来满足其投资需要。再次，改善金融调控手段，实行"三个转变"，即由直接调控为主向间接调控为主转变，由计划手段为主向经济手段为主转变，由行政手段为主向法律手段为主转变。通过实行资产负债比例管理和风险管理，调控存款准备金率、再贷款率、再贴现率，开办公开市场业务，控制基础货币，从而达到币值稳定、促进币值增长的目的。

2. 加快国有专业银行向商业银行转变的进程。关于这一问题，主要是抓好以下四个方面的工作：一是改造产权组织形式。为加强对专业银行的产权约束，可对专业银行实行股份制改造，逐步改造成国家控股的股份制商业银行，使产权与经营权结合起来。二是国家专业性银行的政策性职能和经营性职能分离，将政策性职能交与投资银行和各种专门性的政策性银行。国有商业银行只经办营业性业务，充分按照市场经济规律自主办理各种金融业务，从而将专业银行办成真正的商业银行。三是推行资产负债比例管理。根据资金来源制约资金运用的原则，遵循银行资金运行规律，对银行资产实行按比例管理，保持资产负债总量的平衡。四是健全风险控制机制，强化自担风险能力，全面推行财产抵押、担保贷款，开办贷款保险业务，实行审贷分离决策机制，对贷款对象实行严格科学的评估论证，从而完成贷款呆账风险准备金。

在深化金融体制改革的基础上，还应当加大对金融秩序混乱的整治力度，为此，应重点抓好以下几项工作：

（1）禁止乱集资。首先，各级政府和企业必须正确处理好国家和地方、全局与局部、长远利益与眼前利益的关系，自觉地服从国家的宏观调控。其次，应尽快制定"社会集资管理条例"，将社会集资的对象、范围、额度、投向及其评估、管理审批程序以法律的形式固定下来，以规范社会集资行为，保护投资者的合法权益。再次，明确管理职责。社会集资作为一种直接信用，应由中国人民银行负责管理。最后，积极探索加大社会集资管理的力度和效能的新途径与方式。

（2）规范同业拆借市场。一是全面清理同业拆借机构；二是清理违章拆借；三是对非银行金融机构严格执行以存定贷、自我平衡的原则，严格禁止其依靠拆借资金扩大贷款规模；四是立即纠正金融机构拆入资金用于下属公司从事房地产开发、炒买股票、囤积有价证券等。

（3）严肃结算纪律。一要按照"一个单位一个结算账户"的原则彻底清算多头多户现象，并全面整顿跨行贷款现象；二要加大监督力度，维护收付双方的合法权益，对无理拒付的开户单位要严格实行信贷制裁；三要认真执行结算纪律；四要加强现金管理，防止资金"体外循环"。

（二）严格金融管理制度，强化各种调控机能

我国当前各种金融犯罪的发生与金融管理疏漏和有章不循有着密切的关系。为了更好地预防金融犯罪，加强对金融犯罪的宏观控制。必须从金融系统内部入手，搞好各方面的管理与控制。这些环节主要有如下方面：

1. 制度控制。金融制度是规范人们从事金融活动的准则。相对于其他行业来说，金融系统还是规章较为健全的一个行业。从金融规章制度的作用来看，它确实能起到预防经济犯罪的作用。在市场经济条件下，特别是随着金融改革的深入，建立和健全规章制度是十分必要的。制定金融规章制度，应该是既能管用，又行得通；既能适应对本单位经济犯罪控制的需要，又符合整个金融系统犯罪控制的要求。制定金融规章要讲究方法，一般有以下几种：一是针对经济犯罪控制中的薄弱环节制定规章制度。每件经济案件的发生，除了犯罪分子本身的因素外，都与犯罪控制中的薄弱环节有密切联系。因此，金融规章制度首先应针对犯罪控制中的薄弱环节来定，而且在这种情况下制定的规章制度容易得到大家的支持和帮助，并乐于接受和落实，从而变犯罪控制工作的弱项为强项。二是结合上级规定和条例规定制定各种金融规章制度。金融系统各单位和上级部门都颁发了各种规定和条令条例。许多经济犯罪都是从违反这些条令条例开始的，这些规定和条令条例贯彻好了，控制犯罪就有了基础。所以各基层单位可根据上级精神和文件制定相应的制度和措施来保证各种规定和条例的贯彻落实。三是根据不同金融机构的性质和专业特点来制定规章制度。许多经济犯罪分子走向犯罪道路与其担负的工作性质和专业特点是分不开的，有的纯属金融职务犯罪，因此，应该根据本单位的实际，在坚持已有的合理的规章制度的基础上，从犯罪控制的需要出发，使各项规章制度更趋完善和具体。四是联系金融改革的新情况制定规章制度。随着《银行法》、《商业银行法》和《保险法》等诸多金融立法的出台，金融工作面临新的挑战，所以在制定金融规章制度时要有超前性和改革精神。在搞好内部犯罪的预防过程中，建立和健全规章制度是一项基本建设。具体在操作时应注意以下三点：一是在内容上，应考虑一些对金融业务有决定作用的条款；二是在层次上优化，增强基层领导的责任感；三是在协同方法上优化，力求体现相关性。真正做到既把握好关键，又注意内部联系，突出系统性，真正发挥制度的作用。

2. "软件控制"。对于金融系统内部预防工作来讲，更为重要的是"软件控制"，即强化内部动态管理。如果内部管理混乱，必然容易发生经济犯罪案件。金融系统内部管理主要是两个方面：一是对人的管理，二是对物的管理。以改善防范装备，强化硬件控制为主要内容的对物的管理，应该作为预防犯罪的一项重要措施，但对物的管理最终还要体现在对人的管理上。因此，对人的管理是预防犯罪的一个重要方面。从司法实践当中来看，要加强对人的管理，必须做到以下几点：一是坚持"先审后用"的原则。凡进入金融系统重点单位、重要岗位的工作人员，要严格审查，经审查合格后方可持证上岗；二是坚持"动静结合"的原则，即既要从动态的角度掌握了解每个干部职工的一贯表现，又要从动态的角度掌握了解每个职工的现实状况，把重点放在后者；三是要通过建立严格的岗位责任制，把每个职工的职责、权利和义务明确下来，用制度管人，包括考核制度、奖惩制度，把对物管理具体落实到每个职工头上，该奖则奖，该罚则罚，奖惩兑现，赏罚分明，实现内部管理的规范化、制度化和科学化。

3. 骨干控制。金融系统预防犯罪的实践告诉我们，基层单位要想有效控制经济犯罪，必须要有一支坚强有力的金融骨干队伍，他们处在各项工作的第一线，也处在控制各类经济犯罪的最前沿。所谓金融骨干，也就是在本单位职工中基础好，作风正派，有一定观察问题、分析问题和解决问题能力，业务熟悉，责任心强的人。骨干可以是中层干部，也可以是一般职员。关于骨干的职责和任务各单位可根据自己的实际情况制订，并以骨干的工作性质和活动范围为基础。一般要求是：法制教育的宣传员，犯罪苗头的观察员，财经纪律的监督员，掌握情况的资料员，领导的信息员，制止犯罪的战斗员。此外，为了适应控制犯罪的需要，要充分发挥骨干的作用，还要把骨干选配好，不断进行培训，帮助提高政治素质和业务素质，充分发挥他们的工作积极性和创造性，使他们自觉为控制犯罪贡献力量。

4. 重点控制。控制金融犯罪的工作必须抓住重点。只有抓住重点，才能把握全盘，有预见性、针对性做好预防犯罪工作。金融系统发生违法犯罪案件比较多的部位主要是储蓄、信贷、结算、电脑等重点部位。重点人员可分为两大类：一是身上带着犯罪苗头的人，二是所担负的工作或所处的环境容易走向犯罪道路的人。因此，控制金融系统经济犯罪应该放在这些重点部位和重点人员身上。控制重点部位和重点人员的方法主要有以下几种：一是技术监控与纪律监控同时并用。重点部位对于某些企图作案的人具有诱惑力，这种诱惑力很可能使他们铤而走险。因此，要保证重点部位不出问题，就必须加强重点部位的防范。一方面，要给企图作案的人在心理上造成一种恐惧感，让他们看到作案没有成功的希望；另一方面，即使是孤注一掷的人，在作案时也不会得逞，将事态控制在犯罪未遂阶段。要达到这样的目的，就必须是技术控制与纪律监检同时并用。二是加强思想教育与采取组织措施紧密结合，对于重点人员，要区别不同对象，采取多种形式对其进行思想教育，特别是对于有犯罪苗头的人，思想工作要做得细，抓紧不放。在做好扎实有效的思想工作的同时，要加强行政管理，采取必要的组织措施。三是落实防范责任制。无论是领导机关还是基层单位或重点控制人员，都要建立和落实责任制。对重点部位，不仅要将责任制落实到主管干部的身上，而且要落实到直接管理重点部位工作的那些人身上，同时，要让每个重点岗位人员制订出自己的责任书，明确目标，能起到提高自控能力的作用。

5. 空间控制。金融系统各单位都处于特定的范围之内，空间的三维性要求预防金融犯罪工作必须把金融单位作为一个有机联系的整体，从各个不同的方位进行设防，从而使经济犯罪分子无空可钻。近些年来，各地金融部门已经在这方面作出了很多努力，并取得了一些进展，对预防金融经济犯罪起到了重要作用。但是，从预防的角度来看，金融系统尽管规模和范围很大，但财力和人力有限，特别是在一些基层单位由于装备差和人员少，要完全实现全方位的空间控制，还有一个过程。因此，要在金融系统全面加强预防内部犯罪的基础上，着重将重点部位和发案多的单位划入空间的控制范围，采取多种严密的防范措施将金融犯罪减少到其最低限度。

(三) 加强思想教育，强化领导意识

思想政治工作是经济工作和其他一切工作的生命线，改革开放越深入，市场经济越发展，就越要加强思想政治教育，这是对我国改革开放以来正反两方面经验教训的重要总结。为切实加强对金融犯罪的防控力度，搞好金融职工的思想教育工作，无疑是一大重要举措。针对我国当前金融犯罪的状况，应抓好以下几个方面的工作：

1. 理想与宗旨教育。从司法实践中发生的大量案件事实来看，加强职工思想政治工作，努力提高其理想情操和道德品质，是有效防范金融犯罪的基础工作和有效途径。一个有崇高理想、品质优秀、意志坚强的人，在大是大非面前，大都会保持一个清醒的头脑，因一念之差走向犯罪的几率也相对较少。相反，一个素质较低、意志薄弱者，就很难保证其在金钱面前不会出现问题。因此，金融系统应该把职工的思想政治教育工作作为一项艰巨的系统工程来抓，必须持之以恒地对职工进行共产主义理想教育。让广大职工树立正确的人生观、价值观，培养广大职工爱岗敬业、无私奉献和高度的主人翁精神，从而提高广大职工拒腐防变的免疫力，自觉抵制各种利益、物质或金钱的诱惑。

2. 职业道德教育。职业道德是指从事某种正当职业的人们在履行某职责的过程中所必须遵循的行为准则和规范的总和。它是一般社会道德和阶级道德在职业生活中的具体体现。职业道德属道德范畴，是道德的一个特殊领域，是对一定正当职业范围内的从业人员的特殊要求。金融部门的职业道德是"严守信用，廉洁奉公，竭诚服务"。因此，必须教育职工牢固树立信用观念，言行一致，通过自己的行为，努力维护金融部门的良好信誉。工作中勤勤恳恳，任劳任怨，忘我奉献，对客户以诚相待，切戒官商作风，树立社会主义金融业的美好形象。

3. 法制纪律教育。虽然经过"一五"、"二五"普法，金融系统的干部职工的法制观念有所提高，对法律知识有所了解和掌握，但仅仅如此，对于搞好经营还显得远远不够，还必须不懈地学习再学习，提高再提高。随着"三五"普法的开展，作为金融部门的工作人员，除了学习基础法律外，还应当学习与银行经营联系比较紧密的法律，例如《银行法》、《商业银行法》、《担保法》、《票据法》、《保险法》和新《刑法》等等，争取全面理解和掌握，并达到学以致用的目的，以切实提高职工的法律意识。

严明的纪律是金融业健康发展的保证。因此，在日常工作中，除了加强职工的法律教育外，还应注意对职工的纪律观念教育，提高其遵守纪律的自觉性。通过纪律教育，并辅之以各项规章制度的监督制约，从而防微杜渐，防止金融职工思想上的蜕变。

4. 强化领导意识。现代意义上的领导意识意味着教育和管理，而领导意识则是对教育和管理的认识，究其本质意义而言，它代表着一种责任感和使命感。因此，预防金融犯罪，首先要提高领导层、决策层的领导意识。有章不循往往是金融犯罪产生的沃土；而有章不循又往往源于领导者的认识不足，对教育和管理的放松。在我们的日常工作中，一些领导同志把管理和业务看成两码事，重业务而轻管理。还有些人视规章制度为形式，而没有意识到规章制度既是业务规范又是犯罪屏障的双重作用。等下属违法犯罪案发后，仅仅归因于个人的思想腐化，这是非常错误的认识。其实，领导一旦放松了教育与管理，无论对工作、财物还是对职工，都是一种不负责任和不道德的行为，因此，强化领导意识也是预防金融犯罪的有效手段。

（四）完善金融立法，加大执法力度

健全法制、严格执法是抗制金融犯罪最有效的方法。鉴于我国以往在金融立法与司法方面存在的缺陷和不足，我认为，为了更好地防范金融犯罪的发生，当务之急应当健全金融立法，使金融业务活动在各个不同层次均能做到有法可依。在这里，主要应着手搞好以下四个方面的立法工作：一是适应市场经济发展的需要，加快金融立法的步伐，凡是在社会经济生活中，尚未纳入法制轨道的金融活动，均应及时制定相关的法律予以规范。诸如金融法、金融监督法、期货交易法、信托法、结算法尚付阙如，应赶紧制定出台。二是完善和健全金融管理体制的立法，强化中央银行的宏观调控。在这一方面，主要应根据《银行法》的规定和金融改革方向，制定一些与《银行法》相配套的管理法规，从而加强中央银行对各专业银行和非银行金融部门的依法管理。三是完善各项金融业务管理的立法。这一方面主要是指应把储蓄业务管理、借贷业务管理、结算业务管理、现金管理纳入立法的视野，使其管理法律化。四是完善和补充金融岗位责任制度的立法。通过这一方面的立法，强化金融部门工作人员的责任意识，从而做到奖惩有据，赏罚分明。

在做好金融立法工作的同时，为了消除金融犯罪分子侥幸、冒险的心理，各级司法机关还应当进一步加大对金融犯罪的打击力度，发动群众检举揭发，发现线索深挖细查，对发案多的单位进行综合整治，集中打击，营造"小气候"，震慑罪犯，要突破"死角"和发案的重点部位，对窝案串案，一抓到底，除恶务尽，绝不手软。对有案不报、有案不查、以罚代刑、自行消化的单位和个人，一旦发现，从严惩处。要实施和完善案件查处责任制，提高办案效率。一要明确目标，突出重点，把查处领导干部和要害岗位人员违法案件作为首要任务来抓，严惩以权谋私、以贷谋私、贪污受贿，诈骗、渎职等方面的案件。二要完善办案责任制。对金融犯罪案件，按分级管理的原则，实行领导责任制，一级抓紧一级，坚决顶住"说情风"，冲破关系网，彻底排除各种关系干扰，绝不姑息纵容。三要强化纪检监察职能，尤其是金融机构内部纪检监察部门，就抓好纪检监察队伍建设，赋予他们更实在的职权，使之有权、有责、有力，充分发挥应有的作用，深挖内部蛀虫，把金融犯罪消灭在萌芽状态。

金融犯罪的全球化趋势及法律防范机制研究

张　淼*

一、全球化的发展趋势和影响分析

　　一般认为，"全球化"（globalization）一词最早是由泰奥多尔·列维（Theodre Levitt）于 1985 年提出来的[①]，用以形容在此之前的大概二十年间国际经济领域发生的各种深刻变化。虽然对全球化的争议一直没有中断，但是其客观存在仍然受到国内外大部分学者的赞同，普遍认为全球化是生产领域的社会化的继续和深入，并且这一过程是不可抗拒和不可逆转的。随着全球化浪潮的迅速兴起，人类社会的一切领域、各个方面都愈来愈受到这场席卷全球的世界风暴所带来的深远影响。[②]

　　虽然对于"全球化"没有统一的定义，但是目前最权威的定义是国际货币基金组织提出的，认为"全球化是指跨国商品与服务贸易及国际资本流动规模和形式的增加，以及技术的广泛迅速传播使世界各国经济的相互依赖性增强"。

　　虽然这一概念具有浓厚的"金融"色彩，但是我认为其表述基本符合我国学者对"全球化"特征的界定和分析，仍然具有代表意义。从这一概念来看，全球化具有如下基本特征。

　　首先，全球化是一个复杂的概念，具有时间、空间和维度、多层次的特征，不仅仅局限于某一个层次，而是涉及经济、政治、军事和文化等各个领域。其

---

　　* 张淼，南京大学法学院讲师，法学博士。

　　① 列维在《哈佛商业评论》发表了一篇名为"市场的全球化"的文章。参见［英］齐格蒙特·鲍曼：《全球化》，郭国良等译，1 页，北京，商务印书馆，2001。但是也有人认为，"全球化"的观念最早来源于传播学界，加拿大传播理论家马歇尔·麦克卢汉早在 1960 年就提出了"地球村"的概念。参见杨伯淑：《全球化：起源、发展和影响》，5 页，北京，人民出版社，2002。还有学者指出，早在 1944 年"全球化"就出现在英语词典中，其延伸含义的"全球主义"则于 1943 年问世。参见马俊如等：《全球化概念探源》，载《中国软科学》，1999（8），54 页。

　　② 参见李明倩：《全球化背景下的法律移植》，载《全球化背景下的法治与人权研讨会论文集》，198 页。

次，全球化是人类发展到一定阶段的产物，这种发展既是状态，也是一个过程，而且这是一个统一性和多样性并存的漫长发展过程。最后，全球化是一个以生产力发展和科学技术进步为基础的发展过程，以市场经济的生产方式为其主要推广途径，以生产要素的跨国流动为其主要表现形式，以信息技术的进步为其重要物质基础。

总之，全球化是指在经济力量和科技因素的推动下，世界范围内各个国家和地区的经济不断融合，人们的世界交往普遍发展而形成了一个相互依存、共同分享的社会形态，即跨越国际边界的人员、产品、服务、资本和观念等要素的交流规模与重要性不断增加，在一个地区出现或发展的问题会对另一个地区人们的生产、生活产生深远影响。③

在全球化的过程中，资本的全球化占据着十分重要的地位，对世界经济的发展发挥着越来越大的作用。

二、金融犯罪的含义界定和现有法律处理机制

在全球化的过程中，资本流动对世界经济的影响越来越大，导致世界各国对金融的监督和管理都相当重视。所谓金融是指货币流通和货币资金融通的一切经济活动，含货币发行、流通和回笼，货币的存、放、汇、兑、储蓄和结算，以及有价证券、金银、外汇的买卖等。④ 金融是货币运动和信用活动二者紧密结合的产物，而金融在国民经济中发挥着至关重要的作用，甚至有人认为具有"造血机能与血液循环机能"⑤，现在无论是发达国家还是发展中国家，都莫不高度重视金融业对整个社会经济的巨大的推动作用。环顾世界，在许多发达国家中，金融业已经形成一个异常庞大、复杂多样、多样化、多层次的体系，在其中的金融交易活动非常活跃，交易量也很大，启动并运载着整个社会经济的发展。⑥ 因而世界各国都对金融市场加以调控和监督，并动用刑罚手段进行干涉和约束。

而金融在社会生活中的重要作用不仅体现在对社会生活的积极影响，也表现在调控不利的严重后果上。历史上来看，1921年在上海发生了"信交风潮"，以及1929年美国证券市场的崩溃和世界性经济危机，中国农业银行河北分行衡水中心支行的高达100亿美元的信用证诈骗案，直到20世纪末爆发在东南亚而后席卷全球的"金融危机"，都对当时的社会生活产生了剧烈、深远的影响。

根据一般的理解，所谓的金融犯罪，也可以被称为危害金融犯罪，是指行为人在货币资金的融通过程中，以获取非法利润为目的，违反金融管理法规，非法

---

③ 参见李明倩：《全球化背景下的法律移植》，载《全球化背景下的法治与人权研讨会论文集》，202页。
④ 参见潘金生主编：《金融实用手册》，9页，北京，经济科学出版社，1990。
⑤ 张亦春等：《我国金融市场与投资》，1页，北京，中国社会科学出版社，1990。
⑥ 参见王新：《金融刑法导论》，10页，北京，北京大学出版社，1998。

从事融资活动，破坏金融秩序，情节严重得应受刑罚惩罚的行为。

根据这一概念，我们可以知道，我国的金融犯罪主要规定于1997年颁布的刑法中，具体内容体现在刑法第三章第四节"破坏金融管理秩序犯罪"和第五节"金融诈骗犯罪"。

而金融的具体内容也可以分成两个部分：一是货币的运动，另一为信用的活动。所以金融犯罪也可以分成两个主要的部分：一是针对货币的犯罪，其中可以分为狭义货币和广义货币两种，针对狭义货币的犯罪包括伪造货币、走私假币、持有和使用假币、变造货币以及用假币换取真币等犯罪；针对广义货币的犯罪则是指以和货币具有同样价值和功能的广义货币为侵害对象，主要包括伪造、变造金融票证和有价证券、债券罪，非法出具金融票证罪等。二是针对信用活动的犯罪，主要包括有关金融机构和许可证的犯罪，有关存款和贷款的犯罪，有关证券和债券交易的犯罪，以及逃汇和骗购外汇犯罪与金融诈骗犯罪。

我国有关金融犯罪的外延，是在历史发展过程中不断演化的结果。从新中国成立不久即颁布的《妨碍国家货币治罪暂行条例》，到1979年新中国第一部刑法中有关的金融犯罪，以及其后不断颁布的单行刑法，直到1997年颁布的刑法为止，形成了我国特有的金融犯罪的构架。

由于国际犯罪越来越猖獗，所以国际犯罪的应对机制自然迅速展开。到目前为止，国际社会经过通力协作，不仅成立了独立的国际性审判机构——国际刑事法院，同时也通过条约的方式将人类所普遍关注的严重暴行列为国际犯罪，由国际刑事法院加以管辖。[⑦] 世界各国普遍承认的国际性犯罪中，除去《罗马规约》所直接规定的侵略罪（Aggression）、种族灭绝罪（Genocide）、危害人类罪（Crimes against Humanity）、战争罪（War Crimes）和藐视法庭罪外，其他的国际性犯罪都是以单独条约的形式加以规定。

在国际社会所普遍承认的国际性犯罪中，一般认为有关的金融犯罪主要包括伪造、变造货币罪[⑧]和洗钱罪。我国学者对国际性犯罪的有关介绍中，也主要介绍相关的货币犯罪而已。[⑨]

---

　　⑦　当然，由于国际刑事法院仍然是以承认各个国家的主权为前提，所以只有在主权国家同意加入并批准该条约（《罗马规约》，Rome Statute）后才能对该成员国产生约束力，所以国际刑事法院仍然不是对世界各国之内发生的犯罪都具有普通管辖权的超国家的司法机构和组织。

　　⑧　根据国际刑法学会会长巴西奥尼的有关国际刑法的著作，一般认为国际犯罪可以分成28个小的分类，其中有关金融犯罪的部分仅仅包括伪造、变造货币罪。参见［美］M·谢里夫·巴西奥尼：《国际刑法导论》（中译本），北京，法律出版社，2006。而国际社会所关注的国际犯罪除此之外还有洗钱罪，国际性的洗钱活动被作为犯罪并不是单独的条约加以规定，而是分别地附属性地规定于其他条约之中，例如《联合国禁止非法贩运麻醉药品和精神药物》和联合国禁毒署《关于洗钱和没收与贩毒有关的财产的标准法》等不同的条约之中，上述犯罪是所谓的上游犯罪，而洗钱罪则是下游犯罪。

　　⑨　参见贾宇：《国际刑法学》，北京，中国政法大学出版社，2004；劭沙平：《国际刑法学：经济全球化与国际犯罪的法律控制》，武汉，武汉大学出版社，2005。

三、全球化背景下的金融犯罪趋势分析

在全球化趋势下，金融活动的特殊性使其成为影响世界经济的举足轻重的要素，世界各国不仅都加强了对金融领域的监督和管理，同时也对国际性的金融活动采取了更为严格的措施。

日本的金融制度在第二次世界大战以来，发生了深刻的变化，尤其是在进入20世纪80年代以后，日本的资本制度发生变化，导致金融领域发生了一系列的巨变，也发生了一系列影响深远的重大案件。其中著名的包括1995年的"大和银行事件"和1996年的"住宅金融专营公司"的巨额损失处理案等一系列恶性金融案件。⑩ 所以，日本在金融犯罪的对策方面，一方面针对违法和犯罪行为情况而不断进行法律的修订，同时也设立专门的机构进行预防和监督管理。尤其是在1998年进行金融改革后，日本成立了独立的金融监督机构——金融监督厅，在总理府的直接管辖下行使原大藏省享有的金融机构检查和监督职能。其后，在2001年的行政机构改革中，大藏省改名为"财务省"。2000年7月，金融监督厅升级为金融厅，升格为内阁府的外设局。⑪

虽然日本不断地对本国的金融机构进行改革，并同时对刑法机制进行调整，但是时至今日，日本的金融犯罪现象仍然没有得到很好的解决，相反却有愈演愈烈的势头。究其原因，金融领域的犯罪早已经超出了国界的范围，已经随着全球化的发展变成了国际性的犯罪问题，单单凭借一个国家的力量，无法彻底对国际性的金融犯罪进行有效控制，而仅仅能够对本国的金融犯罪和外来的金融风险加以防范，而无法有效地实现对金融犯罪加以预防并对其影响加以消除。由此可见，全球化的趋势对于金融领域的影响十分深远，同时也对金融犯罪的防范措施和刑法机制提出了新的挑战。

首先，全球化的趋势使得货币运动和信用活动发生了更广泛的结合，这种结合一方面使得金融活动的有效性更为突出，但是其不足之处也同时展现出来。因为这种广泛的结合，同时也使得原本以国家主权为基础建构的金融监督和管理体制的有效性大打折扣，使得对金融的有效监管更加困难，结果导致金融资本在不同国家之间流动过程中不断发生违法和犯罪案件。

其次，全球化的趋势下，信息技术的发展和金融专业化程度的提高，使得金融领域中金融机构和金融行业的影响力十分突出。国际游资可以聚集起来，变成令世界各国都感到恐怖的金融幽灵，伺机寻找下手套取利润的机会。这种强大的

---

⑩　具体参见吴海航：《日本大银行犯罪的法律监督程序》，载《现代日本经济》，2006（3），31～33页。

⑪　参见张森：《日本对证券犯罪的法律规制与防范对策》，载《现代日本经济》，2006（3），25页。

影响力也使得金融犯罪所可能带来的后果是灾难性的和连锁的，而且往往导致社会动荡。

再次，全球化的趋势下，金融犯罪的领域大为扩张，给司法界认定和处理带来更多的难题。原本的金融犯罪往往发生在一国之内，无论在认定和处理上都相对简单，而跨越国界的金融犯罪则由于没有统一的界定标准，也没有具体的司法协作措施，所以只能通过其他途径解决，这无疑助长了金融犯罪的发生和蔓延。

最后，全球化的趋势下，金融犯罪的发生往往变得更容易。各个国家都出于主权的目的，对金融领域采取各自不同而且特殊的政策，导致了金融资本在经过数个国家之后发生的变化无法查证。当今世界上就有某些国家专门从事洗钱活动，以此作为国家收入的主要来源。

综上所述，金融犯罪在全球化的背景下发生了显著变化，如果仍然采用传统的方式加以规制和处理，则无法实现有效监督和控制的效果。因为全球化的趋势不仅使得金融资本的力量不断壮大，也使得对其监管更为艰难，而同时又由于缺乏国际协调和专门的独立机构的运作，使得对其处罚等方面也无法有效实现，所以产生了令世界各国都很头疼的金融恐怖主义犯罪。全球化的背景下，更要求应对金融犯罪的发展和变化采取有效的措施。

四、全球化背景下的金融犯罪国际性协调机制建构

全球化的趋势不可阻挡，而且世界各国虽然都认识到金融领域犯罪大都是由国际资本的流动导致，但到目前为止，没有哪一个国家明确地对金融领域作出更为严格的限制或者拒绝国际资本的进入。其实，任何领域的犯罪都是无法避免的，而全球化仅仅是一个发展的趋势和发展的过程，我们同样无法回避，只能采取有效措施加以应对。

全球化如同工业化一样，不能因为进入资本主义以后发生的诸多事件而对工业革命加以责备，一种发展和壮大仅仅都是中性的，我们从中获得利益，同时也受到了其他的负面影响。就如同犯罪这一社会现象一样，人类社会无法回避犯罪现象，不论是原始社会还是共产主义社会，犯罪都是文明的副产品。只要有人类行为，只要人类有思维能力，社会中就一定会有犯罪，消灭犯罪的方式只有一条途径，就是停止所有的能动的行为，这也是人类社会目前无法接受的。

全球化的趋势导致金融领域发生了深刻变化，但是同时也使得金融犯罪引起国际社会的关注。由于金融犯罪的影响巨大，所以对其进行有效控制也成为重要的问题。面对全球化背景下的金融犯罪，采取的措施应当具有全球化的视野。

首先，应当通过国际条约的方式确定对金融犯罪进行界定，或者制订金融犯罪的最低标准，以此来约束各缔约国履行应尽的义务，维护世界金融秩序和体

制。同时通过条约的缔结，确定各缔约国在应对金融犯罪方面的刑事合作义务，确保对国际金融犯罪的有效追诉。

其次，应当建立国际性的金融犯罪防范机构，或者依赖已经运作的国际金融机构或者国际警察机构实现对国际金融犯罪的防范，同时实现对国际货币资金流通的监督和有效管理。

而在目前的条件下，上述国际性措施仍然无法实现，只能通过对本国刑事法律的调整来应对日益猖獗的金融犯罪。

首先，完善金融的监督和运作体制。金融犯罪之所以频频发生，而且有愈演愈烈的趋势，关键在于金融体制方面的漏洞，单纯依靠刑法来处理仍然无法彻底解决，所以需要从最基本的关键问题入手，加以彻底解决。

其次，从实体法方面入手，完善实体法有关金融犯罪的规定。由于我国金融体制改革仍然处在发展过程中，在货币、证券、保险等方面的制度仍然需要进一步健全，所以可以对先进国家的制度进行借鉴，进行预防性立法，从实体法上完善金融犯罪应对措施。

最后，可以通过缔结多边或者双边条约，实现对跨国性金融犯罪的有限预防和应对，同时也可以进行有效的打击追诉犯罪分子。

总之，对于全球化背景下金融犯罪的应对机制，应当具有全球性的眼光和视角。刑事法律机制是针对刑事犯罪的处理方式，如果犯罪行为具有全球化的能力和水平，而应对机制仍然停留于单一的机制上，会导致一系列的不利后果，使得刑法机制永远无法有效发挥应有的作用。

图书在版编目（CIP）数据

金融犯罪的全球考察/刘明祥，冯军主编．
北京：中国人民大学出版社，2008
（中国人民大学刑事法律科学研究中心系列丛书）
ISBN 978-7-300-09147-1

Ⅰ．金…
Ⅱ．①刘… ②冯…
Ⅲ．金融-经济犯罪-研究
Ⅳ．D914

中国版本图书馆 CIP 数据核字（2008）第 041205 号

中国人民大学刑事法律科学研究中心系列丛书

金融犯罪的全球考察

主　编　刘明祥　冯　军
副主编　赫兴旺　付立庆

出版发行	中国人民大学出版社			
社　　址	北京中关村大街 31 号		**邮政编码**	100080
电　　话	010 - 62511242（总编室）		010 - 62511398（质管部）	
	010 - 82501766（邮购部）		010 - 62514148（门市部）	
	010 - 62515195（发行公司）		010 - 62515275（盗版举报）	
网　　址	http：//www.crup.com.cn			
	http：//www.ttrnet.com（人大教研网）			
经　　销	新华书店			
印　　刷	河北涿州星河印刷有限公司			
规　　格	170 mm×240 mm　16 开本		**版　　次**	2008 年 4 月第 1 版
印　　张	30.75 插页 2		**印　　次**	2008 年 4 月第 1 次印刷
字　　数	615 000		**定　　价**	59.00 元